保定经济统计年鉴

BAODING ECONOMY STATISTICAL YEARBOOK

2022（总第28期）

保 定 市 统 计 局
国家统计局保定调查队 编

中国统计出版社
China Statistics Press

图书在版编目（C I P）数据

保定经济统计年鉴. 2022 = Baoding Economy Statistical Yearbook 2022 / 保定市统计局，国家统计局保定调查队编. -- 北京 : 中国统计出版社，2023.2
ISBN 978-7-5230-0084-7

Ⅰ. ①保… Ⅱ. ①保… ②国… Ⅲ. ①经济统计－保定－2022－年鉴 Ⅳ. ①F127.223-54

中国国家版本馆 CIP 数据核字(2023)第 025849 号

保定经济统计年鉴 2022

作　　者/ 保定市统计局　国家统计局保定调查队
责任编辑/ 钟　钰
装帧设计/ 李小倩
出版发行/ 中国统计出版社有限公司
地　　址/ 北京市丰台区西三环南路甲 6 号
邮政编码/ 100073
电　　话/ 邮购（010）63376909　书店（010）68783171
网　　址/ http://www.zgtjcbs.com
印　　刷/ 保定市正大印刷有限公司
经　　销/ 新华书店
开　　本/ 890mm×1240mm　1/16
字　　数/ 1500 千字
印　　张/ 47.25
版　　别/ 2023 年 2 月第 1 版
版　　次/ 2023 年 2 月第 1 次印刷
定　　价/ 380.00 元

如有印装差错，由本社发行部调换。

《保定经济统计年鉴2022》

编辑人员名单

编　辑　说　明

一、《保定经济统计年鉴2022》（以下简称《年鉴》）是一部全面反映保定市2022年经济和社会发展情况的资料性年刊。

二、《年鉴》分为三部分：第一部分统计公报篇，包括《中华人民共和国2021年国民经济和社会发展统计公报》《河北省2021年国民经济和社会发展统计公报》和《保定市2021年国民经济和社会发展统计公报》；第二部分统计数据篇，包括综合、农业、工业.建筑业、固定资产投资、能源、贸易.财政.金融、外资、劳动工资、工业科技、人民生活、企业景气调查、价格指数等十二个方面的统计数据；第三部分附录主要统计指标解释。

三、《年鉴》符号使用说明："#"表示其中的主要项；"空格"表示该项统计指标数据暂无或不详。

四、《年鉴》中部分合计数或相对数由于单位取舍不同而产生的计算误差,均未做机械调整。

五、《年鉴》指标数据来源于统计部门和其他有关部门的数据。

六、《年鉴》的编辑出版得到保定市人民政府有关部门的大力支持，在此，我们表示感谢。《年鉴》如有不足之处，请批评指正。

《保定经济统计年鉴》编辑部

2022年12月

目　录

第一部分　统计公报篇

第二部分　统计数据篇

三、工业. 建筑业

四、固定资产投资

五、能 源

六、贸易. 财政. 金融

七、外 资

八、劳动工资

九、工业科技

十、人民生活

十一、企业景气调查

十二、价格指数

第三部分　附　录

第一部分

统计公报篇

中华人民共和国
2021年国民经济和社会发展
统　计　公　报【1】

国家统计局

2022年2月28日

2021年是党和国家历史上具有里程碑意义的一年。在以习近平同志为核心的党中央坚强领导下，各地区各部门坚持以习近平新时代中国特色社会主义思想为指导，全面贯彻党的十九大和十九届历次全会精神，弘扬伟大建党精神，按照党中央、国务院决策部署，坚持稳中求进工作总基调，完整、准确、全面贯彻新发展理念，加快构建新发展格局，全面深化改革开放，坚持创新驱动发展，推动高质量发展。我们隆重庆祝中国共产党成立一百周年，实现第一个百年奋斗目标，开启向第二个百年奋斗目标进军新征程，沉着应对百年变局和世纪疫情，构建新发展格局迈出新步伐，高质量发展取得新成效，实现了“十四五”良好开局。我国经济发展和疫情防控保持全球领先地位，国家战略科技力量加快壮大，产业链韧性得到提升，改革开放向纵深推进，民生保障有力有效，生态文明建设持续推进。这些成绩的取得，是以习近平同志为核心的党中央坚强领导的结果，是全党全国各族人民勠力同心、艰苦奋斗的结果。

一、综　合

初步核算，全年国内生产总值[2]1143670亿元，比上年增长8.1%，两年平均增长[3]5.1%。其中，第一产业增加值83086亿元，比上年增长7.1%；第二产业增加值450904亿元，增长8.2%；第三产业增加值609680亿元，增长8.2%。第一产业增加值占国内生产总值比重为7.3%，第二产业增加值比重为39.4%，第三产业增加值比重为53.3%。全年最终消费支出拉动国内生产总值增长5.3个百分点，资本形成总额拉动国内生产总值增长1.1个百分点，货物和服务净出口拉动国内生产总值增长1.7个百分点。全年人均国内生产总值80976元，比上年增长8.0%。国民总收入[4]1133518亿元，比上年增长7.9%。全员劳动生产率[5]为146380元/人，比上年提高8.7%。

图 1　2017—2021年国内生产总值及其增长速度

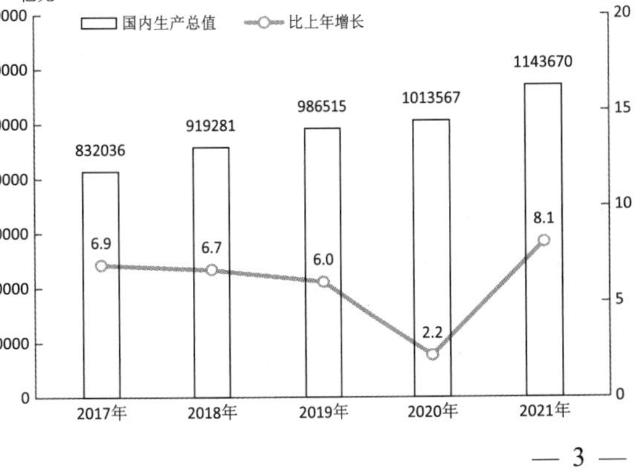

图 2　2017—2021年三次产业增加值占国内生产总值比重

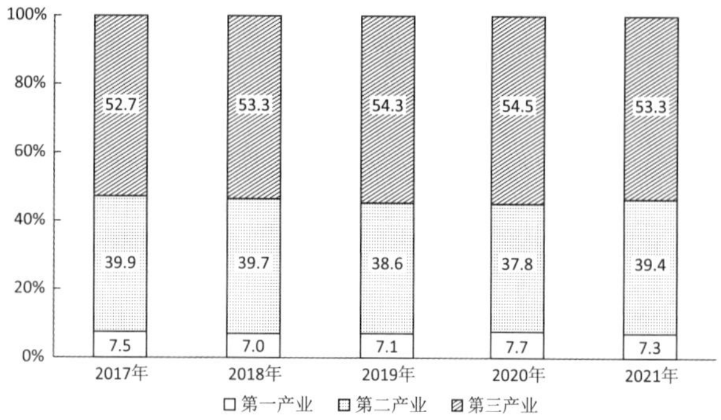

图 3　2017—2021年全员劳动生产率[6]

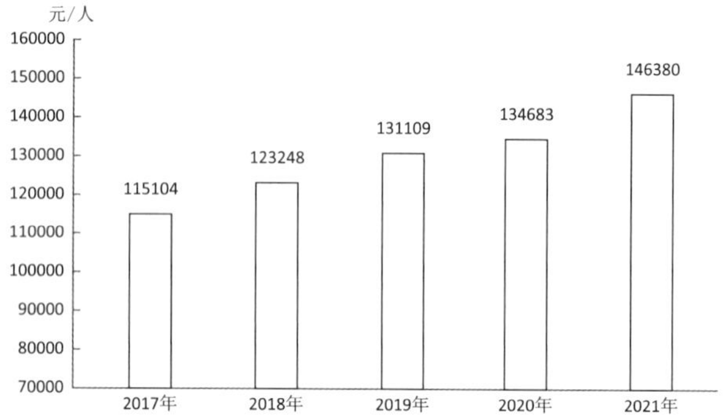

年末全国人口[7]141260万人，比上年末增加48万人，其中城镇常住人口91425万人。全年出生人口1062万人，出生率为7.52‰；死亡人口1014万人，死亡率为7.18‰；自然增长率为0.34‰。全国人户分离的人口[8]5.04亿人，其中流动人口[9]3.85亿人。

表 1　2021年年末人口数及其构成

指　标	年末数（万人）	比重（%）
全国人口	141260	100.0
其中：城镇	91425	64.7
乡村	49835	35.3
其中：男性	72311	51.2
女性	68949	48.8
其中：0–15岁（含不满16周岁）[10]	26302	18.6
16–59岁（含不满60周岁）	88222	62.5
60周岁及以上	26736	18.9
其中：65周岁及以上	20056	14.2

年末全国就业人员74652万人，其中城镇就业人员46773万人，占全国就业人员比重为62.7%，比上年末上升1.1个百分点。全年城镇新增就业1269万人，比上年多增83万人。全年全国城镇调查失业率平均值为5.1%。年末全国城镇调查失业率为5.1%，城镇登记失业率为3.96%。全国农民工[11]总量29251万人，比上年增长2.4%。其中，外出农民工17172万人，增长1.3%；本地农民工12079万人，增长4.1%。

图 4　2017—2021年城镇新增就业人数

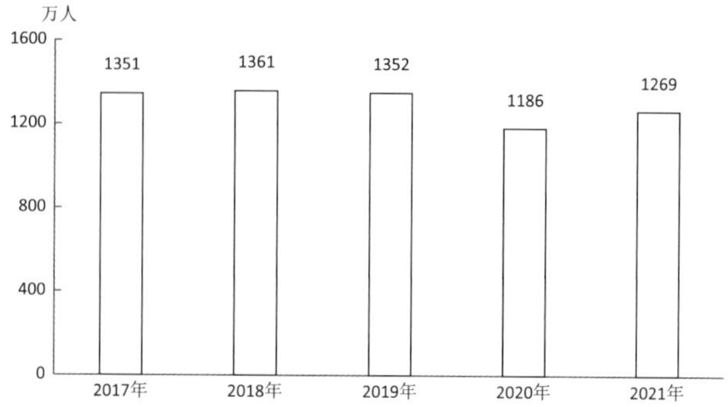

全年居民消费价格比上年上涨0.9%。工业生产者出厂价格上涨8.1%。工业生产者购进价格上涨11.0%。农产品生产者价格[12]下降2.2%。12月份，70个大中城市中，新建商品住宅销售价格同比上涨的城市个数为53个，下降的为17个；二手住宅销售价格同比上涨的城市个数为43个，持平的为1个，下降的为26个。

图 5　2021年居民消费价格月度涨跌幅度

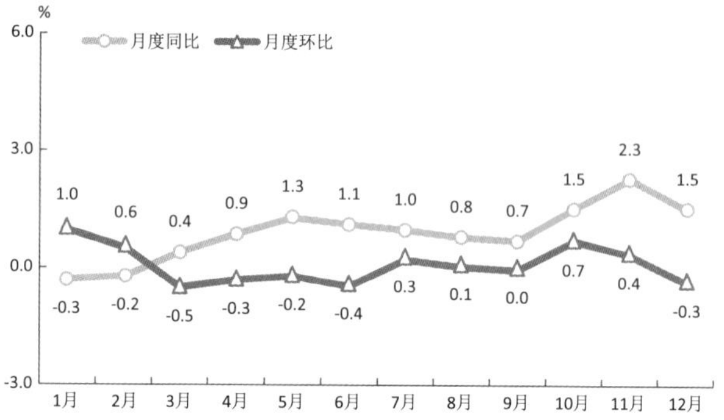

表 2　2021年居民消费价格比上年涨跌幅度

单位：%

指　标	全国	城市	农村
居民消费价格	0.9	1.0	0.7
其中：食品烟酒	−0.3	0.0	−1.2
衣　着	0.3	0.3	0.0
居　住[13]	0.8	0.8	1.1
生活用品及服务	0.4	0.4	0.4
交通通信	4.1	4.2	3.9
教育文化娱乐	1.9	2.0	1.7
医疗保健	0.4	0.3	0.7
其他用品及服务	−1.3	−1.4	−1.2

年末国家外汇储备32502亿美元，比上年末增加336亿美元。全年人民币平均汇率为1美元兑6.4515元人民币，比上年升值6.9%。

图 6 2017—2021年年末国家外汇储备

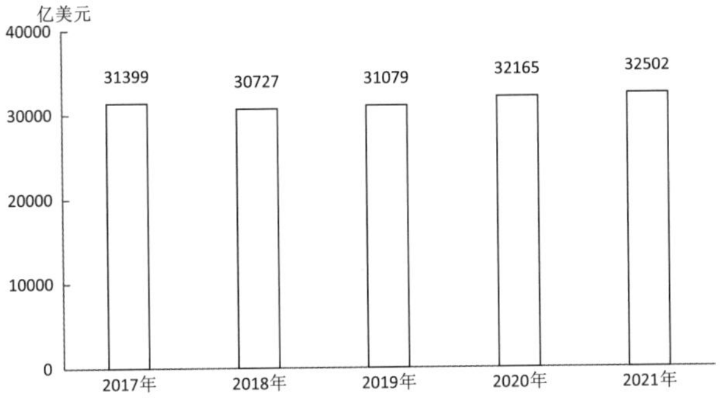

新产业新业态新模式加速成长。全年规模以上工业中，高技术制造业[14]增加值比上年增长18.2%，占规模以上工业增加值的比重为15.1%；装备制造业[15]增加值增长12.9%，占规模以上工业增加值的比重为32.4%。全年规模以上服务业[16]中，战略性新兴服务业[17]企业营业收入比上年增长16.0%。全年高技术产业投资[18]比上年增长17.1%。全年新能源汽车产量367.7万辆，比上年增长152.5%；集成电路产量3594.3亿块，增长37.5%。全年网上零售额[19]130884亿元，按可比口径计算，比上年增长14.1%。全年新登记市场主体2887万户，日均新登记企业2.5万户，年末市场主体总数达1.5亿户。

城乡区域协调发展扎实推进。年末全国常住人口城镇化率为64.72%，比上年末提高0.83个百分点。分区域看[20]，全年东部地区生产总值592202亿元，比上年增长8.1%；中部地区生产总值250132亿元，增长8.7%；西部地区生产总值239710亿元，增长7.4%；东北地区生产总值55699亿元，增长6.1%。全年京津冀地区生产总值96356亿元，比上年增长7.3%；长江经济带地区生产总值530228亿元，增长8.7%；长江三角洲地区生产总值276054亿元，增长8.4%。粤港澳大湾区建设、黄河流域生态保护和高质量发展等区域重大战略深入实施。

图 7 2017—2021年年末常住人口城镇化率[21]

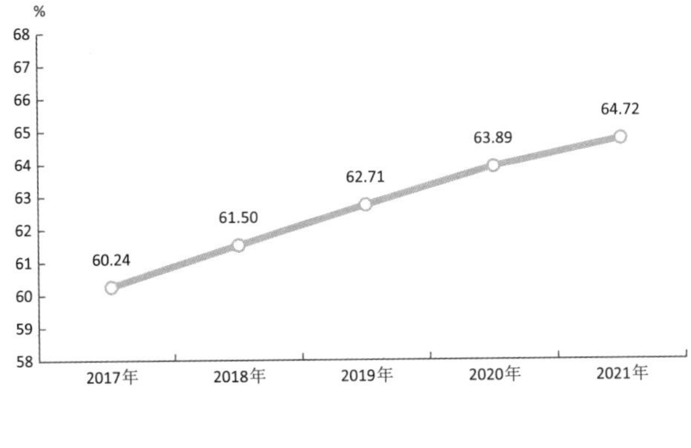

生态环境保护取得新成效。全年全国万元国内生产总值能耗[22]比上年下降2.7%。在监测的339个地级及以上城市中，全年空气质量达标的城市占64.3%，未达标的城市占35.7%；细颗粒物（$PM_{2.5}$）年平均浓度30微克/立方米，比上年下降9.1%。3641个国家地表水考核断面中，全年水质优良（Ⅰ～Ⅲ类）断面比例为84.9%，Ⅳ类断面比例为11.8%，Ⅴ类断面比例为2.2%，劣Ⅴ类断面比例为1.2%。

二、农　业

全年粮食种植面积11763万公顷，比上年增加86万公顷。其中，稻谷种植面积2992万公顷，减少15万公顷；小麦种植面积2357万公顷，增加19万公顷；玉米种植面积4332万公顷，增加206万公顷。棉花种植面积303万公顷，减少14万公顷。油料种植面积1310万公顷，减少3万公顷。糖料种植面积146万公顷，减少11万公顷。

全年粮食产量68285万吨，比上年增加1336万吨，增产2.0%。其中，夏粮产量14596万吨，增产2.2%；早稻产量2802万吨，增产2.7%；秋粮产量50888万吨，增产1.9%。全年谷物产量63276万吨，比上年增产2.6%。其中，稻谷产量21284万吨，增产0.5%；小麦产量13695万吨，增产2.0%；玉米产量27255万吨，增产4.6%。

图 8 2017—2021年粮食产量

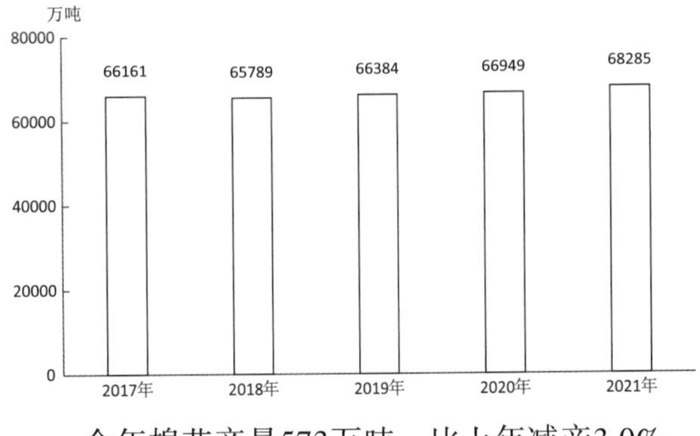

全年棉花产量573万吨，比上年减产3.0%。油料产量3613万吨，增产0.8%。糖料产量11451万吨，减产4.7%。茶叶产量318万吨，增产8.3%。

全年猪牛羊禽肉产量8887万吨，比上年增长16.3%。其中，猪肉产量5296万吨，增长28.8%；牛肉产量698万吨，增长3.7%；羊肉产量514万吨，增长4.4%；禽肉产量2380万吨，增长0.8%。禽蛋产量3409万吨，下降1.7%。牛奶产量3683万吨，增长7.1%。年末生猪存栏44922万头，比上年末增长10.5%；全年生猪出栏67128万头，比上年增长27.4%。

全年水产品产量6693万吨，比上年增长2.2%。其中，养殖水产品产量5388万吨，增长3.1%；捕捞水产品产量1305万吨，下降1.5%。

全年木材产量9888万立方米，比上年下降3.6%。

全年新增耕地灌溉面积46万公顷，新增高效节水灌溉面积188万公顷。

三、工业和建筑业

全年全部工业增加值372575亿元，比上年增长9.6%。规模以上工业增加值增长9.6%。在规模以上工业中，分经济类型看，国有控股企业增加值增长8.0%；股份制企业增长9.8%，外商及港澳台商投资企业增长8.9%；私营企业增长10.2%。分门类看，采矿业增长5.3%，制造业增长9.8%，电力、热力、燃气及水生产和供应业增长11.4%。

图 9　2017—2021年全部工业增加值及其增长速度

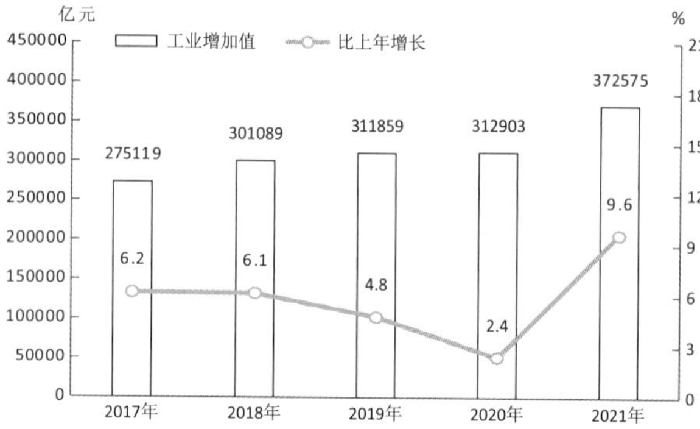

全年规模以上工业中，农副食品加工业增加值比上年增长7.7%，纺织业增长1.4%，化学原料和化学制品制造业增长7.7%，非金属矿物制品业增长8.0%，黑色金属冶炼和压延加工业增长1.2%，通用设备制造业增长12.4%，专用设备制造业增长12.6%，汽车制造业增长5.5%，电气机械和器材制造业增长16.8%，计算机、通信和其他电子设备制造业增长15.7%，电力、热力生产和供应业增长10.9%。

表 3　2021年主要工业产品产量及其增长速度[23]

产品名称	单　位	产　量	比上年增长(%)
纱	万吨	2873.7	9.8
布	亿米	502.0	9.3
化学纤维	万吨	6708.5	9.5
成品糖	万吨	1482.3	3.6
卷　烟	亿支	24182.4	1.3
彩色电视机	万台	18496.5	-5.8
其中：液晶电视机	万台	17424.3	-9.5
家用电冰箱	万台	8992.1	-0.3
房间空气调节器	万台	21835.7	3.8
一次能源生产总量	亿吨标准煤	43.3	6.2
原　煤	亿吨	41.3	5.7
原　油	万吨	19888.1	2.1
天然气	亿立方米	2075.8	7.8
发电量	亿千瓦时	85342.5	9.7
其中：火电[24]	亿千瓦时	58058.7	8.9
水电	亿千瓦时	13390.0	-1.2
核电	亿千瓦时	4075.2	11.3
粗　钢	万吨	103524.3	-2.8
钢　材[25]	万吨	133666.8	0.9
十种有色金属	万吨	6477.1	4.7
其中：精炼铜(电解铜)	万吨	1048.7	4.6
原铝(电解铝)	万吨	3850.3	3.8
水　泥	亿吨	23.8	-0.4
硫　酸(折100%)	万吨	9382.7	1.6
烧　碱(折100%)	万吨	3891.3	5.9
乙　烯	万吨	2825.7	30.8
化　肥(折100%)	万吨	5543.6	0.9
发电机组(发电设备)	万千瓦	15954.6	19.2
汽　车	万辆	2652.8	4.8
其中：基本型乘用车(轿车)	万辆	976.5	5.7
运动型多用途乘用车(SUV)	万辆	973.6	7.6
大中型拖拉机	万台	41.2	19.4
集成电路	亿块	3594.3	37.5
程控交换机	万线	699.6	-0.4
移动通信手持机	万台	166151.6	13.1
微型计算机设备	万台	46692.0	23.5
工业机器人	万台(套)	36.6	67.9

年末全国发电装机容量237692万千瓦，比上年末增长7.9%。其中[26]，火电装机容量129678万千瓦，增长4.1%；水电装机容量39092万千瓦，增长5.6%；核电装机容量5326万千瓦，增长6.8%；并网风电装机容量32848万千瓦，增长16.6%；并网太阳能发电装机容量30656万千瓦，增长20.9%。

全年规模以上工业企业利润87092亿元，比上年增长[27]34.3%。分经济类型看，国有控股企业利润22770亿元，比上年增长56.0%；股份制企业62702亿元，增长40.2%，外商及港澳台商投资企业22846亿元，增长21.1%；私营企业29150亿元，增长27.6%。分门类看，采矿业利润10391

亿元，比上年增长190.7%；制造业73612亿元，增长31.6%；电力、热力、燃气及水生产和供应业3089亿元，下降41.9%。全年规模以上工业企业每百元营业收入中的成本为83.74元，比上年减少0.23元；营业收入利润率为6.81%，提高0.76个百分点。年末规模以上工业企业资产负债率为56.1%，比上年末下降0.1个百分点。全年全国工业产能利用率[28]为77.5%。

全年建筑业增加值80138亿元，比上年增长2.1%。全国具有资质等级的总承包和专业承包建筑业企业利润8554亿元，比上年增长1.3%，其中国有控股企业3620亿元，增长8.0%。

图 10 2017—2021年建筑业增加值及其增长速度

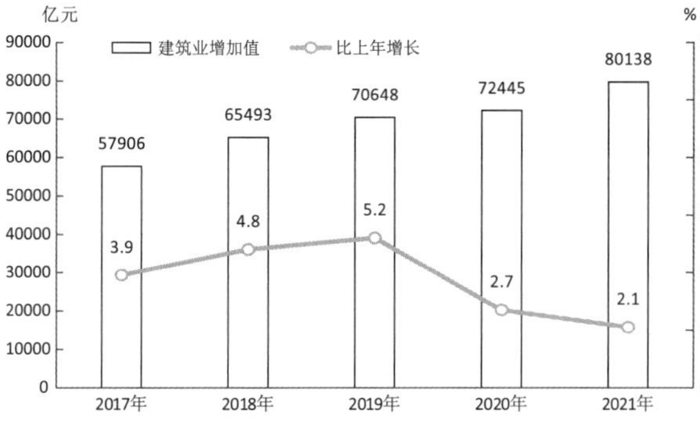

四、服务业

全年批发和零售业增加值110493亿元，比上年增长11.3%；交通运输、仓储和邮政业增加值47061亿元，增长12.1%；住宿和餐饮业增加值17853亿元，增长14.5%；金融业增加值91206亿元，增长4.8%；房地产业增加值77561亿元，增长5.2%；信息传输、软件和信息技术服务业增加值43956亿元，增长17.2%；租赁和商务服务业增加值35350亿元，增长6.2%。全年规模以上服务业企业营业收入比上年增长18.7%，利润总额增长13.4%。

图 11 2017—2021年服务业增加值及其增长速度

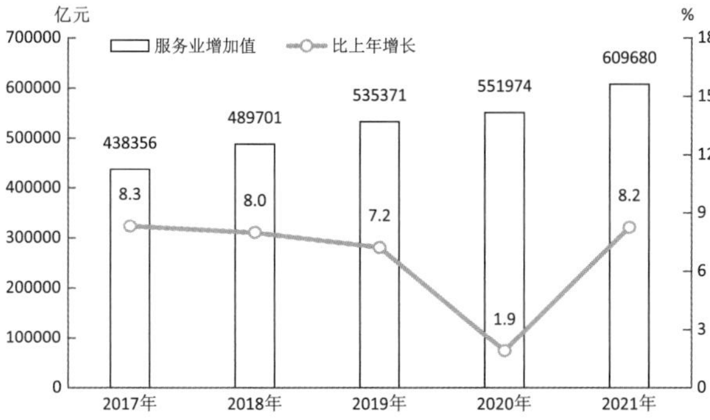

全年货物运输总量[29]530亿吨，货物运输周转量223574亿吨公里。全年港口完成货物吞吐量155亿吨，比上年增长6.8%，其中外贸货物吞吐量47亿吨，增长4.5%。港口集装箱吞吐量28272万标准箱，增长7.0%。

表 4 2021年各种运输方式完成货物运输量及其增长速度

指　标	单位	绝对数	比上年增长(%)
货物运输总量	亿吨	529.7	12.3
铁路	亿吨	47.2	5.9
公路	亿吨	391.4	14.2
水运	亿吨	82.4	8.2
民航	万吨	731.8	8.2
管道	亿吨	8.7	5.7
货物运输周转量	亿吨公里	223574.4	13.7
铁路	亿吨公里	33190.7	9.3
公路	亿吨公里	69087.7	14.8
水运	亿吨公里	115577.5	9.2
民航	亿吨公里	278.2	15.8
管道	亿吨公里	5440.3	4.9

全年旅客运输总量83亿人次，比上年下降14.1%。旅客运输周转量19758亿人公里，增长2.6%。

表 5 2021年各种运输方式完成旅客运输量及其增长速度

指　标	单位	绝对数	比上年增长(%)
旅客运输总量	亿人次	83.0	-14.1
铁路	亿人次	26.1	18.5
公路	亿人次	50.9	-26.2
水运	亿人次	1.6	9.0
民航	亿人次	4.4	5.5
旅客运输周转量	亿人公里	19758.2	2.6
铁路	亿人公里	9567.8	15.7
公路	亿人公里	3627.5	-21.8
水运	亿人公里	33.1	0.4
民航	亿人公里	6529.7	3.5

年末全国民用汽车保有量30151万辆（包括三轮汽车和低速货车732万辆），比上年末增加2064万辆，其中私人汽车保有量26246万辆，增加1852万辆。民用轿车保有量16739万辆，增加1099万辆，其中私人轿车保有量15732万辆，增加1059万辆。

全年完成邮政行业业务总量[30]13698亿元，比上年增长25.1%。邮政业全年完成邮政函件业务10.9亿件，包裹业务0.2亿件，快递业务量1083.0亿件，快递业务收入10332亿元。全年完成电信业务总量[31]16960亿元，比上年增长27.8%。年末移动电话基站数[32]996万个，其中4G基站

590万个，5G基站143万个。全国电话用户总数182353万户，其中移动电话用户164283万户。移动电话普及率为116.3部/百人。固定互联网宽带接入用户[33]53579万户，比上年末增加5224万户，其中固定互联网光纤宽带接入用户[34]50551万户，增加5136万户。蜂窝物联网终端用户[35]13.99亿户，增加2.64亿户。互联网上网人数10.32亿人，其中手机上网人数[36]10.29亿人。互联网普及率为73.0%，其中农村地区互联网普及率为57.6%。全年移动互联网用户接入流量2216亿GB，比上年增长33.9%。全年软件和信息技术服务业[37]完成软件业务收入94994亿元，按可比口径计算，比上年增长17.7%。

图 12　2017—2021年快递业务量及其增长速度

图 13　2017—2021年年末固定互联网宽带接入用户数

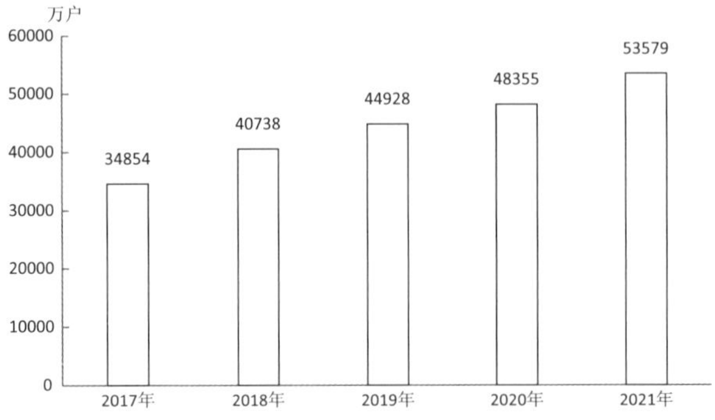

五、国内贸易

全年社会消费品零售总额440823亿元，比上年增长12.5%。按经营地统计，城镇消费品零售额381558亿元，增长12.5%；乡村消费品零售额59265亿元，增长12.1%。按消费类型统计，商品零售额393928亿元，增长11.8%；餐饮收入额46895亿元，增长18.6%。

全年限额以上单位商品零售额中，粮油、食品类零售额比上年增长10.8%，饮料类增长20.4%，烟酒类增长21.2%，服装、鞋帽、针纺织品类增长12.7%，化妆品类增长14.0%，金银珠宝类增长29.8%，日用品类增长14.4%，家用电器和音像器材类增长10.0%，中西药品类增长9.9%，文化办公用品类增长18.8%，家具类增长14.5%，通讯器材类增长14.6%，建筑及装潢材料类增长20.4%，石油及制品类增长21.2%，汽车类增长7.6%。

图 14　2017—2021年社会消费品零售总额及其增长速度

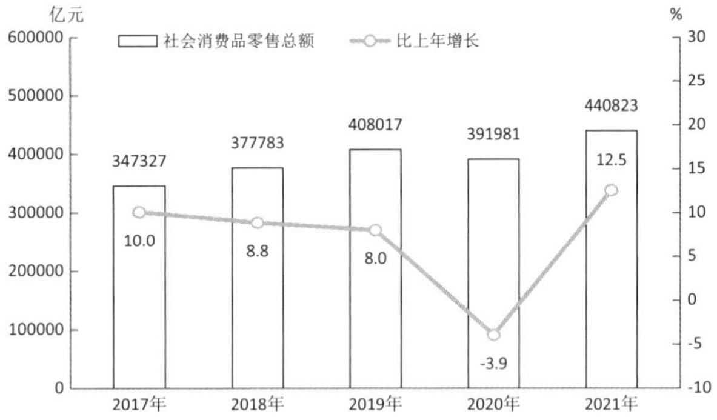

全年实物商品网上零售额108042亿元，按可比口径计算，比上年增长12.0%，占社会消费品零售总额的比重为24.5%。

六、固定资产投资

全年全社会固定资产投资[38]552884亿元，比上年增长4.9%。固定资产投资（不含农户）544547亿元，增长4.9%。在固定资产投资（不含农户）中，分区域看[39]，东部地区投资增长6.4%，中部地区投资增长10.2%，西部地区投资增长3.9%，东北地区投资增长5.7%。

在固定资产投资（不含农户）中，第一产业投资14275亿元，比上年增长9.1%；第二产业投资167395亿元，增长11.3%；第三产业投资362877亿元，增长2.1%。民间固定资产投资[40]307659亿元，增长7.0%。基础设施投资[41]增长0.4%。社会领域投资[42]增长10.7%。

图 15　2021年三次产业投资占固定资产投资（不含农户）比重

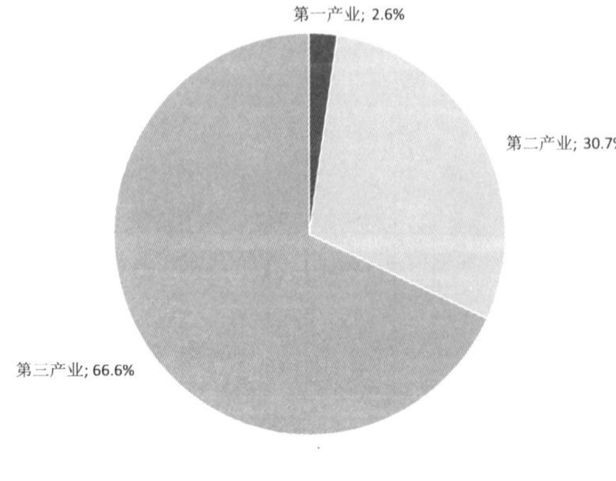

表 6 2021年分行业固定资产投资（不含农户）增长速度

行　业	比上年增长（%）
总计	4.9
农、林、牧、渔业	9.3
采矿业	10.9
制造业	13.5
电力、热力、燃气及水生产和供应业	1.1
建筑业	1.6
批发和零售业	-5.9
交通运输、仓储和邮政业	1.6
住宿和餐饮业	6.6
信息传输、软件和信息技术服务业	-12.1
金融业	1.9
房地产业[43]	5.0
租赁和商务服务业	13.6
科学研究和技术服务业	14.5
水利、环境和公共设施管理业	-1.2
居民服务、修理和其他服务业	-10.3
教育	11.7
卫生和社会工作	19.5
文化、体育和娱乐业	1.6
公共管理、社会保障和社会组织	-38.2

表 7 2021年固定资产投资新增主要生产与运营能力

指　标	单位	绝对数
新增220千伏及以上变电设备	万千伏安	24334
新建铁路投产里程	公里	4208
其中：高速铁路	公里	2168
增、新建铁路复线投产里程	公里	2769
电气化铁路投产里程	公里	4189
新改建高速公路里程	公里	9028
港口万吨级码头泊位新增通过能力	万吨/年	25368
新增民用运输机场	个	7
新增光缆线路长度	万公里	319

全年房地产开发投资147602亿元，比上年增长4.4%。其中住宅投资111173亿元，增长6.4%；办公楼投资5974亿元，下降8.0%；商业营业用房投资12445亿元，下降4.8%。年末商品房待售面积51023万平方米，比上年末增加1173万平方米，其中商品住宅待售面积22761万平方米，增加381万平方米。

表 8 2021年房地产开发和销售主要指标及其增长速度

指　标	单位	绝对数	比上年增长（%）
投资额	亿元	147602	4.4
其中：住宅	亿元	111173	6.4
房屋施工面积	万平方米	975387	5.2
其中：住宅	万平方米	690319	5.3
房屋新开工面积	万平方米	198895	-11.4
其中：住宅	万平方米	146379	-10.9
房屋竣工面积	万平方米	101412	11.2
其中：住宅	万平方米	73016	10.8
商品房销售面积	万平方米	179433	1.9
其中：住宅	万平方米	156532	1.1
本年到位资金	亿元	201132	4.2
其中：国内贷款	亿元	23296	-12.7
个人按揭贷款	亿元	32388	8.0

全年全国各类棚户区改造开工165万套，基本建成205万套；全国保障性租赁住房开工建设和筹集94万套。

七、对外经济

全年货物进出口总额391009亿元，比上年增长21.4%。其中，出口217348亿元，增长21.2%；进口173661亿元，增长21.5%。货物进出口顺差43687亿元，比上年增加7344亿元。对“一带一路”[44]沿线国家进出口总额115979亿元，比上年增长23.6%。其中，出口65924亿元，增长21.5%；进口50055亿元，增长26.4%。

图 16 2017—2021年货物进出口总额

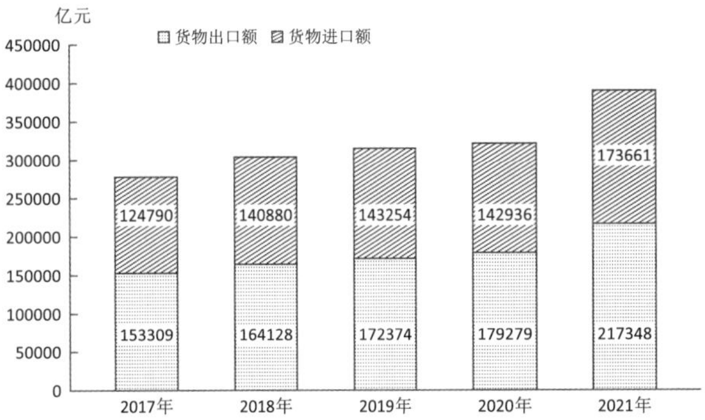

表 9 2021年货物进出口总额及其增长速度

指　标	金额（亿元）	比上年增长（%）
货物进出口总额	391009	21.4
货物出口额	217348	21.2
其中：一般贸易	132445	24.4
加工贸易	53378	9.9
其中：机电产品	128286	20.4
高新技术产品	63266	17.9
货物进口额	173661	21.5
其中：一般贸易	108395	25.0
加工贸易	31601	13.3
其中：机电产品	73657	12.2
高新技术产品	54088	14.7
货物进出口顺差	43687	20.2

表 10　2021年主要商品出口数量、金额及其增长速度

商品名称	单位	数量	比上年增长（%）	金额（亿元）	比上年增长（%）
钢材	万吨	6690	24.6	5289	67.9
纺织纱线、织物及制品	—	—	—	9384	-12.2
服装及衣着附件	—	—	—	11000	15.6
鞋靴	万双	873231	18.1	3097	26.2
家具及其零件	—	—	—	4772	18.2
箱包及类似容器	万吨	244	21.4	1800	26.1
玩具	—	—	—	2980	28.6
塑料制品	—	—	—	6397	20.5
集成电路	亿个	3107	19.6	9930	23.4
自动数据处理设备及其零部件	—	—	—	16488	12.9
手机	万台	95420	-1.2	9447	9.3
集装箱	万个	484	144.0	1514	198.3
液晶显示板	万个	142439	12.4	1788	30.5
汽车（包括底盘）	万辆	212	95.9	2227	104.6

表 11　2021年主要商品进口数量、金额及其增长速度

商品名称	单位	数量	比上年增长（%）	金额（亿元）	比上年增长（%）
大豆	万吨	9652	-3.8	3459	26.1
食用植物油	万吨	1039	-3.7	706	24.0
铁矿砂及其精矿	万吨	112432	-3.9	11942	39.6
煤及褐煤	万吨	32322	6.6	2319	64.1
原油	万吨	51298	-5.4	16618	34.4
成品油	万吨	2712	-4.0	1078	31.6
天然气	万吨	12136	19.9	3601	56.3
初级形状的塑料	万吨	3397	-16.4	3950	8.8
纸浆	万吨	2969	-2.7	1296	19.5
钢材	万吨	1427	-29.5	1210	3.9
未锻轧铜及铜材	万吨	553	-17.2	3387	12.5
集成电路	亿个	6355	16.9	27935	15.4
汽车（包括底盘）	万辆	94	0.6	3489	7.6

表 12　2021年对主要国家和地区货物进出口金额、增长速度及其比重

国家和地区	出口额（亿元）	比上年增长（%）	占全部出口比重（%）	进口额（亿元）	比上年增长（%）	占全部进口比重（%）
东盟	31255	17.7	14.4	25489	22.2	14.7
欧盟	33483	23.7	15.4	20028	12.1	11.5
美国	37224	19.0	17.1	11603	24.2	6.7
日本	10722	8.5	4.9	13298	10.1	7.7
韩国	9617	23.5	4.4	13791	15.1	7.9
中国香港	22641	20.3	10.4	627	30.2	0.4
中国台湾	5063	21.7	2.3	16146	16.5	9.3
巴西	3464	43.4	1.6	7138	20.3	4.1
俄罗斯	4364	24.7	2.0	5122	28.2	2.9
印度	6302	36.6	2.9	1819	25.1	1.0
南非	1365	29.4	0.6	2147	49.4	1.2

全年服务进出口总额52983亿元，比上年增长16.1%。其中，服务出口25435亿元，增长31.4%；服务进口27548亿元，增长4.8%。服务进出口逆差2113亿元。

全年外商直接投资（不含银行、证券、保险领域）新设立企业47643家，比上年增长23.5%。实际使用外商直接投资金额11494亿元，增长14.9%，折1735亿美元，增长20.2%。其中“一带一路”沿线国家对华直接投资（含通过部分自由港对华投资）新设立企业5336家，增长24.3%；对华直接投资金额743亿元，增长29.4%，折112亿美元，增长36.0%。全年高技术产业实际使用外资3469亿元，增长17.1%，折522亿美元，增长22.1%。

表 13 2021年外商直接投资（不含银行、证券、保险领域）及其增长速度

行　业	企业数（家）	比上年增长（%）	实际使用金额（亿元）	比上年增长（%）
总　计	47643	23.5	11494	14.9
其中：农、林、牧、渔业	491	−0.4	55	38.4
制造业	4455	19.4	2216	2.8
电力、热力、燃气及水生产和供应业	465	78.9	249	14.9
交通运输、仓储和邮政业	693	17.1	351	1.3
信息传输、软件和信息技术服务业	4053	15.1	1345	18.8
批发和零售业	13379	23.7	1098	34.1
房地产业	1125	−5.5	1571	11.7
租赁和商务服务业	9290	23.7	2193	19.3
居民服务、修理和其他服务业	522	16.8	31	44.6

全年对外非金融类直接投资额7332亿元，比上年下降3.5%，折1136亿美元，增长3.2%。其中，对“一带一路”沿线国家非金融类直接投资额203亿美元，增长14.1%。

表 14 2021年对外非金融类直接投资额及其增长速度

行　业	金额（亿美元）	比上年增长（%）
总计	1136.4	3.2
其中：农、林、牧、渔业	11.3	−18.7
采矿业	49.8	−2.2
制造业	184.0	−7.9
电力、热力、燃气及水生产和供应业	48.9	75.9
建筑业	55.7	7.9
批发和零售业	176.5	9.8
交通运输、仓储和邮政业	51.0	92.5
信息传输、软件和信息技术服务业	75.3	12.2
房地产业	24.9	−8.8
租赁和商务服务业	366.2	−12.4

全年对外承包工程完成营业额9996亿元，比上年下降7.1%，折1549亿美元，下降0.6%。其中，对“一带一路”沿线国家完成营业额897亿美元，下降1.6%，占对外承包工程完成营业额比重为57.9%。对外劳务合作派出各类劳务人员32万人。

八、财政金融

全年全国一般公共预算收入202539亿元，比上年增长10.7%，其中税收收入172731亿元，增长11.9%。全国一般公共预算支出246322亿元，比上年增长0.3%。全年新增减税降费约1.1万亿元。

图 17 2017—2021年全国一般公共预算收入

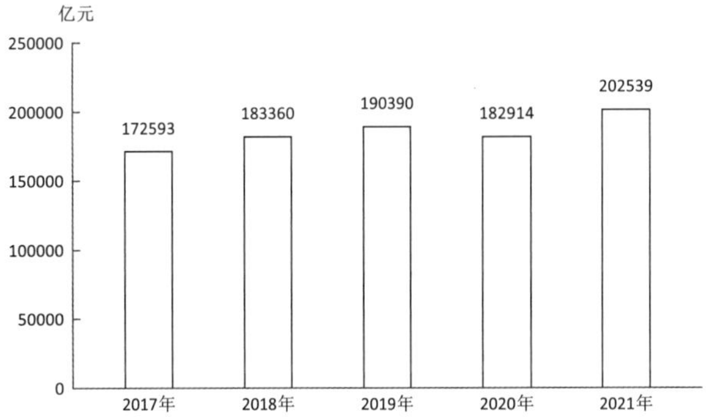

注：图中2017年至2020年数据为全国一般公共预算收入决算数，2021年为执行数。

年末广义货币供应量（M_2）余额238.3万亿元，比上年末增长9.0%；狭义货币供应量（M_1）余额64.7万亿元，增长3.5%；流通中货币（M_0）余额9.1万亿元，增长7.7%。

全年社会融资规模增量[45]31.4万亿元，按可比口径计算，比上年少3.4万亿元。年末社会融资规模存量[46]314.1万亿元，按可比口径计算，比上年末增长10.3%，其中对实体经济发放的人民币贷款余额191.5万亿元，增长11.6%。年末全部金融机构本外币各项存款余额238.6万亿元，比年初增加20.2万亿元，其中人民币各项存款余额232.3万亿元，增加19.7万亿元。全部金融机构本外币各项贷款余额198.5万亿元，增加20.1万亿元，其中人民币各项贷款余额192.7万亿元，增加19.9万亿元。人民币普惠金融贷款[47]余额26.5万亿元，增加5.0万亿元。

表 15　2021年年末全部金融机构本外币存贷款余额及其增长速度

指　标	年末数（亿元）	比上年末增长（%）
各项存款	2386062	9.3
其中：境内住户存款	1033118	10.6
其中：人民币	1025012	10.7
境内非金融企业存款	730137	6.1
各项贷款	1985108	11.3
其中：境内短期贷款	520506	5.7
境内中长期贷款	1291149	13.5

年末主要农村金融机构（农村信用社、农村合作银行、农村商业银行）人民币贷款余额242496亿元，比年初增加26607亿元。全部金融机构人民币消费贷款余额548849亿元，增加53181亿元。其中，个人短期消费贷款余额93558亿元，增加6080亿元；个人中长期消费贷款余额455292亿元，增加47101亿元。

全年沪深交易所A股累计筹资[48]16743亿元，比上年增加1326亿元。沪深交易所首次公开发行上市A股481只，筹资5351亿元，比上年增加609亿元，其中科创板股票162只，筹资2029亿元；沪深交易所A股再融资（包括公开增发、定向增发、配股、优先股、可转债转股）11391亿元，增加717亿元。北京证券交易所公开发行股票11只，筹资[49]21亿元。全年各类主体通过沪深交易所发行债券（包括公司债、可转债、可交换债、政策性金融债、地方政府债和企业资产支持证券）筹资86553亿元，比上年增加1776亿元。全国中小企业股份转让系统[50]挂牌公司6932家，全年挂牌公司累计股票筹资260亿元。

全年发行公司信用类债券[51]14.7万亿元，比上年增加0.5万亿元。

全年保险公司原保险保费收入[52]44900亿元，按可比口径计算，比上年增长4.0%。其中，寿险业务原保险保费收入23572亿元，健康险和意外伤害险业务原保险保费收入9657亿元，财产险业务原保险保费收入11671亿元。支付各类赔款及给付15609亿元。其中，寿险业务给付3540亿元，健康险和意外伤害险业务赔款及给付4381亿元，财产险业务赔款7687亿元。

九、居民收入消费和社会保障

全年全国居民人均可支配收入35128元，比上年增长9.1%，扣除价格因素，实际增长8.1%。全国居民人均可支配收入中位数[53]29975元，增长8.8%。按常住地分，城镇居民人均可支配收入47412元，比上年增长8.2%，扣除价格因素，实际增长7.1%。城镇居民人均可支配收入中位数43504元，增长7.7%。农村居民人均可支配收入18931元，比上年增长10.5%，扣除价格因素，实际增长9.7%。农村居民人均可支配收入中位数16902元，增长11.2%。城乡居民人均可支配收入比值为2.50，比上年缩小0.06。按全国居民五等份收入分组[54]，低收入组人均可支配收入8333元，中间偏下收入组人均可支配收入18445元，中间收入组人均可支配收入29053元，中间偏上收入组人均可支配收入44949元，高收入组人均可支配收入85836元。全国农民工人均月收入4432元，比上年增长8.8%。全年脱贫县[55]农村居民人均可支配收入14051元，比上年增长11.6%，扣除价格因素，实际增长10.8%。

全年全国居民人均消费支出24100元，比上年增长13.6%，扣除价格因素，实际增长12.6%。其中，人均服务性消费支出[56]10645元，比上年增长17.8%，占居民人均消费支出的比重为44.2%。按常住地分，城镇居民人均消费支出30307元，增长12.2%，扣除价格因素，实际增长11.1%；农村居民人均消费支出15916元，增长16.1%，扣除价格因素，实际增长15.3%。全国居民恩格尔系数为29.8%，其中城镇为28.6%，农村为32.7%。

图 18　2017—2021年全国居民人均可支配收入及其增长速度

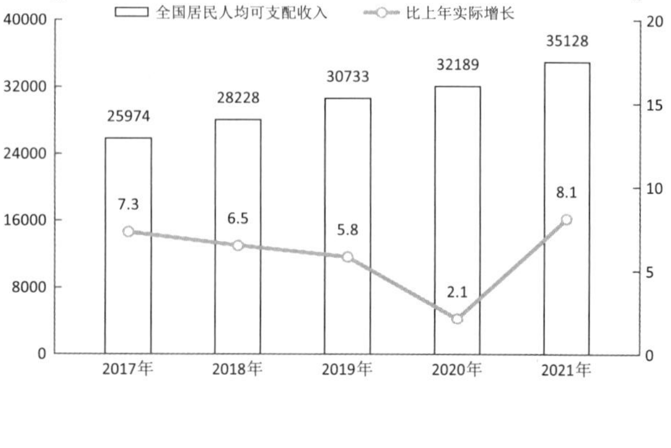

图 19 2021年全国居民人均消费支出及其构成

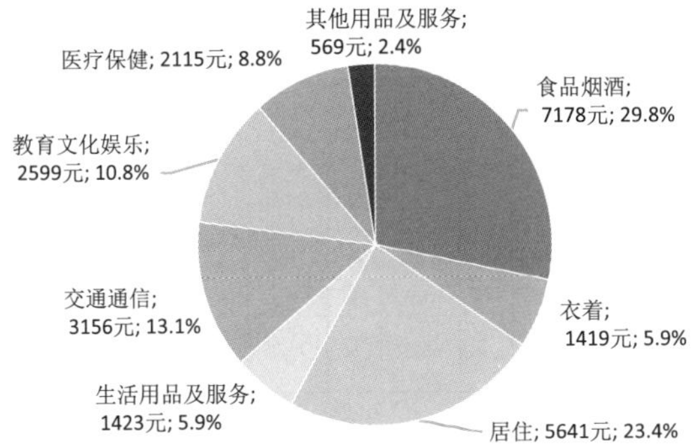

年末全国参加城镇职工基本养老保险人数48075万人，比上年末增加2454万人。参加城乡居民基本养老保险人数54797万人，增加554万人。参加基本医疗保险人数136424万人，增加293万人。其中，参加职工基本医疗保险人数35422万人，增加967万人；参加城乡居民基本医疗保险人数101002万人。参加失业保险人数22958万人，增加1268万人。年末全国领取失业保险金人数259万人。参加工伤保险人数28284万人，增加1521万人，其中参加工伤保险的农民工9086万人，增加152万人。参加生育保险人数23851万人，增加283万人。年末全国共有738万人享受城市最低生活保障，3474万人享受农村最低生活保障，438万人享受农村特困人员[57]救助供养，全年临时救助[58]1089万人次。全年国家抚恤、补助退役军人和其他优抚对象817万人。

年末全国共有各类提供住宿的民政服务机构4.3万个，其中养老机构4.0万个，儿童福利和救助保护机构801个。民政服务床位[59]840.2万张，其中养老服务床位813.5万张，儿童福利和救助保护机构床位9.6万张。年末共有社区服务中心2.9万个，社区服务站47.2万个。

十、科学技术和教育

全年研究与试验发展（R&D）经费支出27864亿元，比上年增长14.2%，与国内生产总值之比为2.44%，其中基础研究经费1696亿元。国家自然科学基金共资助4.87万个项目。截至年末，正在运行的国家重点实验室533个，纳入新序列管理的国家工程研究中心191个，国家企业技术中心1636家，大众创业万众创新示范基地212家。国家科技成果转化引导基金累计设立36支子基金，资金总规模624亿元。国家级科技企业孵化器[60]1287家，国家备案众创空间[61]2551家。全年授予专利权460.1万件，比上年增长26.4%；PCT专利申请受理量[62]7.3万件。截至年末，有效专利1542.1万件，其中境内有效发明专利270.4万件。每万人口高价值发明专利拥有量[63]7.5件。全年商标注册773.9万件，比上年增长34.3%。全年共签订技术合同67万项，技术合同成交金额37294亿元，比上年增长32.0%。

图 20 2017—2021年研究与试验发展（R&D）经费支出及其增长速度

表 16 2021年专利授权和有效专利情况

指　标	专利数（万件）	比上年增长（%）
专利授权数	460.1	26.4
其中：境内专利授权	445.1	27.0
其中：发明专利授权	69.6	31.3
其中：境内发明专利	57.8	33.2
年末有效专利数	1542.1	26.5
其中：境内有效专利	1429.5	28.6
其中：有效发明专利	359.7	17.6
其中：境内有效发明专利	270.4	22.2

全年成功完成52次宇航发射。天问一号探测器成功着陆火星，祝融号火星车驶上火星表面。天和核心舱发射成功，神舟十二号、神舟十三号等任务相继实施，中国人首次进入自己的空间站。羲和号探日卫星成功发射运行。祖冲之二号、九章二号成功研制，我国在超导量子和光量子两种物理体系上实现量子计算优越性。海斗一号全海深无人潜水器打破多项世界纪录。华龙一号自主三代核电机组投入商业运行。

年末全国共有国家质检中心869家。全国现有产品质量、体系和服务认证机构932个，累计完成对87万家企业的认证。全年制定、修订国家标准2815项，其中新制定1900项。全年制造业产品质量合格率[64]为93.08%。

全年研究生教育招生117.7万人，在学研究生333.2万人，毕业生77.3万人。普通、职业本专科[65]招生1001.3万人，在校生3496.1万人，毕业生826.5万人。中等职业教育[66]招生656.2万人，在校生1738.5万人，毕业生484.1万人。普通高中招生905.0万人，在校生2605.0万人，毕业生780.2万人。初中招生1705.4万人，在校生5018.4万人，毕业生1587.1万人。普通小学招生1782.6万人，在校生10779.9万人，毕业生1718.0万人。特殊教育招生14.9万人，在校生92.0万人，毕业生14.6万人。学前教育在园幼儿4805.2万人。九年义务教育巩固率为95.4%，高中阶段毛入学率为91.4%。

图 21 2017—2021年本专科、中等职业教育及普通高中招生人数

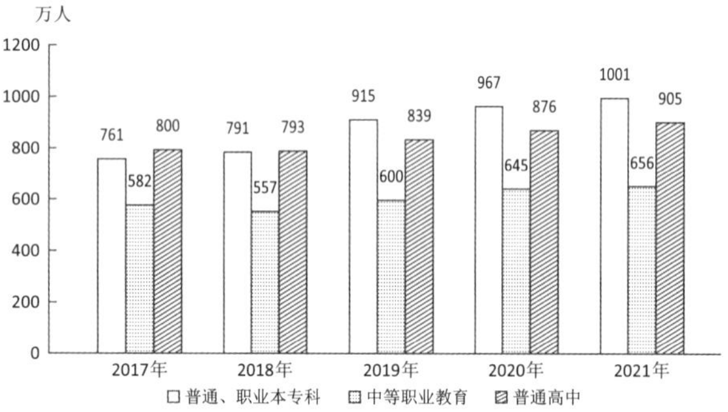

十一、文化旅游、卫生健康和体育

年末全国文化和旅游系统共有艺术表演团体2044个，博物馆3671个。全国共有公共图书馆3217个，总流通[67]72898万人次；文化馆3317个。有线电视实际用户2.01亿户，其中有线数字电视实际用户1.95亿户。年末广播节目综合人口覆盖率为99.5%，电视节目综合人口覆盖率为99.7%。全年生产电视剧194部6736集，电视动画片78372分钟。全年生产故事影片565部，科教、纪录、动画和特种影片[68]175部。出版各类报纸276亿份，各类期刊20亿册，图书110亿册（张），人均图书拥有量[69]7.76册（张）。年末全国共有档案馆4233个，已开放各类档案18931万卷（件）。全年全国规模以上文化及相关产业企业营业收入119064亿元，按可比口径计算，比上年增长16.0%。

全年国内游客32.5亿人次，比上年增长12.8%。其中，城镇居民游客23.4亿人次，增长13.4%；农村居民游客9.0亿人次，增长11.1%。国内旅游收入29191亿元，增长31.0%。其中，城镇居民游客花费23644亿元，增长31.6%；农村居民游客花费5547亿元，增长28.4%。

图 22 2017—2021年国内游客人次及其增长速度

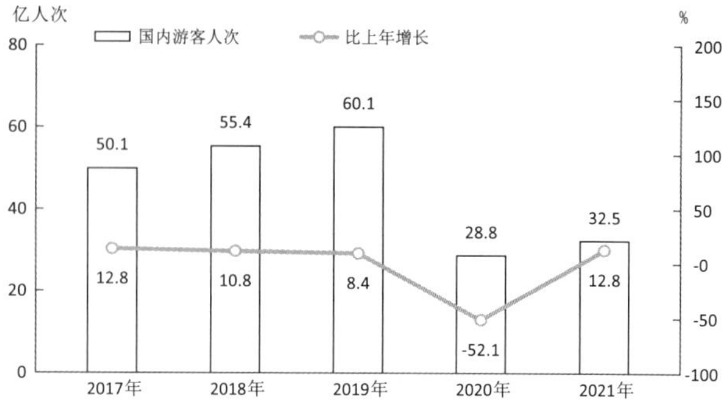

年末全国共有医疗卫生机构103.1万个，其中医院3.7万个，在医院中有公立医院1.2万个，民营医院2.5万个；基层医疗卫生机构97.7万个，其中乡镇卫生院3.5万个，社区卫生服务中心（站）3.6万个，门诊部（所）30.7万个，村卫生室59.9万个；专业公共卫生机构1.3万个，其中疾病预防控制中心3380个，卫生监督所（中心）2790个。年末卫生技术人员1123万人，其中执业医师和执业助理医师427万人，注册护士502万人。医疗卫生机构床位957万张，其中医院748万张，乡镇卫生院144万张。全年总诊疗人次[70]85.3亿人次，出院人数[71]2.4亿人。截至年末，全国累计报告新型冠状病毒肺炎确诊病例102314例，累计治愈出院病例94792例，累计死亡4636人。全国累计报告接种新型冠状病毒疫苗283533万剂次。全国共有11937家医疗卫生机构提供新型冠状病毒核酸检测服务，总检测能力达到4168万份/天。

图 23 2017—2021年年末卫生技术人员人数

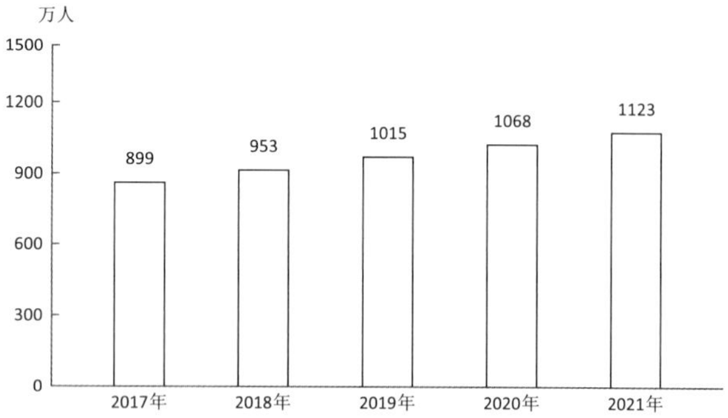

年末全国共有体育场地[72]397.1万个，体育场地面积[73]34.1亿平方米，人均体育场地面积2.41平方米。全年我国运动员在16个运动大项中获得67个世界冠军，共创12项世界纪录。在第32届奥运会上，我国运动员共获得38枚金牌，奖牌总数88枚，位列奥运会金牌榜和奖牌榜第二位。全年我国残疾人运动员在5项国际赛事中获得110个世

界冠军。在第16届残奥会上，我国运动员共获得96枚金牌，奖牌总数207枚，第五次蝉联金牌榜和奖牌榜第一位。

十二、资源、环境和应急管理

全年全国国有建设用地供应总量[74]69.0万公顷，比上年增长4.8%。其中，工矿仓储用地17.5万公顷，增长4.9%；房地产用地[75]13.6万公顷，减少12.2%；基础设施用地37.9万公顷，增长12.7%。

全年水资源总量29520亿立方米。全年总用水量5921亿立方米，比上年增长1.9%。其中，生活用水增长5.3%，工业用水增长2.0%，农业用水增长0.9%，人工生态环境补水增长2.9%。万元国内生产总值用水量[76]54立方米，下降5.8%。万元工业增加值用水量31立方米，下降7.0%。人均用水量419立方米，增长1.8%。

全年完成造林面积360万公顷，其中人工造林面积134万公顷，占全部造林面积的37.1%。种草改良面积[77]307万公顷。截至年末，国家级自然保护区474个，国家公园5个。新增水土流失治理面积6.2万平方公里。

初步核算，全年能源消费总量52.4亿吨标准煤，比上年增长5.2%。煤炭消费量增长4.6%，原油消费量增长4.1%，天然气消费量增长12.5%，电力消费量增长10.3%。煤炭消费量占能源消费总量的56.0%，比上年下降0.9个百分点；天然气、水电、核电、风电、太阳能发电等清洁能源消费量占能源消费总量的25.5%，上升1.2个百分点。重点耗能工业企业单位电石综合能耗下降5.3%，单位合成氨综合能耗与上年持平，吨钢综合能耗下降0.4%，单位电解铝综合能耗下降2.1%，每千瓦时火力发电标准煤耗下降0.5%。全国万元国内生产总值二氧化碳排放[78]下降3.8%。

图 24 2017—2021年清洁能源消费量占能源消费总量的比重

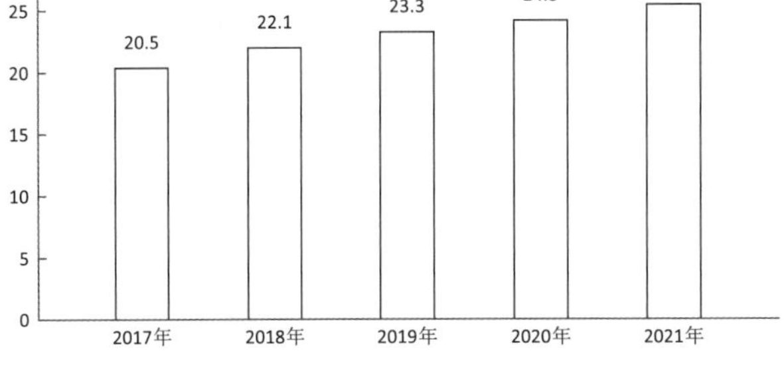

全年近岸海域海水水质[79]达到国家一、二类海水水质标准的面积占81.3%，三类海水占5.2%，四类、劣四类海水占13.5%。

在开展城市区域声环境监测的324个城市中，全年昼间声环境质量好的城市占4.9%，较好的占61.7%，一般的占31.5%，较差的占1.9%。

全年平均气温为10.53℃，比上年上升0.28℃。共有5个台风登陆。

全年农作物受灾面积1174万公顷，其中绝收163万公顷。全年因洪涝和地质灾害造成直接经济损失2477亿元，因干旱灾害造成直接经济损失201亿元，因低温冷冻和雪灾造成直接经济损失133亿元，因海洋灾害造成直接经济损失30亿元。全年大陆地区共发生5.0级以上地震20次，造成直接经济损失107亿元。全年共发生森林火灾616起，受害森林面积约0.4万公顷。

全年各类生产安全事故共死亡26307人。工矿商贸企业就业人员10万人生产安全事故死亡人数1.374人，比上年上升5.6%；煤矿百万吨死亡人数0.045人，下降23.7%。道路交通事故万车死亡人数1.57人，下降5.4%。

注释：

[1]本公报中数据均为初步统计数。各项统计数据均未包括香港特别行政区、澳门特别行政区和台湾省。部分数据因四舍五入的原因，存在总计与分项合计不等的情况。

[2]国内生产总值、三次产业及相关行业增加值、地区生产总值、人均国内生产总值和国民总收入绝对数按现价计算，增长速度按不变价格计算。

[3]两年平均增速是指以2019年同期数为基数，采用几何平均的方法计算的增速。

[4]国民总收入，原称国民生产总值，是指一个国家或地区所有常住单位在一定时期内所获得的初次分配收入总额，等于国内生产总值加上来自国外的初次分配收入净额。

[5]全员劳动生产率为国内生产总值（按2020年价格计算）与全部就业人员的比率，根据第七次全国人口普查结果对历史数据进行了修订。

[6]见注释[5]。

[7]全国人口是指我国大陆31个省、自治区、直辖市和现役军人的人口，不包括居住在31个省、自治区、直辖市的港澳台居民和外籍人员。

[8]人户分离的人口是指居住地与户口登记地所在的乡镇街道不一致且离开户口登记地半年及以上的人口。

[9]流动人口是指人户分离人口中扣除市辖区内人户

分离的人口。市辖区内人户分离的人口是指一个直辖市或地级市所辖区内和区与区之间，居住地和户口登记地不在同一乡镇街道的人口。

[10]2021年年末，0–14岁（含不满15周岁）人口为24678万人，15–59岁（含不满60周岁）人口为89846万人。

[11]年度农民工数量包括年内在本乡镇以外从业6个月及以上的外出农民工和在本乡镇内从事非农产业6个月及以上的本地农民工。

[12]农产品生产者价格是指农产品生产者直接出售其产品时的价格。

[13]居住类价格包括租赁房房租、住房保养维修及管理、水电燃料等价格。

[14]高技术制造业包括医药制造业，航空、航天器及设备制造业，电子及通信设备制造业，计算机及办公设备制造业，医疗仪器设备及仪器仪表制造业，信息化学品制造业。

[15]装备制造业包括金属制品业，通用设备制造业，专用设备制造业，汽车制造业，铁路、船舶、航空航天和其他运输设备制造业，电气机械和器材制造业，计算机、通信和其他电子设备制造业，仪器仪表制造业。

[16]规模以上服务业统计范围包括：年营业收入2000万元及以上的交通运输、仓储和邮政业，信息传输、软件和信息技术服务业，水利、环境和公共设施管理业，卫生行业法人单位；年营业收入1000万元及以上的房地产业（不含房地产开发经营），租赁和商务服务业，科学研究和技术服务业，教育行业法人单位；以及年营业收入500万元及以上的居民服务、修理和其他服务业，文化、体育和娱乐业，社会工作行业法人单位。

[17]战略性新兴服务业包括新一代信息技术产业、高端装备制造产业、新材料产业、生物产业、新能源汽车产业、新能源产业、节能环保产业和数字创意产业等八大产业中的服务业相关行业，以及新技术与创新创业等相关服务业。2021年战略性新兴服务业企业营业收入增速按可比口径计算。

[18]高技术产业投资包括医药制造、航空航天器及设备制造等六大类高技术制造业投资和信息服务、电子商务服务等九大类高技术服务业投资。

[19]网上零售额是指通过公共网络交易平台（主要从事实物商品交易的网上平台，包括自建网站和第三方平台）实现的商品和服务零售额。

[20]东部地区是指北京、天津、河北、上海、江苏、浙江、福建、山东、广东和海南10省（市）；中部地区是指山西、安徽、江西、河南、湖北和湖南6省；西部地区是指内蒙古、广西、重庆、四川、贵州、云南、西藏、陕西、甘肃、青海、宁夏和新疆12省（区、市）；东北地区是指辽宁、吉林和黑龙江3省。

[21]根据第七次全国人口普查结果，对2017–2019年年末常住人口城镇化率数据进行了修订。

[22]万元国内生产总值能耗按2020年价格计算。

[23]2020年部分产品产量数据进行了核实调整，2021年产量增速按可比口径计算。

[24]火电包括燃煤发电量，燃油发电量，燃气发电量，余热、余压、余气发电量，垃圾焚烧发电量，生物质发电量。

[25]钢材产量数据中含企业之间重复加工钢材。

[26]少量发电装机容量（如地热等）公报中未列出。

[27]由于统计调查制度规定的调查范围变动、统计执法、剔除重复数据等因素，2021年规模以上工业企业财务指标增速及变化按可比口径计算。

[28]产能利用率是指实际产出与生产能力（均以价值量计量）的比率。企业的实际产出是指企业报告期内的工业总产值；企业的生产能力是指报告期内，在劳动力、原材料、燃料、运输等保证供给的情况下，生产设备（机械）保持正常运行，企业可实现并能长期维持的产品产出。

[29]货物运输总量及周转量包括铁路、公路、水路、民航和管道五种运输方式完成量，2021年增速按可比口径计算。

[30]邮政行业业务总量按2020年价格计算。

[31]电信业务总量按2020年价格计算。

[32]移动电话基站数是指报告期末为小区服务的无线收发信设备，处理基站与移动台之间的无线通信，在移动交换机与移动台之间起中继作用，监视无线传输质量的全套设备数。

[33]固定互联网宽带接入用户是指报告期末在电信企业登记注册，通过xDSL、FTTx+LAN、FTTH/O以及其他宽带接入方式和普通专线接入公众互联网的用户。

[34]固定互联网光纤宽带接入用户是指报告期末在电信企业登记注册，通过FTTH或FTTO方式接入公众互联网的用户。

[35]蜂窝物联网终端用户是指报告期末接入移动通信网络并开通物联网业务的用户。物联网终端即连接传感网络层和传输网络层，实现远程采集数据及向网络层发送数据的物联网设备。

[36]手机上网人数是指过去半年通过手机接入并使用互联网的人数。

[37]软件和信息技术服务业包括软件开发、集成电路设计、信息系统集成和物联网技术服务、运行维护服务、信息处理和存储支持服务、信息技术咨询服务、数字内容服务和其他信息技术服务等行业。

[38]根据统计调查方法改革和制度规定，对2020年固定资产投资相关数据进行修订，2021年相关指标增速按可比口径计算。

[39]见注释[20]。

[40]民间固定资产投资是指具有集体、私营、个人性

质的内资调查单位以及由其控股（包括绝对控股和相对控股）的调查单位建造或购置固定资产的投资。

[41]基础设施投资包括交通运输、邮政业，电信、广播电视和卫星传输服务业，互联网和相关服务业，水利、环境和公共设施管理业投资。

[42]社会领域投资包括教育，卫生和社会工作，文化、体育和娱乐业投资。

[43]房地产业投资除房地产开发投资外，还包括建设单位自建房屋以及物业管理、中介服务和其他房地产投资。

[44]“一带一路”是指“丝绸之路经济带”和“21世纪海上丝绸之路”。

[45]社会融资规模增量是指一定时期内实体经济从金融体系获得的资金总额。

[46]社会融资规模存量是指一定时期末（月末、季末或年末）实体经济从金融体系获得的资金余额。

[47]普惠金融贷款包括单户授信小于1000万元的小微型企业贷款、个体工商户经营性贷款、小微企业主经营性贷款、农户生产经营贷款、建档立卡贫困人口消费贷款、创业担保贷款和助学贷款。

[48]沪深交易所股票筹资额按上市日统计，筹资额包括了可转债实际转股金额，2020年、2021年可转债实际转股金额分别为1195亿元、1342亿元。

[49]北京证券交易所股票筹资额按上市日统计，筹资额只计入北京证券交易所开市日起新上市公司，精选层平移公司历史筹资数据保留在原全国中小企业股份转让系统统计报表中。

[50]全国中小企业股份转让系统是2012年经国务院批准的全国性证券交易场所。全年全国中小企业股份转让系统挂牌公司累计筹资不含优先股，股票筹资按新增股份挂牌日统计。

[51]公司信用类债券包括非金融企业债务融资工具、企业债券以及公司债、可转债等。

[52]原保险保费收入是指保险企业确认的原保险合同保费收入。

[53]人均收入中位数是指将所有调查户按人均收入水平从低到高（或从高到低）顺序排列，处于最中间位置调查户的人均收入。

[54]全国居民五等份收入分组是指将所有调查户按人均收入水平从低到高顺序排列，平均分为五个等份，处于最低20%的收入家庭为低收入组，依此类推依次为中间偏下收入组、中间收入组、中间偏上收入组、高收入组。

[55]脱贫县包括原832个国家扶贫开发工作重点县和集中连片特困地区县，以及新疆阿克苏地区7个市县。

[56]服务性消费支出是指住户用于餐饮服务、教育文化娱乐服务和医疗服务等各种生活服务的消费支出。

[57]农村特困人员是指无劳动能力，无生活来源，无法定赡养、抚养、扶养义务人或者其法定义务人无履行义务能力的农村老年人、残疾人以及未满16周岁的未成年人。

[58]临时救助是指国家对遭遇突发事件、意外伤害、重大疾病或其他特殊原因导致基本生活陷入困境，其他社会救助制度暂时无法覆盖或救助之后基本生活暂时仍有严重困难的家庭或个人给予的应急性、过渡性的救助。

[59]民政服务床位除收养性机构外，还包括救助类机构、社区类机构的床位。

[60]国家级科技企业孵化器是指符合《科技企业孵化器管理办法》规定的，以促进科技成果转化、培育科技企业和企业家精神为宗旨，提供物理空间、共享设施和专业化服务的科技创业服务机构，且经过科学技术部批准确定的科技企业孵化器。

[61]国家备案众创空间是指符合《发展众创空间工作指引》规定的新型创新创业服务平台，且按照《国家众创空间备案暂行规定》经科学技术部审核备案的众创空间。

[62]PCT专利申请受理量是指国家知识产权局作为PCT专利申请受理局受理的PCT专利申请数量。PCT（Patent Cooperation Treaty）即专利合作条约，是专利领域的一项国际合作条约。

[63]每万人口高价值发明专利拥有量是指每万人口本国居民拥有的经国家知识产权局授权的符合下列任一条件的有效发明专利数量：战略性新兴产业的发明专利；在海外有同族专利权的发明专利；维持年限超过10年的发明专利；实现较高质押融资金额的发明专利；获得国家科学技术奖、中国专利奖的发明专利。

[64]制造业产品质量合格率是指以产品质量检验为手段，按照规定的方法、程序和标准实施质量抽样检测，判定为质量合格的样品数占全部抽样样品数的百分比，统计调查样本覆盖制造业的29个行业。

[65]普通、职业本专科包括普通本科、职业本科、高职（专科）。2021年高职（专科）招生人数统计口径发生变化，包含五年制高职转入专科招生人数。

[66]中等职业教育包括普通中专、成人中专、职业高中和技工学校。

[67]总流通人次是指本年度内到图书馆场馆接受图书馆服务的总人次，包括借阅书刊、咨询问题以及参加各类读者活动等。

[68]特种影片是指采用与常规影院放映在技术、设备、节目方面不同的电影展示方式，如巨幕电影、立体电影、立体特效（4D）电影、动感电影、球幕电影等。

[69]人均图书拥有量是指在一年内全国平均每人能拥有的当年出版图书册数。

[70]总诊疗人次是指所有诊疗工作的总人次数，包括门诊、急诊、出诊、预约诊疗、单项健康检查、健康咨

询指导（不含健康讲座、核酸检测）人次。

[71]出院人数是指报告期内所有住院后出院的人数，包括医嘱离院、医嘱转其他医疗机构、非医嘱离院、死亡及其他人数，不含家庭病床撤床人数。

[72]体育场地调查对象不包括军队、铁路系统所属体育场地。

[73]体育场地面积是指体育训练、比赛、健身场地的有效面积。

[74]国有建设用地供应总量是指报告期内市、县人民政府根据年度土地供应计划依法以出让、划拨、租赁等方式与用地单位或个人签订出让合同或签发划拨决定书、完成交易的国有建设用地总量。

[75]房地产用地是指商服用地和住宅用地的总和。

[76]万元国内生产总值用水量、万元工业增加值用水量按2020年价格计算。

[77]种草改良面积是指通过实施播种、栽种等措施增加牧草数量的面积以及通过压盐压碱压沙、土壤改良、围栏封育等措施使草原原生植被、生态得到改善的面积之和。

[78]万元国内生产总值二氧化碳排放按2020年价格计算。

[79]近岸海域海水水质采用面积法进行评价。

河 北 省
2021年国民经济和社会发展
统 计 公 报

河北省统计局
国家统计局河北调查总队
2022年2月25日

2021年，全省各地各部门始终坚持以习近平新时代中国特色社会主义思想为指导，坚决贯彻习近平总书记对河北工作重要指示，全面落实党中央、国务院决策部署，在省委、省政府坚强领导下，坚持稳中求进工作总基调，立足新发展阶段，完整准确全面贯彻新发展理念，积极服务和融入新发展格局，加快创新发展、绿色发展、高质量发展，按照“三六八九”工作思路，统筹疫情防控和经济社会发展，全省经济发展稳中向好、稳中提质，人民生活继续改善，社会事业全面发展，实现了“十四五”良好开局。

一、综 合

初步核算，全省生产总值实现40391.3亿元，比上年增长6.5%。其中，第一产业增加值4030.3亿元，增长6.3%；第二产业增加值16364.2亿元，增长4.8%；第三产业增加值19996.7亿元，增长7.7%。三次产业比例为10.0∶40.5∶49.5。全省人均生产总值为54172元，比上年增长6.5%。

图 1 2017—2021年全省生产总值

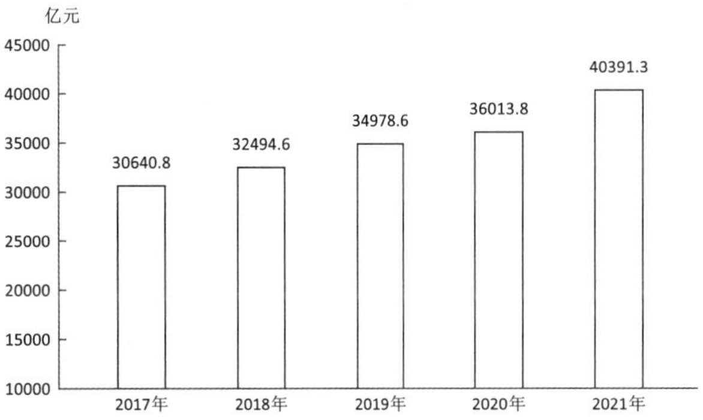

年末全省常住总人口7448万人，比上年末减少16万人。其中，城镇常住人口4554万人，比上年末增加70万人；占总人口比重（常住人口城镇化率）为61.14%，比上年末提高1.07个百分点。出生人口53.3万人，人口出生率为7.15‰；死亡人口56.5万人，人口死亡率为7.58‰；人口自然增长率为-0.43‰，比上年回落1.37个千分点。0-15岁人口为1527万人，占总人口的20.50%，比上年下降1.00个百分点；16至59岁的劳动力年龄人口4414万人，占总人口的比重为59.26%，比上年上升0.62个百分点；60岁及以上老年人口1507万人，占总人口的比重为20.23%，比上年上升0.38个百分点，其中65岁及以上人口1111万人，占总人口的比重为14.92%，上升1.00个百分点。

图 2 2017—2021年年末全省常住总人口

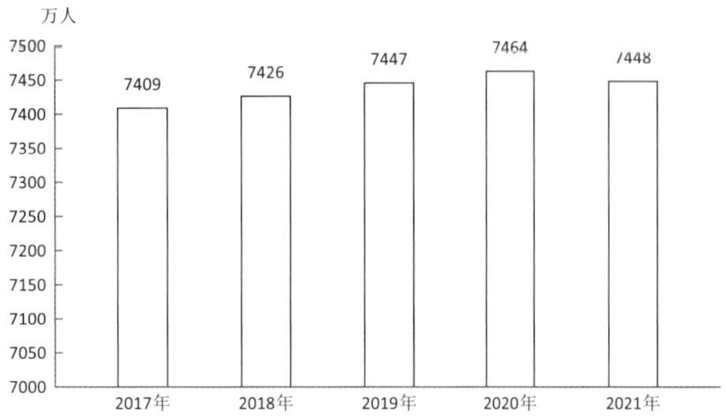

全年全省城镇新增就业92.51万人，比上年增加6.61万人。城镇下岗失业人员再就业28.49万人，比上年增加2.59万人。其中就业困难对象实现再就业11.80万人，比上年增加1.24万人。年末全省城镇登记失业率为3.08%，控制在4.5%的预期目标以内。

全年居民消费价格比上年上涨1.0%。其中，城市上涨0.9%，农村上涨1.2%。分类别看，食品烟酒价格上涨0.9%，衣着下降0.7%，居住上涨0.2%，生活用品及服务下降0.3%，交通和通信上涨4.5%，教育文化和娱乐上涨1.2%，医疗保健上涨0.3%，其他用品和服务下降0.7%。工业生产者出厂价格上涨16.4%，工业生产者购进价格上涨19.8%；农产品生产者价格上涨8.1%。

转型升级步伐加快。新动能加快成长。规模以上工业中，战略性新兴产业增加值比上年增长12.1%，增速快于规模以上工业7.2个百分点。高新技术产业增加值增长12.0%，占规模以上工业增加值的比重为21.5%，比上年提高2.1个百分点。规模以上工业八大主导产业增加值增长4.7%，其中生物医药健康产业增加值增长12.7%、新能源产业增长10.8%、信息智能产业增长18.7%、新材料产业增长6.7%。规模以上服务业中，高技术服务业营业收入增长12.0%。部分新产品产量快速增长。工业机器人产量增长36.7%，新能源汽车增长29.0%，工业自动调节仪表与控制系统增长33.5%。

民营经济增加值25659.7亿元，比上年增长6.6%；占全省生产总值的比重为63.5%，比上年提高0.2个百分点。

二、农　业

全年粮食播种面积642.9万公顷，比上年增长0.6%。粮食总产量3825.1万吨，增长0.8%。其中，夏粮产量1482.7万吨，增长2.0%；秋粮产量2342.4万吨，增长0.02%。

图 3 2017—2021年全省粮食总产量

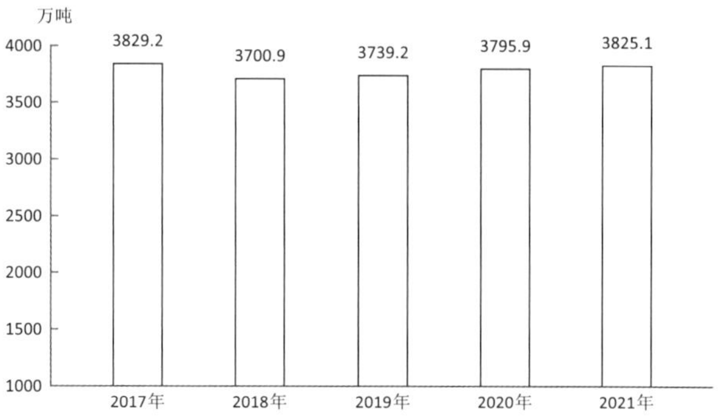

棉花播种面积139.8千公顷，比上年下降26.1%；棉花总产量16.0万吨，下降23.4%。

油料播种面积350.3千公顷，比上年下降1.4%；油料总产量118.4万吨，下降1.0%。

中草药播种面积129.5千公顷，比上年增长11.8%；中草药产量80.0万吨，增长16.0%。

蔬菜播种面积814.0千公顷，比上年增长1.3%；蔬菜总产量5284.2万吨，增长1.7%。其中，食用菌（干鲜混合）产量180.4万吨，增长8.9%。

园林水果产量1058.5万吨，比上年增长2.6%。食用坚果产量64.3万吨，增长12.8%。

猪牛羊禽肉产量461.0万吨，比上年增长10.9%。其中，猪肉产量265.7万吨，增长17.1%；牛肉产量55.8万吨，增长0.5%；羊肉产量33.9万吨，增长8.2%；禽肉产量105.6万吨，增长3.5%。禽蛋产量386.8万吨，下降0.7%。牛奶产量498.4万吨，增长3.1%。

水产品总产量（不含远洋）103.1万吨，比上年增长8.2%。其中，海水养殖54.6万吨，增长11.9%；淡水养殖26.0万吨，增长0.06%。海洋捕捞19.0万吨，增长11.0%；淡水捕捞3.5万吨，增长4.2%。

农业机械总动力8096.81万千瓦(不包括农业运输车），比上年增长1.65%。

三、工业和建筑业

全部工业增加值14097.7亿元，比上年增长4.6%，其中规模以上工业增加值增长4.9%。在规模以上工业中，分经济类型看，国有控股企业增加值增长2.6%，集体企业下降6.3%，股份制企业增长5.0%，外商及港澳台企业增长3.7%。分门类看，采矿业增加值增长7.7%，制造业增长4.6%，电力、热力、燃气及水生产和供应业增长5.6%。

规模以上工业中，农副食品加工业增加值增长9.2%，食品制造业增长15.4%，石油、煤炭及其他燃料加工业下降12.3%，非金属矿物制品业增长2.6%，黑色金属冶炼和压延加工业增长1.7%，医药制造业增长14.0%，专用设备制造业增长13.6%，汽车制造业增长7.0%，计算机、通信和其他电子设备制造业增长22.4%。

表 1 2021年全省主要工业产品产量及增长速度

产品名称	单位	产量	比上年增长（%）
纱	万吨	60.2	0.2
布	亿米	8.9	–9.0
化学纤维	万吨	90.0	–6.7
精制食用植物油	万吨	248.0	4.4
乳制品	万吨	397.6	6.5
饮料	万吨	538.6	4.4
饮料酒	万升	198448.9	–1.4
卷烟	亿支	792.2	2.4
水泥	万吨	11124.6	–4.2
平板玻璃	万重量箱	13486.6	–1.7
生铁	万吨	20203.0	–11.8
粗钢	万吨	22496.5	–9.9
钢材	万吨	29559.4	–1.8
原煤	万吨	4641.0	–6.7
原油	万吨	544.6	0.2
发电量	亿千瓦小时	3288.6	–1.6
烧碱（折100%）	万吨	138.2	–4.2
农用氮、磷、钾化学肥料(折纯)	万吨	201.6	–4.1
单晶硅	万千克	729.0	14.8
化学药品原药	万吨	61.2	–1.1
中成药	吨	35393.7	7.9
变压器	万千伏安	9236.4	–13.1
金属切削机床	台	4235	166.5
工业机器人	套	4778	36.7
汽车	万辆	110.0	12.8
其中：运动型多用途乘用车(SUV)	万辆	63.6	20.0
其中：新能源汽车	万辆	7.3	29.0
动车组	辆	152	–62.4
电力电缆	千米	4065778.6	36.1
锂离子电池	万只	4221.0	19.7
太阳能电池	万千瓦	1147.9	67.3
房间空气调节器	万台	1193.4	–0.4
程控交换机	万线	40.2	–18.6
集成电路	万块	3258.7	–30.7

规模以上工业企业实现利润总额2294.3亿元，比上年增长10.6%。分经济类型看，国有控股企业实现利润总额354.2亿元，增长24.1%；股份制企业实现利润总额1764.9亿元，增长12.4%；外商及港澳台商投资企业实现利润总额510.5亿元，增长5.4%；私营企业实现利润总额1065.2亿元，增长4.7%。分门类看，采矿业实现利润总额178.2亿元，增长2.19倍；制造业实现利润总额2099.7亿元，增长17.7%；电力、热力、燃气及水生产和供应业实现利润总额16.3亿元，下降 93.1%。

规模以上工业制造业质量竞争力指数2020年为84.01，比上年降低0.04。

全社会建筑业增加值2303.9亿元，比上年增长6.1%。资质等级以上建筑业企业房屋施工面积35548.9万平方米，增长1.3%；房屋竣工面积8212.2万平方米，增长12.2%。具有资质等级的总承包和专业承包建筑业企业利润110.7亿元，比上年下降14.9%，其中国有控股企业30.3亿元，增长14.4%。

四、服务业

全年批发和零售业增加值3219.9亿元，比上年增长7.8%；交通运输、仓储和邮政业增加值3104.0亿元，增长11.6%；住宿和餐饮业增加值371.2亿元，增长11.6%；金融业增加值2724.4亿元，增长4.0%；房地产业增加值2486.3亿元，增长5.6%;信息传输、软件和信息技术服务业增加值844.8亿元，增长21.5%。全年规模以上服务业企业营业收入比上年增长7.3%，营业利润增长14.2%。

全年货物运输总量26.2亿吨，比上年增长5.6%；货物周转量14774.6亿吨公里，增长7.6%。旅客运输总量1.5亿人，下降15.2%；旅客运输周转量682.1亿人公里，增长13.0%。机场旅客吞吐量844.6万人，下降19.3%。沿海港口货物吞吐量12.3亿吨，增长2.5%；沿海港口集装箱吞吐量480.6万标准箱，增长7.6%。全省公路通车里程20.7万公里（包括村道），比上年增长1.1%。其中，新增高速公路275.9公里，高速公路通车里程达到8084.5公里；农村公路总里程达到17.9万公里（包括专用公路）。

全省年末民用汽车保有量1855.3万辆(包括三轮汽车和低速货车)，比上年末增长5.2%，其中私人汽车保有量1697.8万辆，增长4.7%。民用轿车保有量1111.2万辆，增长5.0%，其中私人轿车1069.9万辆，增长4.7%。

表 2 2021年全省货物和旅客运输量及增长速度

指　标	单 位	绝对值	比上年增长（%）
货物运输总量	亿吨	26.2	5.6
其中：铁路	亿吨	2.9	-5.2
公路	亿吨	22.7	7.2
货物运输周转量	亿吨公里	14774.6	7.6
其中：铁路	亿吨公里	5395.4	8.5
公路	亿吨公里	8650.1	6.7
旅客运输总量	亿人	1.5	-15.2
其中：铁路	亿人	0.8	11.7
公路	亿人	0.7	-33.1
其中：铁路	亿人公里	615.7	18.3
公路	亿人公里	66.5	-20.0
机场旅客吞吐量	万人	844.6	-19.3
沿海港口货物吞吐量	亿吨	12.3	2.5

全年邮政行业业务总量528.1亿元，比上年增长33.6%。邮政函件业务1942.1万件，下降30.3%；包裹业务132.0万件，下降24.4%。快递业务量50.6亿件，增长36.7%；快递业务收入403.6亿元，增长20.5%。全年完成电信业务总量741.8亿元，增长30.5%。

年末电话用户总数达到9314.6万户，其中移动电话用户达到8643.5万户。移动电话普及率上升至116.1部/百人。固定电话用户671.1万户。固定互联网宽带接入用户2796.9万户，比上年末净增262.5万户，其中固定互联网光纤宽带接入用户2666.9万户，比上年末净增303.9万户。移动互联网用户数是7512.5万户，比上年末净增408.5万户。移动互联网接入流量达到94.3亿G，比上年增长30.7%。手机上网用户7505.2万户，比上年末净增411.9万户。

五、国内贸易

社会消费品零售总额实现13509.9亿元，比上年增长6.3%。按经营单位所在地统计，城镇消费品零售额完成11481.1亿元，增长6.8%；乡村消费品零售额完成2028.7亿元，增长3.8%。

在限额以上单位商品零售额中，粮油食品类增长5.8%，饮料类增长24.2%，烟酒类增长14.8%，服装鞋帽针纺织品类增长3.7%，化妆品类增长11.2%，金银珠宝类增长42.2%，日用品类增长3.0%，体育娱乐用品类增长6.9%，书报杂志类增长10.3%，家用电器和音像器材类增长52.3%，中西药品类增长1.8%，文化办公用品类增长39.2%，通讯器材类增长32.2%，石油及制品类增长6.2%，汽车类增长2.8%。

全年实物商品网上零售额2877.2亿元，比上年增长22.0%；占社会消费品零售总额的比重为21.3%，比上年提高1.6个百分点。

图 4 2017—2021年全省社会消费品零售总额

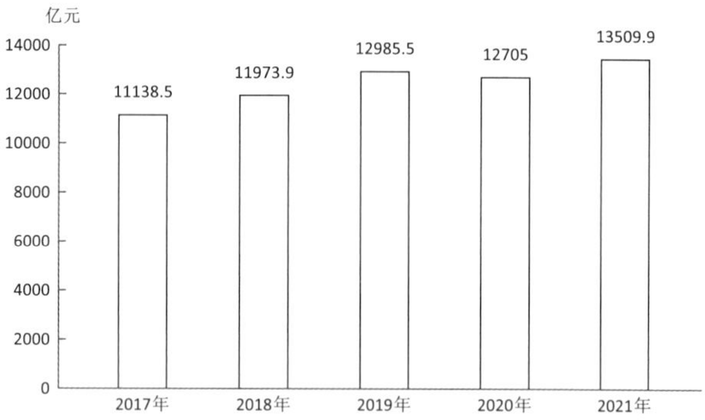

六、固定资产投资

全社会固定资产投资比上年增长3.0%。其中，固定资产投资（不含农户）增长3.0%。

表 3 2021年全省分行业固定资产投资增长速度

行　业	比上年增长（%）
总　计	3.0
农、林、牧、渔业	5.7
采矿业	5.2
制造业	2.3
电力、热力、燃气及水的生产和供应业	-6.5
建筑业	605.3
批发和零售业	-15.0
交通运输、仓储和邮政业	-21.7
住宿和餐饮业	3.7
信息传输、软件和信息技术服务业	22.8
金融业	95.8
房地产业	17.4
租赁和商务服务业	-4.3
科学研究和技术服务业	-0.6
水利、环境和公共设施管理业	3.9
居民服务、修理和其他服务业	-41.4
教育	19.3
卫生和社会工作	27.7
文化、体育和娱乐业	-24.7
公共管理、社会保障和社会组织	-67.5

在固定资产投资（不含农户）中，第一产业投资比上年增长7.6%；第二产业投资增长0.6%；

第三产业投资增长4.4%。工业技改投资下降2.3%，占工业投资的比重为57.1%。基础设施投资下降7.4%，占固定资产投资（不含农户）的比重为23.1%，比上年下降2.6个百分点。生态保护和环境治理业投资下降11.9%，水利管理业、市政设施管理业投资分别增长25.8%和7.4%；教育业、娱乐业、社会保障业等社会领域投资合计增长3.0%。民间固定资产投资增长2.0%，占固定资产投资（不含农户）的比重为66.3%。

房地产开发投资比上年增长9.2%。其中，住宅投资增长9.2%，办公楼投资下降8.0%，商业营业用房投资增长2.2%。

七、对外经济

进出口总值完成5415.6亿元，比上年增长21.5%。其中，出口总值3029.8亿元，增长20.2%；进口总值2385.9亿元，增长23.2%。在出口中，纺织纱线、织物及制品出口168.5亿元，下降5.4%；服装及衣着附件出口304.8亿元，增长2.4%；钢材出口389.8亿元，增长44.4%；农产品出口122.2亿元，增长7.1%；机电产品出口1085.4亿元，增长23.8%；高新技术产品出口231.8亿元，增长9.2%。对“一带一路”沿线国家进出口总额1612.3亿元，比上年增长20.1%。其中，出口1156.1亿元，增长16.6%；进口455.5亿元，增长29.7%。

图 5 2017—2021年全省进出口总值

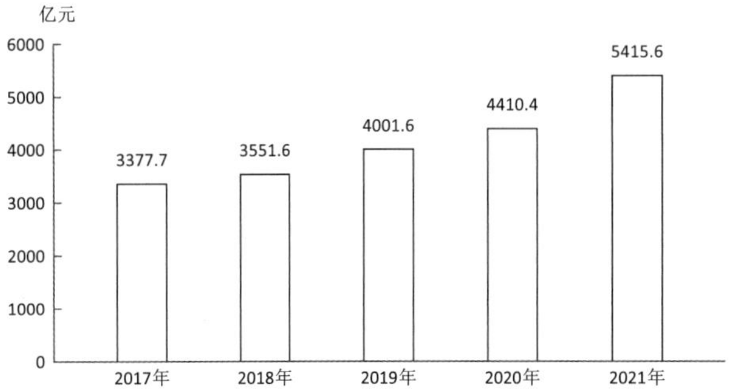

表 4 2021年全省进出口总值及增长速度

指　标	金额（亿元）	比上年增长（%）
进出口总值	5415.6	21.5
其中：进口总值	2385.9	23.2
出口总值	3029.8	20.2
其中：一般贸易	2588.8	19.4
加工贸易	214.2	28.6
其中：国有企业	260.1	4.2
外商投资企业	479.8	47.5
民营企业	2289.0	17.7
集体企业	25.6	20.1
私营企业	2252.0	17.8
其他企业	0.8	-20.4
其中：亚洲	1284.3	19.1
中国香港	45.3	-20.9
日本	108.6	9.2
韩国	188.4	40.1
非洲	204.1	15.7
拉丁美洲	253.0	50.4
欧洲	711.6	14.9
欧盟	442.4	25.0
北美洲	487.7	19.8
美国	429.1	19.4
大洋洲	89.0	25.7

实际利用外资116.1亿美元，比上年增长5.3%。其中外商直接投资112.9亿美元，增长4.0%。全省新设立外商投资企业（项目）389个，增长11.8%；合同外资额99.6亿美元，增长60.2%。

图 6 2017—2021年全省实际利用外资额

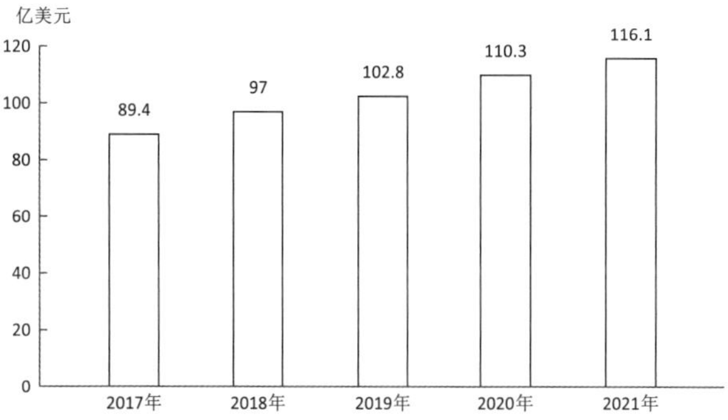

备案（核准）对外投资企业72家，比上年下降30.1%；对外投资总额67.8亿美元，增长1.6%；中方对外投资额30.4亿美元，下降37.3%。

对外承包工程完成营业额27.8亿美元，比上年增长0.3%;对外劳务合作派出各类劳务人员1798人，增长239.3%。

八、财政金融

全省一般公共预算收入4167.6亿元，比上年增长8.9%。其中，税收收入2735.7亿元，增长8.2%。一般公共预算支出8854.5亿元，比上年增长4.2%。

年末全部金融机构人民币各项存款余额88589.5亿元，比年初增加7694.3亿元，其中住户存款余额60086.1亿元，比年初增加6873.7亿元。

全部金融机构人民币各项贷款余额67610.4亿元，比年初增加7004.9亿元。

保险公司原保险保费收入1994.5亿元，比上年增长2.8%。其中，财产险业务原保险保费收入544.8亿元，下降7.3%；寿险业务原保险保费收入1044.6亿元，增长6.7%；健康和意外伤害险业务原保险保费收入405.1亿元，增长8.3%。原保险赔付支出637.0亿元，增长7.4%。其中，财产险业务赔款344.6亿元，增长9.7%；寿险业务给付151.9亿元，增长0.4%；健康和意外伤害险赔款及给付140.5亿元，增长9.9%。

九、居民收入消费和社会保障

全年全省居民人均可支配收入29383元，比上年增长8.3%。按常住地分，城镇居民人均可支配收入39791元，比上年增长6.7%；农村居民人均可支配收入18179元，增长10.4%。全省居民人均消费支出19954元，增长10.6%。按常住地分，城镇居民人均消费支出24192元，增长4.4%；农村居民人均消费支出15391元，增长21.7%。全省居民恩格尔系数为28.3%，比上年提高0.6个百分点，其中城镇为27.0%，农村为30.6%。

图 7　2017—2021年全省居民人均可支配收入

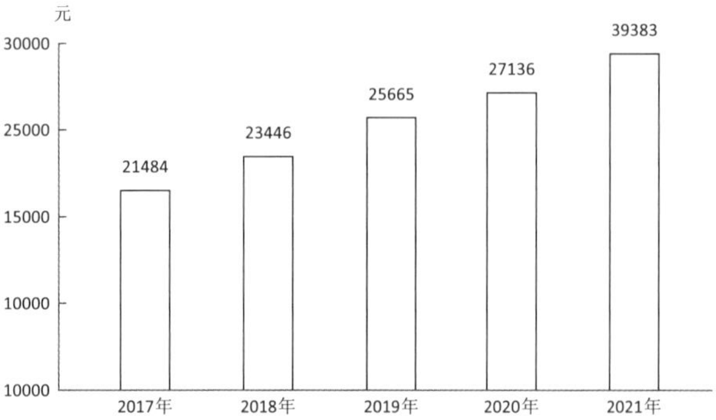

年末全省城镇参加基本养老保险人数1805.47万人，比上年末增加67.6万人，其中在岗职工参保人数为1313.81万人，离退休人员参保人数为491.66万人。参加失业保险的人数747.36万人，增加55.84万人。参加工伤保险的人数1084.64万人，增加15.19万人，其中参加工伤保险农民工397.93万人。

十、科学技术和教育

全省省级及以上企业技术中心790家、技术创新中心（工程技术研究中心）976家、重点实验室307家。组织实施的国家和省高新技术产业化项目693项，其中在建国家重大专项和示范工程项目22项。专利授权120033件，比上年增长30.2%。截至年底，有效发明专利41647件，增长22.0%。全年共签订技术合同11755项，技术合同成交金额752.03亿元，比上年增长34.6%。

年末全省共有检验检测机构2565个，省级及以上检测中心13个。产品、体系和服务认证机构16个，全年完成强制性产品认证企业2560个。法定计量技术机构175个，全年强制检定计量器具327.94万台（件）。制定、修改省级标准183项。全省有地震台站23个，地震遥测台网4个，海洋观测站10个，省级地质环境监测站1个，天气雷达观测站点11个，卫星云图接收站点2个。

全年研究生教育招生2.70万人，比上年增长6.7%；在学研究生7.29万人，增长13.7%；毕业生1.75万人，增长10.1%。普通高等学校123所，招生51.69万人，减少1.8%；在校生170.43万人，增长6.2%；毕业生40.89万人，增长6.2%。中等职业学校在校生91.07万人，普通中学在校生473.79万人，小学在校生684.35万人，幼儿园在园幼儿247.03万人。九年义务教育巩固率为97.65%，高中阶段毛入学率为95.87%。

表 5　2020年各类学校招生、在校生和毕业生情况

指　标	学校数（个）	招生数（万人）	在校生数（万人）	毕业生数（万人）
普通高等学校	123	51.69	170.43	40.89
中等职业学校	602	35.61	91.07	25.52
普通中学	3254	166.51	473.79	145.87
小学	11604	98.43	684.35	110.93

十一、文化旅游、卫生健康和体育

年末全省有博物馆171个，公共图书馆177个；文化馆180个，综合档案馆179个。有线电视用户621.70万户，有线数字电视用户592.92万户。年末广播节目综合人口覆盖率99.79%，电视节目综合人口覆盖率99.86%。全年生产故事影片14部。出版各类报纸9.49亿份，图书35818万册（张）。

年末全省共有医疗卫生机构87977个，其中医院2392个，乡镇卫生院1970个，社区卫生服务中心（站）1544个，妇幼保健院（所、站）184个，疾病预防控制中心187个。卫生技术人员55.54万人，其中，执业医师及执业助理医师25.23万

人，注册护士22.5万人。医疗卫生机构床位46.27万张，其中医院36.05万张，乡镇卫生院7万张。

年末全省各类提供住宿的社会服务机构1848个，床位24.30万张。其中，特困人员供养机构305个。社区综合服务设施38196个。

全年我省运动员在全国比赛中获金牌31枚，银牌39枚，铜牌39枚。

十二、资源、环境和安全生产

全年完成营造林42万公顷。截至年底，自然保护区达41个，其中国家级自然保护区13个，省级自然保护区26个。

全省规模以上工业非化石能源发电量647.0亿千瓦时，比上年增长25.3%。其中，风力发电量469.4亿千瓦时，增长33.4%；太阳能发电量124.7亿千瓦时，增长6.6%；生物质发电量19.6亿千瓦时，下降20.2%；垃圾焚烧发电量25.3亿千瓦时，增长45.5%。

全年各类生产安全事故死亡876人。

注释：

1. 本公报2021年部分数据为快报数。

2. 部分数据合计数或相对数由于单位取舍不同而产生的计算误差，均未作机械调整。

3. 全省生产总值、各产业增加值绝对值按现行价格计算，增长速度按不变价格计算。

4. 按照我国地区生产总值统一核算和数据发布制度规定，地区生产总值核算包括初步核算和最终核实两个步骤。最终核实数据确定后，初步核算数据不再使用。经最终核实，2020年，全省生产总值现价总量为36013.8亿元，按不变价格计算，比上年增长3.8%。

5. 民营经济统计口径为除国有控股、港澳台商控股和外商控股以外的多种所有制经济，具体包括五类经济单位：民营企业（企业控股情况中除国有控股、港澳台商控股、外商控股之外的企业）；民间非营利组织（社会组织）；个体经营户和农村承包经营户；新型农业经营主体和其他民营组织。

6. 农产品生产价格是指农产品生产者直接出售其产品时的价格。

7. 工业战略新兴产业包括节能环保产业、新一代信息技术产业、生物产业、高端装备制造业产业、新能源产业、新材料产业、新能源汽车产业等七大产业中的工业相关行业。

8. 水产品产量中不包含远洋捕捞产品。

9. 基础设施投资是指建造或购置为社会生产和生活提供基础性、大众性服务的工程和设施的支出。基础设施投资包括电力热力燃气及水生产和供应、交通运输、邮政业，电信、广播电视和卫星传输服务业，互联网和相关服务业，水利、环境和公共设施管理业、教育、卫生等投资。

10. 民间固定资产投资是指具有集体、私营、个人性质的内资企事业单位以及由其控股（包括绝对控股和相对控股）的企业单位建造或购置固定资产的投资。

11. 房地产业投资除房地产开发投资外，还包括建设单位自建房屋以及物业管理、中介服务和其他房地产投资。

12. 固定互联网宽带接入用户是指报告期末在电信企业登记注册，通过xDSL、FTTx+LAN、FTTH/0以及其他宽带接入方式和普通专线接入公众互联网的用户。

13. 中等职业教育包括普通中专、成人中专、职业高中，不包含技工学校。

14. 普通高等学校的招生数、在校生、毕业生均不包含研究生数量。

15. 公报中部分数据来源于相关部门。

保　定　市
2021年国民经济和社会发展
统　计　公　报

保定市统计局

2021年是党和国家历史上具有里程碑意义的一年，也是保定发展史上极不寻常、极不平凡的一年。全市上下坚持以习近平新时代中国特色社会主义思想为指导，认真落实党中央和省、市各项决策部署，紧紧围绕激情奋进“十四五”、再造一个新保定的工作主线，着眼于“三步走”战略目标和“三聚焦一加强”战略部署，统筹疫情防控和经济社会发展，全市经济发展势头良好，民生保障有力有效，高质量发展取得显著成效，“十四五”实现精彩开局。

一、综　合

初步核算，全年全市生产总值实现3725.0亿元，比上年增长7.2%，两年平均增长5.5%。其中，第一产业增加值412.9亿元，增长7.2%；第二产业增加值1352.0亿元，增长5.2%；第三产业增加值1960.1亿元，增长8.5%。三次产业结构为11.1∶36.3∶52.6。全市人均生产总值为40403元，比上年增长7.4%。

全年全市城镇新增就业9.56万人，失业人员再就业2.98万人，就业困难人员再就业1.19万人。年末城镇登记失业率为3.74%，控制在4.5%的预期目标以内。

全年居民消费价格比上年上涨1.0%。分类别看，食品烟酒价格上涨1.1%，衣着下降2.1%，居住上涨0.7%，生活用品及服务下降0.1%，交通通信上涨4.6%，教育文化娱乐上涨0.8%，医疗保健上涨0.6%，其他用品及服务上涨1.3%。

图 1　2017—2021年全市生产总值及增长速度

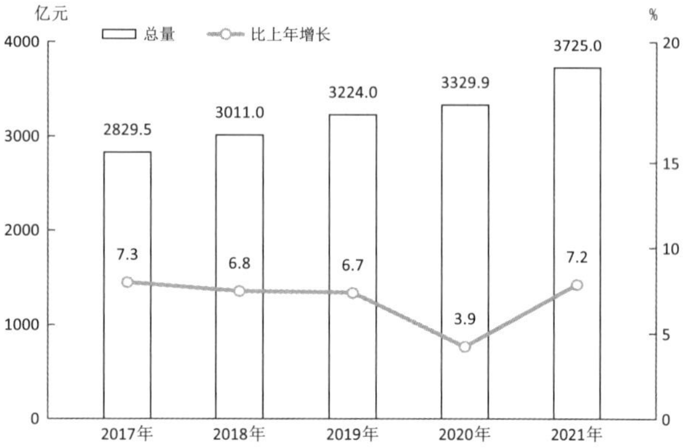

全市民营经济增加值2360.0亿元，比上年增长7.2%，占全市生产总值的比重为63.4%；实缴税金349.7亿元，增长9.2%，占全部税收收入的比重为77.5%。

二、农　业

全年粮食播种面积1008.0万亩，比上年增长0.2%。粮食总产量415.0万吨，增长0.8%。其中，夏粮产量179.3万吨，增长1.5%；秋粮产量235.8万吨，增长0.3%。

蔬菜播种面积100.9万亩，比上年增长2.4%；总产量428.3万吨，增长5.4%。其中，食用菌（干鲜混合）产量9.8万吨，增长5.2%。

图 2 2017—2021年全市粮食总产量

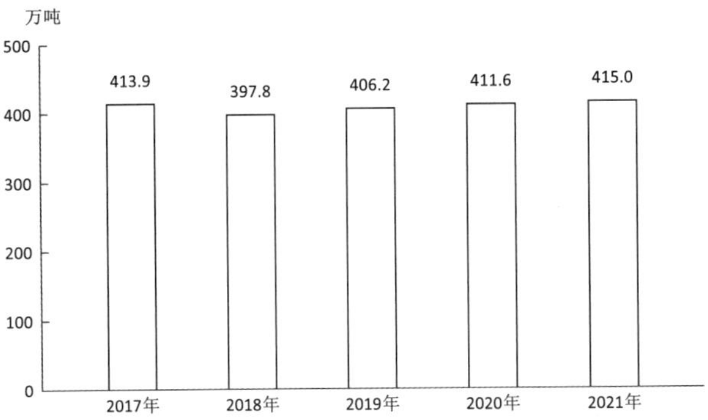

中草药材产量11.4万吨，比上年增长14.8%。园林水果产量121.9万吨，增长7.4%。瓜果类播种面积22.3万亩，增长2.8%；产量81.8万吨，增长4.9%。

猪牛羊禽肉产量53.3万吨，比上年增长22.1%。其中，猪肉产量29.5万吨，增长19.5%；牛肉产量4.1万吨，与上年持平；羊肉产量8.3万吨，增长29.2%；禽肉产量11.4万吨，增长34.9%。禽蛋产量26.9万吨，下降2.3%。牛奶产量38.2万吨，增长3.2%。

三、工业和建筑业

全部工业增加值1040.6亿元，比上年增长7.1%。其中规模以上工业增加值增长11.4%。在规模以上工业中，分经济类型看，国有及国有控股企业增加值增长4.9%，股份制企业增长9.5%，外商及港澳台商投资企业增长28.8%。分门类看，采矿业增加值增长7.1%，制造业增长11.8%，电力、热力、燃气及水生产和供应业增长8.3%。

图 3 2017—2021年全市全部工业增加值及增长速度

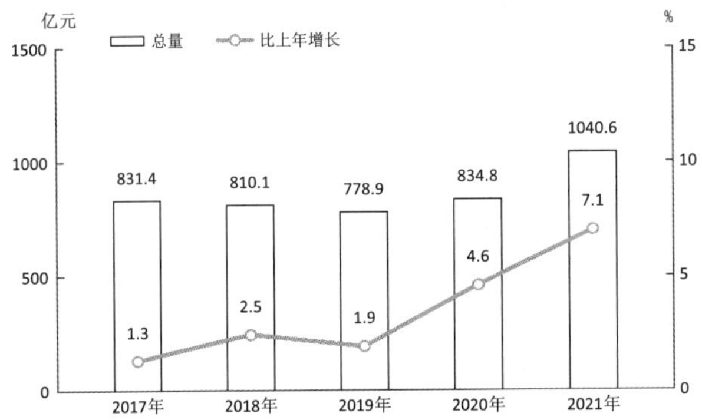

规模以上工业中，农副食品加工业增加值比上年增长35.0%，食品制造业增长13.3%，烟草制品业增长12.7%，纺织业增长7.7%，医药制造业增长14.6%，橡胶和塑料制品业增长4.2%，非金属矿物制品业增长6.3%，金属制品业增长20.5%，汽车制造业增长16.6%，电力、热力生产和供应业增长9.4%。

表 1 2021年全市主要工业产品产量及增长速度

产品名称	单位	产量	比上年增长（%）
饮料酒	万千升	20.1	16.2
饮料	万吨	31.8	24.2
卷烟	亿支	137.3	15.9
纱	万吨	4.3	19.4
布	亿米	2.1	-12.5
服装	万件	566.9	52.0
衣箱、提箱及类似容器	万个	2772.9	58.2
纸制品	万吨	117.3	1.1
涂料	万吨	32.1	64.6
中成药	万吨	0.4	33.3
塑料制品	万吨	25.4	10.4
水泥	万吨	1163.6	-4.6
石灰	万吨	106.8	16.8
商品混凝土	万立方米	1144.0	22.1
中空玻璃	万平方米	127.5	62.8
瓷质砖	万平方米	465.4	43.7
钢材	万吨	23.2	17.8
金属轧制设备	吨	14505.0	38.2
工业机器人	套	123.0	68.5
汽车	万辆	71.6	15.1
其中：运动型多用途乘用车(SUV)	万辆	54.6	20.8
其中：新能源汽车	万辆	6.3	26.0
变压器	万千伏安	5824.4	1.2
太阳能电池（光伏电池）	万千瓦	107.1	-37.8

全市规模以上工业企业实现营业收入3745.2亿元，比上年增长16.8%；实现利润总额136.9亿元，下降13%。

全社会建筑业增加值312.7亿元，比上年增长0.4%。资质等级以上建筑业企业房屋施工面积11151.0万平方米，增长14.9%；房屋竣工面积2269.4万平方米，增长35.6%。具有资质等级的总承包和专业承包建筑业企业利润26.9亿元，增长29.0%，其中国有控股企业1.6亿元，下降3.7%。

四、服务业

全年批发和零售业增加值258.7亿元，比上年增长5.7%；交通运输、仓储和邮政业增加值172.1亿元，增长11.5%；住宿和餐饮业增加值28.9亿元，增长9.1%；金融业增加值263.1亿元，增长4.0%；房地产业增加值389.5亿元，增长7.6%；信息传输、软件和信息技术服务业增加值83.9亿元，增长20.3%；科学研究和技术服务业增加值135.2亿元，增长8.8%。全年规模以上服务业企业营业收入比上年增长6.5%，利润总额增长37.1%。

全年货物运输总量1.2亿吨，比上年增长5.1%；货物运输周转量361.1亿吨公里，增长6.5%。旅客运输总量0.1亿人，下降27.1%；旅客运输周转量8.8亿人公里，增长3.2%。

全年邮政行业业务总量105.5亿元，比上年增长32.7%。邮政函件业务112.2万件，下降83.8%；包裹业务17.5万件，下降8.5%。快递业务量11.5亿件，增长34.6%；快递业务收入75.9亿元，增长17.9%。

全年电信业务收入58.4亿元，年末拥有固定电话用户61.1万户，年末拥有移动电话用户1011.2万户，其中，4G移动电话用户628.9万户，5G移动电话用户279.8万户。固定互联网宽带接入用户333.5万户。手机上网用户872.1万户。

五、国内贸易

全年社会消费品零售总额1490.5亿元，比上年增长9.5%。按经营单位所在地统计，城镇消费品零售额1266.7亿元，增长7.8%；乡村消费品零售额223.8亿元，增长19.6%。按消费类型分，商品零售1405.5亿元，增长9.0%；餐饮收入85.0亿元，增长18.1%。

图 4 2017—2021年全市社会消费品零食总额及增长速度

在限额以上单位商品零售额中，粮油、食品类零售额比上年增长40.3%，饮料类增长40.7%，烟酒类增长40.6%，服装、鞋帽、针纺织品类增长16.9%，金银珠宝类增长36.2%，日用品类增长48.5%，五金、电料类增长44.8%，书报杂志类增长5.6%，文化办公用品类增长14.2%，家具类增长3.7%，通讯器材类增长26.5%，建筑及装潢材料类增长5.0%，机电产品及设备类增长14.2%，汽车类增长10.5%。

六、固定资产投资

全社会固定资产投资比上年增长6.9%。其中，固定资产投资（不含农户）增长6.9%。

在固定资产投资（不含农户）中，第一产业投资比上年增长14.0%；第二产业投资增长0.3%；第三产业投资增长8.8%。高技术产业投资增长11.1%，其中高技术制造业投资增长34.7%。工业技改投资增长13.2%，占工业投资的比重为51.8%，比上年提高5.7个百分点。

表 2 2021年全市分行业固定资产投资增长速度

行　业	比上年增长（%）
总　计	6.9
农、林、牧、渔业	3.4
采矿业	3.7
制造业	9.6
电力、热力、燃气及水生产和供应业	−17.0
建筑业	817.0
批发和零售业	−50.1
交通运输、仓储和邮政业	−53.8
住宿和餐饮业	−50.5
信息传输、软件和信息技术服务业	−22.1
金融业	—
房地产业	36.6
租赁和商务服务业	−16.1
科学研究和技术服务业	2.8
水利、环境和公共设施管理业	5.7
居民服务、修理和其他服务业	−53.9
教育	65.0
卫生和社会工作	−33.8
文化、体育和娱乐业	−18.6
公共管理、社会保障和社会组织	−92.8

全房地产开发投资比上年增长7.1%。其中，住宅投资增长6.3%，办公楼投资增长25.1%，商业营业用房投资增长6.5%。

七、对外经济

进出口总值完成386.4亿元，比上年增长43.3%。其中，出口总值347.3亿元，增长47.8%；进口总值39.1亿元，增长12.8%。

全市实际利用外资94135万美元，比上年下降8.7%，其中，外商直接投资89956万美元，下降6.9%。全市新设立外商投资企业(项目)29个，增长26.1%；合同外资额21510万美元，增长174.9%。

图 5 2017—2021年全市实际利用外资

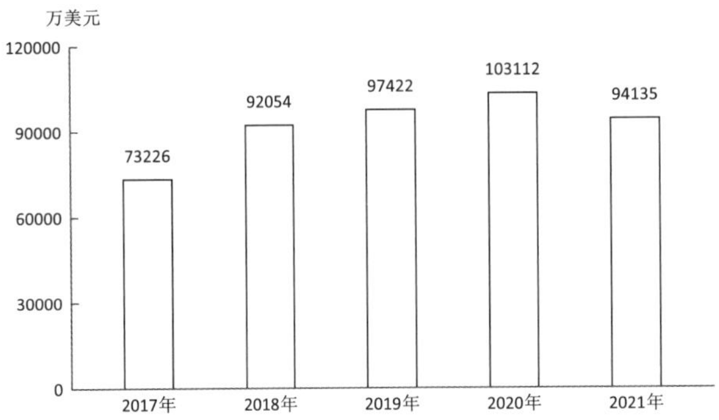

八、财政金融

全市一般公共预算收入312.5亿元，比上年增长11.3%，其中，税收收入189.2亿元，增长11.4%。一般公共预算支出791.6亿元，下降1.3%。

年末全市金融机构本外币各项存款余额9177.8亿元，比年初增长12.5%，其中，住户存款余额6617.2亿元，比年初增长16.7%。金融机构本外币各项贷款余额5571.1亿元，比年初增长13.0%，其中，住户贷款余额2563.6亿元，比年初增长8.9%。金融机构存货比为60.7%。

保险公司原保险保费收入281.7亿元，比上年增长3.3%。其中，财产险业务原保险保费收入82.2亿元，下降3.4%；人身险业务原保险保费收入199.5亿元，增长6.3%。原保险赔付支出82.5亿元，增长9.0%，其中，财产险业务赔款48.3亿元，增长8.4%；人身险赔款及给付34.2亿元，增长9.8%。

九、人口、居民收入和社会保障

年末全市常住人口919.5万人，其中，城镇常住人口537.4万人，比上年末增加9.3万人；城镇化率为58.45%，比上年末提高1.31个百分点。全年出生人口6.38万人，出生率为6.94‰；死亡人口6.88万人，死亡率为7.48‰；自然增长率为-0.54‰。0-15岁人口182.2万人，占总人口的比重为19.8%；16-59岁的劳动力年龄人口551.5万人，占总人口的比重为60.0%；60岁及以上人口185.9万人，占总人口的比重为20.2%，其中65岁及以上人口139.2万人，占总人口的比重为15.1%。

图 6 2017—2021年末全市常住人口城镇化率

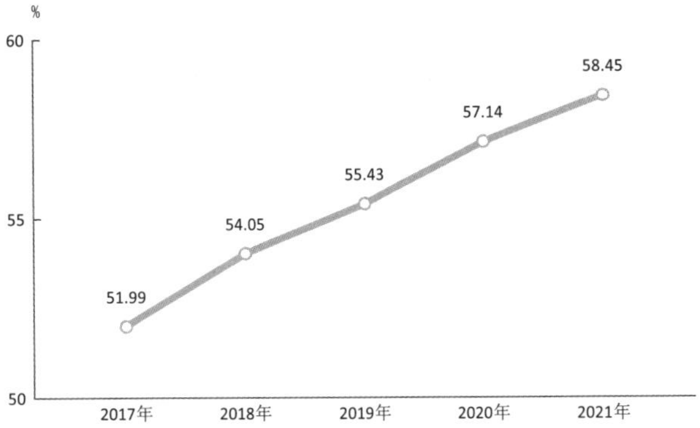

全市居民人均可支配收入28252元，比上年增长10.1%。按常住地分，城镇居民人均可支配收入37314元，增长7.9%；农村居民人均可支配收入18957元，增长11.6%。

全市参加基本养老保险人数616.6万人，比上年增加10.2万人。其中，参保城镇企业职工（含离退休人员）122.0万人，参保城乡居民463.8万人。参加基本医疗保险人数870.0万人，比上年增加21.3万人。其中，参保城镇职工131.9万人，参保城乡居民738.1万人。参加失业保险人数82.8万人，增加8.0万人。参加工伤保险人数94.4万人，增加0.6万人。参加生育保险人数123.6万人，增加36.8万人。

十、科学技术和教育

全市有中等职业教育学校64所，在校生10.2万人。普通高中84所，在校生21.4万人。普通初中327所，在校生39.3万人。小学1636所，在校生80.1万人。幼儿园2693所，在园幼儿30.9万人。

表 3 2021年全市各类学校招生、在校生和毕业生情况

指　标	学校数（个）	招生数（万人）	在校生数（万人）	毕业生数（万人）
中等职业教育	64	3.8	10.2	2.0
普通高中	84	7.6	21.4	5.7
普通初中	327	13.1	39.3	13.0
小学	1636	11.2	80.1	13.1
幼儿园	2693	—	30.9	—

全市有技术创新中心（工程技术研究中心）287家，众创空间127家，农业科技园区60个，重点实验室78家，孵化器54家，产业创新联盟53家，国际合作基地17家。专利申请授权量14955

件，比上年增长35.3%。截至年底，有效发明专利6330件，增长17.4%。全年共签订技术合同1526项，技术合同成交额127.5亿元，比上年增长2.6倍。

十一、文化旅游、卫生健康和体育

年末全市有公共图书馆21个，博物馆22个，剧场、影剧院7个。有线电视用户38.3万户。广播电视节目综合人口覆盖率100.0%。

全年接待国内游客7191.5万人次，比上年增长34.3%；创收671.5亿元，增长11.4%。

年末全市共有医疗卫生机构11034个，其中，医院380个，乡镇卫生院260个，社区卫生服务中心（站）191个，妇幼保健院（所、站）22个，疾病预防控制中心21个。卫生技术人员7.1万人，其中，执业医师及执业助理医师数3.3万人，注册护士2.8万人。医疗卫生机构床位5.6万张，其中，医院4.6万张，乡镇卫生院0.7万张。

全市有提供住宿的各类社会服务机构139个，床位24743张，其中，养老服务机构136个，床位24631张。社区服务机构和设施5578个。

全年全市运动员共获省级以上奖牌474枚，其中，金牌148枚，银牌159枚，铜牌167枚。

十二、资源、环境和安全生产

全年完成营造林34.7万亩。截至年底，省级自然保护区4个。

全市规模以上工业非化石能源发电量22.8亿千瓦时，比上年增长7.8%。其中，风力发电量3.1亿千瓦时，增长44.1%；太阳能发电量13.7亿千瓦时，下降18.9%；垃圾焚烧发电量6.0亿千瓦时，增长182.2%。

全年各类生产安全事故死亡70人。

注释：

1. 本公报2021年部分数据为快报数。

2. 公报中生产总值、各产业、各行业增加值绝对数按现行价格计算，增长速度按不变价格计算。

3. 公报中部分数据由于单位取舍不同而产生的计算误差，未作机械调整。

4. 公报中邮政行业、保险行业数据，目前为含定州、含雄安数据，货物运输总量和周转量、旅客运输总量和周转量，目前为不含定州、含雄安数据，其他指标均为不含定州、不含雄安数据。

5. 公报中部分数据来源于相关部门。

第二部分

统计数据篇

一、综合

1-1 行政区划基本情况

单位：个

县（市、区）	乡镇级单位数	乡	镇	街道办事处	村民委员会	居民委员会
全　市	**286**	**95**	**164**	**27**	**5 143**	**472**
竞秀区	11	5	1	5	84	78
莲池区	17	6	1	10	119	133
满城区	13	6	6	1	204	14
清苑区	18	8	10		266	11
徐水区	14	4	10		304	22
涞水县	15	3	12		284	8
阜平县	13	5	8		209	5
定兴县	16	6	10		258	24
唐　县	20	9	11		345	10
高阳县	9	1	7	1	165	16
涞源县	17	7	10		283	8
望都县	8	1	7		142	12
易　县	27	18	9		469	9
曲阳县	18	7	11		367	9
蠡　县	13	2	11		232	7
顺平县	10	3	7		237	5
博野县	7		7		133	5
涿州市	14	1	10	3	402	45
安国市	11	3	6	2	198	7
高碑店市	15		10	5	442	32
白沟新城						4
高新区						8

注：高阳县包含雄安新区安新县托管的龙化乡。

1-2 各县（市、区）常住人口和城镇化率

县（市、区）	常住人口（万人）	城镇人口	城镇化率（%）
全　市	**919.52**	**537.42**	**58.45**
中心城区	316.95	226.57	71.48
竞秀区	52.69	52.55	99.72
莲池区	92.38	88.92	96.25
满城区	39.16	21.87	55.84
清苑区	62.36	27.71	44.43
徐水区	60.52	29.26	48.34
涞水县	31.14	16.32	52.40
阜平县	19.05	10.33	54.22
定兴县	50.58	23.69	46.83
唐　县	50.01	20.58	41.14
高阳县	31.43	15.21	48.40
涞源县	24.55	16.00	65.19
望都县	23.11	12.28	53.14
易　县	50.17	21.18	42.22
曲阳县	55.38	23.56	42.54
蠡　县	48.36	23.39	48.36
顺平县	26.61	11.03	41.45
博野县	22.16	11.67	52.68
涿州市	66.25	40.07	60.48
安国市	35.69	19.14	53.63
高碑店市	52.89	31.41	59.39
白沟新城	15.18	15.00	98.78
高新区	9.83	6.27	63.79

注：中心城区包括竞秀区、莲池区、高新区、满城区、清苑区、徐水区。

1-3 城市社会经济基本情况（一）

指标名称	计量单位	全 市	市 辖 区
一、行政区划			
所辖行政区数	个	5	—
所辖行政县（旗）数	个	12	—
所辖行政县级市数	个	3	—
二、人口规模			
常住人口	万人	919.52	316.95
其中：城镇常住人口	万人	537.42	226.57
常住人口城镇化率	%	58.45	71.48
三、资源环境			
（一）土地			
行政区域土地面积	平方公里	19 349.17	2 564.58
建成区面积	平方公里	449.64	206.53
城市现状建设用地面积	平方公里	435.73	199.72
其中：居住用地	平方公里	151.94	57.62
本年征用土地面积	平方公里	11.22	4.07
其中：耕地面积	平方公里	6.87	2.51
绿化覆盖面积	公顷	22 319.69	9 711.99
建成区绿化覆盖率	%	—	44.36
绿地面积	公顷	19 232.64	8 634.09
建成区绿地率	%	—	41.17
公园绿地面积	公顷	4 717.68	2 442.48
公园面积	公顷	2 610.12	1 290.30
森林覆盖率	%	33.80	—
（二）水资源			
水资源总量	亿立方米	40.93	—
降水量	毫米	771.00	—
用水总量	亿立方米	22.58	5.91
（三）环境			
污水处理率	%	—	99.85
污水处理厂集中处理率	%	—	99.85
生活垃圾无害化处理率	%	—	100
空气质量优良天数比例	%	68.2	—
可吸入细颗粒物（$PM_{2.5}$）年平均浓度	μ g/m3	43	—
四、经济发展			
（一）地区生产总值			
地区生产总值（当年价格）	万元	37 250 418	16 129 856
其中：第一产业增加值	万元	4 128 923	862 502
第二产业增加值	万元	13 520 272	7 111 611
其中：工业增加值	万元	10 406 112	5 295 533
第三产业增加值	万元	19 601 223	8 155 743

注：市辖区包括竞秀区、莲池区、高新区、满城区、清苑区、徐水区。

1-3 城市社会经济基本情况（二）

指标名称	计量单位	全　市	市 辖 区
人均地区生产总值	元	40 403	50 970
地区生产总值（2015年价格）	万元	35 700 015	15 456 533
地区生产总值增长率	%	7.2	7.4
（二）财政			
地方一般公共预算收入	万元	3 124 822	1 191 894
其中：税收收入	万元	1 892 163	1 004 225
地方一般公共预算支出	万元	7 915 858	1 581 785
其中：一般公共服务支出	万元	695 152	283 602
科学技术支出	万元	92 762	28 822
教育支出	万元	1 551 958	385 100
文化旅游体育与传媒支出	万元	132 783	15 155
卫生健康支出	万元	903 223	158 052
节能环保支出	万元	487 460	119 325
城乡社区支出	万元	825 104	193 941
交通运输支出	万元	248 740	145 970
社会保障和就业支出	万元	1 119 068	252 825
住房保障支出	万元	197 683	
（三）金融			
年末金融机构人民币各项存款余额	亿元	9 177.8	3 527.7
其中：住户存款余额	亿元	6 617.2	2 008.0
年末金融机构人民币各项贷款余额	亿元	5 571.1	2 343.0
（四）房地产			
商品房销售面积	万平方米	654.5	210.9
其中：住宅	万平方米	624.3	206.0
商品房销售额	亿元	490.9	186.2
其中：住宅	亿元	468.6	182.0
待售面积	万平方米	98.7	16.7
（五）对外贸易			
外商直接投资合同项目	个	29	7
当年实际使用外资额	万美元	94 135	64 744
（六）规模以上工业			
工业企业数	个	1 656	572
其中：内资企业	个	1 595	543
其中：国有企业	个	12	11
私营企业	个	1 307	8
港、澳、台商投资企业	个	15	8
外商投资企业	个	46	20
资产总计	万元	53 383 105	35 738 935

1-3 城市社会经济基本情况（三）

指标名称	计量单位	全市	市辖区
固定资产净额		10 198 699	762 842
流动资产合计	万元	29 868 691	20 261 866
营业收入	万元	40 720 190	27 647 193
营业成本	万元	35 783 427	24 593 125
税金及附加	万元	709 010	638 103
利润总额	万元	1 567 689	718 451
应交增值税	万元	713 353	446 441
（七）贸易			
社会消费品零售总额	万元	14 904 999	7 601 472
限额以上批发零售业法人企业数	个	611	255
其中：零售业	个	414	176
限额以上批发零售业商品销售额	万元	5 169 952	4 020 895
限额以上住宿餐饮业法人企业数	个	130	57
限额以上住宿餐饮业营业额	万元	152 604	99 858
（八）旅游			
入境游客	万人次	0.0	—
入境旅游收入	万美元	0.0	—
国内游客	万人次	7 191.5	—
国内旅游收入	亿元	671.5	—
五、科技创新			
（一）科创投入			
规上工业企业R&D人员	人	21 847	16 773
规上工业企业R&D人员全时当量	人年	13 125	9 994
规上工业企业R&D经费内部支出	万元	736 055	635 551
（二）科创成果			
专利授权数	件	14 955	—
其中：发明	件	6 330	—
六、人民生活			
（一）就业			
城镇非私营单位从业人员期末人数	人	713 825	—
第一产业（农、林、牧、渔业）	人	1 764	—
第二产业	人	241 641	—
其中：采矿业	人	262	—
制造业	人	150 651	—
电力、热力、燃气及水生产和供应业	人	19 725	—
建筑业	人	71 003	—
第三产业	人	362 204	—
其中：批发和零售业	人	24 487	—
交通运输、仓储及邮政业	人	17 194	—

1-3 城市社会经济基本情况（四）

指标名称	计量单位	全 市	
			市 辖 区
住宿和餐饮业	人	5 750	—
信息传输、软件和信息技术服务业	人	14 806	—
金融业	人	41 665	—
房地产业	人	9 585	—
租赁和商业服务业	人	14 611	—
科学研究和技术服务业	人	45 923	—
水利、环境和公共设施管理业	人	9 522	—
居民服务、修理和其他服务业	人	8 528	—
教育	人	110 902	—
卫生和社会工作	人	55 896	—
文化、体育和娱乐业	人	3 335	—
公共管理、社会保障和社会组织	人	108 217	—
国际组织	人		
城镇登记失业人数	人	41 882	11 876
城镇登记失业率	%	3.74	3.46
（二）收入			
城镇非私营单位从业人员及收入情况			
在岗职工（含劳务派遣）平均人数	万人	60.22	—
在岗职工（含劳务派遣）工资总额	万元	5 608 776	—
在岗职工（含劳务派遣）平均工资	元	84 451	—
城镇居民人均可支配收入	元	37 314	—
其中：工资性收入	元	23 875	—
经营净收入	元	1 748	—
财产净收入	元	3 952	—
转移净收入	元	7 740	—
（三）生活质量			
每百户城镇居民家庭拥有量			
家用汽车	辆	61.9	—
洗衣机	台	101.0	—
电冰箱（柜）	台	102.7	—
彩色电视机	台	105.8	—
空调	台	176.8	—
移动电话	部	235.2	—
其中：接入互联网	部	189.9	—
计算机	台	54.0	—
其中：接入互联网	台	43.5	—
城镇人均住房建筑面积	平方米	40.0	—

1–3 城市社会经济基本情况（五）

指标名称	计量单位	全　市	市 辖 区
七、公共服务			
（一）教育			
中等职业教育学校数	所	64	29
普通中学数	所	411	131
普通小学数	所	1 636	109
幼儿园数	所	2 693	844
中等职业教育专任教师数	人	6 822	3 242
普通中学专任教师数	人	44 928	14 624
普通小学专任教师数	人	48 836	6 801
幼儿园专任教师数	人	22 539	8 113
中等职业教育在校学生数	人	101 952	51 293
普通中学在校学生数	人	606 866	196 143
普通小学在校学生数	人	800 788	115 022
幼儿园在园幼儿数	人	309 112	112 786
（二）文体			
剧场、影剧院数	个	7	3
公共图书馆数	个	21	6
公共图书馆图书藏量	万册	218.6	90.3
博物馆数	个	22	10
（三）医疗			
医疗卫生机构数	个	11 034	3 207
其中：医院数	个	380	145
医疗卫生机构床位数	张	55 617	23 897
其中：医院床位数	张	52 410	22 174
卫生技术人员数	人	71 256	32 673
其中：执业（助理）医师数	人	33 092	14 557
注册护士	人	27 800	13 750
（四）社会保障			
城镇职工基本养老保险参保人数	人	1 558 861	437 436
城乡居民基本养老保险参保人数	人	4 637 550	1 096 879
城镇职工基本医疗保险参保人数	人	1 318 665	787 360
城乡居民基本医疗保险参保人数	人	7 381 338	2 001 481
失业保险参保人数	人	828 090	297 738
工伤保险参保人数	人	943 720	328 155
生育保险参保人数	人	1 236 239	759 463
提供住宿的社会工作机构数	个	139	50
其中：养老机构数	个	136	49

1-3 城市社会经济基本情况（六）

指标名称	计量单位	全 市	市 辖 区
提供住宿的社会工作机构床位数	张	24 743	9 216
其中：养老机构床位数	张	24 631	9 150
不提供住宿的社会工作机构和设施总数	个	5 578	1 251
其中：社区服务机构和设施数	个	368	267
城镇居民最低生活保障人数	人	11 011	3 543
八、基础设施			
（一）基础设施投入			
城市市政公用设施建设固定资产投资	万元	508 524	105 085
（二）交通运输			
年末实有城市道路面积	万平方米	8 630.6	4 441.7
境内公路总里程	公里	19 757	—
其中：高速公路里程	公里	1 223	—
民用汽车保有量	万辆	214.9	80.7
年末实有公共汽（电）车营运车辆数	辆	—	1 635
公共汽（电）车客运总量	万人次	—	5 541.9
年末实有出租汽车运营车数	辆	—	3 728
公路客运量（全社会）	万人	1 306	—
公路货运量（全社会）	万吨	11 653	—
（三）邮电通讯			
电信业务收入	亿元	58.4	—
固定电话年末用户数	万户	61.1	—
移动电话年末用户数	万户	1 011.2	—
其中：4G以上移动电话用户	万户	908.7	—
固定互联网宽带接入用户数	万户	333.5	—
（四）能源电力			
全社会用电量	万千瓦时	3 572 187.2	—
其中：工业用电	万千瓦时	1 728 282.3	—
城乡居民生活用电	万千瓦时	849 391.9	—
其中：城镇居民生活用电	万千瓦时	317 996.2	—
（五）生活设施			
年末排水管道长度	公里	3 925.6	1 693.6
年末公共供水管道长度	公里	3 422.5	1 295.2
公共供水综合生产能力	万立方米/日	112.6	48.3
公共供水总量	万立方米	23 494.1	9 779.8
供气总量（天然气）	万立方米	108 983.4	49 877.3
其中：居民家庭用量	万立方米	64 561.5	24 608.7
液化石油气供气总量	吨	13 392.8	1 569.6
其中：居民家庭用量	吨	11 100.6	1 371.0

注：市辖区包括竞秀区、莲池区、高新区、满城区、清苑区、徐水区。

1-4 生产总值及发展速度

单位：亿元、%

指标名称	按当年价格计算 2021年	速度 上年＝100
地区生产总值	**3 725.0**	**7.2**
农、林、牧、渔业	432.9	7.3
采矿业	10.0	7.2
制造业	947.0	7.0
电力、热力、燃气及水的生产供应业	83.6	7.4
建筑业	312.7	0.4
批发和零售业	258.7	5.7
交通运输、仓储和邮政业	172.1	11.5
住宿和餐饮业	28.9	9.1
信息传输、软件和信息技术服务业	83.9	20.3
金融业	263.1	4.0
房地产业	389.5	7.6
租赁和商务服务业	57.5	3.4
科学研究和技术服务业	135.2	8.8
水利、环境和公共设施管理业	19.2	17.2
居民服务、修理和其他服务业	40.4	–0.2
教育	158.2	4.7
卫生和社会工作	95.1	4.5
文化、体育和娱乐业	12.1	15.6
公共管理、社会保障和社会组织	224.9	18.1
第一产业	412.9	7.2
第二产业	1 352.0	5.2
第三产业	1 960.1	8.5

1-5 生产总值及构成

单位：亿元、%

指标名称	绝对数 2021年	构成 本年
地区生产总值	**3 725.0**	**100.0**
第一产业	412.9	11.1
第二产业	1 352.0	36.3
第三产业	1 960.1	52.6

1-6 各县（市、区）生产总值（一）

单位：万元

县（市、区）	地　区 生产总值	一、按行业分			
		农、林、牧、渔业	工　业	建筑业	批发和零售业
全　市	**37 250 418**	**4 329 268**	**10 406 112**	**3 126 858**	**2 587 091**
竞秀区	3 945 854	14 182	1 006 860	1 224 558	118 957
莲池区	5 851 372	14 149	2 306 513	244 622	670 226
满城区	1 430 522	278 127	364 194	59 221	47 717
清苑区	1 604 559	365 109	400 491	104 627	88 895
徐水区	2 007 923	245 384	728 751	100 510	93 051
涞水县	1 012 300	193 386	130 420	50 238	62 594
阜平县	579 118	171 265	76 051	26 239	27 804
定兴县	1 921 810	376 011	538 404	176 236	97 540
唐　县	1 425 604	399 098	272 765	207 297	72 258
高阳县	1 155 389	76 246	538 982	25 401	68 856
涞源县	811 657	91 621	244 984	28 233	44 408
望都县	779 747	186 231	186 054	50 401	35 832
易　县	1 245 976	321 219	190 158	52 882	64 438
曲阳县	1 355 811	196 575	396 229	47 725	81 613
蠡　县	1 317 736	221 518	391 171	44 542	109 781
顺平县	875 506	281 626	204 528	14 677	29 056
博野县	668 212	182 511	157 953	31 247	41 877
涿州市	3 714 300	264 627	690 337	219 963	123 418
安国市	1 221 737	260 748	260 741	33 108	166 027
高碑店市	2 287 625	183 949	696 350	275 654	171 448
白沟新城	748 034	2 528	135 453	19 169	252 403
高新区	1 289 626	3 158	488 724	90 308	118 892

1-6 各县（市、区）生产总值（二）

单位：万元

县（市、区）	一、按行业分				
	交通运输、仓储和邮政业	住　宿和餐饮业	信息传输、软件和信息技术服务业	金融业	房地产业
全　市	**1 720 890**	**289 275**	**839 349**	**2 631 090**	**3 894 976**
竞秀区	18 417	27 163	104 124	315 952	370 148
莲池区	398 157	37 569	57 464	311 856	473 902
满城区	142 578	10 331	28 414	111 043	115 102
清苑区	87 514	10 546	43 552	139 873	164 349
徐水区	114 073	22 415	41 028	142 386	168 848
涞水县	40 441	15 193	24 067	83 314	203 619
阜平县	4 239	3 826	16 818	60 788	61 838
定兴县	87 716	12 828	36 548	150 383	147 982
唐　县	47 309	10 739	18 212	60 681	73 376
高阳县	30 638	9 444	20 953	91 465	122 697
涞源县	22 979	6 799	18 343	61 375	121 635
望都县	47 743	5 685	17 379	69 111	68 002
易　县	35 480	16 166	38 932	101 916	154 246
曲阳县	84 602	10 959	36 506	89 971	197 785
蠡　县	94 748	8 848	34 519	122 864	126 700
顺平县	76 709	5 296	29 132	37 976	60 770
博野县	39 440	4 100	17 117	51 479	37 713
涿州市	114 894	19 779	48 973	170 151	553 166
安国市	46 971	10 344	26 443	105 114	90 140
高碑店市	143 934	20 218	38 898	190 578	273 305
白沟新城	33 434	8 112	8 320	76 757	170 993
高新区	8 874	12 915	133 607	86 057	138 660

1-6 各县（市、区）生产总值（三）

单位：万元

县（市、区）	一、按行业分					
	租赁和商务服务业	科学研究和技术服务业	水利、环境和公共设施管理业	居民服务、修理和其他服务业	教育	卫生和社会工作
全 市	**575 400**	**1 352 244**	**191 545**	**404 396**	**1 581 501**	**950 745**
竞秀区	45 259	129 389	38 335	27 895	90 194	104 146
莲池区	164 291	65 151	23 766	80 962	511 092	309 062
满城区	5 750	2 189	5 263	27 066	63 282	19 752
清苑区	14 462	3 296	11 618	16 407	44 333	28 110
徐水区	14 563	1 885	1 470	24 053	112 158	58 626
涞水县	14 994	5 382	1 895	10 927	63 003	14 363
阜平县	14 145	552	3 205	3 839	28 314	10 128
定兴县	14 692	5 357	3 674	22 263	49 500	23 400
唐 县	9 151	3 500	11 045	15 665	58 953	35 772
高阳县	6 429	913	1 106	13 728	40 632	17 420
涞源县	5 998	8 360	11 647	7 288	33 581	23 400
望都县	5 010	6 310	1 954	7 717	29 821	19 783
易 县	17 250	4 582	19 557	17 300	62 856	34 452
曲阳县	11 017	1 301	5 894	20 666	59 258	38 072
蠡 县	6 464	672	602	15 316	36 545	22 348
顺平县	20 380	1 252	7 126	8 387	22 860	16 039
博野县	3 940	861	609	5 802	26 715	13 593
涿州市	85 784	1 036 273	18 851	24 575	115 079	80 072
安国市	11 441	5 077	1 920	12 716	51 539	37 678
高碑店市	44 121	15 287	3 742	27 642	68 967	40 217
白沟新城	746	2 024	1 105	6 483	7 240	2 898
高新区	59 513	52 631	17 161	7 699	5 579	1 414

1-6 各县（市、区）生产总值（四）

单位：万元

县（市、区）	一、按行业分		二、按产业分			人均生产总值（元）
	文化、体育和娱乐业	公共管理、社会保障和社会组织	第一产业	第二产业	第三产业	
全　市	**120 941**	**2 248 735**	**4 128 923**	**13 520 272**	**19 601 223**	**40 403**
竞秀区	13 536	296 739	13 234	2 228 772	1 703 848	75 066
莲池区	20 474	162 116	13 268	2 549 431	3 288 673	63 547
满城区	3 415	147 078	252 307	422 973	755 242	36 549
清苑区	2 063	79 314	357 813	504 855	741 891	25 704
徐水区	12 795	125 927	222 867	828 705	956 351	33 194
涞水县	7 823	90 641	187 596	180 501	644 203	32 316
阜平县	1 012	69 055	169 192	102 171	307 755	30 155
定兴县	7 387	171 889	337 723	714 140	869 947	37 745
唐　县	3 049	126 734	394 935	479 679	550 990	28 362
高阳县	4 236	86 243	66 946	564 062	524 381	36 488
涞源县	453	80 553	90 290	273 111	448 256	32 874
望都县	2 465	40 249	179 028	236 296	364 423	33 581
易　县	6 688	107 854	317 638	242 588	685 750	25 276
曲阳县	5 142	72 496	188 809	443 829	723 173	24 041
蠡　县	3 203	77 895	211 726	435 437	670 573	27 133
顺平县	2 026	57 666	279 029	219 041	377 436	32 711
博野县	1 851	51 404	180 303	189 014	298 895	29 965
涿州市	5 162	143 196	246 073	909 628	2 558 599	55 795
安国市	5 533	96 197	252 588	293 585	675 564	33 951
高碑店市	7 013	86 302	162 684	971 306	1 153 635	43 098
白沟新城	2 671	17 698	1 861	154 273	591 900	49 067
高新区	2 944	61 490	3 013	576 875	709 738	132 202

1-7 各县（市、区）生产总值发展速度（一）

单位：%

县（市、区）	地区生产总值	一、按行业分			
		农、林、牧、渔业	工业	建筑业	批发和零售业
全市	**107.2**	**107.3**	**107.1**	**100.4**	**105.7**
竞秀区	107.0	96.3	104.7	102.5	105.4
莲池区	107.7	77.7	108.2	99.7	105.6
满城区	108.0	107.8	107.3	99.8	104.9
清苑区	107.0	109.2	104.3	96.7	105.8
徐水区	108.3	96.1	113.5	108.1	103.5
涞水县	106.4	104.8	101.9	91.2	103.0
阜平县	107.3	107.1	106.2	91.9	104.9
定兴县	108.1	109.0	108.5	107.2	105.3
唐县	107.5	115.0	107.4	93.6	106.7
高阳县	107.2	101.7	108.1	107.2	106.1
涞源县	107.9	114.2	108.2	93.7	105.1
望都县	106.7	107.6	106.5	93.0	105.8
易县	106.3	104.5	100.9	102.3	103.6
曲阳县	107.2	110.9	103.5	99.2	106.1
蠡县	107.2	107.2	107.6	98.2	103.9
顺平县	107.4	106.2	109.5	93.6	104.1
博野县	108.2	112.4	106.2	107.0	106.9
涿州市	106.5	104.1	111.0	99.9	107.7
安国市	107.8	108.5	107.0	98.8	106.9
高碑店市	107.4	109.0	107.5	97.3	107.0
白沟新城	107.6	120.9	103.2	97.1	106.2
高新区	105.9	80.8	98.0	100.6	105.0

1-7 各县（市、区）生产总值发展速度（二）

单位：%

县（市、区）	一、按行业分				
	交通运输、仓储和邮政业	住　宿和餐饮业	信息传输、软件和信息技术服务业	金融业	房地产业
全　市	**111.5**	**109.1**	**120.3**	**104.0**	**107.6**
竞秀区	107.6	104.4	121.3	103.5	111.4
莲池区	115.3	110.5	118.3	103.7	111.9
满城区	108.6	111.3	122.5	108.6	105.6
清苑区	113.6	107.7	122.7	105.6	104.2
徐水区	111.2	114.0	122.1	105.6	111.2
涞水县	113.7	105.8	121.3	101.9	112.8
阜平县	118.8	114.4	122.5	105.7	104.4
定兴县	109.0	109.4	121.1	104.4	106.8
唐　县	107.0	109.6	122.2	108.8	103.7
高阳县	113.7	110.3	122.0	105.3	100.8
涞源县	111.9	105.8	122.6	104.1	105.5
望都县	113.7	109.2	122.2	104.1	106.2
易　县	119.6	108.0	121.5	104.6	104.0
曲阳县	118.5	104.7	122.6	104.8	103.1
蠡　县	111.3	106.4	122.5	101.5	105.9
顺平县	106.8	106.9	116.1	104.9	110.8
博野县	107.4	108.3	122.2	106.8	107.6
涿州市	105.0	108.2	120.9	103.1	100.4
安国市	104.3	111.9	121.9	106.2	105.3
高碑店市	113.0	111.1	121.2	107.0	108.5
白沟新城	104.3	107.8	116.8	102.2	116.9
高新区	110.7	114.8	115.5	102.7	125.4

1-7 各县（市、区）生产总值发展速度（三）

单位：%

县（市、区）	一、按行业分					
	租赁和商务服务业	科学研究和技术服务业	水利、环境和公共设施管理业	居民服务、修理和其他服务业	教育	卫生和社会工作
全 市	**103.4**	**108.8**	**117.2**	**99.8**	**104.7**	**104.5**
竞秀区	102.7	112.6	117.2	105.5	104.8	107.0
莲池区	102.2	104.8	119.1	96.8	104.8	103.7
满城区	99.9	105.7	111.6	104.8	105.7	104.2
清苑区	101.6	105.8	113.5	98.2	105.1	102.4
徐水区	98.9	102.2	112.6	106.5	104.3	105.1
涞水县	98.5	103.2	113.6	94.9	105.7	103.9
阜平县	118.0	109.5	122.1	96.5	103.0	103.0
定兴县	105.1	101.6	120.0	99.1	104.7	107.0
唐 县	101.4	128.3	122.7	99.8	104.0	106.2
高阳县	98.8	115.5	117.5	101.0	106.2	105.3
涞源县	103.9	102.9	116.2	101.5	101.9	103.6
望都县	100.3	102.7	115.9	106.8	102.9	99.6
易 县	102.1	104.0	118.0	106.4	105.0	99.8
曲阳县	103.2	104.3	117.3	94.1	105.5	109.9
蠡 县	99.8	99.9	115.4	100.3	104.7	104.0
顺平县	103.7	100.6	115.3	98.6	105.0	99.9
博野县	101.1	106.7	110.4	97.9	105.4	102.8
涿州市	103.8	108.9	119.9	95.9	104.1	106.0
安国市	104.2	111.0	119.5	92.2	105.9	106.3
高碑店市	106.1	109.1	123.9	105.2	104.0	103.8
白沟新城	103.4	103.9	117.4	96.6	105.8	103.2
高新区	106.4	106.1	112.0	93.5	105.2	102.4

1-7 各县（市、区）生产总值发展速度（四）

单位：%

县（市、区）	一、按行业分		二、按产业分			人均生产总值
	文化、体育和娱乐业	公共管理、社会保障和社会组织	第一产业	第二产业	第三产业	
全　市	**115.6**	**118.1**	**107.2**	**105.2**	**108.5**	**107.4**
竞秀区	113.7	127.5	96.2	103.4	111.7	105.7
莲池区	120.8	130.1	76.4	107.1	108.2	105.8
满城区	114.7	114.4	106.0	105.9	109.6	108.0
清苑区	112.8	121.4	109.5	102.3	108.5	107.2
徐水区	108.2	112.2	94.8	112.7	108.7	108.0
涞水县	110.7	116.2	104.9	98.1	109.1	107.7
阜平县	112.0	116.4	106.9	101.6	109.2	108.8
定兴县	110.5	110.8	109.2	108.1	107.6	108.9
唐　县	117.8	113.1	115.2	100.2	108.3	108.4
高阳县	115.5	116.0	102.1	108.0	107.0	107.9
涞源县	109.4	113.3	114.2	106.2	107.4	109.3
望都县	107.9	122.2	107.3	102.9	108.6	107.9
易　县	122.2	122.2	104.1	101.2	109.1	105.2
曲阳县	111.2	120.0	111.0	103.0	108.4	109.0
蠡　县	110.0	120.1	107.2	106.4	107.6	107.9
顺平县	116.9	111.2	106.1	108.1	107.9	108.6
博野县	114.5	102.6	113.2	106.3	106.3	109.8
涿州市	121.5	113.9	104.2	107.9	106.2	106.4
安国市	115.1	118.1	108.5	105.8	108.2	108.9
高碑店市	125.5	125.1	109.7	104.1	109.6	107.7
白沟新城	115.7	114.0	132.9	102.2	108.8	108.1
高新区	132.6	120.0	81.4	98.2	112.3	103.3

1-8 各县（市、区）三次产业比重

单位：%

县（市、区）	生产总值	第一产业	第二产业	第三产业
全 市	**100.0**	**11.1**	**36.3**	**52.6**
竞秀区	100.0	0.3	56.5	43.2
莲池区	100.0	0.2	43.6	56.2
满城区	100.0	17.6	29.6	52.8
清苑区	100.0	22.3	31.5	46.2
徐水区	100.0	11.1	41.3	47.6
涞水县	100.0	18.5	17.8	63.7
阜平县	100.0	29.2	17.6	53.2
定兴县	100.0	17.6	37.2	45.2
唐 县	100.0	27.7	33.6	38.7
高阳县	100.0	5.8	48.8	45.4
涞源县	100.0	11.1	33.6	55.3
望都县	100.0	23.0	30.3	46.7
易 县	100.0	25.5	19.5	55.0
曲阳县	100.0	13.9	32.7	53.4
蠡 县	100.0	16.1	33.0	50.9
顺平县	100.0	31.9	25.0	43.1
博野县	100.0	27.0	28.3	44.7
涿州市	100.0	6.6	24.5	68.9
安国市	100.0	20.7	24.0	55.3
高碑店市	100.0	7.1	42.5	50.4
白沟新城	100.0	0.2	20.6	79.2
高新区	100.0	0.2	44.7	55.1

第二部分

统计数据篇

二、农　业

2-1 各县(市、区)乡村户数、人口、劳动力资源及从业人员(一)

单位：人

县(市、区)	乡村户数(户)	乡村人口			乡村劳动力资源		
			1. 男	2. 女		1. 男	2. 女
全　市	**2 279 619**	**7 658 484**	**3 955 618**	**3 702 866**	**4 536 582**	**2 444 990**	**2 091 592**
竞秀区	31 206	122 228	59 764	62 464	74 813	38 227	36 586
莲池区	49 142	176 929	89 825	87 104	99 929	53 002	46 927
满城区	94 884	347 349	178 106	169 243	210 192	109 996	100 196
清苑区	174 694	641 925	326 625	315 300	396 756	211 926	184 830
徐水区	192 675	584 840	298 187	286 653	359 754	194 459	165 295
涞水县	100 672	311 059	163 757	147 302	204 857	113 095	91 762
阜平县	67 656	196 266	102 230	94 036	103 712	57 213	46 499
定兴县	172 187	560 981	291 230	269 751	345 581	190 017	155 564
唐　县	152 414	533 368	276 316	257 052	299 694	168 433	131 261
高阳县	91 212	281 907	145 150	136 757	174 670	91 868	82 802
涞源县	60 601	168 093	88 874	79 219	95 256	52 184	43 072
望都县	65 707	217 212	113 267	103 945	137 993	72 909	65 084
易　县	163 512	514 728	271 356	243 372	285 316	161 291	124 025
曲阳县	182 830	597 353	309 113	288 240	303 138	162 914	140 224
蠡　县	132 812	510 792	267 170	243 622	297 749	156 402	141 347
顺平县	89 986	282 069	144 333	137 736	164 481	83 902	80 579
博野县	92 647	250 916	127 798	123 118	150 682	79 936	70 746
涿州市	127 901	478 524	248 885	229 639	297 911	164 908	133 003
安国市	95 221	342 786	175 140	167 646	217 809	115 367	102 442
高碑店市	121 922	466 330	241 421	224 909	272 972	143 072	129 900
白沟新城	7 718	29 259	15 047	14 212	20 105	10 320	9 785
高新区	12 020	43 570	22 024	21 546	23 212	13 549	9 663

2-1 各县(市、区)乡村户数、人口、劳动力资源及从业人员(二)

单位：人

县(市、区)	乡村从业人员	1.男		2.女	
			从事农林牧渔业		从事农林牧渔业
全　市	**3 989 822**	**2 169 041**	**1 049 376**	**1 820 781**	**931 298**
竞秀区	62 807	32 575	7 731	30 232	8 107
莲池区	83 801	45 462	13 566	38 339	11 328
满城区	186 275	97 941	56 776	88 334	54 484
清苑区	354 307	189 078	91 622	165 229	83 493
徐水区	310 295	173 762	80 913	136 533	64 148
涞水县	174 107	98 806	58 878	75 301	47 075
阜平县	70 722	40 894	21 048	29 828	16 447
定兴县	317 403	175 855	72 751	141 548	60 949
唐　县	267 416	151 177	63 523	116 239	60 098
高阳县	158 527	83 807	32 332	74 720	25 478
涞源县	83 806	46 057	25 858	37 749	19 094
望都县	120 391	64 393	39 128	55 998	33 478
易　县	234 485	134 994	65 876	99 491	56 621
曲阳县	261 577	142 021	70 241	119 556	67 548
蠡　县	283 087	149 646	75 186	133 441	67 264
顺平县	150 805	77 078	50 071	73 727	47 749
博野县	126 921	67 832	35 825	59 089	33 418
涿州市	261 675	144 337	73 403	117 338	66 340
安国市	196 234	103 828	59 577	92 406	51 565
高碑店市	248 199	128 786	53 960	119 413	55 766
白沟新城	16 571	8 694	314	7 877	298
高新区	20 411	12 018	797	8 393	550

2-2 各县（市、区）农业主要物质消耗（一）

县（市、区）	一、农用化肥施用量（吨）				
	按实物量计算	氮肥	磷肥	钾肥	复合肥
全　市	**708 766**	**287 234**	**82 045**	**32 984**	**306 503**
竞秀区	5 859	3 188	755	426	1 489
莲池区	2 880	322	64	60	2 434
满城区	33 115	19 848	4 365	1 893	7 010
清苑区	103 699	32 239	6 912	2 179	62 369
徐水区	64 122	18 701	6 559	3 071	35 791
涞水县	19 356	9 437	3 096	805	6 018
阜平县	4 466	2 775	128	113	1 450
定兴县	58 074	12 796	7 247	4 523	33 508
唐　县	39 557	17 910	3 886	1 519	16 241
高阳县	22 036	11 489	1 637	1 006	7 904
涞源县	10 719	1 073			9 645
望都县	43 269	12 901	8 845	1 388	20 135
易　县	27 756	9 415	2 443	1 354	14 544
曲阳县	31 271	18 892	2 971	598	8 809
蠡　县	34 732	18 607	2 667	1 122	12 337
顺平县	36 506	25 080	3 640	1 779	6 008
博野县	26 817	13 260	8 005	2 700	2 852
涿州市	52 608	22 083	4 643	2 272	23 611
安国市	61 901	26 013	11 108	4 864	19 916
高碑店市	29 691	11 205	3 073	1 312	14 101
白沟新城					
高新区	330				330

2-2 各县（市、区）农业主要物质消耗（二）

县（市、区）	一、农用化肥施用量（吨）				
	按折纯法计算	氮 肥	磷 肥	钾 肥	复合肥
全 市	**281 522**	**97 319**	**14 500**	**15 766**	**153 937**
竞秀区	2 549	1 367	117	230	836
莲池区	1 408	139	10	31	1 229
满城区	11 394	6 127	849	913	3 506
清苑区	42 833	9 681	1 045	1 084	31 023
徐水区	26 410	5 519	1 102	1 415	18 374
涞水县	7 115	3 149	578	394	2 994
阜平县	1 497	829	39	40	589
定兴县	27 172	5 047	1 330	2 322	18 473
唐 县	16 333	6 329	639	778	8 587
高阳县	9 564	4 713	257	502	4 091
涞源县	3 956	361			3 594
望都县	16 639	4 545	1 406	644	10 044
易 县	11 659	3 444	506	611	7 099
曲阳县	11 522	6 350	465	299	4 408
蠡 县	14 487	7 021	431	560	6 474
顺平县	12 574	8 523	695	776	2 580
博野县	8 933	4 891	1 724	1 121	1 197
涿州市	21 617	7 825	727	1 123	11 942
安国市	22 263	7 949	1 984	2 345	9 985
高碑店市	11 433	3 510	595	580	6 748
白沟新城					
高新区	165				165

2-2 各县（市、区）农业主要物质消耗（三）

县（市、区）	二、农用塑料薄膜使用量（吨）	地膜使用量（吨）	地膜覆盖面积（公顷）	三、农用柴油使用量（吨）	四、农药使用量（吨）	五、农村用电量（万千瓦时）
全　市	**5 480**	**2 917**	**42 849**	**137 926**	**6 283**	**595 250**
竞秀区	72	25	169	392	143	13 488
莲池区	29	6	110	1 207	89	9 148
满城区	290	232	3 938	9 068	503	26 262
清苑区	951	736	12 164	5 360	829	41 363
徐水区	194	63	775	5 295	349	53 024
涞水县	367	137	1 760	9 238	147	21 836
阜平县	333	39	285	5 753	80	7 915
定兴县	701	183	2 158	15 999	433	44 084
唐　县	212	27	369	8 765	175	35 938
高阳县	237	216	4 026	3 123	286	60 857
涞源县	119	7	48	574	24	7 996
望都县	324	196	1 590	3 273	257	11 941
易　县	136	76	759	13 946	568	24 516
曲阳县	47	16	216	16 175	501	15 610
蠡　县	205	192	2 849	8 288	203	66 045
顺平县	441	213	3 405	8 073	507	36 179
博野县	13	13	205	2 301	434	20 186
涿州市	406	294	4 044	11 140	367	55 120
安国市	27	24	335	8 125	245	8 485
高碑店市	376	223	3 640	1 730	142	31 657
白沟新城		0.1	1	35		1 576
高新区		0.2	3	63		2 025

2-3 各县（市、区）农业机械化情况（一）

县（市、区）	一、农用机械总动力合计（千瓦）	柴油发动机动力	汽油发动机动力	电动机动力	二、主要机械与设备（台） 大中型拖拉机	拖拉机配套农具	大型拖拉机配套农具
全　市	**6 412 993**	**4 780 046**	**52 650**	**1 580 297**	**28 217**	**125 613**	**50 820**
竞秀区	49 359	30 277		19 082	404	960	222
莲池区	27 644	25 808	53	1 783	173	410	
满城区	328 429	235 735	4 092	88 602	1 297	5 837	1 187
清苑区	580 397	433 086	236	147 075	3 743	13 085	4 102
徐水区	522 743	329 198	2 021	191 524	2 020	11 890	4 137
涞水县	199 477	147 739	4 045	47 693	821	4 733	1 581
阜平县	88 914	50 773	1 102	37 039	74	1 513	65
定兴县	528 030	457 326	390	70 314	2 495	15 763	4 577
唐　县	303 378	217 546	5 690	80 142	1 549	6 032	1 650
高阳县	234 463	195 358	875	38 230	1 769	3 545	2 997
涞源县	92 483	68 180	2 906	21 397	626	2 919	260
望都县	348 106	302 890	2 245	42 971	1 604	9 198	2 434
易　县	229 028	172 956	4 542	51 530	698	1 012	1 012
曲阳县	537 897	468 153	1 007	68 737	1 243	6 117	2 255
蠡　县	512 806	400 564	820	111 422	2 525	11 928	6 559
顺平县	296 176	147 995	18 730	129 451	1 116	3 969	2 515
博野县	298 460	243 900	760	53 800	1 270	6 500	2 200
涿州市	301 219	247 904	518	52 797	1 313	9 030	4 300
安国市	605 587	369 172	2 438	233 977	1 891	6 908	4 623
高碑店市	321 588	229 898	180	91 510	1 563	4 100	4 100
白沟新城	1 681	848		833	4	6	6
高新区	5 128	4 740		388	19	158	38

2-3 各县（市、区）农业机械化情况（二）

县（市、区）	二、主要机械与设备（台）				三、农机作业项目（公顷）		
	联合收割机	机动脱粒机	节水灌溉机械（套）	农用水泵	机耕面积	机播面积	机收面积
全　市	**21 359**	**12 145**	**1 569**	**167 485**	**460 301**	**688 818**	**653 273**
竞秀区	270		18	1 431	2 065	4 546	4 546
莲池区	80	60	25	1 146	2 047	4 567	4 567
满城区	975	510	436	3 800	16 850	27 950	27 950
清苑区	1 880	920	38	14 976	50 920	74 190	69 200
徐水区	2 156	814	118	16 135	34 727	56 570	55 483
涞水县	584	450	26	4 200	20 055	21 790	17 838
阜平县	48			1 700	15 000	500	500
定兴县	2 200	574	3	12 745	44 720	69 836	69 436
唐　县	653	2 121	22	8 208	19 192	28 683	26 089
高阳县	960	147	26	3 853	14 378	31 843	30 245
涞源县	77	500		680	13 126	14 098	6 985
望都县	1 204	1 901	688	3 266	24 502	38 539	37 546
易　县	820	220	30	5 902	25 390	29 319	26 042
曲阳县	1 485	500	4	32 857	22 140	28 687	27 085
蠡　县	1 452	300	2	13 041	31 450	55 027	53 120
顺平县	887	50	5	4 340	11 038	21 720	20 570
博野县	1 280			9 200	13 900	24 450	26 570
涿州市	1 437	1 030	46	11 200	30 103	52 530	50 530
安国市	1 482	2 028		7 015	38 367	51 667	47 480
高碑店市	1 390		80	11 202	28 731	50 706	49 891
白沟新城	1		2	148	1 100	1 100	1 100
高新区	38	20		440	500	500	500

2-4 各县（市、区）农田水利建设情况

县（市、区）	有效灌溉面积（公顷）	旱涝保收面积（公顷）	年末机电井数（眼）
全市	**502 724**	**424 792**	**125 298**
竞秀区	5 200	3 987	1 452
莲池区	5 368	1 894	1 744
满城区	21 120	20 881	3 740
清苑区	53 230	51 562	14 035
徐水区	36 600	34 617	14 411
涞水县	13 800	11 497	2 380
阜平县	13 250	2 815	679
定兴县	47 460	41 884	13 282
唐县	19 210	16 679	3 024
高阳县	23 670	24 990	6 171
涞源县	5 876		224
望都县	25 300	22 566	6 016
易县	25 670	15 265	3 497
曲阳县	17 320	8 463	3 565
蠡县	36 990	37 234	13 233
顺平县	18 940	14 120	4 053
博野县	23 200	18 157	7 800
涿州市	40 200	35 500	9 340
安国市	31 490	30 798	7 339
高碑店市	38 830	30 969	9 313
白沟新城		245	
高新区		669	

2-5 各县（市、区）粮食作物生产情况（一）

县（市、区）	全年粮食作物				夏收粮食作物	
	播种面积（公顷）	播种面积（万亩）	播种单产（公斤/亩）	总产量（吨）	播种面积（公顷）	播种面积（万亩）
全　市	**671 981**	**1 008.0**	**412**	**4 150 167**	**274 171**	**411.3**
竞秀区	4 547	6.8	444	30 259	2 065	3.1
莲池区	4 573	6.9	441	30 265	2 048	3.1
满城区	24 169	36.3	413	149 627	9 810	14.7
清苑区	70 017	105.0	453	475 547	31 346	47.0
徐水区	55 583	83.4	436	363 609	27 678	41.5
涞水县	23 505	35.3	347	122 328	6 184	9.3
阜平县	9 630	14.4	312	45 088	1 767	2.7
定兴县	68 392	102.6	439	450 231	33 233	49.8
唐　县	26 339	39.5	405	159 851	8 814	13.2
高阳县	31 273	46.9	406	190 533	13 753	20.6
涞源县	17 189	25.8	219	56 454		
望都县	37 733	56.6	487	275 604	19 761	29.6
易　县	33 926	50.9	374	190 077	7 542	11.3
曲阳县	31 782	47.7	323	153 885	8 851	13.3
蠡　县	48 779	73.2	389	284 570	19 127	28.7
顺平县	21 721	32.6	379	123 589	9 957	14.9
博野县	24 060	36.1	425	153 391	10 702	16.1
涿州市	47 601	71.4	394	281 567	19 625	29.4
安国市	38 972	58.5	455	265 755	19 577	29.4
高碑店市	50 663	76.0	446	338 875	21 705	32.6
白沟新城	1 028	1.5	434	6 693	260	0.4
高新区	500	0.7	316	2 370	367	0.6

2-5 各县（市、区）粮食作物生产情况（二）

县（市、区）	夏收粮食作物		秋收粮食作物			
	播种单产（公斤/亩）	总产量（吨）	播种面积（公顷）	播种面积（万亩）	播种单产（公斤/亩）	总产量（吨）
全　市	**436**	**1 792 570**	**397 811**	**596.7**	**395**	**2 357 597**
竞秀区	433	13 412	2 482	3.7	452	16 846
莲池区	472	14 499	2 525	3.8	416	15 766
满城区	440	64 704	14 358	21.5	394	84 922
清苑区	452	212 317	38 671	58.0	454	263 231
徐水区	449	186 310	27 905	41.9	424	177 299
涞水县	406	37 695	17 320	26.0	326	84 634
阜平县	382	10 113	7 863	11.8	297	34 975
定兴县	441	219 788	35 159	52.7	437	230 443
唐　县	412	54 502	17 525	26.3	401	105 348
高阳县	395	81 432	17 520	26.3	415	109 101
涞源县			17 189	25.8	219	56 454
望都县	469	138 957	17 972	27.0	507	136 647
易　县	421	47 623	26 384	39.6	360	142 454
曲阳县	422	56 075	22 931	34.4	284	97 810
蠡　县	431	123 725	29 652	44.5	362	160 845
顺平县	400	59 694	11 764	17.6	362	63 895
博野县	423	67 854	13 358	20.0	427	85 537
涿州市	415	122 256	27 976	42.0	380	159 311
安国市	453	132 995	19 395	29.1	456	132 760
高碑店市	446	145 261	28 958	43.4	446	193 613
白沟新城	438	1 706	768	1.2	433	4 987
高新区	300	1 650	133	0.2	360	720

2-5 各县（市、区）粮食作物生产情况（三）

县（市、区）	一、谷物粮食作物							
					（一）稻谷			
	播种面积（公顷）	播种面积（万亩）	播种单产（公斤/亩）	总产量（吨）	播种面积（公顷）	播种面积（万亩）	播种单产（公斤/亩）	总产量（吨）
全 市	**647 070**	**970.6**	**414**	**4 021 047**	**808**	**1.2**	**403**	**4 883**
竞秀区	4 546	6.8	444	30 255				
莲池区	4 573	6.9	441	30 265				
满城区	23 750	35.6	414	147 311				
清苑区	68 866	103.3	454	468 581				
徐水区	54 872	82.3	438	360 852				
涞水县	21 517	32.3	353	113 873	6	0.01	232	21
阜平县	4 148	6.2	279	17 366				
定兴县	65 475	98.2	438	430 247				
唐 县	25 473	38.2	407	155 411	39	0.1	387	229
高阳县	30 734	46.1	406	187 307				
涞源县	16 718	25.1	219	54 807				
望都县	37 613	56.4	487	274 868				
易 县	30 855	46.3	383	177 324				
曲阳县	30 117	45.2	323	145 970				
蠡 县	47 467	71.2	392	278 805				
顺平县	21 006	31.5	380	119 883	107	0.2	281	451
博野县	23 803	35.7	425	151 700				
涿州市	46 605	69.9	397	277 471	655	1.0	426	4 183
安国市	38 527	57.8	456	263 559				
高碑店市	48 937	73.4	445	326 479				
白沟新城	971	1.5	436	6 345				
高新区	500	0.7	316	2 370				

2-5 各县（市、区）粮食作物生产情况（四）

县（市、区）	一、谷物粮食作物					
	（二）小麦					
	播种面积（公顷）	播种面积（万亩）	播种单产（公斤/亩）	总产量（吨）	1. 冬小麦	
					播种面积(公顷)	播种面积(万亩)
全 市	**269 071**	**403.6**	**437**	**1 762 899**	**269 040**	**403.6**
竞秀区	2 065	3.1	433	13 412	2 065	3.1
莲池区	2 048	3.1	472	14 499	2 048	3.1
满城区	9 687	14.5	440	63 996	9 687	14.5
清苑区	31 063	46.6	452	210 565	31 063	46.6
徐水区	27 620	41.4	449	185 965	27 620	41.4
涞水县	5 908	8.9	409	36 270	5 908	8.9
阜平县						
定兴县	32 025	48.0	441	211 973	32 025	48.0
唐 县	8 686	13.0	412	53 745	8 686	13.0
高阳县	13 753	20.6	395	81 432	13 753	20.6
涞源县						
望都县	19 761	29.6	469	138 957	19 761	29.6
易 县	7 442	11.2	423	47 184	7 442	11.2
曲阳县	8 627	12.9	426	55 064	8 627	12.9
蠡 县	18 838	28.3	432	121 950	18 838	28.3
顺平县	9 930	14.9	400	59 533	9 930	14.9
博野县	10 581	15.9	422	67 040	10 550	15.8
涿州市	19 416	29.1	416	121 086	19 416	29.1
安国市	19 460	29.2	453	132 289	19 460	29.2
高碑店市	21 534	32.3	448	144 584	21 534	32.3
白沟新城	260	0.4	438	1 706	260	0.4
高新区	367	0.6	300	1 650	367	0.6

2-5 各县（市、区）粮食作物生产情况（五）

县（市、区）	一、谷物粮食作物					
	（二）小麦					
	1. 冬小麦		2. 春小麦			
	播种单产（公斤/亩）	总产量（吨）	播种面积（公顷）	播种面积（万亩）	播种单产（公斤/亩）	总产量（吨）
全　市	**437**	**1 762 725**	**31**	**0.05**	**378**	**174**
竞秀区	433	13 412				
莲池区	472	14 499				
满城区	440	63 996				
清苑区	452	210 565				
徐水区	449	185 965				
涞水县	409	36 270				
阜平县						
定兴县	441	211 973				
唐　县	412	53 745				
高阳县	395	81 432				
涞源县						
望都县	469	138 957				
易　县	423	47 184				
曲阳县	426	55 064				
蠡　县	432	121 950				
顺平县	400	59 533				
博野县	423	66 866	31	0.05	378	174
涿州市	416	121 086				
安国市	453	132 289				
高碑店市	448	144 584				
白沟新城	438	1 706				
高新区	300	1 650				

2-5 各县（市、区）粮食作物生产情况（六）

县（市、区）	一、谷物粮食作物							
	（三）玉米				（四）其他谷物粮食作物			
	播种面积（公顷）	播种面积（万亩）	播种单产（公斤/亩）	总产量（吨）	播种面积（公顷）	播种面积（万亩）	播种单产（公斤/亩）	总产量（吨）
全　市	**371 060**	**556.6**	**401**	**2 233 596**	**6 132**	**9.2**	**214**	**19 669**
竞秀区	2 481	3.7	453	16 843				
莲池区	2 525	3.8	416	15 766				
满城区	13 973	21.0	397	83 128	90	0.134	139	186
清苑区	37 801	56.7	455	258 012	2	0.002	180	4
徐水区	27 243	40.9	428	174 868	9	0.01	141	19
涞水县	14 922	22.4	338	75 658	681	1.0	188	1 924
阜平县	3 641	5.5	297	16 242	507	0.8	148	1 124
定兴县	33 450	50.2	435	218 274				
唐　县	15 765	23.6	417	98 554	981	1.5	196	2 882
高阳县	16 981	25.5	416	105 875				
涞源县	15 985	24.0	221	52 958	733	1.1	168	1 849
望都县	17 852	26.8	508	135 911				
易　县	23 187	34.8	373	129 609	225	0.3	158	532
曲阳县	19 136	28.7	283	81 322	2 355	3.5	271	9 584
蠡　县	28 541	42.8	365	156 475	88	0.133	286	380
顺平县	10 618	15.9	371	59 090	352	0.5	153	809
博野县	13 222	19.8	427	84 660				
涿州市	26 426	39.6	383	151 834	108	0.2	228	368
安国市	19 067	28.6	459	131 270				
高碑店市	27 401	41.1	443	181 887	2	0.003	250	8
白沟新城	712	1.1	435	4 639				
高新区	133	0.2	360	720				

2-5 各县（市、区）粮食作物生产情况（七）

县（市、区）	一、谷物粮食作物							
	（四）其他谷物粮食作物							
	1. 谷子				2. 高粱			
	播种面积(公顷)	播种面积(万亩)	播种单产(公斤/亩)	总产量(吨)	播种面积(公顷)	播种面积(万亩)	播种单产(公斤/亩)	总产量(吨)
全　市	**5 786**	**8.7**	**214**	**18 529**	**200**	**0.3**	**232**	**695**
竞秀区								
莲池区								
满城区	90	0.1	139	186				
清苑区	2	0.002	180	4				
徐水区	9	0.01	141	19				
涞水县	640	1.0	187	1 790	18	0.03	315	85
阜平县	507	0.8	148	1 124				
定兴县								
唐　县	947	1.4	195	2 772	35	0.1	212	110
高阳县								
涞源县	686	1.0	166	1 707	18	0.03	217	60
望都县								
易　县	215	0.3	158	509	10	0.01	160	23
曲阳县	2 275	3.4	274	9 341	80	0.1	203	243
蠡　县	49	0.074	277	206	39.1	0.0586	297	174
顺平县	352	0.5	153	809	0.07	0.0001	270	0.3
博野县								
涿州市	14	0.021	264	55				
安国市								
高碑店市	2	0.003	250	8				
白沟新城								
高新区								

2-5 各县（市、区）粮食作物生产情况（八）

县（市、区）	一、谷物粮食作物							
	（四）其他谷物粮食作物							
	3. 大麦				4. 燕麦			
	播种面积（公顷）	播种面积（万亩）	播种单产（公斤/亩）	总产量（吨）	播种面积（公顷）	播种面积（万亩）	播种单产（公斤/亩）	总产量（吨）
全 市								
竞秀区								
莲池区								
满城区								
清苑区								
徐水区								
涞水县								
阜平县								
定兴县								
唐 县								
高阳县								
涞源县								
望都县								
易 县								
曲阳县								
蠡 县								
顺平县								
博野县								
涿州市								
安国市								
高碑店市								
白沟新城								
高新区								

2-5 各县（市、区）粮食作物生产情况（九）

县（市、区）	一、谷物粮食作物							
	（四）其他谷物粮食作物							
	5. 荞麦				6. 其他小谷物			
	播种面积(公顷)	播种面积(万亩)	播种单产(公斤/亩)	总产量(吨)	播种面积(公顷)	播种面积(万亩)	播种单产(公斤/亩)	总产量(吨)
全　市	**5**	**0.01**	**124**	**9**	**142**	**0.2**	**205**	**436**
竞秀区								
莲池区								
满城区								
清苑区								
徐水区								
涞水县					23	0.03	142	49
阜平县								
定兴县								
唐　县								
高阳县								
涞源县	5	0.01	124	9	25	0.04	200	74
望都县								
易　县								
曲阳县								
蠡　县								
顺平县								
博野县								
涿州市					94	0.1	222	314
安国市								
高碑店市								
白沟新城								
高新区								

2-5 各县（市、区）粮食作物生产情况（十）

县（市、区）	二、豆类							
					（一）大豆			
	播种面积（公顷）	播种面积（万亩）	播种单产（公斤/亩）	总产量（吨）	播种面积（公顷）	播种面积（万亩）	播种单产（公斤/亩）	总产量（吨）
全　市	**4 664**	**7.0**	**161**	**11 259**	**3 545**	**5.3**	**158**	**8 414**
竞秀区	1	0.001	185	2	0.3	0.001	180	1
莲池区								
满城区	67	0.1	170	171	67	0.1	170	171
清苑区	210	0.3	211	664	201	0.3	214	645
徐水区	363	0.5	106	574	335	0.5	106	531
涞水县	753	1.1	167	1 880	441	0.7	155	1 024
阜平县	705	1.1	123	1 307	480	0.7	102	736
定兴县	508	0.8	241	1 838	405	0.6	250	1 518
唐　县	105	0.2	139	219	86	0.1	141	182
高阳县	30	0.05	167	75	30	0.05	167	75
涞源县	178	0.3	165	442	168	0.25	167	422
望都县	28	0.04	212	89	28	0.04	212	89
易　县	216	0.3	105	340	154	0.2	108	250
曲阳县	225	0.3	202	682	204	0.3	204	624
蠡　县	426	0.6	119	759	315	0.5	123	582
顺平县	45	0.07	159	107	26	0.04	146	58
博野县	31	0.05	174	82	19	0.03	201	56
涿州市	455	0.7	164	1 119	391	0.6	161	945
安国市	133	0.2	178	356	133	0.2	178	356
高碑店市	170	0.3	199	508	46	0.1	148	102
白沟新城	16	0.02	194	46	16	0.02	194	46
高新区								

2-5 各县（市、区）粮食作物生产情况（十一）

县（市、区）	二、豆类							
	（二）绿豆				（三）红小豆			
	播种面积（公顷）	播种面积（万亩）	播种单产（公斤/亩）	总产量（吨）	播种面积（公顷）	播种面积（万亩）	播种单产（公斤/亩）	总产量（吨）
全　市	**361**	**0.54**	**138**	**745**	**208**	**0.31**	**147**	**457**
竞秀区	0.2	0.0003	180	1	0.3	0.0004	195	1
莲池区								
满城区								
清苑区	5	0.01	154	12	3	0.005	143	7
徐水区	16	0.02	95	23	12	0.02	111	20
涞水县	51	0.08	125	95	73	0.11	199	218
阜平县	87	0.13	187	243	7	0.01	110	11
定兴县	21	0.03	92	29	20	0.03	197	59
唐　县	6	0.01	98	9	13	0.02	148	28
高阳县								
涞源县	2	0.002	133	3	4	0.01	112	6
望都县								
易　县	21	0.03	106	34	38	0.06	85	49
曲阳县	21	0.03	182	58				
蠡　县	99	0.15	111	165	12	0.02	67	12
顺平县	1	0.002	176	3	10	0.015	98	15
博野县	9	0.01	132	19	3	0.01	145	7
涿州市	21	0.03	165	53	13	0.02	130	25
安国市								
高碑店市								
白沟新城								
高新区								

2-5 各县（市、区）粮食作物生产情况（十二）

县（市、区）	二、豆类				三、薯类			
	（四）其他豆类							
	播种面积（公顷）	播种面积（万亩）	播种单产（公斤/亩）	总产量（吨）	播种面积（公顷）	播种面积（万亩）	播种单产（公斤/亩）	总产量(鲜)（吨）
全　市	**550**	**0.8**	**199**	**1642**	**20 248**	**30.4**	**388**	**589 304**
竞秀区					0.2	0.0003	407	6
莲池区								
满城区					352	0.5	406	10 723
清苑区					942	1.4	446	31 516
徐水区					348	0.5	418	10 914
涞水县	188	0.28	192	543	1 235	1.9	355	32 876
阜平县	132	0.20	160	317	4 777	7.2	369	132 078
定兴县	62	0.09	251	233	2 410	3.6	502	90 729
唐　县					762	1.1	369	21 107
高阳县					509	0.8	413	15 752
涞源县	5	0.01	135	10	292	0.4	275	6 028
望都县					92	0.1	469	3 234
易　县	3	0.004	180	7	2 856	4.3	290	62 064
曲阳县					1 440	2.2	335	36 166
蠡　县					886	1.3	376	25 028
顺平县	7	0.01	293	31	669	1.0	358	17 997
博野县					226	0.3	475	8 048
涿州市	30	0.04	215	96	542	0.8	367	14 888
安国市					312	0.5	394	9 203
高碑店市	124	0.2	218	406	1 556	2.3	509	59 440
白沟新城					40	0.1	498	1 506
高新区								

2-5 各县（市、区）粮食作物生产情况（十三）

县（市、区）	三、薯类							
	（一）马铃薯				（二）甘薯			
	播种面积（公顷）	播种面积（万亩）	播种单产（公斤/亩）	总产量（鲜）（吨）	播种面积（公顷）	播种面积（万亩）	播种单产（公斤/亩）	总产量（鲜）（吨）
全　市	**7 787**	**11.7**	**383**	**223 717**	**12 461**	**18.7**	**391**	**365 587**
竞秀区					0.2	0.0003	407	6
莲池区								
满城区	123	0.2	383	3 540	229	0.3	418	7 183
清苑区	282	0.4	414	8 760	659	1.0	460	22 756
徐水区	58	0.1	397	1 726	290	0.4	422	9 189
涞水县	812	1.2	337	20 486	424	0.6	390	12 390
阜平县	3 648	5.5	381	104 287	1 129	1.7	328	27 792
定兴县	1 146	1.7	441	37 913	1 264	1.9	557	52 816
唐　县	128	0.2	395	3 786	634	1.0	364	17 321
高阳县					509	0.8	413	15 752
涞源县	291	0.4	274	5 992	1	0.002	339	36
望都县	92	0.1	469	3 234				
易　县	100	0.1	294	2 197	2 756	4.1	290	59 868
曲阳县	249	0.4	308	5 763	1 191	1.8	340	30 404
蠡　县	290	0.4	409	8 875	597	0.9	361	16 153
顺平县	27	0.04	404	807	643	1.0	357	17 190
博野县	121	0.2	448	4 072	105	0.2	506	3 976
涿州市	256	0.4	384	7 380	286	0.4	351	7 508
安国市	117	0.2	403	3 531	195	0.3	389	5 672
高碑店市	47	0.1	385	1 358	1 509	2.3	513	58 083
白沟新城	0.3	0.001	500	13	40	0.1	498	1 493
高新区								

2-6 各县（市、区）经济作物生产情况（一）

单位：公顷、公斤/公顷

县（市、区）	经济作物播种面积	一、油料			1. 花生		
		播种面积	播种单产	总产量（吨）	播种面积	播种单产	总产量（吨）
全　市	**136 841**	**25 521**	**3 946**	**100 701**	**23 294**	**3 994**	**93 033**
竞秀区	428	14	3 893	56	10	4 034	40
莲池区	677	88	2 834	248	67	3 015	202
满城区	5 702	438	3 394	1 486	353	3 440	1 213
清苑区	20 702	1 484	4 093	6 074	855	4 267	3 649
徐水区	5 147	559	4 187	2 341	554	4 197	2 327
涞水县	6 590	2 732	3 897	10 647	2 609	3 945	10 293
阜平县	5 833	294	3 660	1 075	287	3 697	1 062
定兴县	13 341	3 692	4 545	16 783	3 490	4 609	16 085
唐　县	3 093	990	3 463	3 428	951	3 482	3 312
高阳县	1 942	532	3 960	2 105	458	3 979	1 824
涞源县	1 453	17	2 029	35	7	2 912	22
望都县	5 088	321	4 228	1 358	247	4 642	1 147
易　县	5 817	2 063	3 750	7 737	2 038	3 764	7 670
曲阳县	4 662	2 935	2 979	8 745	2 791	2 955	8 248
蠡　县	11 269	2 203	3 698	8 146	1 510	3 835	5 790
顺平县	8 500	289	3 575	1 032	207	3 721	769
博野县	3 975	508	4 582	2 325	506	4 589	2 320
涿州市	9 883	2 389	3 761	8 982	2 384	3 763	8 969
安国市	19 122	2 789	4 887	13 631	2 787	4 889	13 626
高碑店市	3 489	1 185	3 772	4 468	1 183	3 777	4 467
白沟新城	72						
高新区	55						

2-6 各县（市、区）经济作物生产情况（二）

单位：公顷、公斤/公顷

县（市、区）	一、油料					
	2. 油菜籽			3. 芝麻		
	播种面积	播种单产	总产量（吨）	播种面积	播种单产	总产量（吨）
全　市	**218**	**2 964**	**645**	**8**	**1 260**	**10**
竞秀区	0.5	3 170	1			
莲池区						
满城区	8	2 711	22			
清苑区	3	3 878	12			
徐水区	1	2 565	2			
涞水县	65	2 202	142	3	1 880	6
阜平县	4.6	2 292	11	1.3	803	1
定兴县	37	4 055	150			
唐　县	5	2 628	13			
高阳县	4	2 778	10			
涞源县						
望都县	58	3 174	185			
易　县	14	3 375	48	1	1 029	1
曲阳县	11	2 708	30	0.05	2 600	0.1
蠡　县						
顺平县						
博野县	2	2 803	5			
涿州市	5	2 732	14			
安国市						
高碑店市				2	750	2
白沟新城						
高新区						

2-6 各县（市、区）经济作物生产情况（三）

单位：公顷、公斤/公顷

县（市、区）	一、油料					
	4. 胡麻籽			5. 葵花籽		
	播种面积	播种单产	总产量（吨）	播种面积	播种单产	总产量（吨）
全 市				**2 001**	**3 503**	**7 011**
竞秀区				4	3 616	14
莲池区				21	2 247	46
满城区				77	3 256	251
清苑区				626	3 857	2 413
徐水区				4	3 028	12
涞水县				56	3 713	206
阜平县				0.5	2 265	1
定兴县				165	3 315	548
唐 县				34	3 036	103
高阳县				70	3 892	271
涞源县				10	1 371	14
望都县				16	1 651	26
易 县				9	1 799	17
曲阳县				133	3 499	466
蠡 县				693	3 398	2 356
顺平县				82	3 205	263
博野县				0.3	2 963	1
涿州市						
安国市				2	2 570	5
高碑店市						
白沟新城						
高新区						

2-6 各县（市、区）经济作物生产情况（四）

单位：公顷、公斤/公顷

县（市、区）	一、油料			二、棉花		
	6. 其他油料作物					
	播种面积	播种单产	总产量（吨）	播种面积	播种单产	总产量（吨）
全　市	**0.8**	**2 316**	**2**	**44**	**1 015**	**45**
竞秀区				0.2	1 059	0.2
莲池区						
满城区	0.01	1 000	0.01			
清苑区				0.3	1 182	0.4
徐水区						
涞水县				1	1 166	2
阜平县						
定兴县						
唐　县				11	981	11
高阳县				19	1 081	20
涞源县						
望都县	0.3	2 926	1			
易　县	0.3	1 303	0.4	1	633	1
曲阳县	0.01	2 000	0.02	10	947	9
蠡　县	0.2	3 400	0.5	1	1 000	1
顺平县						
博野县				0.4	1 189	0.4
涿州市						
安国市						
高碑店市						
白沟新城						
高新区						

2-6 各县（市、区）经济作物生产情况（五）

单位：公顷、公斤/公顷

县（市、区）	三、生麻					
	播种面积	播种单产	总产量（吨）	其他麻类		
				播种面积	播种单产	总产量（吨）
全 市	**2**	**379**	**1**	**2**	**379**	**1**
竞秀区						
莲池区						
满城区						
清苑区						
徐水区						
涞水县						
阜平县						
定兴县						
唐 县						
高阳县						
涞源县						
望都县						
易 县						
曲阳县	2	379	1	2	379	1
蠡 县						
顺平县						
博野县						
涿州市						
安国市						
高碑店市						
白沟新城						
高新区						

2-6 各县（市、区）经济作物生产情况（六）

单位：公顷、公斤/公顷

县（市、区）	四、糖料			五、烟叶（未加工烟草）					
	播种面积	播种单产	总产量（吨）	播种面积	播种单产	总产量（吨）	烤烟（未去梗烤烟）		
							播种面积	播种单产	总产量（吨）
全　市				**75**	**1 239**	**93**	**70**	**1 228**	**86**
竞秀区									
莲池区									
满城区									
清苑区				2	1 750	4			
徐水区									
涞水县									
阜平县									
定兴县									
唐　县									
高阳县									
涞源县									
望都县									
易　县									
曲阳县				73	1 225	89	70	1 228	86
蠡　县									
顺平县									
博野县									
涿州市									
安国市									
高碑店市									
白沟新城									
高新区									

2-6 各县（市、区）经济作物生产情况（七）

单位：公顷、公斤/公顷

县（市、区）	六、中草药材					
	播种面积	播种单产	总产量（吨）	人参		
				播种面积	播种单产	总产量（吨）
全 市	**18 349**	**6 209**	**113 939**	**64**	**2 223**	**142**
竞秀区						
莲池区						
满城区						
清苑区	53	4 712	250			
徐水区						
涞水县	190	10 849	2 056			
阜平县	4 391	1 743	7 655	64	2 223	142
定兴县	30	27 075	825			
唐 县						
高阳县	307	2 764	849			
涞源县	997	105	104			
望都县	313	15 456	4 838			
易 县	60	95	6			
曲阳县	72	23 965	1 728			
蠡 县	157	3 151	496			
顺平县						
博野县	1 493	23 503	35 079			
涿州市	14	2 512	36			
安国市	10 272	5 843	60 018			
高碑店市						
白沟新城						
高新区						

2-6 各县（市、区）经济作物生产情况（八）

单位：公顷、公斤/公顷

县（市、区）	六、中草药材					
	甘草			枸杞		
	播种面积	播种单产	总产量（吨）	播种面积	播种单产	总产量（吨）
全　市	**70**	**2 888**	**202**			
竞秀区						
莲池区						
满城区						
清苑区						
徐水区						
涞水县	7	9 082	61			
阜平县	63	2 236	142			
定兴县						
唐　县						
高阳县						
涞源县						
望都县						
易　县						
曲阳县						
蠡　县						
顺平县						
博野县						
涿州市						
安国市						
高碑店市						
白沟新城						
高新区						

2-6 各县（市、区）经济作物生产情况（九）

单位：公顷、公斤/公顷

县（市、区）	七、蔬菜及食用菌					
	播种面积	播种单产	总产量（吨）	芹菜		
				播种面积	播种单产	总产量（吨）
全　市	**67 256**	**63 681**	**4 282 938**	**1 349**	**55 014**	**74 209**
竞秀区	377	55 079	20 781	6	41 993	244
莲池区	521	56 611	29 513	89	63 282	5 602
满城区	3 174	61 581	195 450	182	48 387	8 788
清苑区	8 676	68 162	591 399	89	73 789	6 582
徐水区	3 961	78 013	309 013	103	54 688	5 624
涞水县	3 070	69 770	214 161	11	38 128	416
阜平县	1 122	101 037	113 328	3	59 348	189
定兴县	9 138	70 983	648 676	111	77 758	8 597
唐　县	1 589	49 319	78 382	79	42 522	3 339
高阳县	955	49 294	47 096	2	52 218	127
涞源县	425	58 277	24 740	14	63 795	924
望都县	2 050	64 143	131 503	71	65 812	4 665
易　县	3 241	65 331	211 769	10	29 610	302
曲阳县	1 509	55 393	83 584	14	46 246	644
蠡　县	8 030	60 197	483 372	75	51 972	3 911
顺平县	6 018	54 725	329 313	123	37 667	4 635
博野县	1 768	57 089	100 924	23	42 009	967
涿州市	6 521	57 629	375 804	281	55 662	15 654
安国市	3 317	59 384	197 007	28	52 818	1 458
高碑店市	1 777	54 133	96 191	34	43 093	1 447
白沟新城	2	30 375	58	0	100 000	3
高新区	14	61 976	872	2	45 000	90

2-6 各县（市、区）经济作物生产情况（十）

单位：公顷、公斤/公顷

县（市、区）	七、蔬菜及食用菌					
	油菜			菠菜		
	播种面积	播种单产	总产量（吨）	播种面积	播种单产	总产量（吨）
全　市	**551**	**42 950**	**23 649**	**2 237**	**51 193**	**114 524**
竞秀区	3	37 861	106	6	27 631	161
莲池区	60	48 384	2 897	44	35 908	1 582
满城区	27	38 513	1 045	182	42 818	7 793
清苑区	67	63 793	4 279	476	75 890	36 138
徐水区	27	52 873	1 434	181	54 632	9 868
涞水县	33	31 533	1 044	63	56 826	3 606
阜平县	5	31 491	167	21	32 852	685
定兴县	19	46 063	875	87	61 255	5 314
唐　县	47	26 118	1 230	95	34 647	3 279
高阳县	4	33 265	117	35	40 489	1 413
涞源县	12	35 918	429	19	44 161	860
望都县	18	36 604	656	135	57 025	7 696
易　县	9	27 741	260	195	30 214	5 880
曲阳县	2	38 144	79	35	36 843	1 286
蠡　县	20	38 859	792	181	46 466	8 389
顺平县				108	35 325	3 806
博野县	15	49 393	722	43	49 683	2 136
涿州市	146	40 106	5 847	184	37 555	6 909
安国市	16	46 044	744	97	53 376	5 164
高碑店市	20	46 041	906	51	49 840	2 533
白沟新城				0	15 588	5
高新区	1	29 851	20	1	29 851	20

2-6 各县（市、区）经济作物生产情况（十一）

单位：公顷、公斤/公顷

县（市、区）	七、蔬菜及食用菌					
	大白菜			卷心菜（结球甘蓝）		
	播种面积	播种单产	总产量（吨）	播种面积	播种单产	总产量（吨）
全　市	**16 808**	**74 694**	**1 255 488**	**1 872**	**59 872**	**112 106**
竞秀区	123	80 496	9 880	2	44 910	75
莲池区	126	68 202	8 611	0.4	37 500	15
满城区	911	84 168	76 678	42	67 005	2 783
清苑区	2 359	81 425	192 099	760	63 833	48 539
徐水区	1 476	86 002	126 919	156	76 166	11 874
涞水县	754	72 904	54 954	12	37 114	440
阜平县	449	63 656	28 585	2	43 736	96
定兴县	638	79 798	50 921	68	65 604	4 479
唐　县	490	57 145	28 008	13	41 920	563
高阳县	312	66 159	20 638	12	47 653	582
涞源县	147	61 275	8 980	9	71 700	625
望都县	485	66 570	32 253	121	71 241	8 588
易　县	1 235	85 498	105 614	68	47 622	3 233
曲阳县	836	62 394	52 147	6	40 705	239
蠡　县	1 689	70 566	119 205	42	55 233	2 341
顺平县	566	81 360	46 033	43	36 264	1 555
博野县	429	69 388	29 749	11	45 571	483
涿州市	1 868	70 898	132 449	320	46 707	14 959
安国市	1 492	67 900	101 286	56	63 842	3 546
高碑店市	417	71 705	29 918	130	54 596	7 093
白沟新城						
高新区	7	74 967	560			

2-6 各县（市、区）经济作物生产情况（十二）

单位：公顷、公斤/公顷

县（市、区）	七、蔬菜及食用菌					
	白萝卜			胡萝卜		
	播种面积	播种单产	总产量（吨）	播种面积	播种单产	总产量（吨）
全　市	**3 997**	**71 770**	**286 834**	**642**	**55 695**	**35 739**
竞秀区	6	45 642	290	0.2	47 667	9
莲池区	20	59 498	1 173	3	59 366	206
满城区	71	70 780	5 051	27	53 952	1 430
清苑区	51	63 527	3 244	245	61 998	15 202
徐水区	83	53 363	4 441	2	22 349	37
涞水县	967	94 473	91 345	1	54 425	47
阜平县	210	54 869	11 537	11	29 327	317
定兴县	849	68 675	58 280	46	60 712	2 787
唐　县	73	38 984	2 842	31	37 335	1 150
高阳县	30	46 785	1 397	1	32 400	36
涞源县	44	52 265	2 299	2	51 908	96
望都县	62	72 334	4 483	34	61 933	2 082
易　县	348	82 846	28 823	26	51 627	1 340
曲阳县	183	55 983	10 237	1	59 800	33
蠡　县	401	62 600	25 112	45	46 126	2 067
顺平县	48	60 264	2 920			
博野县	51	71 974	3 648	16	50 001	788
涿州市	121	63 519	7 690	30	63 919	1 906
安国市	235	65 159	15 322	46	63 110	2 887
高碑店市	142	46 594	6 614	77	43 069	3 321
白沟新城						
高新区	1	75 221	85			

2-6 各县（市、区）经济作物生产情况（十三）

单位：公顷、公斤/公顷

县（市、区）	七、蔬菜及食用菌					
	生姜			黄瓜		
	播种面积	播种单产	总产量（吨）	播种面积	播种单产	总产量（吨）
全　市	**37**	**33 414**	**1 221**	**7 265**	**66 352**	**482 071**
竞秀区				64	37 725	2 408
莲池区	0.3	15 576	5.1	20	56 901	1 136
满城区				316	67 923	21 447
清苑区				507	70 957	35 963
徐水区				569	82 625	47 047
涞水县				300	43 176	12 970
阜平县				133	42 563	5 644
定兴县				1 833	75 820	138 981
唐　县				157	38 502	6 064
高阳县	5	44 353	236	38	45 216	1 730
涞源县				36	39 886	1 447
望都县				133	76 093	10 092
易　县				317	77 450	24 546
曲阳县	3	44 944	120	93	50 815	4 701
蠡　县				318	51 957	16 539
顺平县	13	9 116	116	1 373	67 206	92 245
博野县	1	41 570	42	106	46 300	4 901
涿州市	10	45 000	450	500	60 287	30 163
安国市				238	52 121	12 395
高碑店市	5	55 629	252	213	54 410	11 605
白沟新城				1.2	30 278	35
高新区				0.1	92 308	12

2-6 各县（市、区）经济作物生产情况（十四）

单位：公顷、公斤/公顷

县（市、区）	七、蔬菜及食用菌					
	南瓜			冬瓜		
	播种面积	播种单产	总产量（吨）	播种面积	播种单产	总产量（吨）
全　市	**850**	**44 235**	**37 583**	**158**	**83 341**	**13 155**
竞秀区	1	31 500	32			
莲池区	1	52 632	70			
满城区						
清苑区	192	65 400	12 583	102	101 121	10 287
徐水区	0.1	46 571	3			
涞水县	0.9	24 731	23	7	70 260	523
阜平县	17	31 827	538			
定兴县	14	51 983	730	3	34 391	87
唐　县	27	36 667	996	8	19 864	167
高阳县						
涞源县	2	38 058	59			
望都县	12	43 612	518	4	67 970	291
易　县	249	24 449	6 077	1	43 008	51
曲阳县	1	22 777	21	1	31 183	29
蠡　县	8	25 580	196	0.3	47 407	13
顺平县						
博野县	0.3	47 933	14			
涿州市	323	48 452	15 652	14	55 065	792
安国市	1	48 811	46	3	79 212	235
高碑店市	1	26 774	25	14	49 609	678
白沟新城						
高新区						

2-6 各县（市、区）经济作物生产情况（十五）

单位：公顷、公斤/公顷

县（市、区）	七、蔬菜及食用菌					
	豇豆			四季豆		
	播种面积	播种单产	总产量（吨）	播种面积	播种单产	总产量（吨）
全 市	**1 163**	**44 477**	**51 734**	**3 993**	**41 007**	**163 724**
竞秀区	7	29 866	224	3	35 587	118
莲池区	1	45 113	60	1	44 776	30
满城区	103	40 635	4 170	776	41 101	31 897
清苑区	249	68 188	16 947	102	57 003	5 798
徐水区	2	18 517	44	105	40 543	4 274
涞水县	0.3	26 484	8	30	25 465	776
阜平县	5	19 671	101	24	16 955	409
定兴县	118	45 177	5 349	276	43 093	11 913
唐 县	91	28 165	2 566	53	32 691	1 722
高阳县	5	30 358	149	4	28 419	110
涞源县				32	29 266	950
望都县				90	35 961	3 227
易 县	3	41 874	119	251	39 754	9 997
曲阳县	25	20 496	511	30	19 269	578
蠡 县	108	40 215	4 363	110	42 719	4 706
顺平县	291	36 313	10 564	1 685	41 502	69 950
博野县	2	31 011	54	51	38 873	1 983
涿州市	145	43 084	6 253	238	40 460	9 626
安国市	1	41 034	36	126	43 769	5 507
高碑店市	6	35 960	215	4	40 504	151
白沟新城						
高新区						

2-6 各县（市、区）经济作物生产情况（十六）

单位：公顷、公斤/公顷

县（市、区）	七、蔬菜及食用菌					
	茄子			辣椒		
	播种面积	播种单产	总产量（吨）	播种面积	播种单产	总产量（吨）
全　市	**3 720**	**58 904**	**219 105**	**2 241**	**47 614**	**106 701**
竞秀区	14	51 234	724	6	26 593	159
莲池区	12	60 409	728	7	50 429	374
满城区	110	62 565	6 875	123	59 637	7 348
清苑区	585	65 776	38 494	307	50 825	15 594
徐水区	172	72 270	12 464	15	33 988	515
涞水县	94	37 983	3 580	120	29 112	3 489
阜平县	83	40 920	3 407	56	8 178	455
定兴县	1 085	71 799	77 920	691	60 867	42 040
唐　县	69	39 531	2 740	86	35 197	3 012
高阳县	13	47 004	597	3	28 003	82
涞源县	19	35 832	680	11	27 828	318
望都县	60	58 445	3 484	218	51 885	11 336
易　县	55	46 422	2 531	8	35 604	271
曲阳县	71	44 608	3 159	14	28 456	391
蠡　县	47	53 299	2 492	88	8 204	720
顺平县	360	51 198	18 447	14	48 536	702
博野县	69	47 131	3 269	39	37 830	1 470
涿州市	476	45 984	21 873	144	45 347	6 524
安国市	225	47 832	10 784	231	44 208	10 210
高碑店市	99	48 768	4 839	60	27 969	1 684
白沟新城	0.1	4 615	1			
高新区	0.3	53 030	18	0	22 727	8

2-6 各县（市、区）经济作物生产情况（十七）

单位：公顷、公斤/公顷

县（市、区）	七、蔬菜及食用菌					
	西红柿			大葱		
	播种面积	播种单产	总产量（吨）	播种面积	播种单产	总产量（吨）
全　市	**6 331**	**66 612**	**421 727**	**3 105**	**59 552**	**184 886**
竞秀区	85	51 102	4 325	1	30 232	29
莲池区	91	48 188	4 389	2	50 058	104
满城区	203	75 491	15 344	27	55 189	1 489
清苑区	531	70 796	37 588	308	64 475	19 832
徐水区	809	85 692	69 321	88	56 149	4 950
涞水县	369	71 162	26 274	24	55 743	1 358
阜平县	57	38 564	2 179	12	40 269	478
定兴县	1 297	72 092	93 500	281	72 599	20 379
唐　县	160	40 726	6 502	45	44 785	2 022
高阳县	32	50 388	1 602	29	44 926	1 280
涞源县	33	37 867	1 236	13	49 817	631
望都县	236	78 746	18 600	113	52 075	5 909
易　县	140	55 449	7 742	31	50 554	1 576
曲阳县	63	40 036	2 511	26	44 595	1 168
蠡　县	324	65 985	21 408	926	60 217	55 763
顺平县	843	56 100	47 276	281	58 984	16 552
博野县	272	53 579	14 585	113	58 963	6 676
涿州市	456	63 584	28 963	628	56 903	35 740
安国市	227	50 772	11 543	134	58 573	7 851
高碑店市	104	65 303	6 786	23	48 594	1 099
白沟新城	0.1	107 692	14	0.1	4 615	1
高新区	0.7	59 701	40			

2-6 各县（市、区）经济作物生产情况（十八）

单位：公顷、公斤/公顷

县（市、区）	七、蔬菜及食用菌					
	蒜头			莲藕		
	播种面积	播种单产	总产量（吨）	播种面积	播种单产	总产量（吨）
全　市	**722**	**38 869**	**28 074**	**76**	**30 980**	**2 347**
竞秀区	7	31 093	229	1	41 774	56
莲池区						
满城区	23	35 249	808	1	53 560	49
清苑区	79	50 869	3 995	53	27 902	1 488
徐水区						
涞水县	1	40 694	60	1	6 302	4
阜平县	2	18 008	44	4	15 375	62
定兴县	58	39 814	2 300			
唐　县	10	31 846	309			
高阳县	18	40 150	705			
涞源县	10	35 599	368			
望都县	132	35 731	4 730	15	45 013	669
易　县	1	32 041	31			
曲阳县	0.2	25 063	4			
蠡　县	77	36 948	2 846			
顺平县	60	32 363	1 949			
博野县	132	34 868	4 588			
涿州市	14	41 500	591	0.4	36 857	13
安国市	90	48 566	4 359			
高碑店市	8	20 141	157	0.3	21 212	7
白沟新城						
高新区						

2-6 各县（市、区）经济作物生产情况（十九）

单位：公顷、公斤/公顷

县（市、区）	七、蔬菜及食用菌							
	其他蔬菜			食用菌（干鲜混合）				
	播种面积	播种单产	总产量（吨）		1. 干品	香菇	黑木耳	其他干品
全　市	**10 141**	**56 199**	**569 899**	**98 162**	**10 054**	**7 461**	**2 492**	**101**
竞秀区	42	33 764	1 414	300				
莲池区	43	56 574	2 421	110	110	110		
满城区	51	48 060	2 455					
清苑区	1 614	53 715	86 718	30				
徐水区	172	58 085	9 983	214				
涞水县	279	38 655	10 795	2 447	1 655	1 537	38	81
阜平县	28	31 782	877	57 560	7 469	5 725	1 744	
定兴县	1 665	74 565	124 178	46				
唐　县	56	42 037	2 336	9 536	10	10		
高阳县	414	39 360	16 278	15				
涞源县	21	41 958	888	3 949	529	19	510	
望都县	112	53 463	5 999	6 224	210	10	180	21
易　县	295	43 700	12 908	468	20	20		
曲阳县	107	53 254	5 717	8				
蠡　县	3 569	56 668	202 251	10 256				
顺平县	210	41 264	8 654	3 912				
博野县	396	59 085	23 414	1 434				
涿州市	622	51 954	32 331	1 421	3	3		
安国市	73	49 853	3 632					
高碑店市	370	44 895	16 630	231	49	29	20	
白沟新城								
高新区	1	29 851	20					

2-6 各县（市、区）经济作物生产情况（二十）

单位：公顷、公斤/公顷

县（市、区）	七、蔬菜及食用菌			八、瓜果类		
	食用菌（干鲜混合）			播种面积	播种单产	总产量（吨）
	2. 鲜品	蘑菇	其他鲜品			
全　市	**88 108**	**79 472**	**8 636**	**14 868**	**55 024**	**818 086**
竞秀区	300	300		36	34 701	1 259
莲池区				24	38 025	920
满城区				2 091	35 356	73 912
清苑区	30	30		7 188	66 968	481 362
徐水区	214	214		278	53 055	14 723
涞水县	792	727	65	584	33 399	19 489
阜平县	50 091	41 700	8 391	24	32 928	789
定兴县	46	46		410	61 748	25 333
唐　县	9 526	9 363	163	66	36 693	2 406
高阳县	15	15		128	44 522	5 704
涞源县	3 421	3 421		8	17 959	143
望都县	6 014	6 011	3	102	51 047	5 206
易　县	448	448		19	36 008	668
曲阳县	8	4	4	52	46 515	2 423
蠡　县	10 256	10 256		876	54 877	48 098
顺平县	3 912	3 912		1 919	37 657	72 271
博野县	1 434	1 429	5	110	56 608	6 230
涿州市	1 418	1 413	5	479	60 294	28 855
安国市				55	64 404	3 531
高碑店市	182	182		379	62 466	23 661
白沟新城				0.3	37 037	10
高新区				41	26 475	1 092

2-6 各县（市、区）经济作物生产情况（二十一）

单位：公顷、公斤/公顷

县（市、区）	八、瓜果类					
	西瓜			香瓜（甜瓜）		
	播种面积	播种单产	总产量（吨）	播种面积	播种单产	总产量（吨）
全　市	**9 054**	**66 929**	**606 006**	**668**	**41 597**	**27 780**
竞秀区						
莲池区	2	64 624	112			
满城区	51	34 169	1 728	71	36 550	2 592
清苑区	6 488	69 545	451 195	379	47 305	17 932
徐水区	86	72 518	6 239	3	38 467	100
涞水县	34	70 857	2 428	1	33 533	20
阜平县	4	64 746	253	4	33 389	120
定兴县	373	64 750	24 143	1	40 619	60
唐　县	36	48 791	1 764	3	23 543	71
高阳县	113	46 266	5 247	11	36 835	395
涞源县	4	15 012	65	2	5 535	10
望都县	58	64 493	3 749	1.0	40 000	38
易　县	2	44 053	100	8	46 410	362
曲阳县	32	45 778	1 481			
蠡　县	787	56 979	44 838	76	35 762	2 729
顺平县	125	59 020	7 349	90	27 879	2 513
博野县	87	60 600	5 302	14	44 265	602
涿州市	385	63 289	24 342	0.02	35 000	1
安国市	52	66 315	3 430	0.8	29 901	24
高碑店市	335	66 330	22 242	4	48 571	211
白沟新城						
高新区						

2-6 各县（市、区）经济作物生产情况（二十二）

单位：公顷、公斤/公顷

县（市、区）	八、瓜果类					
	草莓			其他瓜果		
	播种面积	播种单产	总产量（吨）	播种面积	播种单产	总产量（吨）
全　市	**4 989**	**35 609**	**177 645**	**157**	**42 400**	**6 655**
竞秀区	36	34 701	1 259			
莲池区	22	36 008	808	0.03	25 000	1
满城区	1 961	35 352	69 326	8	33 219	266
清苑区	321	38 108	12 235			
徐水区	189	44 408	8 381	0.1	24 000	3
涞水县	524	30 767	16 132	24	37 355	909
阜平县	1	31 053	41	15	24 775	375
定兴县	19	23 015	434	17	40 803	697
唐　县	25	21 247	533	1	28 992	39
高阳县	4	15 940	62	0.1	7 692	1
涞源县	2	39 660	61	0.3	28 692	7
望都县	42	32 828	1 371	1	42 212	48
易　县	8	22 947	181	0.6	41 667	25
曲阳县	2	36 409	90	17	49 342	852
蠡　县	11	40 684	444	2	37 554	88
顺平县	1 704	36 611	62 395	0.3	49 741	13
博野县	8	36 475	309	1	33 820	17
涿州市	54	35 330	1 913	40	65 321	2 600
安国市	2	33 428	77			
高碑店市	39	30 511	1 184	0.3	75 909	25
白沟新城	0.3	37 037	10			
高新区	13	30 998	401	28	24 408	691

2-6 各县（市、区）经济作物生产情况（二十三）

单位：公顷

县（市、区）	九、其他农作物播种面积（含花卉种植面积）	青饲料播种面积	饲料用青贮玉米	十、特种农作物 1.花卉种植面积	2.鲜切花（万枝）	3.盆栽观赏植物（包括盆景）（盆）
全 市	**10 727**	**2 260**	**2 074**	**22 095**	**1 270**	**8 240 743**
竞秀区	0.2					
莲池区	44	40	40			
满城区						
清苑区	3 298	825	825	363	21	100 000
徐水区	350	211	211	2 085		789 545
涞水县	14	5		76		28 594
阜平县	2	1	0.3			
定兴县	69			954	818	6 925 000
唐 县	437	437	437			
高阳县	1					
涞源县	7					
望都县	2 302	138	138	13 697		1 300
易 县	433	155	155	3 270		
曲阳县	10			145		35 000
蠡 县	1			12		96 000
顺平县	275	1		3		
博野县	97	69	67	428	419	
涿州市	481	205	202	320	12	251 304
安国市	2 688			139.0		
高碑店市	148	103		601.0		14 000
白沟新城	70	70				
高新区	0			3		

2-7 各县（市、区）设施农业生产情况（一）

单位：公顷、吨

县（市、区）	一、蔬菜							
	面积	产量	芹菜		油菜		菠菜	
			面积	产量	面积	产量	面积	产量
全　市	**13 477.9**	**829 325.4**	**609.1**	**35 013.8**	**197.8**	**8 177.5**	**544.2**	**28 975.2**
竞秀区	114.2	5 101.1	2.3	102.8	1.7	64.9	3.3	84.0
莲池区	271.1	13 396.7	76.1	4 843.6	44.7	2 155.7	32.1	1 043.8
满城区	356.8	17 085.4	63.6	2 668.5			26.5	1 093.3
清苑区	2 084.6	134 550.3	13.9	960.6	10.5	443.4	114.9	8 593.6
徐水区	1 247.0	92 207.7	75.2	3 779.8	15.2	811.2	121.3	6 552.9
涞水县	722.6	39 474.1	4.5	176.2	13.7	437.9	32.9	2 054.1
阜平县	174.3	7 639.9	1.8	133.9	2.4	123.5	8.5	373.5
定兴县	3 492.7	233 604.5	65.9	5 357.1	3.3	158.9	50.5	3 273.8
唐　县	322.4	12 031.6	57.3	2 263.1	0.6	15.8	14.2	513.3
高阳县	41.0	1 677.7	1.8	95.6	0.03	1.3	2.3	88.3
涞源县	62.0	2 646.4	11.4	768.9	8.3	307.6	2.5	89.7
望都县	424.8	29 473.7	9.1	605.9	5.5	196.5	8.7	448.9
易　县	103.8	4 927.4	1.9	61.0	3.0	56.2	8.3	217.5
曲阳县	47.5	2 363.6	3.6	282.9	1.7	63.7	1.9	80.0
蠡　县	399.1	23 424.5	36.6	1 916.8	0.6	15.0	13.3	578.0
顺平县	1 469.9	89 827.1						
博野县	302.7	15 281.1	11.7	540.7	8.9	419.8	11.0	542.9
涿州市	1 514.3	84 100.0	151.5	9 566.2	62.4	2 203.7	80.6	2 758.2
安国市	21.8	964.1	1.3	68.6			1.5	50.0
高碑店市	300.5	19 342.0	17.5	731.5	14.7	682.4	9.3	519.6
白沟新城	0.9	24.7					0.01	0.1
高新区	4.1	182.0	2.0	90.0	0.7	20.0	0.7	20.0

2-7 各县（市、区）设施农业生产情况（二）

单位：公顷、吨

县（市、区）	一、蔬菜							
	黄瓜		西红柿		生姜		辣椒	
	面积	产量	面积	产量	面积	产量	面积	产量
全 市	**3 390.5**	**229 092.7**	**4 015.2**	**265 867.8**	**0.9**	**30.3**	**858.6**	**43 161.4**
竞秀区	42.3	1 640.8	56.8	2 897.8				
莲池区	9.6	572.7	74.4	3 339.4			2.9	162.3
满城区	90.0	4 341.9	115.9	6 149.1			55.4	2 533.6
清苑区	326.1	22 331.0	430.9	30 542.8			130.7	7 121.1
徐水区	370.1	29 330.3	631.7	50 200.8			7.7	233.8
涞水县	183.4	7 752.7	283.7	20 412.8			70.3	1 792.5
阜平县	58.6	2 484.2	30.1	1 229.8			8.3	232.0
定兴县	1 097.6	81 551.6	867.7	57 825.2			444.4	25 380.7
唐 县	64.4	2 428.8	99.4	3 784.9			42.6	1 503.8
高阳县	3.7	154.9	9.6	599.5			0.1	3.1
涞源县	4.2	179.4	5.3	236.6			1.4	27.6
望都县	84.3	6 644.2	185.5	14 887.4			6.5	410.8
易 县	26.8	1 839.6	9.1	512.4			1.8	69.9
曲阳县	7.4	515.4	15.6	683.1				
蠡 县	101.7	5 518.6	105.4	7 515.7			3.9	52.4
顺平县	625.1	43 703.3	692.5	39 497.2				
博野县	41.1	1 737.6	175.2	9 301.1	0.3	10.3	12.5	474.0
涿州市	174.8	11 237.0	173.9	11 691.7			50.4	2 337.4
安国市	2.8	179.2	8.5	358.0			0.4	18.1
高碑店市	75.8	4 927.5	43.4	4 148.6	0.7	20.0	19.4	808.3
白沟新城	0.7	10.0	0.1	14.0				
高新区	0.1	12.0	0.7	40.0				

2-7 各县（市、区）设施农业生产情况（三）

单位：公顷、吨

县（市、区）	一、蔬菜		二、瓜果类						三、花卉苗木
	其他蔬菜		面积	产量	草莓		其他瓜果		面积
	面积	产量			面积	产量	面积	产量	
全　市	**3 861.7**	**219 006.6**	**9 569.6**	**548 348.0**	**2 761.3**	**96 286.2**	**6 808.3**	**452 061.8**	**72.9**
竞秀区	7.8	310.8	36.3	1 258.6	36.3	1 258.6			
莲池区	31.3	1 279.2	2.7	53.9	2.7	53.9			
满城区	5.5	299.0	599.1	16 668.5	599.1	16 668.5			
清苑区	1 057.7	64 557.7	6 184.3	410 452.4	143.1	5 180.9	6 041.3	405 271.5	
徐水区	25.8	1 299.0	179.9	8 014.9	179.9	8 014.9			43.5
涞水县	134.2	6 848.0	1.3	49.0	1.3	49.0			0.7
阜平县	64.6	3 062.9	4.7	138.2	1.0	29.3	3.7	108.9	
定兴县	963.4	60 057.4	81.4	5 146.3	2.4	54.9	79.0	5 091.4	1.2
唐　县	43.8	1 521.8	28.3	616.4	25.0	531.4	3.3	85.0	
高阳县	23.5	735.0	9.0	316.2	2.9	39.8	6.1	276.4	
涞源县	28.8	1 036.5	1.8	68.2	1.5	60.7	0.3	7.6	
望都县	125.2	6 280.1	11.6	354.7	10.6	317.2	1.0	37.5	0.2
易　县	52.9	2 170.8	13.6	515.4	5.3	133.4	8.3	382.0	
曲阳县	17.4	738.4	2.0	70.0	1.6	52.0	0.4	18.0	9.0
蠡　县	137.6	7 828.0	2.7	118.5	2.7	116.5	0.1	2.0	0.8
顺平县	152.3	6 626.7	1 898.6	71 285.0	1 701.0	62 341.3	197.7	8 943.6	
博野县	42.0	2 254.6	5.1	200.2	4.0	154.4	1.1	45.8	14.7
涿州市	820.7	44 305.8	271.3	17 106.6	2.8	69.4	268.5	17 037.1	2.6
安国市	7.3	290.2	2.7	89.9	2.0	68.9	0.7	21.0	0.1
高碑店市	119.8	7 504.1	233.0	15 815.2	36.0	1 081.2	197.0	14 734.0	0.1
白沟新城	0.1	0.6	0.2	10.0	0.2	10.0			
高新区									

2-7 各县（市、区）设施农业生产情况（四）

单位：公顷、吨

县（市、区）	四、食用菌					五、其他作物	补充资料		
	产量	干品	鲜品			面积	设施数量（个）	设施农业占地面积	设施实际使用面积
		产量	产量	蘑菇产量	其他鲜品产量				
全　市	**97 911.2**	**9 803.2**	**88 108.0**	**79 472.0**	**8 636.0**	**321.9**	**244 926**	**19 707.1**	**16 617.3**
竞秀区	300.0		300.0	300.0			1 028	79.1	68.1
莲池区	109.9	109.9					1 773	299.6	254.3
满城区							9 090	863.9	757.9
清苑区	30.2		30.2	30.2		295.8	168 254	7 213.2	6 053.8
徐水区	214.4		214.4	214.4			13 183	1 460.6	1 206.2
涞水县	2 227.9	1 435.5	792.4	727.2	65.2	1.7	4 140	616.7	523.8
阜平县	57 548.6	7 457.6	50 091.1	41 699.6	8 391.4		2 615	226.7	198.8
定兴县	46.0		46.0	46.0			11 489	2 083.5	1 779.3
唐　县	9 536.0	10.0	9 526.0	9 363.4	162.6	0.03	2 761	448.3	382.9
高阳县	15.5		15.5	15.5		10.2	497	48.5	41.5
涞源县	3 949.0	528.5	3 420.5	3 420.5			1 566	131.5	112.3
望都县	6 224.3	210.3	6 014.0	6 010.9	3.1		2 159	226.8	196.3
易　县	467.6	20.0	447.6	447.6		14.1	1 193	139.1	117.9
曲阳县	8.3		8.3	4.2	4.1		231	56.6	49.4
蠡　县	10 256.5		10 256.5	10 256.5			3 372	264.9	226.8
顺平县	3 911.5		3 911.5	3 911.5			11 302	3 367.8	2 835.1
博野县	1 433.9		1 433.9	1 428.9	5.0		1 426	280.9	234.6
涿州市	1 420.9	3.0	1 417.9	1 413.3	4.6	0.1	6 836	1 322.9	1 105.1
安国市							259	23.3	20.1
高碑店市	210.9	28.5	182.4	182.4			1 682	548.1	448.8
白沟新城							18	1.2	1.0
高新区							52	4.2	3.5

2-8 各县（市、区）水果及食用坚果生产情况（一）

单位：吨

县（市、区）	一、园林水果产量	苹果	红富士	国光	其他苹果
全　市	**1 219 325**	**142 513**	**100 372**	**3 487**	**38 653**
竞秀区	8 712	540	540		
莲池区	1 037	4	4		
满城区	211 079	3 866	2 504	59	1 304
清苑区	53 148	5 824	5 695	15	114
徐水区	19 303	1 067	976	85	5
涞水县	32 611	4 049	3 518	516	14
阜平县	65 087	6 554	1 897	20	4 637
定兴县	26 805	146	99	46	0.34
唐　县	39 615	13 878	1 636	275	11 968
高阳县	7 713	249	203	0.04	46
涞源县	3 165	1 430	759	382	288
望都县	15 892	5 065	4 558		508
易　县	127 131	15 508	8 094	810	6 604
曲阳县	134 250	15 880	15 700	170	11
蠡　县	27 042	8 107	2 154	354	5 599
顺平县	361 144	50 357	44 451	6	5 900
博野县	32 911	3 965	2 653	611	701
涿州市	21 177	155	66	11	79
安国市	10 744	5 263	4 524	13	727
高碑店市	11 033	606	341	115	150
白沟新城	122	0.5			0.5
高新区	9 606				

2-8 各县（市、区）水果及食用坚果生产情况（二）

单位：吨

县（市、区）	一、园林水果产量					
	梨	雪花梨	鸭 梨	其他梨	桃	猕猴桃
全 市	**179 784**	**22 320**	**113 929**	**43 536**	**399 975**	**248**
竞秀区	271	125	132	14	5 413	
莲池区					876	
满城区	295	9	104	183	72 782	
清苑区	6 779	1 555	5 206	18	1 927	
徐水区	621	406	215	1	2 611	1
涞水县	95	69	25	0.2	3 951	
阜平县	834	31		803	2 175	
定兴县	328	221	99	8	21 692	2
唐 县	58	47	8	4	11 865	30
高阳县	5 482	174	18	5 290	1 084	
涞源县	35	0.3	0.5	35	382	
望都县	1 616	1 520	0.9	95	6 400	
易 县	306	76	220	10	6 227	
曲阳县	102 391	6 167	96 216	8	5 094	
蠡 县	9 591	6 598	311	2 682	977	
顺平县					237 493	216
博野县	24 690	1 532	5 638	17 520	1 068	
涿州市	15 992	2 149	1 949	11 894	3 538	
安国市	4 247	1 182	2 029	1 037	1 069	
高碑店市	6 150	460	1 756	3 934	3 632	
白沟新城	1		1		113	
高新区					9 606	

2-8 各县（市、区）水果及食用坚果生产情况（三）

单位：吨

县（市、区）	一、园林水果产量					
	葡萄	红枣（干枣应折成鲜枣）	柿子（柿饼应折成鲜柿）	杏	红果	其他
全　市	**121 274**	**67 996**	**250 445**	**37 775**	**1 551**	**17 765**
竞秀区	2 268	97	62	11	2	48
莲池区	18			139		
满城区	29 827	44	79 704	17 361		7 200
清苑区	37 519	20	293	429	9	348
徐水区	2 100	177	12 210	224	132	162
涞水县	465	74	18 920	3 451	168	1 437
阜平县	845	54 466	100	87	0.4	26
定兴县	3 817	148	508	133	2	30
唐　县	192	2 015	10 540	1 001	7	31
高阳县	750	3	30	26	4	83
涞源县	18	0.1	221	698	48	333
望都县	1 562	1		19	10	1 220
易　县	40	467	99 552	2 022	675	2 334
曲阳县	442	10 440	2	0.1		
蠡　县	7 311			119	2	935
顺平县	30 142		28 288	11 688		2 960
博野县	2 186		2	31	490	478
涿州市	1 187	33	13	243	0.3	16
安国市	153			4	2	6
高碑店市	431	11	1	83		120
白沟新城				7	1	
高新区						

2-8 各县（市、区）水果及食用坚果生产情况（四）

单位：吨、公顷

县（市、区）	二、食用坚果产量	核 桃	板 栗	松 子	其他坚果	三、年末园林水果面积	苹果园
全 市	**19 595**	**16 519**	**1 373**	**24**	**1 679**	**62 494**	**6 851**
竞秀区	15	15				305	13
莲池区	1	1				33	0.1
满城区	41	41				7 884	151
清苑区	28	28				1 144	145
徐水区	249	249				958	68
涞水县	2 473	1 719	138		616	1 490	217
阜平县	5 409	5 028	374		7	12 033	1 627
定兴县	33	33				565	4
唐 县	3 647	3 499	1		146	6 465	314
高阳县	30	30				372	39
涞源县	3 959	3 108	0.2		851	118	93
望都县	137	137				363	99
易 县	2 190	1 272	858	24	37	8 542	841
曲阳县	737	734	2			6 839	433
蠡 县	15	15				753	201
顺平县	318	318				12 039	2 241
博野县	37	37				652	90
涿州市	44	44				836	11
安国市						293	138
高碑店市	232	209			22	588	123
白沟新城	1	1				45	3
高新区						174	

2-8 各县（市、区）水果及食用坚果生产情况（五）

单位：公顷

县（市、区）	三、年末园林水果面积					年末食用坚果面积	附：其他饮料原料（吨）	花 椒
	梨 园	桃 园	猕猴桃园	葡萄园	其 他			
全 市	**2 986**	**13 009**	**11**	**3 312**	**36 324**	**5 110**	**70**	**16.8**
竞秀区	8	234		46	3	2		
莲池区		29		0.1	4			
满城区	10	2 785		980	3 958	6		
清苑区	104	82		790	22	26		
徐水区	21	204		59	606	56		
涞水县	3	124		12	1 135	893	7	
阜平县	124	1 256	0.4	44	8 981	1 182		0.6
定兴县	6	457	1	90	7	4	4	
唐 县	4	310	0.3	5	5 832	1 156		
高阳县	198	84		39	13	14		
涞源县	2	10		0.4	14	577		1.2
望都县	22	106		52	85	22		
易 县	24	567		8	7 102	734	2	15
曲阳县	961	157		11	5 278	326		
蠡 县	228	55		216	53	3		
顺平县		5 786	10	860	3 141	32		
博野县	448	37		33	44	4		
涿州市	404	332		52	37	4		
安国市	113	38		2	1.1		57	
高碑店市	300	148		13	4	69		
白沟新城	4	35			3			
高新区		174						

2-9 各县（市、区）主要畜禽生产情况（一）

单位：百头、百只

县（市、区）	一、畜禽存栏							
	（一）猪存栏	能繁殖母猪	（二）牛存栏	1. 肉牛	2. 奶牛	（三）羊存栏	1. 山羊	2. 绵羊
全 市	**22 023**	**2 062**	**2 713**	**1 679**	**1 035**	**29 352**	**4 435**	**24 916**
竞秀区	136	8						
莲池区			25		25			
满城区	1 033	93	131	29	103	394	70	324
清苑区	950	74	311	80	232	470	49	421
徐水区	2 221	250	394	113	280	458	101	357
涞水县	565	55	77	61	17	960	467	493
阜平县	837	71	123	103	20	731	389	342
定兴县	3 970	390	142	113	29	1 225	354	871
唐 县	1 391	91	209	199	10	17 340	950	16 389
高阳县	527	39	51	35	16	228	66	162
涞源县	1 083	100	122	122		426	350	76
望都县	319	30	98	34	64	350	21	329
易 县	2 845	292	383	355	28	879	515	364
曲阳县	1 035	112	265	214	50	2 810	557	2 253
蠡 县	478	41	66	16	50	321	74	247
顺平县	619	61	74	69	4	754	155	599
博野县	809	81	85	19	66	234	7	227
涿州市	1 151	111	83	52	31	825	115	710
安国市	657	63	12	7	4	372	38	334
高碑店市	1 397	101	61	57	4	551	158	393
白沟新城			1	1		24		24
高新区								

2-9 各县（市、区）主要畜禽生产情况（二）

单位：百只、百头

县（市、区）	一、畜禽存栏				二、畜禽出栏	
	（四）活家禽存栏	活鸡	肉鸡	蛋鸡	（一）猪出栏	（二）牛出栏
全市	**335 984**	**325 984**	**152 870**	**173 114**	**37 543**	**2 518**
竞秀区					78	
莲池区						
满城区	14 297	14 297	1 218	13 079	2 510	39
清苑区	48 497	47 548	16 401	31 146	1 826	110
徐水区	26 263	23 910	10 074	13 837	2 738	285
涞水县	8 361	7 822	6 777	1 045	1 630	99
阜平县	2 477	2 477	1 043	1 433	670	55
定兴县	30 437	30 437	9 789	20 648	5 064	116
唐县	18 814	18 104	7 395	10 709	2 504	141
高阳县	3 604	3 604	296	3 308	908	49
涞源县	44 270	44 270	37 575	6 696	1 297	48
望都县	13 720	13 254	8 326	4 928	765	57
易县	44 491	43 646	26 699	16 948	5 220	859
曲阳县	15 203	14 932	5 662	9 270	1 493	249
蠡县	7 259	4 710		4 710	613	101
顺平县	8 419	8 194	3 033	5 162	1 039	70
博野县	9 608	9 053	3 518	5 535	1 825	26
涿州市	18 308	18 299	7 789	10 510	2 728	73
安国市	11 970	11 741	3 911	7 830	1 820	38
高碑店市	9 958	9 658	3 365	6 292	2 816	103
白沟新城	28	28		28		
高新区						

2-9 各县（市、区）主要畜禽生产情况（三）

单位：百头、百只

县（市、区）	二、畜禽出栏					三、畜产品产量（吨）	
	（三）羊出栏	1. 山 羊	2. 绵 羊	（四）活家禽出栏	活 鸡	（一）猪肉	（二）牛肉
全　市	**56 053**	**10 054**	**45 999**	**609 015**	**552 532**	**294 941**	**41 056**
竞秀区						509	
莲池区							
满城区	515	138	377	19 197	17 868	19 563	577
清苑区	610	95	516	70 889	64 596	13 440	2 036
徐水区	567	98	468	54 184	48 759	22 921	5 106
涞水县	1 372	596	775	28 806	26 459	11 837	1 560
阜平县	484	135	349	7 377	6 177	5 564	1 009
定兴县	1 765	190	1 575	74 601	67 793	39 750	1 776
唐　县	34 361	4 229	30 133	19 499	17 641	17 133	2 628
高阳县	299	68	231	2 918	2 572	6 570	715
涞源县	457	265	192	105 182	100 916	10 526	860
望都县	514	76	439	32 828	29 608	5 727	971
易　县	2 757	1 667	1 090	33 590	30 948	43 068	13 714
曲阳县	7 532	1 349	6 183	30 943	28 328	12 674	4 120
蠡　县	349	100	249	8 787	8 364	4 914	1 313
顺平县	595	292	303	5 516	4 929	7 554	1 098
博野县	634	102	532	20 147	17 791	14 140	433
涿州市	1 702	314	1 388	51 951	40 918	20 988	1 114
安国市	559	99	461	9 734	8 944	14 864	512
高碑店市	932	195	737	32 015	29 071	23 200	1 515
白沟新城	48	48		850	850		
高新区							

2-9 各县（市、区）主要畜禽生产情况（四）

单位：吨

县（市、区）	三、畜产品产量							
	（三）羊　肉	1. 山羊肉	2. 绵羊肉	（四）禽　肉	鸡肉产量	（五）禽　蛋	鸡　蛋	（六）生牛奶
全　市	**83 107**	**9 890**	**73 217**	**114 289**	**112 204**	**269 442**	**234 926**	**381 570**
竞秀区								
莲池区								3 000
满城区	609	117	492	3 415	3 284	23 864	19 438	25 737
清苑区	880	128	752	13 670	13 452	43 871	40 973	79 582
徐水区	790	126	664	10 310	10 157	21 348	19 211	127 384
涞水县	1 997	726	1 271	5 001	4 841	2 742	2 321	6 777
阜平县	766	177	589	1 365	1 361	4 445	4 139	5 250
定兴县	2 525	251	2 274	14 649	14 274	30 479	25 315	12 669
唐　县	53 034	3 013	50 021	3 487	3 405	16 095	14 249	5 532
高阳县	479	97	383	503	475	4 307	3 865	5 710
涞源县	640	351	290	20 752	20 676	11 616	9 051	
望都县	758	101	657	6 423	6 321	9 138	8 003	31 981
易　县	3 751	2 071	1 680	6 288	6 216	23 425	20 296	11 068
曲阳县	9 821	1 249	8 573	5 394	5 266	13 394	11 463	25 106
蠡　县	529	130	399	1 554	1 543	10 727	9 852	5 413
顺平县	813	383	430	960	901	5 108	3 923	2 482
博野县	925	136	788	3 836	3 750	8 510	6 446	11 000
涿州市	2 586	368	2 218	9 346	9 084	15 958	14 299	18 509
安国市	789	113	676	1 560	1 540	11 275	10 419	1 917
高碑店市	1 348	287	1 061	5 686	5 566	13 091	11 622	2 454
白沟新城	67	67		91	91	49	41	
高新区								

2-10 各县（市、区）非主要畜禽生产情况（一）

单位：万头

县（市、区）	一、活牲畜（除猪牛羊外）							
	存栏	1.马	2.驴	3.骡	4.骆驼	出栏	1.马	2.驴
全 市	**2.59**	**0.31**	**2.21**	**0.07**	**0.0004**	**2.44**	**0.29**	**2.13**
竞秀区	0.002		0.002			0.0004		0.0004
莲池区								
满城区	0.02		0.02			0.02		0.02
清苑区	0.09	0.03	0.06	0.003	0.0003	0.07	0.03	0.04
徐水区	0.02	0.003	0.01			0.01	0.01	0.01
涞水县	0.15	0.01	0.12	0.01		0.07	0.004	0.06
阜平县	0.09		0.09			0.09		0.09
定兴县	0.05	0.003	0.04	0.01		0.04	0.0001	0.03
唐 县	0.95	0.02	0.93			1.13	0.02	1.11
高阳县	0.15	0.05	0.10	0.0002		0.12	0.05	0.07
涞源县	0.05	0.02	0.03	0.01		0.03	0.001	0.02
望都县	0.02	0.002	0.02			0.01	0.003	0.01
易 县	0.17	0.03	0.13	0.01	0.0001	0.13	0.06	0.07
曲阳县	0.36	0.04	0.29	0.03		0.26	0.03	0.23
蠡 县	0.02		0.02			0.04		0.04
顺平县	0.32	0.07	0.24			0.35	0.09	0.26
博野县	0.08	0.002	0.07	0.0001		0.05		0.05
涿州市	0.05	0.02	0.03			0.01	0.001	0.01
安国市								
高碑店市								
白沟新城								
高新区								

2-10 各县（市、区）非主要畜禽生产情况（二）

单位：万头、吨

县（市、区）	一、活牲畜（除猪牛羊外）						
	出栏		肉产量				
	3. 骡	4. 骆驼		1. 马	2. 驴	3. 骡	4. 骆驼
全　市	**0.02**		**2 662.44**	**341.16**	**2 298.98**	**22.30**	
竞秀区			0.34		0.34		
莲池区							
满城区			15.91		15.91		
清苑区	0.002		73.20	38.14	33.28	1.78	
徐水区			21.38	5.27	16.11		
涞水县	0.002		62.92	3.42	58.06	1.43	
阜平县			81.41		81.41		
定兴县	0.01		37.32	0.18	26.95	10.20	
唐　县			1 354.54	27.69	1 326.85		
高阳县	0.001		138.54	62.82	74.88	0.84	
涞源县	0.005		25.75	0.60	19.70	5.45	
望都县			15.57	2.99	12.58		
易　县	0.002		142.15	71.34	68.78	2.03	
曲阳县			266.90	37.00	229.90		
蠡　县			42.91		42.91		
顺平县			329.46	90.38	239.08		
博野县			41.36		41.36		
涿州市	0.001		12.79	1.33	10.90	0.57	
安国市							
高碑店市							
白沟新城							
高新区							

2-10 各县（市、区）非主要畜禽生产情况（三）

单位：万只、吨

县（市、区）	二、家兔			三、其他肉产量	四、其他奶产量	五、山羊毛产量		
	存栏	出栏	肉产量				1. 山羊粗毛	2. 山羊绒
全　市	**10.03**	**17.96**	**317.27**	**589.41**	**24.27**	**966.52**	**694.85**	**271.68**
竞秀区								
莲池区								
满城区	0.91	1.48	31.48			18.70	17.10	1.60
清苑区	0.78	4.00	63.02	65.39		4.58		4.58
徐水区						0.10		0.10
涞水县	2.36	2.89	39.07	103.51	16.44	156.00	87.17	68.83
阜平县				14.10		15.77		15.77
定兴县				363.00	7.23	110.25	97.57	12.68
唐　县	1.82	2.15	47.71	5.84	0.60	90.76	78.45	12.31
高阳县	0.01	0.06	0.43	4.00				
涞源县	0.01	0.0003	0.02			225.56	147.79	77.77
望都县	0.81	1.28	32.38	22.58				
易　县	0.04	0.12	3.37	10.00		60.15	44.87	15.28
曲阳县	0.002					245.00	190.00	55.00
蠡　县	0.29	0.37	10.08			11.09	11.09	
顺平县	2.67	5.39	85.56			25.23	20.44	4.79
博野县	0.20	0.17	3.00	0.08		3.33	0.37	2.96
涿州市	0.14	0.06	1.16	0.91				
安国市								
高碑店市								
白沟新城								
高新区								

2-10 各县（市、区）非主要畜禽生产情况（四）

单位：吨

县（市、区）	六、绵羊毛产量	细羊毛	半细羊毛	七、天然蜂蜜产量	八、其他禽蛋产量	九、蚕茧产量	桑蚕茧	柞蚕茧
全　市	**6 466.30**	**685.14**	**5 423.61**	**3 520.36**	**1 111.24**	**1.20**	**1.20**	
竞秀区								
莲池区								
满城区	93.04	30.34	27.70	30.30				
清苑区	160.48	3.23	148.09		679.30			
徐水区	2.18	2.18		3.70				
涞水县	97.39	49.45	47.94	64.02	97.04			
阜平县	45.50		45.50	3 037.00	4.30			
定兴县	505.69	164.81	333.38	25.00	65.05	1.20	1.20	
唐　县	4 669.48	211.07	4 298.71	204.83	35.59			
高阳县	1.00	1.00		0.70	3.45			
涞源县	21.96		21.96	75.90	1.45			
望都县	80.66	5.11	75.24	7.60	58.80			
易　县	34.02	27.78	5.04	41.31	9.00			
曲阳县	94.00			6.00	2.00			
蠡　县	97.99		97.99					
顺平县	126.89	98.53	28.36	0.77				
博野县	167.73	91.64	25.41		55.82			
涿州市	117.22		117.22	22.33	99.45			
安国市	78.62		78.62	0.90				
高碑店市	72.47		72.47					
白沟新城								
高新区								

2-11 各县（市、区）渔业生产情况（一）

单位：吨

县（市、区）	一、水产品总产量	淡水产品产量	淡水捕捞				淡水养殖	
				鱼类	虾蟹类	其他类		鱼类
全　市	**15 020**	**15 020**	**5 904**	**5 865**	**31**		**9 116**	**8 061**
竞秀区								
莲池区								
满城区	2	2	2	2				
清苑区								
徐水区	34	34					34	
涞水县	176	176	70	70			106	106
阜平县	5 712	5 712	1 469	1 438	31		4 243	3 283
定兴县	60	60					60	
唐　县	1 965	1 965	904	904			1 061	1 061
高阳县	27	27					27	27
涞源县	411	411	3	3			408	408
望都县								
易　县	4 237	4 237	2 328	2 320			1 909	1 909
曲阳县	2 200	2 200	1 120	1 120			1 080	1 080
蠡　县								
顺平县	8	8	8	8				
博野县								
涿州市	153	153					153	153
安国市								
高碑店市	35	35					35	34
白沟新城								
高新区								

2-11 各县（市、区）渔业生产情况（二）

单位：吨、公顷

县（市、区）	一、水产品总产量		二、水产养殖面积					
	淡水产品产量							
	淡水养殖			淡水养殖	池塘养殖	河沟养殖	水库养殖	其他养殖
	虾蟹类	其他类						
全　市		**1 055**	**771**	**771**	**280**	**10**	**314**	**167**
竞秀区								
莲池区								
满城区								
清苑区								
徐水区		34	3	3	3			
涞水县			8	8	8			
阜平县		960	280	280	34	10	139	97
定兴县		60	5	5	5			
唐　县			28	28	10		18	
高阳县			6	6	6			
涞源县			15	15	4		11	
望都县								
易　县			180	180	123		57	
曲阳县			237	237	78		89	70
蠡　县								
顺平县								
博野县								
涿州市			7	7	7			
安国市								
高碑店市		1	2	2	2			
白沟新城								
高新区								

2-12 各县（市、区）农林牧渔业总产值（现价）（一）

单位：万元

县（市、区）	农林牧渔总产值	一、农业产值	（一）谷物及其他作物	1. 谷物				
					小麦	稻谷	玉米	其他谷物
全 市	**7 048 051**	**3 825 330**	**1 201 997**	**916 208**	**411 839**	**1 856**	**491 691**	**155 834**
竞秀区	21 768	17 868	6 942	6 865	3 131		3 734	48
莲池区	22 866	19 761	3 680	3 499	3 499			
满城区	466 007	256 584	44 050	33 503	14 895		18 429	3 066
清苑区	593 799	428 957	126 121	106 622	49 418		57 201	9 243
徐水区	414 863	185 642	87 593	82 435	43 661		38 768	3 317
涞水县	310 445	158 131	43 729	26 207	8 435	8	16 773	7 364
阜平县	251 166	154 439	30 985	3 601			3 601	25 831
定兴县	632 543	363 914	134 687	98 323	49 932		48 391	23 315
唐 县	618 771	101 780	45 916	36 929	12 401	87	21 850	6 369
高阳县	123 350	68 003	48 697	42 291	18 819		23 472	5 040
涞源县	149 590	30 643	14 206	13 035			11 741	915
望都县	297 443	197 827	87 341	62 586	32 455		30 131	488
易 县	527 399	211 820	66 884	40 079	11 069		28 734	19 638
曲阳县	327 561	111 300	52 102	35 523	12 702		18 029	10 412
蠡 县	415 816	237 207	75 420	62 896	28 091		34 691	7 108
顺平县	397 196	332 536	34 546	27 553	13 942	171	13 100	5 654
博野县	276 187	200 602	38 311	34 422	15 653		18 769	2 288
涿州市	437 879	252 818	84 713	63 973	28 495	1 590	33 662	3 775
安国市	448 040	336 236	77 279	60 008	30 905		29 103	2 574
高碑店市	306 515	153 023	96 151	73 718	33 384		40 324	18 909
白沟新城	4 405	2 029	1 967	1 463	435		1 028	480
高新区	4 442	4 210	677	677	517		160	

2-12 各县（市、区）农林牧渔业总产值（现价）（二）

单位：万元

县（市、区）	一、农业产值							
	（一）谷物及其他作物							
	2. 薯类	马铃薯	3. 油料	花生	4. 豆类	大豆	5. 棉花	6. 烟草
全　市	**38 799**	**64 427**	**60 410**	**420**	**6 713**	**4 334**	**45**	**102**
竞秀区		27	26	1	2	1		
莲池区		161	161					
满城区	767	913	787	13	88	88		
清苑区	1 961	3 401	2 368	7	351	332		4
徐水区	376	1 524	1 510	1	317	273		
涞水县	3 399	6 869	6 680	98	1 284	527	5	
阜平县	16 938	697	690	6	856	379		
定兴县	6 414	10 989	10 440	94	1 060	782		
唐　县	827	2 224	2 149	8	132	94	9	
高阳县		1 308	1 184	6	39	39	19	
涞源县	904	22	14		234	217		
望都县	488	873	744	114	46	46		
易　县	480	5 023	4 978	36	222	129	1	
曲阳县	682	5 675	5 353	19	379	321	9	98
蠡　县	1 938	4 936	3 758		478	300	2	
顺平县	153	696	499		83	30		
博野县	1 016	1 510	1 506	3	55	29		
涿州市	1 372	5 832	5 821	11	633	487		
安国市	760	8 846	8 843	3	183	183		
高碑店市	322	2 901	2 899		247	53		
白沟新城	2				24	24		
高新区								

2-12 各县（市、区）农林牧渔业总产值（现价）（三）

单位：万元

县（市、区）	一、农业产值						
	（一）谷物及其他作物		（二）蔬菜食用菌及花卉盆景园艺产品	1. 蔬菜（含菜用瓜）	2. 食用菌	3. 花卉	4. 盆景园艺
	7. 其他农作物	青饲料					
全　市	**58 667**	**1 281**	**1 447 532**	**1 200 832**	**97 665**	**11 035**	**138 000**
竞秀区			4 112	3 814	298		
莲池区	20	20	14 274	14 176	98		
满城区	6 480		55 510	55 510			
清苑区	6 500	421	166 794	162 023	28	143	4 600
徐水区			79 945	78 441	214	790	500
涞水县	2 000		80 471	72 318	7 273	30	850
阜平县			66 189	12 222	53 967		
定兴县	1 000		196 752	185 545	45	8 787	2 375
唐　县	253	223	28 726	19 604	9 122		
高阳县			13 800	13 786	14		
涞源县			7 724	3 959	3 765		
望都县	23 348		76 328	36 006	5 935		34 387
易　县	1 921	79	98 082	55 372	410		42 300
曲阳县	5	5	21 783	21 746	7	30	
蠡　县			136 112	126 156	9 836	120	
顺平县	560	340	98 281	94 526	3 755		
博野县	36	35	41 249	29 277	1 299	853	9 820
涿州市	10 500	105	155 718	131 452	1 376	272	22 618
安国市	5 668		62 622	42 122			20 500
高碑店市	376	53	42 891	42 608	223	10	50
白沟新城			25	25			
高新区			144	144			

2-12 各县（市、区）农林牧渔业总产值（现价）（四）

单位：万元

县（市、区）	一、农业产值					
	（三）水果坚果饮料和香料	1. 水果	园林水果	苹果	梨	瓜果类
全　市	**813 522**	**779 364**	**478 652**	**52 230**	**29 163**	**300 712**
竞秀区	6 814	6 794	4 368	208	48	2 426
莲池区	1 807	1 806	532	2		1 274
满城区	157 024	156 968	62 749	1 422	50	94 219
清苑区	135 247	135 204	21 940	2 262	1 085	113 264
徐水区	18 104	17 662	9 964	404	107	7 698
涞水县	27 391	22 615	8 609	1 495	17	14 006
阜平县	32 922	24 614	24 312	2 451	146	302
定兴县	29 894	29 661	22 548	52	57	7 113
唐　县	27 138	21 503	20 561	5 329	11	942
高阳县	2 806	2 754	1 695	92	868	1 059
涞源县	8 382	1 624	1 528	519	6	96
望都县	18 779	18 542	15 694	1 951	287	2 848
易　县	46 838	43 360	42 974	5 526	50	386
曲阳县	31 920	30 618	29 437	5 616	16 389	1 181
蠡　县	24 098	24 077	13 374	2 971	1 565	10 703
顺平县	199 709	199 146	172 532	18 290		26 614
博野县	9 491	9 438	7 971	1 509	4 069	1 467
涿州市	12 273	12 204	4 488	57	2 555	7 716
安国市	5 478	3 723	2 953	1 859	787	770
高碑店市	13 981	13 626	7 263	215	1 066	6 363
白沟新城	37	36	33			3
高新区	3 389	3 389	3 127			262

2-12 各县（市、区）农林牧渔业总产值（现价）（五）

单位：万元

县（市、区）	一、农业产值						
	（三）水果坚果饮料和香料						（四）中草药材
	2. 食用坚果	核桃	板栗	松子	3. 茶 及饮料原料	4. 花椒	
全　市	**31 733**	**25 986**	**1 625**	**54**	**2 425**	**96**	**362 279**
竞秀区	20	20					
莲池区	1	1					
满城区	56	56					
清苑区	43	43					795
徐水区	442	442					
涞水县	4 503	2 382	184		273		6 540
阜平县	8 308	7 854	447				24 343
定兴县	52	52			181		2 581
唐　县	5 635	5 044	1				
高阳县	52	52					2 700
涞源县	6 752	5 375			6	6	331
望都县	237	237					15 379
易　县	3 268	2 110	991	54	210	90	16
曲阳县	1 302	1 300	2				5 495
蠡　县	21	21					1 577
顺平县	563	563					
博野县	53	53					111 551
涿州市	69	69					114
安国市					1 755		190 857
高碑店市	355	311					
白沟新城	1	1					
高新区							

2-12 各县（市、区）农林牧渔业总产值（现价）（六）

单位：万元

县（市、区）	二、林业产值	（一）林木的培育和种植	1.育种育苗	2.造林	3.森林抚育面积	（二）竹木采运	村及村以下	（三）林产品
全　市	**201 396**	**139 313**		**130 028**	**9 285**	**3 804**	**3 804**	**58 279**
竞秀区	11	11		11				
莲池区	33	33		33				
满城区	6 096	2 559		2 026	533	37	37	3 500
清苑区	580	580		380	200			
徐水区	3 431	431		255	176			3 000
涞水县	52 600	22 605		21 538	1 067	95	95	29 900
阜平县	14 519	14 504		13 171	1 333	15	15	
定兴县	528	470		228	242	58	58	
唐　县	10 231	10 134		10 134		97	97	
高阳县	914	642		509	133	272	272	
涞源县	44 462	42 762		41 295	1 467	160	160	1 540
望都县	202	202		68	134			
易　县	31 894	21 978		20 645	1 333	721	721	9 195
曲阳县	11 322	11 322		10 389	933			
蠡　县	267	213		80	133	54	54	
顺平县	9 471	9 376		8 843	533	77	77	18
博野县	12 259	588		76	512	1 360	1 360	10 311
涿州市	1 179	420		130	290	714	714	45
安国市	979	209		76	133			770
高碑店市	388	244		111	133	144	144	
白沟新城	15	15		15				
高新区	15	15		15				

2-12 各县（市、区）农林牧渔业总产值（现价）（七）

单位：万元

县（市、区）	三、牧业产值	（一）牲畜饲养	1. 牛的饲养	2. 羊的饲养	3. 其他牲畜饲养	4. 奶产品	生牛奶
全　市	**2 579 959**	**1 055 637**	**240 351**	**631 583**	**15 302**	**137 127**	**137 121**
竞秀区	1 809						
莲池区	1 137	1 137				1 137	1 137
满城区	164 403	19 317	3 732	5 819	120	9 355	9 355
清苑区	148 286	48 278	10 595	6 926	850	29 199	29 199
徐水区	175 862	81 169	27 309	6 444	1 500	45 097	45 097
涞水县	86 642	32 239	9 387	15 653	1 540	2 421	2 415
阜平县	68 142	15 695	5 264	5 437	1 825	1 917	1 917
定兴县	192 397	38 206	11 041	20 417	580	4 505	4 505
唐　县	494 017	416 852	13 426	385 634	6 574	1 930	1 930
高阳县	33 966	10 121	4 649	3 375	48	2 047	2 047
涞源县	70 787	13 332	4 573	5 168			
望都县	83 455	24 357	5 462	5 908		11 603	11 603
易　县	267 842	117 569	81 660	31 287		3 846	3 846
曲阳县	183 752	122 116	23 789	84 668	500	8 970	8 970
蠡　县	156 736	15 843	9 709	3 955		1 977	1 977
顺平县	49 423	17 985	6 723	6 738	1 265	919	919
博野县	58 595	15 335	2 549	7 181	500	4 069	4 069
涿州市	142 770	33 089	6 990	19 303		6 580	6 580
安国市	92 815	10 845	3 638	6 385		676	676
高碑店市	106 229	21 460	9 855	10 593		879	879
白沟新城	894	692		692			
高新区							

2-12 各县（市、区）农林牧渔业总产值（现价）（八）

单位：万元

县（市、区）	三、牧业产值							
	（一）牲畜饲养				（二）猪的饲养	（三）家禽饲养		
	5. 毛绒产品	羊毛	山羊绒	6. 其他畜牧副产品			1. 肉禽	2. 禽蛋
全　市	**22 835**	**12 749**	**10 086**	**8 439**	**825 024**	**358 507**	**128 648**	**229 859**
竞秀区					1 809			
莲池区								
满城区	291	207	84		52 732	24 553	4 031	20 522
清苑区	508	298	210	200	40 543	51 403	14 089	37 314
徐水区	19	19		800	64 412	29 281	11 279	18 002
涞水县	3 238	340	2 898		36 982	8 157	5 838	2 319
阜平县	1 252	70	1 182		14 835	5 118	1 431	3 687
定兴县	1 663	1 117	546		104 459	48 229	19 975	28 254
唐　县	9 288	8 784	504		58 139	17 469	3 882	13 587
高阳县	2	2			19 572	4 200	611	3 589
涞源县	3 591	315	3 276		29 010	28 445	19 874	8 571
望都县	148	148		1 236	16 057	14 437	6 514	7 923
易　县	776	146	630		119 005	27 175	6 654	20 521
曲阳县	439	19	420	3 750	31 414	18 086	6 487	11 599
蠡　县	202	202			13 705	10 670	1 834	8 836
顺平县	482	272	210	1 858	23 509	5 061	1 231	3 830
博野县	441	315	126	595	31 805	11 004	4 079	6 925
涿州市	216	216			60 625	24 853	11 416	13 437
安国市	146	146			45 241	11 363	2 086	9 277
高碑店市	133	133			61 170	18 801	7 176	11 625
白沟新城						202	161	41
高新区								

2-12 各县（市、区）农林牧渔业总产值（现价）（九）

单位：万元

县（市、区）	三、牧业产值		四、渔业产值						五、农林牧渔服务业
	（四）其他畜牧业	家兔		淡水产品	鱼类	虾蟹类	其他	其中：养殖	
全 市	**340 791**	**954**	**28 459**	**28 459**	**25 560**	**175**	**2 724**	**16 527**	**412 907**
竞秀区									2 080
莲池区									1 935
满城区	67 801	74	4	4	4				38 920
清苑区	8 062	200							15 976
徐水区	1 000		128	128			128	68	49 800
涞水县	9 264	144	322	322	322			184	12 750
阜平县	32 494	1	10 823	10 823	8 701	131	1 991	7 842	3 243
定兴县	1 503		603	603			603	170	75 101
唐 县	1 557	107	3 596	3 596	3 596			1 865	9 147
高阳县	73	3	49	49	49				20 418
涞源县			748	748	748			645	2 950
望都县	28 604	64							15 959
易 县	4 093	6	7 796	7 796	7 752	44		3 487	8 047
曲阳县	12 136		4 032	4 032	4 032			1 933	17 155
蠡 县	116 518	18							21 606
顺平县	2 868	325	14	14	14			5	5 752
博野县	451	9							4 731
涿州市	24 203	3	281	281	281			276	40 831
安国市	25 366								18 010
高碑店市	4 798		63	63	61		2	52	46 812
白沟新城									1 467
高新区									217

2-13 各县（市、区）农林牧渔业总产值（可比价）（一）

单位：万元

县（市、区）	农林牧渔总产值	一、农业产值	（一）谷物及其他作物	（二）蔬菜食用菌及花卉盆景园艺产品	（三）水果坚果饮料和香料	（四）中草药材
全　市	**7 209 430**	**3 628 607**	**1 009 607**	**1 467 497**	**821 113**	**330 390**
竞秀区	20 702	15 992	5 721	3 861	6 410	
莲池区	19 570	16 515	3 345	10 884	2 286	
满城区	477 669	237 862	36 584	51 819	149 459	
清苑区	647 305	468 347	105 094	225 496	137 032	725
徐水区	420 074	167 438	73 226	77 197	17 015	
涞水县	326 596	157 188	37 382	86 422	27 419	5 965
阜平县	243 385	140 490	24 369	58 614	35 307	22 200
定兴县	648 552	329 990	113 192	187 757	26 681	2 360
唐　县	610 729	98 680	37 994	33 054	27 632	
高阳县	128 732	62 458	44 889	11 796	3 311	2 462
涞源县	167 655	33 918	10 117	14 035	9 464	302
望都县	301 409	194 050	68 932	88 684	22 407	14 027
易　县	594 436	217 673	59 104	88 270	70 284	15
曲阳县	344 998	114 635	46 937	21 176	41 511	5 011
蠡　县	371 362	192 676	62 836	103 561	24 841	1 438
顺平县	372 448	296 641	28 755	98 871	169 015	
博野县	274 378	184 177	30 976	38 562	12 910	101 729
涿州市	447 840	231 872	72 681	145 318	13 769	104
安国市	440 807	308 213	66 778	61 537	5 846	174 052
高碑店市	342 566	154 135	78 553	60 450	15 132	
白沟新城	3 979	1 648	1 555	28	65	
高新区	4 238	4 009	587	105	3 317	

2-13 各县（市、区）农林牧渔业总产值（可比价）（二）

单位：万元

县（市、区）	二、林业产值	（一）林木的培育和种植	（二）竹木采运	（三）林产品	三、牧业产值	（一）牲畜饲养
全 市	**196 680**	**135 861**	**3 692**	**57 127**	**2 952 738**	**997 155**
竞秀区	11	11			2 653	
莲池区	33	33			1 119	1 119
满城区	6 020	2 519	36	3 465	195 583	18 439
清苑区	570	570			162 671	46 019
徐水区	3 393	423		2 970	200 077	79 511
涞水县	51 796	22 296	93	29 407	104 812	30 804
阜平县	14 314	14 299	15		74 982	15 543
定兴县	518	462	56		243 636	35 741
唐 县	10 096	10 002	94		489 937	381 165
高阳县	897	633	264		45 241	9 872
涞源县	42 372	40 676	156	1 540	87 809	12 862
望都县	198	198			91 473	23 398
易 县	31 507	21 674	699	9 134	330 687	115 701
曲阳县	11 163	11 163			198 913	116 614
蠡 县	261	209	52		157 206	15 539
顺平县	9 338	9 247	74	17	60 800	16 849
博野县	11 669	562	1 320	9 787	73 879	14 791
涿州市	1 147	410	692	45	174 500	31 655
安国市	967	205		762	113 932	10 349
高碑店市	380	239	141		141 955	20 511
白沟新城	15	15			873	673
高新区	15	15				

2-13 各县（市、区）农林牧渔业总产值（可比价）（三）

单位：万元

县（市、区）	三、牧业产值			四、渔业产值		五、农林牧渔服务业
	（二）猪的饲养	（三）家禽饲养	（四）其他畜牧业		淡水产品	
全 市	**1 298 117**	**328 521**	**328 945**	**25 504**	**25 504**	**405 901**
竞秀区	2 653					2 046
莲池区						1 903
满城区	89 428	22 004	65 712	3	3	38 201
清苑区	63 836	45 077	7 739			15 717
徐水区	92 561	27 005	1 000	123	123	49 043
涞水县	57 345	7 918	8 745	271	271	12 529
阜平县	22 629	4 453	32 357	10 407	10 407	3 192
定兴县	161 900	44 492	1 503	598	598	73 810
唐 县	91 542	15 673	1 557	3 025	3 025	8 991
高阳县	31 555	3 741	73	41	41	20 095
涞源县	46 340	28 607		647	647	2 909
望都县	26 398	13 557	28 120			15 688
易 县	187 176	23 717	4 093	6 692	6 692	7 877
曲阳县	53 780	16 383	12 136	3 399	3 399	16 888
蠡 县	21 549	9 657	110 461			21 219
顺平县	36 673	4 598	2 680	11	11	5 658
博野县	48 189	10 448	451			4 653
涿州市	96 794	23 329	22 722	235	235	40 086
安国市	68 129	10 301	25 153			17 695
高碑店市	99 640	17 361	4 443	52	52	46 044
白沟新城		200				1 443
高新区						214

第二部分

统 计 数 据 篇

三、工业. 建筑业

3-1 分登记注册类型规模以上工业企业主要经济指标（一）

单位：万元

指标名称	企业单位数（个）	亏损企业	资产总计	流动资产合计	应收账款
全　市	**1 656**	**194**	**53 383 105**	**29 868 691**	**8 907 953**
一、按登记注册类型分组：					
内资企业	1 595	188	33 295 845	17 615 994	5 742 391
国有企业	12	6	2 674 218	295 546	127 176
中央企业	4	2	2 084 848	159 419	100 339
地方企业	8	4	589 370	136 126	26 837
集体企业	3		7 594	6 705	1 660
股份合作企业	3		5 741	5 359	2 481
联营企业					
国有联营企业					
集体联营企业					
国有与集体联营企业					
其他联营企业					
有限责任公司	245	48	13 639 728	7 266 430	2 426 623
国有独资公司	24	4	1 702 751	891 346	226 973
其他有限责任公司	221	44	11 936 977	6 375 084	2 199 650
股份有限公司	23	7	2 664 478	1 401 757	388 895
私营企业	1 307	127	14 303 514	8 640 069	2 795 592
私营独资企业	37		140 300	97 132	36 407
私营合伙企业	13	2	37 049	29 718	5 473
私营有限责任公司	1 226	120	13 087 871	8 120 082	2 643 738
私营股份有限公司	31	5	1 038 294	393 137	109 974
其他企业	2		573	129	–37
港、澳、台商投资企业	15	1	14 737 990	9 216 668	1 856 492
合资经营企业（港或澳、台资）	6	1	723 848	454 717	25 347
合作经营企业（港或澳、台资）	2		87 588	48 611	17 663
港澳台商独资经营企业	5		200 337	59 799	27 352

3-1 分登记注册类型规模以上工业企业主要经济指标（二）

单位：万元

指标名称	企业单位数（个）	亏损企业	资产总计	流动资产合计	应收账款
港澳台商投资股份有限公司	2		13 726 217	8 653 541	1 786 130
其他港澳台商投资企业					
外商投资企业	46	5	5 349 270	3 036 028	1 309 070
中外合资经营企业	25	2	1 361 822	709 083	211 742
中外合作经营企业	1		5 082	3 504	9
外资企业	20	3	3 982 367	2 323 442	1 097 320
外商投资股份有限公司					
其他外商投资企业					
二、在总计中：亏损企业	194	194	7 713 699	3 168 354	826 170
在总计中：国有控股企业	88	19	11 072 739	3 854 778	1 108 023
在总计中：轻工业	730	65	10 472 583	5 918 929	1 373 473
重工业	926	129	42 910 522	23 949 762	7 534 481
在总计中：大型企业	29	4	27 204 811	15 312 995	4 274 286
中型企业	94	19	6 949 272	3 587 363	987 280
小型企业	1 533	171	19 229 022	10 968 333	3 646 387
纯小型企业	1 280	150	17 324 710	9 953 586	3 219 620
微型企业	253	21	1 904 312	1 014 747	426 767
在总计中：公有制企业	96	20	11 156 987	3 920 094	1 129 470
其中：国有控股企业	88	19	11 072 739	3 854 778	1 108 023
其中：中央企业	44	7	8 392 321	3 056 173	852 910
地方企业	44	12	2 680 418	798 606	255 113
非公有制企业	1 560	174	42 226 118	25 948 597	7 778 483
在总计中：集体企业	3		7 594	6 705	1 660
股份合作企业	3		5 741	5 359	2 481
股份制企业	1 525	180	30 430 371	17 181 406	5 569 230
外商及港澳台商投资企业	61	6	20 087 260	12 252 697	3 165 563
在总计中：私营企业	1 307	127	14 303 514	8 640 069	2 795 592

3-1 分登记注册类型规模以上工业企业主要经济指标（三）

单位：万元

指标名称	资产总计				
	流动资产合计		长期股权投资	固定资产原价	
	存　货				房屋和构筑物
		产成品			
全　市	**4 347 161**	**1 837 354**	**6 306 024**	**19 304 056**	**4 482 782**
一、按登记注册类型分组：					
内资企业	3 606 651	1 502 573	2 704 523	15 287 771	3 358 858
国有企业	25 795	12 414	90 435	4 317 593	435 583
中央企业	12 760	387	29 942	3 881 348	346 192
地方企业	13 036	12 027	60 493	436 244	89 391
集体企业	194	106		1 686	
股份合作企业	657	192		1 959	164
联营企业					
国有联营企业					
集体联营企业					
国有与集体联营企业					
其他联营企业					
有限责任公司	1 382 122	578 086	740 754	5 833 696	1 557 158
国有独资公司	198 363	105 118	19 180	1 017 664	310 254
其他有限责任公司	1 183 760	472 968	721 574	4 816 032	1 246 904
股份有限公司	344 331	89 078	686 212	692 201	220 290
私营企业	1 853 506	822 671	1 187 123	4 440 006	1 145 459
私营独资企业	16 853	11 762		51 625	15 783
私营合伙企业	6 801	814	470	11 451	677
私营有限责任公司	1 733 814	766 822	733 984	4 182 807	1 090 413
私营股份有限公司	96 038	43 273	452 669	194 123	38 588
其他企业	46	26		632	205
港、澳、台商投资企业	386 997	206 837	2 433 581	2 581 839	856 404
合资经营企业（港或澳、台资）	39 408	11 075		246 112	95 294
合作经营企业（港或澳、台资）	680	3		44 372	33 734
港澳台商独资经营企业	11 680	2 897	10	108 832	23 193

3-1 分登记注册类型规模以上工业企业主要经济指标（四）

单位：万元

指标名称	资产总计				
	流动资产合计		长期股权投资	固定资产原价	
	存 货	产成品			房屋和构筑物
港澳台商投资股份有限公司	335 229	192 862	2 433 571	2 182 523	704 184
其他港澳台商投资企业					
外商投资企业	353 513	127 944	1 167 920	1 434 446	267 520
中外合资经营企业	160 882	71 088	130 316	664 731	107 650
中外合作经营企业	2 643	1 824		2 898	
外资企业	189 988	55 032	1 037 604	766 817	159 870
外商投资股份有限公司					
其他外商投资企业					
二、在总计中：亏损企业	725 205	292 137	1 026 561	3 324 551	965 204
在总计中：国有控股企业	848 378	396 169	1 141 813	8 315 291	1 529 502
在总计中：轻工业	1 681 126	751 650	1 223 475	3 824 966	1 160 411
重工业	2 666 035	1 085 704	5 082 549	15 479 090	3 322 371
在总计中：大型企业	1 526 762	703 059	4 241 062	9 117 999	1 942 698
中型企业	926 682	355 824	1 094 182	2 807 864	783 915
小型企业	1 893 718	778 471	970 780	7 378 193	1 756 169
纯小型企业	1 790 298	735 897	958 307	6 365 596	1 699 495
微型企业	103 419	42 574	12 473	1 012 597	56 674
在总计中：公有制企业	866 288	402 817	1 150 051	8 341 281	1 540 839
其中：国有控股企业	848 378	396 169	1 141 813	8 315 291	1 529 502
其中：中央企业	744 358	351 322	1 076 426	6 577 468	1 125 799
地方企业	104 021	44 847	65 387	1 737 824	403 703
非公有制企业	3 480 873	1 434 537	5 155 974	10 962 775	2 941 943
在总计中：集体企业	194	106		1 686	
股份合作企业	657	192		1 959	164
股份制企业	3 556 305	1 477 259	2 613 619	10 902 826	2 906 448
外商及港澳台商投资企业	740 510	334 781	3 601 501	4 016 285	1 123 925
在总计中：私营企业	1 853 506	822 671	1 187 123	4 440 006	1 145 459

3-1 分登记注册类型规模以上工业企业主要经济指标（五）

单位：万元

指标名称	资产总计				
	固定资产原价	累计折旧		固定资产净额	在建工程
	机器设备		本年折旧		
全　市	**10 059 118**	**8 303 114**	**1 174 863**	**10 198 699**	**1 648 256**
一、按登记注册类型分组：					
内资企业	8 074 199	6 358 252	897 073	8 251 842	1 425 628
国有企业	3 292 066	2 361 765	221 931	1 955 827	215 268
中央企业	3 055 907	2 226 321	199 345	1 655 027	176 357
地方企业	236 159	135 444	22 586	300 800	38 911
集体企业	210	857	70	829	
股份合作企业	1 531	1 613	49	346	35
联营企业					
国有联营企业					
集体联营企业					
国有与集体联营企业					
其他联营企业					
有限责任公司	2 708 937	2 001 759	330 620	3 403 845	606 357
国有独资公司	394 883	424 354	29 503	586 000	65 164
其他有限责任公司	2 314 054	1 577 406	301 117	2 817 845	541 193
股份有限公司	284 088	350 747	45 745	330 492	49 521
私营企业	1 787 055	1 641 324	298 639	2 560 368	554 446
私营独资企业	22 014	13 065	2 305	33 473	1
私营合伙企业	1 989	4 479	945	6 619	10
私营有限责任公司	1 705 535	1 540 043	284 892	2 422 268	544 472
私营股份有限公司	57 517	83 737	10 498	98 007	9 964
其他企业	313	187	20	136	
港、澳、台商投资企业	1 178 250	1 259 197	168 493	1 249 285	88 385
合资经营企业（港或澳、台资）	67 668	95 918	11 023	111 241	10 229
合作经营企业（港或澳、台资）	5 470	12 185	1 387	32 187	6 184
港澳台商独资经营企业	70 720	32 874	6 358	75 959	3 340

3-1 分登记注册类型规模以上工业企业主要经济指标（六）

单位：万元

指标名称	资产总计				
	固定资产原价	累计折旧		固定资产净额	在建工程
	机器设备		本年折旧		
港澳台商投资股份有限公司	1 034 393	1 118 221	149 725	1 029 899	68 631
其他港澳台商投资企业					
外商投资企业	806 669	685 665	109 297	697 572	134 243
中外合资经营企业	357 918	354 967	37 641	279 179	95 367
中外合作经营企业		1 687	222	1 211	4
外资企业	448 751	329 011	71 434	417 182	38 873
外商投资股份有限公司					
其他外商投资企业					
二、在总计中：亏损企业	1 274 961	1 155 173	184 514	1 978 149	526 143
在总计中：国有控股企业	5 176 335	3 907 943	397 232	4 258 094	675 565
在总计中：轻工业	1 748 884	1 794 553	272 818	1 889 056	426 408
重工业	8 310 234	6 508 561	902 046	8 309 643	1 221 848
在总计中：大型企业	5 850 484	4 655 770	578 228	4 342 664	817 499
中型企业	1 100 212	1 315 933	171 307	1 399 010	193 554
小型企业	3 108 422	2 331 412	425 329	4 457 025	637 204
纯小型企业	2 799 483	2 151 290	390 193	3 963 312	600 909
微型企业	308 939	180 122	35 136	493 713	36 296
在总计中：公有制企业	5 185 916	3 925 754	398 184	4 266 273	675 629
其中：国有控股企业	5 176 335	3 907 943	397 232	4 258 094	675 565
其中：中央企业	4 395 703	3 430 322	318 916	3 108 951	473 418
地方企业	780 632	477 621	78 316	1 149 143	202 147
非公有制企业	4 873 202	4 377 360	776 679	5 932 426	972 628
在总计中：集体企业	210	857	70	829	
股份合作企业	1 531	1 613	49	346	35
股份制企业	4 756 077	3 976 287	671 755	6 254 612	1 210 315
外商及港澳台商投资企业	1 984 918	1 944 862	277 790	1 946 857	222 628
在总计中：私营企业	1 787 055	1 641 324	298 639	2 560 368	554 446

3-1 分登记注册类型规模以上工业企业主要经济指标（七）

单位：万元

指标名称	资产总计		负债合计	流动负债合计	
	无形资产	土地使用权			应付账款
全　市	**2 519 448**	**1 123 688**	**33 142 705**	**26 869 739**	**10 331 886**
一、按登记注册类型分组：					
内资企业	1 793 003	858 158	21 124 867	16 507 287	5 324 119
国有企业	55 702	36 865	1 854 466	1 410 526	489 032
中央企业	24 482	6 875	1 383 204	1 129 322	388 129
地方企业	31 221	29 991	471 261	281 204	100 903
集体企业	30.4	30	1 224	1 224	80
股份合作企业			1 259	1 259	677
联营企业					
国有联营企业					
集体联营企业					
国有与集体联营企业					
其他联营企业					
有限责任公司	857 942	315 689	8 831 907	6 459 333	2 386 225
国有独资公司	70 992	66 352	892 106	617 543	369 022
其他有限责任公司	786 951	249 337	7 939 801	5 841 789	2 017 204
股份有限公司	100 945	65 343	1 468 687	1 205 219	322 443
私营企业	778 383	440 231	8 967 068	7 429 469	2 125 408
私营独资企业	812	745	83 492	72 735	19 525
私营合伙企业	14	14	26 896	25 582	6 015
私营有限责任公司	733 503	414 159	8 561 112	7 146 124	2 050 915
私营股份有限公司	44 054	25 312	295 567	185 029	48 953
其他企业			257	257	254
港、澳、台商投资企业	578 860	210 658	9 055 349	7 953 206	3 870 357
合资经营企业（港或澳、台资）	59 836	5 008	360 272	304 305	41 166
合作经营企业（港或澳、台资）	673	576	56 684	26 406	5 216
港澳台商独资经营企业	62 600	8 371	116 120	87 453	66 498

3-1 分登记注册类型规模以上工业企业主要经济指标（八）

单位：万元

指标名称	资产总计		负债合计	流动负债合计	
	无形资产	土地使用权			应付账款
港澳台商投资股份有限公司	455 751	196 704	8 522 272	7 535 043	3 757 477
其他港澳台商投资企业					
外商投资企业	147 585	54 872	2 962 489	2 409 247	1 137 410
中外合资经营企业	84 271	48 487	703 047	550 668	191 802
中外合作经营企业	363	363	3 670	3 649	1 638
外资企业	62 951	6 022	2 255 773	1 854 929	943 970
外商投资股份有限公司					
其他外商投资企业					
二、在总计中：亏损企业	577 405	225 249	6 422 869	4 359 720	1 199 471
在总计中：国有控股企业	604 352	250 372	6 653 713	4 572 146	1 605 514
在总计中：轻工业	476 211	335 769	5 365 738	4 228 236	1 044 028
重工业	2 043 238	787 919	27 776 968	22 641 503	9 287 858
在总计中：大型企业	1 001 522	371 221	17 380 459	14 843 753	6 486 605
中型企业	370 405	203 169	3 760 604	2 964 939	977 464
小型企业	1 147 522	549 299	12 001 642	9 061 047	2 867 817
纯小型企业	1 107 982	529 430	10 783 472	8 412 212	2 664 978
微型企业	39 541	19 869	1 218 171	648 835	202 840
在总计中：公有制企业	606 581	252 597	6 696 308	4 614 713	1 620 814
其中：国有控股企业	604 352	250 372	6 653 713	4 572 146	1 605 514
其中：中央企业	344 037	158 284	4 819 802	3 518 314	1 234 317
地方企业	260 315	92 087	1 833 911	1 053 832	371 196
非公有制企业	1 912 867	871 091	26 446 397	22 255 026	8 711 072
在总计中：集体企业	30.4	30	1 224	1 224	80
股份合作企业			1 259	1 259	677
股份制企业	1 736 444	820 503	19 157 273	14 995 704	4 808 537
外商及港澳台商投资企业	726 445	265 530	12 017 838	10 362 452	5 007 767
在总计中：私营企业	778 383	440 231	8 967 068	7 429 469	2 125 408

3-1　分登记注册类型规模以上工业企业主要经济指标（九）

单位：万元

指标名称	所有者权益合计	实收资本			
			国家资本	集体资本	法人资本
全　市	**20 241 695**	**9 639 017**	**1 813 648**	**73 725**	**4 569 068**
一、按登记注册类型分组：					
内资企业	12 172 274	7 323 806	1 559 358	68 854	3 540 428
国有企业	821 258	537 136	106 856		428 980
中央企业	701 644	370 259	3 647		366 612
地方企业	119 614	166 877	103 209		62 368
集体企业	6 369	730		19	
股份合作企业	4 482	2 206			1 056
联营企业					
国有联营企业					
集体联营企业					
国有与集体联营企业					
其他联营企业					
有限责任公司	4 807 818	3 079 864	1 152 679	33 295	1 687 256
国有独资公司	810 645	556 686	401 786	5 600	149 301
其他有限责任公司	3 997 174	2 523 178	750 894	27 695	1 537 955
股份有限公司	1 195 790	558 432	195 287		121 750
私营企业	5 336 239	3 145 359	104 535	35 541	1 301 306
私营独资企业	56 807	27 917			1 807
私营合伙企业	10 153	4 075			2 635
私营有限责任公司	4 526 553	2 918 438	104 535	35 541	1 272 929
私营股份有限公司	742 726	194 929			23 935
其他企业	317	80			80
港、澳、台商投资企业	5 682 641	1 039 703			552 704
合资经营企业（港或澳、台资）	363 575	45 465			27 670
合作经营企业（港或澳、台资）	30 904	18 920			5 514
港澳台商独资经营企业	84 217	43 593			

3-1 分登记注册类型规模以上工业企业主要经济指标（十）

单位：万元

指标名称	所有者权益合计	实收资本	国家资本	集体资本	法人资本
港澳台商投资股份有限公司	5 203 945	931 725			519 520
其他港澳台商投资企业					
外商投资企业	2 386 781	1 275 508	254 290	4 871	475 936
中外合资经营企业	658 775	352 130	114 864	4 871	122 913
中外合作经营企业	1 412	580			435
外资企业	1 726 594	922 799	139 426		352 588
外商投资股份有限公司					
其他外商投资企业					
二、在总计中：亏损企业	1 292 335	1 668 402	705 312	11 250	649 882
在总计中：国有控股企业	4 420 531	2 537 145	1 443 482	20 610	929 106
在总计中：轻工业	5 106 839	2 592 734	742 553	21 820	615 286
重工业	15 134 857	7 046 283	1 071 095	51 906	3 953 781
在总计中：大型企业	9 824 352	3 269 683	802 831		1 745 204
中型企业	3 188 668	1 521 510	520 581	33 986	495 530
小型企业	7 228 676	4 847 824	490 236	39 740	2 328 334
纯小型企业	6 542 538	4 420 995	450 481	39 721	2 053 642
微型企业	686 138	426 830	39 755	19	274 692
在总计中：公有制企业	4 462 184	2 553 232	1 443 529	26 707	937 850
其中：国有控股企业	4 420 531	2 537 145	1 443 482	20 610	929 106
其中：中央企业	3 572 519	1 876 157	1 159 234	16 610	584 510
地方企业	848 012	660 988	284 248	4 000	344 596
非公有制企业	15 779 512	7 085 785	370 119	47 019	3 631 218
在总计中：集体企业	6 369	730		19	
股份合作企业	4 482	2 206			1 056
股份制企业	11 272 888	6 751 662	1 452 501	68 835	3 105 869
外商及港澳台商投资企业	8 069 422	2 315 211	254 290	4 871	1 028 640
在总计中：私营企业	5 336 239	3 145 359	104 535	35 541	1 301 306

3-1 分登记注册类型规模以上工业企业主要经济指标（十一）

单位：万元

指标名称	所有者权益合计			营业收入	
	实收资本				主营业务收入
	个人资本	港澳台资本	外商资本		
全　市	**2 234 735**	**391 603**	**561 587**	**40 720 190**	**39 553 112**
一、按登记注册类型分组：					
内资企业	2 130 123	30 392		25 572 509	24 928 451
国有企业				2 354 874	2 346 658
中央企业				2 150 726	2 146 636
地方企业				204 148	200 022
集体企业	711			8 350	8 350
股份合作企业	1 150			8 012	8 009
联营企业					
国有联营企业					
集体联营企业					
国有与集体联营企业					
其他联营企业					
有限责任公司	206 635			8 862 717	8 531 722
国有独资公司				798 480	773 922
其他有限责任公司	206 635			8 064 237	7 757 800
股份有限公司	238 017			1 381 615	1 272 468
私营企业	1 683 610	30 392		12 952 027	12 756 331
私营独资企业	26 110			208 736	206 039
私营合伙企业	1 440			75 947	74 780
私营有限责任公司	1 485 067	30 392		12 200 950	12 022 778
私营股份有限公司	170 994			466 395	452 735
其他企业				4 915	4 915
港、澳、台商投资企业	102 289	361 211	23 500	10 856 109	10 457 954
合资经营企业（港或澳、台资）	38	17 758		337 952	335 063
合作经营企业（港或澳、台资）		13 406		52 742	52 593
港澳台商独资经营企业		20 093	23 500	91 010	85 951

3-1 分登记注册类型规模以上工业企业主要经济指标（十二）

单位：万元

指标名称	所有者权益合计			营业收入	主营业务收入
	实收资本				
	个人资本	港澳台资本	外商资本		
港澳台商投资股份有限公司	102 251	309 954		10 374 406	9 984 348
其他港澳台商投资企业					
外商投资企业	2 324		538 087	4 291 572	4 166 706
中外合资经营企业	2 324		107 157	1 366 545	1 315 811
中外合作经营企业			145	5 121	4 980
外资企业			430 784	2 919 906	2 845 914
外商投资股份有限公司					
其他外商投资企业					
二、在总计中：亏损企业	286 350	13	14 295	3 677 705	3 509 038
在总计中：国有控股企业	106 150		36 497	7 002 480	6 745 003
在总计中：轻工业	762 484	8 138	442 454	10 333 637	10 106 932
重工业	1 472 252	383 465	119 133	30 386 553	29 446 180
在总计中：大型企业	338 594	317 154	65 900	21 248 628	20 486 629
中型企业	402 493	36 538	45 458	4 154 264	4 016 657
小型企业	1 493 648	37 911	450 228	15 317 299	15 049 826
纯小型企业	1 381 903	37 911	450 228	14 219 932	13 993 816
微型企业	111 745			1 097 367	1 056 010
在总计中：公有制企业	107 232		36 615	7 070 261	6 809 271
其中：国有控股企业	106 150		36 497	7 002 480	6 745 003
其中：中央企业	101 720		14 083	5 914 681	5 685 446
地方企业	4 430		22 414	1 087 799	1 059 557
非公有制企业	2 127 504	391 603	524 972	33 649 929	32 743 841
在总计中：集体企业	711			8 350	8 350
股份合作企业	1 150			8 012	8 009
股份制企业	2 100 712	30 392		22 911 678	22 279 702
外商及港澳台商投资企业	104 613	361 211	561 587	15 147 681	14 624 660
在总计中：私营企业	1 683 610	30 392		12 952 027	12 756 331

3-1　分登记注册类型规模以上工业企业主要经济指标（十三）

单位：万元

指标名称	营业成本	税金及附加	销售费用	管理费用	研发费用
全　市	**35 783 427**	**709 010**	**1 173 975**	**1 256 706**	**702 915**
一、按登记注册类型分组：					
内资企业	22 058 172	443 234	702 567	888 131	325 697
国有企业	2 311 756	13 774	8 465	37 863	10 459
中央企业	2 115 156	9 902	420	25 428	7 153
地方企业	196 600	3 872	8 045	12 435	3 306
集体企业	6 477	52	265	387	
股份合作企业	6 906	39	374	405	
联营企业					
国有联营企业					
集体联营企业					
国有与集体联营企业					
其他联营企业					
有限责任公司	7 296 753	354 930	253 675	372 607	128 440
国有独资公司	642 764	7 854	16 920	61 280	11 468
其他有限责任公司	6 653 989	347 076	236 754	311 327	116 971
股份有限公司	1 171 213	11 712	68 831	59 760	37 533
私营企业	11 260 535	62 721	370 789	417 034	149 266
私营独资企业	188 124	607	4 912	3 605	1 825
私营合伙企业	72 793	262	545	632	6
私营有限责任公司	10 638 776	59 571	345 304	382 362	140 413
私营股份有限公司	360 842	2 282	20 027	30 435	7 022
其他企业	4 531	6	169	75	
港、澳、台商投资企业	10 061 980	248 746	375 070	207 998	269 763
合资经营企业（港或澳、台资）	220 745	6 226	14 682	13 983	6 144
合作经营企业（港或澳、台资）	40 803	254	1 813	1 474	1 188
港澳台商独资经营企业	66 978	5 477	1 501	5 679	

3-1 分登记注册类型规模以上工业企业主要经济指标（十四）

单位：万元

指标名称	营业成本	税金及附加	销售费用	管理费用	研发费用
港澳台商投资股份有限公司	9 733 453	236 788	357 074	186 863	262 431
其他港澳台商投资企业					
外商投资企业	3 663 275	17 030	96 338	160 577	107 454
中外合资经营企业	1 167 210	5 522	38 089	58 952	28 402
中外合作经营企业	3 957	26	747	385	
外资企业	2 492 109	11 481	57 503	101 240	79 052
外商投资股份有限公司					
其他外商投资企业					
二、在总计中：亏损企业	3 269 091	310 544	98 444	209 560	49 037
在总计中：国有控股企业	6 025 212	354 176	100 883	323 346	92 909
在总计中：轻工业	8 537 337	372 537	393 065	382 522	104 319
重工业	27 246 091	336 473	780 911	874 183	598 596
在总计中：大型企业	19 058 318	593 934	516 717	553 848	456 417
中型企业	3 422 837	37 614	194 771	199 047	76 301
小型企业	13 302 272	77 462	462 487	503 811	170 197
纯小型企业	12 331 373	72 739	435 406	479 340	166 188
微型企业	970 900	4 722	27 081	24 471	4 009
在总计中：公有制企业	6 078 272	354 688	103 387	331 522	94 206
其中：国有控股企业	6 025 212	354 176	100 883	323 346	92 909
其中：中央企业	5 080 408	342 057	66 805	243 200	81 698
地方企业	944 804	12 120	34 078	80 146	11 211
非公有制企业	29 705 155	354 322	1 070 589	925 184	608 709
在总计中：集体企业	6 477	52	265	387	
股份合作企业	6 906	39	374	405	
股份制企业	19 467 584	428 495	687 837	845 164	313 408
外商及港澳台商投资企业	13 725 256	265 776	471 408	368 575	377 217
在总计中：私营企业	11 260 535	62 721	370 789	417 034	149 266

3-1 分登记注册类型规模以上工业企业主要经济指标（十五）

单位：万元

指标名称	财务费用	利息费用	利息收入	资产减值损失	其他收益
全　市	**305 287**	**314 281**	**-37 857**	**47 560**	**71 573**
一、按登记注册类型分组：					
内资企业	306 785	252 493	17 188	22 486	49 185
国有企业	32 781	29 816	–273	–176	682
中央企业	25 286	22 134	110	–176	642
地方企业	7 495	7 681	–383		40
集体企业	8	0.2	–2		
股份合作企业	–9	1	–10		
联营企业					
国有联营企业					
集体联营企业					
国有与集体联营企业					
其他联营企业					
有限责任公司	108 978	91 721	2 655	18 352	49 840
国有独资公司	4 575	5 492	–98	–655	1 286
其他有限责任公司	104 403	86 229	2 753	19 007	48 553
股份有限公司	24 783	21 834	1 719	–2 036	5 929
私营企业	140 244	109 122	13 099	6 346	–7 265
私营独资企业	1 383	1 151	54.0		
私营合伙企业	384	167	1		
私营有限责任公司	129 188	104 381	12 962	5 029	–8 264
私营股份有限公司	9 290	3 423	82	1 317	999
其他企业	0.2				
港、澳、台商投资企业	–16 773	46 741	–57 676	25 823	17 721
合资经营企业（港或澳、台资）	4 208	4 839	–715		3 634
合作经营企业（港或澳、台资）	1 103	1 048	–6		
港澳台商独资经营企业	1 076	860	14		5

3-1 分登记注册类型规模以上工业企业主要经济指标（十六）

单位：万元

指标名称	财务费用	利息费用	利息收入	资产减值损失	其他收益
港澳台商投资股份有限公司	−23 160	39 995	−56 968	25 823	14 082
其他港澳台商投资企业					
外商投资企业	15 275	15 047	2 631	−748	4 667
中外合资经营企业	5 583	4 013	2 709	−287	1 888
中外合作经营企业	5				
外资企业	9 687	11 034	−77	−462	2 779
外商投资股份有限公司					
其他外商投资企业					
二、在总计中：亏损企业	102 307	81 497	609	8 365	5 288
在总计中：国有控股企业	108 101	99 963	2 903	17 079	27 618
在总计中：轻工业	72 833	63 825	13 420	19 680	14 801
重工业	232 454	250 457	−51 277	27 881	56 772
在总计中：大型企业	49 431	105 743	−54 817	43 925	34 324
中型企业	45 964	50 352	12 570	1 888	8 882
小型企业	209 892	158 187	4 390.0	1 748	28 366
纯小型企业	183 688	141 274	3 499.0	2 507	27 658
微型企业	26 204	16 913	891	−759	708
在总计中：公有制企业	108 156	100 143	2 793	17 267	27 894
其中：国有控股企业	108 101	99 963	2 903	17 079	27 618
其中：中央企业	71 437	69 519	2 739	15 824	11 573
地方企业	36 664	30 444	165	1 255	16 045
非公有制企业	197 131	214 138	−40 650	30 294	43 679
在总计中：集体企业	8	0.2	−2		
股份合作企业	−9	1	−10		
股份制企业	272 238	221 358	17 417	22 662	48 503
外商及港澳台商投资企业	−1 498	61 788	−55 045	25 075	22 388
在总计中：私营企业	140 244	109 122	13 099	6 346	−7 265

3-1 分登记注册类型规模以上工业企业主要经济指标（十七）

单位：万元

指标名称	投资收益	公允价值变动收益	资产处置收　益	营业利润	营业外收入
全　市	**809 962**	**6 255**	**47 183**	**1 678 804**	**178 140**
一、按登记注册类型分组：					
内资企业	133 818	–103	17 087	1 028 842	122 361
国有企业	3 269		302	–56 249	13 172
中央企业	919		302	–31 034	12 475
地方企业	2 351			–25 215	696
集体企业				1 160	28
股份合作企业				296	133
联营企业					
国有联营企业					
集体联营企业					
国有与集体联营企业					
其他联营企业					
有限责任公司	18 804	–351	–1 298	395 880	31 964
国有独资公司	790		901	57 249	2 365
其他有限责任公司	18 014	–351	–2 200	338 631	29 599
股份有限公司	52 978	48	–4 249	64 524	3 078
私营企业	58 767	200	22 332	623 098	73 987
私营独资企业				8 274	130
私营合伙企业				1 326	70
私营有限责任公司	38 178	–22	22 029	556 204	70 356
私营股份有限公司	20 589	222	304	57 293	3 431
其他企业				133	
港、澳、台商投资企业	653 626	1 151	2 273	358 274	28 367
合资经营企业（港或澳、台资）	1 696		–4	77 288	150
合作经营企业（港或澳、台资）				6 107	556
港澳台商独资经营企业			46	10 351	2 290

3-1 分登记注册类型规模以上工业企业主要经济指标（十八）

单位：万元

指标名称	投资收益	公允价值变动收益	资产处置收益	营业利润	营业外收入
港澳台商投资股份有限公司	651 931	1 151	2 230.5	264 527	25 372
其他港澳台商投资企业					
外商投资企业	22 518	5 207	27 823	291 688	27 412
中外合资经营企业	6 287	3	27 438	98 690	20 600
中外合作经营企业				1	3
外资企业	16 230	5 204	385	192 997	6 810
外商投资股份有限公司					
其他外商投资企业					
二、在总计中：亏损企业	5 801	5 114	–7 104	–360 536	33 592
在总计中：国有控股企业	67 117	–48	2 551	77 469	34 035
在总计中：轻工业	40 136	90	21 850	532 234	49 178
重工业	769 826	6 165	25 333	1 146 569	128 963
在总计中：大型企业	741 741	5 870	32 051	788 676	68 868
中型企业	47 837	39	23 084	259 714	48 063
小型企业	20 385	345	–7 952	630 414	61 210
纯小型企业	19 503	344	–7 906	588 144	59 778
微型企业	882	1	–46	42 269	1 432
在总计中：公有制企业	67 245	–48	2 551	79 862	34 311
其中：国有控股企业	67 117	–48	2 551	77 469	34 035
其中：中央企业	64 573	–43	2 530	91 340	18 798
地方企业	2 544	–5	22	–13 871	15 238
非公有制企业	742 718	6 303	44 632	1 598 942	143 829
在总计中：集体企业				1 160	28
股份合作企业				296	133
股份制企业	130 549	–103	16 786	1 073 901	108 829
外商及港澳台商投资企业	676 144	6 358	30 096	649 962	55 779
在总计中：私营企业	58 767	200	22 332	623 098	73 987

3-1 分登记注册类型规模以上工业企业主要经济指标（十九）

单位：万元

指标名称	营业外支出	利润总额	所得税费用	应付职工薪酬	应交增值税
全　市	**285 251**	**1 567 689**	**163 224**	**2 871 984**	**713 353**
一、按登记注册类型分组：					
内资企业	51 642	1 095 556	173 008	1 812 862	529 883
国有企业	7 526	–50 604	3 626	263 046	65 495
中央企业	6 936	–25 495	3 607	237 147	63 783
地方企业	591	–25 109	19	25 899	1 712
集体企业	0.4	1 188	271	782	423
股份合作企业	0.2	429	28	452	265
联营企业					
国有联营企业					
集体联营企业					
国有与集体联营企业					
其他联营企业					
有限责任公司	11 926	415 917	85 542	749 905	202 747
国有独资公司	6 367	53 247	16 254	124 527	30 946
其他有限责任公司	5 559	362 670	69 288	625 378	171 801
股份有限公司	1 651	65 951	6 233	124 596	28 139
私营企业	30 539	662 542	77 301	673 815	232 791
私营独资企业	75	8 330	2 578	10 072	2 631
私营合伙企业	27	1 369	247	1 727	1 705
私营有限责任公司	29 376	593 180	72 104	631 304	217 982
私营股份有限公司	1 061	59 663	2 372	30 713	10 473
其他企业		133	7	266	23
港、澳、台商投资企业	3 738	382 903	–52 225	675 609	106 913
合资经营企业（港或澳、台资）	214	77 225	14 493	29 269	17 801
合作经营企业（港或澳、台资）	7	6 656	1 279	2 420	1 063
港澳台商独资经营企业	336	12 305	2 516	5 941	3 300

3-1 分登记注册类型规模以上工业企业主要经济指标（二十）

单位：万元

指标名称	营业外支出	利润总额	所得税费用	应付职工薪酬	应交增值税
港澳台商投资股份有限公司	3 182	286 718	-70 512	637 980	84 750
其他港澳台商投资企业					
外商投资企业	229 870	89 230	42 441	383 513	76 557
中外合资经营企业	775	118 514	10 850	115 519	19 760
中外合作经营企业		4.6	1	981	195
外资企业	229 095	-29 289	31 590	267 013	56 602
外商投资股份有限公司					
其他外商投资企业					
二、在总计中：亏损企业	239 333	-566 276	3 238	292 108	73 591
在总计中：国有控股企业	16 283	95 221	44 159	786 079	199 030
在总计中：轻工业	23 886	553 524	76 672	733 603	240 573
重工业	261 365	1 014 165	86 553	2 138 380	472 780
在总计中：大型企业	239 846	617 698	16 058	1 707 320	351 353
中型企业	16 681.0	287 096	44 310	460 338	102 428
小型企业	28 724	662 895	102 857	704 326	259 572
纯小型企业	29 513	618 404	97 883	688 495	238 323
微型企业	-790	44 491	4 974	15 831	21 249
在总计中：公有制企业	16 322	97 851	44 715	800 315	201 394
其中：国有控股企业	16 283	95 221	44 159	786 079	199 030
其中：中央企业	9 820	100 318	33 936	670 280	184 027
地方企业	6 463	-5 097	10 223	115 799	15 003
非公有制企业	268 929	1 469 837	118 510	2 071 669	511 959
在总计中：集体企业	0.4	1 188	271	782	423
股份合作企业	0.2	429	28	452	265
股份制企业	44 014	1 134 711	166 250	1 536 518	459 341
外商及港澳台商投资企业	233 608	472 133	-9 784	1 059 122	183 470
在总计中：私营企业	30 539	662 542	77 301	673 815	232 791

3-1 分登记注册类型规模以上工业企业主要经济指标（二十一）

单位：万元

指标名称	平均用工人数（万人）	期末用工人数（万人）	从业人员期末人数（万人）	从业人员平均人数（万人）	亏损企业亏损总额
全　市	**26.35**	**26.61**	**26.25**	**26.02**	**566 276**
一、按登记注册类型分组：					
内资企业	19.69	19.86	19.38	19.29	300 082
国有企业	1.51	1.51	1.31	1.32	67 993
中央企业	1.33	1.33	1.12	1.14	37 977
地方企业	0.18	0.18	0.18	0.18	30 016
集体企业	0.01	0.01	0.01	0.01	
股份合作企业	0.01	0.01	0.01	0.01	
联营企业					
国有联营企业					
集体联营企业					
国有与集体联营企业					
其他联营企业					
有限责任公司	6.30	6.66	6.40	6.29	155 842
国有独资公司	0.78	0.78	0.79	0.79	18 641
其他有限责任公司	5.52	5.89	5.61	5.50	137 201
股份有限公司	1.25	1.23	1.22	1.23	10 504
私营企业	10.60	10.43	10.42	10.43	65 743
私营独资企业	0.16	0.17	0.16	0.16	
私营合伙企业	0.05	0.05	0.05	0.05	78
私营有限责任公司	9.97	9.80	9.79	9.81	64 928
私营股份有限公司	0.42	0.42	0.42	0.41	737
其他企业					
港、澳、台商投资企业	3.65	3.81	3.80	3.63	337
合资经营企业（港或澳、台资）	0.34	0.36	0.36	0.34	337
合作经营企业（港或澳、台资）	0.02	0.02	0.02	0.02	
港澳台商独资经营企业	0.06	0.06	0.05	0.05	

3-1 分登记注册类型规模以上工业企业主要经济指标（二十二）

单位：万元

指标名称	平均用工人数（万人）	期末用工人数（万人）	从业人员期末人数（万人）	从业人员平均人数（万人）	亏损企业亏损总额
港澳台商投资股份有限公司	3.23	3.36	3.36	3.23	
其他港澳台商投资企业					
外商投资企业	3.01	2.94	3.08	3.10	265 858
中外合资经营企业	0.91	0.89	0.89	0.90	1 056
中外合作经营企业	0.02	0.02	0.02	0.02	
外资企业	2.09	2.03	2.17	2.17	264 802
外商投资股份有限公司					
其他外商投资企业					
二、在总计中：亏损企业	3.07	2.92	3.00	3.11	566 276
在总计中：国有控股企业	4.76	4.75	4.57	4.60	173 050
在总计中：轻工业	9.04	8.95	8.87	8.81	65 482
重工业	17.31	17.66	17.38	17.20	500 794
在总计中：大型企业	10.92	11.32	11.04	10.86	301 350
中型企业	4.98	4.95	4.86	4.83	101 515
小型企业	10.45	10.35	10.35	10.32	163 411
纯小型企业	10.10	10.05	10.02	9.97	155 395
微型企业	0.35	0.29	0.33	0.35	8 017
在总计中：公有制企业	4.93	4.90	4.73	4.76	173 492
其中：国有控股企业	4.76	4.75	4.57	4.60	173 050
其中：中央企业	3.91	3.90	3.67	3.70	110 015
地方企业	0.85	0.85	0.90	0.89	63 035
非公有制企业	21.43	21.71	21.51	21.25	392 784
在总计中：集体企业	0.01	0.01	0.01	0.01	
股份合作企业	0.01	0.01	0.01	0.01	
股份制企业	17.93	18.11	17.83	17.73	232 011
外商及港澳台商投资企业	6.66	6.75	6.87	6.73	266 195
在总计中：私营企业	10.60	10.43	10.42	10.43	65 743

3-1 分登记注册类型规模以上工业企业主要经济指标（二十三）

单位：万元

指标名称	利税总额	应交税金及附加	营业收入利润率（%）	资产负债率（%）	总资产贡献率（%）
全　市	**2 990 051**	**1 585 587**	**3.9**	**62.1**	**6.3**
一、按登记注册类型分组：					
内资企业	2 068 673	1 146 125	4.3	63.5	6.9
国有企业	28 665	82 895	–2.2	69.4	2.2
中央企业	48 190	77 292	–1.2	66.4	3.4
地方企业	–19 525	5 603	–12.3	80.0	–1.9
集体企业	1 663	747	14.2	16.1	21.9
股份合作企业	733	332	5.4	21.9	13.0
联营企业					
国有联营企业					
集体联营企业					
国有与集体联营企业					
其他联营企业					
有限责任公司	973 594	643 219	4.7	64.8	7.8
国有独资公司	92 047	55 055	6.7	52.4	5.7
其他有限责任公司	881 546	588 165	4.5	66.5	8.1
股份有限公司	105 802	46 084	4.8	55.1	4.7
私营企业	958 053	372 813	5.1	62.7	7.4
私营独资企业	11 568	5 816	4.0	59.5	9.0
私营合伙企业	3 335	2 213	1.8	72.6	9.5
私营有限责任公司	870 732	349 656	4.9	65.4	7.4
私营股份有限公司	72 419	15 127	12.8	28.5	7.3
其他企业	162	36	2.7	44.8	28.2
港、澳、台商投资企业	738 562	303 434	3.5	61.4	5.7
合资经营企业（港或澳、台资）	101 251	38 520	22.9	49.8	14.8
合作经营企业（港或澳、台资）	7 973	2 595	12.6	64.7	10.3
港澳台商独资经营企业	21 082	11 294	13.5	58.0	11.0

3-1 分登记注册类型规模以上工业企业主要经济指标（二十四）

单位：万元

指标名称	利税总额	应交税金及附加	营业收入利润率（%）	资产负债率（%）	总资产贡献率（%）
港澳台商投资股份有限公司	608 256	251 026	2.8	62.1	5.1
其他港澳台商投资企业					
外商投资企业	182 816	136 027	2.1	55.4	3.7
中外合资经营企业	143 796	36 132	8.7	51.6	10.7
中外合作经营企业	226	223	0.1	72.2	4.5
外资企业	38 794	99 673	–1.0	56.6	1.3
外商投资股份有限公司					
其他外商投资企业					
二、在总计中：亏损企业	–182 142	387 372	–15.4	83.3	–1.3
在总计中：国有控股企业	648 428	597 365	1.4	60.1	6.7
在总计中：轻工业	1 166 634	689 782	5.4	51.2	11.6
重工业	1 823 417	895 805	3.3	64.7	5.0
在总计中：大型企业	1 562 985	961 345	2.9	63.9	6.3
中型企业	427 138	184 352	6.9	54.1	6.7
小型企业	999 928	439 891	4.3	62.4	6.0
纯小型企业	929 466	408 945	4.4	62.2	6.2
微型企业	70 462	30 945	4.1	64.0	4.5
在总计中：公有制企业	653 933	600 796	1.4	60.0	6.7
其中：国有控股企业	648 428	597 365	1.4	60.1	6.7
其中：中央企业	626 401	560 019	1.7	57.4	8.3
地方企业	22 027	37 346	–0.5	68.4	2.0
非公有制企业	2 336 118	984 791	4.4	62.6	6.1
在总计中：集体企业	1 663	747	14.2	16.1	21.9
股份合作企业	733	332	5.4	21.9	13.0
股份制企业	2 022 547	1 054 086	5.0	63.0	7.3
外商及港澳台商投资企业	921 378	439 462	3.1	59.8	5.2
在总计中：私营企业	958 053	372 813	5.1	62.7	7.4

3-1 分登记注册类型规模以上工业企业主要经济指标（二十五）

指标名称	人均营业收入（元/人）	流动资产周转率（次/年）	每百元资产实现的营业收入（元）	产成品存货周转天数（天）	应收账款平均回收期（天）	成本费用利润率（%）
全　市	**155**	**1.4**	**76.3**	**18.5**	**78.8**	**4.0**
一、按登记注册类型分组：						
内资企业	130	1.5	76.8	24.5	80.8	4.5
国有企业	155	8.0	88.1	1.9	19.4	–2.1
中央企业	161	13.5	103.2	0.1	16.8	–1.2
地方企业	113	1.5	34.6	22.0	47.3	–11.0
集体企业	69	1.3	110.0	5.9	71.6	16.6
股份合作企业	88	1.5	139.6	10.0	111.5	5.6
联营企业						
国有联营企业						
集体联营企业						
国有与集体联营企业						
其他联营企业						
有限责任公司	141	1.2	65.0	28.5	98.6	5.1
国有独资公司	102	0.9	46.9	58.9	102.3	7.2
其他有限责任公司	146	1.3	67.6	25.6	98.2	4.9
股份有限公司	111	1.0	51.9	27.4	101.3	4.8
私营企业	122	1.5	90.6	26.3	77.7	5.4
私营独资企业	127	2.2	148.8	22.5	62.8	4.2
私营合伙企业	145	2.6	205.0	4.0	25.9	1.8
私营有限责任公司	122	1.5	93.2	26.0	78.0	5.1
私营股份有限公司	112	1.2	44.9	43.2	84.9	14.0
其他企业	126	38.3	857.2	2.1	–2.7	2.8
港、澳、台商投资企业	298	1.2	73.7	7.4	61.6	3.5
合资经营企业（港或澳、台资）	98	0.7	46.7	18.1	27.0	29.7
合作经营企业（港或澳、台资）	275	1.1	60.2	0.03	120.6	14.4
港澳台商独资经营企业	154	1.5	45.4	15.6	108.2	16.4

3-1 分登记注册类型规模以上工业企业主要经济指标（二十六）

指标名称	人均营业收入（元/人）	流动资产周转率（次/年）	每百元资产实现的营业收入（元）	产成品存货周转天数（天）	应收账款平均回收期（天）	成本费用利润率（%）
港澳台商投资股份有限公司	321	1.2	75.6	7.1	62.0	2.7
其他港澳台商投资企业						
外商投资企业	143	1.4	80.2	12.6	109.8	2.2
中外合资经营企业	151	1.9	100.4	21.9	55.8	9.1
中外合作经营企业	27	1.5	100.8	166.0	0.6	0.1
外资企业	140	1.3	73.3	8.0	135.3	–1.1
外商投资股份有限公司						
其他外商投资企业						
二、在总计中：亏损企业	120	1.2	47.7	32.2	80.9	–15.2
在总计中：国有控股企业	147	1.8	63.2	23.7	57.0	1.4
在总计中：轻工业	114	1.8	98.7	31.7	47.9	5.8
重工业	176	1.3	70.8	14.4	89.3	3.4
在总计中：大型企业	195	1.4	78.1	13.3	72.4	3.0
中型企业	83	1.2	59.8	37.4	85.6	7.3
小型企业	147	1.4	79.7	21.1	85.7	4.5
纯小型企业	141	1.4	82.1	21.5	81.5	4.6
微型企业	311	1.1	57.6	15.8	140.0	4.2
在总计中：公有制企业	144	1.8	63.4	23.9	57.5	1.5
其中：国有控股企业	147	1.8	63.2	23.7	57.0	1.4
其中：中央企业	151	1.9	70.5	24.9	51.9	1.8
地方企业	128	1.4	40.6	17.1	84.4	–0.5
非公有制企业	157	1.3	79.7	17.4	83.2	4.5
在总计中：集体企业	69	1.3	110.0	5.9	71.6	16.6
股份合作企业	88	1.5	139.6	10.0	111.5	5.6
股份制企业	128	1.3	75.3	27.3	87.5	5.3
外商及港澳台商投资企业	227	1.2	75.4	8.8	75.2	3.2
在总计中：私营企业	122	1.5	90.6	26.3	77.7	5.4

3-2 各县（市、区）规模以上工业企业主要经济指标（一）

单位：万元

县（市、区）	企业单位数（个）	亏损企业	资产总计	流动资产合计	应收账款	存货	产成品
全　市	**1 656**	**194**	**53 383 105**	**29 868 691**	**8 907 953**	**4 347 161**	**1 837 354**
竞秀区	65	16	4 589 667	1 376 511	364 200	243 738	79 460
莲池区	81	13	18 151 800	11 761 260	3 244 180	795 883	326 314
满城区	129	11	2 361 783	1 133 159	252 708	290 185	128 334
清苑区	92	7	1 771 217	739 209	262 665	139 822	57 131
徐水区	92	15	3 628 751	2 154 097	820 978	443 190	182 432
涞水县	28	8	451 970	208 086	42 121	47 167	15 669
阜平县	33	4	265 220	93 798	34 649	22 186	16 732
定兴县	75	12	1 498 823	950 077	271 853	164 434	75 348
唐　县	58	6	737 883	352 291	114 330	80 406	48 963
高阳县	163	5	1 321 393	644 158	211 238	200 496	93 077
涞源县	22	4	1 172 066	562 570	104 290	82 845	15 506
望都县	37	5	549 845	304 336	106 638	78 587	19 740
易　县	52	12	725 554	359 243	77 191	38 477	15 208
曲阳县	66	4	913 677	356 928	125 264	50 530	19 823
蠡　县	90	6	774 842	471 244	180 476	126 002	52 829
顺平县	59	6	1 601 789	717 237	155 846	128 262	48 038
博野县	55	1	618 668	395 112	224 127	45 489	13 654
涿州市	118	17	3 317 204	1 602 923	471 818	341 987	138 461
安国市	101	4	1 061 944	768 603	439 223	138 007	60 497
高碑店市	90	14	2 444 558	1 695 308	289 070	178 626	60 720
白沟新城	37	3	188 734	124 914	33 238	27 828	9 007
高新区	113	21	5 235 718	3 097 630	1 081 850	683 017	360 412

3-2 各县（市、区）规模以上工业企业主要经济指标（二）

单位：万元

县（市、区）	资产总计					
	长期股权投资	固定资产原价			累计折旧	
			房屋和构筑物	机器设备		本年折旧
全　市	**6 306 024**	**19 304 056**	**4 482 782**	**10 059 118**	**8 303 114**	**1 174 863**
竞秀区	471 887	5 073 290	495 656	3 589 024	2 901 129	250 679
莲池区	2 768 346	3 357 844	822 826	1 801 872	1 621 394	260 704
满城区	86 911	1 205 968	374 177	694 258	283 738	88 295
清苑区	489 688	691 008	223 700	382 294	268 494	34 793
徐水区	240 924	838 777	242 882	415 163	302 616	61 091
涞水县	874	264 791	88 726	140 686	120 075	16 979
阜平县		152 268	3 094	6 278	18 359	4 350
定兴县	92 780	418 899	140 628	156 617	147 837	23 360
唐　县	16 020	431 504	79 589	161 200	145 871	23 497
高阳县	125 660	553 518	224 203	199 587	221 913	35 045
涞源县	4 600	596 700	116 357	173 344	192 235	65 707
望都县	3 404	252 534	44 554	132 653	90 207	22 793
易　县	15 672	407 371	107 660	151 326	149 982	39 664
曲阳县	4 412	593 958	64 649	203 062	182 321	29 661
蠡　县	8 886	277 095	73 271	119 899	68 883	18 006
顺平县	470 101	419 854	113 059	231 438	124 546	26 995
博野县	11 722	214 890	89 508	46 103	61 027	10 948
涿州市	574 282	1 066 635	280 299	625 176	408 834	50 225
安国市	10 943	230 083	79 637	37 714	66 328	13 891
高碑店市	167 057	724 288	275 270	156 370	167 053	26 410
白沟新城	801	61 808	2 575	12 072	22 981	4 491
高新区	741 057	1 470 972	540 463	622 983	737 291	67 279

3-2 各县（市、区）规模以上工业企业主要经济指标（三）

单位：万元

县（市、区）	资产总计				负债合计		
	固定资产净　额	在建工程	无形资产	土地使用权		流动负债合　计	应付账款
全　市	**10 198 699**	**1 648 256**	**2 519 448**	**1 123 688**	**33 142 705**	**26 869 739**	**10 331 886**
竞秀区	2 147 055	286 095	126 161	71 559	2 706 044	1 994 920	677 263
莲池区	1 673 738	140 571	572 576	249 759	11 410 991	10 310 270	4 982 212
满城区	889 395	38 006	177 839	105 960	1 505 406	1 119 318	420 035
清苑区	418 269	28 255	57 806	41 188	703 866	536 048	138 979
徐水区	507 370	318 082	311 462	85 312	2 885 478	2 255 629	762 044
涞水县	138 684	21 913	65 811	18 747	345 694	246 897	49 613
阜平县	47 140	7 855	1 140	460	169 586	81 709	9 021
定兴县	267 310	38 726	60 646	34 337	790 474	751 410	259 109
唐　县	275 772	23 463	48 675	26 347	463 364	352 956	106 208
高阳县	318 554	33 687	159 146	58 617	805 534	690 837	137 357
涞源县	317 566	37 038	75 967	13 726	796 264	531 729	128 230
望都县	158 556	12 177	26 303	18 690	343 155	295 316	133 295
易　县	256 539	23 849	33 636	20 391	456 943	308 331	96 118
曲阳县	321 153	53 410	21 880	14 276	546 208	406 388	107 091
蠡　县	198 336	35 514	14 487	13 015	491 371	391 508	172 575
顺平县	276 712	26 781	62 917	33 195	848 819	605 947	115 014
博野县	150 089	15 512	44 219	7 837	382 095	303 149	127 382
涿州市	588 090	126 451	270 335	88 611	1 974 506	1 410 902	479 750
安国市	152 639	49 673	56 959	34 556	710 315	598 363	201 797
高碑店市	360 820	19 864	77 231	63 959	1 825 249	1 279 390	202 467
白沟新城	37 843	1 963	4 889	930	120 523	87 485	31 116
高新区	697 068	309 373	249 365	122 214	2 860 825	2 311 239	995 212

3-2 各县（市、区）规模以上工业企业主要经济指标（四）

单位：万元

县（市、区）	所有者权益合计	实收资本	国家资本	集体资本	法人资本	个人资本
全　市	**20 241 695**	**9 639 017**	**1 813 648**	**73 725**	**4 569 068**	**2 234 735**
竞秀区	1 885 127	1 123 182	505 307	16 416	511 306	76 376
莲池区	6 740 808	1 683 764	20 356	3 404	1 156 047	188 470
满城区	856 377	603 467	289 344	1 377	144 670	151 076
清苑区	1 067 351	451 689	67 533	500	156 291	203 865
徐水区	742 970	711 878	28 000	4 359	406 829	257 440
涞水县	106 276	91 587	18 170		61 452	11 965
阜平县	95 744	25 513	220	1 866	13 452	9 975
定兴县	708 348	286 196	68		189 907	89 021
唐　县	274 518	163 158		20	93 808	64 730
高阳县	515 858	338 607	27 200		80 988	230 419
涞源县	375 801	166 192	20 460		130 605	3 927
望都县	206 690	108 533		206	51 992	51 338
易　县	268 611	172 872	6 937	4 750	129 241	31 944
曲阳县	367 469	245 798	14 950		151 493	52 962
蠡　县	283 470	157 997	16 982	1 000	57 375	82 557
顺平县	752 968	579 229	101 890		70 277	45 621
博野县	236 572	229 144		1 500	123 675	95 093
涿州市	1 342 698	717 484	238 287	6 392	322 103	61 838
安国市	351 627	202 808	6 120	10 000	68 538	118 151
高碑店市	619 308	493 002	6 784	17 955	300 352	165 842
白沟新城	68 211	34 534			17 263	17 271
高新区	2 374 893	1 052 384	445 039	3 981	331 405	224 858

3-2 各县（市、区）规模以上工业企业主要经济指标（五）

单位：万元

县（市、区）	所有者权益合计		营业收入		营业成本	税金及附加
	实收资本			主营业务收入		
	港澳台资本	外商资本				
全　市	**391 603**	**561 587**	**40 720 190**	**39 553 112**	**35 783 427**	**709 010**
竞秀区		23 705	3 432 068	3 396 278	3 194 902	20 990
莲池区	315 273	215	14 986 441	14 410 231	13 419 854	537 532
满城区	17 000		1 787 519	1 763 301	1 635 173	8 351
清苑区		23 500	1 340 462	1 319 824	1 193 116	10 159
徐水区		15 250	2 512 064	2 453 333	2 153 483	19 138
涞水县			250 210	247 854	195 018	1 798
阜平县			141 524	135 322	121 907	890
定兴县	7 200		1 312 681	1 302 697	998 620	10 640
唐　县	4 000	601	696 009	691 017	613 647	2 873
高阳县			1 239 968	1 221 587	1 098 138	5 193
涞源县	10 000		523 493	514 152	418 535	6 214
望都县	2 793	2 204	572 042	560 335	488 912	1 964
易　县			426 217	423 327	350 913	4 422
曲阳县	26 392		537 711	533 504	450 644	4 843
蠡　县		83	1 008 548	1 003 322	875 571	4 146
顺平县		361 440	892 518	873 161	796 610	2 117
博野县		8 876	434 971	403 354	392 304	1 588
涿州市	8 645	80 219	2 668 091	2 570 553	2 401 922	11 233
安国市			1 061 512	1 051 911	937 569	4 516
高碑店市		2 070	1 156 823	1 105 265	919 463	7 842
白沟新城			150 680	150 401	130 530	628
高新区	300	43 424	3 588 639	3 422 382	2 996 597	41 933

3-2 各县（市、区）规模以上工业企业主要经济指标（六）

单位：万元

县（市、区）	销售费用	管理费用	研发费用	财务费用		
					利息费用	利息收入
全　市	**1 173 975**	**1 256 706**	**702 915**	**305 287**	**314 281**	**-37 857**
竞秀区	22 927	126 416	28 283	35 041	28 609	417
莲池区	421 099	354 943	339 345	–13 240	47 239	–57 486
满城区	36 230	47 375	24 258	26 327	32 815	8 355
清苑区	24 212	38 313	15 586	16 613	12 041	516
徐水区	102 980	81 532	48 645	24 444	14 774	–1 302
涞水县	5 754	22 541	4 774	10 092	9 596	114
阜平县	4 462	5 191	122	3 236	892	11
定兴县	143 118	36 642	15 806	10 971	8 015	–129
唐　县	14 502	20 183	7 521	11 166	5 829	152
高阳县	31 854	26 152	9 801	10 742	9 559	–562
涞源县	4 528	14 669	570	17 310	14 139	–73
望都县	15 624	10 538	5 958	3 852	2 861	1 682
易　县	9 680	25 812	4 943	8 298	6 878	1 227
曲阳县	17 113	19 248	4 700	8 908	5 525	469
蠡　县	14 001	22 534	9 232	7 228	4 466	51
顺平县	15 030	29 769	9 244	16 304	14 118	1 517
博野县	5 333	18 508	3 023	2 768	1 238	3
涿州市	52 524	100 757	49 652	36 615	33 409	1 470
安国市	41 527	29 994	6 094	9 285	6 423	590
高碑店市	35 815	50 921	9 735	28 251	26 115	531
白沟新城	3 974	5 723	2 155	1 219	383	5
高新区	151 686	168 947	103 468	29 855	29 358	4 584

3-2 各县（市、区）规模以上工业企业主要经济指标（七）

单位：万元

县（市、区）	资产减值损失	其他收益	投资收益	公允价值变动收益	资产处置收益	营业利润	营业外收入
全　市	**47 560**	**71 573**	**809 962**	**6 255**	**47 183**	**1 678 804**	**178 140**
竞秀区	130	2 701	13 873		1 205	20 715	23 190
莲池区	39 333	20 067	676 361	665	1 981	585 747	31 919
满城区	74	643	5 661	1	6	16 038	7 118
清苑区	–497	–23 555	18 950	–23	328	38 554	8 248
徐水区	408	2 898	4 555	141	–5 021	84 004	8 928
涞水县	90	199	35		104	10 479	3 183
阜平县		5	–67			5 650	470
定兴县	22	10 982	1 986	92	–385	109 533	1 250
唐　县	–54	7 250	1 988		–12	35 395	1 140
高阳县	2 218	3 936	9 736		66	69 603	11 806
涞源县	5	718	–33	0	–152	62 193	1 720
望都县		926	4		–117	46 003	1 604
易　县	86	939	181		37	23 218	2 662
曲阳县	39	1 380	317			33 913	1 960
蠡　县	74	830	14		6	76 608	1 053
顺平县	–2 229	1 356	1 268		21 961	54 274	17 912
博野县	42	3	269			11 675	714
涿州市	–37	19 986	52 990	3	27 755	116 157	8 642
安国市	310	2 090	66	–51	–5	34 312	5 233
高碑店市	371	8 060	10 391		–2 370	120 506	6 336
白沟新城	13	5	397			6 840	3 035
高新区	7 160	10 154	11 022	5 427	1 796	117 388	30 019

3-2 各县（市、区）规模以上工业企业主要经济指标（八）

单位：万元

县（市、区）	营业外支出	利润总额	所得税费用	应付职工薪酬	应交增值税	平均用工人数（万人）	期末用工人数（万人）
全　市	**285 251**	**1 567 689**	**163 224**	**2 871 984**	**713 353**	**26.35**	**26.61**
竞秀区	12 758	31 147	19 550	417 994	104 196	2.75	2.74
莲池区	5 922	611 744	–17 780	996 155	207 083	5.83	6.04
满城区	1 341	21 815	6 505	99 150	24 473	1.28	1.29
清苑区	1 317	45 485	7 206	55 595	12 155	0.78	0.79
徐水区	1 546	91 385	16 440	222 119	36 216	2.48	2.71
涞水县	700	12 962	4 303	16 019	6 754	0.22	0.22
阜平县	762	5 359	299	4 870	1 025	0.12	0.10
定兴县	991	109 792	15 275	82 258	42 955	1.10	1.10
唐　县	1 709	34 827	4 096	25 492	16 290	0.44	0.43
高阳县	6 752	74 656	9 625	91 838	22 671	1.37	1.36
涞源县	1 005	62 908	12 189	23 340	14 076	0.29	0.30
望都县	–1 534	49 141	4 109	26 217	13 224	0.39	0.41
易　县	610	25 270	4 758	34 553	13 343	0.39	0.38
曲阳县	1 861	34 012	8 377	31 620	13 834	0.49	0.49
蠡　县	12 756	64 905	2 299	46 850	12 702	0.77	0.74
顺平县	1 011	67 175	4 912	50 336	9 817	0.68	0.64
博野县	730	11 659	97	20 366	6 151	0.34	0.35
涿州市	2 484	122 314	12 318	193 240	37 430	1.87	1.89
安国市	718	38 826	3 315	38 181	28 920	0.73	0.72
高碑店市	1 104	125 737	13 113	72 049	25 131	0.91	0.89
白沟新城	179	9 696	1 296	9 373	2 589	0.18	0.18
高新区	230 531	–83 124	30 923	314 369	62 319	2.93	2.83

3-2 各县（市、区）规模以上工业企业主要经济指标（九）

单位：万元

县（市、区）	从业人员期末人数（万人）	从业人员平均人数（万人）	亏损企业亏损总额	利税总额	应交税金及附加	营业收入利润率（%）	资产负债率（%）
全　市	**26.25**	**26.02**	**566 276**	**2 990 051**	**1 585 587**	**3.9**	**62.1**
竞秀区	2.54	2.55	51 551	156 334	144 737	0.9	59.0
莲池区	6.17	5.98	24 047	1 356 358	726 834	4.1	62.9
满城区	1.30	1.27	30 660	54 639	39 329	1.2	63.7
清苑区	0.79	0.79	39 901	67 798	29 520	3.4	39.7
徐水区	2.51	2.46	23 099	146 738	71 793	3.6	79.5
涞水县	0.22	0.22	8 136	21 514	12 855	5.2	76.5
阜平县	0.15	0.15	1 630	7 275	2 214	3.8	63.9
定兴县	1.10	1.10	8 388	163 386	68 870	8.4	52.7
唐　县	0.44	0.44	1 957	53 989	23 258	5.0	62.8
高阳县	1.23	1.22	7 693	102 521	37 489	6.0	61.0
涞源县	0.29	0.27	14 390	83 199	32 480	12.0	67.9
望都县	0.40	0.39	2 464	64 328	19 296	8.6	62.4
易　县	0.35	0.35	5 683	43 035	22 523	5.9	63.0
曲阳县	0.50	0.49	6 533	52 688	27 053	6.3	59.8
蠡　县	0.75	0.75	3 487	81 753	19 148	6.4	63.4
顺平县	0.61	0.63	2 318	79 109	16 846	7.5	53.0
博野县	0.34	0.34	323	19 397	7 836	2.7	61.8
涿州市	1.86	1.83	27 483	170 977	60 982	4.6	59.5
安国市	0.72	0.71	6 871	72 263	36 752	3.7	66.9
高碑店市	0.90	0.91	9 783	158 710	46 086	10.9	74.7
白沟新城	0.19	0.18	35	12 913	4 513	6.4	63.9
高新区	2.89	2.97	289 847	21 128	135 175	−2.3	54.6

3-2 各县（市、区）规模以上工业企业主要经济指标（十）

县（市、区）	总资产贡献率（%）	人均营业收入（元/人）	流动资产周转率（次/年）	每百元资产实现的营业收入（元）	产成品存货周转天数（天）	应收账款平均回收期（天）	成本费用利润率（%）
全　市	**6.3**	**155**	**1.4**	**76.3**	**18.5**	**78.8**	**4.0**
竞秀区	4.0	125	2.5	74.8	9.0	38.2	0.9
莲池区	8.1	257	1.3	82.6	8.8	77.9	4.2
满城区	3.4	139	1.6	75.7	28.3	50.9	1.2
清苑区	4.5	171	1.8	75.7	17.2	70.5	3.5
徐水区	4.5	101	1.2	69.2	30.5	117.7	3.8
涞水县	6.9	115	1.2	55.4	28.9	60.6	5.4
阜平县	3.1	120	1.5	53.4	49.4	88.1	4.0
定兴县	11.4	119	1.4	87.6	27.2	74.6	9.1
唐　县	8.1	160	2.0	94.3	28.7	59.1	5.2
高阳县	8.5	91	1.9	93.8	30.5	61.3	6.3
涞源县	8.3	180	0.9	44.7	13.3	71.7	13.8
望都县	11.9	146	1.9	104.0	14.5	67.1	9.4
易　县	6.7	110	1.2	58.7	15.6	65.2	6.3
曲阳县	6.3	109	1.5	58.9	15.8	83.9	6.8
蠡　县	11.1	131	2.1	130.2	21.7	64.4	7.0
顺平县	5.7	131	1.2	55.7	21.7	62.9	7.8
博野县	3.3	127	1.1	70.3	12.5	185.5	2.8
涿州市	6.1	142	1.7	80.4	20.8	63.7	4.6
安国市	7.4	146	1.4	100.0	23.2	149.0	3.8
高碑店市	7.5	127	0.7	47.3	23.8	90.0	12.0
白沟新城	7.0	83	1.2	79.8	24.8	79.4	6.8
高新区	0.9	122	1.2	68.5	43.3	108.5	-2.4

3-3 分行业规模以上工业企业主要经济指标（一）

单位：万元

指标名称	企业单位数（个）	亏损企业	资产总计	流动资产合计	应收账款
全市	**1 656**	**194**	**53 383 105**	**29 868 691**	**8 907 953**
采矿业	**25**	**5**	**898 543**	**446 729**	**37 517**
煤炭开采和洗选业	2	1	83 303	3 297	
烟煤和无烟煤开采洗选	2	1	83 303	3 297	
黑色金属矿采选业	6		638 115	377 489	7 125
铁矿采选	6		638 115	377 489	7 125
非金属矿采选业	17	4	177 125	65 943	30 392
土砂石开采	12	4	172 786	62 768	30 146
石灰石、石膏开采	2	1	2 586	626	364
建筑装饰用石开采	1		3 214	2 335	87
耐火土石开采	2		122 100	47 903	26 901
粘土及其他土砂石开采	7	3	44 885	11 903	2 795
石棉及其他非金属矿采选	5		4 339	3 175	246
其他未列明非金属矿采选	5		4 339	3 175	246
制造业	**1 522**	**162**	**44 687 127**	**27 280 998**	**8 101 732**
农副食品加工业	86	19	847 946	567 728	90 065
谷物磨制	1		10 765	7 900	665
小麦加工	1		10 765	7 900	665
饲料加工	17	2	140 322	105 302	27 323
其他饲料加工	17	2	140 322	105 302	27 323
植物油加工	5	1	19 876	15 436	4 518
食用植物油加工	4	1	18 176	13 749	3 597
非食用植物油加工	1		1 700	1 688	922
屠宰及肉类加工	44	13	525 755	344 008	47 068
牲畜屠宰	11	4	155 367	132 282	19 339
禽类屠宰	7	2	179 135	110 721	15 716
肉制品及副产品加工	26	7	191 253	101 005	12 012
蔬菜、菌类、水果和坚果加工	15	2	110 451	68 104	8 703
蔬菜加工	6	1	50 307	31 953	2 038
水果和坚果加工	9	1	60 144	36 151	6 665
其他农副食品加工	4	1	40 777	26 978	1 789
淀粉及淀粉制品制造	1		3 174	2 283	517
豆制品制造	2		7 625	2 137	423
其他未列明农副食品加工	1	1	29 978	22 559	849
食品制造业	36	6	837 967	434 531	44 819
焙烤食品制造	4	1	20 866	12 850	1 532
糕点、面包制造	2	1	4 009	2 157	205
饼干及其他焙烤食品制造	2		16 857	10 693	1 327

3-3 分行业规模以上工业企业主要经济指标（二）

单位：万元

指标名称	企业单位数（个）	亏损企业	资产总计	流动资产合计	应收账款
糖果、巧克力及蜜饯制造	4		306 354	184 149	1 175
糖果、巧克力制造	2		300 149	181 311	821
蜜饯制作	2		6 205	2 837	354
方便食品制造	5		129 384	76 107	6 793
米、面制品制造	2		18 630	5 641	311
方便面制造	1		61 747	45 777	3 447
其他方便食品制造	2		49 007	24 689	3 034
乳制品制造	3	1	60 516	14 787	8 660
液体乳制造	3	1	60 516	14 787	8 660
罐头食品制造	5	1	84 709	57 267	11 984
蔬菜、水果罐头制造	4	1	58 468	42 774	763
其他罐头食品制造	1		26 241	14 492	11 221
调味品、发酵制品制造	9	1	144 293	59 181	10 958
酱油、食醋及类似制品制造	1	1	52 436	14 180	2 272
其他调味品、发酵制品制造	8		91 857	45 001	8 687
其他食品制造	6	2	91 845	30 191	3 718
保健食品制造	3	1	81 156	23 334	2 149
食品及饲料添加剂制造	2	1	8 348	4 883	897
其他未列明食品制造	1		2 342	1 973	672
酒、饮料和精制茶制造业	16	1	1 039 884	346 692	42 291
酒的制造	7	1	272 828	143 422	12 578
白酒制造	3		152 292	102 861	3 183
啤酒制造	2	1	90 843	36 210	9 395
其他酒制造	2		29 693	4 352	
饮料制造	9		767 056	203 270	29 713
瓶（罐）装饮用水制造	1		3 192	1 869	
果菜汁及果菜汁饮料制造	3		611 658	136 836	1 740
含乳饮料和植物蛋白饮料制造	4		149 014	61 575	27 973
固体饮料制造	1		3 192	2 990	0.1
烟草制品业	1	1	285 711	124 381	
卷烟制造	1	1	285 711	124 381	
纺织业	193	6	1 117 712	618 523	145 915
棉纺织及印染精加工	42	3	404 841	204 427	26 149
棉纺纱加工	12		227 153	94 508	4 484
棉织造加工	16	1	148 894	95 651	18 947
棉印染精加工	14	2	28 794	14 268	2 717
毛纺织及染整精加工	30	1	306 692	162 110	42 677
毛条和毛纱线加工	24	1	279 373	141 075	40 196
毛织造加工	6		27 319	21 035	2 482

3-3 分行业规模以上工业企业主要经济指标（三）

单位：万元

指标名称	企业单位数（个）	亏损企业	资产总计	流动资产合计	应收账款
化纤织造及印染精加工	8		23 619	16 408	2 825
化纤织造加工	7		19 952	13 273	3 405
化纤织物染整精加工	1		3 667	3 134	–580
针织或钩针编织物及其制品制造	4		27 267	18 272	4 280
针织或钩针编织物织造	3		18 613	12 686	1 551
针织或钩针编织品制造	1		8 654	5 586	2 729
家用纺织制成品制造	93		250 547	155 148	44 891
床上用品制造	4		49 018	24 631	11 903
毛巾类制品制造	87		190 702	122 577	32 855
其他家用纺织制成品制造	2		10 827	7 940	134
产业用纺织制成品制造	16	2	104 748	62 157	25 093
非织造布制造	9	1	46 859	29 988	15 755
绳、索、缆制造	1		4 781	4 012	2 628
纺织带和帘子布制造	1		2 663	2 541	1 371
篷、帆布制造	1		11 582	5 925	1 915
其他产业用纺织制成品制造	4	1	38 862	19 692	3 424
纺织服装、服饰业	13	2	115 911	87 874	23 359
机织服装制造	5		24 025	18 482	6 243
运动机织服装制造	1		2 274	1 692	
其他机织服装制造	4		21 752	16 790	6 243
针织或钩针编织服装制造	3		67 137	48 466	13 703
运动休闲针织服装制造	1		3 073	1 621	411
其他针织或钩针编织服装制造	2		64 064	46 844	13 291
服饰制造	5	2	24 749	20 927	3 413
皮革、毛皮、羽毛及其制品和制鞋业	35	2	82 623	58 912	14 902
皮革鞣制加工	1		4 669	4 214	1 354
皮革制品制造	27	1	55 455	38 430	8 629
皮箱、包（袋）制造	25	1	52 977	36 491	8 623
皮手套及皮装饰制品制造	2		2 479	1 939	7
毛皮鞣制及制品加工	6	1	18 030	13 429	4 779
毛皮鞣制加工	4	1	11 807	7 212	1 188
毛皮服装加工	2		6 223	6 217	3 591
制鞋业	1		4 470	2 839	140
橡胶鞋制造	1		4 470	2 839	140
木材加工和木、竹、藤、棕、草制品业	7		113 597	41 911	11 523
木材加工	1		2 347	2 235	1 363
单板加工	1		2 347	2 235	1 363
人造板制造	5		109 358	38 345	9 656
纤维板制造	2		45 548	10 959	221

3-3 分行业规模以上工业企业主要经济指标（四）

单位：万元

指标名称	企业单位数（个）	亏损企业	资产总计	流动资产合计	应收账款
刨花板制造	1		55 494	22 088	5 905
其他人造板制造	2		8 316	5 298	3 530
木质制品制造	1		1 893	1 331	504
木地板制造	1		1 893	1 331	504
家具制造业	4	1	89 189	79 863	4 348
木质家具制造	3	1	88 743	79 530	4 251
金属家具制造	1		446	333	97
造纸和纸制品业	85	6	1 116 749	723 403	68 359
造纸	19	1	495 077	351 570	24 762
机制纸及纸板制造	18	1	494 118	351 059	24 584
加工纸制造	1		959	511	178
纸制品制造	66	5	621 672	371 833	43 597
纸和纸板容器制造	13		58 745	39 407	17 059
其他纸制品制造	53	5	562 926	332 426	26 538
印刷和记录媒介复制业	23	6	356 559	167 976	38 611
印刷	23	6	356 559	167 976	38 611
书、报刊印刷	13	3	234 231	96 087	19 959
包装装潢及其他印刷	10	3	122 329	71 889	18 651
文教、工美、体育和娱乐用品制造业	49	1	249 407	136 072	31 034
文教办公用品制造	2		11 808	9 197	668
其他文教办公用品制造	2		11 808	9 197	668
工艺美术及礼仪用品制造	45	1	231 468	121 775	28 773
雕塑工艺品制造	35	1	155 675	87 514	25 884
金属工艺品制造	2		4 530	3 358	227
天然植物纤维编织工艺品制造	1		1 609	1 186	448
地毯、挂毯制造	5		7 864	5 411	1 365
其他工艺美术及礼仪用品制造	2		61 790	24 306	849
体育用品制造	2		6 132	5 101	1 594
健身器材制造	1		4 772	4 272	1 417
运动防护用具制造	1		1 359	829	177
石油、煤炭及其他燃料加工业	9	1	49 407	29 201	9 576
精炼石油产品制造	4	1	31 747	12 356	6 583
原油加工及石油制品制造	4	1	31 747	12 356	6 583
煤炭加工	5		17 660	16 845	2 993
煤制品制造	5		17 660	16 845	2 993
化学原料和化学制品制造业	47	5	1 479 336	566 246	124 362
基础化学原料制造	3		28 642	16 928	1 246
无机盐制造	1		1 245	621	139

3-3 分行业规模以上工业企业主要经济指标（五）

单位：万元

指标名称	企业单位数（个）	亏损企业	资产总计	流动资产合计	应收账款
有机化学原料制造	1		2 826	2 658	657
其他基础化学原料制造	1		24 571	13 649	450
肥料制造	6		137 039	35 987	3 041
氮肥制造	1		98 970	16 104	622
复混肥料制造	1		34 337	16 644	
有机肥料及微生物肥料制造	4		3 731	3 239	2 419
农药制造	1		13 542	12 128	2 249
生物化学农药及微生物农药制造	1		13 542	12 128	2 249
涂料、油墨、颜料及类似产品制造	13	3	920 074	248 226	56 436
涂料制造	11	3	913 786	242 449	53 599
油墨及类似产品制造	2		6 288	5 778	2 837
合成材料制造	5		52 702	49 705	17 596
初级形态塑料及合成树脂制造	3		10 176	9 247	3 502
合成纤维单（聚合）体制造	1		40 252	38 695	13 644
其他合成材料制造	1		2 274	1 763	450
专用化学产品制造	16	1	231 098	140 752	23 420
化学试剂和助剂制造	5		72 031	42 212	16 913
林产化学产品制造	3		3 874	2 016	480
文化用信息化学品制造	1		4 804	4 568	792
医学生产用信息化学品制造	3		138 577	81 935	3 350
环境污染处理专用药剂材料制造	1		3 200	3 200	150
其他专用化学产品制造	3	1	8 612	6 820	1 735
炸药、火工及焰火产品制造	1	1	39 855	20 050	2 144
炸药及火工产品制造	1	1	39 855	20 050	2 144
日用化学产品制造	2		56 384	42 470	18 231
其他日用化学产品制造	2		56 384	42 470	18 231
医药制造业	99	3	1 350 370	1 015 198	475 517
化学药品制剂制造	4		181 582	134 936	9 288
中药饮片加工	77		771 929	608 598	391 848
中成药生产	4	1	125 766	87 927	20 156
兽用药品制造	4	1	151 757	101 371	37 593
生物药品制品制造	5	1	102 523	68 899	13 694
生物药品制造	5	1	102 523	68 899	13 694
卫生材料及医药用品制造	5		16 812	13 468	2 938
化学纤维制造业	5		237 421	100 078	116
合成纤维制造	4		37 118	10 588	105
涤纶纤维制造	3		2 470	1 830	–44
氨纶纤维制造	1		34 648	8 759	149

3-3 分行业规模以上工业企业主要经济指标（六）

单位：万元

指标名称	企业单位数（个）	亏损企业	资产总计	流动资产合计	应收账款
生物基材料制造	1		200 304	89 490	11
生物基化学纤维制造	1		200 304	89 490	11
橡胶和塑料制品业	97	11	1 835 862	913 742	314 783
橡胶制品业	37	4	419 028	275 281	148 685
橡胶板、管、带制造	26	2	321 958	229 755	136 420
橡胶零件制造	6		19 569	13 348	3 185
运动场地用塑胶制造	2		8 760	8 578	243
其他橡胶制品制造	3	2	68 740	23 600	8 837
塑料制品业	60	7	1 416 835	638 461	166 098
塑料薄膜制造	4	1	913 530	305 027	34 626
塑料板、管、型材制造	21	3	210 588	127 990	40 159
塑料丝、绳及编织品制造	2		12 868	11 432	2 052
泡沫塑料制造	6		103 163	83 556	44 125
塑料人造革、合成革制造	8	1	29 815	17 248	1 633
塑料包装箱及容器制造	2		3 449	2 424	1 264
日用塑料制品制造	1	1	4 512	2 001	1 170
塑料零件及其他塑料制品制造	16	1	138 912	88 783	41 069
非金属矿物制品业	201	28	2 747 673	1 904 113	782 438
水泥、石灰和石膏制造	25	3	710 123	262 228	24 320
水泥制造	11	2	665 621	245 450	23 168
石灰和石膏制造	14	1	44 503	16 778	1 151
石膏、水泥制品及类似制品制造	122	15	1 411 798	1 192 819	658 090
水泥制品制造	112	14	1 191 226	1 011 722	603 065
砼结构构件制造	6		202 568	166 393	43 920
轻质建筑材料制造	2	1	5 658	5 423	4 413
其他水泥类似制品制造	2		12 346	9 281	6 692
砖瓦、石材等建筑材料制造	38	6	324 720	205 556	78 659
粘土砖瓦及建筑砌块制造	4	2	16 191	8 620	–308
建筑用石加工	19	3	117 623	53 721	5 491
防水建筑材料制造	8	1	90 969	65 502	33 365
隔热和隔音材料制造	1		6 677	4 501	22
其他建筑材料制造	6		93 260	73 212	40 089
玻璃制造	1		13 789	5 086	1 491
特种玻璃制造	1		13 789	5 086	1 491
玻璃制品制造	5	1	183 951	180 009	10 095
技术玻璃制品制造	4		178 152	176 078	9 442
日用玻璃制品制造	1	1	5 799	3 931	652
陶瓷制品制造	1	1	8 737	306	
建筑陶瓷制品制造	1	1	8 737	306	

3-3 分行业规模以上工业企业主要经济指标（七）

单位：万元

指标名称	企业单位数（个）	亏损企业	资产总计	流动资产合计	应收账款
耐火材料制品制造	2		14 420	5 913	1 692
耐火陶瓷制品及其他耐火材料制造	2		14 420	5 913	1 692
石墨及其他非金属矿物制品制造	7	2	80 136	52 196	8 092
石墨及碳素制品制造	4	2	71 219	44 144	4 228
其他非金属矿物制品制造	3		8 917	8 052	3 865
黑色金属冶炼和压延加工业	4		57 727	49 071	20 154
钢压延加工	3		51 996	43 850	18 820
铁合金冶炼	1		5 730	5 221	1 334
有色金属冶炼和压延加工业	46	3	1 509 135	657 717	181 204
常用有色金属冶炼	3		17 020	16 257	4 229
铅锌冶炼	2		13 380	12 674	1 542
铝冶炼	1		3 640	3 583	2 688
有色金属合金制造	21		1 090 302	430 605	136 459
有色金属压延加工	22	3	401 812	210 855	40 516
铜压延加工	9	1	31 059	21 946	5 864
铝压延加工	9	2	352 590	171 811	33 602
稀有稀土金属压延加工	1		14 038	13 357	172
其他有色金属压延加工	3		4 126	3 740	878
金属制品业	96	15	1 586 179	1 011 825	340 892
结构性金属制品制造	47	8	532 760	408 999	137 181
金属结构制造	37	6	313 788	231 903	87 040
金属门窗制造	10	2	218 972	177 095	50 141
金属工具制造	1	1	3 799	2 361	819
切削工具制造	1	1	3 799	2 361	819
集装箱及金属包装容器制造	1		4 918	3 766	1 139
金属包装容器及材料制造	1		4 918	3 766	1 139
金属丝绳及其制品制造	6	1	437 661	253 158	99 618
建筑、安全用金属制品制造	1		8 967	5 904	4 278
安全、消防用金属制品制造	1		8 967	5 904	4 278
金属表面处理及热处理加工	4		13 689	10 416	5 651
金属制日用品制造	3	2	19 409	17 189	2 360
金属制厨房用器具制造	2	1	15 457	14 984	1 093
金属制餐具和器皿制造	1	1	3 952	2 206	1 267
铸造及其他金属制品制造	33	3	564 977	310 033	89 846
黑色金属铸造	25	3	154 629	94 920	38 509
有色金属铸造	1		5 239	4 474	2 534
锻件及粉末冶金制品制造	4		394 601	203 025	44 936
交通及公共管理用金属标牌制造	1		2 792	2 240	1 865
其他未列明金属制品制造	2		7 716	5 374	2 001

3-3 分行业规模以上工业企业主要经济指标（八）

单位：万元

指标名称	企业单位数（个）	亏损企业	资产总计	流动资产合计	应收账款
通用设备制造业	68	8	649 860	480 431	142 154
锅炉及原动设备制造	5	2	60 989	44 208	11 393
锅炉及辅助设备制造	3	2	34 787	24 717	4 222
内燃机及配件制造	1		8 210	4 980	
风能原动设备制造	1		17 992	14 512	7 171
金属加工机械制造	7	2	192 634	137 736	21 286
金属成形机床制造	1	1	9 153	4 981	281
铸造机械制造	2	1	124 893	100 530	8 319
机床功能部件及附件制造	3		53 894	28 611	12 536
其他金属加工机械制造	1		4 695	3 614	149
物料搬运设备制造	10	1	56 851	37 936	18 294
轻小型起重设备制造	7		39 643	27 673	15 737
生产专用起重机制造	2		12 058	7 547	3 377
连续搬运设备制造	1	1	5 151	2 717	-819
泵、阀门、压缩机及类似机械制造	21	2	200 897	150 596	41 410
泵及真空设备制造	16	1	125 951	100 642	37 345
阀门和旋塞制造	4	1	24 579	17 782	1 520
液压动力机械及元件制造	1		50 367	32 172	2 545
轴承、齿轮和传动部件制造	4		11 962	10 554	6 275
滚动轴承制造	3		9 312	8 425	5 395
齿轮及齿轮减、变速箱制造	1		2 650	2 130	880
烘炉、风机、包装等设备制造	5		56 068	44 676	19 016
风机、风扇制造	4		45 454	35 793	15 720
制冷、空调设备制造	1		10 614	8 883	3 296
通用零部件制造	11		62 390	47 346	21 050
弹簧制造	1		3 693	3 312	
机械零部件加工	9		43 368	29 141	9 825
其他通用零部件制造	1		15 329	14 893	11 226
其他通用设备制造业	5	1	8 069	7 379	3 431
工业机器人制造	1		779	480	-29
其他未列明通用设备制造业	4	1	7 290	6 899	3 460
专用设备制造业	47	4	1 075 875	740 327	68 432
采矿、冶金、建筑专用设备制造	9		187 565	134 717	11 958
矿山机械制造	1		5 423	3 021	184
石油钻采专用设备制造	1		3 073	2 571	1 247
建筑材料生产专用机械制造	1		25 717	8 514	1 516
冶金专用设备制造	6		153 352	120 611	9 012
化工、木材、非金属加工专用设备制造	3	3	21 409	15 588	1 758
炼油、化工生产专用设备制造	1	1	11 786	8 411	1 140
模具制造	2	2	9 624	7 177	618

3-3 分行业规模以上工业企业主要经济指标（九）

单位：万元

指标名称	企业单位数（个）	亏损企业	资产总计	流动资产合计	应收账款
食品、饮料、烟草及饲料生产专用设备制造	1		8 078	6 638	2 354
农副食品加工专用设备制造	1		8 078	6 638	2 354
电子和电工机械专用设备制造	3		62 929	31 646	12 624
电工机械专用设备制造	1		14 410	11 394	3 525
半导体器件专用设备制造	1		43 773	15 728	8 436
电子元器件与机电组件设备制造	1		4 746	4 524	663
农、林、牧、渔专用机械制造	7		118 797	98 405	2 265
拖拉机制造	1		2 375	2 087	
机械化农业及园艺机具制造	1		111 226	92 649	192
农林牧渔机械配件制造	5		5 196	3 669	2 073
医疗仪器设备及器械制造	6		117 340	87 151	–2 002
医疗诊断、监护及治疗设备制造	2		39 688	36 254	–10 852
医疗实验室及医用消毒设备和器具制造	1		14 149	10 396	2 605
医疗、外科及兽医用器械制造	1		4 953	2 214	1 089
其他医疗设备及器械制造	2		58 550	38 287	5 155
环保、邮政、社会公共服务及其他专用设备制造	18	1	559 758	366 182	39 476
环境保护专用设备制造	10		477 259	304 990	11 718
地质勘查专用设备制造	1	1	10 142	7 038	1 850
社会公共安全设备及器材制造	1		2 178	2 109	992
交通安全、管制及类似专用设备制造	1		16 849	15 460	8 379
其他专用设备制造	5		53 330	36 586	16 537
汽车制造业	64	10	20 102 087	13 042 069	3 853 190
汽车整车制造	2		13 881 217	8 713 874	1 795 488
汽柴油车整车制造	2		13 881 217	8 713 874	1 795 488
改装汽车制造	2	1	28 105	24 525	6 206
汽车车身、挂车制造	1		11 959	3 024	1 446
汽车零部件及配件制造	59	9	6 180 806	4 300 646	2 050 050
铁路、船舶、航空航天和其他运输设备制造业	8	1	758 791	364 720	57 330
铁路运输设备制造	3		50 077	39 499	22 270
高铁设备、配件制造	1		30 279	23 904	12 024
铁路机车车辆配件制造	1		2 759	2 255	1 605
铁路专用设备及器材、配件制造	1		17 040	13 340	8 640
城市轨道交通设备制造	2		489 068	192 279	10 077
航空、航天器及设备制造	3	1	219 646	132 942	24 983
飞机制造	1		198 459	115 681	18 709
航天相关设备制造	1		16 715	15 101	5 536
其他航空航天器制造	1	1	4 472	2 160	738
电气机械和器材制造业	143	17	4 472 619	2 728 514	1 120 043
电机制造	8	3	278 864	237 546	126 626

3-3 分行业规模以上工业企业主要经济指标（十）

单位：万元

指标名称	企业单位数（个）	亏损企业	资产总计	流动资产合计	应收账款
发电机及发电机组制造	5	3	270 364	230 820	124 964
电动机制造	3		8 500	6 726	1 661
输配电及控制设备制造	87	13	2 759 978	1 576 843	678 089
变压器、整流器和电感器制造	24	4	1 090 153	663 363	288 783
电容器及其配套设备制造	3	1	15 524	12 563	7 962
配电开关控制设备制造	25	2	226 142	192 384	109 922
电力电子元器件制造	8	2	124 407	71 594	18 052
光伏设备及元器件制造	8	3	1 076 148	465 722	185 491
其他输配电及控制设备制造	19	1	227 604	171 218	67 880
电线、电缆、光缆及电工器材制造	37	1	315 699	252 620	110 703
电线、电缆制造	19		197 884	171 723	73 873
绝缘制品制造	13	1	86 830	54 353	23 396
其他电工器材制造	5		30 985	26 544	13 435
电池制造	3		1 064 390	611 842	174 711
铅蓄电池制造	1		11 421	3 728	
其他电池制造	2		1 052 969	608 114	174 711
非电力家用器具制造	2		37 949	35 844	24 700
燃气及类似能源家用器具制造	2		37 949	35 844	24 700
照明器具制造	2		4 531	4 137	
照明灯具制造	2		4 531	4 137	
其他电气机械及器材制造	4		11 208	9 682	5 214
电气信号设备装置制造	2		10 247	9 033	5 039
其他未列明电气机械及器材制造	2		961	649	176
计算机、通信和其他电子设备制造业	13	2	265 943	103 452	25 483
计算机制造	5		11 773	11 271	334
计算机零部件制造	1		7 323	7 118	312
计算机外围设备制造	3		3 491	3 337	–20
工业控制计算机及系统制造	1		960	817	43
通信设备制造	4	1	107 660	68 863	18 975
通信系统设备制造	3		97 609	63 447	17 812
通信终端设备制造	1	1	10 050	5 416	1 163
智能消费设备制造	1	1	14 644	3 304	653
智能车载设备制造	1	1	14 644	3 304	653
电子器件制造	1		122 825	13 276	3 846
光电子器件制造	1		122 825	13 276	3 846
电子元件及电子专用材料制造	2		9 042	6 739	1 674
电子专用材料制造	1		3 180	2 128	543
其他电子元件制造	1		5 863	4 610	1 131

3-3 分行业规模以上工业企业主要经济指标（十一）

单位：万元

指标名称	企业单位数（个）	亏损企业	资产总计	流动资产合计	应收账款
仪器仪表制造业	16		167 384	144 160	57 407
通用仪器仪表制造	9		49 344	40 286	17 491
工业自动控制系统装置制造	4		13 956	12 496	6 343
电工仪器仪表制造	3		12 298	10 726	2 775
实验分析仪器制造	1		2 724	2 539	-100
其他通用仪器制造	1		20 365	14 525	8 474
专用仪器仪表制造	4		105 631	92 814	33 518
地质勘探和地震专用仪器制造	4		105 631	92 814	33 518
光学仪器制造	1		4 772	4 045	1 427
衡器制造	1		5 492	5 211	3 939
其他仪器仪表制造业	1		2 146	1 804	1 032
其他制造业	3		7 781	6 819	1 885
日用杂品制造	2		3 444	2 632	1 456
鬃毛加工、制刷及清扫工具制造	1		2 524	2 049	1 302
其他日用杂品制造	1		920	583	154
废弃资源综合利用业	6	3	65 009	21 137	4 420
金属废料和碎屑加工处理	3	1	13 774	13 223	675
非金属废料和碎屑加工处理	3	2	51 235	7 915	3 745
金属制品、机械和设备修理业	2		15 414	14 314	7 123
通用设备修理	1		3 070	2 773	990
电气设备修理	1		12 344	11 542	6 132
电力、热力、燃气及水生产和供应业	**109**	**27**	**7 797 435**	**2 140 964**	**768 704**
电力、热力生产和供应业	59	18	5 929 040	1 286 155	476 423
电力生产	45	12	2 885 463	747 355	338 643
火力发电	2	1	47 915	7 689	3 649
热电联产	8	6	1 371 678	232 983	61 689
水力发电	1	1	2 805	1 402	32
风力发电	2		121 708	26 968	23 415
太阳能发电	28	4	1 068 221	432 238	231 445
生物质能发电	4		273 137	46 074	18 414
电力供应	1		1 940 611	130 332	88 918
热力生产和供应	13	6	1 102 967	408 468	48 862
燃气生产和供应业	35	6	1 321 376	669 403	239 783
燃气生产和供应业	35	6	1 321 376	669 403	239 783
天然气生产和供应业	35	6	1 321 376	669 403	239 783
水的生产和供应业	15	3	547 018	185 406	52 498
自来水生产和供应	10	1	334 261	104 023	29 238
污水处理及其再生利用	4	1	182 358	59 904	23 212
其他水的处理、利用与分配	1	1	30 399	21 479	48

3-3 分行业规模以上工业企业主要经济指标（十二）

单位：万元

指标名称	资产总计				
	流动资产合计		长期股权投资	固定资产原价	
	存货	产成品			房屋和构筑物
全市	**4 347 161**	**1 837 354**	**6 306 024**	**19 304 056**	**4 482 782**
采矿业	**65 098**	**13 472**	**2 250**	**377 781**	**112 550**
煤炭开采和洗选业	3 297	3 297		83 303	
烟煤和无烟煤开采洗选	3 297	3 297		83 303	
黑色金属矿采选业	55 962	6 202	2 250	211 552	83 360
铁矿采选	55 962	6 202	2 250	211 552	83 360
非金属矿采选业	5 840	3 973		82 925	29 191
土砂石开采	5 044	3 581		81 873	29 185
石灰石、石膏开采	9			853	
建筑装饰用石开采				393	193
耐火土石开采	305	305		42 998	17 777
粘土及其他土砂石开采	4 731	3 276		37 629	11 215
石棉及其他非金属矿采选	796	392		1 053	6
其他未列明非金属矿采选	796	392		1 053	6
制造业	**4 174 747**	**1 794 239**	**6 164 965**	**11 550 531**	**3 365 639**
农副食品加工业	164 458	81 637	56 075	238 931	98 387
谷物磨制	6 906	1 459		7 890	4 095
小麦加工	6 906	1 459		7 890	4 095
饲料加工	34 889	10 946	3 695	41 733	13 035
其他饲料加工	34 889	10 946	3 695	41 733	13 035
植物油加工	5 212	3 132		2 015	1 205
食用植物油加工	4 943	3 132		1 772	1 019
非食用植物油加工	269			243	187
屠宰及肉类加工	74 400	39 712	48 666	128 824	57 039
牲畜屠宰	17 149	16 631	5 255	17 894	8 344
禽类屠宰	18 419	4 326	36 541	38 724	9 253
肉制品及副产品加工	38 833	18 755	6 870	72 206	39 443
蔬菜、菌类、水果和坚果加工	33 126	17 554	3 444	45 847	14 499
蔬菜加工	18 492	10 090	350	23 612	7 102
水果和坚果加工	14 634	7 464	3 094	22 235	7 397
其他农副食品加工	9 925	8 833	270	12 622	8 514
淀粉及淀粉制品制造	167	27		1 123	196
豆制品制造	1 088	136	10	2 872	1 203
其他未列明农副食品加工	8 670	8 670	260	8 627	7 116
食品制造业	105 203	47 982	19 694	328 496	123 464
焙烤食品制造	7 944	2 877		11 645	289
糕点、面包制造	779	454		1 048	289
饼干及其他焙烤食品制造	7 166	2 423		10 597	

3-3 分行业规模以上工业企业主要经济指标（十三）

单位：万元

指标名称	资产总计				
	流动资产合计		长期股权投资	固定资产原价	
	存货	产成品			房屋和构筑物
糖果、巧克力及蜜饯制造	27 526	15 900		102 820	44 690
糖果、巧克力制造	26 680	15 077		101 400	44 485
蜜饯制作	847	823		1 420	204
方便食品制造	15 674	4 631	7 000	52 737	27 196
米、面制品制造	4 722	1 629		16 528	7 357
方便面制造	1 472	422		12 664	5 982
其他方便食品制造	9 480	2 581	7 000	23 545	13 857
乳制品制造	4 146	1 095	500	55 708	9 997
液体乳制造	4 146	1 095	500	55 708	9 997
罐头食品制造	24 436	12 723		34 376	6 034
蔬菜、水果罐头制造	21 233	12 301		16 938	435
其他罐头食品制造	3 203	422		17 438	5 598
调味品、发酵制品制造	17 899	6 321	9 944	42 364	14 348
酱油、食醋及类似制品制造	916	697	9 544	5 945	
其他调味品、发酵制品制造	16 983	5 624	400	36 419	14 348
其他食品制造	7 578	4 435	2 250	28 848	20 911
保健食品制造	6 323	4 099	2 250	25 024	19 891
食品及饲料添加剂制造	492	336		2 127	1 020
其他未列明食品制造	764	0.1		1 696	
酒、饮料和精制茶制造业	100 770	26 932	453 900	299 362	97 699
酒的制造	83 833	23 699	90	153 386	70 841
白酒制造	63 310	19 018	90	53 602	35 358
啤酒制造	19 033	4 361		86 942	27 598
其他酒制造	1 491	320		12 842	7 886
饮料制造	16 937	3 233	453 810	145 976	26 857
瓶（罐）装饮用水制造	1 651	21		610	110
果菜汁及果菜汁饮料制造	4 743	1 881	453 810	29 383	5 801
含乳饮料和植物蛋白饮料制造	9 874	1 130		115 849	20 883
固体饮料制造	670	201		134	64
烟草制品业	111 416	8 183		197 321	71 240
卷烟制造	111 416	8 183		197 321	71 240
纺织业	267 469	124 168	122 695	505 703	186 741
棉纺织及印染精加工	115 323	58 770	58 726	181 196	119 520
棉纺纱加工	62 959	35 383	53 826	97 210	87 951
棉织造加工	46 917	21 999	4 900	67 422	29 468
棉印染精加工	5 448	1 388		16 564	2 101
毛纺织及染整精加工	59 071	23 057	59 596	110 242	26 985
毛条和毛纱线加工	49 676	19 729	59 596	101 530	26 627
毛织造加工	9 396	3 329		8 713	359

3-3 分行业规模以上工业企业主要经济指标（十四）

单位：万元

指标名称	资产总计				
	流动资产合计		长期股权投资	固定资产原价	
	存货	产成品			房屋和构筑物
化纤织造及印染精加工	5 493	2 320		11 188	799
化纤织造加工	5 364	2 320		10 501	515
化纤织物染整精加工	130			687	283
针织或钩针编织物及其制品制造	9 197	1 525		14 719	105
针织或钩针编织物织造	6 368	1 058		8 047	53
针织或钩针编织品制造	2 829	467		6 672	52
家用纺织制成品制造	62 778	32 884	2 212	141 097	31 052
床上用品制造	10 151	3 637	1 000	36 758	14 630
毛巾类制品制造	46 032	27 908	1 212	95 191	14 449
其他家用纺织制成品制造	6 595	1 339		9 149	1 973
产业用纺织制成品制造	15 607	5 613	2 161	47 261	8 280
非织造布制造	6 094	2 684	2 151	25 071	920
绳、索、缆制造	1 217	13		702	76
纺织带和帘子布制造	75			229	
篷、帆布制造	534	448		8 615	5 533
其他产业用纺织制成品制造	7 687	2 468	10	12 644	1 751
纺织服装、服饰业	19 483	6 602	7 846	33 579	8 421
机织服装制造	3 113	925	905	3 186	61
运动机织服装制造	4	4		5	
其他机织服装制造	3 109	921	905	3 182	61
针织或钩针编织服装制造	12 779	4 631	6 941	23 410	8 333
运动休闲针织服装制造	865	118		1 108	787
其他针织或钩针编织服装制造	11 914	4 513	6 941	22 302	7 546
服饰制造	3 592	1 046		6 983	28
皮革、毛皮、羽毛及其制品和制鞋业	19 889	9 109	43	16 565	3 658
皮革鞣制加工	468	462		1 013	890
皮革制品制造	12 488	6 813		7 644	1 779
皮箱、包（袋）制造	11 520	5 921		7 464	1 738
皮手套及皮装饰制品制造	968	892		181	41
毛皮鞣制及制品加工	6 272	1 831		5 963	237
毛皮鞣制加工	4 177	694		5 320	226
毛皮服装加工	2 095	1 137		643	12
制鞋业	662	3	43	1 945	752
橡胶鞋制造	662	3	43	1 945	752
木材加工和木、竹、藤、棕、草制品业	15 764	9 480	760	82 810	7 481
木材加工	371	301		87	2
单板加工	371	301		87	2
人造板制造	14 718	8 933	760	81 579	7 479
纤维板制造	4 831	3 516		38 471	

3-3 分行业规模以上工业企业主要经济指标（十五）

单位：万元

指标名称	资产总计				
	流动资产合计		长期股权投资	固定资产原价	
	存货	产成品			房屋和构筑物
刨花板制造	9 127	5 399		40 644	7 479
其他人造板制造	761	18	760	2 463	
木质制品制造	675	247		1 144	
木地板制造	675	247		1 144	
家具制造业	4 458	1 915	201	3 440	105
木质家具制造	4 290	1 747	201	2 976	105
金属家具制造	168	168		464	
造纸和纸制品业	261 929	129 424	64 214	682 594	126 867
造纸	96 369	56 653	14 547	368 300	74 299
机制纸及纸板制造	96 060	56 459	14 547	367 743	74 299
加工纸制造	308	194		557	
纸制品制造	165 561	72 771	49 667	314 294	52 569
纸和纸板容器制造	5 685	4 046	1 949	29 165	7 048
其他纸制品制造	159 876	68 726	47 718	285 129	45 521
印刷和记录媒介复制业	28 928	11 055	12 980	214 589	78 072
印刷	28 928	11 055	12 980	214 589	78 072
书、报刊印刷	18 319	7 554	580	173 617	76 572
包装装潢及其他印刷	10 608	3 502	12 400	40 972	1 501
文教、工美、体育和娱乐用品制造业	55 054	29 921	6 594	58 766	21 077
文教办公用品制造	7 270	3 873		3 038	538
其他文教办公用品制造	7 270	3 873		3 038	538
工艺美术及礼仪用品制造	46 341	25 028	6 594	53 590	20 538
雕塑工艺品制造	36 672	21 688	4 047	37 423	12 397
金属工艺品制造	450	197		926	575
天然植物纤维编织工艺品制造	85	4		654	496
地毯、挂毯制造	2 234	303		2 761	745
其他工艺美术及礼仪用品制造	6 900	2 836	2 547	11 826	6 325
体育用品制造	1 442	1 020		2 138	
健身器材制造	899	868		1 304	
运动防护用具制造	543	152		834	
石油、煤炭及其他燃料加工业	12 271	6 168	1 397	41 397	6 126
精炼石油产品制造	1 692	522	1 397	40 099	5 861
原油加工及石油制品制造	1 692	522	1 397	40 099	5 861
煤炭加工	10 579	5 647		1 299	264
煤制品制造	10 579	5 647		1 299	264
化学原料和化学制品制造业	175 816	112 116	134 932	382 488	126 527
基础化学原料制造	2 377	127	9 783	3 727	1 105
无机盐制造	302	106		1 465	299

3-3 分行业规模以上工业企业主要经济指标（十六）

单位：万元

指标名称	资产总计				
	流动资产合计		长期股权投资	固定资产原价	
	存货	产成品			房屋和构筑物
有机化学原料制造	1 868	21		180	
其他基础化学原料制造	207		9 783	2 082	806
肥料制造	20 404	7 181		112 918	8 705
氮肥制造	5 214	624		97 286	
复混肥料制造	14 436	6 086		14 617	8 367
有机肥料及微生物肥料制造	754	470		1 016	338
农药制造	3 951	773		2 449	889
生物化学农药及微生物农药制造	3 951	773		2 449	889
涂料、油墨、颜料及类似产品制造	95 364	75 682	87 131	135 379	71 342
涂料制造	93 943	75 305	84 631	134 296	70 927
油墨及类似产品制造	1 422	377	2 500	1 083	415
合成材料制造	15 235	11 699		8 097	832
初级形态塑料及合成树脂制造	1 160	577		2 145	501
合成纤维单（聚合）体制造	13 389	10 575		5 293	331
其他合成材料制造	686	547		659	
专用化学产品制造	32 120	13 646	28 614	91 116	25 195
化学试剂和助剂制造	11 771	6 317	2 806	34 604	13 857
林产化学产品制造	1 491	1 366		543	345
文化用信息化学品制造	995	436		596	
医学生产用信息化学品制造	13 890	3 265	25 808	54 005	10 923
环境污染处理专用药剂材料制造	543	346		587	
其他专用化学产品制造	3 431	1 917		781	70
炸药、火工及焰火产品制造	444	231	4 195	13 504	7 728
炸药及火工产品制造	444	231	4 195	13 504	7 728
日用化学产品制造	5 920	2 777	5 208	15 299	10 731
其他日用化学产品制造	5 920	2 777	5 208	15 299	10 731
医药制造业	184 624	77 176	36 054	310 489	113 048
化学药品制剂制造	14 829	6 121	14 726	52 542	27 340
中药饮片加工	111 884	52 004	3 963	135 324	41 525
中成药生产	20 587	5 695	3 889	47 960	20 167
兽用药品制造	24 303	8 434	10 026	30 420	16 715
生物药品制品制造	10 637	3 871	3 450	40 256	7 300
生物药品制造	10 637	3 871	3 450	40 256	7 300
卫生材料及医药用品制造	2 383	1 052		3 986	
化学纤维制造业	13 296	3 109	4 337	150 923	50 239
合成纤维制造	4 663	2 861		21 733	9 303
涤纶纤维制造	338	338		786	232
氨纶纤维制造	4 324	2 522		20 947	9 071

3-3 分行业规模以上工业企业主要经济指标（十七）

单位：万元

指标名称	资产总计				
	流动资产合计		长期股权投资	固定资产原价	
	存货	产成品			房屋和构筑物
生物基材料制造	8 633	248	4 337	129 190	40 935
生物基化学纤维制造	8 633	248	4 337	129 190	40 935
橡胶和塑料制品业	153 587	65 229	435 261	483 986	47 715
橡胶制品业	42 630	19 376	14 429	149 782	22 613
橡胶板、管、带制造	32 500	14 547	12 469	118 599	21 103
橡胶零件制造	2 259	1 188	1 961	9 738	1 435
运动场地用塑胶制造	3 166	2 643		707	75
其他橡胶制品制造	4 706	998		20 739	
塑料制品业	110 956	45 854	420 832	334 203	25 103
塑料薄膜制造	34 385	7 674	382 915	186 683	36
塑料板、管、型材制造	30 231	17 606	27 613	70 797	16 719
塑料丝、绳及编织品制造	7 321	4 845		2 566	595
泡沫塑料制造	4 555	2 296	7 266	6 705	65
塑料人造革、合成革制造	6 554	2 511	801	11 458	445
塑料包装箱及容器制造	664	260		1 583	101
日用塑料制品制造	622	231		2 841	892
塑料零件及其他塑料制品制造	26 624	10 432	2 238	51 571	6 250
非金属矿物制品业	229 346	69 454	36 325	1 001 299	326 493
水泥、石灰和石膏制造	41 431	13 114	12 600	568 228	238 117
水泥制造	38 793	11 397	12 600	538 870	234 876
石灰和石膏制造	2 638	1 717		29 358	3 241
石膏、水泥制品及类似制品制造	133 302	44 188	8 455	258 835	42 094
水泥制品制造	116 628	34 353	8 455	218 220	33 063
砼结构构件制造	15 127	9 189		36 483	9 016
轻质建筑材料制造	804	269		685	15
其他水泥类似制品制造	742	378		3 448	
砖瓦、石材等建筑材料制造	37 097	8 326	1 208	114 687	33 368
粘土砖瓦及建筑砌块制造	1 330	761		9 570	151
建筑用石加工	3 991	2 851	155	57 566	17 168
防水建筑材料制造	15 970	3 171	1	23 700	12 229
隔热和隔音材料制造	1 551	1 306		2 402	51
其他建筑材料制造	14 255	238	1 052	21 448	3 770
玻璃制造	477	15		10 146	4 452
特种玻璃制造	477	15		10 146	4 452
玻璃制品制造	4 247	1 427	316	6 847	1 896
技术玻璃制品制造	3 729	1 035		2 282	
日用玻璃制品制造	518	393	316	4 565	1 896
陶瓷制品制造	4	4		8 678	
建筑陶瓷制品制造	4	4		8 678	

3-3 分行业规模以上工业企业主要经济指标（十八）

单位：万元

指标名称	资产总计				
	流动资产合计		长期股权投资	固定资产原价	
	存货	产成品			房屋和构筑物
耐火材料制品制造	1 427	731	2 000	4 894	2 928
耐火陶瓷制品及其他耐火材料制造	1 427	731	2 000	4 894	2 928
石墨及其他非金属矿物制品制造	11 361	1 648	11 747	28 984	3 639
石墨及碳素制品制造	9 806	1 612	11 747	28 091	3 639
其他非金属矿物制品制造	1 555	35		894	
黑色金属冶炼和压延加工业	20 890	19 728	10	12 956	4 473
钢压延加工	18 980	18 416	10	12 120	4 473
铁合金冶炼	1 910	1 313		836	
有色金属冶炼和压延加工业	146 802	50 876	642 601	260 832	54 045
常用有色金属冶炼	4 625	666		1 852	22
铅锌冶炼	3 928	33		1 346	22
铝冶炼	697	634		506	
有色金属合金制造	85 394	34 643	562 240	97 934	23 406
有色金属压延加工	56 783	15 567	80 361	161 047	30 616
铜压延加工	9 095	4 193	297	11 095	3 211
铝压延加工	38 987	6 756	80 064	147 188	26 761
稀有稀土金属压延加工	8 435	4 521		2 063	607
其他有色金属压延加工	267	97		702	38
金属制品业	263 177	89 790	178 144	511 823	168 698
结构性金属制品制造	84 756	25 373	26 973	88 180	23 427
金属结构制造	71 976	20 973	8 795	69 738	18 136
金属门窗制造	12 780	4 401	18 178	18 442	5 291
金属工具制造	686			3 346	1 452
切削工具制造	686			3 346	1 452
集装箱及金属包装容器制造	60	1		2 268	650
金属包装容器及材料制造	60	1		2 268	650
金属丝绳及其制品制造	72 364	28 807	9 708	231 954	89 831
建筑、安全用金属制品制造	653	139		2 875	1 556
安全、消防用金属制品制造	653	139		2 875	1 556
金属表面处理及热处理加工	2 024	123		3 694	804
金属制日用品制造	3 337	1 017	367	3 272	667
金属制厨房用器具制造	2 542	614		811	51
金属制餐具和器皿制造	795	403	367	2 461	616
铸造及其他金属制品制造	99 297	34 331	141 097	176 235	50 310
黑色金属铸造	33 127	14 062	1 002	114 125	9 641
有色金属铸造	1 733	211		1 213	
锻件及粉末冶金制品制造	62 154	19 531	140 095	57 453	39 796
交通及公共管理用金属标牌制造	222	62		714	413
其他未列明金属制品制造	2 061	465		2 731	460

3-3 分行业规模以上工业企业主要经济指标（十九）

单位：万元

指标名称	资产总计				
	流动资产合计		长期股权投资	固定资产原价	
	存货	产成品			房屋和构筑物
通用设备制造业	134 223	33 079	9 930	165 927	39 934
锅炉及原动设备制造	21 037	9 302	1 556	26 855	12 426
锅炉及辅助设备制造	13 413	5 601	1 556	19 569	9 808
内燃机及配件制造	1 056	708		3 409	2 618
风能原动设备制造	6 568	2 993		3 878	
金属加工机械制造	64 725	3 378	2 129	30 483	1 076
金属成形机床制造	4 049	402		717	
铸造机械制造	55 090		795	8 024	
机床功能部件及附件制造	4 497	2 010	1 334	20 736	1 076
其他金属加工机械制造	1 088	966		1 006	
物料搬运设备制造	7 529	3 252	170	16 122	4 879
轻小型起重设备制造	2 708	660	170	10 035	2 018
生产专用起重机制造	1 477	1 300		4 118	1 929
连续搬运设备制造	3 343	1 292		1 969	932
泵、阀门、压缩机及类似机械制造	26 851	12 893	1 675	58 269	15 129
泵及真空设备制造	19 203	6 635	1 472	30 244	5 543
阀门和旋塞制造	1 445	218		7 989	
液压动力机械及元件制造	6 203	6 040	203	20 036	9 586
轴承、齿轮和传动部件制造	1 370	457		1 643	53
滚动轴承制造	286	25		943	33
齿轮及齿轮减、变速箱制造	1 084	432		700	21
烘炉、风机、包装等设备制造	6 148	2 033		14 533	1 567
风机、风扇制造	3 363	145		12 792	1 567
制冷、空调设备制造	2 785	1 888		1 742	
通用零部件制造	4 686	1 619	4 400	16 480	4 804
弹簧制造	571	146		448	
机械零部件加工	3 970	1 453	4 400	15 465	4 804
其他通用零部件制造	145	21		568	
其他通用设备制造业	1 878	145		1 540	
工业机器人制造	73			516	
其他未列明通用设备制造业	1 805	145		1 024	
专用设备制造业	119 719	26 509	8 048	266 822	154 250
采矿、冶金、建筑专用设备制造	38 982	7 901	774	47 789	7 038
矿山机械制造	262	122		785	
石油钻采专用设备制造	841	350		1 001	214
建筑材料生产专用机械制造	2 716	124	774	1 111	
冶金专用设备制造	35 162	7 305		44 893	6 824
化工、木材、非金属加工专用设备制造	6 486	6 016		5 343	1 888
炼油、化工生产专用设备制造	73	25		2 714	1 888
模具制造	6 414	5 991		2 629	

3-3 分行业规模以上工业企业主要经济指标（二十）

单位：万元

指标名称	资产总计				
	流动资产合计		长期股权投资	固定资产原价	
	存货				房屋和构筑物
		产成品			
食品、饮料、烟草及饲料生产专用设备制造	2 450	1 010		4 129	1 335
农副食品加工专用设备制造	2 450	1 010		4 129	1 335
电子和电工机械专用设备制造	5 718	911		31 217	6 303
电工机械专用设备制造	878			3 580	2 237
半导体器件专用设备制造	4 564	858		27 013	4 066
电子元器件与机电组件设备制造	276	53		624	
农、林、牧、渔专用机械制造	29 606	1 387	5 000	15 999	953
拖拉机制造	1 223	998		481	442
机械化农业及园艺机具制造	27 598	285	5 000	13 206	
农林牧渔机械配件制造	785	104		2 311	511
医疗仪器设备及器械制造	7 534	3 151		23 378	11 223
医疗诊断、监护及治疗设备制造	889	385		4 019	
医疗实验室及医用消毒设备和器具制造	3 542	2 333		233	
医疗、外科及兽医用器械制造	255	34		2 613	550
其他医疗设备及器械制造	2 847	399		16 514	10 673
环保、邮政、社会公共服务及其他专用设备制造	28 943	6 133	2 274	138 966	125 510
环境保护专用设备制造	13 302	2 454	625	118 197	114 135
地质勘查专用设备制造	4 004	472	1 124	5 884	2 950
社会公共安全设备及器材制造	131	131		142	
交通安全、管制及类似专用设备制造	1 834	1 248		3 237	1 639
其他专用设备制造	9 673	1 829	525	11 506	6 786
汽车制造业	869 757	405 249	3 247 427	3 551 914	795 335
汽车整车制造	360 194	212 954	2 461 713	2 229 578	713 756
汽柴油车整车制造	360 194	212 954	2 461 713	2 229 578	713 756
改装汽车制造	7 548	2 381		8 004	3 640
汽车车身、挂车制造	1 012	603		3 439	1 998
汽车零部件及配件制造	501 003	189 311	785 714	1 310 893	75 942
铁路、船舶、航空航天和其他运输设备制造业	98 562	40 000		357 579	190 136
铁路运输设备制造	5 211	1 607		8 693	2 339
高铁设备、配件制造	3 059	414		3 205	1 288
铁路机车车辆配件制造				806	
铁路专用设备及器材、配件制造	2 152	1 193		4 682	1 051
城市轨道交通设备制造	36 950	16 474		244 584	134 797
航空、航天器及设备制造	56 401	21 919		104 302	53 000
飞机制造	49 559	21 295		99 110	52 640
航天相关设备制造	6 252	144		1 912	
其他航空航天器制造	590	480		3 280	360
电气机械和器材制造业	529 543	293 127	681 770	1 238 816	443 611
电机制造	78 165	36 581		67 270	5 917

3-3 分行业规模以上工业企业主要经济指标（二十一）

单位：万元

指标名称	资产总计				
	流动资产合计		长期股权投资	固定资产原价	
	存货	产成品			房屋和构筑物
发电机及发电机组制造	76 634	36 367		65 959	5 817
电动机制造	1 531	214		1 311	100
输配电及控制设备制造	185 187	87 833	668 878	712 807	286 691
变压器、整流器和电感器制造	88 523	47 925	243 700	218 232	88 945
电容器及其配套设备制造	241	206		4 460	
配电开关控制设备制造	22 494	6 370		31 334	11 385
电力电子元器件制造	14 699	4 753	8 498	41 155	31 773
光伏设备及元器件制造	30 609	21 365	402 007	367 809	135 464
其他输配电及控制设备制造	28 621	7 214	14 673	49 817	19 124
电线、电缆、光缆及电工器材制造	51 616	27 336	3 271	62 017	22 623
电线、电缆制造	44 824	25 567		36 518	14 314
绝缘制品制造	3 739	662	3 135	20 533	7 369
其他电工器材制造	3 054	1 107	136	4 966	941
电池制造	207 337	137 613	9 620	391 953	128 043
铅蓄电池制造	1 283	618		6 017	
其他电池制造	206 055	136 995	9 620	385 936	128 043
非电力家用器具制造	4 252	2 777		2 673	
燃气及类似能源家用器具制造	4 252	2 777		2 673	
照明器具制造	1 346	322		630	
照明灯具制造	1 346	322		630	
其他电气机械及器材制造	1 641	666		1 466	337
电气信号设备装置制造	1 555	606		1 136	262
其他未列明电气机械及器材制造	87	60		330	75
计算机、通信和其他电子设备制造业	34 214	8 900	3 229	58 706	6 762
计算机制造	4 599	1 029		916	
计算机零部件制造	2 401	397		541	
计算机外围设备制造	1 467	631		187	
工业控制计算机及系统制造	731			187	
通信设备制造	15 836	2 980	1 201	34 243	6 238
通信系统设备制造	15 516	2 960	631	30 617	6 238
通信终端设备制造	320	20	570	3 626	
智能消费设备制造	1 376	789		3 039	
智能车载设备制造	1 376	789		3 039	
电子器件制造	9 430	3 408	2 028	16 022	385
光电子器件制造	9 430	3 408	2 028	16 022	385
电子元件及电子专用材料制造	2 974	695		4 487	140
电子专用材料制造	1 352	67		1 508	
其他电子元件制造	1 622	628		2 979	140

3-3 分行业规模以上工业企业主要经济指标（二十二）

单位：万元

指标名称	资产总计				
	流动资产合计		长期股权投资	固定资产原价	
	存货	产成品			房屋和构筑物
仪器仪表制造业	21 209	3 144	500	47 707	9 894
通用仪器仪表制造	5 760	1 049	500	4 470	1 207
工业自动控制系统装置制造	1 947	352	500	764	
电工仪器仪表制造	1 175	550		1 793	810
实验分析仪器制造	1 013			392	
其他通用仪器制造	1 625	147		1 521	397
专用仪器仪表制造	13 969	2 016		40 516	8 276
地质勘探和地震专用仪器制造	13 969	2 016		40 516	8 276
光学仪器制造	1 393			1 816	
衡器制造	78	78		436	80
其他仪器仪表制造业	8	2		468	332
其他制造业	2 215	1 493		1 216	331
日用杂品制造	188	20		930	308
鬃毛加工、制刷及清扫工具制造	169	10		593	308
其他日用杂品制造	19	10		337	
废弃资源综合利用业	9 357	1 669		42 315	4 813
金属废料和碎屑加工处理	7 831	1 041		947	
非金属废料和碎屑加工处理	1 526	628		41 368	4 813
金属制品、机械和设备修理业	1 318	1 015		1 181	
通用设备修理	301	4		629	
电气设备修理	1 017	1 011		552	
电力、热力、燃气及水生产和供应业	**107 316**	**29 644**	**138 810**	**7 375 744**	**1 004 593**
电力、热力生产和供应业	67 042	17 209	101 057	6 503 582	808 158
电力生产	51 674	16 890	31 641	2 303 122	428 494
火力发电	108	4		44 389	309
热电联产	38 749	11 963	25 688	1 299 787	321 393
水力发电	47		371	4 558	2 175
风力发电				122 876	9 401
太阳能发电	11 725	4 922	5 582	692 250	31 370
生物质能发电	1 047			139 262	63 847
电力供应	4 102		29 942	3 627 006	341 083
热力生产和供应	11 266	319	39 474	573 454	38 582
燃气生产和供应业	36 191	12 232	2 031	572 075	95 476
燃气生产和供应业	36 191	12 232	2 031	572 075	95 476
天然气生产和供应业	36 191	12 232	2 031	572 075	95 476
水的生产和供应业	4 083	203	35 721	300 088	100 959
自来水生产和供应	3 632	203	34 680	100 971	22 053
污水处理及其再生利用	451		1 041	158 366	78 905
其他水的处理、利用与分配				40 751	

3-3 分行业规模以上工业企业主要经济指标（二十三）

单位：万元

指标名称	资产总计				
	固定资产原价	累计折旧		固定资产净额	在建工程
	机器设备		本年折旧		
全市	**10 059 118**	**8 303 114**	**1 174 863**	**10 198 699**	**1 648 256**
采矿业	**88 450**	**83 874**	**20 625**	**171 069**	**42 355**
煤炭开采和洗选业					
烟煤和无烟煤开采洗选					
黑色金属矿采选业	46 111	63 445	14 419	109 155	14 680
铁矿采选	46 111	63 445	14 419	109 155	14 680
非金属矿采选业	42 339	20 430	6 207	61 914	27 675
土砂石开采	41 806	19 672	6 175	61 625	27 675
石灰石、石膏开采	803	435	67	418	
建筑装饰用石开采	90	118	50	275	
耐火土石开采	24 958	4 207	3 210	38 790	27 101
粘土及其他土砂石开采	15 955	14 913	2 848	22 141	574
石棉及其他非金属矿采选	533	757	31	289	
其他未列明非金属矿采选	533	757	31	289	
制造业	**5 300 415**	**5 089 214**	**792 782**	**5 935 750**	**1 158 969**
农副食品加工业	83 476	115 208	45 286	121 398	14 825
谷物磨制	3 526	5 027	228	2 864	
小麦加工	3 526	5 027	228	2 864	
饲料加工	9 437	19 445	10 591	22 236	1 274
其他饲料加工	9 437	19 445	10 591	22 236	1 274
植物油加工	789	375	75	1 622	
食用植物油加工	732	144	50	1 610	
非食用植物油加工	57	231	26	12	
屠宰及肉类加工	43 256	68 647	31 266	59 270	9 301
牲畜屠宰	6 002	5 154	593	12 739	2 578
禽类屠宰	9 883	10 841	1 658	27 884	46
肉制品及副产品加工	27 370	52 653	29 015	18 647	6 677
蔬菜、菌类、水果和坚果加工	22 439	17 634	2 611	26 865	2 766
蔬菜加工	12 679	9 290	1 511	14 321	606
水果和坚果加工	9 760	8 343	1 100	12 544	2 160
其他农副食品加工	4 030	4 081	516	8 542	1 484
淀粉及淀粉制品制造	928	232	1	891	
豆制品制造	1 592	777	170	2 096	1 451
其他未列明农副食品加工	1 511	3 072	345	5 555	33
食品制造业	124 297	143 958	18 887	181 470	51 248
焙烤食品制造	605	7 315	816	4 326	
糕点、面包制造	605	527	65	517	
饼干及其他焙烤食品制造		6 788	751	3 809	

3-3 分行业规模以上工业企业主要经济指标（二十四）

单位：万元

指标名称	资产总计				
	固定资产原价			固定资产净额	在建工程
	机器设备	累计折旧	本年折旧		
糖果、巧克力及蜜饯制造	49 728	56 459	4 689	45 506	1 779
糖果、巧克力制造	49 539	56 215	4 658	45 185	1 692
蜜饯制作	189	244	30	322	87
方便食品制造	24 398	18 341	3 779	34 337	4 544
米、面制品制造	9 172	4 996	581	11 532	
方便面制造	6 682	5 279	465	7 326	4 288
其他方便食品制造	8 544	8 066	2 734	15 479	257
乳制品制造	31 073	23 869	4 322	31 837	958
液体乳制造	31 073	23 869	4 322	31 837	958
罐头食品制造	1 758	15 124	1 308	19 252	33
蔬菜、水果罐头制造	589	4 385	237	12 554	27
其他罐头食品制造	1 168	10 739	1 070	6 699	6
调味品、发酵制品制造	13 136	16 650	2 091	24 855	20 763
酱油、食醋及类似制品制造		836		5 109	20 545
其他调味品、发酵制品制造	13 136	15 814	2 091	19 746	218
其他食品制造	3 600	6 201	1 883	21 358	23 171
保健食品制造	3 231	4 261	1 677	20 764	22 699
食品及饲料添加剂制造	369	496	124	343	472
其他未列明食品制造		1 445	83	251	
酒、饮料和精制茶制造业	183 743	154 246	22 974	143 166	10 620
酒的制造	74 800	57 856	8 718	93 640	9 818
白酒制造	14 287	16 606	2 869	35 499	4 276
啤酒制造	56 727	40 823	5 439	46 119	1 155
其他酒制造	3 786	427	410	12 021	4 387
饮料制造	108 944	96 390	14 256	49 526	802
瓶（罐）装饮用水制造	217	229	59	321	
果菜汁及果菜汁饮料制造	21 762	20 785	753	8 598	25
含乳饮料和植物蛋白饮料制造	86 943	75 332	13 434	40 517	665
固体饮料制造	22	44	10	90	112
烟草制品业	92 639	82 583	12 644	110 523	25 928
卷烟制造	92 639	82 583	12 644	110 523	25 928
纺织业	183 377	223 097	28 995	254 949	20 191
棉纺织及印染精加工	47 487	90 850	6 660	86 267	12 522
棉纺纱加工	4 500	51 262	3 298	44 905	5 527
棉织造加工	33 351	34 310	2 619	32 943	6 872
棉印染精加工	9 637	5 278	743	8 420	122
毛纺织及染整精加工	59 846	42 797	8 328	53 870	114
毛条和毛纱线加工	56 584	39 991	7 981	47 973	114
毛织造加工	3 262	2 806	348	5 896	

3-3 分行业规模以上工业企业主要经济指标（二十五）

单位：万元

指标名称	资产总计				
	固定资产原价			固定资产净额	在建工程
	机器设备	累计折旧	本年折旧		
化纤织造及印染精加工	1 843	3 640	489	5 638	176
化纤织造加工	1 440	3 486	428	5 105	176
化纤织物染整精加工	403	154	61	533	
针织或钩针编织物及其制品制造	7 228	8 737	651	5 821	
针织或钩针编织物织造	608	4 693	367	3 193	
针织或钩针编织品制造	6 620	4 044	284	2 628	
家用纺织制成品制造	59 371	57 841	9 746	77 676	3 265
床上用品制造	22 128	18 169	1 991	18 589	2 887
毛巾类制品制造	30 522	32 990	7 119	56 621	233
其他家用纺织制成品制造	6 722	6 683	636	2 467	145
产业用纺织制成品制造	7 601	19 233	3 121	25 678	4 113
非织造布制造	3 763	13 853	1 901	11 218	1 418
绳、索、缆制造	626	234	70	469	
纺织带和帘子布制造		113	27	116	
篷、帆布制造	1 443	4 050	258	4 565	1 092
其他产业用纺织制成品制造	1 769	983	867	9 311	1 603
纺织服装、服饰业	18 405	22 270	1 866	11 062	437
机织服装制造	2 864	1 404	204	1 534	39
运动机织服装制造		1	0.2	4	
其他机织服装制造	2 864	1 403	204	1 531	39
针织或钩针编织服装制造	14 878	17 240	1 030	6 170	
运动休闲针织服装制造	121	464	67	644	
其他针织或钩针编织服装制造	14 757	16 777	963	5 525	
服饰制造	664	3 625	633	3 358	398
皮革、毛皮、羽毛及其制品和制鞋业	6 803	7 643	1 096	7 691	125
皮革鞣制加工	123	559	53	455	
皮革制品制造	3 065	3 457	656	3 557	80
皮箱、包（袋）制造	2 925	3 383	651	3 450	80
皮手套及皮装饰制品制造	140	74	5	107	
毛皮鞣制及制品加工	2 775	2 670	280	2 693	
毛皮鞣制加工	2 563	2 662	276	2 658	
毛皮服装加工	212	8	3	35	
制鞋业	839	958	107	987	45
橡胶鞋制造	839	958	107	987	45
木材加工和木、竹、藤、棕、草制品业	32 378	24 732	10 894	58 077	1 421
木材加工	85	28	2	59	
单板加工	85	28	2	59	
人造板制造	32 293	23 992	10 841	57 587	1 421
纤维板制造		8 934	7 832	29 537	265

3-3 分行业规模以上工业企业主要经济指标（二十六）

单位：万元

指标名称	资产总计				
	固定资产原价	累计折旧		固定资产净额	在建工程
	机器设备		本年折旧		
刨花板制造	32 021	14 168	2 809	26 477	1 156
其他人造板制造	272	890	199	1 573	
木质制品制造		713	52	432	
木地板制造		713	52	432	
家具制造业	1 570	1 520	150	1 920	2 416
木质家具制造	1 570	1 169	150	1 807	2 416
金属家具制造		351		113	
造纸和纸制品业	421 157	379 917	57 344	269 499	16 841
造纸	242 224	265 033	16 097	101 478	13 564
机制纸及纸板制造	241 667	264 816	16 064	101 138	13 564
加工纸制造	557	217	33	340	
纸制品制造	178 933	114 884	41 248	168 020	3 277
纸和纸板容器制造	15 958	17 530	1 256	11 212	493
其他纸制品制造	162 975	97 354	39 992	156 808	2 785
印刷和记录媒介复制业	96 180	95 119	14 773	118 998	11 307
印刷	96 180	95 119	14 773	118 998	11 307
书、报刊印刷	78 195	82 442	10 319	90 707	9 822
包装装潢及其他印刷	17 985	12 677	4 454	28 290	1 485
文教、工美、体育和娱乐用品制造业	15 455	16 440	3 051	30 330	29 487
文教办公用品制造	1 172	2 223	135	815	1 068
其他文教办公用品制造	1 172	2 223	135	815	1 068
工艺美术及礼仪用品制造	14 282	13 826	2 891	29 073	28 420
雕塑工艺品制造	9 186	6 409	1 897	20 323	27 682
金属工艺品制造	351	299	41	628	
天然植物纤维编织工艺品制造	158	376	27	278	
地毯、挂毯制造	659	478	162	2 283	165
其他工艺美术及礼仪用品制造	3 928	6 265	764	5 561	573
体育用品制造		391	25	443	
健身器材制造					
运动防护用具制造		391	25	443	
石油、煤炭及其他燃料加工业	7 089	23 434	815	11 329	113
精炼石油产品制造	6 139	22 897	746	10 653	75
原油加工及石油制品制造	6 139	22 897	746	10 653	75
煤炭加工	950	537	69	676	38
煤制品制造	950	537	69	676	38
化学原料和化学制品制造业	105 584	133 756	22 417	245 245	264 273
基础化学原料制造	1 313	2 147	284	1 580	122
无机盐制造		856	67	610	7

3-3 分行业规模以上工业企业主要经济指标（二十七）

单位：万元

指标名称	资产总计				
	固定资产原价			固定资产净额	在建工程
	机器设备	累计折旧	本年折旧		
有机化学原料制造	180	12	1	168	
其他基础化学原料制造	1 133	1 279	217	802	115
肥料制造	6 928	37 659	7 143	75 259	31
氮肥制造		30 288	6 597	66 998	
复混肥料制造	6 250	6 836	488	7 780	19
有机肥料及微生物肥料制造	678	536	58	481	12
农药制造	857	1 610	146	838	
生物化学农药及微生物农药制造	857	1 610	146	838	
涂料、油墨、颜料及类似产品制造	23 455	24 851	8 190	108 863	260 963
涂料制造	22 969	24 222	8 117	108 408	260 963
油墨及类似产品制造	486	629	73	455	
合成材料制造	5 866	5 545	438	2 551	0.2
初级形态塑料及合成树脂制造	245	1 276	102	869	
合成纤维单（聚合）体制造	4 963	4 025	257	1 268	
其他合成材料制造	659	244	79	414	0.2
专用化学产品制造	59 047	50 884	4 128	38 503	3 018
化学试剂和助剂制造	18 898	16 053	1 951	18 551	1 244
林产化学产品制造	186	68	24	436	
文化用信息化学品制造	488	441	30	155	
医学生产用信息化学品制造	39 047	33 702	2 044	18 727	1 774
环境污染处理专用药剂材料制造	269	20	20	452	
其他专用化学产品制造	160	599	59	182	
炸药、火工及焰火产品制造	5 352	2 414	1 618	10 998	139
炸药及火工产品制造	5 352	2 414	1 618	10 998	139
日用化学产品制造	2 765	8 646	470	6 653	
其他日用化学产品制造	2 765	8 646	470	6 653	
医药制造业	83 855	120 060	19 799	177 577	40 229
化学药品制剂制造	20 833	28 717	3 299	23 721	2 042
中药饮片加工	21 774	34 520	9 349	98 415	25 471
中成药生产	9 328	23 308	2 086	15 022	461
兽用药品制造	13 121	13 558	1 605	16 862	9 799
生物药品制品制造	16 331	18 704	2 887	21 552	2 456
生物药品制造	16 331	18 704	2 887	21 552	2 456
卫生材料及医药用品制造	2 468	1 253	573	2 004	
化学纤维制造业	98 442	19 354	9 169	115 593	1 112
合成纤维制造	11 302	2 166	1 138	19 014	835
涤纶纤维制造	554	146	68	87	
氨纶纤维制造	10 748	2 020	1 070	18 927	835

3-3 分行业规模以上工业企业主要经济指标（二十八）

单位：万元

指标名称	资产总计				
	固定资产原价	累计折旧		固定资产净额	在建工程
	机器设备		本年折旧		
生物基材料制造	87 140	17 189	8 030	96 579	277
生物基化学纤维制造	87 140	17 189	8 030	96 579	277
橡胶和塑料制品业	139 376	244 660	23 006	193 280	42 071
橡胶制品业	49 634	61 577	7 924	66 928	5 070
橡胶板、管、带制造	42 634	54 647	7 167	59 669	4 513
橡胶零件制造	3 332	5 917	542	3 821	495
运动场地用塑胶制造	407	525	33	182	
其他橡胶制品制造	3 260	489	182	3 256	62
塑料制品业	89 743	183 083	15 083	126 352	37 001
塑料薄膜制造	1 831	120 428	5 080	50 057	19 316
塑料板、管、型材制造	39 603	31 647	4 512	32 091	11 386
塑料丝、绳及编织品制造	1 971	1 130	67	342	
泡沫塑料制造	3 010	3 203	541	3 502	1 257
塑料人造革、合成革制造	1 193	1 075	111	10 317	214
塑料包装箱及容器制造	1 483	607	136	976	49
日用塑料制品制造	1 949	993	263	1 848	
塑料零件及其他塑料制品制造	38 704	24 000	4 374	27 219	4 780
非金属矿物制品业	450 862	405 088	74 802	572 584	71 624
水泥、石灰和石膏制造	253 780	247 837	38 441	316 746	40 641
水泥制造	243 123	237 924	36 758	298 889	35 202
石灰和石膏制造	10 657	9 912	1 683	17 857	5 438
石膏、水泥制品及类似制品制造	121 768	92 076	22 412	150 194	13 208
水泥制品制造	102 706	85 063	19 776	125 639	11 362
砼结构构件制造	18 166	6 326	2 574	24 092	1 847
轻质建筑材料制造	670	449	10	236	
其他水泥类似制品制造	226	239	52	228	
砖瓦、石材等建筑材料制造	41 261	32 703	10 279	79 676	14 147
粘土砖瓦及建筑砌块制造	2 665	3 675	487	5 895	2 022
建筑用石加工	16 405	10 765	5 114	46 801	11 834
防水建筑材料制造	9 315	5 574	2 700	15 849	255
隔热和隔音材料制造	1 525	1 142	280	1 260	
其他建筑材料制造	11 351	11 547	1 698	9 872	36
玻璃制造	5 694	2 023	493	8 123	
特种玻璃制造	5 694	2 023	493	8 123	
玻璃制品制造	3 102	4 187	354	1 552	291
技术玻璃制品制造	902	515	293	1 463	286
日用玻璃制品制造	2 201	3 672	61	89	5
陶瓷制品制造	8 678	3 336	1 023	5 342	
建筑陶瓷制品制造	8 678	3 336	1 023	5 342	

3-3 分行业规模以上工业企业主要经济指标（二十九）

单位：万元

指标名称	资产总计				
	固定资产原价	累计折旧		固定资产净额	在建工程
	机器设备		本年折旧		
耐火材料制品制造	1 842	1 997	258	2 896	171
耐火陶瓷制品及其他耐火材料制造	1 842	1 997	258	2 896	171
石墨及其他非金属矿物制品制造	14 738	20 929	1 542	8 056	3 166
石墨及碳素制品制造	14 069	20 733	1 478	7 358	3 166
其他非金属矿物制品制造	669	196	64	697	
黑色金属冶炼和压延加工业	7 085	4 600	548	8 355	81
钢压延加工	7 085	4 146	527	7 974	30
铁合金冶炼		455	21	381	51
有色金属冶炼和压延加工业	160 305	127 712	10 440	102 448	30 490
常用有色金属冶炼	60	660	267	737	24
铅锌冶炼	60	640	260	706	
铝冶炼		20	7	31	24
有色金属合金制造	35 577	38 841	5 715	58 971	3 434
有色金属压延加工	124 669	88 212	4 458	42 741	27 032
铜压延加工	6 474	5 302	731	5 792	249
铝压延加工	116 430	81 141	3 537	35 954	26 712
稀有稀土金属压延加工	1 456	1 382	150	681	
其他有色金属压延加工	309	387	39	315	71
金属制品业	212 447	226 469	34 174	272 752	21 768
结构性金属制品制造	41 858	39 609	5 721	45 303	12 528
金属结构制造	32 919	32 262	4 724	34 210	8 369
金属门窗制造	8 940	7 347	997	11 094	4 159
金属工具制造	1 599	2 328	115	1 019	
切削工具制造	1 599	2 328	115	1 019	
集装箱及金属包装容器制造	1 618	1 279	157	989	
金属包装容器及材料制造	1 618	1 279	157	989	
金属丝绳及其制品制造	124 304	96 987	12 658	134 967	2 214
建筑、安全用金属制品制造	1 318	877	207	1 998	
安全、消防用金属制品制造	1 318	877	207	1 998	
金属表面处理及热处理加工	1 910	1 894	250	1 107	764
金属制日用品制造	1 075	1 360	195	1 358	
金属制厨房用器具制造	206	13	12	244	
金属制餐具和器皿制造	869	1 347	183	1 114	
铸造及其他金属制品制造	38 764	82 136	14 871	86 012	6 261
黑色金属铸造	21 331	64 241	11 320	48 900	5 902
有色金属铸造	1 213	347	138	865	
锻件及粉末冶金制品制造	13 720	15 719	3 160	34 630	334
交通及公共管理用金属标牌制造	301	164	45	550	
其他未列明金属制品制造	2 199	1 664	208	1 067	25

3-3 分行业规模以上工业企业主要经济指标（三十）

单位：万元

指标名称	资产总计				
	固定资产原价	累计折旧		固定资产净额	在建工程
	机器设备		本年折旧		
通用设备制造业	72 532	78 170	13 957	80 690	27 183
锅炉及原动设备制造	11 828	13 679	1 120	10 558	562
锅炉及辅助设备制造	7 326	13 067	564	6 501	452
内燃机及配件制造	792	179	179	613	110
风能原动设备制造	3 710	434	377	3 444	
金属加工机械制造	16 933	16 280	6 779	12 122	21 435
金属成形机床制造	717	337	60	380	91
铸造机械制造	302	6 035	5 482	171	17 180
机床功能部件及附件制造	15 913	9 357	1 174	11 116	4 048
其他金属加工机械制造		552	64	455	116
物料搬运设备制造	8 595	5 035	839	11 087	521
轻小型起重设备制造	5 872	3 397	451	6 638	98
生产专用起重机制造	1 838	977	240	3 141	14
连续搬运设备制造	886	661	149	1 308	409
泵、阀门、压缩机及类似机械制造	15 602	26 334	3 131	30 306	4 549
泵及真空设备制造	7 520	14 748	1 285	13 915	3 311
阀门和旋塞制造		4 406	508	3 537	89
液压动力机械及元件制造	8 081	7 181	1 337	12 855	1 149
轴承、齿轮和传动部件制造	1 550	403	138	1 241	
滚动轴承制造	910	208	45	735	
齿轮及齿轮减、变速箱制造	639	194	93	506	
烘炉、风机、包装等设备制造	8 628	8 162	714	6 372	10
风机、风扇制造	8 628	7 171	575	5 621	10
制冷、空调设备制造		991	139	751	
通用零部件制造	8 199	7 412	1 126	8 460	107
弹簧制造	448	157	44	291	
机械零部件加工	7 184	7 025	1 048	7 832	107
其他通用零部件制造	568	231	35	336	
其他通用设备制造业	1 199	866	110	544	
工业机器人制造	516	218	39	298	
其他未列明通用设备制造业	683	648	71	246	
专用设备制造业	64 095	67 890	9 156	198 436	32 748
采矿、冶金、建筑专用设备制造	17 811	26 806	2 095	20 983	16 304
矿山机械制造	785	229	84	556	
石油钻采专用设备制造	767	535	76	466	
建筑材料生产专用机械制造	998	941	15	170	16 122
冶金专用设备制造	15 261	25 102	1 920	19 791	181
化工、木材、非金属加工专用设备制造	2 336	2 342	210	3 001	930
炼油、化工生产专用设备制造	573	976	119	1 738	
模具制造	1 763	1 366	91	1 263	930

3-3 分行业规模以上工业企业主要经济指标（三十一）

单位：万元

指标名称	资产总计				
	固定资产原价	累计折旧		固定资产净　额	在建工程
	机器设备		本年折旧		
食品、饮料、烟草及饲料生产专用设备制造	2 552	2 836	210	1 293	
农副食品加工专用设备制造	2 552	2 836	210	1 293	
电子和电工机械专用设备制造	23 554	5 139	2 185	26 078	983
电工机械专用设备制造	647	1 695	269	1 885	
半导体器件专用设备制造	22 907	3 042	1 915	23 971	983
电子元器件与机电组件设备制造		402		222	
农、林、牧、渔专用机械制造	1 188	4 701	1 193	10 912	7
拖拉机制造	40	95	2		
机械化农业及园艺机具制造		3 635	1 052	9 571	7
农林牧渔机械配件制造	1 148	970	140	1 341	
医疗仪器设备及器械制造	7 860	9 869	1 073	13 509	3 695
医疗诊断、监护及治疗设备制造	2 806	1 517	103	2 502	807
医疗实验室及医用消毒设备和器具制造	233	47	42	186	1 375
医疗、外科及兽医用器械制造	2 063	1 335	232	1 278	1 134
其他医疗设备及器械制造	2 758	6 971	696	9 543	380
环保、邮政、社会公共服务及其他专用设备制造	8 795	16 196	2 191	122 660	10 829
环境保护专用设备制造	2 901	3 654	1 359	114 435	6 399
地质勘查专用设备制造	2 442	4 735	122	1 149	
社会公共安全设备及器材制造		72	17	70	
交通安全、管制及类似专用设备制造	1 269	2 229	117	1 007	
其他专用设备制造	2 183	5 507	577	5 999	4 431
汽车制造业	1 984 865	1 743 461	290 757	1 729 850	178 322
汽车整车制造	1 051 199	1 162 208	152 488	1 032 967	112 445
汽柴油车整车制造	1 051 199	1 162 208	152 488	1 032 967	112 445
改装汽车制造	2 551	5 164	446	2 840	64
汽车车身、挂车制造	1 441	852	282	2 587	
汽车零部件及配件制造	929 674	575 238	137 542	691 457	65 813
铁路、船舶、航空航天和其他运输设备制造业	153 222	54 799	7 239	302 779	22 958
铁路运输设备制造	5 669	5 290	345	3 403	384
高铁设备、配件制造	1 703	1 696	113	1 508	
铁路机车车辆配件制造	758	329	70	478	26
铁路专用设备及器材、配件制造	3 209	3 265	163	1 417	358
城市轨道交通设备制造	104 962	3 092	2 094	241 492	17 136
航空、航天器及设备制造	42 591	46 417	4 799	57 885	5 438
飞机制造	38 133	44 549	4 361	54 560	5 229
航天相关设备制造	1 618	688	247	1 224	73
其他航空航天器制造	2 840	1 180	191	2 100	136
电气机械和器材制造业	435 243	511 897	49 120	542 856	207 070
电机制造	16 183	41 947	3 313	24 840	2 229

3-3 分行业规模以上工业企业主要经济指标（三十二）

单位：万元

指标名称	资产总计				
	固定资产原价	累计折旧		固定资产净额	在建工程
	机器设备		本年折旧		
发电机及发电机组制造	14 972	41 468	3 192	24 009	2 229
电动机制造	1 211	479	121	831	
输配电及控制设备制造	165 017	243 511	23 572	291 027	40 859
变压器、整流器和电感器制造	99 183	132 680	10 111	84 308	17 890
电容器及其配套设备制造	912	1 686	295	2 774	
配电开关控制设备制造	10 990	13 066	2 139	18 020	2 335
电力电子元器件制造	6 734	17 203	982	23 952	9 795
光伏设备及元器件制造	29 918	51 193	7 280	140 223	3 743
其他输配电及控制设备制造	17 280	27 683	2 766	21 750	7 097
电线、电缆、光缆及电工器材制造	20 933	23 026	2 665	34 026	3 040
电线、电缆制造	15 603	14 569	1 652	21 821	206
绝缘制品制造	4 634	6 758	819	10 488	2 834
其他电工器材制造	697	1 699	194	1 717	
电池制造	230 865	201 625	19 353	190 265	160 942
铅蓄电池制造		1 666		4 351	
其他电池制造	230 865	199 960	19 353	185 914	160 942
非电力家用器具制造	997	568	94	2 105	
燃气及类似能源家用器具制造	997	568	94	2 105	
照明器具制造	323	363	42	267	
照明灯具制造	323	363	42	267	
其他电气机械及器材制造	925	857	81	326	
电气信号设备装置制造	700	810	57	326	
其他未列明电气机械及器材制造	225	47	24		
计算机、通信和其他电子设备制造业	24 591	23 614	3 907	34 950	28 618
计算机制造	644	525	124	249	95
计算机零部件制造	295	445	85	96	95
计算机外围设备制造	162	35	18	152	
工业控制计算机及系统制造	187	45	21		
通信设备制造	1 065	17 089	1 801	17 154	10 420
通信系统设备制造	1 065	15 760	1 618	14 857	10 420
通信终端设备制造		1 329	182	2 297	
智能消费设备制造	3 039	804	283	2 235	1 183
智能车载设备制造	3 039	804	283	2 235	1 183
电子器件制造	15 637	2 803	1 353	13 218	16 876
光电子器件制造	15 637	2 803	1 353	13 218	16 876
电子元件及电子专用材料制造	4 206	2 392	347	2 095	44
电子专用材料制造	1 508	628	129	880	7
其他电子元件制造	2 698	1 764	218	1 215	37

3-3 分行业规模以上工业企业主要经济指标（三十三）

单位：万元

指标名称	资产总计				
	固定资产原价	累计折旧		固定资产净额	在建工程
	机器设备		本年折旧		
仪器仪表制造业	20 717	33 606	3 810	13 844	4 418
通用仪器仪表制造	1 296	2 911	514	1 558	4 403
工业自动控制系统装置制造	417	612	78	152	
电工仪器仪表制造	94	1 358	269	435	74
实验分析仪器制造		207	46	185	
其他通用仪器制造	785	735	122	786	4 329
专用仪器仪表制造	17 248	29 166	3 086	11 095	
地质勘探和地震专用仪器制造	17 248	29 166	3 086	11 095	
光学仪器制造	1 816	1 106	130	711	15
衡器制造	356	298	45	138	
其他仪器仪表制造业	1	126	34	343	
其他制造业	260	290	119	926	
日用杂品制造	254	118	18	812	
鬃毛加工、制刷及清扫工具制造	254	118	18	475	
其他日用杂品制造				337	
废弃资源综合利用业	19 890	2 999	1 445	22 614	1 048
金属废料和碎屑加工处理	355	432	122	495	8
非金属废料和碎屑加工处理	19 534	2 567	1 323	22 119	1 040
金属制品、机械和设备修理业	478	622	141	559	
通用设备修理	35	332	93	298	
电气设备修理	443	290	48	262	
电力、热力、燃气及水生产和供应业	**4 670 253**	**3 130 026**	**361 456**	**4 091 880**	**446 932**
电力、热力生产和供应业	4 478 932	2 895 775	321 102	3 463 993	301 271
电力生产	1 128 381	646 639	99 231	1 574 777	72 315
火力发电	1 838	10 838	2 140	665	
热电联产	706 203	404 328	56 388	894 612	36 917
水力发电	2 268	3 619	107	939	92
风力发电	106 737	34 669	5 770	88 207	221
太阳能发电	237 438	175 335	28 481	468 767	33 599
生物质能发电	73 897	17 851	6 346	121 587	1 486
电力供应	3 055 434	2 060 630	189 924	1 566 376	154 354
热力生产和供应	295 117	188 506	31 947	322 840	74 603
燃气生产和供应业	97 318	83 974	23 450	478 076	103 972
燃气生产和供应业	97 318	83 974	23 450	478 076	103 972
天然气生产和供应业	97 318	83 974	23 450	478 076	103 972
水的生产和供应业	94 002	150 276	16 904	149 811	41 689
自来水生产和供应	16 117	66 016	4 884	34 955	36 256
污水处理及其再生利用	77 886	51 472	10 309	106 894	4 674
其他水的处理、利用与分配		32 789	1 711	7 962	759

3-3 分行业规模以上工业企业主要经济指标（三十四）

单位：万元

指标名称	资产总计		负债合计	流动负债	
	无形资产	土地使用权		流动负债合计	应付账款
全市	**2 519 448**	**1 123 688**	**33 142 705**	**26 869 739**	**10 331 886**
采矿业	**77 085**	**5 330**	**587 096**	**380 455**	**97 329**
煤炭开采和洗选业			51 454		
烟煤和无烟煤开采洗选			51 454		
黑色金属矿采选业	71 631	3 312	387 740	302 418	64 454
铁矿采选	71 631	3 312	387 740	302 418	64 454
非金属矿采选业	5 454	2 019	147 902	78 037	32 876
土砂石开采	5 454	2 019	144 557	76 152	32 474
石灰石、石膏开采	1 542	1 542	1 836	1 798	1 754
建筑装饰用石开采	215		1 544	1 544	569
耐火土石开采	422		98 135	36 977	26 076
粘土及其他土砂石开采	3 275	477	43 041	35 833	4 075
石棉及其他非金属矿采选			3 345	1 885	402
其他未列明非金属矿采选			3 345	1 885	402
制造业	**1 889 174**	**967 757**	**26 894 004**	**22 682 203**	**9 135 064**
农副食品加工业	20 498	19 744	541 852	441 798	130 929
谷物磨制	1		1 891	1 891	-2 884
小麦加工	1		1 891	1 891	-2 884
饲料加工	1 851	1 847	70 941	57 703	13 585
其他饲料加工	1 851	1 847	70 941	57 703	13 585
植物油加工	42	40	15 529	13 950	4 725
食用植物油加工	42	40	14 533	12 954	3 856
非食用植物油加工			996	996	870
屠宰及肉类加工	11 752	11 678	372 065	298 718	94 587
牲畜屠宰	776	768	143 603	139 923	58 450
禽类屠宰	790	790	80 780	45 488	10 323
肉制品及副产品加工	10 186	10 120	147 682	113 307	25 814
蔬菜、菌类、水果和坚果加工	3 814	3 157	52 182	46 402	15 539
蔬菜加工	3 074	3 074	26 282	24 368	9 114
水果和坚果加工	740	83	25 901	22 034	6 425
其他农副食品加工	3 037	3 022	29 243	23 134	5 377
淀粉及淀粉制品制造	0.2		2 551	2 551	281
豆制品制造	1 466	1 450	4 336	3 898	2 785
其他未列明农副食品加工	1 571	1 571	22 356	16 685	2 311
食品制造业	40 838	30 382	405 284	332 587	68 171
焙烤食品制造	1 474	1 474	9 306	6 906	845
糕点、面包制造	471	471	2 205	2 205	-201
饼干及其他焙烤食品制造	1 003	1 003	7 102	4 702	1 047

3-3 分行业规模以上工业企业主要经济指标（三十五）

单位：万元

指标名称	资产总计		负债合计		
	无形资产			流动负债合　计	
		土地使用权			应付账款
糖果、巧克力及蜜饯制造	5 074	5 063	93 842	91 184	16 368
糖果、巧克力制造	5 074	5 063	89 419	89 419	16 209
蜜饯制作			4 423	1 765	159
方便食品制造	6 995	2 386	60 146	52 234	13 161
米、面制品制造	1 457	1 457	6 649	1 103	931
方便面制造	4 339		40 014	38 125	6 234
其他方便食品制造	1 199	929	13 483	13 005	5 997
乳制品制造	4 025	2 930	33 878	33 215	10 169
液体乳制造	4 025	2 930	33 878	33 215	10 169
罐头食品制造	6 587	4 639	48 857	41 784	12 023
蔬菜、水果罐头制造	2 270	323	38 731	35 636	6 891
其他罐头食品制造	4 317	4 317	10 126	6 148	5 132
调味品、发酵制品制造	3 378	708	82 749	79 078	8 801
酱油、食醋及类似制品制造	2 621		43 644	43 644	1 720
其他调味品、发酵制品制造	757	708	39 105	35 434	7 080
其他食品制造	13 304	13 182	76 508	28 186	6 805
保健食品制造	12 092	12 006	73 372	25 050	6 653
食品及饲料添加剂制造	1 095	1 059	2 413	2 413	123
其他未列明食品制造	117	117	723	723	29
酒、饮料和精制茶制造业	31 524	30 955	346 931	169 369	61 992
酒的制造	25 022	24 617	129 321	111 124	26 016
白酒制造	10 251	10 251	70 596	53 615	7 379
啤酒制造	7 359	6 954	31 980	31 980	18 482
其他酒制造	7 412	7 412	26 745	25 529	155
饮料制造	6 502	6 338	217 610	58 245	35 975
瓶（罐）装饮用水制造			2 074	2 074	304
果菜汁及果菜汁饮料制造	1 874	1 874	163 438	16 794	6 129
含乳饮料和植物蛋白饮料制造	4 628	4 464	49 666	36 945	29 509
固体饮料制造			2 432	2 432	34
烟草制品业	20 996	18 656	279 470	279 470	51 510
卷烟制造	20 996	18 656	279 470	279 470	51 510
纺织业	48 118	44 489	663 465	613 983	110 610
棉纺织及印染精加工	33 721	33 503	301 228	281 819	18 902
棉纺纱加工	27 566	27 566	180 331	178 406	1 072
棉织造加工	4 176	3 957	101 093	87 339	12 867
棉印染精加工	1 980	1 980	19 804	16 073	4 964
毛纺织及染整精加工	1 850	1 362	151 181	142 675	44 436
毛条和毛纱线加工	1 850	1 362	127 892	120 536	33 094
毛织造加工			23 290	22 139	11 342

3-3 分行业规模以上工业企业主要经济指标（三十六）

单位：万元

指标名称	资产总计		负债合计		
	无形资产			流动负债合计	
		土地使用权			应付账款
化纤织造及印染精加工	415		10 310	7 459	3 765
化纤织造加工	415		7 132	4 281	603
化纤织物染整精加工			3 178	3 178	3 162
针织或钩针编织物及其制品制造	439	439	12 401	7 859	912
针织或钩针编织物织造			7 800	3 258	602
针织或钩针编织品制造	439	439	4 601	4 601	310
家用纺织制成品制造	6 033	5 874	129 207	119 855	16 617
床上用品制造	2 564	2 534	19 174	17 967	510
毛巾类制品制造	3 194	3 065	100 448	92 368	14 788
其他家用纺织制成品制造	275	275	9 585	9 520	1 320
产业用纺织制成品制造	5 660	3 311	59 137	54 316	25 977
非织造布制造	1 655	1 081	28 523	27 642	15 820
绳、索、缆制造	301	301	3 669	3 669	80
纺织带和帘子布制造			2 352	2 352	1 115
篷、帆布制造			3 076	2 067	920
其他产业用纺织制成品制造	3 705	1 930	21 517	18 585	8 043
纺织服装、服饰业	4 318	4 275	46 523	41 904	18 088
机织服装制造	681	652	13 082	12 330	7 833
运动机织服装制造			361	361	
其他机织服装制造	681	652	12 720	11 968	7 833
针织或钩针编织服装制造	3 624	3 623	18 528	16 875	6 706
运动休闲针织服装制造	807	807	180	23	23
其他针织或钩针编织服装制造	2 816	2 816	18 348	16 853	6 683
服饰制造	14		14 913	12 699	3 549
皮革、毛皮、羽毛及其制品和制鞋业	882	879	51 314	39 852	7 392
皮革鞣制加工			3 224	3 224	834
皮革制品制造	125	125	32 131	20 670	3 833
皮箱、包（袋）制造	125	125	31 031	19 570	3 582
皮手套及皮装饰制品制造			1 100	1 100	252
毛皮鞣制及制品加工			12 252	12 252	2 230
毛皮鞣制加工			7 098	7 098	138
毛皮服装加工			5 154	5 154	2 093
制鞋业	757	754	3 706	3 706	494
橡胶鞋制造	757	754	3 706	3 706	494
木材加工和木、竹、藤、棕、草制品业	7 396	6 581	58 886	42 684	8 834
木材加工			2 320	2 320	2 068
单板加工			2 320	2 320	2 068
人造板制造	7 302	6 581	56 145	39 943	6 738
纤维板制造	1 067	551	26 846	12 311	2 032

3-3 分行业规模以上工业企业主要经济指标（三十七）

单位：万元

指标名称	资产总计		负债合计		
	无形资产			流动负债合计	
		土地使用权			应付账款
刨花板制造	5 507	5 402	23 755	22 088	778
其他人造板制造	728	628	5 544	5 544	3 929
木质制品制造	94		421	421	28
木地板制造	94		421	421	28
家具制造业	3 521	3 493	95 675	37 851	13 742
木质家具制造	3 521	3 493	95 369	37 545	13 719
金属家具制造			306	306	23
造纸和纸制品业	34 652	28 007	531 640	495 131	84 830
造纸	7 560	3 443	149 783	145 583	32 954
机制纸及纸板制造	7 492	3 377	149 461	145 260	33 048
加工纸制造	68	66	323	323	–94
纸制品制造	27 092	24 564	381 857	349 549	51 876
纸和纸板容器制造	3 271	2 682	37 445	35 343	12 640
其他纸制品制造	23 821	21 882	344 412	314 206	39 236
印刷和记录媒介复制业	25 499	18 633	234 588	188 219	45 353
印刷	25 499	18 633	234 588	188 219	45 353
书、报刊印刷	17 882	17 808	140 995	102 859	20 621
包装装潢及其他印刷	7 617	825	93 593	85 361	24 732
文教、工美、体育和娱乐用品制造业	12 591	12 276	94 250	75 930	20 102
文教办公用品制造	331	331	4 206	4 206	1 152
其他文教办公用品制造	331	331	4 206	4 206	1 152
工艺美术及礼仪用品制造	12 252	11 945	88 168	70 722	18 781
雕塑工艺品制造	3 344	3 344	71 863	55 048	14 822
金属工艺品制造	68	68	164	164	58
天然植物纤维编织工艺品制造	145	145	555	555	
地毯、挂毯制造			4 792	4 792	1 486
其他工艺美术及礼仪用品制造	8 695	8 388	10 795	10 164	2 416
体育用品制造	8		1 875	1 001	169
健身器材制造			874		
运动防护用具制造	8		1 001	1 001	169
石油、煤炭及其他燃料加工业	5	5	26 595	25 196	6 257
精炼石油产品制造	5	5	13 509	12 148	995
原油加工及石油制品制造	5	5	13 509	12 148	995
煤炭加工			13 086	13 048	5 262
煤制品制造			13 086	13 048	5 262
化学原料和化学制品制造业	239 141	32 653	1 522 126	1 055 582	212 823
基础化学原料制造	222	222	22 666	9 266	2 588
无机盐制造			747	747	130

3-3 分行业规模以上工业企业主要经济指标（三十八）

单位：万元

指标名称	资产总计		负债合计	流动负债	
	无形资产	土地使用权		流动负债合计	应付账款
有机化学原料制造			2 632	2 632	2 418
其他基础化学原料制造	222	222	19 287	5 887	40
肥料制造	8 963	8 883	81 447	76 347	28 827
氮肥制造			63 725	62 416	23 366
复混肥料制造	8 963	8 883	15 033	11 241	3 997
有机肥料及微生物肥料制造			2 690	2 690	1 465
农药制造	172	172	2 839	2 835	544
生物化学农药及微生物农药制造	172	172	2 839	2 835	544
涂料、油墨、颜料及类似产品制造	210 564	7 541	1 292 816	849 550	156 360
涂料制造	210 511	7 487	1 287 638	844 371	152 477
油墨及类似产品制造	53	53	5 179	5 179	3 883
合成材料制造	320	319	19 401	19 401	5 220
初级形态塑料及合成树脂制造	30	30	2 318	2 318	70
合成纤维单（聚合）体制造	289	289	15 950	15 950	4 675
其他合成材料制造	0.3		1 134	1 134	475
专用化学产品制造	12 377	9 353	51 957	47 687	8 108
化学试剂和助剂制造	7 170	6 866	24 751	24 312	2 726
林产化学产品制造			1 975	1 975	68
文化用信息化学品制造			685	598	492
医学生产用信息化学品制造	3 615	2 488	18 439	14 695	2 447
环境污染处理专用药剂材料制造			2 812	2 812	150
其他专用化学产品制造	1 592		3 296	3 296	2 224
炸药、火工及焰火产品制造	4 469	4 469	23 554	23 052	3 559
炸药及火工产品制造	4 469	4 469	23 554	23 052	3 559
日用化学产品制造	2 053	1 693	27 446	27 446	7 617
其他日用化学产品制造	2 053	1 693	27 446	27 446	7 617
医药制造业	58 036	37 963	807 242	708 252	231 334
化学药品制剂制造	4 591	4 490	67 344	66 728	6 109
中药饮片加工	31 883	19 134	483 910	439 621	170 298
中成药生产	7 333	3 333	83 619	61 211	8 549
兽用药品制造	8 629	8 057	83 625	74 611	25 467
生物药品制品制造	5 573	2 949	78 110	55 964	17 294
生物药品制造	5 573	2 949	78 110	55 964	17 294
卫生材料及医药用品制造	27		10 634	10 117	3 618
化学纤维制造业	16 071	15 160	129 630	65 069	18 027
合成纤维制造	6 628	6 628	14 592	13 657	9 099
涤纶纤维制造			1 452	1 452	1 052
氨纶纤维制造	6 628	6 628	13 140	12 206	8 047

3-3 分行业规模以上工业企业主要经济指标（三十九）

单位：万元

指标名称	资产总计		负债合计		
	无形资产	土地使用权		流动负债合　计	应付账款
生物基材料制造	9 443	8 532	115 038	51 412	8 928
生物基化学纤维制造	9 443	8 532	115 038	51 412	8 928
橡胶和塑料制品业	70 921	33 534	708 212	397 133	147 081
橡胶制品业	7 548	2 250	183 186	121 373	72 729
橡胶板、管、带制造	7 393	2 158	106 104	99 867	64 846
橡胶零件制造	97	93	7 778	7 778	1 089
运动场地用塑胶制造			7 210	7 210	61
其他橡胶制品制造	58		62 094	6 519	6 733
塑料制品业	63 373	31 284	525 026	275 760	74 353
塑料薄膜制造	37 133	8 742	304 412	67 203	14 300
塑料板、管、型材制造	8 576	8 248	92 733	86 243	15 595
塑料丝、绳及编织品制造			6 953	6 953	5 475
泡沫塑料制造	6 927	6 895	29 502	29 380	12 029
塑料人造革、合成革制造	589		13 521	13 320	3 221
塑料包装箱及容器制造			1 999	1 966	230
日用塑料制品制造	550	550	4 102	4 102	168
塑料零件及其他塑料制品制造	9 597	6 849	71 805	66 593	23 335
非金属矿物制品业	101 462	73 274	1 990 902	1 767 144	705 602
水泥、石灰和石膏制造	55 094	38 601	402 047	375 662	92 084
水泥制造	53 069	36 795	368 900	342 585	85 833
石灰和石膏制造	2 025	1 806	33 147	33 077	6 252
石膏、水泥制品及类似制品制造	21 688	19 416	1 099 363	943 177	530 910
水泥制品制造	17 845	15 604	920 037	890 134	511 111
砼结构构件制造	3 837	3 813	164 686	38 402	12 799
轻质建筑材料制造			4 023	4 023	1 903
其他水泥类似制品制造	6		10 617	10 617	5 098
砖瓦、石材等建筑材料制造	15 432	9 192	208 838	183 371	68 911
粘土砖瓦及建筑砌块制造	2		8 927	7 565	2 824
建筑用石加工	3 765	2 639	94 118	79 860	11 337
防水建筑材料制造	7 266	6 553	50 321	41 796	27 361
隔热和隔音材料制造			4 633	4 040	2 149
其他建筑材料制造	4 399		50 840	50 110	25 240
玻璃制造	579		8 693	7 807	833
特种玻璃制造	579		8 693	7 807	833
玻璃制品制造	626	617	179 531	174 324	2 648
技术玻璃制品制造	8		172 184	171 419	2 435
日用玻璃制品制造	617	617	7 347	2 905	212
陶瓷制品制造			5 623	3 911	3 911
建筑陶瓷制品制造			5 623	3 911	3 911

3-3 分行业规模以上工业企业主要经济指标（四十）

单位：万元

指标名称	资产总计		负债合计	流动负债合计	
	无形资产	土地使用权			应付账款
耐火材料制品制造	3 149	1 125	5 366	5 366	750
耐火陶瓷制品及其他耐火材料制造	3 149	1 125	5 366	5 366	750
石墨及其他非金属矿物制品制造	4 893	4 322	81 441	73 527	5 555
石墨及碳素制品制造	4 893	4 322	74 455	66 541	4 931
其他非金属矿物制品制造			6 986	6 986	624
黑色金属冶炼和压延加工业	39		41 637	41 637	24 861
钢压延加工			40 268	40 268	24 858
铁合金冶炼	39		1 369	1 369	3
有色金属冶炼和压延加工业	54 165	34 889	559 930	388 290	54 731
常用有色金属冶炼			9 586	9 586	66
铅锌冶炼			8 214	8 214	66
铝冶炼			1 373	1 373	
有色金属合金制造	14 287	12 424	323 186	212 248	29 232
有色金属压延加工	39 878	22 465	227 157	166 455	25 434
铜压延加工	2 001	2 001	17 417	16 237	1 593
铝压延加工	37 877	20 464	193 247	134 120	25 328
稀有稀土金属压延加工			14 065	13 671	
其他有色金属压延加工			2 428	2 427	-1 488
金属制品业	68 750	54 314	968 179	821 337	203 796
结构性金属制品制造	28 456	16 492	318 809	299 444	101 914
金属结构制造	21 059	10 405	190 378	176 400	59 542
金属门窗制造	7 397	6 087	128 431	123 043	42 372
金属工具制造	419	419	1 799	1 799	72
切削工具制造	419	419	1 799	1 799	72
集装箱及金属包装容器制造	163	163	3 124	3 124	902
金属包装容器及材料制造	163	163	3 124	3 124	902
金属丝绳及其制品制造	25 266	25 152	178 129	168 815	35 950
建筑、安全用金属制品制造	1 066	1 066	2 745	2 745	2 441
安全、消防用金属制品制造	1 066	1 066	2 745	2 745	2 441
金属表面处理及热处理加工	710	710	6 584	6 584	549
金属制日用品制造	155	155	16 760	1 772	-61
金属制厨房用器具制造			13 492	-196	-371
金属制餐具和器皿制造	155	155	3 268	1 968	310
铸造及其他金属制品制造	12 515	10 158	440 231	337 057	62 029
黑色金属铸造	3 037	1 094	109 582	98 518	30 827
有色金属铸造	24		1 957	1 597	282
锻件及粉末冶金制品制造	8 205	7 814	323 740	231 991	28 943
交通及公共管理用金属标牌制造			1 071	1 071	1 027
其他未列明金属制品制造	1 250	1 250	3 880	3 880	949

3-3 分行业规模以上工业企业主要经济指标（四十一）

单位：万元

指标名称	资产总计		负债合计		
	无形资产	土地使用权		流动负债合　计	应付账款
通用设备制造业	40 176	32 768	437 107	362 450	85 294
锅炉及原动设备制造	4 485	4 449	30 726	27 434	15 173
锅炉及辅助设备制造	1 978	1 941	11 439	8 148	404
内燃机及配件制造	2 508	2 508	2 849	2 849	193
风能原动设备制造			16 437	16 437	14 575
金属加工机械制造	17 297	12 773	180 090	161 324	20 993
金属成形机床制造	3 732	3 732	6 200	6 200	204
铸造机械制造	4 399		129 388	127 023	9 682
机床功能部件及附件制造	8 657	8 532	42 169	25 767	10 377
其他金属加工机械制造	509	509	2 334	2 334	730
物料搬运设备制造	7 181	7 147	38 261	37 399	10 193
轻小型起重设备制造	5 053	5 037	28 782	28 032	5 331
生产专用起重机制造	1 418	1 400	7 983	7 890	4 105
连续搬运设备制造	710	710	1 496	1 478	757
泵、阀门、压缩机及类似机械制造	8 935	7 609	106 701	68 637	26 417
泵及真空设备制造	5 939	5 011	45 378	42 413	23 536
阀门和旋塞制造	552	154	13 828	13 719	1 153
液压动力机械及元件制造	2 444	2 444	47 495	12 506	1 728
轴承、齿轮和传动部件制造			8 080	5 688	–544
滚动轴承制造			6 221	3 829	–615
齿轮及齿轮减、变速箱制造			1 859	1 859	72
烘炉、风机、包装等设备制造	1 410	320	36 138	31 296	2 999
风机、风扇制造	430	320	31 680	26 838	2 950
制冷、空调设备制造	980		4 458	4 458	49
通用零部件制造	868	471	33 088	27 240	9 010
弹簧制造			1 491	1 082	97
机械零部件加工	868	471	25 132	19 693	6 700
其他通用零部件制造			6 466	6 466	2 214
其他通用设备制造业	0.4		4 024	3 432	1 053
工业机器人制造			592		
其他未列明通用设备制造业	0.4		3 432	3 432	1 053
专用设备制造业	59 388	47 956	661 464	574 897	98 960
采矿、冶金、建筑专用设备制造	4 067	2 992	77 814	73 475	21 794
矿山机械制造	2 401	2 401	306	306	306
石油钻采专用设备制造			1 295	1 088	590
建筑材料生产专用机械制造	2	2	12 076	8 076	1 905
冶金专用设备制造	1 663	588	64 137	64 007	18 993
化工、木材、非金属加工专用设备制造	2 027	2 026	9 709	9 318	3 122
炼油、化工生产专用设备制造	1 637	1 637	810	810	655
模具制造	391	389	8 898	8 508	2 466

3-3 分行业规模以上工业企业主要经济指标（四十二）

单位：万元

指标名称	资产总计		负债合计	流动负债合计	
	无形资产	土地使用权			应付账款
食品、饮料、烟草及饲料生产专用设备制造	132	129	2 481	2 292	1 727
农副食品加工专用设备制造	132	129	2 481	2 292	1 727
电子和电工机械专用设备制造	1 686	458	31 382	29 952	19 056
电工机械专用设备制造	459	458	2 130	1 779	412
半导体器件专用设备制造	1 227		26 698	25 620	17 595
电子元器件与机电组件设备制造			2 554	2 554	1 048
农、林、牧、渔专用机械制造	3 187	3 103	76 460	73 225	10 385
拖拉机制造			1 359		
机械化农业及园艺机具制造	3 187	3 103	72 353	70 478	9 982
农林牧渔机械配件制造			2 748	2 748	403
医疗仪器设备及器械制造	7 561	6 999	45 227	44 500	7 737
医疗诊断、监护及治疗设备制造	124		1 270	1 270	-2 438
医疗实验室及医用消毒设备和器具制造	2 163	2 151	6 397	6 089	2 010
医疗、外科及兽医用器械制造	328	319	2 121	2 121	1 127
其他医疗设备及器械制造	4 947	4 529	35 439	35 020	7 039
环保、邮政、社会公共服务及其他专用设备制造	40 728	32 251	418 393	342 134	35 140
环境保护专用设备制造	33 932	26 949	365 221	290 562	18 235
地质勘查专用设备制造	728	726	2 759	2 759	1 254
社会公共安全设备及器材制造			631	631	224
交通安全、管制及类似专用设备制造	411		15 400	15 400	9 030
其他专用设备制造	5 657	4 577	34 381	32 781	6 397
汽车制造业	624 211	231 057	12 458 935	11 292 141	5 534 690
汽车整车制造	467 521	196 593	8 650 995	7 632 908	3 782 579
汽柴油车整车制造	467 521	196 593	8 650 995	7 632 908	3 782 579
改装汽车制造	668	667	10 833	10 833	4 463
汽车车身、挂车制造	6 348	6 348	7 892	6 092	3 758
汽车零部件及配件制造	149 673	27 449	3 789 215	3 642 309	1 743 890
铁路、船舶、航空航天和其他运输设备制造业	56 770	50 224	514 692	320 047	224 927
铁路运输设备制造	744	744	35 432	35 145	20 878
高铁设备、配件制造	561	561	22 021	22 021	9 870
铁路机车车辆配件制造			2 290	2 290	1 466
铁路专用设备及器材、配件制造	182	182	11 121	10 834	9 542
城市轨道交通设备制造	37 875	34 480	334 792	186 525	167 063
航空、航天器及设备制造	18 151	15 000	144 468	98 377	36 986
飞机制造	18 075	14 924	136 143	90 079	30 852
航天相关设备制造			4 826	4 798	4 004
其他航空航天器制造	76	76	3 500	3 500	2 130
电气机械和器材制造业	226 299	91 369	2 555 775	1 968 219	912 907
电机制造	10 972	10 822	225 055	222 406	119 414

3-3 分行业规模以上工业企业主要经济指标（四十三）

单位：万元

指标名称	资产总计		负债合计		
	无形资产	土地使用权		流动负债合计	应付账款
发电机及发电机组制造	10 042	9 892	220 927	218 278	118 440
电动机制造	930	930	4 128	4 128	974
输配电及控制设备制造	115 822	44 799	1 693 992	1 241 567	651 198
变压器、整流器和电感器制造	53 703	22 484	786 724	658 372	327 808
电容器及其配套设备制造			2 595	2 595	1 961
配电开关控制设备制造	11 418	2 544	110 460	109 362	61 556
电力电子元器件制造	10 327	7 446	65 931	59 156	20 090
光伏设备及元器件制造	29 893	2 544	598 802	302 741	184 594
其他输配电及控制设备制造	10 482	9 781	129 480	109 340	55 189
电线、电缆、光缆及电工器材制造	15 494	7 176	129 036	126 758	55 417
电线、电缆制造	3 948	3 868	92 170	91 007	49 080
绝缘制品制造	10 603	2 364	28 858	27 744	3 473
其他电工器材制造	944	944	8 008	8 008	2 864
电池制造	83 370	28 573	476 430	346 800	65 375
铅蓄电池制造	3 341		6 001	6 001	2 351
其他电池制造	80 030	28 573	470 429	340 799	63 023
非电力家用器具制造			27 069	27 069	20 187
燃气及类似能源家用器具制造			27 069	27 069	20 187
照明器具制造			1 400	1 400	26
照明灯具制造			1 400	1 400	26
其他电气机械及器材制造	641		2 796	2 220	1 291
电气信号设备装置制造	641		2 445	1 869	1 251
其他未列明电气机械及器材制造			351	351	40
计算机、通信和其他电子设备制造业	19 408	12 848	65 598	56 526	17 597
计算机制造	4		4 976	3 922	1 770
计算机零部件制造	1		1 986	1 986	1 770
计算机外围设备制造	2		2 284	1 230	−669
工业控制计算机及系统制造			706	706	669
通信设备制造	7 926	2 703	36 624	30 674	6 637
通信系统设备制造	6 304	1 081	32 107	26 157	5 690
通信终端设备制造	1 622	1 622	4 517	4 517	947
智能消费设备制造	7 893	6 573	5 160	4 640	1 296
智能车载设备制造	7 893	6 573	5 160	4 640	1 296
电子器件制造	3 586	3 572	12 092	10 544	7 211
光电子器件制造	3 586	3 572	12 092	10 544	7 211
电子元件及电子专用材料制造			6 746	6 746	683
电子专用材料制造			2 128	2 128	817
其他电子元件制造			4 617	4 617	−133

3-3 分行业规模以上工业企业主要经济指标（四十四）

单位：万元

指标名称	资产总计		负债合计	流动负债	
	无形资产	土地使用权		流动负债合计	应付账款
仪器仪表制造业	3 314	1 374	47 545	46 432	16 722
通用仪器仪表制造	2 516	726	23 275	23 075	8 552
工业自动控制系统装置制造	727		6 750	6 750	3 491
电工仪器仪表制造	1 063		5 724	5 724	610
实验分析仪器制造			864	864	597
其他通用仪器制造	726	726	9 937	9 737	3 854
专用仪器仪表制造	649	649	14 440	14 440	5 850
地质勘探和地震专用仪器制造	649	649	14 440	14 440	5 850
光学仪器制造	2		3 860	2 947	
衡器制造	147		5 036	5 036	1 778
其他仪器仪表制造业			933	933	543
其他制造业			5 290	5 290	1 476
日用杂品制造			1 450	1 450	108
鬃毛加工、制刷及清扫工具制造			852	852	–16
其他日用杂品制造			598	598	124
废弃资源综合利用业	120		35 722	20 238	10 081
金属废料和碎屑加工处理	5		9 792	9 770	7 001
非金属废料和碎屑加工处理	114		25 930	10 468	3 080
金属制品、机械和设备修理业	69		7 547	7 547	6 346
通用设备修理			2 559	2 559	1 991
电气设备修理	69		4 988	4 988	4 355
电力、热力、燃气及水生产和供应业	**553 189**	**150 600**	**5 661 606**	**3 807 080**	**1 099 493**
电力、热力生产和供应业	390 870	105 713	4 174 578	2 703 488	766 029
电力生产	263 475	80 731	2 215 808	1 183 612	302 077
火力发电			42 949	15 489	11 992
热电联产	144 916	59 256	1 147 825	614 888	191 997
水力发电			8 978	8 123	12
风力发电	5 355	5 355	88 316	39 005	946
太阳能发电	9 958	9 272	748 185	414 889	53 203
生物质能发电	103 247	6 849	179 554	91 218	43 928
电力供应	20 607	6 875	1 243 320	1 062 756	355 952
热力生产和供应	106 789	18 108	715 451	457 120	108 001
燃气生产和供应业	27 583	23 247	1 098 213	927 048	264 146
燃气生产和供应业	27 583	23 247	1 098 213	927 048	264 146
天然气生产和供应业	27 583	23 247	1 098 213	927 048	264 146
水的生产和供应业	134 736	21 640	388 815	176 544	69 318
自来水生产和供应	124 829	11 753	200 571	81 899	41 438
污水处理及其再生利用	9 887	9 887	149 784	71 249	27 123
其他水的处理、利用与分配	21		38 460	23 396	756

3-3 分行业规模以上工业企业主要经济指标（四十五）

单位：万元

指标名称	所有者权益合计	实收资本	国家资本	集体资本	法人资本
全市	**20 241 695**	**9 639 017**	**1 813 648**	**73 725**	**4 569 068**
采矿业	**311 448**	**79 049**	**23 570**	**750**	**41 433**
煤炭开采和洗选业	31 850				
烟煤和无烟煤开采洗选	31 850				
黑色金属矿采选业	250 375	45 740			34 240
铁矿采选	250 375	45 740			34 240
非金属矿采选业	29 223	33 309	23 570	750	7 193
土砂石开采	28 229	32 648	23 570	750	6 698
石灰石、石膏开采	750	750		750	
建筑装饰用石开采	1 670	507			507
耐火土石开采	23 965	22 100	20 000		2 100
粘土及其他土砂石开采	1 843	9 292	3 570		4 092
石棉及其他非金属矿采选	995	661			495
其他未列明非金属矿采选	995	661			495
制造业	**17 792 915**	**7 971 939**	**1 416 158**	**60 627**	**3 429 366**
农副食品加工业	306 094	177 934	300		118 554
谷物磨制	8 875	6 500			6 500
小麦加工	8 875	6 500			6 500
饲料加工	69 381	41 197			20 145
其他饲料加工	69 381	41 197			20 145
植物油加工	4 347	2 528			10
食用植物油加工	3 643	2 444			10
非食用植物油加工	704	84			
屠宰及肉类加工	153 690	99 369	300		75 748
牲畜屠宰	11 764	8 046	300		3 628
禽类屠宰	98 355	38 764			30 996
肉制品及副产品加工	43 570	52 560			41 124
蔬菜、菌类、水果和坚果加工	58 269	16 625			7 729
蔬菜加工	24 025	6 560			4 000
水果和坚果加工	34 244	10 065			3 729
其他农副食品加工	11 534	11 715			8 423
淀粉及淀粉制品制造	623	800			
豆制品制造	3 289	3 293			800
其他未列明农副食品加工	7 623	7 623			7 623
食品制造业	432 682	177 229	2 200	3 281	92 722
焙烤食品制造	11 560	4 774			374
糕点、面包制造	1 805	474			374
饼干及其他焙烤食品制造	9 755	4 300			

3-3 分行业规模以上工业企业主要经济指标（四十六）

单位：万元

指标名称	所有者权益合计	实收资本	国家资本	集体资本	法人资本
糖果、巧克力及蜜饯制造	212 513	53 127		27	13 650
糖果、巧克力制造	210 731	52 000			13 350
蜜饯制作	1 782	1 127		27	300
方便食品制造	69 238	29 423			27 883
米、面制品制造	11 982	3 700			2 260
方便面制造	21 732	500			500
其他方便食品制造	35 525	25 223			25 123
乳制品制造	26 638	17 254	2 200	3 254	11 800
液体乳制造	26 638	17 254	2 200	3 254	11 800
罐头食品制造	35 852	18 261			11 131
蔬菜、水果罐头制造	19 737	11 209			4 079
其他罐头食品制造	16 115	7 052			7 052
调味品、发酵制品制造	61 544	37 105			24 120
酱油、食醋及类似制品制造	8 792	14 993			14 993
其他调味品、发酵制品制造	52 751	22 113			9 127
其他食品制造	15 338	17 285			3 765
保健食品制造	7 784	13 165			
食品及饲料添加剂制造	5 936	4 070			3 755
其他未列明食品制造	1 618	50			10
酒、饮料和精制茶制造业	692 952	471 419			51 582
酒的制造	143 507	77 016			22 000
白酒制造	81 696	38 621			22 000
啤酒制造	58 863	35 970			
其他酒制造	2 948	2 425			
饮料制造	549 446	394 402			29 582
瓶（罐）装饮用水制造	1 117	300			
果菜汁及果菜汁饮料制造	448 220	369 040			6 600
含乳饮料和植物蛋白饮料制造	99 348	24 762			22 682
固体饮料制造	761	300			300
烟草制品业	6 242	11 456	11 456		
卷烟制造	6 242	11 456	11 456		
纺织业	454 246	265 037	4 100	11 000	33 025
棉纺织及印染精加工	103 612	77 491			3 929
棉纺纱加工	46 822	39 641			605
棉织造加工	47 800	34 295			2 700
棉印染精加工	8 990	3 555			624
毛纺织及染整精加工	155 511	105 324		1 000	8 027
毛条和毛纱线加工	151 481	104 270		1 000	7 548
毛织造加工	4 029	1 054			479

3-3 分行业规模以上工业企业主要经济指标（四十七）

单位：万元

指标名称	所有者权益合　计	实收资本	国家资本	集体资本	法人资本
化纤织造及印染精加工	13 308	7 480			2 550
化纤织造加工	12 819	7 080			2 150
化纤织物染整精加工	489	400			400
针织或钩针编织物及其制品制造	14 865	2 150			1 900
针织或钩针编织物织造	10 813	1 750			1 500
针织或钩针编织品制造	4 052	400			400
家用纺织制成品制造	121 339	42 126			8 068
床上用品制造	29 844	5 000			250
毛巾类制品制造	90 254	32 736			7 818
其他家用纺织制成品制造	1 241	4 390			
产业用纺织制成品制造	45 610	30 467	4 100	10 000	8 552
非织造布制造	18 337	11 557			5 042
绳、索、缆制造	1 112	1 000			
纺织带和帘子布制造	310	210			210
篷、帆布制造	8 507	4 100	4 100		
其他产业用纺织制成品制造	17 345	13 600		10 000	3 300
纺织服装、服饰业	69 388	37 635	32 600		785
机织服装制造	10 944	390			180
运动机织服装制造	1 912	10			
其他机织服装制造	9 031	380			180
针织或钩针编织服装制造	48 608	32 505	30 000		305
运动休闲针织服装制造	2 893	2 200			
其他针织或钩针编织服装制造	45 715	30 305	30 000		305
服饰制造	9 836	4 740	2 600		300
皮革、毛皮、羽毛及其制品和制鞋业	31 310	16 598		500	8 589
皮革鞣制加工	1 445	880			880
皮革制品制造	23 324	10 658		500	6 311
皮箱、包（袋）制造	21 945	10 543		500	6 311
皮手套及皮装饰制品制造	1 378	115			
毛皮鞣制及制品加工	5 777	4 860			1 197
毛皮鞣制加工	4 709	3 860			697
毛皮服装加工	1 069	1 000			500
制鞋业	764	200			200
橡胶鞋制造	764	200			200
木材加工和木、竹、藤、棕、草制品业	54 711	34 015			10 810
木材加工	26	5			
单板加工	26	5			
人造板制造	53 213	33 000			9 800
纤维板制造	18 702	9 700			8 500

3-3 分行业规模以上工业企业主要经济指标（四十八）

单位：万元

指标名称	所有者权益合计	实收资本			
			国家资本	集体资本	法人资本
刨花板制造	31 739	20 800			800
其他人造板制造	2 771	2 500			500
木质制品制造	1 472	1 010			1 010
木地板制造	1 472	1 010			1 010
家具制造业	-6 486	8 145			
木质家具制造	-6 625	8 095			
金属家具制造	140	50			
造纸和纸制品业	585 108	271 035	140 009	2 000	66 540
造纸	345 294	175 086	140 009		5 830
机制纸及纸板制造	344 657	174 486	140 009		5 830
加工纸制造	637	600			
纸制品制造	239 814	95 950		2 000	60 711
纸和纸板容器制造	21 300	15 350		1 500	1 400
其他纸制品制造	218 513	80 599		500	59 311
印刷和记录媒介复制业	121 971	78 573	29 745	200	20 647
印刷	121 971	78 573	29 745	200	20 647
书、报刊印刷	93 236	48 118	29 745	200	15 050
包装装潢及其他印刷	28 736	30 455			5 597
文教、工美、体育和娱乐用品制造业	155 157	74 429			28 284
文教办公用品制造	7 602	4 332			2 008
其他文教办公用品制造	7 602	4 332			2 008
工艺美术及礼仪用品制造	143 299	66 981			23 160
雕塑工艺品制造	83 812	46 680			21 885
金属工艺品制造	4 366	2 000			
天然植物纤维编织工艺品制造	1 054	420			
地毯、挂毯制造	3 072	1 405			405
其他工艺美术及礼仪用品制造	50 996	16 476			870
体育用品制造	4 256	3 116			3 116
健身器材制造	3 898	3 016			3 016
运动防护用具制造	358	100			100
石油、煤炭及其他燃料加工业	22 812	28 338			23 123
精炼石油产品制造	18 238	24 342			21 242
原油加工及石油制品制造	18 238	24 342			21 242
煤炭加工	4 574	3 995			1 881
煤制品制造	4 574	3 995			1 881
化学原料和化学制品制造业	-42 790	250 852			89 214
基础化学原料制造	5 976	4 224			224
无机盐制造	499	30			30

3-3 分行业规模以上工业企业主要经济指标（四十九）

单位：万元

指标名称	所有者权益合计				
		实收资本			
			国家资本	集体资本	法人资本
有机化学原料制造	194	194			194
其他基础化学原料制造	5 284	4 000			
肥料制造	55 591	47 331			10 765
氮肥制造	35 245	36 566			
复混肥料制造	19 305	10 000			10 000
有机肥料及微生物肥料制造	1 041	765			765
农药制造	10 703	1 506			1 506
生物化学农药及微生物农药制造	10 703	1 506			1 506
涂料、油墨、颜料及类似产品制造	-372 743	118 888			28 291
涂料制造	-373 852	118 188			27 791
油墨及类似产品制造	1 110	700			500
合成材料制造	33 301	8 489			992
初级形态塑料及合成树脂制造	7 859	776			176
合成纤维单（聚合）体制造	24 302	6 897			
其他合成材料制造	1 140	816			816
专用化学产品制造	179 141	54 304			32 095
化学试剂和助剂制造	47 280	13 709			11 509
林产化学产品制造	1 899	755			200
文化用信息化学品制造	4 120	628			540
医学生产用信息化学品制造	120 138	34 173			19 846
环境污染处理专用药剂材料制造	389	40			
其他专用化学产品制造	5 316	5 000			
炸药、火工及焰火产品制造	16 302	15 343			15 343
炸药及火工产品制造	16 302	15 343			15 343
日用化学产品制造	28 938	768			
其他日用化学产品制造	28 938	768			
医药制造业	543 126	233 666	7 020	858	112 473
化学药品制剂制造	114 238	22 050	900		19 050
中药饮片加工	288 018	143 249	6 120		57 028
中成药生产	42 147	21 248			1 135
兽用药品制造	68 132	34 608			27 171
生物药品制品制造	24 413	10 100		858	6 500
生物药品制造	24 413	10 100		858	6 500
卫生材料及医药用品制造	6 178	2 411			1 589
化学纤维制造业	107 791	90 048	70 000		687
合成纤维制造	22 526	20 048			687
涤纶纤维制造	1 018	687			687
氨纶纤维制造	21 508	19 361			

3-3 分行业规模以上工业企业主要经济指标（五十）

单位：万元

指标名称	所有者权益合　　计				
		实收资本			
			国家资本	集体资本	法人资本
生物基材料制造	85 265	70 000	70 000		
生物基化学纤维制造	85 265	70 000	70 000		
橡胶和塑料制品业	1 127 649	677 631	332 745	4 287	126 202
橡胶制品业	235 841	188 114	15 969	306	78 791
橡胶板、管、带制造	215 853	175 045	15 922		75 486
橡胶零件制造	11 791	8 519			305
运动场地用塑胶制造	1 550	671	47	306	
其他橡胶制品制造	6 646	3 879			3 000
塑料制品业	891 808	489 517	316 775	3 981	47 411
塑料薄膜制造	609 118	362 497	306 006		25 278
塑料板、管、型材制造	117 854	69 584	10 769	3 981	9 724
塑料丝、绳及编织品制造	5 915	2 340			2 340
泡沫塑料制造	73 661	15 248			4 775
塑料人造革、合成革制造	16 293	3 746			725
塑料包装箱及容器制造	1 451	580			
日用塑料制品制造	410	500			
塑料零件及其他塑料制品制造	67 107	35 023			4 570
非金属矿物制品业	756 878	556 757	43 075	4 170	332 590
水泥、石灰和石膏制造	308 076	207 480	30 000	4 020	165 008
水泥制造	296 720	197 207	30 000	4 000	157 355
石灰和石膏制造	11 356	10 273		20	7 653
石膏、水泥制品及类似制品制造	312 542	241 501	13 075	150	130 412
水泥制品制造	271 296	204 163	13 075		98 190
砼结构构件制造	37 882	34 408			30 221
轻质建筑材料制造	1 635	1 430			1 000
其他水泥类似制品制造	1 729	1 500		150	1 000
砖瓦、石材等建筑材料制造	115 882	85 012			26 260
粘土砖瓦及建筑砌块制造	7 265	2 785			
建筑用石加工	23 505	17 240			2 857
防水建筑材料制造	40 648	36 568			21 783
隔热和隔音材料制造	2 045	1 000			1 000
其他建筑材料制造	42 421	27 420			620
玻璃制造	5 096	5 000			3 900
特种玻璃制造	5 096	5 000			3 900
玻璃制品制造	4 420	4 313			1 661
技术玻璃制品制造	5 968	3 283			1 661
日用玻璃制品制造	-1 548	1 030			
陶瓷制品制造	3 114	100			100
建筑陶瓷制品制造	3 114	100			100

3-3 分行业规模以上工业企业主要经济指标（五十一）

单位：万元

指标名称	所有者权益合计	实收资本	国家资本	集体资本	法人资本
耐火材料制品制造	9 054	4 000			3 000
耐火陶瓷制品及其他耐火材料制造	9 054	4 000			3 000
石墨及其他非金属矿物制品制造	-1 306	9 350			2 250
石墨及碳素制品制造	-3 236	9 100			2 100
其他非金属矿物制品制造	1 930	250			150
黑色金属冶炼和压延加工业	16 090	9 110			5 300
钢压延加工	11 729	6 300			5 300
铁合金冶炼	4 361	2 810			
有色金属冶炼和压延加工业	949 205	456 061	93 751		242 857
常用有色金属冶炼	7 434	5 136			1 836
铅锌冶炼	5 166	3 300			
铝冶炼	2 268	1 836			1 836
有色金属合金制造	767 116	257 924	13 485		175 785
有色金属压延加工	174 655	193 001	80 266		65 236
铜压延加工	13 642	11 628			2 095
铝压延加工	159 343	179 623	80 266		61 691
稀有稀土金属压延加工	-27	600			600
其他有色金属压延加工	1 698	1 150			850
金属制品业	617 999	332 519	2 659	206	118 733
结构性金属制品制造	213 950	157 104			52 184
金属结构制造	123 409	100 186			27 091
金属门窗制造	90 540	56 917			25 092
金属工具制造	2 000	2 000			2 000
切削工具制造	2 000	2 000			2 000
集装箱及金属包装容器制造	1 794	1 000			
金属包装容器及材料制造	1 794	1 000			
金属丝绳及其制品制造	259 532	103 411	1 659		30 039
建筑、安全用金属制品制造	6 223	5 000			5 000
安全、消防用金属制品制造	6 223	5 000			5 000
金属表面处理及热处理加工	7 106	5 000			1 500
金属制日用品制造	2 649	1 437			
金属制厨房用器具制造	1 965	732			
金属制餐具和器皿制造	684	705			
铸造及其他金属制品制造	124 746	57 568	1 000	206	28 010
黑色金属铸造	45 047	29 712	1 000	206	8 777
有色金属铸造	3 281	500			
锻件及粉末冶金制品制造	70 861	23 500			18 300
交通及公共管理用金属标牌制造	1 721	1 556			934
其他未列明金属制品制造	3 836	2 300			

3-3 分行业规模以上工业企业主要经济指标（五十二）

单位：万元

指标名称	所有者权益合计	实收资本			
			国家资本	集体资本	法人资本
通用设备制造业	212 751	144 134	2	5 600	42 385
锅炉及原动设备制造	30 263	23 767			3 852
锅炉及辅助设备制造	23 347	22 534			2 619
内燃机及配件制造	5 361	1 133			1 133
风能原动设备制造	1 555	100			100
金属加工机械制造	12 544	17 623		5 600	4 077
金属成形机床制造	2 953	1 200			
铸造机械制造	-4 495	4 723			350
机床功能部件及附件制造	11 725	10 500		5 600	3 727
其他金属加工机械制造	2 361	1 200			
物料搬运设备制造	18 590	14 756			5 088
轻小型起重设备制造	10 861	8 540			1 342
生产专用起重机制造	4 075	2 470			
连续搬运设备制造	3 655	3 746			3 746
泵、阀门、压缩机及类似机械制造	94 195	58 004	2		17 182
泵及真空设备制造	80 572	52 354	2		13 132
阀门和旋塞制造	10 751	4 350			4 050
液压动力机械及元件制造	2 872	1 300			
轴承、齿轮和传动部件制造	3 882	3 497			2 047
滚动轴承制造	3 091	2 697			2 047
齿轮及齿轮减、变速箱制造	791	800			
烘炉、风机、包装等设备制造	19 930	10 785			4 205
风机、风扇制造	13 774	4 785			4 205
制冷、空调设备制造	6 156	6 000			
通用零部件制造	29 302	13 247			3 590
弹簧制造	2 202	2 000			1 200
机械零部件加工	18 236	5 247			2 390
其他通用零部件制造	8 864	6 000			
其他通用设备制造业	4 045	2 454			2 344
工业机器人制造	187	10			
其他未列明通用设备制造业	3 858	2 444			2 344
专用设备制造业	414 411	196 941	6 002		123 922
采矿、冶金、建筑专用设备制造	109 751	16 695	1 002		4 792
矿山机械制造	5 117	3 000			
石油钻采专用设备制造	1 778	800			800
建筑材料生产专用机械制造	13 641	1 102	1 002		
冶金专用设备制造	89 215	11 792			3 992
化工、木材、非金属加工专用设备制造	11 701	4 655			655
炼油、化工生产专用设备制造	10 975	4 000			
模具制造	725	655			655

3-3 分行业规模以上工业企业主要经济指标（五十三）

单位：万元

指标名称	所有者权益合计	实收资本			
			国家资本	集体资本	法人资本
食品、饮料、烟草及饲料生产专用设备制造	5 597	3 800			
农副食品加工专用设备制造	5 597	3 800			
电子和电工机械专用设备制造	31 548	23 229			19 305
电工机械专用设备制造	12 280	3 378			
半导体器件专用设备制造	17 075	19 305			19 305
电子元器件与机电组件设备制造	2 193	546			
农、林、牧、渔专用机械制造	42 337	9 651			1 551
拖拉机制造	1 016	500			500
机械化农业及园艺机具制造	38 872	7 500			
农林牧渔机械配件制造	2 449	1 651			1 051
医疗仪器设备及器械制造	72 112	23 550			13 600
医疗诊断、监护及治疗设备制造	38 417	1 050			
医疗实验室及医用消毒设备和器具制造	7 752	5 000			5 000
医疗、外科及兽医用器械制造	2 832	2 000			2 000
其他医疗设备及器械制造	23 111	15 500			6 600
环保、邮政、社会公共服务及其他专用设备制造	141 365	115 362	5 000		84 020
环境保护专用设备制造	112 038	93 168			73 855
地质勘查专用设备制造	7 383	3 799			3 799
社会公共安全设备及器材制造	1 547	1 000			
交通安全、管制及类似专用设备制造	1 449	6 000			6 000
其他专用设备制造	18 948	11 395	5 000		365
汽车制造业	7 643 152	1 854 365	84 960	18 375	1 275 903
汽车整车制造	5 230 222	949 640			528 883
汽柴油车整车制造	5 230 222	949 640			528 883
改装汽车制造	17 272	3 879			3 761
汽车车身、挂车制造	4 067	2 700			
汽车零部件及配件制造	2 391 591	898 146	84 960	18 375	743 259
铁路、船舶、航空航天和其他运输设备制造业	244 098	183 909	160 000		23 861
铁路运输设备制造	14 645	10 225			10 177
高铁设备、配件制造	8 258	5 100			5 100
铁路机车车辆配件制造	468	48			
铁路专用设备及器材、配件制造	5 919	5 077			5 077
城市轨道交通设备制造	154 276	161 000	160 000		1 000
航空、航天器及设备制造	75 177	12 684			12 684
飞机制造	62 316	8 684			8 684
航天相关设备制造	11 889	4 000			4 000
其他航空航天器制造	972				
电气机械和器材制造业	1 916 540	1 177 827	389 194	5 791	430 381
电机制造	53 809	30 683	4 138		24 500

3-3 分行业规模以上工业企业主要经济指标（五十四）

单位：万元

指标名称	所有者权益合计	实收资本	国家资本	集体资本	法人资本
发电机及发电机组制造	49 438	28 333	4 138		23 000
电动机制造	4 372	2 350			1 500
输配电及控制设备制造	1 065 985	839 466	256 708	5 772	319 443
变压器、整流器和电感器制造	303 429	378 793	117 282		142 305
电容器及其配套设备制造	12 929	10 800			10 800
配电开关控制设备制造	115 682	94 825			38 001
电力电子元器件制造	58 476	35 650			12 294
光伏设备及元器件制造	477 346	259 960	139 426		105 440
其他输配电及控制设备制造	98 123	59 437		5 772	10 603
电线、电缆、光缆及电工器材制造	186 362	149 724		19	73 664
电线、电缆制造	105 413	83 436		19	53 111
绝缘制品制造	57 971	45 198			12 213
其他电工器材制造	22 977	21 090			8 340
电池制造	587 960	145 799	128 347		9 465
铅蓄电池制造	5 420	3 680			3 680
其他电池制造	582 541	142 119	128 347		5 785
非电力家用器具制造	10 881	5 900			3 000
燃气及类似能源家用器具制造	10 881	5 900			3 000
照明器具制造	3 131	2 107			100
照明灯具制造	3 131	2 107			100
其他电气机械及器材制造	8 412	4 147			210
电气信号设备装置制造	7 802	3 937			
其他未列明电气机械及器材制造	611	210			210
计算机、通信和其他电子设备制造业	200 346	72 918			28 793
计算机制造	6 798	932			300
计算机零部件制造	5 337	500			
计算机外围设备制造	1 207	432			300
工业控制计算机及系统制造	254				
通信设备制造	71 036	25 548			7 084
通信系统设备制造	65 502	20 368			7 084
通信终端设备制造	5 533	5 180			
智能消费设备制造	9 483	10 000			5 750
智能车载设备制造	9 483	10 000			5 750
电子器件制造	110 733	33 938			14 158
光电子器件制造	110 733	33 938			14 158
电子元件及电子专用材料制造	2 297	2 500			1 500
电子专用材料制造	1 051	1 000			
其他电子元件制造	1 245	1 500			1 500

3-3 分行业规模以上工业企业主要经济指标（五十五）

单位：万元

指标名称	所有者权益合计	实收资本	国家资本	集体资本	法人资本
仪器仪表制造业	119 839	49 531	6 341	4 359	10 897
通用仪器仪表制造	26 068	13 933			300
工业自动控制系统装置制造	7 206	3 729			300
电工仪器仪表制造	6 574	3 300			
实验分析仪器制造	1 860	100			
其他通用仪器制造	10 428	6 804			
专用仪器仪表制造	91 190	33 247	6 341	4 359	9 296
地质勘探和地震专用仪器制造	91 190	33 247	6 341	4 359	9 296
光学仪器制造	912	1 000			1 000
衡器制造	456	301			301
其他仪器仪表制造业	1 213	1 050			
其他制造业	2 491	2 219			589
日用杂品制造	1 995	1 722			322
鬃毛加工、制刷及清扫工具制造	1 672	1 400			
其他日用杂品制造	322	322			322
废弃资源综合利用业	29 287	28 378			6 918
金属废料和碎屑加工处理	3 982	1 968			968
非金属废料和碎屑加工处理	25 306	26 409			5 950
金属制品、机械和设备修理业	7 867	3 234			3 000
通用设备修理	512	234			
电气设备修理	7 355	3 000			3 000
电力、热力、燃气及水生产和供应业	**2 137 333**	**1 588 029**	**373 920**	**12 349**	**1 098 268**
电力、热力生产和供应业	1 754 462	1 281 433	316 826	11 010	913 098
电力生产	669 655	606 144	236 958	500	351 185
火力发电	4 966	8 645			8 645
热电联产	223 854	264 986	150 528	500	113 958
水力发电	–6 174	2 843	2 843		
风力发电	33 391	26 960	20 460		6 500
太阳能发电	320 035	241 078	18 495		222 082
生物质能发电	93 583	61 632	44 632		
电力供应	697 292	366 612			366 612
热力生产和供应	387 516	308 678	79 868	10 510	195 300
燃气生产和供应业	223 163	178 968	27 792	1 339	93 101
燃气生产和供应业	223 163	178 968	27 792	1 339	93 101
天然气生产和供应业	223 163	178 968	27 792	1 339	93 101
水的生产和供应业	159 709	127 628	29 302		92 070
自来水生产和供应	133 689	99 610	4 302		90 402
污水处理及其再生利用	32 575	26 718	25 000		1 668
其他水的处理、利用与分配	–6 555	1 300			

3-3 分行业规模以上工业企业主要经济指标（五十六）

单位：万元

指标名称	所有者权益合计			营业收入	
	实收资本				
	个人资本	港澳台资本	外商资本		主营业务收入
全市	**2 234 735**	**391 603**	**561 587**	**40 720 190**	**39 553 112**
采矿业	**3 296**	**10 000**		**352 201**	**347 582**
煤炭开采和洗选业				1 194	
烟煤和无烟煤开采洗选				1 194	
黑色金属矿采选业	1 500	10 000		248 912	248 841
铁矿采选	1 500	10 000		248 912	248 841
非金属矿采选业	1 796			102 095	98 742
土砂石开采	1 630			66 543	63 190
石灰石、石膏开采				1 788	1 387
建筑装饰用石开采				5 545	5 433
耐火土石开采				39 986	39 986
粘土及其他土砂石开采	1 630			19 224	16 383
石棉及其他非金属矿采选	166			35 551	35 551
其他未列明非金属矿采选	166			35 551	35 551
制造业	**2 188 067**	**345 197**	**539 173**	**36 341 520**	**35 245 021**
农副食品加工业	56 531	938	1 610	1 856 485	1 847 245
谷物磨制				36 520	36 448
小麦加工				36 520	36 448
饲料加工	21 052			390 998	382 182
其他饲料加工	21 052			390 998	382 182
植物油加工	2 518			29 874	29 874
食用植物油加工	2 434			24 243	24 243
非食用植物油加工	84			5 631	5 631
屠宰及肉类加工	21 711		1 610	1 281 250	1 280 920
牲畜屠宰	4 117			873 704	873 582
禽类屠宰	7 768			180 272	180 270
肉制品及副产品加工	9 827		1 610	227 274	227 068
蔬菜、菌类、水果和坚果加工	8 750	145		88 588	88 565
蔬菜加工	2 560			33 557	33 548
水果和坚果加工	6 190	145		55 031	55 018
其他农副食品加工	2 500	793		29 256	29 256
淀粉及淀粉制品制造	800			2 057	2 057
豆制品制造	1 700	793		5 841	5 841
其他未列明农副食品加工				21 357	21 357
食品制造业	71 611	7 200	215	706 448	678 555
焙烤食品制造	4 400			14 053	14 053
糕点、面包制造	100			3 226	3 226
饼干及其他焙烤食品制造	4 300			10 827	10 827

3-3 分行业规模以上工业企业主要经济指标（五十七）

单位：万元

指标名称	所有者权益合计			营业收入	主营业务收入
	实收资本				
	个人资本	港澳台资本	外商资本		
糖果、巧克力及蜜饯制造	32 250	7 200		233 657	229 767
糖果、巧克力制造	31 450	7 200		229 506	225 616
蜜饯制作	800			4 151	4 151
方便食品制造	1 540			149 950	147 621
米、面制品制造	1 440			25 969	25 969
方便面制造				59 713	58 606
其他方便食品制造	100			64 269	63 046
乳制品制造				117 726	97 556
液体乳制造				117 726	97 556
罐头食品制造	7 130			64 142	63 683
蔬菜、水果罐头制造	7 130			21 170	21 122
其他罐头食品制造				42 972	42 562
调味品、发酵制品制造	12 986			75 132	74 638
酱油、食醋及类似制品制造				6 256	6 134
其他调味品、发酵制品制造	12 986			68 876	68 504
其他食品制造	13 305		215	51 787	51 237
保健食品制造	13 165			39 091	38 609
食品及饲料添加剂制造	100		215	5 529	5 529
其他未列明食品制造	40			7 168	7 099
酒、饮料和精制茶制造业	20 346		399 490	457 453	444 333
酒的制造	19 046		35 970	122 087	117 451
白酒制造	16 621			34 302	33 978
啤酒制造			35 970	74 646	71 596
其他酒制造	2 425			13 140	11 878
饮料制造	1 300		363 520	335 366	326 882
瓶（罐）装饮用水制造	300			2 013	2 013
果菜汁及果菜汁饮料制造	1 000		361 440	35 928	35 326
含乳饮料和植物蛋白饮料制造			2 080	294 860	286 978
固体饮料制造				2 565	2 565
烟草制品业				521 524	452 676
卷烟制造				521 524	452 676
纺织业	216 912			1 314 594	1 303 058
棉纺织及印染精加工	73 562			316 989	307 422
棉纺纱加工	39 036			112 431	107 414
棉织造加工	31 595			142 746	138 197
棉印染精加工	2 931			61 811	61 811
毛纺织及染整精加工	96 298			315 031	314 434
毛条和毛纱线加工	95 723			265 334	264 738
毛织造加工	575			49 696	49 696

3-3 分行业规模以上工业企业主要经济指标（五十八）

单位：万元

指标名称	所有者权益合计			营业收入	主营业务收入
	实收资本				
	个人资本	港澳台资本	外商资本		
化纤织造及印染精加工	4 930			86 037	86 037
化纤织造加工	4 930			83 059	83 059
化纤织物染整精加工				2 978	2 978
针织或钩针编织物及其制品制造	250			24 661	24 661
针织或钩针编织物织造	250			11 418	11 418
针织或钩针编织品制造				13 243	13 243
家用纺织制成品制造	34 058			490 731	489 818
床上用品制造	4 750			70 738	69 884
毛巾类制品制造	24 918			385 070	385 028
其他家用纺织制成品制造	4 390			34 924	34 905
产业用纺织制成品制造	7 815			81 146	80 687
非织造布制造	6 515			50 153	50 144
绳、索、缆制造	1 000			3 592	3 582
纺织带和帘子布制造				3 851	3 851
篷、帆布制造				7 301	7 300
其他产业用纺织制成品制造	300			16 251	15 810
纺织服装、服饰业	4 250			80 226	77 467
机织服装制造	210			21 000	18 511
运动机织服装制造	10			6 712	6 712
其他机织服装制造	200			14 288	11 799
针织或钩针编织服装制造	2 200			33 487	33 224
运动休闲针织服装制造	2 200			3 565	3 491
其他针织或钩针编织服装制造				29 921	29 733
服饰制造	1 840			25 739	25 733
皮革、毛皮、羽毛及其制品和制鞋业	7 427		83	130 023	129 793
皮革鞣制加工				3 139	3 139
皮革制品制造	3 846			71 370	71 141
皮箱、包（袋）制造	3 731			64 578	64 349
皮手套及皮装饰制品制造	115			6 792	6 792
毛皮鞣制及制品加工	3 580		83	48 559	48 559
毛皮鞣制加工	3 080		83	14 677	14 677
毛皮服装加工	500			33 882	33 882
制鞋业				6 955	6 955
橡胶鞋制造				6 955	6 955
木材加工和木、竹、藤、棕、草制品业	23 205			142 207	142 207
木材加工	5			3 035	3 035
单板加工	5			3 035	3 035
人造板制造	23 200			136 878	136 878
纤维板制造	1 200			74 202	74 202

3-3　分行业规模以上工业企业主要经济指标（五十九）

单位：万元

指标名称	所有者权益合计			营业收入	主营业务收入
	实收资本				
	个人资本	港澳台资本	外商资本		
刨花板制造	20 000			48 556	48 556
其他人造板制造	2 000			14 119	14 119
木质制品制造				2 294	2 294
木地板制造				2 294	2 294
家具制造业	8 145			14 118	14 118
木质家具制造	8 095			13 352	13 352
金属家具制造	50			766	766
造纸和纸制品业	59 418		3 068	1 311 461	1 305 799
造纸	29 248			517 215	513 547
机制纸及纸板制造	28 648			513 923	510 255
加工纸制造	600			3 292	3 292
纸制品制造	30 171		3 068	794 246	792 252
纸和纸板容器制造	9 382		3 068	115 372	114 896
其他纸制品制造	20 789			678 874	677 356
印刷和记录媒介复制业	27 981			224 424	218 041
印刷	27 981			224 424	218 041
书、报刊印刷	3 123			99 651	95 587
包装装潢及其他印刷	24 859			124 774	122 455
文教、工美、体育和娱乐用品制造业	46 145			235 138	231 668
文教办公用品制造	2 324			11 847	11 847
其他文教办公用品制造	2 324			11 847	11 847
工艺美术及礼仪用品制造	43 821			215 195	211 725
雕塑工艺品制造	24 795			149 229	149 229
金属工艺品制造	2 000			6 214	6 214
天然植物纤维编织工艺品制造	420			3 372	3 372
地毯、挂毯制造	1 000			29 933	29 933
其他工艺美术及礼仪用品制造	15 606			26 446	22 976
体育用品制造				8 096	8 096
健身器材制造				5 847	5 847
运动防护用具制造				2 249	2 249
石油、煤炭及其他燃料加工业	5 215			58 803	56 291
精炼石油产品制造	3 100			20 216	17 704
原油加工及石油制品制造	3 100			20 216	17 704
煤炭加工	2 115			38 587	38 587
煤制品制造	2 115			38 587	38 587
化学原料和化学制品制造业	135 246	26 392		694 907	654 733
基础化学原料制造	4 000			10 713	9 617
无机盐制造				3 142	2 110

3-3 分行业规模以上工业企业主要经济指标（六十）

单位：万元

指标名称	所有者权益合计			营业收入	
	实收资本				
	个人资本	港澳台资本	外商资本		主营业务收入
有机化学原料制造				4 156	4 156
其他基础化学原料制造	4 000			3 416	3 351
肥料制造	10 174	26 392		139 989	135 533
氮肥制造	10 174	26 392		82 711	78 650
复混肥料制造				46 520	46 125
有机肥料及微生物肥料制造				10 758	10 758
农药制造				13 037	13 015
生物化学农药及微生物农药制造				13 037	13 015
涂料、油墨、颜料及类似产品制造	90 597			218 527	185 630
涂料制造	90 397			203 183	170 286
油墨及类似产品制造	200			15 344	15 344
合成材料制造	7 497			83 508	83 508
初级形态塑料及合成树脂制造	600			9 380	9 380
合成纤维单（聚合）体制造	6 897			69 714	69 714
其他合成材料制造				4 415	4 415
专用化学产品制造	22 210			149 977	148 745
化学试剂和助剂制造	2 200			44 099	44 099
林产化学产品制造	555			7 801	7 801
文化用信息化学品制造	88			6 355	6 204
医学生产用信息化学品制造	14 327			79 042	77 960
环境污染处理专用药剂材料制造	40			4 706	4 706
其他专用化学产品制造	5 000			7 974	7 974
炸药、火工及焰火产品制造				8 922	8 897
炸药及火工产品制造				8 922	8 897
日用化学产品制造	768			70 234	69 788
其他日用化学产品制造	768			70 234	69 788
医药制造业	113 315			1 404 275	1 392 872
化学药品制剂制造	2 100			122 432	122 236
中药饮片加工	80 101			949 057	948 996
中成药生产	20 114			147 282	143 860
兽用药品制造	7 437			90 984	90 528
生物药品制品制造	2 742			73 171	65 903
生物药品制造	2 742			73 171	65 903
卫生材料及医药用品制造	822			21 349	21 349
化学纤维制造业	19 361			56 282	51 072
合成纤维制造	19 361			20 914	20 914
涤纶纤维制造				8 616	8 616
氨纶纤维制造	19 361			12 298	12 298

3-3 分行业规模以上工业企业主要经济指标（六十一）

单位：万元

指标名称	所有者权益合计			营业收入	主营业务收入
	实收资本				
	个人资本	港澳台资本	外商资本		
生物基材料制造				35 368	30 158
生物基化学纤维制造				35 368	30 158
橡胶和塑料制品业	184 279		30 118	1 102 881	1 043 938
橡胶制品业	92 929		118	332 162	317 474
橡胶板、管、带制造	83 637			286 740	283 684
橡胶零件制造	8 214			20 393	20 079
运动场地用塑胶制造	200		118	5 818	5 818
其他橡胶制品制造	879			19 211	7 893
塑料制品业	91 350		30 000	770 719	726 464
塑料薄膜制造	31 213			200 018	181 913
塑料板、管、型材制造	35 110		10 000	196 205	189 336
塑料丝、绳及编织品制造				35 627	35 627
泡沫塑料制造	10 473			93 556	75 462
塑料人造革、合成革制造	3 021			26 525	26 525
塑料包装箱及容器制造	580			5 366	5 039
日用塑料制品制造	500			2 057	2 057
塑料零件及其他塑料制品制造	10 454		20 000	211 366	210 507
非金属矿物制品业	188 296			2 201 276	2 193 994
水泥、石灰和石膏制造	8 452			539 856	536 392
水泥制造	5 852			480 942	477 479
石灰和石膏制造	2 600			58 913	58 913
石膏、水泥制品及类似制品制造	109 740			1 296 912	1 294 510
水泥制品制造	104 773			1 212 053	1 210 453
砼结构构件制造	4 187			57 115	56 313
轻质建筑材料制造	430			7 866	7 866
其他水泥类似制品制造	350			19 879	19 879
砖瓦、石材等建筑材料制造	58 252			233 558	233 516
粘土砖瓦及建筑砌块制造	2 785			10 933	10 929
建筑用石加工	14 382			79 498	79 498
防水建筑材料制造	14 785			66 598	66 583
隔热和隔音材料制造				8 685	8 662
其他建筑材料制造	26 300			67 844	67 844
玻璃制造	1 100			6 931	6 931
特种玻璃制造	1 100			6 931	6 931
玻璃制品制造	2 653			63 474	62 394
技术玻璃制品制造	1 623			60 656	59 577
日用玻璃制品制造	1 030			2 819	2 817
陶瓷制品制造				6 990	6 990
建筑陶瓷制品制造				6 990	6 990

3-3 分行业规模以上工业企业主要经济指标（六十二）

单位：万元

指标名称	所有者权益合计			营业收入	主营业务收入
	实收资本				
	个人资本	港澳台资本	外商资本		
耐火材料制品制造	1 000			6 674	6 383
耐火陶瓷制品及其他耐火材料制造	1 000			6 674	6 383
石墨及其他非金属矿物制品制造	7 100			46 883	46 879
石墨及碳素制品制造	7 000			29 554	29 550
其他非金属矿物制品制造	100			17 329	17 329
黑色金属冶炼和压延加工业	3 810			157 394	156 988
钢压延加工	1 000			140 744	140 339
铁合金冶炼	2 810			16 650	16 650
有色金属冶炼和压延加工业	84 650		34 804	1 492 648	1 462 858
常用有色金属冶炼	3 300			59 089	59 089
铅锌冶炼	3 300			47 315	47 315
铝冶炼				11 774	11 774
有色金属合金制造	68 655			802 425	797 161
有色金属压延加工	12 695		34 804	631 134	606 609
铜压延加工	9 533			188 574	188 539
铝压延加工	2 862		34 804	403 862	379 388
稀有稀土金属压延加工				26 968	26 950
其他有色金属压延加工	300			11 730	11 730
金属制品业	201 202		9 601	1 289 180	1 251 676
结构性金属制品制造	104 920			476 708	469 326
金属结构制造	73 095			300 294	294 572
金属门窗制造	31 825			176 415	174 754
金属工具制造				2 007	2 005
切削工具制造				2 007	2 005
集装箱及金属包装容器制造	1 000			4 733	4 722
金属包装容器及材料制造	1 000			4 733	4 722
金属丝绳及其制品制造	71 713			261 207	251 414
建筑、安全用金属制品制造				8 982	8 910
安全、消防用金属制品制造				8 982	8 910
金属表面处理及热处理加工	3 500			17 626	17 626
金属制日用品制造	1 437			13 184	8 365
金属制厨房用器具制造	732			8 192	3 373
金属制餐具和器皿制造	705			4 993	4 993
铸造及其他金属制品制造	18 632		9 601	504 732	489 307
黑色金属铸造	10 010		9 601	180 006	179 516
有色金属铸造	500			9 797	9 797
锻件及粉末冶金制品制造	5 200			296 871	281 973
交通及公共管理用金属标牌制造	622			2 775	2 775
其他未列明金属制品制造	2 300			15 285	15 246

3-3 分行业规模以上工业企业主要经济指标（六十三）

单位：万元

指标名称	所有者权益合计 实收资本 个人资本	港澳台资本	外商资本	营业收入	主营业务收入
通用设备制造业	88 457	300	7 390	430 401	425 464
锅炉及原动设备制造	19 915			29 085	25 952
锅炉及辅助设备制造	19 915			8 985	8 283
内燃机及配件制造				2 860	2 860
风能原动设备制造				17 240	14 809
金属加工机械制造	6 773		1 174	79 266	77 952
金属成形机床制造	1 200			2 086	2 086
铸造机械制造	4 373			28 953	28 953
机床功能部件及附件制造			1 174	44 224	42 910
其他金属加工机械制造	1 200			4 003	4 003
物料搬运设备制造	9 668			81 084	81 084
轻小型起重设备制造	7 198			54 121	54 121
生产专用起重机制造	2 470			25 809	25 809
连续搬运设备制造				1 154	1 154
泵、阀门、压缩机及类似机械制造	34 305	300	6 216	130 039	129 687
泵及真空设备制造	32 705	300	6 216	97 845	97 696
阀门和旋塞制造	300			22 843	22 843
液压动力机械及元件制造	1 300			9 350	9 148
轴承、齿轮和传动部件制造	1 450			15 832	15 799
滚动轴承制造	650			12 463	12 463
齿轮及齿轮减、变速箱制造	800			3 370	3 336
烘炉、风机、包装等设备制造	6 580			20 251	20 251
风机、风扇制造	580			17 019	17 019
制冷、空调设备制造	6 000			3 231	3 231
通用零部件制造	9 657			56 867	56 763
弹簧制造	800			6 230	6 230
机械零部件加工	2 857			38 563	38 458
其他通用零部件制造	6 000			12 074	12 074
其他通用设备制造业	110			17 978	17 978
工业机器人制造	10			2 875	2 875
其他未列明通用设备制造业	100			15 103	15 103
专用设备制造业	56 474		7 165	530 231	524 314
采矿、冶金、建筑专用设备制造	9 606		1 295	73 871	73 460
矿山机械制造	3 000			5 918	5 918
石油钻采专用设备制造				2 563	2 563
建筑材料生产专用机械制造	100			9 838	9 835
冶金专用设备制造	6 506		1 295	55 553	55 145
化工、木材、非金属加工专用设备制造	4 000			5 907	5 785
炼油、化工生产专用设备制造	4 000			1 468	1 468
模具制造				4 439	4 317

3-3 分行业规模以上工业企业主要经济指标（六十四）

单位：万元

指标名称	所有者权益合计			营业收入	主营业务收入
	实收资本				
	个人资本	港澳台资本	外商资本		
食品、饮料、烟草及饲料生产专用设备制造			3 800	10 581	10 575
农副食品加工专用设备制造			3 800	10 581	10 575
电子和电工机械专用设备制造	546			37 822	37 256
电工机械专用设备制造				4 758	4 192
半导体器件专用设备制造				29 740	29 740
电子元器件与机电组件设备制造	546			3 324	3 324
农、林、牧、渔专用机械制造	8 100			143 982	140 981
拖拉机制造				7 593	7 310
机械化农业及园艺机具制造	7 500			120 974	118 257
农林牧渔机械配件制造	600			15 414	15 414
医疗仪器设备及器械制造	9 950			128 632	128 632
医疗诊断、监护及治疗设备制造	1 050			90 528	90 528
医疗实验室及医用消毒设备和器具制造				14 732	14 732
医疗、外科及兽医用器械制造				3 886	3 886
其他医疗设备及器械制造	8 900			19 486	19 486
环保、邮政、社会公共服务及其他专用设备制造	24 272		2 070	129 437	127 624
环境保护专用设备制造	19 312			82 844	81 812
地质勘查专用设备制造				3 841	3 432
社会公共安全设备及器材制造	1 000			1 591	1 591
交通安全、管制及类似专用设备制造				16 026	15 707
其他专用设备制造	3 960		2 070	25 136	25 083
汽车制造业	149 056	310 367	15 706	15 997 457	15 413 085
汽车整车制造	102 121	309 954	8 682	10 461 481	10 064 365
汽柴油车整车制造	102 121	309 954	8 682	10 461 481	10 064 365
改装汽车制造	118			37 323	36 418
汽车车身、挂车制造	2 700			23 618	23 618
汽车零部件及配件制造	44 116	413	7 023	5 475 035	5 288 685
铁路、船舶、航空航天和其他运输设备制造业	48			306 154	301 268
铁路运输设备制造	48			46 219	41 924
高铁设备、配件制造				30 797	26 502
铁路机车车辆配件制造	48			2 992	2 992
铁路专用设备及器材、配件制造				12 431	12 431
城市轨道交通设备制造				164 873	164 637
航空、航天器及设备制造				95 063	94 707
飞机制造				81 217	80 867
航天相关设备制造				9 791	9 786
其他航空航天器制造				4 054	4 054
电气机械和器材制造业	332 443		18 788	3 259 227	3 124 788
电机制造	850		1 195	185 056	172 834

3-3 分行业规模以上工业企业主要经济指标（六十五）

单位：万元

指标名称	所有者权益合计			营业收入	主营业务收入
	实收资本				
	个人资本	港澳台资本	外商资本		
发电机及发电机组制造			1 195	172 502	160 280
电动机制造	850			12 554	12 554
输配电及控制设备制造	246 707		9 606	1 554 903	1 445 026
变压器、整流器和电感器制造	117 976			704 746	623 783
电容器及其配套设备制造				11 196	11 196
配电开关控制设备制造	47 219		9 606	218 977	196 542
电力电子元器件制造	23 356			77 646	73 881
光伏设备及元器件制造	15 094			372 615	372 569
其他输配电及控制设备制造	43 062			169 723	167 056
电线、电缆、光缆及电工器材制造	76 042			496 555	495 570
电线、电缆制造	30 306			338 638	337 677
绝缘制品制造	32 985			118 356	118 331
其他电工器材制造	12 750			39 562	39 562
电池制造			7 987	949 506	938 150
铅蓄电池制造				6 447	6 447
其他电池制造			7 987	943 059	931 703
非电力家用器具制造	2 900			44 655	44 655
燃气及类似能源家用器具制造	2 900			44 655	44 655
照明器具制造	2 007			5 775	5 775
照明灯具制造	2 007			5 775	5 775
其他电气机械及器材制造	3 937			22 778	22 778
电气信号设备装置制造	3 937			15 159	15 159
其他未列明电气机械及器材制造				7 620	7 620
计算机、通信和其他电子设备制造业	44 125			106 394	105 186
计算机制造	632			25 931	25 931
计算机零部件制造	500			11 981	11 981
计算机外围设备制造	132			11 644	11 644
工业控制计算机及系统制造				2 306	2 306
通信设备制造	18 464			55 401	54 704
通信系统设备制造	13 284			52 381	51 684
通信终端设备制造	5 180			3 020	3 020
智能消费设备制造	4 250			2 123	2 088
智能车载设备制造	4 250			2 123	2 088
电子器件制造	19 780			16 137	15 661
光电子器件制造	19 780			16 137	15 661
电子元件及电子专用材料制造	1 000			6 802	6 802
电子专用材料制造	1 000			3 736	3 736
其他电子元件制造				3 066	3 066

3-3 分行业规模以上工业企业主要经济指标（六十六）

单位：万元

指标名称	所有者权益合计			营业收入	主营业务收入
	实收资本				
	个人资本	港澳台资本	外商资本		
仪器仪表制造业	16 797		11 137	146 568	128 205
通用仪器仪表制造	13 633			41 972	41 568
工业自动控制系统装置制造	3 429			13 403	13 162
电工仪器仪表制造	3 300			8 708	8 545
实验分析仪器制造	100			4 617	4 617
其他通用仪器制造	6 804			15 244	15 244
专用仪器仪表制造	2 114		11 137	89 390	71 432
地质勘探和地震专用仪器制造	2 114		11 137	89 390	71 432
光学仪器制造				8 445	8 445
衡器制造				3 804	3 804
其他仪器仪表制造业	1 050			2 957	2 957
其他制造业	1 630			13 861	13 861
日用杂品制造	1 400			9 331	9 331
鬃毛加工、制刷及清扫工具制造	1 400			6 999	6 999
其他日用杂品制造				2 332	2 332
废弃资源综合利用业	21 459			89 530	89 518
金属废料和碎屑加工处理	1 000			74 760	74 747
非金属废料和碎屑加工处理	20 459			14 770	14 770
金属制品、机械和设备修理业	234			9 951	9 951
通用设备修理	234			2 685	2 685
电气设备修理				7 266	7 266
电力、热力、燃气及水生产和供应业	**43 372**	**36 406**	**22 414**	**4 026 470**	**3 960 509**
电力、热力生产和供应业	23 500	17 000		3 104 888	3 073 027
电力生产	500	17 000		806 565	781 068
火力发电				13 614	13 614
热电联产				552 185	546 912
水力发电				2 742	2 742
风力发电				17 615	17 615
太阳能发电	500			171 847	151 716
生物质能发电		17 000		48 563	48 469
电力供应				2 067 487	2 065 986
热力生产和供应	23 000			230 836	225 974
燃气生产和供应业	19 822	14 500	22 414	776 385	745 590
燃气生产和供应业	19 822	14 500	22 414	776 385	745 590
天然气生产和供应业	19 822	14 500	22 414	776 385	745 590
水的生产和供应业	50	4 906		145 197	141 892
自来水生产和供应		4 906		104 173	102 282
污水处理及其再生利用	50			29 923	29 923
其他水的处理、利用与分配				11 100	9 687

3–3 分行业规模以上工业企业主要经济指标（六十七）

单位：万元

指标名称	营业成本	税金及附加	销售费用	管理费用	研发费用
全市	**35 783 427**	**709 010**	**1 173 975**	**1 256 706**	**702 915**
采矿业	**253 923**	**10 385**	**6 550**	**19 732**	
煤炭开采和洗选业	953	18	45	264	
烟煤和无烟煤开采洗选	953	18	45	264	
黑色金属矿采选业	171 840	5 609	3 730	11 876	
铁矿采选	171 840	5 609	3 730	11 876	
非金属矿采选业	81 131	4 758	2 775	7 592	
土砂石开采	49 102	4 680	578	6 517	
石灰石、石膏开采	889	724	3	426	
建筑装饰用石开采	2 834	451		1 124	
耐火土石开采	30 549	2 940	495	1 426	
粘土及其他土砂石开采	14 830	567	79	3 541	
石棉及其他非金属矿采选	32 029	78	2 198	1 075	
其他未列明非金属矿采选	32 029	78	2 198	1 075	
制造业	**31 723 927**	**676 758**	**1 137 244**	**1 135 827**	**688 105**
农副食品加工业	1 766 416	2 216	18 635	20 575	2 793
谷物磨制	31 013	83	834	842	
小麦加工	31 013	83	834	842	
饲料加工	344 685	321	9 411	3 707	728
其他饲料加工	344 685	321	9 411	3 707	728
植物油加工	28 187	31	253	298	260
食用植物油加工	23 026	26	85	286	260
非食用植物油加工	5 161	5	168	12	
屠宰及肉类加工	1 258 526	1 031	5 358	10 966	1 728
牲畜屠宰	864 869	277	1 345	4 047	1 102
禽类屠宰	170 441	189	677	3 191	82
肉制品及副产品加工	223 216	565	3 336	3 728	544
蔬菜、菌类、水果和坚果加工	76 321	686	2 490	3 835	24
蔬菜加工	29 881	140	689	1 271	
水果和坚果加工	46 440	546	1 801	2 564	24
其他农副食品加工	27 683	64	289	928	53
淀粉及淀粉制品制造	1 842	2	22	54	53
豆制品制造	5 042	40	82	512	
其他未列明农副食品加工	20 800	23	185	362	
食品制造业	546 106	4 542	65 961	29 185	11 576
焙烤食品制造	11 175	50	996	1 306	84
糕点、面包制造	2 794	41	117	418	
饼干及其他焙烤食品制造	8 381	9	879	888	84

3-3 分行业规模以上工业企业主要经济指标（六十八）

单位：万元

指标名称	营业成本	税金及附加	销售费用	管理费用	研发费用
糖果、巧克力及蜜饯制造	164 418	1 716	15 059	6 320	6 144
糖果、巧克力制造	160 419	1 712	15 057	6 264	6 144
蜜饯制作	3 998	5	2	56	
方便食品制造	118 152	882	20 529	4 681	252
米、面制品制造	24 387	19	204	352	
方便面制造	52 068	430	5 276	1 893	
其他方便食品制造	41 697	433	15 049	2 435	252
乳制品制造	98 763	529	8 908	3 777	2 700
液体乳制造	98 763	529	8 908	3 777	2 700
罐头食品制造	51 417	428	2 807	2 674	343
蔬菜、水果罐头制造	16 958	137	1 583	1 794	343
其他罐头食品制造	34 459	291	1 224	880	
调味品、发酵制品制造	61 957	470	5 710	5 923	813
酱油、食醋及类似制品制造	4 749	45	1 202	1 395	168
其他调味品、发酵制品制造	57 209	426	4 507	4 528	645
其他食品制造	40 224	467	11 953	4 505	1 240
保健食品制造	29 725	409	11 196	3 607	979
食品及饲料添加剂制造	4 365	32	365	534	261
其他未列明食品制造	6 134	26	393	363	
酒、饮料和精制茶制造业	350 923	15 122	20 200	13 315	687
酒的制造	86 228	13 655	7 184	8 054	516
白酒制造	16 022	6 958	5 336	3 291	516
啤酒制造	60 009	5 358	1 842	4 125	
其他酒制造	10 196	1 339	6	638	
饮料制造	264 695	1 467	13 016	5 261	172
瓶（罐）装饮用水制造	1 376	75	293	235	
果菜汁及果菜汁饮料制造	24 683	318	1 491	1 455	
含乳饮料和植物蛋白饮料制造	236 378	1 068	11 083	3 518	172
固体饮料制造	2 258	6	148	54	
烟草制品业	181 524	289 501	1 932	59 430	
卷烟制造	181 524	289 501	1 932	59 430	
纺织业	1 181 518	6 072	17 045	27 494	6 142
棉纺织及印染精加工	293 440	1 782	3 563	4 725	2 105
棉纺纱加工	102 241	932	1 034	792	1 645
棉织造加工	131 120	380	2 191	2 692	460
棉印染精加工	60 078	470	338	1 241	
毛纺织及染整精加工	285 179	2 079	2 982	7 930	367
毛条和毛纱线加工	242 863	1 972	2 910	7 500	367
毛织造加工	42 316	108	72	430	

3-3　分行业规模以上工业企业主要经济指标（六十九）

单位：万元

指标名称	营业成本	税金及附加	销售费用	管理费用	研发费用
化纤织造及印染精加工	78 174	266	421	955	
化纤织造加工	75 433	241	395	929	
化纤织物染整精加工	2 741	25	27	26	
针织或钩针编织物及其制品制造	22 990	98	207	411	
针织或钩针编织物织造	10 303	71	47	197	
针织或钩针编织品制造	12 687	27	161	214	
家用纺织制成品制造	433 215	1 470	7 426	7 051	2 940
床上用品制造	57 675	453	1 798	1 845	
毛巾类制品制造	347 417	932	4 807	4 375	2 940
其他家用纺织制成品制造	28 124	86	821	832	
产业用纺织制成品制造	68 521	378	2 445	6 422	731
非织造布制造	43 816	112	2 222	1 666	621
绳、索、缆制造	3 345	23	6	48	
纺织带和帘子布制造	3 299	8	158	253	
篷、帆布制造	4 197	162		2 691	
其他产业用纺织制成品制造	13 865	73	59	1 765	109
纺织服装、服饰业	62 986	563	2 885	7 592	2 581
机织服装制造	15 410	146	447	827	653
运动机织服装制造	5 949	2	193	354	
其他机织服装制造	9 461	145	254	473	653
针织或钩针编织服装制造	27 776	235	1 234	2 623	1 438
运动休闲针织服装制造	2 891	35		215	192
其他针织或钩针编织服装制造	24 885	200	1 234	2 408	1 245
服饰制造	19 800	181	1 204	4 142	490
皮革、毛皮、羽毛及其制品和制鞋业	114 127	964	2 858	3 950	896
皮革鞣制加工	2 916	43		27	
皮革制品制造	62 501	274	2 708	2 779	567
皮箱、包（袋）制造	56 542	250	2 496	2 398	567
皮手套及皮装饰制品制造	5 959	24	213	382	
毛皮鞣制及制品加工	43 333	588	38	800	
毛皮鞣制加工	14 057	36	13	387	
毛皮服装加工	29 276	552	25	413	
制鞋业	5 377	60	112	345	329
橡胶鞋制造	5 377	60	112	345	329
木材加工和木、竹、藤、棕、草制品业	125 868	588	3 284	3 143	1 639
木材加工	3 024	3	0.1	0.2	
单板加工	3 024	3	0.1	0.2	
人造板制造	121 094	571	3 124	2 818	1 639
纤维板制造	68 751	276	901	1 311	

3-3 分行业规模以上工业企业主要经济指标（七十）

单位：万元

指标名称	营业成本	税金及附加	销售费用	管理费用	研发费用
刨花板制造	39 867	230	1 401	995	1 639
其他人造板制造	12 477	65	823	512	
木质制品制造	1 751	14	160	325	
木地板制造	1 751	14	160	325	
家具制造业	11 206	178	479	710	359
木质家具制造	10 586	155	466	690	359
金属家具制造	620	23	13	20	
造纸和纸制品业	1 157 062	7 614	11 147	49 573	12 232
造纸	414 808	4 220	979	36 971	3 773
机制纸及纸板制造	411 654	4 206	951	36 901	3 773
加工纸制造	3 154	14	28	70	
纸制品制造	742 254	3 394	10 169	12 602	8 459
纸和纸板容器制造	108 165	283	772	3 370	1 509
其他纸制品制造	634 090	3 110	9 396	9 232	6 950
印刷和记录媒介复制业	185 123	1 483	5 641	19 419	2 196
印刷	185 123	1 483	5 641	19 419	2 196
书、报刊印刷	72 833	1 174	2 260	16 686	426
包装装潢及其他印刷	112 291	309	3 382	2 734	1 770
文教、工美、体育和娱乐用品制造业	193 795	3 147	11 258	10 031	1 207
文教办公用品制造	8 473	28	358	566	
其他文教办公用品制造	8 473	28	358	566	
工艺美术及礼仪用品制造	178 113	3 089	10 560	9 268	1 128
雕塑工艺品制造	124 957	2 704	7 918	6 890	203
金属工艺品制造	5 752	16	0.2	160	162
天然植物纤维编织工艺品制造	2 485	24	211	530	
地毯、挂毯制造	25 663	76	1 245	177	
其他工艺美术及礼仪用品制造	19 257	268	1 186	1 512	764
体育用品制造	7 209	30	340	198	79
健身器材制造	5 595	22	9	10	79
运动防护用具制造	1 614	7	331	187	
石油、煤炭及其他燃料加工业	53 319	299	3 515	1 497	371
精炼石油产品制造	17 336	222	1 856	987	371
原油加工及石油制品制造	17 336	222	1 856	987	371
煤炭加工	35 982	78	1 659	510	
煤制品制造	35 982	78	1 659	510	
化学原料和化学制品制造业	551 610	6 408	39 432	44 533	12 723
基础化学原料制造	7 136	51	600	657	605
无机盐制造	2 544	16	342	131	

3-3 分行业规模以上工业企业主要经济指标（七十一）

单位：万元

指标名称	营业成本	税金及附加	销售费用	管理费用	研发费用
有机化学原料制造	3 288	5	31	213	365
其他基础化学原料制造	1 304	29	227	314	240
肥料制造	125 851	616	1 476	2 957	807
氮肥制造	74 641	258	76	1 913	807
复混肥料制造	41 214	352	1 023	915	
有机肥料及微生物肥料制造	9 996	6	376	129	
农药制造	7 922	50	573	1 209	870
生物化学农药及微生物农药制造	7 922	50	573	1 209	870
涂料、油墨、颜料及类似产品制造	190 760	3 534	15 571	14 184	2 373
涂料制造	176 057	3 484	15 429	13 965	2 373
油墨及类似产品制造	14 702	50	142	220	
合成材料制造	66 549	256	2 388	3 349	206
初级形态塑料及合成树脂制造	7 413	59	204	456	19
合成纤维单（聚合）体制造	55 973	187	1 622	2 754	
其他合成材料制造	3 163	10	562	139	188
专用化学产品制造	107 574	1 209	6 006	14 670	7 028
化学试剂和助剂制造	32 233	274	2 019	2 876	1 861
林产化学产品制造	7 141	23	60	196	87
文化用信息化学品制造	5 172	20	164	400	277
医学生产用信息化学品制造	53 587	624	2 696	10 183	4 423
环境污染处理专用药剂材料制造	3 530	235	188	209	150
其他专用化学产品制造	5 912	34	880	806	230
炸药、火工及焰火产品制造	7 767	32	436	1 620	177
炸药及火工产品制造	7 767	32	436	1 620	177
日用化学产品制造	38 052	660	12 382	5 887	658
其他日用化学产品制造	38 052	660	12 382	5 887	658
医药制造业	1 045 336	7 987	168 454	45 616	19 041
化学药品制剂制造	39 556	1 502	33 627	6 568	5 238
中药饮片加工	858 328	3 498	23 355	20 606	3 498
中成药生产	35 497	1 757	81 667	7 016	2 140
兽用药品制造	42 240	683	22 678	3 848	4 820
生物药品制品制造	51 922	445	5 949	6 186	3 280
生物药品制造	51 922	445	5 949	6 186	3 280
卫生材料及医药用品制造	17 793	103	1 179	1 392	66
化学纤维制造业	55 445	223	847	10 191	3 377
合成纤维制造	16 176	113	259	925	505
涤纶纤维制造	8 332	16	16	32	
氨纶纤维制造	7 844	97	243	894	505

3-3 分行业规模以上工业企业主要经济指标（七十二）

单位：万元

指标名称	营业成本	税金及附加	销售费用	管理费用	研发费用
生物基材料制造	39 269	110	588	9 266	2 873
生物基化学纤维制造	39 269	110	588	9 266	2 873
橡胶和塑料制品业	958 677	5 591	27 234	52 330	24 288
橡胶制品业	283 621	2 129	6 995	12 002	5 487
橡胶板、管、带制造	247 463	1 460	4 819	7 632	5 286
橡胶零件制造	16 386	134	1 130	1 622	163
运动场地用塑胶制造	4 337	44	116	1 212	
其他橡胶制品制造	15 435	491	929	1 536	39
塑料制品业	675 056	3 463	20 239	40 328	18 802
塑料薄膜制造	181 299	1 544	2 122	15 292	11 536
塑料板、管、型材制造	163 048	825	7 426	12 258	4 265
塑料丝、绳及编织品制造	32 666	96	794	159	1 055
泡沫塑料制造	83 480	346	1 389	3 299	488
塑料人造革、合成革制造	24 326	86	108	437	0.2
塑料包装箱及容器制造	4 912	10	64	166	
日用塑料制品制造	1 615	0.3	166	189	4
塑料零件及其他塑料制品制造	183 712	555	8 170	8 529	1 453
非金属矿物制品业	1 867 654	12 078	91 911	88 395	24 487
水泥、石灰和石膏制造	411 648	3 836	15 906	39 249	12 665
水泥制造	362 468	3 246	9 377	37 548	12 665
石灰和石膏制造	49 180	589	6 530	1 702	
石膏、水泥制品及类似制品制造	1 138 264	5 832	64 034	35 181	7 350
水泥制品制造	1 068 536	5 436	57 314	30 852	6 013
砼结构构件制造	45 069	336	4 946	3 652	1 337
轻质建筑材料制造	6 894	16	579	322	
其他水泥类似制品制造	17 765	44	1 196	355	
砖瓦、石材等建筑材料制造	200 178	1 971	8 878	9 575	2 673
粘土砖瓦及建筑砌块制造	8 302	62	1 204	966	
建筑用石加工	66 941	1 170	4 114	4 390	
防水建筑材料制造	59 337	376	1 709	1 056	1 612
隔热和隔音材料制造	7 483	31	57	206	368
其他建筑材料制造	58 114	332	1 794	2 958	694
玻璃制造	5 602	72	65	226	310
特种玻璃制造	5 602	72	65	226	310
玻璃制品制造	55 787	87	893	907	589
技术玻璃制品制造	53 367	60	877	654	589
日用玻璃制品制造	2 420	27	17	252	
陶瓷制品制造	6 959	1		185	412
建筑陶瓷制品制造	6 959	1		185	412

3-3 分行业规模以上工业企业主要经济指标（七十三）

单位：万元

指标名称	营业成本	税金及附加	销售费用	管理费用	研发费用
耐火材料制品制造	4 273	115	553	964	325
耐火陶瓷制品及其他耐火材料制造	4 273	115	553	964	325
石墨及其他非金属矿物制品制造	44 943	165	1 580	2 107	163
石墨及碳素制品制造	29 340	105	791	1 817	163
其他非金属矿物制品制造	15 603	60	789	290	
黑色金属冶炼和压延加工业	152 421	152	1 498	1 317	440
钢压延加工	136 796	117	1 040	982	440
铁合金冶炼	15 625	35	457	335	
有色金属冶炼和压延加工业	1 362 224	3 796	14 879	31 331	23 195
常用有色金属冶炼	49 917	78	692	618	1 342
铅锌冶炼	38 500	56	542	502	1 342
铝冶炼	11 417	22	151	116	
有色金属合金制造	715 713	1 801	6 639	19 098	8 388
有色金属压延加工	596 594	1 918	7 548	11 615	13 465
铜压延加工	185 851	174	547	847	
铝压延加工	377 375	1 657	6 761	9 737	12 379
稀有稀土金属压延加工	22 032	71	136	951	1 086
其他有色金属压延加工	11 335	16	104	80	
金属制品业	1 066 757	6 679	42 967	44 210	14 125
结构性金属制品制造	410 924	1 728	12 945	16 923	6 012
金属结构制造	268 971	1 007	4 902	12 487	2 562
金属门窗制造	141 953	721	8 042	4 435	3 450
金属工具制造	1 348	38	155	249	
切削工具制造	1 348	38	155	249	
集装箱及金属包装容器制造	4 089	20	91	241	
金属包装容器及材料制造	4 089	20	91	241	
金属丝绳及其制品制造	216 827	2 527	19 132	11 198	953
建筑、安全用金属制品制造	7 720	97	2	244	369
安全、消防用金属制品制造	7 720	97	2	244	369
金属表面处理及热处理加工	16 676	96	328	337	
金属制日用品制造	11 469	42	576	575	299
金属制厨房用器具制造	7 276	30	391	310	
金属制餐具和器皿制造	4 193	13	185	265	299
铸造及其他金属制品制造	397 704	2 131	9 739	14 444	6 492
黑色金属铸造	159 444	983	4 629	7 458	2 625
有色金属铸造	8 482	63	63	101	6
锻件及粉末冶金制品制造	213 659	1 021	4 680	6 127	3 550
交通及公共管理用金属标牌制造	2 509	5	4	215	4
其他未列明金属制品制造	13 610	60	364	543	307

3-3 分行业规模以上工业企业主要经济指标（七十四）

单位：万元

指标名称	营业成本	税金及附加	销售费用	管理费用	研发费用
通用设备制造业	348 925	2 572	16 627	20 390	8 954
锅炉及原动设备制造	23 995	358	1 299	1 697	1 550
锅炉及辅助设备制造	6 815	319	915	1 214	455
内燃机及配件制造	1 786	28	74	243	348
风能原动设备制造	15 394	12	309	240	747
金属加工机械制造	67 160	543	3 331	6 137	1 873
金属成形机床制造	1 259	41	44	123	335
铸造机械制造	24 184	27	1 837	3 673	509
机床功能部件及附件制造	38 226	440	1 422	2 128	1 029
其他金属加工机械制造	3 490	35	28	213	
物料搬运设备制造	67 282	349	2 652	1 526	1 008
轻小型起重设备制造	45 526	200	2 023	929	850
生产专用起重机制造	20 832	114	630	410	
连续搬运设备制造	925	34		187	157
泵、阀门、压缩机及类似机械制造	98 367	818	6 212	6 979	1 682
泵及真空设备制造	72 610	566	5 751	5 351	1 676
阀门和旋塞制造	21 365	121	372	438	6
液压动力机械及元件制造	4 392	132	89	1 189	
轴承、齿轮和传动部件制造	15 119	19	97	181	84
滚动轴承制造	12 134	13	8	28	
齿轮及齿轮减、变速箱制造	2 985	6	89	153	84
烘炉、风机、包装等设备制造	16 690	99	871	943	355
风机、风扇制造	14 010	92	590	698	355
制冷、空调设备制造	2 679	7	281	245	
通用零部件制造	45 491	328	768	2 259	1 949
弹簧制造	5 905	13	36	81	
机械零部件加工	28 369	272	583	2 022	1 523
其他通用零部件制造	11 217	43	149	156	426
其他通用设备制造业	14 822	59	1 398	670	453
工业机器人制造	2 295	5	266	110	174
其他未列明通用设备制造业	12 527	54	1 133	560	279
专用设备制造业	388 789	3 158	18 096	25 948	18 465
采矿、冶金、建筑专用设备制造	61 012	630	1 129	5 985	2 961
矿山机械制造	5 353	20		63	296
石油钻采专用设备制造	2 237	8	40	41	173
建筑材料生产专用机械制造	8 504	59	66	878	303
冶金专用设备制造	44 918	543	1 023	5 002	2 189
化工、木材、非金属加工专用设备制造	5 158	31	205	659	76
炼油、化工生产专用设备制造	1 069	19	184	366	76
模具制造	4 089	12	21	293	

3-3 分行业规模以上工业企业主要经济指标（七十五）

单位：万元

指标名称	营业成本	税金及附加	销售费用	管理费用	研发费用
食品、饮料、烟草及饲料生产专用设备制造	8 518	72	481	445	518
农副食品加工专用设备制造	8 518	72	481	445	518
电子和电工机械专用设备制造	27 167	335	1 576	1 771	1 591
电工机械专用设备制造	2 457	88	478	778	324
半导体器件专用设备制造	23 098	214	54	601	1 104
电子元器件与机电组件设备制造	1 612	33	1 045	391	163
农、林、牧、渔专用机械制造	116 759	191	2 466	2 772	3 398
拖拉机制造	7 036	20	16	367	
机械化农业及园艺机具制造	95 336	145	2 358	2 237	3 288
农林牧渔机械配件制造	14 386	26	92	167	110
医疗仪器设备及器械制造	76 547	493	6 738	3 034	4 608
医疗诊断、监护及治疗设备制造	48 011	90	4 257	1 008	2 961
医疗实验室及医用消毒设备和器具制造	12 031	102	304	360	625
医疗、外科及兽医用器械制造	3 050	54	132	297	103
其他医疗设备及器械制造	13 455	247	2 044	1 370	919
环保、邮政、社会公共服务及其他专用设备制造	93 629	1 405	5 502	11 283	5 315
环境保护专用设备制造	59 475	959	2 374	6 561	3 050
地质勘查专用设备制造	2 731	82	440	1 036	259
社会公共安全设备及器材制造	718	10	441	292	97
交通安全、管制及类似专用设备制造	13 941	79	738	653	691
其他专用设备制造	16 765	275	1 510	2 741	1 218
汽车制造业	14 577 201	253 967	421 676	357 422	398 989
汽车整车制造	9 827 164	236 766	359 250	187 167	265 980
汽柴油车整车制造	9 827 164	236 766	359 250	187 167	265 980
改装汽车制造	28 211	1 004	742	5 119	1 039
汽车车身、挂车制造	21 183	46	346	277	951
汽车零部件及配件制造	4 700 643	16 151	61 337	164 859	131 019
铁路、船舶、航空航天和其他运输设备制造业	261 292	2 088	5 516	22 840	4 315
铁路运输设备制造	37 632	404	806	4 073	932
高铁设备、配件制造	24 569	228	597	2 591	932
铁路机车车辆配件制造	2 447	16	5	289	
铁路专用设备及器材、配件制造	10 617	161	204	1 193	
城市轨道交通设备制造	158 736	1 039	248	4 045	606
航空、航天器及设备制造	64 923	645	4 461	14 722	2 777
飞机制造	56 209	559	4 169	13 614	2 184
航天相关设备制造	5 254	56	267	686	490
其他航空航天器制造	3 460	30	25	422	104
电气机械和器材制造业	2 864 641	38 125	106 323	124 060	79 025
电机制造	165 775	966	13 051	9 055	4 505

3-3 分行业规模以上工业企业主要经济指标（七十六）

单位：万元

指标名称	营业成本	税金及附加	销售费用	管理费用	研发费用
发电机及发电机组制造	154 162	929	12 883	8 836	4 505
电动机制造	11 614	37	168	219	
输配电及控制设备制造	1 362 151	8 089	62 726	73 136	52 880
变压器、整流器和电感器制造	618 132	3 370	26 494	26 584	18 484
电容器及其配套设备制造	9 609	41	258	582	495
配电开关控制设备制造	189 172	691	6 562	9 288	5 050
电力电子元器件制造	58 148	634	4 307	4 545	5 723
光伏设备及元器件制造	351 680	2 524	13 709	22 561	18 163
其他输配电及控制设备制造	135 410	829	11 398	9 576	4 965
电线、电缆、光缆及电工器材制造	465 311	974	4 972	6 965	5 047
电线、电缆制造	318 357	641	2 462	3 659	4 394
绝缘制品制造	109 956	268	1 769	2 354	452
其他电工器材制造	36 998	64	740	952	200
电池制造	815 092	27 876	17 550	32 593	15 262
铅蓄电池制造	5 688	349	28	191	
其他电池制造	809 405	27 527	17 521	32 402	15 262
非电力家用器具制造	31 244	132	7 107	1 505	421
燃气及类似能源家用器具制造	31 244	132	7 107	1 505	421
照明器具制造	4 428	16	517	219	267
照明灯具制造	4 428	16	517	219	267
其他电气机械及器材制造	20 641	72	401	587	644
电气信号设备装置制造	13 352	63	386	580	397
其他未列明电气机械及器材制造	7 289	8	16	7	247
计算机、通信和其他电子设备制造业	72 552	798	5 387	9 433	8 500
计算机制造	19 730	70	1 250	1 557	1 399
计算机零部件制造	7 335	51	737	1 230	1 073
计算机外围设备制造	10 531	14	418	251	192
工业控制计算机及系统制造	1 864	5	95	77	135
通信设备制造	37 946	624	3 860	5 702	2 607
通信系统设备制造	35 819	566	3 448	5 092	2 607
通信终端设备制造	2 127	58	413	610	
智能消费设备制造	2 177	23	21	610	239
智能车载设备制造	2 177	23	21	610	239
电子器件制造	6 716	64	174	1 343	4 056
光电子器件制造	6 716	64	174	1 343	4 056
电子元件及电子专用材料制造	5 982	17	81	221	199
电子专用材料制造	3 551	6	13	134	
其他电子元件制造	2 432	11	68	87	199

3-3 分行业规模以上工业企业主要经济指标（七十七）

单位：万元

指标名称	营业成本	税金及附加	销售费用	管理费用	研发费用
仪器仪表制造业	116 606	612	9 018	8 288	4 392
通用仪器仪表制造	24 523	277	7 460	3 973	1 840
工业自动控制系统装置制造	8 144	80	1 928	1 920	527
电工仪器仪表制造	5 074	63	1 048	1 342	453
实验分析仪器制造	2 303	39	489	167	248
其他通用仪器制造	9 002	95	3 994	545	613
专用仪器仪表制造	78 487	313	1 341	3 803	1 957
地质勘探和地震专用仪器制造	78 487	313	1 341	3 803	1 957
光学仪器制造	7 673	8	43	115	398
衡器制造	3 446	9	116	176	49
其他仪器仪表制造业	2 476	7	58	221	148
其他制造业	10 639	50	808	801	973
日用杂品制造	7 694	32	300	335	547
鬃毛加工、制刷及清扫工具制造	6 042	22	210	261	308
其他日用杂品制造	1 652	9	90	73	239
废弃资源综合利用业	86 288	134	834	1 840	
金属废料和碎屑加工处理	72 165	62	359	782	
非金属废料和碎屑加工处理	14 124	73	474	1 058	
金属制品、机械和设备修理业	6 902	52	899	971	137
通用设备修理	2 074	17	37	411	136
电气设备修理	4 828	35	862	559	1
电力、热力、燃气及水生产和供应业	**3 805 577**	**21 868**	**30 181**	**101 146**	**14 810**
电力、热力生产和供应业	3 007 044	16 065	5 306	55 306	12 633
电力生产	784 878	6 104	3 080	21 989	4 867
火力发电	15 526	44		10	
热电联产	626 597	3 420		6 591	3 753
水力发电	1 383	43		1 677	
风力发电	6 764	123		2 145	28
太阳能发电	107 588	2 233	3 080	8 550	0.2
生物质能发电	27 020	242		3 017	1 085
电力供应	2 001 811	9 027		22 215	7 153
热力生产和供应	220 356	935	2 226	11 103	613
燃气生产和供应业	689 053	1 314	16 622	33 287	2 177
燃气生产和供应业	689 053	1 314	16 622	33 287	2 177
天然气生产和供应业	689 053	1 314	16 622	33 287	2 177
水的生产和供应业	109 479	4 488	8 254	12 553	
自来水生产和供应	71 266	4 150	8 254	8 556	
污水处理及其再生利用	26 930	338		2 260	
其他水的处理、利用与分配	11 284			1 736	

3-3 分行业规模以上工业企业主要经济指标（七十八）

单位：万元

指标名称	财务费用			资产减值损失	其他收益
		利息费用	利息收入		
全市	**305 287**	**314 281**	**-37 857**	**47 560**	**71 573**
采矿业	**9 671**	**9 158**	**29**		**1**
煤炭开采和洗选业	536				
烟煤和无烟煤开采洗选	536				
黑色金属矿采选业	6 455	6 465	-20		
铁矿采选	6 455	6 465	-20		
非金属矿采选业	2 681	2 693	49		1
土砂石开采	2 675	2 692	49		1
石灰石、石膏开采	0.2		0.4		
建筑装饰用石开采	-4		-4		
耐火土石开采	2 231	2 290	39.8		
粘土及其他土砂石开采	447	403	13		1
石棉及其他非金属矿采选	6	0.4	0.3		
其他未列明非金属矿采选	6	0.4	0.3		
制造业	**175 075**	**208 322**	**-38 472**	**46 163**	**35 592**
农副食品加工业	7 642	6 035	228	-82	406
谷物磨制	1	2	-1	5	1
小麦加工	1	2	-1	5	1
饲料加工	1 261	455	-3.0	-84	187
其他饲料加工	1 261	455	-3	-84	187
植物油加工	151	89	1		
食用植物油加工	151	89	1		
非食用植物油加工	0				
屠宰及肉类加工	4 742	4 464	253	-3	216
牲畜屠宰	309	263	1		
禽类屠宰	2 454	2 689	237.0	-14	129
肉制品及副产品加工	1 978	1 512	15	12	88
蔬菜、菌类、水果和坚果加工	783	445	-21		2
蔬菜加工	228	307	-32		1
水果和坚果加工	555	138	10		0.2
其他农副食品加工	705	580			
淀粉及淀粉制品制造	112				
豆制品制造	14				
其他未列明农副食品加工	580	580			
食品制造业	5 478	3 550	-694	52	6 892
焙烤食品制造	491.2	92	0.4		
糕点、面包制造	117	92	0.4		
饼干及其他焙烤食品制造	375				

3-3 分行业规模以上工业企业主要经济指标（七十九）

单位：万元

指标名称	财务费用	利息费用	利息收入	资产减值损　失	其他收益
糖果、巧克力及蜜饯制造	-299	345	-700		3 634
糖果、巧克力制造	-351	345	-700		3 634
蜜饯制作	52				
方便食品制造	1 553	1 452	35	14	673
米、面制品制造	463	463	0.3		
方便面制造	1 075	987			
其他方便食品制造	16	2	35	14	673
乳制品制造	572	579	7	-8	289
液体乳制造	572	579	7	-8	289
罐头食品制造	581	48			639
蔬菜、水果罐头制造	581	48			
其他罐头食品制造	1				639
调味品、发酵制品制造	2 516	976	-37	47	21
酱油、食醋及类似制品制造	1 471				
其他调味品、发酵制品制造	1 045	976	-37	47	21
其他食品制造	64	58	0.2		1 637
保健食品制造	28	39	7.2		1 632
食品及饲料添加剂制造	14	20	-7		5
其他未列明食品制造	22		0.3		
酒、饮料和精制茶制造业	4 541	4 106	1 578	-25	1 292
酒的制造	1 838	819	-43	-25	351
白酒制造	1 329	275	11	-25	351
啤酒制造	506	544	-55		
其他酒制造	3	1	1		
饮料制造	2 703	3 287	1 621		941.4
瓶（罐）装饮用水制造	0.2				
果菜汁及果菜汁饮料制造	3 296	3 287			
含乳饮料和植物蛋白饮料制造	-594		1 622		941
固体饮料制造	-0.2	0	-1		
烟草制品业	-85		86	10 813	80
卷烟制造	-85		86	10 813	80
纺织业	7 175	3 974	-654	-0.3	659
棉纺织及印染精加工	1 015	1 686	-878.1		658
棉纺纱加工	-510	370	-930.0		658
棉织造加工	1 421	1 242	51.6		
棉印染精加工	104	74	0.3		
毛纺织及染整精加工	1 102	744	213		
毛条和毛纱线加工	971	614	212		
毛织造加工	131	130	1		

3-3 分行业规模以上工业企业主要经济指标（八十）

单位：万元

指标名称	财务费用	利息费用	利息收入	资产减值损失	其他收益
化纤织造及印染精加工	157	7			1
化纤织造加工	158	7			1
化纤织物染整精加工	–1				
针织或钩针编织物及其制品制造	126				
针织或钩针编织物织造	11				
针织或钩针编织品制造	115				
家用纺织制成品制造	3 371	976	3		
床上用品制造	1 224.2	327.2	0		
毛巾类制品制造	1 558	447	3		
其他家用纺织制成品制造	588.4	202	1.0		
产业用纺织制成品制造	1 404	560.2	8	–0.3	0.3
非织造布制造	998	229	9		
绳、索、缆制造	94	95	–1		
纺织带和帘子布制造	36				
篷、帆布制造	–1		1		
其他产业用纺织制成品制造	277	237	–2	–0.3	0.3
纺织服装、服饰业	356	306	26	–1 107	288
机织服装制造	194	183	3		
运动机织服装制造	9				
其他机织服装制造	185	183	3		
针织或钩针编织服装制造	43	44	21	–1 107	288
运动休闲针织服装制造	24				
其他针织或钩针编织服装制造	19	44	21	–1 107	288
服饰制造	118	79	2		
皮革、毛皮、羽毛及其制品和制鞋业	689.2	337	–0.6		
皮革鞣制加工	111.2	111			
皮革制品制造	419	123	0.1		
皮箱、包（袋）制造	411	122	0.1		
皮手套及皮装饰制品制造	7	1			
毛皮鞣制及制品加工	40	20			
毛皮鞣制加工	22	20			
毛皮服装加工	18				
制鞋业	119	82	–1		
橡胶鞋制造	119	82	–1		
木材加工和木、竹、藤、棕、草制品业	1 626	160	3	–42	1 029
木材加工	0.1		0.1		
单板加工	0.1		0.1		
人造板制造	1 626	160	3	–42	1 029
纤维板制造	156	160	3		

3-3 分行业规模以上工业企业主要经济指标（八十一）

单位：万元

指标名称	财务费用	利息费用	利息收入	资产减值损　失	其他收益
刨花板制造	1 367			-42	1 029
其他人造板制造	103				
木质制品制造	1				
木地板制造	1				
家具制造业	5 839	262	-0.1		
木质家具制造	5 839	262	-0.1		
金属家具制造	0.2				
造纸和纸制品业	8 861	17 011.8	9 162	7	387
造纸	618	225	281	2	118
机制纸及纸板制造	604	224	281	2	118
加工纸制造	14.1	1			
纸制品制造	8 243	16 787	8 882	5	269
纸和纸板容器制造	735	704	4	4	7
其他纸制品制造	7 508	16 083	8 878	1	262
印刷和记录媒介复制业	5 579	4 897	100	247	66
印刷	5 579	4 897	100	247	66
书、报刊印刷	2 903	2 255	107	87	36
包装装潢及其他印刷	2 676	2 643	-6.7	160	30
文教、工美、体育和娱乐用品制造业	999	525	90.1	330	-1 935
文教办公用品制造	25		0.6		-2 000
其他文教办公用品制造	25		1		-2 000
工艺美术及礼仪用品制造	894	445	90	330	65
雕塑工艺品制造	748	277	0.3		
金属工艺品制造	3		-0.1		
天然植物纤维编织工艺品制造	22				
地毯、挂毯制造	30	2	0.1		
其他工艺美术及礼仪用品制造	92	166	89.2	330	65
体育用品制造	79	79			
健身器材制造	0				
运动防护用具制造	79	79			
石油、煤炭及其他燃料加工业	119	77	0.2	191	28
精炼石油产品制造	104	62	0.2	191	28
原油加工及石油制品制造	104	62	0.2	191	28
煤炭加工	15	15			
煤制品制造	15	15			
化学原料和化学制品制造业	3 859	2 788	890	1 237	2 059
基础化学原料制造	1 027	1 026	0.2		
无机盐制造	45.7	45			

3-3 分行业规模以上工业企业主要经济指标（八十二）

单位：万元

指标名称	财务费用			资产减值损　失	其他收益
		利息费用	利息收入		
有机化学原料制造	0		0.2		
其他基础化学原料制造	981	981			
肥料制造	961	3	−33		79
氮肥制造	991				
复混肥料制造	−31	2	−33		79
有机肥料及微生物肥料制造	1	1			
农药制造	−1			123	
生物化学农药及微生物农药制造	−1			123	
涂料、油墨、颜料及类似产品制造	839	106	64	37	35
涂料制造	792	75	64	37	35
油墨及类似产品制造	48	31	0		
合成材料制造	458	339	3		
初级形态塑料及合成树脂制造	23	27	1		
合成纤维单（聚合）体制造	361	307	2		
其他合成材料制造	73	4			
专用化学产品制造	524	781	573	1 090	1 856
化学试剂和助剂制造	803	765	28	341	287
林产化学产品制造	3	3			
文化用信息化学品制造	−39	4	43		21
医学生产用信息化学品制造	−263		502	749	1 549
环境污染处理专用药剂材料制造	10				
其他专用化学产品制造	10	9	0.4		
炸药、火工及焰火产品制造	92	475	385	−13	88
炸药及火工产品制造	92	475	385	−13	88
日用化学产品制造	−42	58	−104		
其他日用化学产品制造	−42	58	−104		
医药制造业	9 533	7 043	1 682	2 417	1 655
化学药品制剂制造	−948	442	1 392.5	138	604
中药饮片加工	6 090	3 913	163	−11	432
中成药生产	2 112	2 111	11	384	231
兽用药品制造	351	430	39	1 899	388
生物药品制品制造	1 855	85	68	7	
生物药品制造	1 855	85	68	7	
卫生材料及医药用品制造	75	62	9		
化学纤维制造业	2 150	3 016	895	1 633	627
合成纤维制造	1	0.4	−0.4		66
涤纶纤维制造	0.4		−0.4		
氨纶纤维制造	0.4	0.4			66

3-3 分行业规模以上工业企业主要经济指标（八十三）

单位：万元

指标名称	财务费用	利息费用	利息收入	资产减值损失	其他收益
生物基材料制造	2 149	3 016	895	1 633	562
生物基化学纤维制造	2 149	3 016	895	1 633	562
橡胶和塑料制品业	9 007	7 235	42	1 787	2 307
橡胶制品业	2 052	1 000	81	259	442
橡胶板、管、带制造	1 258	900	13.6	259	412
橡胶零件制造	131	76	0.1		30
运动场地用塑胶制造	−49	11	67		
其他橡胶制品制造	712.7	14	0.1		
塑料制品业	6 955	6 235	−38	1 527	1 865
塑料薄膜制造	2 983	3 105	−114	146	1 544
塑料板、管、型材制造	2 286	1 864	54	−60	299
塑料丝、绳及编织品制造	11		1		
泡沫塑料制造	757	603	41	994	23
塑料人造革、合成革制造	159	50	−0.3		
塑料包装箱及容器制造	3	3			
日用塑料制品制造	157				
塑料零件及其他塑料制品制造	599	610	−19	447	
非金属矿物制品业	25 985	22 536	850	340	4 619
水泥、石灰和石膏制造	6 973	7 210	726	118	4 528
水泥制造	7 250	7 161	353	118	4 528
石灰和石膏制造	−278	49	373		
石膏、水泥制品及类似制品制造	11 489	8 779	70	234	47
水泥制品制造	10 721	8 318	68	234	47
砼结构构件制造	596	413	3		
轻质建筑材料制造	34	18			
其他水泥类似制品制造	137	30	−1		
砖瓦、石材等建筑材料制造	3 037	2 896	1	−2	41
粘土砖瓦及建筑砌块制造	328	303	1		9
建筑用石加工	968	951	−2		
防水建筑材料制造	841	815	1		0.2
隔热和隔音材料制造	54	47	0.4	−2	32
其他建筑材料制造	846	780	1		
玻璃制造	619				
特种玻璃制造	619				
玻璃制品制造	503	356	54	−11	4
技术玻璃制品制造	152	6	54	−11	4
日用玻璃制品制造	351	351			
陶瓷制品制造	22	22			
建筑陶瓷制品制造	22	22			

3-3 分行业规模以上工业企业主要经济指标（八十四）

单位：万元

指标名称	财务费用	利息费用	利息收入	资产减值损失	其他收益
耐火材料制品制造	195	193			
耐火陶瓷制品及其他耐火材料制造	195	193			
石墨及其他非金属矿物制品制造	3 148	3 080	−1		
石墨及碳素制品制造	3 108	3 059			
其他非金属矿物制品制造	40	20	−1		
黑色金属冶炼和压延加工业	798	572		72	
钢压延加工	625	572		72	
铁合金冶炼	173				
有色金属冶炼和压延加工业	11 248	8 834	1 521	−1 526	−10 375
常用有色金属冶炼	36	36	0.3		−6 000
铅锌冶炼	−2	−1			−6 000
铝冶炼	37	37	0.3		
有色金属合金制造	6 696	4 210	783	−1 045	−6 508
有色金属压延加工	4 517	4 588	737	−481	2 133
铜压延加工	452	432	2		
铝压延加工	4 063	4 155	734	−481	2 133
稀有稀土金属压延加工	−1	1	2		
其他有色金属压延加工	3	0.2	−0.3		
金属制品业	20 277	17 180	1 129	1 995	1 004
结构性金属制品制造	4 245	3 635	191	333	215
金属结构制造	2 164	1 647	85	30	10
金属门窗制造	2 082	1 988	106	302	205
金属工具制造	72	70	−1		
切削工具制造	72	70	−1		
集装箱及金属包装容器制造	8	8			
金属包装容器及材料制造	8	8			
金属丝绳及其制品制造	4 828	3 556	415	1 672	783
建筑、安全用金属制品制造	5	4	0.2		
安全、消防用金属制品制造	5	4	0.2		
金属表面处理及热处理加工	1	−0.2	−1		
金属制日用品制造	309	191	1		
金属制厨房用器具制造	115		1		
金属制餐具和器皿制造	194	191	0		
铸造及其他金属制品制造	10 810	9 717	523	−10	6
黑色金属铸造	2 263	948	15	−10	6
有色金属铸造	42	393			
锻件及粉末冶金制品制造	8 491	8 376	508		
交通及公共管理用金属标牌制造					
其他未列明金属制品制造	15				

3-3 分行业规模以上工业企业主要经济指标（八十五）

单位：万元

指标名称	财务费用	利息费用	利息收入	资产减值损　失	其他收益
通用设备制造业	8 115	7 076	111	-108	-6 255
锅炉及原动设备制造	193	202	9		
锅炉及辅助设备制造	198	194	2		
内燃机及配件制造	-6		7		
风能原动设备制造	1	8	0.1		
金属加工机械制造	1 572	1 570	38	-153	245
金属成形机床制造	443	443			
铸造机械制造	173	186	-12		
机床功能部件及附件制造	922	907	51	-153	245
其他金属加工机械制造	34	34			
物料搬运设备制造	480	322	1		-6 500
轻小型起重设备制造	436	303	1		-3 000
生产专用起重机制造	37	13	1		-3 500
连续搬运设备制造	7	6	0		
泵、阀门、压缩机及类似机械制造	4 290	3 565	54	2	
泵及真空设备制造	893	478	54	2	
阀门和旋塞制造	307				
液压动力机械及元件制造	3 090	3 087			
轴承、齿轮和传动部件制造	52	51	-0.1		
滚动轴承制造	0		-0.1		
齿轮及齿轮减、变速箱制造	51	51			
烘炉、风机、包装等设备制造	832	818	0.1		
风机、风扇制造	831	818			
制冷、空调设备制造	1		0.1		
通用零部件制造	656	529	8		
弹簧制造	35	16			
机械零部件加工	569	463	8		
其他通用零部件制造	52	50			
其他通用设备制造业	41	19	0.1	43	0.1
工业机器人制造	2	1			
其他未列明通用设备制造业	39	18	0.1	43	0.1
专用设备制造业	6 042	4 296	785	-4 549	1 186
采矿、冶金、建筑专用设备制造	-243	-66	211	-579	19
矿山机械制造	0				
石油钻采专用设备制造	3				
建筑材料生产专用机械制造	-42	46	-27	44	1
冶金专用设备制造	-204	-112	238	-623	18
化工、木材、非金属加工专用设备制造	95	62	6	-4	28
炼油、化工生产专用设备制造	-4		6	-4	28
模具制造	100	62			

3-3 分行业规模以上工业企业主要经济指标（八十六）

单位：万元

指标名称	财务费用			资产减值损失	其他收益
		利息费用	利息收入		
食品、饮料、烟草及饲料生产专用设备制造	13				1
农副食品加工专用设备制造	13				1
电子和电工机械专用设备制造	275	75	3	−239	420
电工机械专用设备制造	19			133	284
半导体器件专用设备制造	262	82	3	−372	136
电子元器件与机电组件设备制造	−7	−7			
农、林、牧、渔专用机械制造	−361	91	502	−4 063	67
拖拉机制造	2				
机械化农业及园艺机具制造	−408	69	502	−4 063	67
农林牧渔机械配件制造	45	23	1		
医疗仪器设备及器械制造	2 078	957	2		
医疗诊断、监护及治疗设备制造	939				
医疗实验室及医用消毒设备和器具制造	2				
医疗、外科及兽医用器械制造	14	5	3		
其他医疗设备及器械制造	1 123	952	−1		
环保、邮政、社会公共服务及其他专用设备制造	4 186	3 176	61	337	652
环境保护专用设备制造	3 446	2 498	17	181	14
地质勘查专用设备制造	23	11	−4	72	233
社会公共安全设备及器材制造	10				
交通安全、管制及类似专用设备制造	259	262	6	6	405
其他专用设备制造	448	405	42	79	1
汽车制造业	−3 635	56 755	−57 601	29 995	23 658
汽车整车制造	−24 221	39 512	−56 327	25 917	14 423
汽柴油车整车制造	−24 221	39 512	−56 327	25 917	14 423
改装汽车制造	17	64	−123	−7	43
汽车车身、挂车制造	191	191			
汽车零部件及配件制造	20 378	16 988	−1 151	4 085	9 192
铁路、船舶、航空航天和其他运输设备制造业	1 977	2 624	−51	−187	575
铁路运输设备制造	−105	6	105	4	5
高铁设备、配件制造	−104	3	101		1
铁路机车车辆配件制造	3	2	0		
铁路专用设备及器材、配件制造	−4	1	5	4	5
城市轨道交通设备制造	498	1 066	−580		3
航空、航天器及设备制造	1 584	1 553	424	−190	567
飞机制造	1 565	1 535	423	−187	567
航天相关设备制造	0.1	1	1	−3	
其他航空航天器制造	19	18	0		
电气机械和器材制造业	27 820	24 932	1 944	1 724	5 312
电机制造	320	326	29	336	154

3-3 分行业规模以上工业企业主要经济指标（八十七）

单位：万元

指标名称	财务费用	利息费用	利息收入	资产减值损　失	其他收益
发电机及发电机组制造	285	326	30	336	154
电动机制造	35		-1		
输配电及控制设备制造	21 254	18 092	793	-2 478	2 618
变压器、整流器和电感器制造	10 352	10 260	686	1 055	1 817
电容器及其配套设备制造	42		0		
配电开关控制设备制造	1 035	345	2	692	242
电力电子元器件制造	650	94	52	263	244
光伏设备及元器件制造	8 527	6 804	94	-4 550	138
其他输配电及控制设备制造	647	590	-42	62	177
电线、电缆、光缆及电工器材制造	1 990	1 687	60	-1	20
电线、电缆制造	1 469	1 404	62	-1	20
绝缘制品制造	465	275	0		
其他电工器材制造	56	8	-2		
电池制造	4 173	4 790	1 067	3 867	2 519
铅蓄电池制造	50				
其他电池制造	4 123	4 790	1 067	3 867	2 519
非电力家用器具制造	44	41	-5		
燃气及类似能源家用器具制造	44	41	-5		
照明器具制造	15				
照明灯具制造	15				
其他电气机械及器材制造	25	-4			
电气信号设备装置制造	-4	-4			
其他未列明电气机械及器材制造	29				
计算机、通信和其他电子设备制造业	1 146	1 175	-13	386	6
计算机制造	39	30	4		
计算机零部件制造	5	5	4		
计算机外围设备制造	34	26			
工业控制计算机及系统制造	0.2		-0.2		
通信设备制造	1 098	1 180	-16	386	6
通信系统设备制造	890	973	-17	386	6
通信终端设备制造	208	207	1		
智能消费设备制造	58	38			
智能车载设备制造	58	38			
电子器件制造	-73	-73			
光电子器件制造	-73	-73			
电子元件及电子专用材料制造	23		-1		
电子专用材料制造	24				
其他电子元件制造	-1		-1		

3-3 分行业规模以上工业企业主要经济指标（八十八）

单位：万元

指标名称	财务费用			资产减值损失	其他收益
		利息费用	利息收入		
仪器仪表制造业	913	683	−586	102	
通用仪器仪表制造	288	205	6		
工业自动控制系统装置制造	61	45	1		
电工仪器仪表制造	120	45	−2		
实验分析仪器制造	−3	−4	−4		
其他通用仪器制造	110	119	10		
专用仪器仪表制造	450	478	−591	102	
地质勘探和地震专用仪器制造	450	478	−591	102	
光学仪器制造	164				
衡器制造	12				
其他仪器仪表制造业	0		−1		
其他制造业	70	35	0.4		
日用杂品制造	69	35	0.4		
鬃毛加工、制刷及清扫工具制造	54	35	0.4		
其他日用杂品制造	15				
废弃资源综合利用业	957	303	−1	327	22
金属废料和碎屑加工处理	301	303	−3	1	11
非金属废料和碎屑加工处理	656		2	326	12
金属制品、机械和设备修理业	−5		6	132	1
通用设备修理	−1		1		
电气设备修理	−4		5	132	1
电力、热力、燃气及水生产和供应业	**120 541**	**96 802**	**586**	**1 398**	**35 980**
电力、热力生产和供应业	99 968	83 239	105	148	18 661
电力生产	68 945	59 949	741	33	4 544
火力发电	622	−0.4		32	
热电联产	33 038	32 749	62	−2	3 579
水力发电	−0.3				15
风力发电	3 278	3 300	23		634
太阳能发电	25 969	18 169	602	2	162
生物质能发电	6 039	5 732	55	1	154
电力供应	19 805	16 766	67	−155	480
热力生产和供应	11 218	6 523	−703	270	13 637
燃气生产和供应业	10 630	4 164	792	308	16 753
燃气生产和供应业	10 630	4 164	792	308	16 753
天然气生产和供应业	10 630	4 164	792	308	16 753
水的生产和供应业	9 942	9 399	−312	942	567
自来水生产和供应	4 712	4 138	−297	78	12
污水处理及其再生利用	5 245	5 261	−15	864	555
其他水的处理、利用与分配	−15				

3-3 分行业规模以上工业企业主要经济指标（八十九）

单位：万元

指标名称	投资收益	公允价值变动收益	资产处置收益	营业利润	营业外收入
全市	**809 962**	**6 255**	**47 183**	**1 678 804**	**178 140**
采矿业	**59**			**51 995**	**186**
煤炭开采和洗选业				-620	2
烟煤和无烟煤开采洗选				-620	2
黑色金属矿采选业	59			49 461	83
铁矿采选	59			49 461	83
非金属矿采选业				3 154	101
土砂石开采				2 988	101
石灰石、石膏开采				-254	
建筑装饰用石开采				1 141	10
耐火土石开采				2 345	
粘土及其他土砂石开采				-244	91
石棉及其他非金属矿采选				166	
其他未列明非金属矿采选				166	
制造业	**805 703**	**6 255**	**49 742**	**1 658 796**	**133 389**
农副食品加工业	4	0.3	-100	38 599	1 121
谷物磨制				3 743	1
小麦加工				3 743	1
饲料加工	34	0.3	6	31 196	238
其他饲料加工	34	0.3	6	31 196	238
植物油加工				694	2
食用植物油加工				410	2
非食用植物油加工				284	
屠宰及肉类加工	52		-106	-935	605
牲畜屠宰				1 756	312
禽类屠宰			1	3 381	32
肉制品及副产品加工	52		-106	-6 072	261
蔬菜、菌类、水果和坚果加工	-81.9			4 368	187
蔬菜加工	-185.0			1 164	97
水果和坚果加工	103			3 204	91
其他农副食品加工				-467	88
淀粉及淀粉制品制造				-27	38
豆制品制造				152	50
其他未列明农副食品加工				-592	0.1
食品制造业	1 730	92	-12	52 248	7 340
焙烤食品制造				-48	16
糕点、面包制造				-261	3
饼干及其他焙烤食品制造				212	13

3-3 分行业规模以上工业企业主要经济指标（九十）

单位：万元

指标名称	投资收益	公允价值变动收益	资产处置收益	营业利润	营业外收入
糖果、巧克力及蜜饯制造	1 637		−4	45 566	293
糖果、巧克力制造	1 637		−4	45 528	293
蜜饯制作				38	
方便食品制造	4	92		4 657	2 456
米、面制品制造	4			548	55
方便面制造				−1 030	2 380
其他方便食品制造		92		5 138	21
乳制品制造			−8	2 767	86
液体乳制造			−8	2 767	86
罐头食品制造				6 530	399
蔬菜、水果罐头制造				−225	396.5
其他罐头食品制造				6 755	2
调味品、发酵制品制造				−2 283	223
酱油、食醋及类似制品制造				−2 773	2
其他调味品、发酵制品制造				490	221
其他食品制造	89			−4 940	3 867.1
保健食品制造	87			−5 135	3 819
食品及饲料添加剂制造				−38	13
其他未列明食品制造	3			233	36
酒、饮料和精制茶制造业	264		−161	54 087	2 410
酒的制造	249		−3	5 236	2 080
白酒制造	249		−3	1 473	78
啤酒制造				2 806	2 002
其他酒制造				957	
饮料制造	16		−158	48 852	330
瓶（罐）装饮用水制造				34	7
果菜汁及果菜汁饮料制造				4 685	6
含乳饮料和植物蛋白饮料制造	16		−157.9	44 033	307
固体饮料制造				100	10
烟草制品业				−21 512	445
卷烟制造				−21 512	445
纺织业	9 841		−112	79 530	12 311
棉纺织及印染精加工	5 329		−108	16 238	999
棉纺纱加工	4 850			11 806	35
棉织造加工	479		−108	4 852	851
棉印染精加工				−420	113
毛纺织及染整精加工	4 460			19 851	10 262
毛条和毛纱线加工	4 460			13 211	10 111
毛织造加工				6 640	151

3-3 分行业规模以上工业企业主要经济指标（九十一）

单位：万元

指标名称	投资收益	公允价值变动收益	资产处置收益	营业利润	营业外收入
化纤织造及印染精加工				6 065	77
化纤织造加工				5 905	35
化纤织物染整精加工				159	42
针织或钩针编织物及其制品制造				830	18.2
针织或钩针编织物织造				790	5
针织或钩针编织品制造				40	13
家用纺织制成品制造	84			35 338	654
床上用品制造				7 743	171
毛巾类制品制造	84			23 122	190
其他家用纺织制成品制造	0			4 474	293.8
产业用纺织制成品制造	-32		-4	1 209	301
非织造布制造	17			734	85
绳、索、缆制造				77	5
纺织带和帘子布制造	1			98	
篷、帆布制造				253	126
其他产业用纺织制成品制造	-50		-4	47	85
纺织服装、服饰业	33		9.7	4 702	500
机织服装制造	33			3 355	13
运动机织服装制造				206	
其他机织服装制造	33			3 150	13
针织或钩针编织服装制造			10	1 542	145
运动休闲针织服装制造				208	70
其他针织或钩针编织服装制造			10	1 334	76
服饰制造				-195	342
皮革、毛皮、羽毛及其制品和制鞋业				6 538	162
皮革鞣制加工				42	28
皮革制品制造				2 122	61
皮箱、包（袋）制造				1 914	61
皮手套及皮装饰制品制造				208	
毛皮鞣制及制品加工				3 760	53
毛皮鞣制加工				162	53.0
毛皮服装加工				3 598	
制鞋业				614	20
橡胶鞋制造				614	20
木材加工和木、竹、藤、棕、草制品业				7 130	1 680
木材加工				8	
单板加工				8	
人造板制造				7 077	1 678
纤维板制造				2 808	1 643

3-3 分行业规模以上工业企业主要经济指标（九十二）

单位：万元

指标名称	投资收益	公允价值变动收益	资产处置收益	营业利润	营业外收入
刨花板制造				4 130	
其他人造板制造				140	35
木质制品制造				44	1
木地板制造				44	1
家具制造业				-4 653	126
木质家具制造				-4 743	126
金属家具制造				90	
造纸和纸制品业	4 848	1	1	70 199	1 727
造纸	153			56 115	483
机制纸及纸板制造	153			56 102	483
加工纸制造				13	
纸制品制造	4 695	1	1	14 084	1 244
纸和纸板容器制造			1	541	378
其他纸制品制造	4 695	1		13 543	865
印刷和记录媒介复制业	291		47	5 139	1 072
印刷	291		47	5 139	1 072
书、报刊印刷	38		47	3 402	699
包装装潢及其他印刷	253			1 737	373
文教、工美、体育和娱乐用品制造业	1 641		63	14 140	146
文教办公用品制造				397	58
其他文教办公用品制造				397	58
工艺美术及礼仪用品制造	1 641		63	13 582	75
雕塑工艺品制造	0.4			5 810	62
金属工艺品制造				121	
天然植物纤维编织工艺品制造				102	4
地毯、挂毯制造				2 743	1
其他工艺美术及礼仪用品制造	1 641		63	4 806	8
体育用品制造				161	13.3
健身器材制造				131	
运动防护用具制造				30	13
石油、煤炭及其他燃料加工业	4		887	412	136
精炼石油产品制造	4		887	70	135
原油加工及石油制品制造	4		887	70	135
煤炭加工				342	1
煤制品制造				342	1
化学原料和化学制品制造业	6 484	222	1	43 870	5 479
基础化学原料制造				638	23
无机盐制造				64	2

3-3 分行业规模以上工业企业主要经济指标（九十三）

单位：万元

指标名称	投资收益	公允价值变动收益	资产处置收益	营业利润	营业外收入
有机化学原料制造				254	20
其他基础化学原料制造				320	2
肥料制造				7 401	822
氮肥制造				4 024	800
复混肥料制造				3 126	1
有机肥料及微生物肥料制造				250	20
农药制造	134			2 426	1
生物化学农药及微生物农药制造	134			2 426	1
涂料、油墨、颜料及类似产品制造	127		1	−8 609	4 219
涂料制造	127		1	−8 793	4 208
油墨及类似产品制造				184	10
合成材料制造				10 302	110
初级形态塑料及合成树脂制造				1 206	7
合成纤维单（聚合）体制造				8 816	76
其他合成材料制造				280	26
专用化学产品制造	1 215	222	0.4	15 170	64
化学试剂和助剂制造				3 980	13
林产化学产品制造				292	
文化用信息化学品制造				382	
医学生产用信息化学品制造	1 215	222	0.4	10 028	45
环境污染处理专用药剂材料制造				385	
其他专用化学产品制造				103	6
炸药、火工及焰火产品制造				−1 101	14
炸药及火工产品制造				−1 101	14
日用化学产品制造	5 008			17 643	227
其他日用化学产品制造	5 008			17 643	227
医药制造业	462	−7	−0.4	107 996	2 260
化学药品制剂制造	422	44		37 822	478
中药饮片加工	30	−51	−0.4	34 098	1 053
中成药生产				16 941	40
兽用药品制造				14 854	287
生物药品制品制造	10			3 537	238
生物药品制造	10			3 537	238
卫生材料及医药用品制造				743	165
化学纤维制造业	522		21 919	9 502	16 447
合成纤维制造				3 001	12
涤纶纤维制造				220	
氨纶纤维制造				2 782	12

3-3 分行业规模以上工业企业主要经济指标（九十四）

单位：万元

指标名称	投资收益	公允价值变动收益	资产处置收益	营业利润	营业外收入
生物基材料制造	522		21 919	6 501	16 435
生物基化学纤维制造	522		21 919	6 501	16 435
橡胶和塑料制品业	14 664	3	124	41 078	1 747
橡胶制品业	125		−20	20 162	255
橡胶板、管、带制造	125		−20	19 079	156
橡胶零件制造				857	59
运动场地用塑胶制造				158	16
其他橡胶制品制造				69	24
塑料制品业	14 539	3	144	20 916	1 492.5
塑料薄膜制造	10 439		3	−2 902	392.8
塑料板、管、型材制造	4 086	3	141	10 688	370
塑料丝、绳及编织品制造				846	57
泡沫塑料制造	14			2 839	69
塑料人造革、合成革制造				1 408	351
塑料包装箱及容器制造				211	
日用塑料制品制造				−74	1
塑料零件及其他塑料制品制造				7 901	251.4
非金属矿物制品业	900		66	96 001	2 554
水泥、石灰和石膏制造	−15		50	54 022	390
水泥制造	−15		50	52 832	296
石灰和石膏制造				1 190	94
石膏、水泥制品及类似制品制造	826		17	35 408	1 212
水泥制品制造	826		15	33 826	610
砼结构构件制造			2	1 179	560
轻质建筑材料制造				21	15
其他水泥类似制品制造				382	26
砖瓦、石材等建筑材料制造				7 285	395
粘土砖瓦及建筑砌块制造				79	116
建筑用石加工				1 914	52
防水建筑材料制造				1 667	154
隔热和隔音材料制造				520	
其他建筑材料制造				3 106	73
玻璃制造				37	10
特种玻璃制造				37	10
玻璃制品制造	74			4 797	32
技术玻璃制品制造	39			5 010	25
日用玻璃制品制造	35			−213	7
陶瓷制品制造				−590	
建筑陶瓷制品制造				−590	

3-3 分行业规模以上工业企业主要经济指标（九十五）

单位：万元

指标名称	投资收益	公允价值变动收益	资产处置收益	营业利润	营业外收入
耐火材料制品制造	16			265	361
耐火陶瓷制品及其他耐火材料制造	16			265	361
石墨及其他非金属矿物制品制造				−5 223	154
石墨及碳素制品制造				−5 770	134
其他非金属矿物制品制造				547	20
黑色金属冶炼和压延加工业	2			700	285
钢压延加工	2			674	63
铁合金冶炼				25	222
有色金属冶炼和压延加工业	24 152	141	27 445	88 863	3 518
常用有色金属冶炼				406	108
铅锌冶炼				375	
铝冶炼				31	108
有色金属合金制造	23 218	141	−48	61 938	2 883
有色金属压延加工	934		27 493	26 519	527
铜压延加工				702	114
铝压延加工	934		27 493	22 932	383
稀有稀土金属压延加工				2 693	25
其他有色金属压延加工				192	5
金属制品业	11 758		−280	104 648	1 292
结构性金属制品制造	2 303		66	26 181	610
金属结构制造	289		65	8 533	517
金属门窗制造	2 014		0.4	17 648	93
金属工具制造	−296			−151	4
切削工具制造	−296			−151	4
集装箱及金属包装容器制造				284	1
金属包装容器及材料制造				284	1
金属丝绳及其制品制造	46		−345	4 554	301
建筑、安全用金属制品制造				545	30
安全、消防用金属制品制造				545	30
金属表面处理及热处理加工				188	5
金属制日用品制造	7			−79	0.3
金属制厨房用器具制造	7			77	0.1
金属制餐具和器皿制造				−156	0.2
铸造及其他金属制品制造	9 699		−1	73 125	342
黑色金属铸造				2 618	212
有色金属铸造				1 040	
锻件及粉末冶金制品制造	9 699		−1	69 042	107
交通及公共管理用金属标牌制造				39	
其他未列明金属制品制造				386	22

3-3 分行业规模以上工业企业主要经济指标（九十六）

单位：万元

指标名称	投资收益	公允价值变动收益	资产处置收益	营业利润	营业外收入
通用设备制造业	452		1	19 121	1 839
锅炉及原动设备制造	51			45	506
锅炉及辅助设备制造	51			–879	247
内燃机及配件制造				387	226
风能原动设备制造				538	33
金属加工机械制造	57			–895	276
金属成形机床制造				–159	37
铸造机械制造				–1 449	156
机床功能部件及附件制造	57			510	73
其他金属加工机械制造				203	10
物料搬运设备制造				1 285	46
轻小型起重设备制造				1 156	24
生产专用起重机制造				286	20
连续搬运设备制造				–157	3
泵、阀门、压缩机及类似机械制造	47		1	11 739	576
泵及真空设备制造	47		1	11 046	528
阀门和旋塞制造				234	3
液压动力机械及元件制造				459	45
轴承、齿轮和传动部件制造				281	1
滚动轴承制造				280	
齿轮及齿轮减、变速箱制造				1	1
烘炉、风机、包装等设备制造	13			474	13
风机、风扇制造	12			454	1
制冷、空调设备制造	1			20	13
通用零部件制造	284			5 700	339
弹簧制造				160	5
机械零部件加工	284			5 508	91
其他通用零部件制造				31	242
其他通用设备制造业				491	82
工业机器人制造				23	15
其他未列明通用设备制造业				468	67
专用设备制造业	678	24	–20	76 150	2 010
采矿、冶金、建筑专用设备制造	159	–23		3 132	444
矿山机械制造				187	25
石油钻采专用设备制造				61	
建筑材料生产专用机械制造				25	1
冶金专用设备制造	159	–23		2 858	418
化工、木材、非金属加工专用设备制造				–285	17
炼油、化工生产专用设备制造				–209	7
模具制造				–76	10

3-3 分行业规模以上工业企业主要经济指标（九十七）

单位：万元

指标名称	投资收益	公允价值变动收益	资产处置收益	营业利润	营业外收入
食品、饮料、烟草及饲料生产专用设备制造				535	2
农副食品加工专用设备制造				535	2
电子和电工机械专用设备制造	110	48	–20	5 905	176
电工机械专用设备制造	110	48	0.2	923	
半导体器件专用设备制造	–0.2		–20	4 896	5
电子元器件与机电组件设备制造				87	171
农、林、牧、渔专用机械制造	225			23 114	242
拖拉机制造				152	32
机械化农业及园艺机具制造	225			22 374	190
农林牧渔机械配件制造				589	20
医疗仪器设备及器械制造	24			35 157	860
医疗诊断、监护及治疗设备制造	24			33 285	382
医疗实验室及医用消毒设备和器具制造				1 310	10
医疗、外科及兽医用器械制造				235	10
其他医疗设备及器械制造				328	459
环保、邮政、社会公共服务及其他专用设备制造	159			8 592	270
环境保护专用设备制造	31			6 845	150
地质勘查专用设备制造	128			–441	0.2
社会公共安全设备及器材制造				24	75
交通安全、管制及类似专用设备制造				64	5
其他专用设备制造				2 101	40
汽车制造业	722 548	665	3 133	710 946	45 537
汽车整车制造	651 931	1 151	2 237	253 200	38 043
汽柴油车整车制造	651 931	1 151	2 237	253 200	38 043
改装汽车制造				1 241	71
汽车车身、挂车制造				624	7
汽车零部件及配件制造	70 617	–487	896	455 881	7 418
铁路、船舶、航空航天和其他运输设备制造业	502			9 391	562
铁路运输设备制造				2 478	39
高铁设备、配件制造				1 984	
铁路机车车辆配件制造				232	26
铁路专用设备及器材、配件制造				261	13
城市轨道交通设备制造	487			191	248
航空、航天器及设备制造	16			6 723	275
飞机制造				3 671	261
航天相关设备制造	16			3 058	14
其他航空航天器制造				–5	
电气机械和器材制造业	3 242	5 114	–3 367	27 805	13 726
电机制造	–10		4	–8 803	609

3-3 分行业规模以上工业企业主要经济指标（九十八）

单位：万元

指标名称	投资收益	公允价值变动收益	资产处置收益	营业利润	营业外收入
发电机及发电机组制造	-10		4	-9 285	604
电动机制造				482	5
输配电及控制设备制造	1 995	5 114	-3 425	-16 557	12 195
变压器、整流器和电感器制造	-2 598		965	459	4 960
电容器及其配套设备制造				170	11
配电开关控制设备制造	8		13	6 748	1 003
电力电子元器件制造	2 765		18	6 402	332
光伏设备及元器件制造	2 006	5 114	-4 421	-37 161	4 548
其他输配电及控制设备制造	-187			6 825	1 341
电线、电缆、光缆及电工器材制造	73		3	11 393	437
电线、电缆制造	60		3	7 739	403
绝缘制品制造	13			3 104	34
其他电工器材制造				551	1
电池制造	1 183		51	36 847	335
铅蓄电池制造				141	20
其他电池制造	1 183		51	36 706	315
非电力家用器具制造				4 203	81
燃气及类似能源家用器具制造				4 203	81
照明器具制造				313	23
照明灯具制造				313	23
其他电气机械及器材制造				409	47
电气信号设备装置制造				384	39
其他未列明电气机械及器材制造				24	8
计算机、通信和其他电子设备制造业	166			8 365	5 333
计算机制造				1 885	320
计算机零部件制造				1 549	278
计算机外围设备制造				205	29
工业控制计算机及系统制造				131	13
通信设备制造				3 184	557
通信系统设备制造				3 579	557
通信终端设备制造				-395	0.3
智能消费设备制造				-1 005	1 001
智能车载设备制造				-1 005	1 001
电子器件制造	166			4 023	3 452
光电子器件制造	166			4 023	3 452
电子元件及电子专用材料制造				278	3
电子专用材料制造				9	3
其他电子元件制造				269	

3-3 分行业规模以上工业企业主要经济指标（九十九）

单位：万元

指标名称	投资收益	公允价值变动收益	资产处置收益	营业利润	营业外收入
仪器仪表制造业	516		3	7 155	1 012
通用仪器仪表制造	–17			3 594	695
工业自动控制系统装置制造	–18			725	328
电工仪器仪表制造				608	187
实验分析仪器制造	1			1 375	22
其他通用仪器制造				886	159
专用仪器仪表制造	533		3	3 473	289
地质勘探和地震专用仪器制造	533		3	3 473	289
光学仪器制造				44	18
衡器制造				–4	10
其他仪器仪表制造业				48	
其他制造业				519	61
日用杂品制造				354	40
鬃毛加工、制刷及清扫工具制造				101	40
其他日用杂品制造				254	
废弃资源综合利用业			92	–736	532
金属废料和碎屑加工处理			–0.3	1 101	223
非金属废料和碎屑加工处理			92	–1 837	310
金属制品、机械和设备修理业				864	19
通用设备修理				11	25
电气设备修理				854	–6
电力、热力、燃气及水生产和供应业	**4 200**		**–2 559**	**–31 987**	**44 565**
电力、热力生产和供应业	1 532		–2 254	–74 202	33 172
电力生产	532		–2 507	–80 864	12 231
火力发电	4			–2 617	1 867
热电联产	1		0.3	–117 631	9 162
水力发电				–345	80
风力发电			–46	5 866	40
太阳能发电	527		–2 462	22 653	1 072
生物质能发电			1	11 211	10
电力供应	919		253	8 830	9 773
热力生产和供应	81			–2 168	11 168
燃气生产和供应业			–305	39 441	8 492
燃气生产和供应业			–305	39 441	8 492
天然气生产和供应业			–305	39 441	8 492
水的生产和供应业	2 669			2 774	2 901
自来水生产和供应	2 352			9 522	2 691
污水处理及其再生利用	317			–4 844	98
其他水的处理、利用与分配				–1 904	112

3-3 分行业规模以上工业企业主要经济指标（一百）

单位：万元

指标名称	营业外支出	利润总额	所得税费用	应付职工薪酬	应交增值税
全市	**285 251**	**1 567 689**	**163 224**	**2 871 984**	**713 353**
采矿业	**535**	**51 647**	**12 336**	**19 084**	**8 313**
煤炭开采和洗选业	1	–619			
烟煤和无烟煤开采洗选	1	–619			
黑色金属矿采选业	309	49 236	11 458	14 709	12 044
铁矿采选	309	49 236	11 458	14 709	12 044
非金属矿采选业	225	3 030	879	4 375	–3 731
土砂石开采	225	2 864	872	3 748	–3 854
石灰石、石膏开采	0.4	–255	0.2	145	53
建筑装饰用石开采	29	1 122	280	135	173
耐火土石开采		2 346	566	1 117	–4 484
粘土及其他土砂石开采	196	–348	25	2 352	404
石棉及其他非金属矿采选		166	7	627	122
其他未列明非金属矿采选		166	7	627	122
制造业	**273 482**	**1 514 698**	**127 744**	**2 496 288**	**619 635**
农副食品加工业	758	38 963	2 853	44 836	4 388
谷物磨制		3 743	54	813	–314
小麦加工		3 743	54	813	–314
饲料加工	68	31 365	1 845	8 371	466
其他饲料加工	68	31 365	1 845	8 371	466
植物油加工		696	36	689	46
食用植物油加工		412	15	641	42
非食用植物油加工		284	21	48	4
屠宰及肉类加工	526	–856	330	26 418	2 037
牲畜屠宰	418	1 650	18	2 983	412
禽类屠宰	35	3 378	18	10 475	301
肉制品及副产品加工	74	–5 883	294	12 960	1 323
蔬菜、菌类、水果和坚果加工	34	4 522	583	8 025	1 977
蔬菜加工	0.6	1 260	18	3 098	528
水果和坚果加工	33	3 262	565	4 927	1 449
其他农副食品加工	130	–509	5	520	176
淀粉及淀粉制品制造		11		66	16
豆制品制造	126	77	1	328	160
其他未列明农副食品加工	5	–597	5	127	0.1
食品制造业	636	58 952	9 332	68 051	20 411
焙烤食品制造	3	–35	8	1 188	112
糕点、面包制造	2	–259		340	44
饼干及其他焙烤食品制造	1	224	8	848	68

3-3 分行业规模以上工业企业主要经济指标（一百零一）

单位：万元

指标名称	营业外支出	利润总额	所得税费用	应付职工薪酬	应交增值税
糖果、巧克力及蜜饯制造	163	45 696	6 150	19 451	10 065
糖果、巧克力制造	163	45 659	6 143	19 319	10 014
蜜饯制作		38	7	132	51
方便食品制造	47	7 066	879	21 420	4 830
米、面制品制造	0.2	603	4	311	18
方便面制造	42	1 308	327	6 147	2 222
其他方便食品制造	5	5 154	549	14 962	2 591
乳制品制造	42	2 811	441	7 850	1 378
液体乳制造	42	2 811	441	7 850	1 378
罐头食品制造	50	6 878	1 711	5 765	1 799
蔬菜、水果罐头制造	50	121	27	2 815	364
其他罐头食品制造		6 757	1 683	2 949	1 435
调味品、发酵制品制造	58	–2 118	103	9 691	1 361
酱油、食醋及类似制品制造	18	–2 789		784	
其他调味品、发酵制品制造	40	671	103	8 907	1 361
其他食品制造	273	–1 346	40	2 687	868
保健食品制造	261	–1 578	35	1 836	882
食品及饲料添加剂制造	11	–36	6	137	–14
其他未列明食品制造	1	268		714	
酒、饮料和精制茶制造业	353	56 144	5 729	21 256	13 101
酒的制造	139	7 176	1 732.9	10 482	4 502
白酒制造		1 550	392	6 920	2 316
啤酒制造	139	4 669	1 341	3 118	2 186
其他酒制造		957		444	
饮料制造	214	48 968	3 996	10 774	8 598
瓶（罐）装饮用水制造	1	39	2	153	145
果菜汁及果菜汁饮料制造	73	4 619	29	1 266	1 565
含乳饮料和植物蛋白饮料制造	133	44 208	3 962	9 304	6 853
固体饮料制造	8	102	3	51	36
烟草制品业	139	–21 206	3 741	64 745	46 917
卷烟制造	139	–21 206	3 741	64 745	46 917
纺织业	9 418	82 422	4 241	94 938	23 954
棉纺织及印染精加工	855	16 381	301	22 489	5 014
棉纺纱加工	116	11 724	38	6 464	2 169
棉织造加工	622	5 081	215	10 364	2 093
棉印染精加工	117	–424	48	5 662	753
毛纺织及染整精加工	8 217	21 896	355	23 304	6 017
毛条和毛纱线加工	5 588	17 734	276	21 573	5 484
毛织造加工	2 629	4 162	79	1 731	533

3-3 分行业规模以上工业企业主要经济指标（一百零二）

单位：万元

指标名称	营业外支出	利润总额	所得税费用	应付职工薪酬	应交增值税
化纤织造及印染精加工	14	6 128	57	2 586	916
化纤织造加工	14	5 927	44	2 294	813
化纤织物染整精加工		201	13	292	103
针织或钩针编织物及其制品制造		848	8	1 028	121
针织或钩针编织物织造		795	7	328	84
针织或钩针编织品制造		53	2	700	38
家用纺织制成品制造	141	35 851	3 443	39 782	10 561
床上用品制造	61	7 853	2 012	16 873	2 426
毛巾类制品制造	53	23 258	1 418	20 801	8 013
其他家用纺织制成品制造	27.9	4 740	14	2 109	122
产业用纺织制成品制造	191	1 318	78	5 748	1 325
非织造布制造	42	777	74	2 900	655
绳、索、缆制造	23	59	2	134	29
纺织带和帘子布制造		98	2	40	54
篷、帆布制造	49	330		1 744	507
其他产业用纺织制成品制造	78	54	0.4	930	81
纺织服装、服饰业	652	4 550	439	17 330	1 367
机织服装制造	1	3 367	217	2 006	139
运动机织服装制造		206		58	1
其他机织服装制造	1	3 162	217	1 948	138
针织或钩针编织服装制造	23	1 664	130	8 446	260
运动休闲针织服装制造		278	1	341	–11
其他针织或钩针编织服装制造	23	1 386	129	8 105	271
服饰制造	628	–481	92	6 878	968
皮革、毛皮、羽毛及其制品和制鞋业	1 935	4 764	164	9 888	1 391
皮革鞣制加工		70	5	112	71
皮革制品制造	12	2 170	26	6 098	593
皮箱、包（袋）制造	12	1 963	21	5 742	590
皮手套及皮装饰制品制造		208	5	356	3
毛皮鞣制及制品加工	1 923	1 890	58	2 496	703
毛皮鞣制加工	46	168	15	761	288
毛皮服装加工	1 877	1 722	42	1 735	415
制鞋业		634	76	1 183	24
橡胶鞋制造		634	76	1 183	24
木材加工和木、竹、藤、棕、草制品业	53	8 757	5	12 203	3 956
木材加工		8		50	31
单板加工		8		50	31
人造板制造	51	8 705	2	11 945	3 837
纤维板制造	44	4 407		8 691	2 266

3-3　分行业规模以上工业企业主要经济指标（一百零三）

单位：万元

指标名称	营业外支出	利润总额	所得税费用	应付职工薪酬	应交增值税
刨花板制造	4	4 125		2 712	1 482
其他人造板制造	3	172	2	542	89
木质制品制造	1.2	45	3	208	88
木地板制造	1	45	3	208	88
家具制造业	14	−4 541	41	1 579	339
木质家具制造	14	−4 631	40	1 513	320
金属家具制造		90	1	66	19
造纸和纸制品业	656	71 270	16 283	113 172	31 699
造纸	475	56 123	13 383	70 590	22 310
机制纸及纸板制造	475	56 110	13 383	70 467	22 264
加工纸制造		13	0.2	123	46
纸制品制造	181	15 147	2 900	42 582	9 389
纸和纸板容器制造	38	881	96	5 328	1 483
其他纸制品制造	143	14 266	2 804	37 254	7 906
印刷和记录媒介复制业	5 015	1 196	310	27 561	6 797
印刷	5 015	1 196	310	27 561	6 797
书、报刊印刷	4 966	−866	328	18 189	5 041
包装装潢及其他印刷	49	2 061	−19	9 372	1 756
文教、工美、体育和娱乐用品制造业	69	14 217	1 289	23 913	6 885
文教办公用品制造	24	431	16	1 765	309
其他文教办公用品制造	24	431	16	1 765	309
工艺美术及礼仪用品制造	46	13 612	1 271	21 518	6 531
雕塑工艺品制造	22	5 850	586	16 192	3 877
金属工艺品制造		121	1	249	40
天然植物纤维编织工艺品制造		106	7	768	0.2
地毯、挂毯制造		2 744	267	1 806	1 526
其他工艺美术及礼仪用品制造	23.7	4 791	411	2 503	1 088
体育用品制造		174	2	629	46
健身器材制造		131		156	46
运动防护用具制造		44	2	474	
石油、煤炭及其他燃料加工业	147	402	74.8	3 840	846
精炼石油产品制造	87	117	15	3 310	356
原油加工及石油制品制造	87	117	15	3 310	356
煤炭加工	59	284	60	530	490
煤制品制造	59	284	60	530	490
化学原料和化学制品制造业	353	48 996	8 462	56 492	13 263
基础化学原料制造	17	644	55	604	160
无机盐制造		65	2	157	7

3-3 分行业规模以上工业企业主要经济指标（一百零四）

单位：万元

指标名称	营业外支出	利润总额	所得税费用	应付职工薪酬	应交增值税
有机化学原料制造		274	8	181	29
其他基础化学原料制造	17	305	46	266	124
肥料制造	44	8 178	2 628	5 404	2 802
氮肥制造	21	4 804	2 246	3 986	2 246
复混肥料制造	0.2	3 127	371	1 081	555
有机肥料及微生物肥料制造	23	247	11	336	0.2
农药制造	1	2 426	240	1 754	293
生物化学农药及微生物农药制造	1	2 426	240	1 754	293
涂料、油墨、颜料及类似产品制造	86	–4 476	–550	17 520	–487
涂料制造	76	–4 660	–557	17 370	–868
油墨及类似产品制造	10	184	6	151	381
合成材料制造	57	10 355	1 384	1 548	1 049.1
初级形态塑料及合成树脂制造	4	1 209	272	598	441
合成纤维单（聚合）体制造	23	8 869	1 089	834	528
其他合成材料制造	30	277	22	117	80
专用化学产品制造	130	15 104	1 419	21 543	5 122
化学试剂和助剂制造		3 993	599	4 066	1 274
林产化学产品制造		292	40	239	111
文化用信息化学品制造	3	379	0.4	872	167
医学生产用信息化学品制造	127	9 946	755	15 776	3 341
环境污染处理专用药剂材料制造		385		48	10
其他专用化学产品制造		109	24	542	221
炸药、火工及焰火产品制造		–1 087		1 931	318
炸药及火工产品制造		–1 087		1 931	318
日用化学产品制造	19	17 852	3 287	6 188	4 006
其他日用化学产品制造	19	17 852	3 287	6 188	4 006
医药制造业	2 707	107 548	11 339	66 458	54 332
化学药品制剂制造	1 257	37 043	5 272	12 584	9 719
中药饮片加工	617	34 533	1 191	29 783	23 223
中成药生产	129	16 853	2 617	5 648	14 597
兽用药品制造	116	15 025	1 817	11 741	4 050
生物药品制品制造	494	3 281	409	4 963	2 484
生物药品制造	493.5	3 281	409	4 963	2 484
卫生材料及医药用品制造	95	813	35	1 738	260
化学纤维制造业	7	21 942	469	11 860	–1 375
合成纤维制造	7	3 005	469	1 959	–1 419
涤纶纤维制造	7	212	12	492	16
氨纶纤维制造	0.1	2 793	457	1 468	–1 435

3-3 分行业规模以上工业企业主要经济指标（一百零五）

单位：万元

指标名称	营业外支出	利润总额	所得税费用	应付职工薪酬	应交增值税
生物基材料制造		18 937		9 901	44
生物基化学纤维制造		18 937		9 901	44
橡胶和塑料制品业	7 331	35 494	4 423	87 447	16 784
橡胶制品业	6 260	14 156	1 009.6	21 258	6 044
橡胶板、管、带制造	6 211.7	13 023	879	17 128	4 577
橡胶零件制造	10.2	906	64	2 620	492
运动场地用塑胶制造	1	173	28	319	350
其他橡胶制品制造	37	55	40	1 190	624
塑料制品业	1 071.1	21 337	3 413	66 189	10 740
塑料薄膜制造	238.1	−2 748	−270	23 733	2 706
塑料板、管、型材制造	449	10 609	815	16 676	3 600
塑料丝、绳及编织品制造	2	901	127	1 347	18
泡沫塑料制造	159	2 749	1 180	4 156	2 030
塑料人造革、合成革制造	87	1 671	8	1 501	264
塑料包装箱及容器制造	11	200	7	497	807
日用塑料制品制造		−73	1	419	3
塑料零件及其他塑料制品制造	126	8 026	1 545	17 860	1 312
非金属矿物制品业	2 833	95 721	19 027	83 027	61 234
水泥、石灰和石膏制造	742	53 670	10 344	26 677	18 067
水泥制造	725	52 403	10 280	24 526	15 440
石灰和石膏制造	17	1 268	65	2 151	2 626
石膏、水泥制品及类似制品制造	1 220	35 399	7 611	38 495	35 353
水泥制品制造	1 144	33 291	7 567	33 075	32 882
砼结构构件制造	50	1 689	28	4 729	2 263
轻质建筑材料制造	3	33	2	466	106
其他水泥类似制品制造	23	386	16	226	102
砖瓦、石材等建筑材料制造	364	7 317	1 019	8 957	5 836
粘土砖瓦及建筑砌块制造	5	190		1 189	205
建筑用石加工	250	1 717	288	4 043	2 985
防水建筑材料制造	69	1 751	241	1 545	1 579
隔热和隔音材料制造		520	−6	791	279
其他建筑材料制造	40	3 138	495	1 389	788
玻璃制造		47	3	203	54
特种玻璃制造		47	3	203	54
玻璃制品制造	14	4 815	1	3 781	514
技术玻璃制品制造	5	5 029	1	2 675	336
日用玻璃制品制造	9	−215		1 106	178
陶瓷制品制造		−590		637	272
建筑陶瓷制品制造		−590		637	272

3-3 分行业规模以上工业企业主要经济指标（一百零六）

单位：万元

指标名称	营业外支出	利润总额	所得税费用	应付职工薪酬	应交增值税
耐火材料制品制造	350	275	13	1 145	364
耐火陶瓷制品及其他耐火材料制造	350	275	13	1 145	364
石墨及其他非金属矿物制品制造	143	–5 212	37	3 132	776
石墨及碳素制品制造	143	–5 778		2 394	249
其他非金属矿物制品制造	0.3	567	37	738	527
黑色金属冶炼和压延加工业	395	590	102	1 078	535
钢压延加工	395	342	98	836	290
铁合金冶炼		247	4	242	244
有色金属冶炼和压延加工业	702	91 678	4 989	40 155	10 591
常用有色金属冶炼	7	507	24	309	408
铅锌冶炼	7	368	21	168	295
铝冶炼		139	2	141	113
有色金属合金制造	115	64 705	4 158	20 278	7 097
有色金属压延加工	579	26 466	808	19 567	3 086
铜压延加工	13	802	132	1 759	522
铝压延加工	348	22 967	383	16 866	2 089
稀有稀土金属压延加工	218	2 500	279	737	371
其他有色金属压延加工	0.1	197	14	205	104
金属制品业	1 939	104 001	9 840	107 495	27 248
结构性金属制品制造	1 083	25 709	3 836	41 865	9 845
金属结构制造	1 012	8 038	962	20 173	5 431
金属门窗制造	71	17 671	2 874	21 693	4 414
金属工具制造		–147	1	152	104
切削工具制造		–147	1	152	104
集装箱及金属包装容器制造	37	248	17	228	120
金属包装容器及材料制造	37	248	17	228	120
金属丝绳及其制品制造	219	4 635	800	25 602	6 059
建筑、安全用金属制品制造	94	481	35	383	361
安全、消防用金属制品制造	94	481	35	383	361
金属表面处理及热处理加工		193	9	838	262
金属制日用品制造	8	–87	3	605	87
金属制厨房用器具制造	8	69	3	267	87
金属制餐具和器皿制造		–156		338	
铸造及其他金属制品制造	498	72 969	5 141	37 821	10 410
黑色金属铸造	109	2 721	493	23 806	6 737
有色金属铸造		1 040	7	108	4
锻件及粉末冶金制品制造	388	68 762	4 637	13 062	3 417
交通及公共管理用金属标牌制造		39	1	63	46
其他未列明金属制品制造	1	407	3	782	206

3-3 分行业规模以上工业企业主要经济指标（一百零七）

单位：万元

指标名称	营业外支出	利润总额	所得税费用	应付职工薪酬	应交增值税
通用设备制造业	857	20 102	3 100	37 999	10 954
锅炉及原动设备制造	312	239	93	2 136	859
锅炉及辅助设备制造	310	–943	20	1 682	483
内燃机及配件制造	1	613	73	134	156
风能原动设备制造	2	569		320	220
金属加工机械制造	10	–629	49	12 077	1 353
金属成形机床制造	3	–124		121	47
铸造机械制造	1	–1 293	4	4 816	207
机床功能部件及附件制造	0.3	582	35	6 794	964
其他金属加工机械制造	6	206	9	346	135
物料搬运设备制造	127	1 204	123	3 795	1 342
轻小型起重设备制造	126	1 053	76	2 052	677
生产专用起重机制造		306	46	800	330
连续搬运设备制造	1	–155	1	943	335
泵、阀门、压缩机及类似机械制造	387	11 927	2 232	11 839	3 942
泵及真空设备制造	270	11 303	2 213	8 591	2 975
阀门和旋塞制造	3	234	1	1 234	264
液压动力机械及元件制造	115	390	18	2 014	702
轴承、齿轮和传动部件制造	2	281	13	757	179
滚动轴承制造	0.3	280	12	109	114
齿轮及齿轮减、变速箱制造	2	1	1	648	66
烘炉、风机、包装等设备制造		487	73	1 597	1 050
风机、风扇制造		455	70	1 434	1 025
制冷、空调设备制造		32	3	163	25
通用零部件制造	18	6 021	566	4 811	1 788
弹簧制造	4	162	11	112	95
机械零部件加工	7	5 593	489	3 928	1 364
其他通用零部件制造	7	266	67	771	329
其他通用设备制造业	1	572	–47	987	442
工业机器人制造		38	0.4	42	58
其他未列明通用设备制造业	1	534	–48	945	384
专用设备制造业	563	77 597	12 100	43 504	4 127
采矿、冶金、建筑专用设备制造	89	3 487	206	9 579	2 207
矿山机械制造	4	208	16	319	138
石油钻采专用设备制造		61	2	230	23
建筑材料生产专用机械制造		26	–11	876	773
冶金专用设备制造	85	3 192	199	8 154	1 273
化工、木材、非金属加工专用设备制造	8	–276	15	1 160	101
炼油、化工生产专用设备制造	3	–205		222	53
模具制造	5	–71	15	938	49

3-3 分行业规模以上工业企业主要经济指标（一百零八）

单位：万元

指标名称	营业外支出	利润总额	所得税费用	应付职工薪酬	应交增值税
食品、饮料、烟草及饲料生产专用设备制造	1	536	109	1 552	84
农副食品加工专用设备制造	1	536	109	1 552	84
电子和电工机械专用设备制造	23	6 058	732	5 361	605
电工机械专用设备制造	0.4	923	125	1 829	351
半导体器件专用设备制造	22	4 879	584	3 156	
电子元器件与机电组件设备制造	0.4	257	23	376	254
农、林、牧、渔专用机械制造	234	23 122	2 224	5 191	137
拖拉机制造		184	3	73	
机械化农业及园艺机具制造	234	22 329	2 216	4 642	
农林牧渔机械配件制造	0.1	609	4	476	137
医疗仪器设备及器械制造	130	35 887	8 618	6 652	-3 693
医疗诊断、监护及治疗设备制造	4	33 663	8 369	2 904	-4 344
医疗实验室及医用消毒设备和器具制造	1	1 319	198	544	400
医疗、外科及兽医用器械制造	0.4	244	11	909	207
其他医疗设备及器械制造	126	661	41	2 295	45
环保、邮政、社会公共服务及其他专用设备制造	79	8 783	197	14 010	4 686
环境保护专用设备制造	50	6 944	44	5 895	3 448
地质勘查专用设备制造	2	-442		1 853	87
社会公共安全设备及器材制造	1	97	4	275	75
交通安全、管制及类似专用设备制造	21	48	43	1 870	277
其他专用设备制造	5	2 136	106	4 118	799
汽车制造业	4 848	751 635	-9 707	1 146 591	191 974
汽车整车制造	3 187	288 055	-70 520	640 894	84 139
汽柴油车整车制造	3 187	288 055	-70 520	640 894	84 139
改装汽车制造	3	1 308	224	6 357	1 341
汽车车身、挂车制造		631	48	2 003	485
汽车零部件及配件制造	1 658	461 641	60 541	497 338	106 010
铁路、船舶、航空航天和其他运输设备制造业	97	9 856	1 241	56 325	6 655
铁路运输设备制造	7	2 509	111	6 814	1 180
高铁设备、配件制造		1 984		3 603	572
铁路机车车辆配件制造		259	14	287	105
铁路专用设备及器材、配件制造	7	266	97	2 925	502
城市轨道交通设备制造	5	434	16	15 075	4 183
航空、航天器及设备制造	85	6 914	1 114	34 436	1 292
飞机制造	83	3 849	653	32 048	522
航天相关设备制造	2	3 070	460	1 709	595
其他航空航天器制造		-5	1	680	175
电气机械和器材制造业	230 806	-189 275	14 217	220 352	53 800
电机制造	210	-8 404	562	13 017	1 762

3-3 分行业规模以上工业企业主要经济指标（一百零九）

单位：万元

指标名称	营业外支出	利润总额	所得税费用	应付职工薪酬	应交增值税
发电机及发电机组制造	210	–8 891	545	12 551	1 534
电动机制造		487	17	466	227
输配电及控制设备制造	230 249	–234 611	5 035	109 053	28 700
变压器、整流器和电感器制造	560	4 859	581	56 821	13 365
电容器及其配套设备制造	3	178	38	123	180
配电开关控制设备制造	177	7 574	1 619	12 152	3 892
电力电子元器件制造	83	6 650	398	8 272	2 318
光伏设备及元器件制造	229 290	–261 903	1 109	19 589	4 790
其他输配电及控制设备制造	136	8 030	1 290	12 097	4 156
电线、电缆、光缆及电工器材制造	149	11 682	3 516	11 274	5 104
电线、电缆制造	35	8 106	2 843	8 495	3 486
绝缘制品制造	112	3 026	600	1 941	1 355
其他电工器材制造	2	550	73	838	263
电池制造	186	36 996	4 379	84 337	16 298
铅蓄电池制造		161	40	562	2
其他电池制造	186	36 835	4 338	83 775	16 296
非电力家用器具制造		4 284	631	1 263	1 654
燃气及类似能源家用器具制造		4 284	631	1 263	1 654
照明器具制造		337	63	501	78
照明灯具制造		337	63	501	78
其他电气机械及器材制造	13	443	31	907	205
电气信号设备装置制造	12	411	30	641	162
其他未列明电气机械及器材制造	0.1	32	1	266	43
计算机、通信和其他电子设备制造业	163	13 535	1 767	11 290	2 249
计算机制造	5	2 200	119	2 782	532
计算机零部件制造	0.2	1 827	114	1 845	399
计算机外围设备制造		234	4	607	100
工业控制计算机及系统制造	5	139	1	330	33
通信设备制造	4	3 737	728	5 335	1 463
通信系统设备制造	4	4 132	712	4 882	1 355
通信终端设备制造	0.3	–395	16	453	108
智能消费设备制造	0.1	–4		556	
智能车载设备制造	0.1	–4		556	
电子器件制造	148	7 326	920	2 363	169
光电子器件制造	148	7 326	920	2 363	169
电子元件及电子专用材料制造	5	276	1	253	86
电子专用材料制造	5	6	1	131	2
其他电子元件制造		269		122	84

3-3 分行业规模以上工业企业主要经济指标（一百一十）

单位：万元

指标名称	营业外支出	利润总额	所得税费用	应付职工薪酬	应交增值税
仪器仪表制造业	16	8 151	1 106	16 318	3 548
通用仪器仪表制造	2	4 287	373	4 591	2 053
工业自动控制系统装置制造	2	1 051	86	1 043	609
电工仪器仪表制造	0	794	20	1 722	460
实验分析仪器制造		1 397	184	674	304
其他通用仪器制造	0	1 045	83	1 152	680
专用仪器仪表制造	14	3 749	733	11 362	1 354
地质勘探和地震专用仪器制造	14	3 749	733	11 362	1 354
光学仪器制造		62	–2	133	50
衡器制造		6	1	143	35
其他仪器仪表制造业		48	1	89	57
其他制造业	2	578	6	1 349	291
日用杂品制造		394	6	492	173
鬃毛加工、制刷及清扫工具制造		141	1	487	142
其他日用杂品制造		254	4	5	31
废弃资源综合利用业	13	–218	556	3 629	989
金属废料和碎屑加工处理	0.1	1 323	582	1 273	275
非金属废料和碎屑加工处理	13	–1 541	–26	2 356	714
金属制品、机械和设备修理业	6	877	204	1 611	386
通用设备修理	0.1	36	1	113	129
电气设备修理	6	842	203	1 498	257
电力、热力、燃气及水生产和供应业	**11 235**	**1 344**	**23 144**	**356 612**	**85 405**
电力、热力生产和供应业	8 089	–49 120	16 623	292 004	74 440
电力生产	1 352	–69 985	10 155	58 053	5 282
火力发电	166	–916	304	133	302
热电联产	333	–108 802	2 803	42 653	–439
水力发电	30	–296		1 829	83
风力发电	40	5 866	509	456	1 168
太阳能发电	733	22 992	5 537	7 231	5 064
生物质能发电	50	11 170	1 002	5 750	–896
电力供应	6 134	12 469	3 607	217 506	62 863
热力生产和供应	604	8 397	2 861	16 446	6 296
燃气生产和供应业	2 471	45 462	5 240	42 224	8 213
燃气生产和供应业	2 471	45 462	5 240	42 224	8 213
天然气生产和供应业	2 471	45 462	5 240	42 224	8 213
水的生产和供应业	674	5 001	1 281	22 384	2 752
自来水生产和供应	572	11 641	1 464	18 548	2 549
污水处理及其再生利用	100	–4 846	–183	2 163	203
其他水的处理、利用与分配	2	–1 794		1 673	

3-3 分行业规模以上工业企业主要经济指标（一百一十一）

单位：万元

指标名称	平均用工人数（万人）	期末用工人数（万人）	从业人员期末人数（万人）	从业人员平均人数（万人）	亏损企业亏损总额
全市	**26.35**	**26.61**	**26.25**	**26.02**	**566 276**
采矿业	**0.23**	**0.22**	**0.25**	**0.25**	**1 573**
煤炭开采和洗选业	0.01		0.04	0.04	619
烟煤和无烟煤开采洗选	0.01		0.04	0.04	619
黑色金属矿采选业	0.16	0.16	0.15	0.14	
铁矿采选	0.16	0.16	0.15	0.14	
非金属矿采选业	0.06	0.06	0.06	0.06	954
土砂石开采	0.04	0.04	0.04	0.04	954
石灰石、石膏开采					255
建筑装饰用石开采					
耐火土石开采	0.01	0.01	0.01	0.01	
粘土及其他土砂石开采	0.03	0.03	0.03	0.03	699
石棉及其他非金属矿采选	0.02	0.02	0.02	0.02	
其他未列明非金属矿采选	0.02	0.02	0.02	0.02	
制造业	**23.90**	**24.17**	**23.99**	**23.76**	**398 760**
农副食品加工业	0.81	0.85	0.83	0.79	12 254
谷物磨制	0.01	0.01	0.01	0.01	
小麦加工	0.01	0.01	0.01	0.01	
饲料加工	0.11	0.11	0.11	0.11	139
其他饲料加工	0.11	0.11	0.11	0.11	139
植物油加工	0.02	0.02	0.02	0.02	1
食用植物油加工	0.02	0.02	0.02	0.02	1
非食用植物油加工					
屠宰及肉类加工	0.51	0.54	0.52	0.49	10 809
牲畜屠宰	0.09	0.10	0.08	0.07	1 047
禽类屠宰	0.16	0.16	0.16	0.16	1 318
肉制品及副产品加工	0.26	0.28	0.28	0.27	8 443
蔬菜、菌类、水果和坚果加工	0.15	0.16	0.16	0.15	710
蔬菜加工	0.05	0.05	0.05	0.05	234
水果和坚果加工	0.10	0.11	0.12	0.10	475
其他农副食品加工	0.02	0.02	0.02	0.02	597
淀粉及淀粉制品制造					
豆制品制造	0.01	0.01	0.01	0.01	
其他未列明农副食品加工					597
食品制造业	0.84	0.87	0.88	0.86	6 381
焙烤食品制造	0.02	0.02	0.04	0.04	297
糕点、面包制造	0.01	0.01	0.02	0.02	297
饼干及其他焙烤食品制造	0.02	0.02	0.02	0.02	

3-3 分行业规模以上工业企业主要经济指标（一百一十二）

单位：万元

指标名称	平均用工人数（万人）	期末用工人数（万人）	从业人员期末人数（万人）	从业人员平均人数（万人）	亏损企业亏损总额
糖果、巧克力及蜜饯制造	0.22	0.22	0.22	0.22	
糖果、巧克力制造	0.21	0.21	0.21	0.21	
蜜饯制作	0.01	0.01	0.01	0.01	
方便食品制造	0.24	0.24	0.24	0.24	
米、面制品制造	0.01	0.01	0.01	0.01	
方便面制造	0.07	0.07	0.07	0.07	
其他方便食品制造	0.16	0.15	0.16	0.16	
乳制品制造	0.09	0.09	0.09	0.08	451
液体乳制造	0.09	0.09	0.09	0.08	451
罐头食品制造	0.10	0.12	0.11	0.10	211
蔬菜、水果罐头制造	0.06	0.09	0.08	0.07	211
其他罐头食品制造	0.03	0.03	0.03	0.03	
调味品、发酵制品制造	0.12	0.13	0.13	0.13	2 789
酱油、食醋及类似制品制造	0.02	0.02	0.02	0.02	2 789
其他调味品、发酵制品制造	0.11	0.11	0.12	0.11	
其他食品制造	0.06	0.06	0.06	0.06	2 634
保健食品制造	0.03	0.04	0.04	0.04	2 474
食品及饲料添加剂制造	0.01	0.01	0.01	0.01	160
其他未列明食品制造	0.02	0.02	0.02	0.02	
酒、饮料和精制茶制造业	0.25	0.25	0.24	0.24	693
酒的制造	0.13	0.14	0.13	0.13	693
白酒制造	0.09	0.09	0.09	0.10	
啤酒制造	0.03	0.03	0.02	0.02	693
其他酒制造	0.01	0.01	0.02	0.01	
饮料制造	0.11	0.11	0.11	0.12	
瓶（罐）装饮用水制造					
果菜汁及果菜汁饮料制造	0.02	0.02	0.02	0.02	
含乳饮料和植物蛋白饮料制造	0.09	0.09	0.09	0.09	
固体饮料制造					
烟草制品业	0.13	0.13	0.13	0.13	21 206
卷烟制造	0.13	0.13	0.13	0.13	21 206
纺织业	1.82	1.76	1.63	1.65	2 968
棉纺织及印染精加工	0.42	0.40	0.41	0.41	2 482
棉纺纱加工	0.10	0.10	0.10	0.10	
棉织造加工	0.23	0.22	0.22	0.23	868
棉印染精加工	0.08	0.08	0.09	0.08	1 615
毛纺织及染整精加工	0.45	0.41	0.27	0.27	125
毛条和毛纱线加工	0.41	0.37	0.23	0.23	125
毛织造加工	0.04	0.04	0.04	0.04	

3-3 分行业规模以上工业企业主要经济指标（一百一十三）

单位：万元

指标名称	平均用工人数（万人）	期末用工人数（万人）	从业人员期末人数（万人）	从业人员平均人数（万人）	亏损企业亏损总额
化纤织造及印染精加工	0.08	0.06	0.06	0.08	
化纤织造加工	0.07	0.05	0.05	0.07	
化纤织物染整精加工	0.01	0.01	0.01	0.01	
针织或钩针编织物及其制品制造	0.03	0.03	0.03	0.03	
针织或钩针编织物织造	0.01	0.01	0.01	0.01	
针织或钩针编织品制造	0.02	0.02	0.02	0.02	
家用纺织制成品制造	0.70	0.70	0.71	0.71	
床上用品制造	0.27	0.27	0.27	0.27	
毛巾类制品制造	0.38	0.38	0.38	0.38	
其他家用纺织制成品制造	0.05	0.06	0.06	0.05	
产业用纺织制成品制造	0.15	0.15	0.16	0.15	361
非织造布制造	0.06	0.07	0.07	0.07	34
绳、索、缆制造					
纺织带和帘子布制造					
篷、帆布制造	0.06	0.07	0.07	0.06	
其他产业用纺织制成品制造	0.02	0.02	0.02	0.02	327
纺织服装、服饰业	0.25	0.23	0.25	0.25	985
机织服装制造	0.04	0.03	0.03	0.03	
运动机织服装制造					
其他机织服装制造	0.04	0.02	0.02	0.02	
针织或钩针编织服装制造	0.10	0.10	0.11	0.11	
运动休闲针织服装制造	0.01	0.01	0.01	0.01	
其他针织或钩针编织服装制造	0.10	0.09	0.10	0.10	
服饰制造	0.11	0.11	0.12	0.11	985
皮革、毛皮、羽毛及其制品和制鞋业	0.20	0.20	0.20	0.20	42
皮革鞣制加工					
皮革制品制造	0.14	0.14	0.13	0.13	28
皮箱、包（袋）制造	0.13	0.13	0.12	0.13	28
皮手套及皮装饰制品制造	0.01	0.01	0.01	0.01	
毛皮鞣制及制品加工	0.04	0.04	0.04	0.04	14
毛皮鞣制加工	0.03	0.03	0.03	0.03	14
毛皮服装加工	0.01	0.01	0.01	0.01	
制鞋业	0.02	0.02	0.02	0.02	
橡胶鞋制造	0.02	0.02	0.02	0.02	
木材加工和木、竹、藤、棕、草制品业	0.13	0.13	0.12	0.11	
木材加工					
单板加工					
人造板制造	0.13	0.13	0.11	0.11	
纤维板制造	0.08	0.08	0.06	0.06	

3-3 分行业规模以上工业企业主要经济指标（一百一十四）

单位：万元

指标名称	平均用工人数（万人）	期末用工人数（万人）	从业人员期末人数（万人）	从业人员平均人数（万人）	亏损企业亏损总额
刨花板制造	0.04	0.04	0.04	0.04	
其他人造板制造	0.01	0.01	0.01	0.01	
木质制品制造		0.01	0.01		
木地板制造		0.01	0.01		
家具制造业	0.03	0.03	0.03	0.03	5 082
木质家具制造	0.03	0.03	0.03	0.03	5 082
金属家具制造					
造纸和纸制品业	0.98	0.98	0.97	0.97	3 372
造纸	0.36	0.36	0.36	0.36	999
机制纸及纸板制造	0.36	0.36	0.36	0.36	999
加工纸制造					
纸制品制造	0.62	0.62	0.61	0.61	2 372
纸和纸板容器制造	0.09	0.09	0.09	0.09	
其他纸制品制造	0.53	0.52	0.52	0.52	2 372
印刷和记录媒介复制业	0.45	0.45	0.46	0.46	6 409
印刷	0.45	0.45	0.46	0.46	6 409
书、报刊印刷	0.32	0.32	0.33	0.33	5 323
包装装潢及其他印刷	0.13	0.13	0.13	0.14	1 086
文教、工美、体育和娱乐用品制造业	0.42	0.42	0.42	0.42	363
文教办公用品制造	0.04	0.04	0.04	0.04	
其他文教办公用品制造	0.04	0.04	0.04	0.04	
工艺美术及礼仪用品制造	0.37	0.37	0.37	0.37	363
雕塑工艺品制造	0.28	0.28	0.28	0.28	363
金属工艺品制造	0.01	0.01	0.01	0.01	
天然植物纤维编织工艺品制造	0.02	0.02	0.02	0.02	
地毯、挂毯制造	0.02	0.02	0.02	0.02	
其他工艺美术及礼仪用品制造	0.04	0.04	0.04	0.04	
体育用品制造	0.01	0.01	0.01	0.01	
健身器材制造					
运动防护用具制造	0.01	0.01	0.01	0.01	
石油、煤炭及其他燃料加工业	0.06	0.05	0.05	0.06	15
精炼石油产品制造	0.04	0.04	0.04	0.05	15
原油加工及石油制品制造	0.04	0.04	0.04	0.05	15
煤炭加工	0.01	0.01	0.01	0.01	
煤制品制造	0.01	0.01	0.01	0.01	
化学原料和化学制品制造业	0.58	0.55	0.55	0.58	11 799
基础化学原料制造	0.01	0.01	0.01	0.01	
无机盐制造					

3-3 分行业规模以上工业企业主要经济指标（一百一十五）

单位：万元

指标名称	平均用工人数（万人）	期末用工人数（万人）	从业人员期末人数（万人）	从业人员平均人数（万人）	亏损企业亏损总额
有机化学原料制造					
其他基础化学原料制造		0.01	0.01		
肥料制造	0.08	0.08	0.08	0.08	
氮肥制造	0.06	0.06	0.06	0.06	
复混肥料制造	0.01	0.01	0.01	0.01	
有机肥料及微生物肥料制造	0.01	0.01			
农药制造	0.01	0.01	0.01	0.01	
生物化学农药及微生物农药制造	0.01	0.01	0.01	0.01	
涂料、油墨、颜料及类似产品制造	0.20	0.18	0.18	0.19	10 572
涂料制造	0.19	0.17	0.17	0.19	10 572
油墨及类似产品制造					
合成材料制造	0.03	0.03	0.03	0.03	
初级形态塑料及合成树脂制造	0.01	0.01	0.01	0.01	
合成纤维单（聚合）体制造	0.01	0.01	0.01	0.01	
其他合成材料制造	0.01	0.01	0.01	0.01	
专用化学产品制造	0.17	0.16	0.17	0.17	140
化学试剂和助剂制造	0.05	0.05	0.05	0.05	
林产化学产品制造					
文化用信息化学品制造	0.01	0.01	0.01	0.01	
医学生产用信息化学品制造	0.10	0.10	0.10	0.10	
环境污染处理专用药剂材料制造			0.01	0.01	
其他专用化学产品制造	0.01	0.01	0.01	0.01	140
炸药、火工及焰火产品制造	0.01	0.01	0.01	0.01	1 087
炸药及火工产品制造	0.01	0.01	0.01	0.01	1 087
日用化学产品制造	0.08	0.07	0.07	0.08	
其他日用化学产品制造	0.08	0.07	0.07	0.08	
医药制造业	0.96	0.96	0.97	0.95	1 075
化学药品制剂制造	0.13	0.12	0.12	0.13	
中药饮片加工	0.56	0.55	0.55	0.54	
中成药生产	0.08	0.08	0.08	0.08	78
兽用药品制造	0.10	0.11	0.11	0.11	9
生物药品制品制造	0.07	0.07	0.07	0.06	988
生物药品制造	0.07	0.07	0.07	0.06	988
卫生材料及医药用品制造	0.03	0.03	0.03	0.03	
化学纤维制造业	0.11	0.10	0.10	0.10	
合成纤维制造	0.03	0.03	0.03	0.03	
涤纶纤维制造	0.01	0.01	0.01	0.01	
氨纶纤维制造	0.02	0.02	0.02	0.02	

3-3 分行业规模以上工业企业主要经济指标（一百一十六）

单位：万元

指标名称	平均用工人数（万人）	期末用工人数（万人）	从业人员期末人数（万人）	从业人员平均人数（万人）	亏损企业亏损总额
生物基材料制造	0.07	0.07	0.07	0.07	
生物基化学纤维制造	0.07	0.07	0.07	0.07	
橡胶和塑料制品业	1.05	1.00	1.02	1.03	4 322
橡胶制品业	0.31	0.30	0.30	0.31	186
橡胶板、管、带制造	0.23	0.23	0.23	0.22	88
橡胶零件制造	0.05	0.04	0.04	0.05	
运动场地用塑胶制造	0.01	0.01	0.01	0.01	
其他橡胶制品制造	0.02	0.02	0.02	0.02	98
塑料制品业	0.74	0.70	0.72	0.72	4 136
塑料薄膜制造	0.22	0.22	0.22	0.22	3 971
塑料板、管、型材制造	0.19	0.16	0.17	0.17	64
塑料丝、绳及编织品制造	0.02	0.02	0.02	0.02	
泡沫塑料制造	0.07	0.05	0.08	0.08	
塑料人造革、合成革制造	0.05	0.05	0.05	0.04	5
塑料包装箱及容器制造	0.01	0.01	0.01	0.01	
日用塑料制品制造	0.01	0.01	0.01	0.01	73
塑料零件及其他塑料制品制造	0.18	0.17	0.17	0.17	23
非金属矿物制品业	1.17	1.15	1.16	1.17	14 227
水泥、石灰和石膏制造	0.23	0.22	0.20	0.20	2 004
水泥制造	0.20	0.19	0.17	0.17	1 994
石灰和石膏制造	0.03	0.03	0.03	0.03	10
石膏、水泥制品及类似制品制造	0.62	0.61	0.62	0.63	3 156
水泥制品制造	0.53	0.53	0.54	0.54	3 123
砼结构构件制造	0.07	0.07	0.07	0.07	
轻质建筑材料制造	0.01	0.01	0.01	0.01	33
其他水泥类似制品制造	0.01	0.01	0.01	0.01	
砖瓦、石材等建筑材料制造	0.16	0.16	0.16	0.16	2 327
粘土砖瓦及建筑砌块制造	0.02	0.02	0.02	0.03	603
建筑用石加工	0.08	0.07	0.08	0.07	1 299
防水建筑材料制造	0.03	0.03	0.03	0.03	426
隔热和隔音材料制造	0.01	0.01	0.01	0.01	
其他建筑材料制造	0.02	0.02	0.02	0.02	
玻璃制造	0.01	0.01	0.01	0.01	
特种玻璃制造	0.01	0.01	0.01	0.01	
玻璃制品制造	0.07	0.08	0.08	0.07	215
技术玻璃制品制造	0.04	0.05	0.05	0.04	
日用玻璃制品制造	0.03	0.03	0.03	0.03	215
陶瓷制品制造	0.02	0.02	0.02	0.02	590
建筑陶瓷制品制造	0.02	0.02	0.02	0.02	590

3-3 分行业规模以上工业企业主要经济指标（一百一十七）

单位：万元

指标名称	平均用工人数（万人）	期末用工人数（万人）	从业人员期末人数（万人）	从业人员平均人数（万人）	亏损企业亏损总额
耐火材料制品制造	0.02	0.02	0.02	0.02	
耐火陶瓷制品及其他耐火材料制造	0.02	0.02	0.02	0.02	
石墨及其他非金属矿物制品制造	0.04	0.04	0.05	0.05	5 936
石墨及碳素制品制造	0.03	0.03	0.04	0.04	5 936
其他非金属矿物制品制造	0.01	0.01	0.01	0.01	
黑色金属冶炼和压延加工业	0.03	0.03	0.03	0.03	
钢压延加工	0.02	0.02	0.02	0.02	
铁合金冶炼					
有色金属冶炼和压延加工业	0.44	0.46	0.43	0.43	3 601
常用有色金属冶炼	0.01	0.01	0.01	0.01	
铅锌冶炼	0.01	0.01	0.01	0.01	
铝冶炼					
有色金属合金制造	0.17	0.19	0.16	0.16	
有色金属压延加工	0.26	0.26	0.26	0.26	3 601
铜压延加工	0.03	0.03	0.03	0.03	13
铝压延加工	0.21	0.21	0.21	0.21	3 588
稀有稀土金属压延加工	0.01	0.01	0.01	0.01	
其他有色金属压延加工					
金属制品业	1.52	1.52	1.54	1.54	2 378
结构性金属制品制造	0.60	0.62	0.64	0.62	1 128
金属结构制造	0.31	0.31	0.33	0.32	578
金属门窗制造	0.29	0.30	0.31	0.30	550
金属工具制造					147
切削工具制造					147
集装箱及金属包装容器制造	0.01	0.01	0.01	0.01	
金属包装容器及材料制造	0.01	0.01	0.01	0.01	
金属丝绳及其制品制造	0.31	0.30	0.30	0.31	19
建筑、安全用金属制品制造		0.01	0.01		
安全、消防用金属制品制造		0.01	0.01		
金属表面处理及热处理加工	0.02	0.02	0.02	0.02	
金属制日用品制造	0.02	0.01	0.01	0.01	156
金属制厨房用器具制造	0.01	0.01	0.01	0.01	0
金属制餐具和器皿制造	0.01	0.01	0.01	0.01	156
铸造及其他金属制品制造	0.56	0.55	0.55	0.57	928
黑色金属铸造	0.39	0.38	0.39	0.40	928
有色金属铸造	0.01	0.01	0.01	0.01	
锻件及粉末冶金制品制造	0.15	0.14	0.14	0.15	
交通及公共管理用金属标牌制造					
其他未列明金属制品制造	0.01	0.02	0.02	0.02	

3-3 分行业规模以上工业企业主要经济指标（一百一十八）

单位：万元

指标名称	平均用工人数（万人）	期末用工人数（万人）	从业人员期末人数（万人）	从业人员平均人数（万人）	亏损企业亏损总额
通用设备制造业	0.61	0.63	0.63	0.61	3 270
锅炉及原动设备制造	0.05	0.07	0.07	0.05	1 211
锅炉及辅助设备制造	0.03	0.03	0.03	0.03	1 211
内燃机及配件制造					
风能原动设备制造	0.02	0.04	0.04	0.02	
金属加工机械制造	0.18	0.18	0.18	0.18	1 697
金属成形机床制造					124
铸造机械制造	0.09	0.09	0.09	0.09	1 573
机床功能部件及附件制造	0.07	0.08	0.08	0.08	
其他金属加工机械制造	0.01		0.01	0.01	
物料搬运设备制造	0.07	0.07	0.07	0.07	155
轻小型起重设备制造	0.04	0.05	0.05	0.05	
生产专用起重机制造	0.02	0.02	0.02	0.02	
连续搬运设备制造	0.01	0.01	0.01	0.01	155
泵、阀门、压缩机及类似机械制造	0.17	0.17	0.17	0.16	128
泵及真空设备制造	0.11	0.11	0.11	0.11	29
阀门和旋塞制造	0.03	0.03	0.03	0.03	99
液压动力机械及元件制造	0.03	0.03	0.03	0.03	
轴承、齿轮和传动部件制造	0.01	0.01	0.01	0.01	
滚动轴承制造					
齿轮及齿轮减、变速箱制造	0.01	0.01	0.01	0.01	
烘炉、风机、包装等设备制造	0.03	0.03	0.03	0.03	
风机、风扇制造	0.03	0.03	0.03	0.03	
制冷、空调设备制造					
通用零部件制造	0.08	0.08	0.08	0.08	
弹簧制造					
机械零部件加工	0.06	0.06	0.06	0.06	
其他通用零部件制造	0.02	0.01	0.01	0.02	
其他通用设备制造业	0.02	0.01	0.01	0.02	79
工业机器人制造					
其他未列明通用设备制造业	0.01	0.01	0.01	0.01	79
专用设备制造业	0.53	0.54	0.54	0.53	718
采矿、冶金、建筑专用设备制造	0.12	0.12	0.11	0.11	
矿山机械制造	0.01	0.01	0.01	0.01	
石油钻采专用设备制造					
建筑材料生产专用机械制造	0.02	0.02	0.02	0.02	
冶金专用设备制造	0.09	0.09	0.08	0.08	
化工、木材、非金属加工专用设备制造	0.02	0.02	0.02	0.02	276
炼油、化工生产专用设备制造					205
模具制造	0.01	0.01	0.01	0.01	71

3-3 分行业规模以上工业企业主要经济指标（一百一十九）

单位：万元

指标名称	平均用工人数（万人）	期末用工人数（万人）	从业人员期末人数（万人）	从业人员平均人数（万人）	亏损企业亏损总额
食品、饮料、烟草及饲料生产专用设备制造	0.01	0.01	0.01	0.01	
农副食品加工专用设备制造	0.01	0.01	0.01	0.01	
电子和电工机械专用设备制造	0.04	0.05	0.05	0.05	
电工机械专用设备制造	0.01	0.01	0.01	0.01	
半导体器件专用设备制造	0.02	0.03	0.03	0.03	
电子元器件与机电组件设备制造	0.01	0.01	0.01	0.01	
农、林、牧、渔专用机械制造	0.07	0.07	0.07	0.07	
拖拉机制造					
机械化农业及园艺机具制造	0.06	0.05	0.05	0.06	
农林牧渔机械配件制造	0.01	0.01	0.01	0.01	
医疗仪器设备及器械制造	0.09	0.09	0.09	0.09	
医疗诊断、监护及治疗设备制造	0.02	0.02	0.02	0.02	
医疗实验室及医用消毒设备和器具制造	0.01	0.01	0.01	0.01	
医疗、外科及兽医用器械制造	0.01	0.02	0.02	0.01	
其他医疗设备及器械制造	0.05	0.05	0.05	0.05	
环保、邮政、社会公共服务及其他专用设备制造	0.18	0.18	0.18	0.18	442
环境保护专用设备制造	0.08	0.09	0.09	0.08	
地质勘查专用设备制造	0.03	0.03	0.03	0.03	442
社会公共安全设备及器材制造					
交通安全、管制及类似专用设备制造	0.02	0.02	0.02	0.02	
其他专用设备制造	0.05	0.05	0.05	0.05	
汽车制造业	7.47	7.95	7.84	7.57	3 518
汽车整车制造	3.28	3.41	3.41	3.28	
汽柴油车整车制造	3.28	3.41	3.41	3.28	
改装汽车制造	0.05	0.05	0.05	0.05	245
汽车车身、挂车制造	0.02	0.02	0.02	0.02	
汽车零部件及配件制造	4.12	4.47	4.37	4.22	3 272
铁路、船舶、航空航天和其他运输设备制造业	0.33	0.34	0.34	0.33	5
铁路运输设备制造	0.04	0.04	0.04	0.04	
高铁设备、配件制造	0.02	0.02	0.02	0.02	
铁路机车车辆配件制造	0.01	0.01	0.01	0.01	
铁路专用设备及器材、配件制造	0.02	0.02	0.02	0.02	
城市轨道交通设备制造	0.11	0.12	0.12	0.11	
航空、航天器及设备制造	0.18	0.18	0.18	0.18	5
飞机制造	0.16	0.16	0.16	0.16	
航天相关设备制造	0.01	0.01	0.01	0.01	
其他航空航天器制造	0.01	0.01	0.01	0.01	5
电气机械和器材制造业	2.35	2.22	2.24	2.35	291 293
电机制造	0.12	0.09	0.09	0.12	11 854

3-3 分行业规模以上工业企业主要经济指标（一百二十）

单位：万元

指标名称	平均用工人数（万人）	期末用工人数（万人）	从业人员期末人数（万人）	从业人员平均人数（万人）	亏损企业亏损总额
发电机及发电机组制造	0.11	0.08	0.08	0.11	11 854
电动机制造	0.01	0.01	0.01	0.01	
输配电及控制设备制造	1.25	1.17	1.18	1.25	279 399
变压器、整流器和电感器制造	0.49	0.48	0.49	0.49	5 343
电容器及其配套设备制造	0.01	0.01	0.01	0.01	28
配电开关控制设备制造	0.20	0.20	0.20	0.20	1 876
电力电子元器件制造	0.08	0.08	0.08	0.08	1 335
光伏设备及元器件制造	0.29	0.22	0.22	0.28	269 602
其他输配电及控制设备制造	0.18	0.18	0.18	0.18	1 216
电线、电缆、光缆及电工器材制造	0.18	0.18	0.18	0.18	41
电线、电缆制造	0.11	0.11	0.11	0.11	
绝缘制品制造	0.05	0.05	0.05	0.05	41
其他电工器材制造	0.02	0.02	0.02	0.02	
电池制造	0.77	0.75	0.75	0.77	
铅蓄电池制造	0.02	0.02	0.02	0.02	
其他电池制造	0.75	0.74	0.74	0.75	
非电力家用器具制造	0.02	0.01	0.01	0.02	
燃气及类似能源家用器具制造	0.02	0.01	0.01	0.02	
照明器具制造	0.01	0.01	0.01	0.01	
照明灯具制造	0.01	0.01	0.01	0.01	
其他电气机械及器材制造	0.01	0.01	0.01	0.01	
电气信号设备装置制造	0.01	0.01	0.01	0.01	
其他未列明电气机械及器材制造					
计算机、通信和其他电子设备制造业	0.13	0.13	0.13	0.13	399
计算机制造	0.03	0.03	0.03	0.03	
计算机零部件制造	0.02	0.02	0.02	0.02	
计算机外围设备制造	0.01	0.01	0.01	0.01	
工业控制计算机及系统制造	0.01	0.01	0.01	0.01	
通信设备制造	0.06	0.05	0.05	0.06	395
通信系统设备制造	0.05	0.05	0.05	0.05	
通信终端设备制造	0.01	0.01	0.01	0.01	395
智能消费设备制造	0.01	0.01	0.01	0.01	4
智能车载设备制造	0.01	0.01	0.01	0.01	4
电子器件制造	0.03	0.03	0.03	0.03	
光电子器件制造	0.03	0.03	0.03	0.03	
电子元件及电子专用材料制造					
电子专用材料制造					
其他电子元件制造					

3-3 分行业规模以上工业企业主要经济指标（一百二十一）

单位：万元

指标名称	平均用工人数（万人）	期末用工人数（万人）	从业人员期末人数（万人）	从业人员平均人数（万人）	亏损企业亏损总额
仪器仪表制造业	0.17	0.16	0.16	0.17	
通用仪器仪表制造	0.06	0.06	0.06	0.06	
工业自动控制系统装置制造	0.02	0.02	0.02	0.02	
电工仪器仪表制造	0.01	0.01	0.02	0.02	
实验分析仪器制造	0.01	0.01	0.01	0.01	
其他通用仪器制造	0.02	0.02	0.02	0.02	
专用仪器仪表制造	0.11	0.09	0.09	0.11	
地质勘探和地震专用仪器制造	0.11	0.09	0.09	0.11	
光学仪器制造					
衡器制造					
其他仪器仪表制造业					
其他制造业	0.03	0.03	0.03	0.03	
日用杂品制造	0.02	0.02	0.02	0.02	
鬃毛加工、制刷及清扫工具制造	0.01	0.01	0.01	0.01	
其他日用杂品制造		0.01	0.01		
废弃资源综合利用业	0.04	0.03	0.03	0.04	2 385
金属废料和碎屑加工处理	0.01	0.01	0.01	0.01	678
非金属废料和碎屑加工处理	0.02	0.02	0.02	0.02	1 708
金属制品、机械和设备修理业	0.01	0.01	0.01	0.01	
通用设备修理					
电气设备修理	0.01	0.01	0.01	0.01	
电力、热力、燃气及水生产和供应业	**2.22**	**2.22**	**2.01**	**2.01**	**165 944**
电力、热力生产和供应业	1.71	1.71	1.50	1.51	139 410
电力生产	0.35	0.34	0.34	0.35	134 514
火力发电	0.01	0.01	0.01	0.01	2 416
热电联产	0.22	0.21	0.21	0.22	120 237
水力发电	0.03	0.03	0.03	0.03	296
风力发电					
太阳能发电	0.05	0.05	0.05	0.05	11 565
生物质能发电	0.04	0.04	0.04	0.04	
电力供应	1.20	1.20	0.99	1.00	
热力生产和供应	0.16	0.16	0.16	0.16	4 897
燃气生产和供应业	0.32	0.32	0.31	0.31	16 065
燃气生产和供应业	0.32	0.32	0.31	0.31	16 065
天然气生产和供应业	0.32	0.32	0.31	0.31	16 065
水的生产和供应业	0.19	0.19	0.19	0.19	10 469
自来水生产和供应	0.15	0.15	0.15	0.15	2 833
污水处理及其再生利用	0.02	0.02	0.02	0.02	5 842
其他水的处理、利用与分配	0.02	0.02	0.02	0.02	1 794

3-3 分行业规模以上工业企业主要经济指标（一百二十二）

单位：万元

指标名称	利税总额	应交税金及附加	营业收入利润率（%）	资产负债率（%）	总资产贡献率（%）
全市	**2 990 051**	**1 585 587**	**3.9**	**62.1**	**6.3**
采矿业	**70 344**	**31 034**	**14.7**	**65.3**	**8.8**
煤炭开采和洗选业	–601	18	–51.8	61.8	–0.7
烟煤和无烟煤开采洗选	–601	18	–51.8	61.8	–0.7
黑色金属矿采选业	66 889	29 111	19.8	60.8	11.5
铁矿采选	66 889	29 111	19.8	60.8	11.5
非金属矿采选业	4 057	1 906	3.0	83.5	3.8
土砂石开采	3 691	1 699	4.3	83.7	3.7
石灰石、石膏开采	522	777	–14.3	71.0	20.2
建筑装饰用石开采	1 745	904	20.2	48.0	54.4
耐火土石开采	802	–978	5.9	80.4	2.5
粘土及其他土砂石开采	623	996	–1.8	95.9	2.3
石棉及其他非金属矿采选	366	207	0.5	77.1	8.4
其他未列明非金属矿采选	366	207	0.5	77.1	8.4
制造业	**2 811 091**	**1 424 137**	**4.2**	**60.2**	**6.8**
农副食品加工业	45 566	9 457	2.1	63.9	6.1
谷物磨制	3 513	–177	10.3	17.6	32.7
小麦加工	3 513	–177	10.3	17.6	32.7
饲料加工	32 153	2 632	8.0	50.6	23.2
其他饲料加工	32 153	2 632	8.0	50.6	23.2
植物油加工	773	113	2.3	78.1	4.3
食用植物油加工	480	83	1.7	80.0	3.1
非食用植物油加工	293	30	5.1	58.6	17.2
屠宰及肉类加工	2 212	3 398	–0.1	70.8	1.2
牲畜屠宰	2 339	707	0.2	92.4	1.7
禽类屠宰	3 869	509	1.9	45.1	3.5
肉制品及副产品加工	–3 995	2 183	–2.6	77.2	–1.3
蔬菜、菌类、水果和坚果加工	7 184	3 245	5.1	47.2	6.9
蔬菜加工	1 928	686	3.8	52.2	4.5
水果和坚果加工	5 256	2 560	5.9	43.1	9.0
其他农副食品加工	–269	246	–1.7	71.7	0.8
淀粉及淀粉制品制造	30	18	0.6	80.4	0.9
豆制品制造	276	200	1.3	56.9	3.6
其他未列明农副食品加工	–574	27	–2.8	74.6	0.02
食品制造业	83 905	34 285	8.3	48.4	10.5
焙烤食品制造	127	170	–0.3	44.6	1.1
糕点、面包制造	–174	85	–8.0	55.0	–2.0
饼干及其他焙烤食品制造	301	85	2.1	42.1	1.8

3-3 分行业规模以上工业企业主要经济指标（一百二十三）

单位：万元

指标名称	利税总额	应交税金及附加	营业收入利润率（%）	资产负债率（%）	总资产贡献率（%）
糖果、巧克力及蜜饯制造	57 477	17 931	19.6	30.6	19.1
糖果、巧克力制造	57 384	17 868	19.9	29.8	19.5
蜜饯制作	93	62	0.9	71.3	1.5
方便食品制造	12 778	6 591	4.7	46.5	11.0
米、面制品制造	640	40	2.3	35.7	5.9
方便面制造	3 960	2 979	2.2	64.8	8.0
其他方便食品制造	8 178	3 572	8.0	27.5	16.6
乳制品制造	4 717	2 348	2.4	56.0	8.7
液体乳制造	4 717	2 348	2.4	56.0	8.7
罐头食品制造	9 105	3 937	10.7	57.7	10.8
蔬菜、水果罐头制造	621	528	0.6	66.2	1.1
其他罐头食品制造	8 483	3 410	15.7	38.6	32.3
调味品、发酵制品制造	–287	1 934	–2.8	57.4	0.5
酱油、食醋及类似制品制造	–2 744	45	–44.6	83.2	–5.2
其他调味品、发酵制品制造	2 457	1 889	1.0	42.6	3.8
其他食品制造	–11	1 375	–2.6	83.3	0.1
保健食品制造	–287	1 326	–4.0	90.4	–0.3
食品及饲料添加剂制造	–18	23	–0.7	28.9	0.1
其他未列明食品制造	294	26	3.7	30.9	12.6
酒、饮料和精制茶制造业	84 366	33 951	12.3	33.4	8.4
酒的制造	25 333	19 890	5.9	47.4	9.6
白酒制造	10 823	9 666	4.5	46.4	7.3
啤酒制造	12 213	8 885	6.3	35.2	14.1
其他酒制造	2 296	1 339	7.3	90.1	7.7
饮料制造	59 034	14 061	14.6	28.4	7.9
瓶（罐）装饮用水制造	259	222	2.0	65.0	8.1
果菜汁及果菜汁饮料制造	6 502	1 912	12.9	26.7	1.6
含乳饮料和植物蛋白饮料制造	52 129	11 883	15.0	33.3	33.9
固体饮料制造	144	45	4.0	76.2	4.6
烟草制品业	315 212	340 159	–4.1	97.8	110.3
卷烟制造	315 212	340 159	–4.1	97.8	110.3
纺织业	112 448	34 268	6.3	59.4	10.5
棉纺织及印染精加工	23 177	7 096	5.2	74.4	6.4
棉纺纱加工	14 825	3 138	10.4	79.4	7.1
棉织造加工	7 554	2 688	3.6	67.9	5.9
棉印染精加工	799	1 270	–0.7	68.8	3.0
毛纺织及染整精加工	29 992	8 451	7.0	49.3	10.0
毛条和毛纱线加工	25 189	7 732	6.7	45.8	9.2
毛织造加工	4 802	719	8.4	85.3	18.1

3-3 分行业规模以上工业企业主要经济指标（一百二十四）

单位：万元

指标名称	利税总额	应交税金及附加	营业收入利润率（%）	资产负债率（%）	总资产贡献率（%）
化纤织造及印染精加工	7 310	1 239	7.1	43.7	31.0
化纤织造加工	6 981	1 098	7.1	35.8	35.0
化纤织物染整精加工	329	140	6.8	86.7	9.0
针织或钩针编织物及其制品制造	1 067	228	3.4	45.5	3.9
针织或钩针编织物织造	950	162	7.0	41.9	5.1
针织或钩针编织品制造	117	66	0.4	53.2	1.4
家用纺织制成品制造	47 882	15 474	7.3	51.6	19.5
床上用品制造	10 733	4 891	11.1	39.1	22.6
毛巾类制品制造	32 202	10 362	6.0	52.7	17.1
其他家用纺织制成品制造	4 947	221	13.6	88.5	47.6
产业用纺织制成品制造	3 021	1 780	1.6	56.5	3.4
非织造布制造	1 543	840	1.6	60.9	3.8
绳、索、缆制造	111	53	1.6	76.8	4.3
纺织带和帘子布制造	160	64	2.6	88.4	6.0
篷、帆布制造	999	669	4.5	26.6	8.6
其他产业用纺织制成品制造	208	154	0.3	55.4	1.2
纺织服装、服饰业	6 480	2 369	5.7	40.1	5.8
机织服装制造	3 653	502	16.0	54.5	16.0
运动机织服装制造	208	2	3.1	15.9	9.1
其他机织服装制造	3 445	500	22.1	58.5	16.7
针织或钩针编织服装制造	2 159	625	5.0	27.6	3.3
运动休闲针织服装制造	302	25	7.8	5.9	9.8
其他针织或钩针编织服装制造	1 857	600	4.6	28.6	2.9
服饰制造	668	1 241	-1.9	60.3	3.0
皮革、毛皮、羽毛及其制品和制鞋业	7 119	2 519	3.7	62.1	9.0
皮革鞣制加工	183	118	2.2	69.1	6.3
皮革制品制造	3 038	893	3.0	57.9	5.7
皮箱、包（袋）制造	2 803	862	3.0	58.6	5.5
皮手套及皮装饰制品制造	234	31	3.1	44.4	9.5
毛皮鞣制及制品加工	3 180	1 348	3.9	68.0	17.8
毛皮鞣制加工	492	339	1.2	60.1	4.3
毛皮服装加工	2 689	1 009	5.1	82.8	43.2
制鞋业	718	160	9.1	82.9	17.9
橡胶鞋制造	718	160	9.1	82.9	17.9
木材加工和木、竹、藤、棕、草制品业	13 301	4 548	6.2	51.8	11.9
木材加工	42	34	0.3	98.9	1.8
单板加工	42	34	0.3	98.9	1.8
人造板制造	13 112	4 410	6.4	51.3	12.1
纤维板制造	6 948	2 542	5.9	58.9	15.6

3-3 分行业规模以上工业企业主要经济指标（一百二十五）

单位：万元

指标名称	利税总额	应交税金及附加	营业收入利润率（%）	资产负债率（%）	总资产贡献率（%）
刨花板制造	5 837	1 712	8.5	42.8	10.5
其他人造板制造	327	157	1.2	66.7	3.9
木质制品制造	147	105	1.9	22.3	7.8
木地板制造	147	105	1.9	22.3	7.8
家具制造业	–4 024	558	–32.2	107.3	–4.2
木质家具制造	–4 156	514	–34.7	107.5	–4.4
金属家具制造	132	44	11.7	68.6	29.6
造纸和纸制品业	110 583	55 596	5.4	47.6	10.6
造纸	82 653	39 914	10.9	30.3	16.7
机制纸及纸板制造	82 581	39 854	10.9	30.3	16.7
加工纸制造	72	60	0.4	33.7	7.7
纸制品制造	27 930	15 683	1.9	61.4	5.8
纸和纸板容器制造	2 648	1 863	0.8	63.7	5.7
其他纸制品制造	25 282	13 820	2.1	61.2	5.8
印刷和记录媒介复制业	9 476	8 590	0.5	65.8	4.0
印刷	9 476	8 590	0.5	65.8	4.0
书、报刊印刷	5 350	6 544	–0.9	60.2	3.2
包装装潢及其他印刷	4 126	2 046	1.7	76.5	5.5
文教、工美、体育和娱乐用品制造业	24 249	11 320	6.1	37.8	9.9
文教办公用品制造	768	352	3.6	35.6	6.5
其他文教办公用品制造	768	352	3.6	35.6	6.5
工艺美术及礼仪用品制造	23 231	10 890	6.3	38.1	10.2
雕塑工艺品制造	12 431	7 167	3.9	46.2	8.2
金属工艺品制造	177	57	2.0	3.6	3.9
天然植物纤维编织工艺品制造	130	31	3.1	34.5	8.1
地毯、挂毯制造	4 346	1 869	9.2	60.9	55.3
其他工艺美术及礼仪用品制造	6 147	1 767	18.1	17.5	10.1
体育用品制造	250	78	2.2	30.6	5.4
健身器材制造	199	68	2.2	18.3	4.2
运动防护用具制造	51	10	1.9	73.7	9.6
石油、煤炭及其他燃料加工业	1 547	1 220	0.7	53.8	3.3
精炼石油产品制造	695	593	0.6	42.6	2.4
原油加工及石油制品制造	695	593	0.6	42.6	2.4
煤炭加工	852	627	0.7	74.1	4.9
煤制品制造	852	627	0.7	74.1	4.9
化学原料和化学制品制造业	68 666	28 132	7.1	102.9	4.8
基础化学原料制造	855	265	6.0	79.1	6.6
无机盐制造	88	24	2.1	60.0	10.7

3-3 分行业规模以上工业企业主要经济指标（一百二十六）

单位：万元

指标名称	利税总额	应交税金及附加	营业收入利润率（%）	资产负债率（%）	总资产贡献率（%）
有机化学原料制造	308	42	6.6	93.1	10.9
其他基础化学原料制造	458	199	8.9	78.5	5.9
肥料制造	11 596	6 046	5.8	59.4	8.5
氮肥制造	7 308	4 750	5.8	64.4	7.4
复混肥料制造	4 035	1 278	6.7	43.8	11.9
有机肥料及微生物肥料制造	253	18	2.3	72.1	6.8
农药制造	2 770	583	18.6	21.0	20.5
生物化学农药及微生物农药制造	2 770	583	18.6	21.0	20.5
涂料、油墨、颜料及类似产品制造	–1 429	2 497	–2.1	140.5	–0.2
涂料制造	–2 044	2 060	–2.3	140.9	–0.2
油墨及类似产品制造	615	437	1.2	82.4	10.3
合成材料制造	11 660	2 689	12.4	36.8	22.8
初级形态塑料及合成树脂制造	1 710	773	12.9	22.8	17.1
合成纤维单（聚合）体制造	9 584	1 804	12.7	39.6	24.6
其他合成材料制造	366	112	6.3	49.9	16.3
专用化学产品制造	21 435	7 750	10.1	22.5	9.4
化学试剂和助剂制造	5 541	2 147	9.1	34.4	8.7
林产化学产品制造	426	173	3.8	51.0	11.1
文化用信息化学品制造	566	187	6.0	14.3	11.0
医学生产用信息化学品制造	13 910	4 720	12.6	13.3	9.7
环境污染处理专用药剂材料制造	630	245	8.2	87.9	19.7
其他专用化学产品制造	363	278	1.4	38.3	4.3
炸药、火工及焰火产品制造	–738	349	–12.2	59.1	–1.6
炸药及火工产品制造	–738	349	–12.2	59.1	–1.6
日用化学产品制造	22 518	7 953	25.4	48.7	40.2
其他日用化学产品制造	22 518	7 953	25.4	48.7	40.2
医药制造业	169 868	73 659	7.7	59.8	13.0
化学药品制剂制造	48 264	16 492	30.3	37.1	26.1
中药饮片加工	61 254	27 912	3.6	62.7	8.4
中成药生产	33 206	18 971	11.4	66.5	28.1
兽用药品制造	19 758	6 549	16.5	55.1	13.3
生物药品制品制造	6 211	3 338	4.5	76.2	6.1
生物药品制造	6 211	3 338	4.5	76.2	6.1
卫生材料及医药用品制造	1 176	397	3.8	63.3	7.3
化学纤维制造业	20 790	–683	39.0	54.6	9.7
合成纤维制造	1 699	–837	14.4	39.3	4.6
涤纶纤维制造	244	44	2.5	58.8	9.9
氨纶纤维制造	1 455	–881	22.7	37.9	4.2

3-3 分行业规模以上工业企业主要经济指标（一百二十七）

单位：万元

指标名称	利税总额	应交税金及附加	营业收入利润率（%）	资产负债率（%）	总资产贡献率（%）
生物基材料制造	19 091	154	53.5	57.4	10.6
生物基化学纤维制造	19 091	154	53.5	57.4	10.6
橡胶和塑料制品业	57 868	26 798	3.2	38.6	3.5
橡胶制品业	22 329	9 182	4.26	43.7	5.6
橡胶板、管、带制造	19 060	6 916	4.5	33.0	6.2
橡胶零件制造	1 532	690	4.4	39.8	8.2
运动场地用塑胶制造	567	422	3.0	82.3	5.8
其他橡胶制品制造	1 170	1 155	0.3	90.3	1.7
塑料制品业	35 539	17 615	2.8	37.1	3.0
塑料薄膜制造	1 502	3 979	−1.4	33.3	0.5
塑料板、管、型材制造	15 035	5 241	5.4	44.0	8.0
塑料丝、绳及编织品制造	1 016	241	2.5	54.0	7.9
泡沫塑料制造	5 125	3 556	2.9	28.6	5.5
塑料人造革、合成革制造	2 021	358	6.3	45.4	7.0
塑料包装箱及容器制造	1 017	824	3.7	58.0	29.6
日用塑料制品制造	−70	4	−3.5	90.9	−1.6
塑料零件及其他塑料制品制造	9 893	3 412	3.8	51.7	7.6
非金属矿物制品业	169 034	92 340	4.4	72.5	6.9
水泥、石灰和石膏制造	75 572	32 247	9.9	56.6	11.6
水泥制造	71 089	28 967	10.9	55.4	11.7
石灰和石膏制造	4 483	3 280	2.2	74.5	9.4
石膏、水泥制品及类似制品制造	76 585	48 797	2.7	77.9	6.0
水泥制品制造	71 610	45 885	2.8	77.2	6.7
砼结构构件制造	4 289	2 627	3.0	81.3	2.3
轻质建筑材料制造	154	124	0.4	71.1	3.1
其他水泥类似制品制造	532	161	1.9	86.0	4.6
砖瓦、石材等建筑材料制造	15 123	8 825	3.1	64.3	5.6
粘土砖瓦及建筑砌块制造	457	267	1.7	55.1	4.7
建筑用石加工	5 872	4 443	2.2	80.0	5.8
防水建筑材料制造	3 706	2 196	2.6	55.3	5.0
隔热和隔音材料制造	831	304	6.0	69.4	13.1
其他建筑材料制造	4 258	1 615	4.6	54.5	5.4
玻璃制造	172	128	0.7	63.0	1.3
特种玻璃制造	172	128	0.7	63.0	1.3
玻璃制品制造	5 416	601	7.6	97.6	3.1
技术玻璃制品制造	5 425	396	8.3	96.7	3.0
日用玻璃制品制造	−9	205	−7.6	126.7	5.9
陶瓷制品制造	−317	273	−8.4	64.4	−3.4
建筑陶瓷制品制造	−317	273	−8.4	64.4	−3.4

3-3 分行业规模以上工业企业主要经济指标（一百二十八）

单位：万元

指标名称	利税总额	应交税金及附加	营业收入利润率（%）	资产负债率（%）	总资产贡献率（%）
耐火材料制品制造	754	492	4.1	37.2	6.6
耐火陶瓷制品及其他耐火材料制造	754	492	4.1	37.2	6.6
石墨及其他非金属矿物制品制造	–4 271	978	–11.1	101.6	–1.5
石墨及碳素制品制造	–5 424	354	–19.6	104.5	–3.3
其他非金属矿物制品制造	1 153	624	3.3	78.4	13.2
黑色金属冶炼和压延加工业	1 276	788	0.4	72.1	3.2
钢压延加工	750	506	0.2	77.4	2.5
铁合金冶炼	526	283	1.5	23.9	9.2
有色金属冶炼和压延加工业	106 065	19 376	6.1	37.1	7.5
常用有色金属冶炼	993	509	0.9	56.3	6.0
铅锌冶炼	719	372	0.8	61.4	5.4
铝冶炼	274	137	1.2	37.7	8.5
有色金属合金制造	73 603	13 056	8.1	29.6	7.1
有色金属压延加工	31 469	5 812	4.2	56.5	8.8
铜压延加工	1 499	829	0.4	56.1	6.2
铝压延加工	26 713	4 129	5.7	54.8	8.6
稀有稀土金属压延加工	2 941	720	9.3	100.2	20.9
其他有色金属压延加工	317	134	1.7	58.9	7.7
金属制品业	137 928	43 767	8.1	61.0	9.7
结构性金属制品制造	37 282	15 408	5.4	59.8	7.6
金属结构制造	14 477	7 400	2.7	60.7	5.1
金属门窗制造	22 805	8 008	10.0	58.7	11.3
金属工具制造	–5	143	–7.3	47.4	1.7
切削工具制造	–5	143	–7.3	47.4	1.7
集装箱及金属包装容器制造	388	158	5.2	63.5	8.1
金属包装容器及材料制造	388	158	5.2	63.5	8.1
金属丝绳及其制品制造	13 221	9 386	1.8	40.7	3.7
建筑、安全用金属制品制造	939	493	5.4	30.6	10.5
安全、消防用金属制品制造	939	493	5.4	30.6	10.5
金属表面处理及热处理加工	551	367	1.1	48.1	4.0
金属制日用品制造	43	132	–0.7	86.4	1.2
金属制厨房用器具制造	186	120	0.8	87.3	1.2
金属制餐具和器皿制造	–143	13	–3.1	82.7	1.2
铸造及其他金属制品制造	85 509	17 682	14.5	77.9	16.8
黑色金属铸造	10 441	8 213	1.5	70.9	7.4
有色金属铸造	1 107	74	10.6	37.4	28.6
锻件及粉末冶金制品制造	73 199	9 074	23.2	82.0	20.5
交通及公共管理用金属标牌制造	89	52	1.4	38.4	3.2
其他未列明金属制品制造	673	269	2.7	50.3	8.7

3-3 分行业规模以上工业企业主要经济指标（一百二十九）

单位：万元

指标名称	利税总额	应交税金及附加	营业收入利润率（%）	资产负债率（%）	总资产贡献率（%）
通用设备制造业	33 628	16 626	4.7	67.3	6.3
锅炉及原动设备制造	1 456	1 309	0.8	50.4	2.7
锅炉及辅助设备制造	−141	821	−10.5	32.9	0.2
内燃机及配件制造	797	257	21.5	34.7	9.6
风能原动设备制造	800	232	3.3	91.4	4.5
金属加工机械制造	1 266	1 944	−0.8	93.5	1.5
金属成形机床制造	−37	87	−6.0	67.7	4.4
铸造机械制造	−1 059	238	−4.5	103.6	−0.7
机床功能部件及附件制造	1 986	1 439	1.3	78.2	5.3
其他金属加工机械制造	375	179	5.1	49.7	8.7
物料搬运设备制造	2 895	1 813	1.5	67.3	5.7
轻小型起重设备制造	1 931	953	2.0	72.6	5.6
生产专用起重机制造	750	489	1.2	66.2	6.3
连续搬运设备制造	215	371	−13.4	29.0	4.3
泵、阀门、压缩机及类似机械制造	16 686	6 991	9.2	53.1	10.1
泵及真空设备制造	14 844	5 754	11.6	36.0	12.1
阀门和旋塞制造	619	386	1.0	56.3	2.5
液压动力机械及元件制造	1 223	852	4.2	94.3	8.6
轴承、齿轮和传动部件制造	479	211	1.8	67.5	4.4
滚动轴承制造	406	138	2.2	66.8	4.4
齿轮及齿轮减、变速箱制造	73	73	0.03	70.1	4.7
烘炉、风机、包装等设备制造	1 636	1 222	2.4	64.5	4.4
风机、风扇制造	1 572	1 186	2.7	69.7	5.3
制冷、空调设备制造	64	35	1.0	42.0	0.6
通用零部件制造	8 137	2 683	10.6	53.0	13.9
弹簧制造	270	119	2.6	40.4	7.7
机械零部件加工	7 228	2 125	14.5	58.0	17.7
其他通用零部件制造	639	439	2.2	42.2	4.5
其他通用设备制造业	1 073	454	3.2	49.9	13.5
工业机器人制造	101	64	1.3	76.0	13.1
其他未列明通用设备制造业	972	390	3.5	47.1	13.6
专用设备制造业	84 881	19 385	14.6	61.5	8.2
采矿、冶金、建筑专用设备制造	6 324	3 043	4.7	41.5	3.2
矿山机械制造	366	174	3.5	5.6	6.8
石油钻采专用设备制造	92	32	2.4	42.1	3.0
建筑材料生产专用机械制造	858	821	0.3	47.0	3.6
冶金专用设备制造	5 007	2 015	5.8	41.8	3.0
化工、木材、非金属加工专用设备制造	−144	147	−4.7	45.4	−0.4
炼油、化工生产专用设备制造	−134	71	−14.0	6.9	−1.2
模具制造	−10	76	−1.6	92.5	0.5

3-3 分行业规模以上工业企业主要经济指标（一百三十）

单位：万元

指标名称	利税总额	应交税金及附加	营业收入利润率（%）	资产负债率（%）	总资产贡献率（%）
食品、饮料、烟草及饲料生产专用设备制造	692	265	5.1	30.7	8.6
农副食品加工专用设备制造	692	265	5.1	30.7	8.6
电子和电工机械专用设备制造	6 999	1 672	16.0	49.9	11.2
电工机械专用设备制造	1 362	564	19.4	14.8	9.5
半导体器件专用设备制造	5 092	797	16.4	61.0	11.8
电子元器件与机电组件设备制造	544	311	7.7	53.8	11.3
农、林、牧、渔专用机械制造	23 449	2 551	16.1	64.4	19.4
拖拉机制造	204	23	2.4	57.2	8.6
机械化农业及园艺机具制造	22 474	2 361	18.5	65.1	19.8
农林牧渔机械配件制造	771	167	4.0	52.9	15.3
医疗仪器设备及器械制造	32 688	5 419	27.9	38.5	28.7
医疗诊断、监护及治疗设备制造	29 409	4 115	37.2	3.2	74.1
医疗实验室及医用消毒设备和器具制造	1 820	699	9.0	45.2	12.9
医疗、外科及兽医用器械制造	505	271	6.3	42.8	10.2
其他医疗设备及器械制造	953	334	3.4	60.5	3.3
环保、邮政、社会公共服务及其他专用设备制造	14 874	6 288	6.8	74.8	3.2
环境保护专用设备制造	11 351	4 451	8.4	76.5	2.9
地质勘查专用设备制造	–273	169	–11.5	27.2	–2.6
社会公共安全设备及器材制造	183	89	6.1	29.0	8.4
交通安全、管制及类似专用设备制造	404	399	0.3	91.4	3.9
其他专用设备制造	3 210	1 181	8.5	64.5	6.7
汽车制造业	1 197 576	436 234	4.7	62.0	6.5
汽车整车制造	608 959	250 385	2.8	62.3	5.1
汽柴油车整车制造	608 959	250 385	2.8	62.3	5.1
改装汽车制造	3 653	2 570	3.5	38.5	13.7
汽车车身、挂车制造	1 162	579	2.7	66.0	11.3
汽车零部件及配件制造	583 802	182 701	8.4	61.3	9.7
铁路、船舶、航空航天和其他运输设备制造业	18 599	9 984	3.2	67.8	2.8
铁路运输设备制造	4 093	1 695	5.4	70.8	8.0
高铁设备、配件制造	2 785	800	6.4	72.7	8.9
铁路机车车辆配件制造	380	136	8.6	83.0	13.8
铁路专用设备及器材、配件制造	929	760	2.1	65.3	5.4
城市轨道交通设备制造	5 656	5 238	0.3	68.5	1.5
航空、航天器及设备制造	8 851	3 051	7.3	65.8	4.5
飞机制造	4 930	1 734	4.7	68.6	3.0
航天相关设备制造	3 720	1 111	31.4	28.9	22.3
其他航空航天器制造	200	206	–0.1	78.3	4.9
电气机械和器材制造业	–97 350	106 141	–5.8	57.1	–1.7
电机制造	–5 677	3 289	–4.5	80.7	–1.9

3-3 分行业规模以上工业企业主要经济指标（一百三十一）

单位：万元

指标名称	利税总额	应交税金及附加	营业收入利润率（%）	资产负债率（%）	总资产贡献率（%）
发电机及发电机组制造	-6 429	3 008	-5.2	81.7	-2.3
电动机制造	752	282	3.9	48.6	8.9
输配电及控制设备制造	-197 822	41 824	-15.1	61.4	-6.5
变压器、整流器和电感器制造	21 594	17 316	0.7	72.2	2.9
电容器及其配套设备制造	399	258	1.6	16.7	2.6
配电开关控制设备制造	12 157	6 202	3.5	48.9	5.5
电力电子元器件制造	9 602	3 350	8.6	53.0	7.8
光伏设备及元器件制造	-254 589	8 423	-70.3	55.6	-23.0
其他输配电及控制设备制造	13 015	6 274	4.7	56.9	6.0
电线、电缆、光缆及电工器材制造	17 759	9 593	2.4	40.9	6.1
电线、电缆制造	12 233	6 971	2.4	46.6	6.9
绝缘制品制造	4 649	2 223	2.6	33.2	5.7
其他电工器材制造	877	399	1.4	25.8	2.9
电池制造	81 170	48 553	3.9	44.8	8.0
铅蓄电池制造	512	391	2.5	52.5	4.5
其他电池制造	80 658	48 161	3.9	44.7	8.0
非电力家用器具制造	6 070	2 418	9.6	71.3	16.1
燃气及类似能源家用器具制造	6 070	2 418	9.6	71.3	16.1
照明器具制造	431	157	5.8	30.9	9.5
照明灯具制造	431	157	5.8	30.9	9.5
其他电气机械及器材制造	720	308	1.9	24.9	6.4
电气信号设备装置制造	636	256	2.7	23.9	6.2
其他未列明电气机械及器材制造	84	53	0.4	36.5	8.7
计算机、通信和其他电子设备制造业	16 582	4 814	12.7	24.7	6.7
计算机制造	2 801	720	8.5	42.3	24.0
计算机零部件制造	2 276	563	15.3	27.1	31.1
计算机外围设备制造	349	118	2.0	65.4	10.7
工业控制计算机及系统制造	177	39	6.0	73.6	18.4
通信设备制造	5 824	2 815	6.7	34.0	6.5
通信系统设备制造	6 053	2 633	7.9	32.9	7.2
通信终端设备制造	-229	182	-13.1	44.9	-0.2
智能消费设备制造	19	23	-0.2	35.2	0.4
智能车载设备制造	19	23	-0.2	35.2	0.4
电子器件制造	7 559	1 152	45.4	9.9	6.1
光电子器件制造	7 559	1 152	45.4	9.9	6.1
电子元件及电子专用材料制造	379	104	4.1	74.6	4.2
电子专用材料制造	14	9	0.2	66.9	0.4
其他电子元件制造	365	95	8.8	78.8	6.2

3-3 分行业规模以上工业企业主要经济指标（一百三十二）

单位：万元

指标名称	利税总额	应交税金及附加	营业收入利润率（%）	资产负债率（%）	总资产贡献率（%）
仪器仪表制造业	12 312	5 267	5.6	28.4	8.1
通用仪器仪表制造	6 616	2 702	10.2	47.2	13.8
工业自动控制系统装置制造	1 739	774	7.8	48.4	12.8
电工仪器仪表制造	1 317	543	9.1	46.5	11.1
实验分析仪器制造	1 740	527	30.3	31.7	63.9
其他通用仪器制造	1 819	857	6.9	48.8	9.5
专用仪器仪表制造	5 415	2 400	4.2	13.7	6.1
地质勘探和地震专用仪器制造	5 415	2 400	4.2	13.7	6.1
光学仪器制造	119	56	0.7	80.9	2.5
衡器制造	49	44	0.2	91.7	0.9
其他仪器仪表制造业	112	65	1.6	43.5	5.3
其他制造业	920	347	4.2	68.0	12.3
日用杂品制造	599	210	4.2	42.1	18.4
鬃毛加工、制刷及清扫工具制造	305	165	2.0	33.8	13.5
其他日用杂品制造	294	45	10.9	65.0	32.0
废弃资源综合利用业	906	1 680	–0.2	55.0	1.9
金属废料和碎屑加工处理	1 660	919	1.8	71.1	14.3
非金属废料和碎屑加工处理	–754	761	–10.4	50.6	–1.5
金属制品、机械和设备修理业	1 315	641	8.8	49.0	8.5
通用设备修理	181	147	1.3	83.3	5.9
电气设备修理	1 133	495	11.6	40.4	9.1
电力、热力、燃气及水生产和供应业	**108 616**	**130 416**	**0.0**	**72.6**	**2.6**
电力、热力生产和供应业	41 385	107 128	–1.6	70.4	2.1
电力生产	–58 600	21 540	–8.7	76.8	0.02
火力发电	–570	650	–6.7	89.6	–1.2
热电联产	–105 821	5 784	–19.7	83.7	–5.3
水力发电	–170	126	–10.8	320.1	–6.1
风力发电	7 156	1 800	33.3	72.6	8.6
太阳能发电	30 289	12 833	13.4	70.0	4.5
生物质能发电	10 516	348	23.0	65.7	5.9
电力供应	84 358	75 497	0.6	64.1	5.2
热力生产和供应	15 627	10 092	3.6	64.9	2.1
燃气生产和供应业	54 989	14 767	5.9	83.1	4.4
燃气生产和供应业	54 989	14 767	5.9	83.1	4.4
天然气生产和供应业	54 989	14 767	5.9	83.1	4.4
水的生产和供应业	12 241	8 522	3.4	71.1	4.0
自来水生产和供应	18 341	8 164	11.2	60.0	6.8
污水处理及其再生利用	–4 305	358	–16.2	82.1	0.5
其他水的处理、利用与分配	–1 794		–16.2	126.5	–5.9

3-3 分行业规模以上工业企业主要经济指标（一百三十三）

指标名称	人均营业收入（元/人）	流动资产周转率（次/年）	每百元资产实现的营业收入（元）	产成品存货周转天数（天）	应收账款平均回收期（天）	成本费用利润率（%）
全市	**155**	**1.4**	**76.3**	**18.5**	**78.8**	**4.0**
采矿业	**151**	**0.8**	**39.2**	**19.1**	**38.4**	**17.8**
煤炭开采和洗选业	12	0.4	1.4	1 245.5		−34.4
烟煤和无烟煤开采洗选	12	0.4	1.4	1 245.5		−34.4
黑色金属矿采选业	156	0.7	39.0	13.0	10.3	25.4
铁矿采选	156	0.7	39.0	13.0	10.3	25.4
非金属矿采选业	161	1.6	57.6	17.6	107.2	3.2
土砂石开采	155	1.1	38.5	26.3	163.1	4.9
石灰石、石膏开采	48	2.9	69.1		73.3	−19.3
建筑装饰用石开采	252	2.4	172.5		5.6	28.4
耐火土石开采	555	0.8	32.8	3.6	242.2	6.8
粘土及其他土砂石开采	65	1.6	42.8	79.5	52.3	−1.8
石棉及其他非金属矿采选	173	11.2	819.3	4.4	2.5	0.5
其他未列明非金属矿采选	173	11.2	819.3	4.4	2.5	0.5
制造业	**152**	**1.3**	**81.3**	**20.36**	**80.3**	**4.4**
农副食品加工业	228	3.3	218.9	16.6	17.5	2.2
谷物磨制	474	4.6	339.2	16.9	6.6	11.5
小麦加工	474	4.6	339.2	16.9	6.6	11.5
饲料加工	358	3.7	278.6	11.4	25.2	8.7
其他饲料加工	358	3.7	278.6	11.4	25.2	8.7
植物油加工	164	1.9	150.3	40.0	54.5	2.4
食用植物油加工	145	1.8	133.4	49.0	53.4	1.7
非食用植物油加工	375	3.3	331.2		58.9	5.3
屠宰及肉类加工	250	3.7	243.7	11.4	13.2	−0.1
牲畜屠宰	945	6.6	562.4	6.9	8.0	0.2
禽类屠宰	115	1.6	100.6	9.1	31.4	1.9
肉制品及副产品加工	86	2.3	118.8	30.3	19.0	−2.5
蔬菜、菌类、水果和坚果加工	59	1.3	80.2	82.8	35.4	5.4
蔬菜加工	64	1.1	66.7	121.6	21.9	3.9
水果和坚果加工	57	1.5	91.5	57.9	43.6	6.4
其他农副食品加工	178	1.1	71.8	114.9	22.0	−1.7
淀粉及淀粉制品制造	108	0.9	64.8	5.3	90.4	0.6
豆制品制造	58	2.7	76.6	9.7	26.1	1.4
其他未列明农副食品加工	475	1.0	71.2	150.1	14.3	−2.7
食品制造业	84	1.6	84.3	31.6	22.8	9.0
焙烤食品制造	59	1.1	67.4	92.7	39.2	−0.3
糕点、面包制造	36	1.5	80.5	58.5	22.8	−7.5
饼干及其他焙烤食品制造	72	1.0	64.2	104.1	44.1	2.1

3-3 分行业规模以上工业企业主要经济指标（一百三十四）

指标名称	人均营业收入（元/人）	流动资产周转率（次/年）	每百元资产实现的营业收入（元）	产成品存货周转天数（天）	应收账款平均回收期（天）	成本费用利润率（%）
糖果、巧克力及蜜饯制造	108	1.3	76.3	34.8	1.8	23.8
糖果、巧克力制造	110	1.3	76.5	33.8	1.3	24.4
蜜饯制作	58	1.5	66.9	74.1	30.7	0.9
方便食品制造	62	2.0	115.9	14.1	16.3	4.9
米、面制品制造	177	4.6	139.4	24.0	4.3	2.4
方便面制造	82	1.3	96.7	2.9	20.8	2.2
其他方便食品制造	41	2.6	131.1	22.3	17.0	8.7
乳制品制造	138	8.0	194.5	4.0	26.5	2.5
液体乳制造	138	8.0	194.5	4.0	26.5	2.5
罐头食品制造	67	1.1	75.7	89.1	67.3	11.9
蔬菜、水果罐头制造	33	0.5	36.2	261.1	13.0	0.6
其他罐头食品制造	134	3.0	163.8	4.4	94.0	18.5
调味品、发酵制品制造	62	1.3	52.1	36.7	52.5	–2.8
酱油、食醋及类似制品制造	41	0.4	11.9	52.8	130.7	–31.0
其他调味品、发酵制品制造	65	1.5	75.0	35.4	45.4	1.0
其他食品制造	91	1.7	56.4	39.7	25.9	–2.3
保健食品制造	115	1.7	48.2	49.6	19.8	–3.5
食品及饲料添加剂制造	69	1.1	66.2	27.7	58.4	–0.7
其他未列明食品制造	48	3.6	306.1	0.01	33.7	3.9
酒、饮料和精制茶制造业	183	1.3	44.0	27.6	33.3	14.4
酒的制造	91	0.9	44.8	98.9	37.1	6.9
白酒制造	36	0.3	22.5	427.3	33.4	5.9
啤酒制造	249	2.1	82.2	26.2	45.3	7.0
其他酒制造	138	3.0	44.3	11.3		8.8
饮料制造	292	1.7	43.7	4.4	31.9	17.1
瓶（罐）装饮用水制造	47	1.1	63.1	5.4		2.1
果菜汁及果菜汁饮料制造	160	0.3	5.9	27.4	17.4	14.9
含乳饮料和植物蛋白饮料制造	342	4.8	197.9	1.7	34.2	17.6
固体饮料制造	128	0.9	80.4	32.1	0.01	4.2
烟草制品业	394	4.2	182.5	16.2		–8.7
卷烟制造	394	4.2	182.5	16.2		–8.7
纺织业	72	2.1	117.6	37.8	40.0	6.7
棉纺织及印染精加工	76	1.6	78.3	72.1	29.7	5.4
棉纺纱加工	108	1.2	49.5	124.6	14.4	11.1
棉织造加工	63	1.5	95.9	60.4	47.8	3.7
棉印染精加工	74	4.3	214.7	8.3	15.8	–0.7
毛纺织及染整精加工	70	1.9	102.7	29.1	48.8	7.4
毛条和毛纱线加工	65	1.9	95.0	29.2	54.5	7.0
毛织造加工	117	2.4	181.9	28.3	18.0	9.7

3-3 分行业规模以上工业企业主要经济指标（一百三十五）

指标名称	人均营业收入（元/人）	流动资产周转率（次/年）	每百元资产实现的营业收入（元）	产成品存货周转天数（天）	应收账款平均回收期（天）	成本费用利润率（%）
化纤织造及印染精加工	114	5.2	364.3	10.7	11.8	7.7
化纤织造加工	123	6.3	416.3	11.1	14.8	7.7
化纤织物染整精加工	38	1.0	81.2		-70.1	7.2
针织或钩针编织物及其制品制造	80	1.4	90.4	23.9	62.5	3.6
针织或钩针编织物织造	94	0.9	61.4	37.0	48.9	7.5
针织或钩针编织品制造	72	2.4	153.0	13.3	74.2	0.4
家用纺织制成品制造	70	3.2	195.9	27.3	32.9	7.9
床上用品制造	26	2.9	144.3	22.7	60.6	12.6
毛巾类制品制造	102	3.1	201.9	28.9	30.7	6.4
其他家用纺织制成品制造	65	4.4	322.6	17.2	1.4	15.6
产业用纺织制成品制造	53	1.3	77.5	29.5	111.3	1.7
非织造布制造	78	1.7	107.0	22.1	113.1	1.6
绳、索、缆制造	97	0.9	75.1	1.4	263.4	1.7
纺织带和帘子布制造	321	1.5	144.6		128.2	2.6
篷、帆布制造	11	1.2	63.0	38.4	94.4	4.8
其他产业用纺织制成品制造	82	0.8	41.8	64.1	75.9	0.3
纺织服装、服饰业	32	0.9	69.2	37.7	104.8	6.0
机织服装制造	56	1.1	87.4	21.6	107.0	19.2
运动机织服装制造	336	4.0	295.2	0.2		3.2
其他机织服装制造	40	0.9	65.7	35.1	157.3	28.7
针织或钩针编织服装制造	33	0.7	49.9	60.0	147.3	5.0
运动休闲针织服装制造	47	2.2	116.0	14.6	41.5	8.4
其他针织或钩针编织服装制造	31	0.6	46.7	65.3	159.9	4.7
服饰制造	23	1.2	104.0	19.0	47.7	-1.9
皮革、毛皮、羽毛及其制品和制鞋业	65	2.2	157.4	28.7	41.3	3.9
皮革鞣制加工	126	0.7	67.2	57.1	155.3	2.3
皮革制品制造	53	1.9	128.7	39.2	43.5	3.2
皮箱、包（袋）制造	50	1.8	121.9	37.7	48.1	3.1
皮手套及皮装饰制品制造	98	3.5	274.0	53.9	0.4	3.2
毛皮鞣制及制品加工	126	3.6	269.3	15.2	35.4	4.3
毛皮鞣制加工	47	2.0	124.3	17.8	29.1	1.2
毛皮服装加工	484	5.5	544.5	14.0	38.2	5.8
制鞋业	31	2.5	155.6	0.2	7.3	10.1
橡胶鞋制造	31	2.5	155.6	0.2	7.3	10.1
木材加工和木、竹、藤、棕、草制品业	108	3.4	125.2	27.1	29.2	6.5
木材加工	253	1.4	129.4	35.8	161.6	0.3
单板加工	253	1.4	129.4	35.8	161.6	0.3
人造板制造	108	3.6	125.2	26.6	25.4	6.7
纤维板制造	95	6.8	162.9	18.4	1.1	6.2

3-3 分行业规模以上工业企业主要经济指标（一百三十六）

指标名称	人均营业收入（元/人）	流动资产周转率（次/年）	每百元资产实现的营业收入（元）	产成品存货周转天数（天）	应收账款平均回收期（天）	成本费用利润率（%）
刨花板制造	135	2.2	87.5	48.8	43.8	9.1
其他人造板制造	116	2.7	169.8	0.5	90.0	1.2
木质制品制造	53	1.7	121.2	50.8	79.1	2.0
木地板制造	53	1.7	121.2	50.8	79.1	2.0
家具制造业	46	0.2	15.8	61.5	110.9	-24.4
木质家具制造	46	0.2	15.1	59.4	114.6	-25.8
金属家具制造	55	2.3	171.9	97.4	45.4	13.8
造纸和纸制品业	134	1.8	117.4	40.3	18.8	5.8
造纸	144	1.5	104.5	49.2	17.2	12.3
机制纸及纸板制造	145	1.5	104.0	49.4	17.2	12.4
加工纸制造	114	6.4	343.2	22.1	19.4	0.4
纸制品制造	128	2.1	127.8	35.3	19.8	1.9
纸和纸板容器制造	125	2.9	196.4	13.5	53.2	0.8
其他纸制品制造	129	2.0	120.6	39.0	14.1	2.1
印刷和记录媒介复制业	49	1.3	62.9	21.5	61.9	0.6
印刷	49	1.3	62.9	21.5	61.9	0.6
书、报刊印刷	31	1.0	42.5	37.3	72.1	-0.9
包装装潢及其他印刷	95	1.7	102.0	11.2	53.8	1.7
文教、工美、体育和娱乐用品制造业	56	1.7	94.3	55.6	47.5	6.5
文教办公用品制造	30	1.3	100.3	164.6	20.3	4.6
其他文教办公用品制造	30	1.3	100.3	164.6	20.3	4.6
工艺美术及礼仪用品制造	59	1.8	93.0	50.6	48.1	6.8
雕塑工艺品制造	54	1.7	95.9	62.5	62.4	4.2
金属工艺品制造	74	1.9	137.2	12.4	13.1	2.0
天然植物纤维编织工艺品制造	22	2.8	209.6	0.6	47.9	3.3
地毯、挂毯制造	139	5.5	380.6	4.3	16.4	10.1
其他工艺美术及礼仪用品制造	61	1.1	42.8	53.0	11.6	21.0
体育用品制造	74	1.6	132.0	51.0	70.9	2.2
健身器材制造	217	1.4	122.5	55.9	87.3	2.3
运动防护用具制造	27	2.7	165.5	33.9	28.3	2.0
石油、煤炭及其他燃料加工业	103	2.0	119.0	41.7	58.6	0.7
精炼石油产品制造	45	1.6	63.7	10.8	117.2	0.6
原油加工及石油制品制造	45	1.6	63.7	10.8	117.2	0.6
煤炭加工	311	2.3	218.5	56.5	27.9	0.7
煤制品制造	311	2.3	218.5	56.5	27.9	0.7
化学原料和化学制品制造业	121	1.2	47.0	73.2	64.4	7.5
基础化学原料制造	96	0.6	37.4	6.4	41.9	6.4
无机盐制造	112	5.1	252.3	15.0	15.9	2.1

3-3 分行业规模以上工业企业主要经济指标（一百三十七）

指标名称	人均营业收入（元/人）	流动资产周转率（次/年）	每百元资产实现的营业收入（元）	产成品存货周转天数（天）	应收账款平均回收期（天）	成本费用利润率（%）
有机化学原料制造	119	1.6	147.1	2.3	56.9	7.0
其他基础化学原料制造	70	0.3	13.9		47.5	10.0
肥料制造	179	3.9	102.2	20.5	7.8	6.2
氮肥制造	147	5.1	83.6	3.0	2.7	6.1
复混肥料制造	312	2.8	135.5	53.2		7.3
有机肥料及微生物肥料制造	154	3.3	288.3	16.9	80.9	2.4
农药制造	133	1.1	96.3	35.1	62.1	23.0
生物化学农药及微生物农药制造	133	1.1	96.3	35.1	62.1	23.0
涂料、油墨、颜料及类似产品制造	112	0.9	23.8	142.8	93.0	-2.0
涂料制造	106	0.8	22.2	154.0	95.0	-2.2
油墨及类似产品制造	357	2.7	244.0	9.2	66.6	1.2
合成材料制造	318	1.7	158.5	63.3	75.9	14.2
初级形态塑料及合成树脂制造	98	1.0	92.2	28.0	134.4	14.9
合成纤维单（聚合）体制造	775	1.8	173.2	68.0	70.5	14.6
其他合成材料制造	57	2.5	194.1	62.3	36.7	6.7
专用化学产品制造	89	1.1	64.9	45.7	56.2	11.1
化学试剂和助剂制造	89	1.0	61.2	70.6	138.1	10.0
林产化学产品制造	166	3.9	201.4	68.9	22.1	3.9
文化用信息化学品制造	113	1.4	132.3	30.3	44.9	6.4
医学生产用信息化学品制造	81	1.0	57.0	21.9	15.3	14.1
环境污染处理专用药剂材料制造	109	1.5	147.1	35.3	11.5	9.4
其他专用化学产品制造	140	1.2	92.6	116.7	78.3	1.4
炸药、火工及焰火产品制造	92	0.4	22.4	10.7	86.5	-10.8
炸药及火工产品制造	92	0.4	22.4	10.7	86.5	-10.8
日用化学产品制造	91	1.7	124.6	26.3	93.5	31.4
其他日用化学产品制造	91	1.7	124.6	26.3	93.5	31.4
医药制造业	146	1.4	104.0	26.6	121.9	8.4
化学药品制剂制造	97	0.9	67.4	55.7	27.3	44.1
中药饮片加工	170	1.6	123.0	21.8	148.6	3.8
中成药生产	189	1.7	117.1	57.8	49.3	13.1
兽用药品制造	87	0.9	60.0	71.9	148.8	20.3
生物药品制品制造	112	1.1	71.4	26.8	67.4	4.7
生物药品制造	112	1.1	71.4	26.8	67.4	4.7
卫生材料及医药用品制造	72	1.6	127.0	21.3	49.5	4.0
化学纤维制造业	53	0.6	23.7	20.2	0.7	30.5
合成纤维制造	62	2.0	56.4	63.7	1.8	16.8
涤纶纤维制造	91	4.7	348.8	14.6	-1.8	2.5
氨纶纤维制造	50	1.4	35.5	115.8	4.4	29.4

3-3 分行业规模以上工业企业主要经济指标（一百三十八）

指标名称	人均营业收入（元/人）	流动资产周转率（次/年）	每百元资产实现的营业收入（元）	产成品存货周转天数（天）	应收账款平均回收期（天）	成本费用利润率（%）
生物基材料制造	49	0.4	17.7	2.3	0.1	35.0
生物基化学纤维制造	49	0.4	17.7	2.3	0.1	35.0
橡胶和塑料制品业	105	1.2	60.1	24.5	102.8	3.3
橡胶制品业	106	1.2	79.3	24.6	161.2	4.56
橡胶板、管、带制造	126	1.3	89.1	21.2	171.3	4.9
橡胶零件制造	41	1.5	104.2	26.1	56.2	4.7
运动场地用塑胶制造	49	0.7	66.4	219.4	15.0	3.1
其他橡胶制品制造	80	0.8	28.0	23.3	165.6	0.3
塑料制品业	104	1.2	54.4	24.5	77.6	2.8
塑料薄膜制造	92	0.7	21.9	15.2	62.3	-1.3
塑料板、管、型材制造	104	1.5	93.2	38.9	73.7	5.6
塑料丝、绳及编织品制造	163	3.1	276.9	53.4	20.7	2.6
泡沫塑料制造	137	1.1	90.7	9.9	169.8	3.1
塑料人造革、合成革制造	59	1.5	89.0	37.2	22.2	6.7
塑料包装箱及容器制造	54	2.2	155.6	19.1	84.8	3.9
日用塑料制品制造	23	1.0	45.6	51.5	204.7	-3.4
塑料零件及其他塑料制品制造	120	2.4	152.2	20.4	70.0	4.0
非金属矿物制品业	188	1.2	80.1	13.4	128.0	4.6
水泥、石灰和石膏制造	240	2.1	76.0	11.5	16.2	11.0
水泥制造	244	2.0	72.3	11.3	17.3	12.2
石灰和石膏制造	214	3.5	132.4	12.6	7.0	2.2
石膏、水泥制品及类似制品制造	209	1.1	91.9	14.0	182.7	2.8
水泥制品制造	228	1.2	101.8	11.6	179.1	2.8
砼结构构件制造	77	0.3	28.2	73.4	276.8	3.0
轻质建筑材料制造	102	1.5	139.0	14.0	202.0	0.4
其他水泥类似制品制造	398	2.1	161.0	7.7	121.2	2.0
砖瓦、石材等建筑材料制造	145	1.1	71.9	15.0	121.2	3.3
粘土砖瓦及建筑砌块制造	47	1.3	67.5	33.0	-10.2	1.8
建筑用石加工	104	1.5	67.6	15.3	24.9	2.3
防水建筑材料制造	216	1.0	73.2	19.2	180.4	2.7
隔热和隔音材料制造	88	1.9	130.1	62.8	0.9	6.4
其他建筑材料制造	325	0.9	72.8	1.5	212.7	4.9
玻璃制造	117	1.4	50.3	1.0	77.5	0.7
特种玻璃制造	117	1.4	50.3	1.0	77.5	0.7
玻璃制品制造	86	0.4	34.5	9.2	57.3	8.2
技术玻璃制品制造	139	0.3	34.1	7.0	56.0	9.0
日用玻璃制品制造	9	0.7	48.6	58.4	83.3	-7.1
陶瓷制品制造	33	22.9	80.0	0.2		-7.8
建筑陶瓷制品制造	33	22.9	80.0	0.2		-7.8

3-3 分行业规模以上工业企业主要经济指标（一百三十九）

指标名称	人均营业收入（元/人）	流动资产周转率（次/年）	每百元资产实现的营业收入（元）	产成品存货周转天数（天）	应收账款平均回收期（天）	成本费用利润率（%）
耐火材料制品制造	32	1.1	46.3	61.6	91.3	4.4
耐火陶瓷制品及其他耐火材料制造	32	1.1	46.3	61.6	91.3	4.4
石墨及其他非金属矿物制品制造	117	0.9	58.5	13.2	62.1	-10.0
石墨及碳素制品制造	95	0.7	41.5	19.8	51.5	-16.4
其他非金属矿物制品制造	193	2.2	194.4	0.8	80.3	3.4
黑色金属冶炼和压延加工业	558	3.2	272.7	46.6	46.1	0.4
钢压延加工	604	3.2	270.7	48.5	48.1	0.2
铁合金冶炼	340	3.2	290.6	30.2	28.8	1.5
有色金属冶炼和压延加工业	337	2.3	98.9	13.5	43.7	6.4
常用有色金属冶炼	616	3.6	347.2	4.8	25.8	1.0
铅锌冶炼	816	3.7	353.6	0.3	11.7	0.9
铝冶炼	310	3.3	323.4	20.0	82.2	1.2
有色金属合金制造	459	1.9	73.6	17.4	61.2	8.6
有色金属压延加工	244	3.0	157.1	9.4	23.1	4.2
铜压延加工	545	8.6	607.2	8.1	11.2	0.4
铝压延加工	190	2.4	114.5	6.5	30.0	5.6
稀有稀土金属压延加工	355	2.0	192.1	73.9	2.3	10.3
其他有色金属压延加工	286	3.1	284.3	3.1	27.0	1.7
金属制品业	85	1.3	81.3	30.3	95.2	8.8
结构性金属制品制造	79	1.2	89.5	22.2	103.6	5.7
金属结构制造	98	1.3	95.7	28.1	104.4	2.8
金属门窗制造	60	1.0	80.6	11.2	102.3	11.1
金属工具制造	65	0.9	52.8		147.0	-8.1
切削工具制造	65	0.9	52.8		147.0	-8.1
集装箱及金属包装容器制造	85	1.3	96.3	0.1	86.6	5.6
金属包装容器及材料制造	85	1.3	96.3	0.1	86.6	5.6
金属丝绳及其制品制造	84	1.0	59.7	47.8	137.3	1.8
建筑、安全用金属制品制造	191	1.5	100.2	6.5	171.4	5.8
安全、消防用金属制品制造	191	1.5	100.2	6.5	171.4	5.8
金属表面处理及热处理加工	100	1.7	128.8	2.7	115.4	1.1
金属制日用品制造	71	0.8	67.9	31.9	64.4	-0.7
金属制厨房用器具制造	62	0.6	53.0	30.4	48.0	0.9
金属制餐具和器皿制造	92	2.3	126.3	34.6	91.4	-3.0
铸造及其他金属制品制造	90	1.6	89.3	31.1	64.1	16.6
黑色金属铸造	47	1.9	116.4	31.8	77.0	1.5
有色金属铸造	158	2.2	187.0	9.0	93.1	12.0
锻件及粉末冶金制品制造	197	1.5	75.2	32.9	54.5	29.1
交通及公共管理用金属标牌制造	185	1.2	99.4	8.9	242.0	1.4
其他未列明金属制品制造	103	2.8	198.1	12.3	47.1	2.7

3-3 分行业规模以上工业企业主要经济指标（一百四十）

指标名称	人均营业收入（元/人）	流动资产周转率（次/年）	每百元资产实现的营业收入（元）	产成品存货周转天数（天）	应收账款平均回收期（天）	成本费用利润率（%）
通用设备制造业	71	0.9	66.2	34.1	118.9	5.0
锅炉及原动设备制造	63	0.7	47.7	139.6	141.0	0.8
锅炉及辅助设备制造	33	0.4	25.8	295.9	169.2	-9.8
内燃机及配件制造	82	0.6	34.8	142.7		25.1
风能原动设备制造	111	1.2	95.8	70.0	149.7	3.4
金属加工机械制造	45	0.6	41.2	18.1	96.7	-0.8
金属成形机床制造	63	0.4	22.8	114.8	48.6	-5.6
铸造机械制造	31	0.3	23.2		103.4	-4.3
机床功能部件及附件制造	59	1.6	82.1	18.9	102.1	1.3
其他金属加工机械制造	73	1.1	85.3	99.7	13.4	5.5
物料搬运设备制造	114	2.1	142.6	17.4	81.2	1.7
轻小型起重设备制造	123	2.0	136.5	5.2	104.7	2.1
生产专用起重机制造	155	3.4	214.1	22.5	47.1	1.4
连续搬运设备制造	11	0.4	22.4	503.0	-255.5	-12.1
泵、阀门、压缩机及类似机械制造	78	0.9	64.7	47.2	114.6	10.2
泵及真空设备制造	90	1.0	77.7	32.9	137.4	13.1
阀门和旋塞制造	77	1.3	92.9	3.7	24.0	1.0
液压动力机械及元件制造	33	0.3	18.6	495.1	98.0	4.5
轴承、齿轮和传动部件制造	119	1.5	132.4	10.9	142.7	1.8
滚动轴承制造	389	1.5	133.8	0.7	155.8	2.3
齿轮及齿轮减、变速箱制造	33	1.6	127.2	52.1	94.0	0.03
烘炉、风机、包装等设备制造	61	0.5	36.1	43.9	338.1	2.5
风机、风扇制造	58	0.5	37.4	3.7	332.5	2.8
制冷、空调设备制造	81	0.4	30.4	253.7	367.2	1.0
通用零部件制造	68	1.2	91.2	12.8	133.3	11.8
弹簧制造	312	1.9	168.7	8.9		2.7
机械零部件加工	64	1.3	88.9	18.4	91.7	16.9
其他通用零部件制造	58	0.8	78.8	0.7	334.7	2.2
其他通用设备制造业	118	2.4	222.8	3.5	68.7	3.3
工业机器人制造	240	6.0	369.2		-3.7	1.3
其他未列明通用设备制造业	108	2.2	207.2	4.2	82.5	3.7
专用设备制造业	100	0.7	49.3	24.6	46.5	17.0
采矿、冶金、建筑专用设备制造	64	0.6	39.4	46.6	58.3	4.9
矿山机械制造	72	2.0	109.1	8.2	11.2	3.6
石油钻采专用设备制造	64	1.0	83.4	56.4	175.1	2.5
建筑材料生产专用机械制造	63	1.2	38.3	5.3	55.5	0.3
冶金专用设备制造	64	0.5	36.2	58.6	58.4	6.0
化工、木材、非金属加工专用设备制造	34	0.4	27.6	419.8	107.1	-4.5
炼油、化工生产专用设备制造	44	0.2	12.5	8.3	279.5	-12.2
模具制造	31	0.6	46.1	527.4	50.1	-1.6

3-3 分行业规模以上工业企业主要经济指标（一百四十一）

指标名称	人均营业收入（元/人）	流动资产周转率（次/年）	每百元资产实现的营业收入（元）	产成品存货周转天数（天）	应收账款平均回收期（天）	成本费用利润率（%）
食品、饮料、烟草及饲料生产专用设备制造	81	1.6	131.0	42.7	80.1	5.4
农副食品加工专用设备制造	81	1.6	131.0	42.7	80.1	5.4
电子和电工机械专用设备制造	90	1.2	60.1	12.1	120.2	18.7
电工机械专用设备制造	32	0.4	33.0		266.7	22.7
半导体器件专用设备制造	136	1.9	67.9	13.4	102.1	19.4
电子元器件与机电组件设备制造	60	0.7	70.0	11.8	71.8	8.0
农、林、牧、渔专用机械制造	206	1.5	121.2	4.3	5.7	18.5
拖拉机制造	217	3.6	319.7	51.1		2.5
机械化农业及园艺机具制造	209	1.3	108.8	1.1	0.6	21.7
农林牧渔机械配件制造	181	4.2	296.7	2.6	48.4	4.1
医疗仪器设备及器械制造	142	1.5	109.6	14.8	−5.6	38.6
医疗诊断、监护及治疗设备制造	469	2.5	228.1	2.9	−43.2	58.9
医疗实验室及医用消毒设备和器具制造	273	1.4	104.1	69.8	63.7	9.9
医疗、外科及兽医用器械制造	26	1.8	78.5	4.0	100.9	6.8
其他医疗设备及器械制造	38	0.5	33.3	10.7	95.3	3.5
环保、邮政、社会公共服务及其他专用设备制造	72	0.4	23.1	23.6	109.8	7.3
环境保护专用设备制造	102	0.3	17.4	14.9	50.9	9.3
地质勘查专用设备制造	13	0.6	37.9	62.2	173.4	−9.9
社会公共安全设备及器材制造	37	0.8	73.0	65.5	224.5	6.3
交通安全、管制及类似专用设备制造	97	1.0	95.1	32.2	188.2	0.3
其他专用设备制造	51	0.7	47.1	39.3	236.8	9.4
汽车制造业	214	1.2	79.6	10.0	86.7	4.8
汽车整车制造	319	1.2	75.4	7.8	61.8	2.7
汽柴油车整车制造	319	1.2	75.4	7.8	61.8	2.7
改装汽车制造	73	1.5	132.8	30.4	59.9	3.7
汽车车身、挂车制造	107	7.8	197.5	10.2	22.0	2.8
汽车零部件及配件制造	133	1.3	88.6	14.5	134.8	9.1
铁路、船舶、航空航天和其他运输设备制造业	93	0.8	40.4	55.1	67.4	3.3
铁路运输设备制造	110	1.2	92.3	15.4	173.5	5.8
高铁设备、配件制造	161	1.3	101.7	6.1	140.6	6.9
铁路机车车辆配件制造	60	1.3	108.4		193.2	9.4
铁路专用设备及器材、配件制造	69	0.9	73.0	40.5	250.2	2.2
城市轨道交通设备制造	156	0.9	33.7	37.4	22.0	0.3
航空、航天器及设备制造	52	0.7	43.3	121.5	94.6	7.8
飞机制造	51	0.7	40.9	136.4	82.9	5.0
航天相关设备制造	75	0.7	58.6	9.8	203.6	45.8
其他航空航天器制造	42	1.9	90.7	49.9	65.5	−0.1
电气机械和器材制造业	139	1.2	72.9	36.8	123.7	−5.9
电机制造	156	0.8	66.4	79.4	246.3	−4.4

3-3 分行业规模以上工业企业主要经济指标（一百四十二）

指标名称	人均营业收入（元/人）	流动资产周转率（次/年）	每百元资产实现的营业收入（元）	产成品存货周转天数（天）	应收账款平均回收期（天）	成本费用利润率（%）
发电机及发电机组制造	160	0.8	63.8	84.9	260.8	-4.9
电动机制造	116	1.9	147.7	6.6	47.6	4.1
输配电及控制设备制造	125	1.0	56.3	23.2	157.0	-14.9
变压器、整流器和电感器制造	143	1.1	64.7	27.9	147.5	0.7
电容器及其配套设备制造	178	0.9	72.1	7.7	256.0	1.6
配电开关控制设备制造	109	1.1	96.8	12.1	180.7	3.6
电力电子元器件制造	94	1.1	62.4	29.4	83.7	9.1
光伏设备及元器件制造	130	0.8	34.6	21.9	179.2	-63.2
其他输配电及控制设备制造	95	1.0	74.6	19.2	144.0	5.0
电线、电缆、光缆及电工器材制造	276	2.0	157.3	21.2	80.3	2.4
电线、电缆制造	312	2.0	171.1	28.9	78.5	2.5
绝缘制品制造	233	2.2	136.3	2.2	71.2	2.6
其他电工器材制造	195	1.5	127.7	10.8	122.3	1.4
电池制造	124	1.6	89.2	60.8	66.2	4.2
铅蓄电池制造	40	1.7	56.5	39.1		2.7
其他电池制造	126	1.6	89.6	60.9	66.7	4.2
非电力家用器具制造	235	1.3	117.7	32.0	199.1	10.6
燃气及类似能源家用器具制造	235	1.3	117.7	32.0	199.1	10.6
照明器具制造	75	1.4	127.5	26.2		6.2
照明灯具制造	75	1.4	127.5	26.2		6.2
其他电气机械及器材制造	173	2.4	203.2	11.6	82.4	2.0
电气信号设备装置制造	161	1.7	147.9	16.3	119.7	2.8
其他未列明电气机械及器材制造	201	11.7	792.6	3.0	8.3	0.4
计算机、通信和其他电子设备制造业	81	1.0	40.0	44.2	86.2	14.0
计算机制造	76	2.3	220.3	18.8	4.6	9.2
计算机零部件制造	76	1.7	163.6	19.5	9.4	17.6
计算机外围设备制造	90	3.5	333.5	21.6	-0.6	2.1
工业控制计算机及系统制造	42	2.8	240.3		6.7	6.4
通信设备制造	100	0.8	51.5	28.3	123.3	7.3
通信系统设备制造	113	0.8	53.7	29.8	122.4	8.6
通信终端设备制造	34	0.6	30.1	3.4	138.6	-11.8
智能消费设备制造	26	0.6	14.5	130.4	110.8	-0.1
智能车载设备制造	26	0.6	14.5	130.4	110.8	-0.1
电子器件制造	56	1.2	13.1	182.7	85.8	60.0
光电子器件制造	56	1.2	13.1	182.7	85.8	60.0
电子元件及电子专用材料制造	142	1.0	75.2	41.8	88.6	4.2
电子专用材料制造	138	1.8	117.5	6.8	52.4	0.2
其他电子元件制造	146	0.7	52.3	93.0	132.8	9.7

3-3 分行业规模以上工业企业主要经济指标（一百四十三）

指标名称	人均营业收入（元/人）	流动资产周转率（次/年）	每百元资产实现的营业收入（元）	产成品存货周转天数（天）	应收账款平均回收期（天）	成本费用利润率（%）
仪器仪表制造业	85	1.0	87.6	9.7	141.0	5.9
通用仪器仪表制造	75	1.0	85.1	15.4	150.0	11.3
工业自动控制系统装置制造	76	1.1	96.0	15.6	170.4	8.4
电工仪器仪表制造	58	0.8	70.8	39.0	114.7	9.9
实验分析仪器制造	58	1.8	169.5		−7.8	43.6
其他通用仪器制造	98	1.1	74.9	5.9	200.1	7.3
专用仪器仪表制造	85	1.0	84.6	9.3	135.0	4.4
地质勘探和地震专用仪器制造	85	1.0	84.6	9.3	135.0	4.4
光学仪器制造	211	2.1	177.0		60.8	0.7
衡器制造	100	0.7	69.3	8.1	372.8	0.2
其他仪器仪表制造业	123	1.6	137.8	0.3	125.7	1.7
其他制造业	53	2.0	178.1	50.5	49.0	4.4
日用杂品制造	52	3.6	270.9	0.9	56.2	4.4
鬃毛加工、制刷及清扫工具制造	54	3.4	277.3	0.6	66.9	2.0
其他日用杂品制造	48	4.0	253.5	2.2	23.8	12.3
废弃资源综合利用业	249	4.2	137.7	7.0	17.8	−0.2
金属废料和碎屑加工处理	571	5.7	542.8	5.2	3.3	1.8
非金属废料和碎屑加工处理	65	1.9	28.8	16.0	91.3	−9.5
金属制品、机械和设备修理业	97	0.7	64.6	52.9	257.7	9.9
通用设备修理	117	1.0	87.5	0.7	132.8	1.3
电气设备修理	91	0.6	58.9	75.4	303.9	13.5
电力、热力、燃气及水生产和供应业	**181**	**1.9**	**51.6**	**2.8**	**68.7**	**0.03**
电力、热力生产和供应业	181	2.4	52.4	2.1	55.2	−1.5
电力生产	231	1.1	28.0	7.8	151.2	−7.9
火力发电	91	1.8	28.4	0.1	96.5	−5.7
热电联产	256	2.4	40.3	6.9	40.2	−16.2
水力发电	11	2.0	97.8		4.2	−9.7
风力发电	1174	0.7	14.5		478.5	48.0
太阳能发电	336	0.4	16.1	16.5	484.9	15.8
生物质能发电	122	1.1	17.8		136.5	30.1
电力供应	172	15.9	106.5		15.5	0.6
热力生产和供应	143	0.6	20.9	0.5	76.2	3.4
燃气生产和供应业	243	1.2	58.8	6.4	111.2	6.1
燃气生产和供应业	243	1.2	58.8	6.4	111.2	6.1
天然气生产和供应业	243	1.2	58.8	6.4	111.2	6.1
水的生产和供应业	77	0.8	26.5	0.7	130.2	3.6
自来水生产和供应	70	1.0	31.2	1.0	101.0	12.6
污水处理及其再生利用	125	0.5	16.4		279.3	−14.1
其他水的处理、利用与分配	73	0.5	36.5		1.6	−13.8

3-4 分行业规模以上国有控股规模以上工业企业主要经济指标（一）

单位：个、万元

指标名称	企业单位数	亏损企业	资产总计	流动资产合计	应收账款
全市	**88**	**19**	**11 072 739**	**3 854 778**	**1 108 023**
煤炭开采和洗选业	1	1	83 303	3 297	
非金属矿采选业	3		139 881	50 475	27 000
农副食品加工业	1	1	3 416	1 902	602
烟草制品业	1	1	285 711	124 381	
纺织业	1		11 582	5 925	1 915
纺织服装、服饰业	2	1	76 887	56 938	14 812
造纸和纸制品业	2		340 797	267 514	10 606
印刷和记录媒介复制业	3	2	143 514	56 505	14 799
石油、煤炭及其他燃料加工业	1		20 820	2 561	671
化学原料和化学制品制造业	3		29 725	22 417	4 550
医药制造业	2		97 020	74 868	27 954
橡胶和塑料制品业	4	1	1 026 199	364 458	57 316
非金属矿物制品业	5	1	284 536	80 305	21 370
有色金属冶炼和压延加工业	1		106 653	72 778	29 447
通用设备制造业	3		43 006	23 827	9 970
专用设备制造业	3		74 316	47 528	23 017
汽车制造业	3		872 150	331 307	101 040
铁路、船舶、航空航天和其他运输设备制造业	4		722 309	333 303	39 616
电气机械和器材制造业	8	1	1 878 498	1 131 617	395 740
废弃资源综合利用业	1	1	27 866	3 969	554
金属制品、机械和设备修理业	1		12 344	11 542	6 132
电力、热力生产和供应业	24	7	4 163 878	584 931	271 815
燃气生产和供应业	5		353 363	110 349	41 776
水的生产和供应业	6	2	274 967	92 083	7 320

3-4 分行业规模以上国有控股规模以上工业企业主要经济指标（二）

单位：万元

指标名称	资产总计				
	流动资产合计		长期股权投资	固定资产原价	
	存　货				房屋和构筑物
		产成品			
全　市	**848 378**	**396 169**	**1 141 813**	**8 315 291**	**1 529 502**
煤炭开采和洗选业	3 297	3 297		83 303	
非金属矿采选业	586	341		57 663	24 917
农副食品加工业	440	64		4 074	1 576
烟草制品业	111 416	8 183		197 321	71 240
纺织业	534	448		8 615	5 533
纺织服装、服饰业	11 216	4 694	6 941	27 654	7 549
造纸和纸制品业	66 393	43 619	9 248	284 038	63 706
印刷和记录媒介复制业	3 113	2 327	348	109 763	72 594
石油、煤炭及其他燃料加工业	323		1 340	38 599	5 555
化学原料和化学制品制造业	5 846	1 688	500	5 135	1 347
医药制造业	27 693	12 828		18 620	13 246
橡胶和塑料制品业	50 328	19 443	408 256	221 858	11 953
非金属矿物制品业	15 420	5 492	2 500	237 828	110 211
有色金属冶炼和压延加工业	28 090	11 714		33 625	10 148
通用设备制造业	7 827	1 793	1 304	15 975	624
专用设备制造业	9 809	1 435	774	8 475	4 314
汽车制造业	40 441	28 511	437 810	124 103	31 846
铁路、船舶、航空航天和其他运输设备制造业	91 710	39 376		349 972	189 767
电气机械和器材制造业	319 330	197 038	180 313	539 039	177 212
废弃资源综合利用业	1 026	578		21 169	4 677
金属制品、机械和设备修理业	1 017	1 011		552	
电力、热力生产和供应业	40 029	12 283	55 801	5 574 216	696 217
燃气生产和供应业	9 149	8	2 000	232 892	10 891
水的生产和供应业	3 347		34 680	120 803	14 381

3-4 分行业规模以上国有控股规模以上工业企业主要经济指标（三）

单位：万元

指标名称	资产总计				
	固定资产原价	累计折旧		固定资产净额	在建工程
	机器设备		本年折旧		
全 市	**5 176 335**	**3 907 943**	**397 232**	**4 258 094**	**675 565**
煤炭开采和洗选业					
非金属矿采选业	32 076	9 987	4 066	47 675	27 165
农副食品加工业	1 827	2 560	191	1 514	
烟草制品业	92 639	82 583	12 644	110 523	25 928
纺织业	1 443	4 050	258	4 565	1 092
纺织服装、服饰业	14 825	19 851	1 494	7 803	398
造纸和纸制品业	194 102	229 360	9 888	54 678	6 250
印刷和记录媒介复制业	35 349	53 503	5 672	56 260	5 657
石油、煤炭及其他燃料加工业	5 387	22 192	555	9 858	75
化学原料和化学制品制造业	2 872	3 242	275	1 573	
医药制造业	4 428	4 171	848	14 450	1 291
橡胶和塑料制品业	23 905	141 213	6 961	64 448	19 286
非金属矿物制品业	87 069	89 871	17 244	147 937	19 749
有色金属冶炼和压延加工业	23 477	10 541	1 332	23 084	824
通用设备制造业	11 311	6 779	546	8 932	3 809
专用设备制造业	2 924	4 961	354	3 513	19 774
汽车制造业	82 172	69 104	12 617	54 763	4 696
铁路、船舶、航空航天和其他运输设备制造业	146 408	51 630	6 541	298 343	22 723
电气机械和器材制造业	282 148	293 111	26 762	245 212	166 090
废弃资源综合利用业	16 244	1 208	911	19 961	746
金属制品、机械和设备修理业	443	290	48	262	
电力、热力生产和供应业	4 083 383	2 674 943	274 255	2 862 746	288 385
燃气生产和供应业	24 016	44 620	8 086	187 366	25 186
水的生产和供应业	7 886	88 175	5 686	32 629	36 442

3-4 分行业规模以上国有控股规模以上工业企业主要经济指标（四）

单位：万元

指标名称	资产总计		负债合计		
	无形资产	土地使用权		流动负债合计	应付账款
全 市	**604 352**	**250 372**	**6 653 713**	**4 572 146**	**1 605 514**
煤炭开采和洗选业			51 454		
非金属矿采选业	3 221		113 247	51 686	27 056
农副食品加工业	55	55	7 566	7 566	58
烟草制品业	20 996	18 656	279 470	279 470	51 510
纺织业			3 076	2 067	920
纺织服装、服饰业	2 816	2 816	26 871	23 275	7 882
造纸和纸制品业	373		36 520	36 137	17 758
印刷和记录媒介复制业	13 530	13 530	77 993	67 104	12 532
石油、煤炭及其他燃料加工业	5	5	6 006	5 465	963
化学原料和化学制品制造业	172	172	4 230	3 974	1 331
医药制造业	4 214	4 171	73 792	73 792	41 537
橡胶和塑料制品业	40 002	10 980	342 570	102 891	33 823
非金属矿物制品业	21 442	10 467	161 376	157 629	33 518
有色金属冶炼和压延加工业	3 909	2 269	58 359	24 188	10 231
通用设备制造业	5 003	4 960	34 983	22 831	7 934
专用设备制造业	2 494	2 083	49 324	45 324	14 890
汽车制造业	7 773	6 814	396 908	340 908	91 700
铁路、船舶、航空航天和其他运输设备制造业	56 694	50 148	493 089	298 471	210 170
电气机械和器材制造业	113 452	35 912	1 136 507	882 541	331 122
废弃资源综合利用业	114		22 648	8 886	2 760
金属制品、机械和设备修理业	69		4 988	4 988	4 355
电力、热力生产和供应业	212 967	62 955	2 799 663	1 854 215	610 203
燃气生产和供应业	15 545	15 108	279 844	190 798	61 980
水的生产和供应业	79 507	9 270	193 234	87 939	31 281

3-4 分行业规模以上国有控股规模以上工业企业主要经济指标（五）

单位：万元

指标名称	所有者权益合计	实收资本			
			国家资本	集体资本	法人资本
全 市	**4 420 531**	**2 537 145**	**1 443 482**	**20 610**	**929 106**
煤炭开采和洗选业	31 850				
非金属矿采选业	26 635	26 300	23 570		2 100
农副食品加工业	–4 150	300	300		
烟草制品业	6 242	11 456	11 456		
纺织业	8 507	4 100	4 100		
纺织服装、服饰业	50 016	32 600	32 600		
造纸和纸制品业	304 277	142 009	140 009		2 000
印刷和记录媒介复制业	65 521	32 745	29 745		3 000
石油、煤炭及其他燃料加工业	14 814	21 242			21 242
化学原料和化学制品制造业	25 495	3 056			2 701
医药制造业	23 227	17 000	6 120		9 380
橡胶和塑料制品业	683 630	397 259	331 928		25 278
非金属矿物制品业	123 160	88 000	30 000	4 000	50 500
有色金属冶炼和压延加工业	48 294	16 481	13 485		2 996
通用设备制造业	8 023	7 950	2	5 600	1 175
专用设备制造业	24 992	12 102	6 002		6 000
汽车制造业	475 242	87 869	84 960		
铁路、船舶、航空航天和其他运输设备制造业	229 221	178 861	160 000		18 861
电气机械和器材制造业	741 991	369 626	249 767		50 147
废弃资源综合利用业	5 218	5 950			5 950
金属制品、机械和设备修理业	7 355	3 000			3 000
电力、热力生产和供应业	1 364 216	944 434	292 316	11 010	641 108
燃气生产和供应业	73 519	51 914	23 900		5 300
水的生产和供应业	83 239	82 890	3 222		78 368

3-4 分行业规模以上国有控股规模以上工业企业主要经济指标（六）

单位：万元

指标名称	所有者权益合计			营业收入	主营业务收入
	实收资本				
	个人资本	港澳台资本	外商资本		
全 市	**106 150**		**36 497**	**7 002 480**	**6 745 003**
煤炭开采和洗选业				1 194	
非金属矿采选业	630			45 217	45 073
农副食品加工业				8 131	8 009
烟草制品业				521 524	452 676
纺织业				7 301	7 300
纺织服装、服饰业				32 351	32 156
造纸和纸制品业				310 754	307 895
印刷和记录媒介复制业				45 506	42 029
石油、煤炭及其他燃料加工业				6 961	4 789
化学原料和化学制品制造业	355			26 111	25 194
医药制造业	1 500			76 411	76 382
橡胶和塑料制品业	30 053		10 000	279 572	254 224
非金属矿物制品业	3 500			222 165	220 928
有色金属冶炼和压延加工业				57 129	55 833
通用设备制造业			1 174	23 150	21 836
专用设备制造业	100			37 894	37 522
汽车制造业			2 910	422 457	401 130
铁路、船舶、航空航天和其他运输设备制造业				280 896	276 015
电气机械和器材制造业	69 712			1 505 770	1 409 964
废弃资源综合利用业				5 442	5 442
金属制品、机械和设备修理业				7 266	7 266
电力、热力生产和供应业				2 697 420	2 681 627
燃气生产和供应业	300		22 414	302 164	295 321
水的生产和供应业				79 696	76 391

3-4 分行业规模以上国有控股规模以上工业企业主要经济指标（七）

单位：万元

指标名称	营业成本	税金及附加	销售费用	管理费用	研发费用
全 市	**6 025 212**	**354 176**	**100 883**	**323 346**	**92 909**
煤炭开采和洗选业	953	18	45	264	
非金属矿采选业	34 010	3 094	501	2 559	
农副食品加工业	7 833		110	388	
烟草制品业	181 524	289 501	1 932	59 430	
纺织业	4 197	162		2 691	
纺织服装、服饰业	24 781	280	1 211	5 489	1 245
造纸和纸制品业	218 463	3 460	43	33 150	3 773
印刷和记录媒介复制业	26 029	952	1 639	14 196	
石油、煤炭及其他燃料加工业	7 178	177	0.3	499	
化学原料和化学制品制造业	17 843	123	884	2 646	1 547
医药制造业	63 059	345	5 782	1 832	
橡胶和塑料制品业	244 305	2 086	6 414	22 011	14 668
非金属矿物制品业	185 368	1 297	4 835	14 350	3 063
有色金属冶炼和压延加工业	42 778	403	1	4 146	1 644
通用设备制造业	19 396	377	950	1 680	215
专用设备制造业	29 962	237	1 881	2 529	2 181
汽车制造业	353 388	2 365	9 737	22 098	17 108
铁路、船舶、航空航天和其他运输设备制造业	242 569	1 976	5 188	21 144	3 370
电气机械和器材制造业	1 311 663	29 829	41 898	47 731	31 115
废弃资源综合利用业	5 638	2	150	347	
金属制品、机械和设备修理业	4 828	35	862	559	1
电力、热力生产和供应业	2 678 438	13 468	174	34 513	11 991
燃气生产和供应业	261 887	524	8 393	20 372	989
水的生产和供应业	59 122	3 467	8 254	8 723	

3-4 分行业规模以上国有控股规模以上工业企业主要经济指标（八）

单位：万元

指标名称	财务费用	利息费用	利息收入	资产减值损　失	其他收益
全　市	**108 101**	**99 963**	**2 903**	**17 079**	**27 618**
煤炭开采和洗选业	536				
非金属矿采选业	2 620	2 692	53		1
农副食品加工业	153	153			
烟草制品业	–85		86	10 813	80
纺织业	–1		1		
纺织服装、服饰业	21	44	23	–1 107	288
造纸和纸制品业	–100	2	228	2	118
印刷和记录媒介复制业	813	907	102	87	36
石油、煤炭及其他燃料加工业	62	62			28
化学原料和化学制品制造业	–0.3	4	53	254	36
医药制造业	1 060	1 085	32	28	1
橡胶和塑料制品业	3 328	3 382	–81	341	1 987
非金属矿物制品业	4 749	4 853	225	110	2 102
有色金属冶炼和压延加工业	688	686	36	–341	1 714
通用设备制造业	685	650	36	–151	245
专用设备制造业	504	595	–19	128	406
汽车制造业	9 819	9 056	541	1 466	1 221
铁路、船舶、航空航天和其他运输设备制造业	1 919	2 591	–52	–184	575
电气机械和器材制造业	12 100	12 705	1 343	5 304	4 211
废弃资源综合利用业	640		2	326	12
金属制品、机械和设备修理业	–4		5	132	1
电力、热力生产和供应业	60 738	56 407	468	26	14 399
燃气生产和供应业	4 240	163	118	–163	157
水的生产和供应业	3 615	3 928	–296	8	3

3-4 分行业规模以上国有控股规模以上工业企业主要经济指标（九）

单位：万元

指标名称	投资收益	公允价值变动收益	资产处置收　益	营业利润	营业外收入
全 市	**67 117**	**-48**	**2 551**	**77 469**	**34 035**
煤炭开采和洗选业				–620	2
非金属矿采选业				2 434	16
农副食品加工业				–354	0.1
烟草制品业				–21 512	445
纺织业				253	126
纺织服装、服饰业			10	728	246
造纸和纸制品业	–52			52 029	141
印刷和记录媒介复制业	38		47	1 911	641
石油、煤炭及其他燃料加工业	3		887	–37	119
化学原料和化学制品制造业	134			2 983	9
医药制造业		–51		4 255	4
橡胶和塑料制品业	14 448	3	124	2 994	412
非金属矿物制品业			37.4	10 532	239
有色金属冶炼和压延加工业			–89.3	9 435	28
通用设备制造业	57		1.3	300	12
专用设备制造业				878	25
汽车制造业	47 615		251.7	55 565	542
铁路、船舶、航空航天和其他运输设备制造业	487			5 976	500
电气机械和器材制造业	803		1 027.3	32 172	994
废弃资源综合利用业				–1 651	0.4
金属制品、机械和设备修理业				854	–6
电力、热力生产和供应业	1 236		254.4	–86 595	20 518
燃气生产和供应业				6 078	6 699
水的生产和供应业	2 350			–1 139	2 324

3-4 分行业规模以上国有控股规模以上工业企业主要经济指标（十）

单位：万元

指标名称	营业外支出	利润总额	所得税费用	应付职工薪酬	应交增值税
全 市	**16 283**	**95 221**	**44 159**	**786 079**	**199 030**
煤炭开采和洗选业	1	–619			
非金属矿采选业		2 450	566	2 031	–4 313
农副食品加工业	4	–358		502	41
烟草制品业	139	–21 206	3 741	64 745	46 917
纺织业	49	330		1 744	507
纺织服装、服饰业	647	327	192	10 282	729
造纸和纸制品业	120	52 050	13 170	66 101	18 601
印刷和记录媒介复制业	4 840	–2 288	269	11 399	3 565
石油、煤炭及其他燃料加工业	9	73		2 798	112
化学原料和化学制品制造业	4	2 988	219	3 412	471
医药制造业	0.4	4 259	395	5 152	1 305
橡胶和塑料制品业	255	3 151	65	34 511	4 260
非金属矿物制品业	92	10 679	3 023	10 761	5 300
有色金属冶炼和压延加工业	0.4	9 462	1 178	8 221	1 766
通用设备制造业	3	309	–3	6 272	304
专用设备制造业	25	879	44	4 940	1 470
汽车制造业	378	55 729	3 052	50 798	13 423
铁路、船舶、航空航天和其他运输设备制造业	95	6 380	749	53 467	5 771
电气机械和器材制造业	274	32 891	4 437	124 090	24 313
废弃资源综合利用业		–1 650	–26	1 102	
金属制品、机械和设备修理业	6	842	203	1 498	257
电力、热力生产和供应业	8 453	–74 530	10 119	274 417	71 047
燃气生产和供应业	317	12 460	2 723	29 922	1 710
水的生产和供应业	572	613	43	17 917	1 474

3-4 分行业规模以上国有控股规模以上工业企业主要经济指标（十一）

单位：万元

指标名称	平均用工人数（万人）	期末用工人数（万人）	从业人员期末人数（万人）	从业人员平均人数（万人）	亏损企业亏损总额
全 市	**4.76**	**4.75**	**4.57**	**4.60**	**173 050**
煤炭开采和洗选业	0.01		0.04	0.04	619
非金属矿采选业	0.01	0.02	0.02	0.01	
农副食品加工业	0.01	0.01	0.01	0.01	358
烟草制品业	0.13	0.13	0.13	0.13	21 206
纺织业	0.06	0.07	0.07	0.06	
纺织服装、服饰业	0.11	0.10	0.12	0.12	979
造纸和纸制品业	0.25	0.24	0.25	0.25	
印刷和记录媒介复制业	0.16	0.16	0.16	0.16	5 243
石油、煤炭及其他燃料加工业	0.04	0.04	0.04	0.04	
化学原料和化学制品制造业	0.02	0.02	0.02	0.03	
医药制造业	0.05	0.05	0.05	0.05	
橡胶和塑料制品业	0.25	0.25	0.25	0.25	3 971
非金属矿物制品业	0.07	0.07	0.07	0.07	1 499
有色金属冶炼和压延加工业	0.04	0.05	0.02	0.02	
通用设备制造业	0.06	0.06	0.06	0.06	
专用设备制造业	0.05	0.06	0.06	0.05	
汽车制造业	0.28	0.28	0.28	0.28	
铁路、船舶、航空航天和其他运输设备制造业	0.30	0.31	0.31	0.30	
电气机械和器材制造业	1.04	1.03	1.03	1.04	8 555
废弃资源综合利用业	0.01	0.01	0.01	0.01	1 650
金属制品、机械和设备修理业	0.01	0.01	0.01	0.01	
电力、热力生产和供应业	1.50	1.50	1.29	1.31	124 344
燃气生产和供应业	0.15	0.15	0.15	0.15	
水的生产和供应业	0.14	0.14	0.15	0.14	4 627

3-4 分行业规模以上国有控股规模以上工业企业主要经济指标（十二）

单位：万元

指标名称	利税总额	应交税金及附加	营业收入利润率（%）	资产负债率（%）	总资产贡献率（%）
全　市	**648 428**	**597 365**	**1.4**	**60.1**	**6.7**
煤炭开采和洗选业	–601	18	–51.8	61.8	–0.7
非金属矿采选业	1 231	–653	5.4	81.0	2.8
农副食品加工业	–317	41	–4.4	221.5	–4.8
烟草制品业	315 212	340 159	–4.1	97.8	110.3
纺织业	999	669	4.5	26.6	8.6
纺织服装、服饰业	1 336	1 200	1.0	35.0	1.8
造纸和纸制品业	74 111	35 231	16.8	10.7	21.7
印刷和记录媒介复制业	2 229	4 786	–5.0	54.4	2.1
石油、煤炭及其他燃料加工业	363	290	1.1	28.9	2.0
化学原料和化学制品制造业	3 583	813	11.4	14.2	11.9
医药制造业	5 909	2 045	5.6	76.1	7.2
橡胶和塑料制品业	9 496	6 410	1.1	33.4	1.3
非金属矿物制品业	17 276	9 620	4.8	56.7	7.7
有色金属冶炼和压延加工业	11 631	3 346	16.6	54.7	11.5
通用设备制造业	990	678	1.3	81.3	3.7
专用设备制造业	2 585	1 750	2.3	66.4	4.3
汽车制造业	71 517	18 839	13.2	45.5	9.2
铁路、船舶、航空航天和其他运输设备制造业	14 127	8 496	2.3	68.3	2.3
电气机械和器材制造业	87 032	58 578	2.2	60.5	5.2
废弃资源综合利用业	–1 648	–23	–30.3	81.3	–5.9
金属制品、机械和设备修理业	1 133	495	11.6	40.4	9.1
电力、热力生产和供应业	9 986	94 635	–2.8	67.2	1.6
燃气生产和供应业	14 695	4 958	4.1	79.2	4.2
水的生产和供应业	5 554	4 984	0.8	70.3	3.6

3-4 分行业规模以上国有控股规模以上工业企业主要经济指标（十三）

指标名称	人均营业收入（元/人）	流动资产周转率（次/年）	每百元资产实现的营业收入（元）	产成品存货周转天数（天）	应收账款平均回收期（天）	成本费用利润率（%）
全 市	**147**	**1.8**	**63.2**	**23.7**	**57.0**	**1.4**
煤炭开采和洗选业	12	0.4	1.4	1245.5		–34.4
非金属矿采选业	318	0.9	32.3	3.6	215.0	6.2
农副食品加工业	116	4.3	238.1	2.9	26.7	–4.2
烟草制品业	394	4.2	182.5	16.2		–8.7
纺织业	11	1.2	63.0	38.4	94.4	4.8
纺织服装、服饰业	29	0.6	42.1	68.2	164.8	1.0
造纸和纸制品业	126	1.2	91.2	71.9	12.3	20.4
印刷和记录媒介复制业	28	0.8	31.7	32.2	117.1	–5.4
石油、煤炭及其他燃料加工业	19	2.7	33.4		34.7	0.9
化学原料和化学制品制造业	109	1.2	87.8	34.1	62.7	13.0
医药制造业	161	1.0	78.8	73.2	131.7	5.9
橡胶和塑料制品业	112	0.8	27.2	28.7	73.8	1.1
非金属矿物制品业	297	2.8	78.1	10.7	34.6	5.0
有色金属冶炼和压延加工业	148	0.8	53.6	98.6	185.6	19.2
通用设备制造业	36	1.0	53.8	33.3	155.1	1.4
专用设备制造业	69	0.8	51.0	17.2	218.7	2.4
汽车制造业	150	1.3	48.4	29.0	86.1	13.5
铁路、船舶、航空航天和其他运输设备制造业	94	0.8	38.9	58.4	50.8	2.3
电气机械和器材制造业	144	1.3	80.2	54.1	94.6	2.3
废弃资源综合利用业	99	1.4	19.5	36.9	36.7	–24.4
金属制品、机械和设备修理业	91	0.6	58.9	75.4	303.9	13.5
电力、热力生产和供应业	179	4.6	64.8	1.7	36.3	–2.7
燃气生产和供应业	208	2.7	85.5	0.01	49.8	4.2
水的生产和供应业	57	0.9	29.0		33.1	0.8

3-5 各县（市、区）规模以上国有控股工业企业主要经济指标（一）

单位：万元

县（市、区）	企业单位数（个）	亏损企业	资产总计	流动资产合计	应收账款	存货	产成品
全市	**88**	**19**	**11 072 739**	**3 854 778**	**1 108 023**	**848 378**	**396 169**
竞秀区	18	5	4 108 253	987 933	220 267	127 321	55 580
莲池区	4	3	355 624	153 255	8 875	112 348	8 730
满城区	4	1	943 620	274 729	30 153	51 078	30 036
清苑区	3	1	327 666	58 549	22 246	7 816	
徐水区	1		117 006	46 849	26 901	305	305
涞水县	2		72 996	14 312	4 742	649	36
阜平县	3	1	104 522	12 369	5 071	3 347	3 297
定兴县	2		2 927	1 294	83	640	549
唐县							
高阳县							
涞源县	3	1	97 294	31 446	17 017	279	
望都县							
易县	6	1	144 616	60 835	31 904	5 694	1 200
曲阳县	4		322 861	81 325	47 251	6 420	749
蠡县	2		61 521	8 946	1 993	11	1
顺平县	2	1	135 585	19 951	6 291	3 011	2 994
博野县							
涿州市	16	3	1 876 697	668 102	203 314	123 291	56 072
安国市	2		97 020	74 868	27 954	27 693	12 828
高碑店市	2		50 627	40 754	19 890	5 517	2 403
白沟新城							
高新区	14	2	2 253 907	1 319 261	434 072	372 959	221 391

3-5 各县（市、区）规模以上国有控股工业企业主要经济指标（二）

单位：万元

县（市、区）	资产总计						
	长期股权投资	固定资产原价	房屋和构筑物	机器设备	累计折旧	本年折旧	固定资产净额
全　市	**1 141 813**	**8 315 291**	**1 529 502**	**5 176 335**	**3 907 943**	**397 232**	**4 258 094**
竞秀区	461 368	4 930 812	469 426	3 522 620	2 809 634	238 244	2 098 167
莲池区		258 326	72 819	94 627	108 543	15 518	144 662
满城区	25 488	616 766	252 825	346 896	80 075	22 691	536 692
清苑区	46	407 465	150 519	253 805	154 811	16 935	252 391
徐水区		39 701	15 354	24 315	3 073	3 067	36 628
涞水县		14 958	7 140	7 118	8 189	3 229	7 210
阜平县		97 887			4 845	634	9 739
定兴县		354	125	21	227	7	106
唐　县							
高阳县							
涞源县		52 653			12 884	2 764	29 398
望都县							
易　县	2 871	122 498	39 117	43 882	57 396	11 306	65 102
曲阳县		298 031	42 468	145 834	110 408	12 732	185 923
蠡　县		50 747	25 746	24 868	1 767	930	48 980
顺平县		95 900	40 347	20 668	12 778	4 547	83 122
博野县							
涿州市	471 227	564 843	165 391	357 354	168 943	29 926	394 818
安国市		18 620	13 246	4 428	4 171	848	14 450
高碑店市		9 924	3 031	6 322	6 167	563	3 757
白沟新城							
高新区	180 813	735 805	231 949	323 578	364 033	33 294	346 950

3-5 各县（市、区）规模以上国有控股工业企业主要经济指标（三）

单位：万元

县（市、区）	资产总计			负债合计		
	在建工程	无形资产	土地使用权		流动负债合计	应付账款
全　市	**675 565**	**604 352**	**250 372**	**6 653 713**	**4 572 146**	**1 605 514**
竞秀区	268 117	111 000	63 283	2 294 273	1 600 369	545 529
莲池区	27 294	21 263	18 923	334 893	310 093	57 865
满城区	26 056	57 955	54 395	662 954	387 083	232 200
清苑区	6 108	7 564	1 398	260 814	155 619	39 875
徐水区	27 034	19		95 113	34 604	25 296
涞水县	64	47 948	2 090	53 724	23 635	7 709
阜平县	1 774	137		65 800	2 179	135
定兴县	35	48	48	1 071	183	16
唐　县						
高阳县						
涞源县	21 663	109		53 977	22 369	1 370
望都县						
易　县	5 149	5 414	653	89 137	65 559	21 785
曲阳县	9 646	9 330	2 723	115 084	55 576	14 802
蠡　县	919	2 556	2 554	43 478	15 742	11 101
顺平县	14 939	9 170	8 986	94 091	93 290	4 276
博野县						
涿州市	71 243	194 025	38 780	1 028 601	654 953	201 204
安国市	1 291	4 214	4 171	73 792	73 792	41 537
高碑店市		1 533	1 532	31 444	31 098	14 528
白沟新城						
高新区	194 234	132 068	50 836	1 355 467	1 046 001	386 286

3-5 各县（市、区）规模以上国有控股工业企业主要经济指标（四）

单位：万元

县（市、区）	所有者权益合计	实收资本	国家资本	集体资本	法人资本	个人资本	港澳台资本	外商资本
全　市	**4 420 531**	**2 537 145**	**1 443 482**	**20 610**	**929 106**	**106 150**		**36 497**
竞秀区	1 815 486	1 050 614	492 185	16 110	487 292	30 141		23 587
莲池区	20 730	24 356	19 456		4 900			
满城区	280 666	289 344	289 344					
清苑区	66 852	68 033	67 533	500				
徐水区	21 893	20 000	20 000					
涞水县	19 272	18 800	18 170			630		
阜平县	38 722	4 520	20		4 500			
定兴县	1 856	68	68					
唐　县								
高阳县								
涞源县	43 317	32 550			32 550			
望都县								
易　县	55 479	41 843	6 168	4 000	31 675			
曲阳县	207 776	129 531	11 100		114 931	3 500		
蠡　县	18 042	17 382	16 982		400			
顺平县	41 494	34 260	30 000		4 260			
博野县								
涿州市	848 096	336 962	158 021		165 632	400		12 910
安国市	23 227	17 000	6 120		9 380	1 500		
高碑店市	19 183	10 804	5 704		5 100			
白沟新城								
高新区	898 440	441 076	302 611		68 486	69 979		

3-5 各县（市、区）规模以上国有控股工业企业主要经济指标（五）

单位：万元

县（市、区）	营业收入	主营业务收入	营业成本	税金及附加	销售费用	管理费用	研发费用
全　市	**7 002 480**	**6 745 003**	**6 025 212**	**354 176**	**100 883**	**323 346**	**92 909**
竞秀区	3 028 071	2 992 903	2 834 053	19 340	11 085	104 620	23 912
莲池区	600 886	531 671	246 708	289 762	9 656	64 269	
满城区	307 851	305 544	301 461	2 173	1 781	15 848	3 560
清苑区	129 925	127 477	146 814	1 449	319	1 911	1 069
徐水区	36 557	36 557	28 243	2 585	495	671	
涞水县	18 281	18 137	12 472	158	6	1 799	16
阜平县	9 745	8 551	8 347	129	45	411	
定兴县	39 611	39 611	38 802	123	542	112	
唐　县							
高阳县							
涞源县	18 326	9 229	17 081	354		111	0.2
望都县							
易　县	95 200	94 395	79 697	936	411	9 130	884
曲阳县	104 782	104 640	63 639	1 302	3 827	6 758	2 179
蠡　县	11 925	11 617	10 120	13		645	
顺平县	32 277	31 963	26 978	151	55	2 205	
博野县							
涿州市	814 100	779 543	703 519	4 283	18 358	45 119	25 080
安国市	76 411	76 382	63 059	345	5 782	1 832	
高碑店市	50 303	45 774	41 599	397	686	3 561	1 818
白沟新城							
高新区	1 628 230	1 531 011	1 402 619	30 677	47 836	64 345	34 391

3-5 各县（市、区）规模以上国有控股工业企业主要经济指标（六）

单位：万元

县（市、区）	财务费用	利息费用	利息收入	资产减值损失	其他收益	投资收益	公允价值变动收益
全　市	**108 101**	**99 963**	**2 903**	**17 079**	**27 618**	**67 117**	**-48**
竞秀区	32 882	27 343	250	–68	2 681	13 720	
莲池区	1 144	153	86	10 649	80		
满城区	8 060	8 576	–637		27	487	
清苑区	8 349	8 371	64	–10	240		
徐水区	2 241	2 289	50				
涞水县	1 706	1 748	42	29	1		
阜平县	947	417	6		0.1	–67	
定兴县	–7		6	4			
唐　县							
高阳县							
涞源县	894	901	9		7	–126	
望都县							
易　县	1 488	1 574	86	67	574	192	
曲阳县	4 798	4 044	89	39	1 369	317	
蠡　县	801	812	11		1		
顺平县	3 925	4 023	98		175		
博野县							
涿州市	25 810	23 944	820	877	17 240	51 791	3
安国市	1 060	1 085	32	28	1		–51
高碑店市	22	133	105	79	5		
白沟新城							
高新区	13 980	14 550	1 786	5 385	5 217	803	

3-5 各县（市、区）规模以上国有控股工业企业主要经济指标（七）

单位：万元

县（市、区）	资产处置收益	营业利润	营业外收入	营业外支出	利润总额	所得税费用
全　市	**2 551**	**77 469**	**34 035**	**16 283**	**95 221**	**44 159**
竞秀区	1 191	19 399	22 297	12 249	29 447	18 984
莲池区		–21 222	778	798	–21 242	3 887
满城区		–24 517	609	95	–24 002	269
清苑区	1	–29 839	1 768	280	–28 351	1 162
徐水区		2 323			2 323	589
涞水县		2 095	17	5	2 106	
阜平县		–201	24	1	–177	91
定兴县		34	4	2	36	15
唐　县						
高阳县						
涞源县		–233	12	317	–539	661
望都县						
易　县	37	3 392	201	60	3 533	844
曲阳县		23 927	889	1 660	23 156	5 146
蠡　县		347	2	0.1	350	90
顺平县		–863	90	1	–773	91
博野县						
涿州市	283	60 370	5 779	405	65 745	6 637
安国市		4 255	4	0.4	4 259	395
高碑店市	12	2 157	4	24	2 137	–15
白沟新城						
高新区	1 027	36 043	1 557	386	37 214	5 313

3-5 各县（市、区）规模以上国有控股工业企业主要经济指标（八）

单位：万元

县（市、区）	应付职工薪酬	应交增值税	平均用工人数（万人）	期末用工人数（万人）	从业人员期末人数（万人）	从业人员平均人数（万人）
全　市	**786 079**	**199 030**	**4.76**	**4.75**	**4.57**	**4.60**
竞秀区	390 392	95 607	2.20	2.20	1.99	2.01
莲池区	70 231	48 232	0.18	0.18	0.18	0.18
满城区	26 511	6 678	0.26	0.27	0.27	0.26
清苑区	13 187	−1 653	0.07	0.07	0.07	0.07
徐水区	723	−4 586				
涞水县	2 096	−581	0.01	0.01	0.01	0.01
阜平县	314	−14	0.01		0.04	0.04
定兴县	503	86	0.01	0.01	0.01	0.01
唐　县						
高阳县						
涞源县	1 198	864	0.01		0.01	0.01
望都县						
易　县	7 703	2 569	0.06	0.06	0.06	0.06
曲阳县	5 424	3 873	0.03	0.03	0.03	0.03
蠡　县	1 260	1 378	0.01	0.01	0.01	0.01
顺平县	2 528	4	0.02	0.02	0.02	0.02
博野县						
涿州市	90 453	18 595	0.54	0.55	0.53	0.53
安国市	5 152	1 305	0.05	0.05	0.05	0.05
高碑店市	6 775	1 204	0.05	0.05	0.05	0.05
白沟新城						
高新区	161 630	25 469	1.26	1.24	1.24	1.26

3-5 各县（市、区）规模以上国有控股工业企业主要经济指标（九）

单位：万元

县（市、区）	亏损企业亏损总额	利税总额	应交税金及附加	营业收入利润率（%）	资产负债率（%）	总资产贡献率（%）
全　市	**173 050**	**648 428**	**597 365**	**1.4**	**60.1**	**6.7**
竞秀区	48 079	144 394	133 931	1.0	55.9	4.2
莲池区	22 543	316 752	341 881	-3.5	94.2	89.1
满城区	27 568	-15 151	9 120	-7.8	70.3	-0.6
清苑区	36 807	-28 555	958	-21.8	79.6	-6.2
徐水区		321	-1 413	6.4	81.3	2.2
涞水县		1 684	-422	11.5	73.6	4.6
阜平县	619	-62	206	-1.8	63.0	0.3
定兴县		245	223	0.1	36.6	8.2
唐　县						
高阳县						
涞源县	4 772	679	1 879	-2.9	55.5	1.6
望都县						
易　县	296	7 038	4 349	3.7	61.6	5.9
曲阳县		28 331	10 321	22.1	35.7	10.0
蠡　县		1 740	1 481	2.9	70.7	4.1
顺平县	1 499	-618	246	-2.4	69.4	2.4
博野县						
涿州市	20 841	88 623	29 516	8.1	54.8	6.0
安国市		5 909	2 045	5.6	76.1	7.2
高碑店市		3 738	1 586	4.3	62.1	7.4
白沟新城						
高新区	10 028	93 360	61 459	2.3	60.1	4.7

3-5 各县（市、区）规模以上国有控股工业企业主要经济指标（十）

县（市、区）	人均营业收入（元/人）	流动资产周转率（次/年）	每百元资产实现的营业收入（元）	产成品存货周转天数（天）	应收账款平均回收期（天）	成本费用利润率（%）
全　市	**147**	**1.8**	**63.2**	**23.7**	**57.0**	**1.4**
竞秀区	138	3.1	73.7	7.1	26.2	1.0
莲池区	338	3.9	169.0	12.7	5.3	-6.6
满城区	120	1.1	32.6	35.9	35.3	-7.3
清苑区	178	2.2	39.7		61.6	-17.9
徐水区	1 741	0.8	31.2	3.9	264.9	7.3
涞水县	124	1.3	25.0	1.0	93.4	13.2
阜平县	87	0.8	9.3	142.2	187.3	-1.8
定兴县	574	30.6	1353.3	5.1	0.8	0.1
唐　县						
高阳县						
涞源县	300	0.6	18.8		334.3	-3.0
望都县						
易　县	152	1.6	65.8	5.4	120.7	3.9
曲阳县	310	1.3	32.5	4.2	162.3	28.5
蠡　县	136	1.3	19.4	0.1	60.2	3.0
顺平县	174	1.6	23.8	40.0	70.2	-2.3
博野县						
涿州市	149	1.2	43.4	28.7	89.9	8.0
安国市	161	1.0	78.8	73.2	131.7	5.9
高碑店市	107	1.2	99.4	20.8	142.3	4.5
白沟新城						
高新区	130	1.2	72.2	56.8	96.0	2.4

3-6 分行业规模以上集体工业企业主要经济指标（一）

单位：个、万元

指标名称	企业单位数	亏损企业	资产总计	流动资产合计	应收账款	存货	产成品
全市	**3**		**7 594**	**6 705**	**1 660**	**194**	**106**
化学原料和化学制品制造业	1		5 034	4 607	751	21	4
通用设备制造业	1		1 377	965	429	23	
电气机械和器材制造业	1		1 183	1 133	480	150	103

3-6 分行业规模以上集体工业企业主要经济指标（二）

单位：万元

指标名称	资产总计					
	长期股权投资	固定资产原价	房屋和构筑物	机器设备	累计折旧	本年折旧
全市		**1 686**		**210**	**857**	**70**
化学原料和化学制品制造业		614			248	25
通用设备制造业		862			449	25
电气机械和器材制造业		210		210	160	20

3-6 分行业规模以上集体工业企业主要经济指标（三）

单位：万元

指标名称	资产总计				负债合计		
	固定资产净额	在建工程	无形资产	土地使用权		流动负债合计	应付账款
全市	**829**		**30.4**	**30**	**1 224**	**1 224**	**80**
化学原料和化学制品制造业	366		30.4	30	721	721	70
通用设备制造业	412				158	158	
电气机械和器材制造业	50				345	345	10

3-6 分行业规模以上集体工业企业主要经济指标（四）

单位：万元

指标名称	所有者权益合计	实收资本				
			国家资本	集体资本	法人资本	个人资本
全市	**6 369**	**730**		**19**		**711**
化学原料和化学制品制造业	4 312	100				100
通用设备制造业	1 219	580				580
电气机械和器材制造业	838	50		19		31

3-6 分行业规模以上集体工业企业主要经济指标（五）

单位：万元

指标名称	所有者权益合计		营业收入		营业成本	税金及附加	销售费用
	实收资本						
	港澳台资本	外商资本		主营业务收入			
全 市			**8 350**	**8 350**	**6 477**	**52**	**265**
化学原料和化学制品制造业			3 204	3 204	1 786	37	64
通用设备制造业			3 023	3 023	2 603	10	197
电气机械和器材制造业			2 123	2 123	2 088	6	4

3-6 分行业规模以上集体工业企业主要经济指标（六）

单位：万元

指标名称	管理费用	研发费用	财务费用			资产减值损失	其他收益
				利息费用	利息收入		
全 市	**387**		**8**	**0.2**	**-2**		
化学原料和化学制品制造业	234		−1	0.2	−2		
通用设备制造业	106		9				
电气机械和器材制造业	47		0.3				

3-6 分行业规模以上集体工业企业主要经济指标（七）

单位：万元

指标名称	投资收益	公允价值变动收益	资产处置收益	营业利润	营业外收入	营业外支出	利润总额
全市				**1 160**	**28**	**0.4**	**1 188**
化学原料和化学制品制造业				1 085	1	0.3	1 085
通用设备制造业				98			98
电气机械和器材制造业				–22	27	0.1	4

3-6 分行业规模以上集体工业企业主要经济指标（八）

单位：万元、万人

指标名称	所得税费用	应付职工薪酬	应交增值税	平均用工人数	期末用工人数	从业人员期末人数	从业人员平均人数
全市	**271**	**782**	**423**	**0.01**	**0.01**	**0.01**	**0.01**
化学原料和化学制品制造业	271	278	285				
通用设备制造业		433	98	0.01	0.01	0.01	0.01
电气机械和器材制造业	0.1	71	40				

3-6 分行业规模以上集体工业企业主要经济指标（九）

单位：万元、%

指标名称	亏损企业亏损总额	利税总额	应交税金及附加	营业收入利润率（%）	资产负债率（%）	总资产贡献率（%）
全 市		**1 663**	**747**	**14.2**	**16.1**	**21.9**
化学原料和化学制品制造业		1 407	593	33.9	14.3	28.0
通用设备制造业		206	108	3.2	11.5	14.9
电气机械和器材制造业		50	46	0.2	29.2	4.2

3-6 分行业规模以上集体工业企业主要经济指标（十）

指标名称	人均营业收入（元/人）	流动资产周转率（次/年）	每百元资产实现的营业收入（元）	产成品存货周转天数（天）	应收账款平均回收期（天）	成本费用利润率（%）
全 市	**69**	**1.3**	**110.0**	**5.9**	**71.6**	**16.6**
化学原料和化学制品制造业	87	0.7	63.7	0.7	84.4	52.1
通用设备制造业	47	3.1	219.5		51.1	3.4
电气机械和器材制造业	112	1.9	179.5	17.7	81.4	0.2

3-7 各县（市、区）规模以上集体工业企业主要经济指标（一）

单位：万元

县（市、区）	企业单位数（个）	亏损企业	资产总计	流动资产合计	应收账款	存货	产成品
全　市	**3**		**7 594**	**6 705**	**1 660**	**194**	**106**
竞秀区							
莲池区							
满城区	1		1 183	1 133	480	150	103
清苑区							
徐水区							
涞水县							
阜平县							
定兴县							
唐　县							
高阳县							
涞源县							
望都县							
易　县							
曲阳县							
蠡　县							
顺平县							
博野县							
涿州市							
安国市							
高碑店市	2		6 411	5 572	1 180	44	4
白沟新城							
高新区							

3-7 各县（市、区）规模以上集体工业企业主要经济指标（二）

单位：万元

县（市、区）	资产总计						
	长期股权投资	固定资产原价	房屋和构筑物	机器设备	累计折旧	本年折旧	固定资产净额
全市		**1 686**		**210**	**857**	**70**	**829**
竞秀区							
莲池区							
满城区		210		210	160	20	50
清苑区							
徐水区							
涞水县							
阜平县							
定兴县							
唐县							
高阳县							
涞源县							
望都县							
易县							
曲阳县							
蠡县							
顺平县							
博野县							
涿州市							
安国市							
高碑店市		1 475			697	50	779
白沟新城							
高新区							

3-7 各县（市、区）规模以上集体工业企业主要经济指标（三）

单位：万元

县（市、区）	资产总计			负债合计		
	在建工程	无形资产	土地使用权		流动负债合计	应付账款
全　市		**30.4**	**30**	**1 224**	**1 224**	**80**
竞秀区						
莲池区						
满城区				345	345	10
清苑区						
徐水区						
涞水县						
阜平县						
定兴县						
唐　县						
高阳县						
涞源县						
望都县						
易　县						
曲阳县						
蠡　县						
顺平县						
博野县						
涿州市						
安国市						
高碑店市		30	30	880	880	70
白沟新城						
高新区						

3-7 各县（市、区）规模以上集体工业企业主要经济指标（四）

单位：万元

县（市、区）	所有者权益合计	实收资本	国家资本	集体资本	法人资本	个人资本	港澳台资本	外商资本
全　市	**6 369**	**730**		**19**		**711**		
竞秀区								
莲池区								
满城区	838	50		19		31		
清苑区								
徐水区								
涞水县								
阜平县								
定兴县								
唐　县								
高阳县								
涞源县								
望都县								
易　县								
曲阳县								
蠡　县								
顺平县								
博野县								
涿州市								
安国市								
高碑店市	5 531	680				680		
白沟新城								
高新区								

3-7 各县（市、区）规模以上集体工业企业主要经济指标（五）

单位：万元

县（市、区）	营业收入	主营业务收入	营业成本	税金及附加	销售费用	管理费用	研发费用
全　市	**8 350**	**8 350**	**6 477**	**52**	**265**	**387**	
竞秀区							
莲池区							
满城区	2 123	2 123	2 088	6	4	47	
清苑区							
徐水区							
涞水县							
阜平县							
定兴县							
唐　县							
高阳县							
涞源县							
望都县							
易　县							
曲阳县							
蠡　县							
顺平县							
博野县							
涿州市							
安国市							
高碑店市	6 227	6 227	4 389	47	261	340	
白沟新城							
高新区							

3-7 各县（市、区）规模以上集体工业企业主要经济指标（六）

单位：万元

县（市、区）	财务费用			资产减值损失	其他收益	投资收益	公允价值变动收益	资产处置收益
		利息费用	利息收入					
全　市	**8**	**0.2**	**-2**					
竞秀区								
莲池区								
满城区	0.3							
清苑区								
徐水区								
涞水县								
阜平县								
定兴县								
唐　县								
高阳县								
涞源县								
望都县								
易　县								
曲阳县								
蠡　县								
顺平县								
博野县								
涿州市								
安国市								
高碑店市	8	0.2	–2					
白沟新城								
高新区								

3-7 各县（市、区）规模以上集体工业企业主要经济指标（七）

单位：万元

县（市、区）	营业利润	营业外收入	营业外支出	利润总额	所得税费用	应付职工薪酬	应交增值税	平均用工人数（万人）
全市	**1 160**	**28**	**0.4**	**1 188**	**271**	**782**	**423**	**0.01**
竞秀区								
莲池区								
满城区	−22	27	0.1	4	0.1	71	40	
清苑区								
徐水区								
涞水县								
阜平县								
定兴县								
唐县								
高阳县								
涞源县								
望都县								
易县								
曲阳县								
蠡县								
顺平县								
博野县								
涿州市								
安国市								
高碑店市	1 183	1	0.3	1 183	271	711	383	0.01
白沟新城								
高新区								

3-7 各县（市、区）规模以上集体工业企业主要经济指标（八）

单位：万元

县（市、区）	期末用工人数（万人）	从业人员期末人数（万人）	从业人员平均人数（万人）	亏损企业亏损总额	利税总额	应交税金及附加	营业收入利润率（%）	资产负债率（%）
全　市	**0.01**	**0.01**	**0.01**		**1 663**	**747**	**14.2**	**16.1**
竞秀区								
莲池区								
满城区					50	46	0.2	29.2
清苑区								
徐水区								
涞水县								
阜平县								
定兴县								
唐　县								
高阳县								
涞源县								
望都县								
易　县								
曲阳县								
蠡　县								
顺平县								
博野县								
涿州市								
安国市								
高碑店市	0.01	0.01	0.01		1613	701	19.0	13.7
白沟新城								
高新区								

3-7 各县（市、区）规模以上集体工业企业主要经济指标（九）

县（市、区）	总资产贡献率（%）	人均营业收入（元/人）	流动资产周转率（次/年）	每百元资产实现的营业收入（元）	产成品存货周转天数（天）	应收账款平均回收期（天）	成本费用利润率（%）
全　市	**21.9**	**69**	**1.3**	**110.0**	**5.9**	**71.6**	**16.6**
竞秀区							
莲池区							
满城区	4.2	112	1.9	179.5	17.7	81.4	0.2
清苑区							
徐水区							
涞水县							
阜平县							
定兴县							
唐　县							
高阳县							
涞源县							
望都县							
易　县							
曲阳县							
蠡　县							
顺平县							
博野县							
涿州市							
安国市							
高碑店市	25.2	61	1.1	97.1	0.3	68.2	23.7
白沟新城							
高新区							

3-8 分行业规模以上外商投资和港澳台商投资工业企业主要经济指标（一）

单位：个、万元

指标名称	企业单位数	亏损企业	资产总计	流动资产合计	应收账款
全 市	**61**	**6**	**20 087 260**	**12 252 697**	**3 165 563**
黑色金属矿采选业	2		421 336	251 565	4 947
农副食品加工业	3	1	23 037	15 276	429
食品制造业	6	1	370 985	228 193	25 433
酒、饮料和精制茶制造业	6	1	768 893	159 721	37 362
皮革、毛皮、羽毛及其制品和制鞋业	1		5 887	5 844	1 104
造纸和纸制品业	1		5 596	3 378	237
文教、工美、体育和娱乐用品制造业	1		7 612	5 719	85
橡胶和塑料制品业	4	1	202 943	104 386	38 702
有色金属冶炼和压延加工业	2		257 965	99 822	20 736
金属制品业	4		47 762	22 960	6 717
通用设备制造业	3		37 171	29 361	10 772
专用设备制造业	3		42 899	35 312	5 163
汽车制造业	14	1	16 529 440	10 727 220	2 740 390
电气机械和器材制造业	5	1	827 376	329 324	174 058
仪器仪表制造业	1		62 816	58 160	28 575
电力、热力生产和供应业	1		58 786	5 450	1 945
燃气生产和供应业	3		398 284	155 387	56 154
水的生产和供应业	1		18 472	15 617	12 754

3-8 分行业规模以上外商投资和港澳台商投资工业企业主要经济指标（二）

单位：万元

指标名称	资产总计				
	流动资产合计		长期股权投资	固定资产原价	
	存货	产成品			房屋和构筑物
全市	**740 510**	**334 781**	**3 601 501**	**4 016 285**	**1 123 925**
黑色金属矿采选业	15 832	2 681		161 711	60 420
农副食品加工业	10 941	8 092	10	11 450	6 506
食品制造业	35 765	12 832	7 100	139 103	60 013
酒、饮料和精制茶制造业	28 595	5 942	453 810	214 005	50 990
皮革、毛皮、羽毛及其制品和制鞋业	3 900	595		337	
造纸和纸制品业	803	452		5 594	1 525
文教、工美、体育和娱乐用品制造业	4 917	1 896		2 143	538
橡胶和塑料制品业	33 151	15 392	25 701	62 434	5 547
有色金属冶炼和压延加工业	27 840	3 597	74 074	130 030	22 309
金属制品业	11 750	5 808		39 688	4 583
通用设备制造业	9 122	3 728		9 184	80
专用设备制造业	11 202	2 659	300	23 165	9 270
汽车制造业	507 496	259 637	2 640 341	2 774 805	719 945
电气机械和器材制造业	19 684	9 750	398 165	192 902	132 817
仪器仪表制造业	9 294	1 710		19 939	4 526
电力、热力生产和供应业	184			111	
燃气生产和供应业	9 957	9	2 000	220 037	44 857
水的生产和供应业	79			9 648	

3-8 分行业规模以上外商投资和港澳台商投资工业企业主要经济指标（三）

单位：万元

指标名称	资产总计				
	固定资产原价	累计折旧		固定资产净额	在建工程
	机器设备		本年折旧		
全　市	**1 984 918**	**1 944 862**	**277 790**	**1 946 857**	**222 628**
黑色金属矿采选业	28 921	41 607	7 367	81 151	9 692
农副食品加工业	4 759	5 848	502	5 602	1 354
食品制造业	54 375	79 294	8 245	59 809	1 064
酒、饮料和精制茶制造业	151 099	125 137	19 205	88 868	1 719
皮革、毛皮、羽毛及其制品和制鞋业	337	295	34	43	
造纸和纸制品业	3 894	4 094	129	1 140	
文教、工美、体育和娱乐用品制造业	1 172	1 635	78	508	1 053
橡胶和塑料制品业	38 817	24 965	3 856	20 456	2 754
有色金属冶炼和压延加工业	106 134	74 690	2 751	25 247	23 357
金属制品业	10 142	21 695	3 645	17 993	4 921
通用设备制造业	2 248	6 156	464	3 028	1 797
专用设备制造业	12 026	16 928	818	6 237	27
汽车制造业	1 454 643	1 425 900	214 633	1 311 015	140 413
电气机械和器材制造业	53 090	69 292	7 055	123 609	3 426
仪器仪表制造业	15 413	15 557	2 097	4 127	
电力、热力生产和供应业		31	19	79	
燃气生产和供应业	43 137	24 249	6 700	195 788	30 476
水的生产和供应业	4 711	7 491	192	2 157	573

3-8 分行业规模以上外商投资和港澳台商投资工业企业主要经济指标（四）

单位：万元

指标名称	资产总计		负债合计	流动负债合计	
	无形资产	土地使用权			应付账款
全 市	**726 445**	**265 530**	**12 017 838**	**10 362 452**	**5 007 767**
黑色金属矿采选业	57 166	3 008	267 248	211 437	21 728
农副食品加工业	328	327	17 109	16 515	8 266
食品制造业	8 227	7 907	121 686	114 718	28 963
酒、饮料和精制茶制造业	12 388	11 819	231 513	74 148	49 637
皮革、毛皮、羽毛及其制品和制鞋业			5 627	5 627	-141
造纸和纸制品业	1 074	1 074	857	857	681
文教、工美、体育和娱乐用品制造业	331	331	2 138	2 138	674
橡胶和塑料制品业	1 936	1 012	112 023	50 652	11 535
有色金属冶炼和压延加工业	35 444	19 187	94 415	68 786	8 470
金属制品业	1 888	978	31 925	26 694	7 354
通用设备制造业	2 858	2 752	14 706	12 186	9 605
专用设备制造业	896	890	21 914	19 994	12 143
汽车制造业	519 076	197 448	10 286 077	9 231 144	4 574 798
电气机械和器材制造业	14 600	2 529	434 136	275 377	168 937
仪器仪表制造业	529	529	4 433	4 433	2 746
电力、热力生产和供应业	54 689	1 394	40 868	12 638	11 626
燃气生产和供应业	14 919	14 343	325 580	229 524	88 831
水的生产和供应业	96		5 583	5 583	1 916

3-8 分行业规模以上外商投资和港澳台商投资工业企业主要经济指标（五）

单位：万元

指标名称	所有者权益合　　计	实收资本	国家资本	集体资本	法人资本
全 市	**8 069 422**	**2 315 211**	**254 290**	**4 871**	**1 028 640**
黑色金属矿采选业	154 088	26 000			16 000
农副食品加工业	5 928	4 428			1 880
食品制造业	249 299	62 185			54 640
酒、饮料和精制茶制造业	537 380	421 173			21 682
皮革、毛皮、羽毛及其制品和制鞋业	260	180			97
造纸和纸制品业	4 739	3 068			
文教、工美、体育和娱乐用品制造业	5 474	2 324			
橡胶和塑料制品业	90 921	40 471	10 047	306	
有色金属冶炼和压延加工业	163 550	158 390	80 266		43 320
金属制品业	15 837	10 293		206	486
通用设备制造业	22 465	8 864			1 175
专用设备制造业	20 985	11 402			4 237
汽车制造业	6 243 363	1 304 965	2 910		873 825
电气机械和器材制造业	393 240	163 999	139 426		5 785
仪器仪表制造业	58 383	21 837	6 341	4 359	
电力、热力生产和供应业	17 918	17 000			
燃气生产和供应业	72 703	49 714	15 300		1 500
水的生产和供应业	12 889	8 920			4 014

3-8 分行业规模以上外商投资和港澳台商投资工业企业主要经济指标（六）

单位：万元

指标名称	所有者权益合计			营业收入	
	实收资本				主营业务收入
	个人资本	港澳台资本	外商资本		
全 市	**104 613**	**361 211**	**561 587**	**15 147 681**	**14 624 660**
黑色金属矿采选业		10 000		119 226	119 154
农副食品加工业		938	1 610	18 469	18 457
食品制造业	130	7 200	215	334 328	330 130
酒、饮料和精制茶制造业			399 490	383 788	372 336
皮革、毛皮、羽毛及其制品和制鞋业			83	7 362	7 362
造纸和纸制品业			3 068	8 607	8 248
文教、工美、体育和娱乐用品制造业	2 324			7 917	7 917
橡胶和塑料制品业			30 118	172 370	156 628
有色金属冶炼和压延加工业			34 804	289 878	268 795
金属制品业			9 601	51 634	51 264
通用设备制造业		300	7 390	51 386	51 314
专用设备制造业			7 165	32 820	32 466
汽车制造业	102 159	310 367	15 706	12 979 115	12 519 577
电气机械和器材制造业			18 788	377 838	376 651
仪器仪表制造业			11 137	51 993	50 151
电力、热力生产和供应业		17 000		5 678	5 678
燃气生产和供应业		10 500	22 414	238 482	231 741
水的生产和供应业		4 906		16 791	16 791

3-8 分行业规模以上外商投资和港澳台商投资工业企业主要经济指标（七）

单位：万元

指标名称	营业成本	税金及附加	销售费用	管理费用	研发费用
全 市	**13 725 256**	**265 776**	**471 408**	**368 575**	**377 217**
黑色金属矿采选业	70 174	4 713	865	7 931	
农副食品加工业	14 929	192	855	1 612	
食品制造业	229 950	2 412	33 386	11 045	7 302
酒、饮料和精制茶制造业	307 553	6 503	13 455	7 600	
皮革、毛皮、羽毛及其制品和制鞋业	7 162	18	9	68	
造纸和纸制品业	7 207	58	175	576	367
文教、工美、体育和娱乐用品制造业	5 024	20	166	341	
橡胶和塑料制品业	139 827	974	9 349	13 863	1 592
有色金属冶炼和压延加工业	270 821	1 456	4 697	6 108	10 952
金属制品业	44 259	350	2 241	3 005	1 108
通用设备制造业	36 447	228	3 461	2 879	99
专用设备制造业	26 100	308	669	2 295	1 907
汽车制造业	11 938 385	245 257	385 103	266 504	333 911
电气机械和器材制造业	358 072	2 602	13 810	23 612	17 094
仪器仪表制造业	47 985	86	741	1 390	709
电力、热力生产和供应业	3 397	55		358	
燃气生产和供应业	206 171	387	2 428	18 368	2 177
水的生产和供应业	11 793	159		1 021	

3-8 分行业规模以上外商投资和港澳台商投资工业企业主要经济指标（八）

单位：万元

指标名称	财务费用			资产减值损失	其他收益
		利息费用	利息收入		
全 市	**-1 498**	**61 788**	**-55 045**	**25 075**	**22 388**
黑色金属矿采选业	4 741	4 710	–23		
农副食品加工业	339	342	11		
食品制造业	–27	505	–712	60	4 971
酒、饮料和精制茶制造业	2 675	3 306	1 567		941
皮革、毛皮、羽毛及其制品和制鞋业	22	20			
造纸和纸制品业	0.7		0.1	4	7
文教、工美、体育和娱乐用品制造业	1		0.6		–2 000
橡胶和塑料制品业	1 039	690	81	387	24
有色金属冶炼和压延加工业	2 287	2 498	751	–372	1 654
金属制品业	499	349	17		5
通用设备制造业	509	158	49	17	15.1
专用设备制造业	–133	45	240	–623	17
汽车制造业	–25 447	40 883	–56 608	27 745	16 606
电气机械和器材制造业	6 763	6 408	156	–2 245	144
仪器仪表制造业	–106		–593	102	
电力、热力生产和供应业	815	502	4		
燃气生产和供应业	4 528	1 372	15		5
水的生产和供应业	–1		–2		

3-8 分行业规模以上外商投资和港澳台商投资工业企业主要经济指标（九）

单位：万元

指标名称	投资收益	公允价值变动收益	资产处置收益	营业利润	营业外收入
全　市	**676 144**	**6 358**	**30 096**	**649 962**	**55 779**
黑色金属矿采选业	59			30 862	6
农副食品加工业				543	41
食品制造业	1 636	92	–4	56 896	353
酒、饮料和精制茶制造业	16		–158	46 802	2 275
皮革、毛皮、羽毛及其制品和制鞋业				84	4
造纸和纸制品业			1	228	0.3
文教、工美、体育和娱乐用品制造业				365	51
橡胶和塑料制品业	4 042	3	141	9 549	197
有色金属冶炼和压延加工业	1 044		27 496	24 124	129
金属制品业				178	61
通用设备制造业				7 761	264
专用设备制造业				2 314	24
汽车制造业	668 540	1 149	1 725	494 779	41 163
电气机械和器材制造业	283	5 114	845	–35 484	4 057
仪器仪表制造业	524		3	1 613	57
电力、热力生产和供应业				1 054	
燃气生产和供应业			46	4 473	6 623
水的生产和供应业				3 820	474

3-8 分行业规模以上外商投资和港澳台商投资工业企业主要经济指标（十）

单位：万元

指标名称	营业外支出	利润总额	所得税费用	应付职工薪酬	应交增值税
全 市	**233 608**	**472 133**	**-9 784**	**1 059 122**	**183 470**
黑色金属矿采选业	159	30 709	7 905	8 210	8 807
农副食品加工业	161	423	334	3 014	734
食品制造业	41	57 207	8 411	41 550	13 069
酒、饮料和精制茶制造业	295	48 782	5 317	12 986	9 509
皮革、毛皮、羽毛及其制品和制鞋业		88	10	72	149
造纸和纸制品业	11	218	70	799	212
文教、工美、体育和娱乐用品制造业	24	393	15	1 533	244
橡胶和塑料制品业	145	9 601	1 484	19 756	1 762
有色金属冶炼和压延加工业		24 253	270	12 317	1 579
金属制品业	76	164	64	10 544	1 084
通用设备制造业	191	7 834	1 901	5 228	529
专用设备制造业	4	2 334	117	5 386	620
汽车制造业	3 849	532 093	−39 984	878 486	140 044
电气机械和器材制造业	228 356	−259 782	793	21 116	3 365
仪器仪表制造业	0.2	1 670	437	8 827	31
电力、热力生产和供应业	5	1 049		1 138	
燃气生产和供应业	293.0	10 803	1 999	26 702	1 214
水的生产和供应业	0.1	4 294	1 075	1 458	518

3-8 分行业规模以上外商投资和港澳台商投资工业企业主要经济指标（十一）

单位：万元

指标名称	平均用工人数（万人）	期末用工人数（万人）	从业人员期末人数（万人）	从业人员平均人数（万人）	亏损企业亏损总额
全 市	**6.66**	**6.75**	**6.87**	**6.73**	**266 195**
黑色金属矿采选业	0.10	0.10	0.10	0.09	
农副食品加工业	0.06	0.07	0.07	0.05	897
食品制造业	0.43	0.44	0.44	0.43	160
酒、饮料和精制茶制造业	0.12	0.12	0.11	0.11	693
皮革、毛皮、羽毛及其制品和制鞋业	0.01		0.01		
造纸和纸制品业	0.01	0.01	0.01	0.01	
文教、工美、体育和娱乐用品制造业	0.03	0.04	0.04	0.04	
橡胶和塑料制品业	0.11	0.10	0.10	0.11	95
有色金属冶炼和压延加工业	0.15	0.15	0.15	0.15	
金属制品业	0.13	0.14	0.14	0.14	
通用设备制造业	0.05	0.05	0.05	0.05	
专用设备制造业	0.05	0.05	0.05	0.05	
汽车制造业	4.89	5.04	5.17	4.98	337
电气机械和器材制造业	0.29	0.23	0.23	0.29	264 014
仪器仪表制造业	0.07	0.06	0.06	0.07	
电力、热力生产和供应业	0.01	0.01	0.01	0.01	
燃气生产和供应业	0.14	0.14	0.14	0.14	
水的生产和供应业	0.01	0.01	0.01	0.01	

3-8 分行业规模以上外商投资和港澳台商投资工业企业主要经济指标（十二）

单位：万元

指标名称	利税总额	应交税金及附加	营业收入利润率（%）	资产负债率（%）	总资产贡献率（%）	人均营业收入（元/人）
全 市	**921 378**	**439 462**	**3.1**	**59.8**	**5.2**	**227**
黑色金属矿采选业	44 228	21 424	25.8	63.4	11.6	123
农副食品加工业	1 349	1 260	2.3	74.3	7.3	33
食品制造业	72 688	23 891	17.1	32.8	19.9	77
酒、饮料和精制茶制造业	64 794	21 328	12.7	30.1	8.7	315
皮革、毛皮、羽毛及其制品和制鞋业	255	176	1.2	95.6	4.7	107
造纸和纸制品业	487	340	2.5	15.3	8.7	68
文教、工美、体育和娱乐用品制造业	656	279	5.0	28.1	8.6	23
橡胶和塑料制品业	12 338	4 221	5.6	55.2	6.4	155
有色金属冶炼和压延加工业	27 287	3 305	8.4	36.6	11.3	197
金属制品业	1 598	1 498	0.3	66.8	4.0	38
通用设备制造业	8 591	2 658	15.2	39.6	23.4	103
专用设备制造业	3 261	1 045	7.1	51.1	7.2	64
汽车制造业	917 394	345 317	4.1	62.2	6.1	265
电气机械和器材制造业	–253 816	6 759	–68.8	52.5	–29.9	129
仪器仪表制造业	1 787	554	3.2	7.1	3.8	77
电力、热力生产和供应业	1 104	55	18.5	69.5	2.7	67
燃气生产和供应业	12 404	3 600	4.5	81.8	3.5	174
水的生产和供应业	4 971	1 752	25.6	30.2	26.9	153

3-8 分行业规模以上外商投资和港澳台商投资工业企业主要经济指标（十三）

指标名称	流动资产周转率（次/年）	每百元资产实现的营业收入（元）	产成品存货周转天数（天）	应收账款平均回收期（天）	成本费用利润率（%）
全　市	**1.2**	**75.4**	**8.8**	**75.2**	**3.2**
黑色金属矿采选业	0.5	28.3	13.8	14.9	36.7
农副食品加工业	1.2	80.2	195.1	8.4	2.4
食品制造业	1.5	90.1	20.1	27.4	20.3
酒、饮料和精制茶制造业	2.4	49.9	7.0	35.1	14.7
皮革、毛皮、羽毛及其制品和制鞋业	1.3	125.1	29.9	54.0	1.2
造纸和纸制品业	2.6	153.8	22.6	9.9	2.6
文教、工美、体育和娱乐用品制造业	1.4	104.0	135.9	3.9	7.1
橡胶和塑料制品业	1.7	84.9	39.6	80.8	5.8
有色金属冶炼和压延加工业	2.9	112.4	4.8	25.8	8.2
金属制品业	2.3	108.1	47.2	46.8	0.3
通用设备制造业	1.8	138.2	36.8	75.5	18.1
专用设备制造业	0.9	76.5	36.7	56.6	7.6
汽车制造业	1.2	78.5	7.8	76.0	4.1
电气机械和器材制造业	1.2	45.7	9.8	165.8	-62.0
仪器仪表制造业	0.9	82.8	12.8	197.9	3.3
电力、热力生产和供应业	1.0	9.7		123.3	23.0
燃气生产和供应业	1.5	59.9	0.02	84.8	4.6
水的生产和供应业	1.1	90.9		273.5	33.5

3-9 各县（市、区）规模以上外商投资和港澳台商投资工业企业主要经济指标（一）

单位：万元

县（市、区）	企业单位数（个）	亏损企业	资产总计	流动资产合计	应收账款	存货	产成品
全市	**61**	**6**	**20 087 260**	**12 252 697**	**3 165 563**	**740 510**	**334 781**
竞秀区	3		276 513	102 478	35 111	13 361	3 307
莲池区	7	2	15 990 775	10 360 265	2 619 662	438 393	208 819
满城区	1		58 786	5 450	1 945	184	
清苑区	2		74 976	23 761	7 501	14 036	3 787
徐水区	4		174 259	156 039	88 211	18 073	7 666
涞水县							
阜平县							
定兴县	2		302 682	185 927	6 907	21 485	6 039
唐县	2		20 771	9 805	198	7 060	3 098
高阳县	1		5 801	4 952		336	118
涞源县	2		421 336	251 565	4 947	15 832	2 681
望都县	5		207 505	86 885	43 319	11 199	3 806
易县							
曲阳县							
蠡县	2		8 970	8 233	2 789	4 182	751
顺平县	1		532 852	64 876	741	1 543	526
博野县	1		19 193	9 024	3 804	4 193	2 635
涿州市	14	1	840 323	487 846	131 247	108 866	44 207
安国市							
高碑店市	3		50 034	26 787	16 424	6 949	2 091
白沟新城							
高新区	11	3	1 102 486	468 805	202 757	74 817	45 253

3-9 各县（市、区）规模以上外商投资和港澳台商投资工业企业主要经济指标（二）

单位：万元

县（市、区）	资产总计						
	长期股权投资	固定资产原价	房屋和构筑物	机器设备	累计折旧	本年折旧	固定资产净额
全　市	**3 601 501**	**4 016 285**	**1 123 925**	**1 984 918**	**1 944 862**	**277 790**	**1 946 857**
竞秀区	2 000	152 243	10 966	21 070	17 792	4 440	134 451
莲池区	2 612 100	2 616 848	694 512	1 355 344	1 316 936	203 823	1 262 458
满城区		111			31	19	79
清苑区		72 325	22 563	47 113	30 148	5 111	42 178
徐水区		36 525	5 980	23 481	23 036	4 104	13 232
涞水县							
阜平县							
定兴县	7 000	94 540	44 710	42 477	54 220	5 869	40 320
唐　县		22 991			13 007	2 634	9 985
高阳县		1 951	224	1 557	1 195	218	755
涞源县		161 711	60 420	28 921	41 607	7 367	81 151
望都县	10	137 079	16 924	98 576	65 172	14 813	71 907
易　县							
曲阳县							
蠡　县		1 138		1 138	444	110	694
顺平县	453 810	11 921	2 509	8 136	9 055	376	2 866
博野县		11 456	3 460	6 625	7 115	555	4 341
涿州市	99 775	328 512	74 335	220 179	173 068	13 511	108 102
安国市							
高碑店市	300	42 635	14 646	16 331	27 283	1 511	15 352
白沟新城							
高新区	426 507	324 301	172 676	113 971	164 754	13 330	158 986

3-9 各县（市、区）规模以上外商投资和港澳台商投资工业企业主要经济指标（三）

单位：万元

县（市、区）	资产总计			负债合计		
	在建工程	无形资产	土地使用权		流动负债合计	应付账款
全　市	**222 628**	**726 445**	**265 530**	**12 017 838**	**10 362 452**	**5 007 767**
竞秀区	23 757	13 487	13 406	229 551	163 772	50 833
莲池区	93 258	496 081	196 283	9 980 897	8 963 977	4 454 431
满城区		54 689	1 394	40 868	12 638	11 626
清苑区	1 931	7 107	6 702	19 889	19 889	16 622
徐水区	1 743	692	682	60 989	57 498	47 673
涞水县						
阜平县						
定兴县	793	3 128	2 847	86 681	86 204	18 823
唐　县	4	978	978	15 993	15 972	5 073
高阳县	2	92	92	1 363	1 363	
涞源县	9 692	57 166	3 008	267 248	211 437	21 728
望都县	3 052	4 216	3 541	111 142	91 660	65 379
易　县						
曲阳县						
蠡　县	27			7 808	7 653	166
顺平县		400	400	152 462	7 819	2 877
博野县	4 918	910		8 817	8 817	1 631
涿州市	35 802	49 007	24 441	388 578	266 261	89 154
安国市						
高碑店市	31	6 838	6 838	17 296	11 533	8 844
白沟新城						
高新区	47 619	31 655	4 918	628 257	435 960	212 907

3-9 各县（市、区）规模以上外商投资和港澳台商投资工业企业主要经济指标（四）

单位：万元

县（市、区）	所有者权益合计	实收资本	国家资本	集体资本	法人资本	个人资本	港澳台资本	外商资本
全　市	**8 069 422**	**2 315 211**	**254 290**	**4 871**	**1 028 640**	**104 613**	**361 211**	**561 587**
竞秀区	46 962	40 533	15 347	306	1 175			23 705
莲池区	6 009 877	1 253 604			835 958	102 159	315 273	215
满城区	17 918	17 000					17 000	
清苑区	55 087	25 824				2 324		23 500
徐水区	113 270	31 250	6 341	4 359	5 300			15 250
涞水县								
阜平县								
定兴县	216 000	43 123			35 923		7 200	
唐　县	4 778	1 087			486			601
高阳县	4 438	3 000			3 000			
涞源县	154 088	26 000			16 000		10 000	
望都县	96 362	20 323		206	15 120		2 793	2 204
易　县								
曲阳县								
蠡　县	1 162	846			763			83
顺平县	380 390	361 440						361 440
博野县	10 376	8 876						8 876
涿州市	451 746	247 879	93 176		65 838		8 645	80 219
安国市								
高碑店市	32 738	16 050			13 980			2 070
白沟新城								
高新区	474 229	218 378	139 426		35 098	130	300	43 424

3-9 各县（市、区）规模以上外商投资和港澳台商投资工业企业主要经济指标（五）

单位：万元

县（市、区）	营业收入	主营业务收入	营业成本	税金及附加	销售费用	管理费用	研发费用
全　市	**15 147 681**	**14 624 660**	**13 725 256**	**265 776**	**471 408**	**368 575**	**377 217**
竞秀区	190 247	186 944	164 979	282	697	18 794	1 089
莲池区	12 468 498	12 020 937	11 519 066	243 258	366 762	246 687	313 782
满城区	5 678	5 678	3 397	55		358	
清苑区	57 933	56 164	43 296	5 250	166	3 377	
徐水区	200 756	198 645	168 762	577	3 067	5 222	8 427
涞水县							
阜平县							
定兴县	248 514	244 774	162 860	1 733	27 935	6 093	6 396
唐　县	27 319	27 147	23 754	168	1 672	1 623	
高阳县	7 405	7 405	6 202	55	201	719	
涞源县	119 226	119 154	70 174	4 713	865	7 931	
望都县	303 379	293 590	249 457	925	10 486	3 092	488
易　县							
曲阳县							
蠡　县	10 417	10 417	8 932	27	113	457	342
顺平县	16 385	15 865	12 331	83	570	516	
博野县	13 891	13 693	11 302	155	380	1 043	620
涿州市	823 570	781 087	691 395	4 275	29 315	37 444	23 131
安国市							
高碑店市	65 608	63 764	49 028	592	2 156	1 976	23
白沟新城							
高新区	588 857	579 397	540 322	3 629	27 024	33 245	22 920

3-9 各县（市、区）规模以上外商投资和港澳台商投资工业企业主要经济指标（六）

单位：万元

县（市、区）	财务费用	利息费用	利息收入	资产减值损失	其他收益	投资收益	公允价值变动收益	资产处置收益
全　市	**-1 498**	**61 788**	**-55 045**	**25 075**	**22 388**	**676 144**	**6 358**	**30 096**
竞秀区	3 090		64	17	15.1			
莲池区	–25 881	40 080	–57 012	27 068	14 589	667 845	1 149	1 817
满城区	815	502	4					
清苑区	–18	33	–54.8		–2 000			
徐水区	297	172	–624	132	0.1	544		–8
涞水县								
阜平县								
定兴县	–688	2	–670	14	4 307	1 636	92	–4
唐　县	15							
高阳县						16		
涞源县	4 741	4 710	–23			59		
望都县	–18	407	1 662		926			–117
易　县								
曲阳县								
蠡　县	84	82	0.1					
顺平县	2 763	2 763						
博野县	340	266	–3					
涿州市	5 578	5 154	906	–101	1 817	5 748	3	27 587
安国市								
高碑店市	17	16	0.5		665			6
白沟新城								
高新区	7 370	7 602	706	–2 054	2 071	296	5 114	815

3-9 各县（市、区）规模以上外商投资和港澳台商投资工业企业主要经济指标（七）

单位：万元

县（市、区）	营业利润	营业外收入	营业外支出	利润总额	所得税费用	应付职工薪酬	应交增值税
全　市	**649 962**	**55 779**	**233 608**	**472 133**	**-9 784**	**1 059 122**	**183 470**
竞秀区	1 315	6 554	287	7 582	1 725	26 097	529
莲池区	462 260	28 331	3 643	486 948	-45 252	829 993	129 792
满城区	1 054		5	1 049		1 138	
清苑区	3 862	2 053	160	5 755	1 356	3 786	2 336
徐水区	14 809	96	1	14 904	3 248	15 457	3 217
涞水县							
阜平县							
定兴县	50 204	137	10	50 330	6 691	31 273	10 742
唐　县	87	56	4	139	25	4 136	656
高阳县	245	6	28	223	16	899	202
涞源县	30 862	6	159	30 709	7 905	8 210	8 807
望都县	39 757	482	234	40 005	2 843	11 075	6 708
易　县							
曲阳县							
蠡　县	463	21		484	10	894	355
顺平县	123	1	24	100	25	671	529
博野县	52	5	51.5	5	36	4 471	174
涿州市	67 687	1 142	420	68 409	6 019	72 832	10 734
安国市							
高碑店市	12 486	15	0.4	12 500	2 899	4 183	2 246
白沟新城							
高新区	-35 304	16 877	228 583	-247 010	2 671	44 009	6 444

3-9 各县（市、区）规模以上外商投资和港澳台商投资工业企业主要经济指标（八）

单位：万元

县（市、区）	平均用工人数（万人）	期末用工人数（万人）	从业人员期末人数（万人）	从业人员平均人数（万人）	亏损企业亏损总额	利税总额	应交税金及附加	营业收入利润率（%）
全　市	**6.66**	**6.75**	**6.87**	**6.73**	**266 195**	**921 378**	**439 462**	**3.1**
竞秀区	0.14	0.14	0.14	0.14		8 394	2 537	4.0
莲池区	4.55	4.71	4.84	4.65	496	859 997	327 798	3.9
满城区	0.01	0.01	0.01	0.01		1 104	55	18.5
清苑区	0.06	0.06	0.05	0.05		13 341	8 942	9.9
徐水区	0.12	0.11	0.10	0.11		18 698	7 042	7.4
涞水县								
阜平县								
定兴县	0.32	0.31	0.32	0.32		62 805	19 166	20.3
唐　县	0.05	0.05	0.05	0.05		963	849	0.5
高阳县	0.01	0.01	0.01	0.01		479	273	3.0
涞源县	0.10	0.10	0.10	0.09		44 228	21 424	25.8
望都县	0.12	0.13	0.13	0.13		47 638	10 476	13.2
易　县								
曲阳县								
蠡　县	0.02	0.02	0.02	0.02		866	391	4.7
顺平县	0.01	0.01	0.01	0.01		712	637	0.6
博野县	0.06	0.06	0.06	0.06		334	364	0.04
涿州市	0.53	0.54	0.53	0.52	95	83 418	21 028	8.3
安国市								
高碑店市	0.04	0.04	0.04	0.04		15 338	5 737	19.1
白沟新城								
高新区	0.52	0.46	0.46	0.52	265 604	–236 937	12 744	–42.0

3-9 各县（市、区）规模以上外商投资和港澳台商投资工业企业主要经济指标（九）

县（市、区）	资产负债率（%）	总资产贡献率（%）	人均营业收入（元/人）	流动资产周转率（次/年）	每百元资产实现的营业收入（元）	产成品存货周转天数（天）	应收账款平均回收期（天）	成本费用利润率（%）
全　市	**59.8**	**5.2**	**227**	**1.2**	**75.4**	**8.8**	**75.2**	**3.2**
竞秀区	83.0	3.0	140	1.9	68.8	7.2	66.4	4.0
莲池区	62.4	6.0	274	1.2	78.0	6.5	75.6	3.9
满城区	69.5	2.7	67	1.0	9.7		123.3	23.0
清苑区	26.5	17.9	100	2.4	77.3	31.5	46.6	12.3
徐水区	35.0	11.2	167	1.3	115.2	16.4	158.2	8.0
涞水县								
阜平县								
定兴县	28.6	21.0	78	1.3	82.1	13.4	10.0	24.8
唐　县	77.0	4.6	50	2.8	131.5	46.9	2.6	0.5
高阳县	23.5	8.3	95	1.5	127.7	6.8		3.1
涞源县	63.4	11.6	123	0.5	28.3	13.8	14.9	36.7
望都县	53.6	22.4	248	3.5	146.2	5.5	51.4	15.2
易　县								
曲阳县								
蠡　县	87.0	10.6	61	1.3	116.1	30.3	96.4	4.9
顺平县	28.6	0.7	218	0.3	3.1	15.4	16.3	0.6
博野县	45.9	3.1	24	1.5	72.4	83.9	98.6	0.04
涿州市	46.2	10.4	155	1.7	98.0	23.0	57.4	8.7
安国市								
高碑店市	34.6	30.7	147	2.5	131.1	15.4	90.1	23.5
白沟新城								
高新区	57.0	–20.9	113	1.3	53.4	30.2	124.0	–39.2

3-10 分行业规模以上私营工业企业主要经济指标（一）

单位：万元

指标名称	企业单位数（个）	亏损企业	资产总计	流动资产合计	应收账款
全　市	**1 307**	**127**	**14 303 514**	**8 640 069**	**2 795 592**
煤炭开采和洗选业	1				
石油和天然气开采业					
黑色金属矿采选业	1		13 960	10 241	
有色金属矿采选业					
非金属矿采选业	12	3	23 087	10 728	3 149
开采专业及辅助性活动					
其他采矿业					
农副食品加工业	71	13	462 938	331 492	58 807
食品制造业	23	2	276 829	146 555	13 283
酒、饮料和精制茶制造业	7		141 620	118 955	1 617
烟草制品业					
纺织业	186	5	1 038 301	562 876	126 939
纺织服装、服饰业	10	1	29 516	23 866	7 927
皮革、毛皮、羽毛及其制品和制鞋业	34	2	76 736	53 068	13 798
木材加工和木、竹、藤、棕、草制品业	7		113 597	41 911	11 523
家具制造业	4	1	89 189	79 863	4 348
造纸和纸制品业	76	6	648 430	362 252	54 706
印刷和记录媒介复制业	17	3	154 494	85 667	17 464
文教、工美、体育和娱乐用品制造业	46	1	232 075	123 712	28 169
石油、煤炭及其他燃料加工业	8	1	28 587	26 640	8 905
化学原料和化学制品制造业	37	2	1 154 125	406 998	62 082
医药制造业	75		814 568	623 618	363 844
化学纤维制造业	5		237 421	100 078	116
橡胶和塑料制品业	85	9	617 846	437 354	213 094
非金属矿物制品业	175	24	1 937 267	1 430 639	652 926
黑色金属冶炼和压延加工业	3		24 360	22 668	13 775
有色金属冶炼和压延加工业	40	2	984 045	420 564	117 443
金属制品业	84	15	1 020 676	660 775	223 425
通用设备制造业	57	7	424 138	308 997	102 105
专用设备制造业	35	3	738 791	496 115	20 564
汽车制造业	35	8	543 776	377 609	132 249
铁路、船舶、航空航天和其他运输设备制造业	4	1	36 482	31 417	17 713
电气机械和器材制造业	112	10	1 244 801	885 137	406 980
计算机、通信和其他电子设备制造业	11	1	249 950	98 907	24 804
仪器仪表制造业	15		104 568	85 999	28 832
其他制造业	3		7 781	6 819	1 885
废弃资源综合利用业	2	1	6 169	3 383	169
金属制品、机械和设备修理业	1		3 070	2 773	990
电力、热力生产和供应业	13	5	629 014	172 783	44 977
燃气生产和供应业	9	1	149 039	69 924	13 960
水的生产和供应业	3		46 268	19 691	3 022

3-10 分行业规模以上私营工业企业主要经济指标（二）

单位：万元

指标名称	资产总计				
	流动资产合计		长期股权投资	固定资产原价	
	存　货	产成品			房屋和构筑物
全　市	**1 853 506**	**822 671**	**1 187 123**	**4 440 006**	**1 145 459**
煤炭开采和洗选业					
石油和天然气开采业					
黑色金属矿采选业	453	238	2 250	2 563	
有色金属矿采选业					
非金属矿采选业	3 005	1 383		15 662	2 033
开采专业及辅助性活动					
其他采矿业					
农副食品加工业	102 588	56 868	14 165	130 534	43 374
食品制造业	49 798	20 794	800	119 238	31 632
酒、饮料和精制茶制造业	26 437	18 275	90	33 715	10 308
烟草制品业					
纺织业	239 213	113 880	122 315	442 140	165 408
纺织服装、服饰业	8 172	1 908		3 468	868
皮革、毛皮、羽毛及其制品和制鞋业	15 989	8 514	43	16 228	3 658
木材加工和木、竹、藤、棕、草制品业	15 764	9 480	760	82 810	7 481
家具制造业	4 458	1 915	201	3 440	105
造纸和纸制品业	163 723	66 948	53 534	358 363	59 131
印刷和记录媒介复制业	16 305	7 298	11 633	84 587	2 489
文教、工美、体育和娱乐用品制造业	46 362	25 023	6 594	52 704	20 382
石油、煤炭及其他燃料加工业	11 948	6 168	57	2 798	571
化学原料和化学制品制造业	159 967	108 662	130 236	271 000	48 261
医药制造业	113 135	49 631	20 633	164 219	42 295
化学纤维制造业	13 296	3 109	4 337	150 923	50 239
橡胶和塑料制品业	61 953	25 603	27 006	192 244	30 718
非金属矿物制品业	181 197	52 304	24 470	593 264	164 738
黑色金属冶炼和压延加工业	5 037	3 961	10	2 982	116
有色金属冶炼和压延加工业	81 598	34 455	485 029	84 085	19 543
金属制品业	139 806	47 203	168 436	232 660	71 187
通用设备制造业	57 248	25 187	7 811	129 684	39 221
专用设备制造业	49 091	15 552	850	180 714	131 220
汽车制造业	93 228	48 806	22 940	189 043	27 979
铁路、船舶、航空航天和其他运输设备制造业	6 852	624		7 606	369
电气机械和器材制造业	127 626	55 549	77 590	250 702	90 566
计算机、通信和其他电子设备制造业	31 974	7 943	3 229	55 549	6 762
仪器仪表制造业	11 915	1 434	500	27 767	5 368
其他制造业	2 215	1 493		1 216	331
废弃资源综合利用业	358	60		3 654	136
金属制品、机械和设备修理业	301	4		629	
电力、热力生产和供应业	5 579		565	461 727	50 544
燃气生产和供应业	6 856	2 402		62 924	5 382
水的生产和供应业	62		1 041	29 164	13 048

3-10 分行业规模以上私营工业企业主要经济指标（三）

单位：万元

指标名称	资产总计				
	固定资产原价	累计折旧		固定资产净额	在建工程
	机器设备		本年折旧		
全 市	**1 787 055**	**1 641 324**	**298 639**	**2 560 368**	**554 446**
煤炭开采和洗选业					
石油和天然气开采业					
黑色金属矿采选业		1 454	130	1 109	304
有色金属矿采选业					
非金属矿采选业	3 015	7 897	1 289	7 184	510
开采专业及辅助性活动					
其他采矿业					
农副食品加工业	34 593	48 794	13 198	79 416	10 080
食品制造业	52 475	42 125	7 675	75 335	5 760
酒、饮料和精制茶制造业	19 576	17 800	1 898	13 964	4 039
烟草制品业					
纺织业	156 027	178 859	25 457	235 934	17 964
纺织服装、服饰业	1 127	1 191	217	2 029	
皮革、毛皮、羽毛及其制品和制鞋业	6 466	7 348	1 062	7 649	125
木材加工和木、竹、藤、棕、草制品业	32 378	24 732	10 894	58 077	1 421
家具制造业	1 570	1 520	150	1 920	2 416
造纸和纸制品业	194 091	133 419	44 611	193 915	6 340
印刷和记录媒介复制业	46 451	37 759	6 948	46 356	1 551
文教、工美、体育和娱乐用品制造业	14 093	14 665	2 937	29 617	28 434
石油、煤炭及其他燃料加工业	1 702	1 243	260	1 471	38
化学原料和化学制品制造业	76 610	119 972	16 436	148 174	244 916
医药制造业	34 847	58 775	12 392	93 263	32 809
化学纤维制造业	98 442	19 354	9 169	115 593	1 112
橡胶和塑料制品业	79 144	76 877	11 086	103 627	11 295
非金属矿物制品业	283 957	248 517	40 974	327 207	46 686
黑色金属冶炼和压延加工业	1 663	1 476	229	1 506	64
有色金属冶炼和压延加工业	23 144	36 914	5 662	46 593	5 587
金属制品业	71 696	105 269	17 128	114 790	13 910
通用设备制造业	56 856	59 048	7 107	65 780	4 397
专用设备制造业	19 127	29 904	4 229	150 315	10 414
汽车制造业	93 480	96 355	11 414	87 111	16 348
铁路、船舶、航空航天和其他运输设备制造业	6 814	3 169	698	4 437	235
电气机械和器材制造业	71 920	105 636	13 156	138 121	37 266
计算机、通信和其他电子设备制造业	21 433	22 799	3 617	32 607	27 435
仪器仪表制造业	5 303	18 050	1 713	9 717	4 418
其他制造业	260	290	119	926	
废弃资源综合利用业	3 291	1 361	382	2 293	294
金属制品、机械和设备修理业	35	332	93	298	
电力、热力生产和供应业	243 796	107 654	23 201	282 865	3 999
燃气生产和供应业	16 995	6 143	1 210	56 633	14 283
水的生产和供应业	14 680	4 625	1 901	24 539	

3-10 分行业规模以上私营工业企业主要经济指标（四）

单位：万元

指标名称	资产总计		负债合计	流动负债	
	无形资产	土地使用权		流动负债合计	应付账款
全 市	**778 383**	**440 231**	**8 967 068**	**7 429 469**	**2 125 408**
煤炭开采和洗选业					
石油和天然气开采业					
黑色金属矿采选业			1 581	1 508	
有色金属矿采选业					
非金属矿采选业	2 019	2 019	20 484	16 728	3 422
开采专业及辅助性活动					
其他采矿业					
农副食品加工业	10 965	10 721	286 088	226 160	51 742
食品制造业	14 686	7 499	148 512	130 669	25 822
酒、饮料和精制茶制造业	2 911	2 911	33 193	30 705	8 019
烟草制品业					
纺织业	46 282	42 654	602 748	556 249	100 714
纺织服装、服饰业	1 473	1 459	15 052	14 561	8 495
皮革、毛皮、羽毛及其制品和制鞋业	882	879	45 687	34 225	7 533
木材加工和木、竹、藤、棕、草制品业	7 396	6 581	58 886	42 684	8 834
家具制造业	3 521	3 493	95 675	37 851	13 742
造纸和纸制品业	28 777	26 896	393 624	375 139	60 228
印刷和记录媒介复制业	8 007	1 210	119 518	98 185	16 712
文教、工美、体育和娱乐用品制造业	12 260	11 945	86 896	71 011	16 798
石油、煤炭及其他燃料加工业			20 590	19 732	5 294
化学原料和化学制品制造业	200 240	21 584	1 273 194	873 637	153 227
医药制造业	34 593	21 835	512 833	442 404	156 536
化学纤维制造业	16 071	15 160	129 630	65 069	18 027
橡胶和塑料制品业	28 718	21 457	251 814	240 347	96 789
非金属矿物制品业	68 055	51 035	1 455 985	1 387 260	567 712
黑色金属冶炼和压延加工业	39		17 951	17 951	3 916
有色金属冶炼和压延加工业	12 787	12 621	333 750	238 024	23 610
金属制品业	38 422	27 915	697 029	571 796	144 595
通用设备制造业	27 933	25 056	238 399	180 778	43 335
专用设备制造业	48 009	38 321	456 171	379 136	37 382
汽车制造业	36 755	18 363	242 919	238 166	102 823
铁路、船舶、航空航天和其他运输设备制造业	76	76	21 604	21 577	14 757
电气机械和器材制造业	88 672	43 518	632 303	577 731	271 028
计算机、通信和其他电子设备制造业	11 515	6 275	59 389	50 937	16 239
仪器仪表制造业	2 784	845	43 112	41 999	13 976
其他制造业			5 290	5 290	1 476
废弃资源综合利用业			3 040	3 040	320
金属制品、机械和设备修理业			2 559	2 559	1 991
电力、热力生产和供应业	19 799	15 164	519 659	324 721	65 010
燃气生产和供应业	3 406	1 407	103 578	95 472	52 579
水的生产和供应业	1 332	1 332	38 327	16 167	12 727

3-10 分行业规模以上私营工业企业主要经济指标（五）

单位：万元

指标名称	所有者权益合计	实收资本	国家资本	集体资本	法人资本
全　市	**5 336 239**	**3 145 359**	**104 535**	**35 541**	**1 301 306**
煤炭开采和洗选业					
石油和天然气开采业					
黑色金属矿采选业	12 378	500			
有色金属矿采选业					
非金属矿采选业	2 603	2 982		750	1 067
开采专业及辅助性活动					
其他采矿业					
农副食品加工业	176 850	101 439			57 219
食品制造业	128 318	46 522		27	16 710
酒、饮料和精制茶制造业	108 427	10 700			7 900
烟草制品业					
纺织业	435 551	246 117		11 000	29 095
纺织服装、服饰业	14 463	4 935			785
皮革、毛皮、羽毛及其制品和制鞋业	31 050	16 418		500	8 492
木材加工和木、竹、藤、棕、草制品业	54 711	34 015			10 810
家具制造业	-6 486	8 145			
造纸和纸制品业	254 806	118 294		500	63 040
印刷和记录媒介复制业	34 976	40 070			12 089
文教、工美、体育和娱乐用品制造业	145 179	70 555			26 784
石油、煤炭及其他燃料加工业	7 998	7 095			1 881
化学原料和化学制品制造业	-119 070	181 057			45 276
医药制造业	301 734	141 484		858	53 376
化学纤维制造业	107 791	90 048	70 000		687
橡胶和塑料制品业	366 031	233 356		3 981	94 085
非金属矿物制品业	481 389	361 602	13 075	170	190 422
黑色金属冶炼和压延加工业	6 409	4 110			300
有色金属冶炼和压延加工业	650 294	211 838			128 168
金属制品业	323 646	202 696	1 000		83 089
通用设备制造业	185 738	123 384			39 954
专用设备制造业	282 620	132 449			85 581
汽车制造业	300 856	78 401		17 755	20 974
铁路、船舶、航空航天和其他运输设备制造业	14 878	5 048			5 000
电气机械和器材制造业	612 196	481 117			225 243
计算机、通信和其他电子设备制造业	190 561	62 918			23 043
仪器仪表制造业	61 456	27 694			10 897
其他制造业	2 491	2 219			589
废弃资源综合利用业	3 129	3 018			
金属制品、机械和设备修理业	512	234			
电力、热力生产和供应业	109 355	75 216	20 460		51 756
燃气生产和供应业	45 461	17 965			5 330
水的生产和供应业	7 940	1 718			1 668

3-10 分行业规模以上私营工业企业主要经济指标（六）

单位：万元

指标名称	所有者权益合计			营业收入	主营业务收入
	实收资本				
	个人资本	港澳台资本	外商资本		
全 市	**1 683 610**	**30 392**		**12 952 027**	**12 756 331**
煤炭开采和洗选业					
石油和天然气开采业					
黑色金属矿采选业	500			12 914	12 914
有色金属矿采选业					
非金属矿采选业	1 166			48 569	45 471
开采专业及辅助性活动					
其他采矿业					
农副食品加工业	44 220			1 263 622	1 254 542
食品制造业	29 786			269 574	256 135
酒、饮料和精制茶制造业	2 800			36 959	35 773
烟草制品业					
纺织业	206 022			1 210 946	1 200 414
纺织服装、服饰业	4 150			41 394	38 835
皮革、毛皮、羽毛及其制品和制鞋业	7 427			122 660	122 431
木材加工和木、竹、藤、棕、草制品业	23 205			142 207	142 207
家具制造业	8 145			14 118	14 118
造纸和纸制品业	54 754			899 583	897 320
印刷和记录媒介复制业	27 981			122 246	121 430
文教、工美、体育和娱乐用品制造业	43 771			220 808	217 339
石油、煤炭及其他燃料加工业	5 215			51 842	51 502
化学原料和化学制品制造业	109 388	26 392		553 535	545 722
医药制造业	87 249			895 320	885 775
化学纤维制造业	19 361			56 282	51 072
橡胶和塑料制品业	135 291			623 307	601 191
非金属矿物制品业	169 310			1 710 386	1 706 650
黑色金属冶炼和压延加工业	3 810			86 452	86 361
有色金属冶炼和压延加工业	83 670			984 691	978 026
金属制品业	118 490			919 637	892 850
通用设备制造业	83 429			295 506	294 383
专用设备制造业	46 868			270 927	269 433
汽车制造业	39 672			549 436	524 344
铁路、船舶、航空航天和其他运输设备制造业	48			25 259	25 254
电气机械和器材制造业	254 644			1 012 305	1 001 183
计算机、通信和其他电子设备制造业	39 875			101 391	100 217
仪器仪表制造业	16 797			94 575	78 054
其他制造业	1 630			13 861	13 861
废弃资源综合利用业	3 018			12 355	12 355
金属制品、机械和设备修理业	234			2 685	2 685
电力、热力生产和供应业	3 000			187 485	186 880
燃气生产和供应业	8 635	4 000		86 267	76 680
水的生产和供应业	50			12 927	12 927

3-10 分行业规模以上私营工业企业主要经济指标（七）

单位：万元

指标名称	营业成本	税金及附加	销售费用	管理费用	研发费用
全　市	**11 260 535**	**62 721**	**370 789**	**417 034**	**149 266**
煤炭开采和洗选业					
石油和天然气开采业					
黑色金属矿采选业	9 352	39	6	259	
有色金属矿采选业					
非金属矿采选业	42 012	1 114	2 235	3 152	
开采专业及辅助性活动					
其他采矿业					
农副食品加工业	1 192 749	1 394	13 172	13 077	1 651
食品制造业	229 711	1 140	18 651	10 737	3 185
酒、饮料和精制茶制造业	19 440	3 930	2 807	2 976	465
烟草制品业					
纺织业	1 093 778	5 619	15 351	22 330	5 521
纺织服装、服饰业	34 860	227	1 519	1 688	682
皮革、毛皮、羽毛及其制品和制鞋业	106 964	947	2 850	3 883	896
木材加工和木、竹、藤、棕、草制品业	125 868	588	3 284	3 143	1 639
家具制造业	11 206	178	479	710	359
造纸和纸制品业	846 412	3 710	8 427	14 099	6 597
印刷和记录媒介复制业	106 099	426	3 219	3 627	2 196
文教、工美、体育和娱乐用品制造业	184 545	2 611	10 543	9 435	1 207
石油、煤炭及其他燃料加工业	46 141	122	3 514	997	371
化学原料和化学制品制造业	436 678	5 999	36 521	30 591	10 686
医药制造业	771 441	3 754	43 138	27 824	8 955
化学纤维制造业	55 445	223	847	10 191	3 377
橡胶和塑料制品业	546 519	2 484	10 169	20 260	7 265
非金属矿物制品业	1 454 179	9 086	79 586	64 222	14 271
黑色金属冶炼和压延加工业	82 055	99	1 370	1 045	440
有色金属冶炼和压延加工业	899 574	1 659	8 429	18 981	9 155
金属制品业	756 024	3 722	20 993	28 699	9 935
通用设备制造业	240 814	1 876	9 018	11 797	7 720
专用设备制造业	185 780	1 846	11 630	15 172	8 184
汽车制造业	481 658	2 955	8 491	19 913	5 334
铁路、船舶、航空航天和其他运输设备制造业	18 723	112	328	1 696	945
电气机械和器材制造业	869 298	4 442	36 652	44 979	24 707
计算机、通信和其他电子设备制造业	67 918	772	5 239	8 788	8 089
仪器仪表制造业	68 621	526	8 277	6 898	3 684
其他制造业	10 639	50	808	801	973
废弃资源综合利用业	10 901	46	467	883	
金属制品、机械和设备修理业	2 074	17	37	411	136
电力、热力生产和供应业	162 906	821	725	9 296	642
燃气生产和供应业	80 817	136	2 009	3 039	
水的生产和供应业	9 334	51		1 436	

3-10 分行业规模以上私营工业企业主要经济指标（八）

单位：万元

指标名称	财务费用	利息费用	利息收入	资产减值损失	其他收益
全市	**140 244**	**109 122**	**13 099**	**6 346**	**-7 265**
煤炭开采和洗选业					
石油和天然气开采业					
黑色金属矿采选业	-88				
有色金属矿采选业					
非金属矿采选业	65	0.1	1		
开采专业及辅助性活动					
其他采矿业					
农副食品加工业	5 692	4 151	-0.1	-46	39
食品制造业	3 632	2 652	6	-8	263
酒、饮料和精制茶制造业	1 472	414	-1		
烟草制品业					
纺织业	6 312	3 736	-702	0	659
纺织服装、服饰业	311	238	0.1		
皮革、毛皮、羽毛及其制品和制鞋业	668	317	-1		
木材加工和木、竹、藤、棕、草制品业	1 626	160	3	-42	1 029
家具制造业	5 839	262	-0.1		
造纸和纸制品业	8 014	16 170	8 943	1	262
印刷和记录媒介复制业	3 932.1	3 148.8	6.8		20
文教、工美、体育和娱乐用品制造业	882	525	90	330	65
石油、煤炭及其他燃料加工业	57	15	0.2	191	
化学原料和化学制品制造业	3 301	2 304	389.5	959	1 900
医药制造业	5 873	4 247	197	1 321	19
化学纤维制造业	2 150	3 016	895	1 633	627
橡胶和塑料制品业	4 772	3 409	73	999	62
非金属矿物制品业	19 584	16 239	628	230	2 517
黑色金属冶炼和压延加工业	799	572			
有色金属冶炼和压延加工业	7 241	4 516	467	-704	-14 969
金属制品业	14 676	12 949	660	292	215
通用设备制造业	6 762	6 073	38	43	-6 500
专用设备制造业	5 846	3 641	65	177	44
汽车制造业	5 240	3 368	-165.8	140	128
铁路、船舶、航空航天和其他运输设备制造业	58.0	33	1.4	-3	
电气机械和器材制造业	7 865	4 705	459	359.7	694
计算机、通信和其他电子设备制造业	1 077	1 133	-13	386	6
仪器仪表制造业	1 019	683	7		
其他制造业	70	35	0.4		
废弃资源综合利用业	5	4	-0.1		
金属制品、机械和设备修理业	-1		1		
电力、热力生产和供应业	13 890	8 768	791	-21	1 192.9
燃气生产和供应业	399	428	263	107	4 462.5
水的生产和供应业	1 206	1 211	-3		

3-10 分行业规模以上私营工业企业主要经济指标（九）

单位：万元

指标名称	投资收益	公允价值变动收益	资产处置收　益	营业利润	营业外收入
全 市	**58 767**	**200**	**22 332**	**623 098**	**73 987**
煤炭开采和洗选业					
石油和天然气开采业					
黑色金属矿采选业				3 346	45
有色金属矿采选业					
非金属矿采选业				–14	37
开采专业及辅助性活动					
其他采矿业					
农副食品加工业	–99	0.3	–0.2	35 873	875
食品制造业	7		6	2 801	2 942
酒、饮料和精制茶制造业				5 868	78
烟草制品业					
纺织业	9 841		–112	72 418	11 741
纺织服装、服饰业				2 108	254
皮革、毛皮、羽毛及其制品和制鞋业				6 453	158
木材加工和木、竹、藤、棕、草制品业				7 130	1 680
家具制造业				–4 653	126
造纸和纸制品业	4 783	1		17 366	1 435
印刷和记录媒介复制业	253			3 019	243
文教、工美、体育和娱乐用品制造业	1 641		63	13 025	88
石油、煤炭及其他燃料加工业	1			449	18
化学原料和化学制品制造业	6 224	222	0.4	37 147	5 110
医药制造业	40		–0.4	33 069	1 247
化学纤维制造业	522		21 919	9 502	16 447
橡胶和塑料制品业	217			31 116	851
非金属矿物制品业	706		27	72 468	1 690
黑色金属冶炼和压延加工业	2			646	285
有色金属冶炼和压延加工业	19 469	0.1	41	44 895	3 348
金属制品业	11 712		65.0	97 286	938
通用设备制造业	396			11 368	1 365
专用设备制造业	214	–23		42 526	1 750
汽车制造业	513		339	26 685	2 193
铁路、船舶、航空航天和其他运输设备制造业	16			3 416	62
电气机械和器材制造业	2 151		–62	26 780	7 410
计算机、通信和其他电子设备制造业	166			9 294	4 318
仪器仪表制造业	–8			5 542	955
其他制造业				519	61
废弃资源综合利用业			92	145	10
金属制品、机械和设备修理业				11	25
电力、热力生产和供应业			–46	371	5 997
燃气生产和供应业				4 222	111
水的生产和供应业	2			902	97

3-10 分行业规模以上私营工业企业主要经济指标（十）

单位：万元

指标名称	营业外支出	利润总额	所得税费用	应付职工薪酬	应交增值税
全 市	**30 539**	**662 542**	**77 301**	**673 815**	**232 791**
煤炭开采和洗选业					
石油和天然气开采业					
黑色金属矿采选业	40	3 350	838	308	445
有色金属矿采选业					
非金属矿采选业	124	−100	23	1 760	325
开采专业及辅助性活动					
其他采矿业					
农副食品加工业	491.0	36 257	2 241	20 601	2 979
食品制造业	151	5 592	634	18 524	4 782
酒、饮料和精制茶制造业	48	5 898	325	4 589	2 679
烟草制品业					
纺织业	9 339	74 819	4 210	86 148	22 190
纺织服装、服饰业	5	2 357	31	5 740	552
皮革、毛皮、羽毛及其制品和制鞋业	1 935	4 676	154	9 816	1 242
木材加工和木、竹、藤、棕、草制品业	53	8 757	5	12 203	3 956
家具制造业	14	−4 541	41	1 579	339
造纸和纸制品业	500	18 302	2 937	41 453	11 098
印刷和记录媒介复制业	144	3 118	194	11 360	3 009
文教、工美、体育和娱乐用品制造业	45	13 068	1 146	21 863	6 519
石油、煤炭及其他燃料加工业	138	329	75	1 042	734
化学原料和化学制品制造业	317	41 940	8 546	44 855	13 494
医药制造业	1 089	33 226	1 885	37 299	26 052
化学纤维制造业	7	21 942	469	11 860	−1 375
橡胶和塑料制品业	6 817	25 149	2 774	33 045	10 711
非金属矿物制品业	2 578	71 579	13 573	56 735	47 155
黑色金属冶炼和压延加工业	394	536	102	950	535
有色金属冶炼和压延加工业	685	47 557	2 209	15 680	6 052
金属制品业	1 626	96 599	8 294	67 758	17 514
通用设备制造业	660	12 073	1 147	21 188	9 295
专用设备制造业	200	44 076	8 817	19 355	1 056
汽车制造业	565.3	28 313	4 341	38 469	10 047
铁路、船舶、航空航天和其他运输设备制造业	2	3 476	492	2 858	884
电气机械和器材制造业	1 587	32 603	6 392	55 090	20 046
计算机、通信和其他电子设备制造业	163	13 449	1 766	10 335	2 211
仪器仪表制造业	16	6 481	669	7 492	3 517
其他制造业	2	578	6	1 349	291
废弃资源综合利用业	13	142	7	581	416
金属制品、机械和设备修理业	0.1	36	1	113	129
电力、热力生产和供应业	776	5 592	1 726	7 831	1 661
燃气生产和供应业	14	4 319	1 091	3 198	2 273
水的生产和供应业	3	996	144	790	−21

3-10 分行业规模以上私营工业企业主要经济指标（十一）

单位：万元

指标名称	平均用工人数（万人）	期末用工人数（万人）	从业人员期末人数（万人）	从业人员平均人数（万人）	亏损企业亏损总额
全　市	**10.60**	**10.43**	**10.42**	**10.43**	**65 743**
煤炭开采和洗选业					
石油和天然气开采业					
黑色金属矿采选业	0.01	0.01	0.01	0.01	
有色金属矿采选业					
非金属矿采选业	0.04	0.04	0.04	0.04	512
开采专业及辅助性活动					
其他采矿业					
农副食品加工业	0.41	0.43	0.43	0.42	3 730
食品制造业	0.28	0.30	0.32	0.30	507
酒、饮料和精制茶制造业	0.06	0.05	0.06	0.06	
烟草制品业					
纺织业	1.60	1.54	1.41	1.43	2 100
纺织服装、服饰业	0.13	0.11	0.12	0.12	6
皮革、毛皮、羽毛及其制品和制鞋业	0.19	0.19	0.19	0.19	42
木材加工和木、竹、藤、棕、草制品业	0.13	0.13	0.12	0.11	
家具制造业	0.03	0.03	0.03	0.03	5 082
造纸和纸制品业	0.63	0.63	0.62	0.62	3 372
印刷和记录媒介复制业	0.23	0.23	0.24	0.24	391
文教、工美、体育和娱乐用品制造业	0.37	0.37	0.37	0.37	363
石油、煤炭及其他燃料加工业	0.02	0.02	0.01	0.02	15
化学原料和化学制品制造业	0.47	0.45	0.45	0.48	9 360
医药制造业	0.62	0.63	0.63	0.60	
化学纤维制造业	0.11	0.10	0.10	0.10	
橡胶和塑料制品业	0.62	0.58	0.61	0.61	256
非金属矿物制品业	0.89	0.88	0.91	0.92	11 357
黑色金属冶炼和压延加工业	0.02	0.02	0.02	0.02	
有色金属冶炼和压延加工业	0.22	0.22	0.22	0.22	3 341
金属制品业	1.05	1.04	1.06	1.06	2 378
通用设备制造业	0.38	0.38	0.39	0.39	1 697
专用设备制造业	0.27	0.28	0.28	0.27	276
汽车制造业	0.58	0.57	0.57	0.56	2 992
铁路、船舶、航空航天和其他运输设备制造业	0.03	0.03	0.03	0.03	5
电气机械和器材制造业	0.78	0.74	0.75	0.78	10 586
计算机、通信和其他电子设备制造业	0.12	0.12	0.12	0.12	395
仪器仪表制造业	0.10	0.11	0.11	0.10	
其他制造业	0.03	0.03	0.03	0.03	
废弃资源综合利用业	0.01	0.01	0.01	0.01	57
金属制品、机械和设备修理业					
电力、热力生产和供应业	0.10	0.10	0.10	0.10	6 919
燃气生产和供应业	0.05	0.05	0.05	0.05	3
水的生产和供应业	0.01	0.01	0.01	0.01	

3-10 分行业规模以上私营工业企业主要经济指标（十二）

单位：万元

指标名称	利税总额	应交税金及附加	营业收入利润率（%）	资产负债率（%）	总资产贡献率（%）
全 市	**958 053**	**372 813**	**5.1**	**62.7**	**7.4**
煤炭开采和洗选业					
石油和天然气开采业					
黑色金属矿采选业	3 834	1 321	25.9	11.3	27.5
有色金属矿采选业					
非金属矿采选业	1 339	1 463	−0.2	88.7	5.8
开采专业及辅助性活动					
其他采矿业					
农副食品加工业	40 630	6 614	2.9	61.8	9.7
食品制造业	11 515	6 556	2.1	53.7	5.1
酒、饮料和精制茶制造业	12 507	6 934	16.0	23.4	9.1
烟草制品业					
纺织业	102 628	32 019	6.2	58.1	10.3
纺织服装、服饰业	3 136	810	5.7	51.0	11.4
皮革、毛皮、羽毛及其制品和制鞋业	6 864	2 343	3.8	59.5	9.4
木材加工和木、竹、藤、棕、草制品业	13 301	4 548	6.2	51.8	11.9
家具制造业	−4 024	558	−32.2	107.3	−4.2
造纸和纸制品业	33 109	17 744	2.0	60.7	6.2
印刷和记录媒介复制业	6 553	3 629	2.6	77.4	6.3
文教、工美、体育和娱乐用品制造业	22 198	10 275	5.9	37.4	9.8
石油、煤炭及其他燃料加工业	1 184	931	0.6	72.0	4.2
化学原料和化学制品制造业	61 432	28 038	7.6	110.3	5.5
医药制造业	63 032	31 691	3.7	63.0	8.2
化学纤维制造业	20 790	−683	39.0	54.6	9.7
橡胶和塑料制品业	38 344	15 969	4.0	40.8	6.8
非金属矿物制品业	127 820	69 814	4.2	75.2	7.4
黑色金属冶炼和压延加工业	1 170	736	0.6	73.7	7.2
有色金属冶炼和压延加工业	55 268	9 920	4.8	33.9	6.0
金属制品业	117 834	29 530	10.5	68.3	12.8
通用设备制造业	23 244	12 318	4.1	56.2	6.9
专用设备制造业	46 979	11 719	16.3	61.8	6.8
汽车制造业	41 315	17 343	5.2	44.7	8.3
铁路、船舶、航空航天和其他运输设备制造业	4 472	1 488	13.8	59.2	12.4
电气机械和器材制造业	57 091	30 879	3.2	50.8	4.9
计算机、通信和其他电子设备制造业	16 432	4 749	13.3	23.8	7.0
仪器仪表制造业	10 524	4 713	6.9	41.2	10.7
其他制造业	920	347	4.2	68.0	12.3
废弃资源综合利用业	605	470	1.2	49.3	9.9
金属制品、机械和设备修理业	181	147	1.3	83.3	5.9
电力、热力生产和供应业	8 074	4 208	3.0	82.6	2.6
燃气生产和供应业	6 728	3 501	5.0	69.5	4.6
水的生产和供应业	1 026	174	7.7	82.8	4.8

3-10 分行业规模以上私营工业企业主要经济指标（十三）

指标名称	人均营业收入（元/人）	流动资产周转率（次/年）	每百元资产实现的营业收入（元）	产成品存货周转天数（天）	应收账款平均回收期（天）	成本费用利润率（%）
全 市	**122**	**1.5**	**90.6**	**26.3**	**77.7**	**5.4**
煤炭开采和洗选业						
石油和天然气开采业						
黑色金属矿采选业	248	1.3	92.5	9.2		35.2
有色金属矿采选业						
非金属矿采选业	115	4.5	210.4	11.9	23.3	–0.2
开采专业及辅助性活动						
其他采矿业						
农副食品加工业	306	3.8	273.0	17.2	16.8	3.0
食品制造业	95	1.8	97.4	32.6	17.7	2.1
酒、饮料和精制茶制造业	62	0.3	26.1	338.4	15.8	21.7
烟草制品业						
纺织业	76	2.2	116.6	37.5	37.7	6.5
纺织服装、服饰业	33	1.7	140.3	19.7	68.9	6.0
皮革、毛皮、羽毛及其制品和制鞋业	64	2.3	159.9	28.7	40.5	4.1
木材加工和木、竹、藤、棕、草制品业	108	3.4	125.2	27.1	29.2	6.5
家具制造业	46	0.2	15.8	61.5	110.9	–24.4
造纸和纸制品业	142	2.5	138.7	28.5	21.9	2.1
印刷和记录媒介复制业	53	1.4	79.1	24.8	51.4	2.6
文教、工美、体育和娱乐用品制造业	60	1.8	95.2	48.8	45.9	6.3
石油、煤炭及其他燃料加工业	263	2.0	181.4	48.1	61.8	0.6
化学原料和化学制品制造业	117	1.4	48.0	89.6	40.4	8.1
医药制造业	143	1.4	109.9	23.2	146.3	3.9
化学纤维制造业	53	0.6	23.7	20.2	0.7	30.5
橡胶和塑料制品业	101	1.4	100.9	16.9	123.1	4.3
非金属矿物制品业	191	1.2	88.3	13.0	137.4	4.4
黑色金属冶炼和压延加工业	412	3.8	354.9	17.4	57.4	0.6
有色金属冶炼和压延加工业	447	2.3	100.1	13.8	42.9	5.0
金属制品业	88	1.4	90.1	22.5	87.5	11.6
通用设备制造业	79	1.0	69.7	37.7	124.4	4.4
专用设备制造业	99	0.6	36.7	30.1	27.3	19.5
汽车制造业	95	1.5	101.0	36.5	86.7	5.4
铁路、船舶、航空航天和其他运输设备制造业	79	0.8	69.2	12.0	252.5	16.0
电气机械和器材制造业	130	1.1	81.3	23.0	144.7	3.3
计算机、通信和其他电子设备制造业	88	1.0	40.6	42.1	88.1	14.8
仪器仪表制造业	91	1.1	90.4	7.5	109.8	7.3
其他制造业	53	2.0	178.1	50.5	49.0	4.4
废弃资源综合利用业	119	3.7	200.3	2.0	4.9	1.2
金属制品、机械和设备修理业	117	1.0	87.5	0.7	132.8	1.3
电力、热力生产和供应业	183	1.1	29.8		86.4	3.0
燃气生产和供应业	182	1.2	57.9	10.7	58.3	5.0
水的生产和供应业	122	0.7	27.9		84.2	8.3

3-11 分县（市、区）规模以上私营工业企业主要经济指标（一）

单位：万元

县（市、区）	企业单位数（个）	亏损企业	资产总计	流动资产合计	应收账款	存货	产成品
全　市	**1 307**	**127**	**14 303 514**	**8 640 069**	**2 795 592**	**1 853 506**	**822 671**
竞秀区	41	9	332 930	269 036	130 292	53 043	17 870
莲池区	56	7	487 205	341 245	133 639	75 970	33 966
满城区	116	8	1 193 071	727 251	197 772	199 078	78 204
清苑区	81	4	1 336 395	631 770	226 292	106 617	50 564
徐水区	61	8	1 350 810	629 203	153 654	193 188	115 695
涞水县	22	5	297 161	155 124	28 509	37 572	12 002
阜平县	28	3	130 812	69 954	19 309	18 315	12 912
定兴县	56	10	644 873	462 763	178 911	91 145	46 149
唐　县	51	5	622 747	294 293	91 929	72 435	45 562
高阳县	154	2	947 187	519 568	152 748	195 048	92 536
涞源县	10	1	220 034	72 325	37 535	17 554	6 450
望都县	30	5	258 978	156 437	52 406	37 282	10 092
易　县	34	8	247 624	110 311	25 497	21 275	9 843
曲阳县	57	3	396 301	154 672	28 887	40 769	16 835
蠡　县	77	6	425 374	254 139	84 235	61 742	31 911
顺平县	47	5	642 765	407 996	83 261	79 289	32 867
博野县	49		306 478	225 127	144 599	31 129	10 196
涿州市	77	11	573 462	434 568	134 348	98 653	40 140
安国市	81	1	687 256	529 688	335 312	89 335	41 023
高碑店市	71	11	1 554 951	1 090 878	193 531	136 864	43 895
白沟新城	36	3	186 459	123 151	32 788	27 142	8 460
高新区	72	12	1 460 640	980 570	330 139	170 062	65 499

3-11 分县（市、区）规模以上私营工业企业主要经济指标（二）

单位：万元

县（市、区）	资产总计						
	长期股权投资	固定资产原价	房屋和构筑物	机器设备	累计折旧	本年折旧	固定资产净额
全　市	**1 187 123**	**4 440 006**	**1 145 459**	**1 787 055**	**1 641 324**	**298 639**	**2 560 368**
竞秀区	9 724	106 919	18 651	50 401	62 295	6 253	44 345
莲池区	37 331	114 470	23 782	69 360	60 547	6 151	53 528
满城区	60 423	537 892	118 448	304 397	185 416	61 435	319 641
清苑区	489 621	204 693	47 198	78 785	80 693	12 388	120 039
徐水区	86 915	235 329	59 275	83 624	88 213	14 899	134 037
涞水县	874	200 267	74 545	96 588	93 263	10 282	104 105
阜平县		32 810	3 094	6 278	8 760	2 646	20 583
定兴县	21 070	146 160	33 954	44 417	48 200	8 401	95 518
唐　县	12 770	358 368	76 598	147 124	123 055	19 384	225 453
高阳县	125 660	377 785	157 831	132 896	163 881	20 916	201 163
涞源县	200	182 398	10 101	107 537	54 640	16 690	93 296
望都县	3 394	95 690	24 429	31 240	22 650	6 802	69 269
易　县	3 250	134 690	15 087	30 526	29 445	13 216	104 488
曲阳县	4 412	225 292	20 181	30 922	59 813	13 832	118 625
蠡　县	7 474	159 455	36 058	74 609	39 806	10 606	110 867
顺平县	10 297	247 061	61 256	162 471	78 255	16 823	151 997
博野县	10 289	100 731	16 501	20 288	42 925	6 036	54 252
涿州市	18 951	152 452	31 418	50 663	73 639	7 345	73 972
安国市	7 998	133 082	29 140	27 832	42 879	9 163	79 655
高碑店市	158 175	326 070	195 202	89 338	97 450	14 570	214 610
白沟新城	801	61 150	2 575	11 413	22 737	4 412	37 429
高新区	117 495	307 245	90 136	136 347	162 762	16 390	133 497

3-11 分县（市、区）规模以上私营工业企业主要经济指标（三）

单位：万元

县（市、区）	资产总计			负债合计		
	在建工程	无形资产	土地使用权		流动负债合计	应付账款
全　市	**554 446**	**778 383**	**440 231**	**8 967 068**	**7 429 469**	**2 125 408**
竞秀区	590	10 763	8 276	260 059	247 112	116 422
莲池区	14 853	35 896	25 577	253 283	237 836	80 321
满城区	9 699	60 760	47 901	663 194	620 311	150 882
清苑区	12 611	42 239	32 661	406 797	344 197	72 437
徐水区	253 344	213 095	32 631	1 555 095	1 109 928	263 187
涞水县	16 443	12 592	11 386	229 300	182 384	29 160
阜平县	5 600	543		82 439	58 688	7 930
定兴县	11 171	39 080	19 413	397 724	378 129	153 772
唐　县	23 441	47 689	25 370	379 217	297 592	93 999
高阳县	20 711	57 160	42 360	521 412	492 799	74 890
涞源县	358	5 394	5 394	175 299	96 367	26 257
望都县	8 037	18 333	14 161	159 573	140 713	53 958
易　县	13 350	8 332	6 436	170 648	90 422	30 649
曲阳县	33 433	12 348	11 411	244 063	205 654	73 996
蠡　县	4 917	4 982	3 763	231 983	192 607	90 920
顺平县	3 465	22 861	18 123	388 075	295 366	44 413
博野县	3 599	14 183	6 544	127 903	115 666	66 592
涿州市	14 611	18 964	17 715	439 202	371 825	139 272
安国市	25 668	29 044	17 314	415 569	357 293	123 929
高碑店市	12 559	51 317	42 613	1 132 734	924 654	143 117
白沟新城	1 963	4 888	930	119 388	86 351	30 640
高新区	64 022	67 920	50 254	614 114	583 576	258 665

3-11 分县（市、区）规模以上私营工业企业主要经济指标（四）

单位：万元

县（市、区）	所有者权益合计	实收资本						
			国家资本	集体资本	法人资本	个人资本	港澳台资本	外商资本
全 市	**5 336 239**	**3 145 359**	**104 535**	**35 541**	**1 301 306**	**1 683 610**	**30 392**	
竞秀区	72 871	64 074	13 075		22 814	39 411		
莲池区	233 921	123 720		150	42 509	81 061		
满城区	529 876	278 520		1 358	127 117	150 045		
清苑区	929 598	345 093			148 102	196 991		
徐水区	-204 587	202 890			60 684	142 206		
涞水县	67 861	56 267			44 932	11 335		
阜平县	48 482	19 354		527	8 952	9 875		
定兴县	247 148	88 495			36 300	52 195		
唐 县	243 530	150 822		20	82 072	64 730	4 000	
高阳县	425 774	264 499			38 637	225 862		
涞源县	44 735	43 195	20 460		20 109	1 427		
望都县	99 405	75 710			36 872	38 838		
易 县	76 976	48 110		750	21 656	25 704		
曲阳县	152 238	108 417			32 612	49 412	26 392	
蠡 县	193 390	93 899		1 000	42 807	50 092		
顺平县	254 690	152 086	70 000		47 634	34 452		
博野县	178 574	142 338			72 747	69 591		
涿州市	134 259	113 104			75 989	37 115		
安国市	271 685	143 502		10 000	49 382	84 120		
高碑店市	422 217	275 172		17 755	102 647	154 770		
白沟新城	67 070	33 718			16 448	17 271		
高新区	846 526	322 374	1 000	3 981	170 284	147 109		

3-11 分县（市、区）规模以上私营工业企业主要经济指标（五）

单位：万元

县（市、区）	营业收入	主营业务收入	营业成本	税金及附加	销售费用	管理费用	研发费用
全 市	**12 952 027**	**12 756 331**	**11 260 535**	**62 721**	**370 789**	**417 034**	**149 266**
竞秀区	349 483	348 863	312 913	1 447	9 612	15 609	4 098
莲池区	539 195	534 412	463 661	1 904	15 949	20 625	5 339
满城区	1 325 295	1 305 039	1 192 871	5 656	30 300	28 229	18 601
清苑区	1 064 606	1 048 197	918 897	3 348	22 875	31 825	14 341
徐水区	797 115	783 683	685 935	6 727	51 814	24 753	9 242
涞水县	206 256	205 509	155 786	1 516	4 817	19 084	4 758
阜平县	124 603	120 543	109 234	637	4 182	4 448	122
定兴县	538 384	533 968	472 227	5 873	16 567	16 451	2 275
唐 县	654 426	649 746	579 423	2 484	12 562	17 768	7 287
高阳县	1 081 093	1 069 578	953 442	4 341	31 328	23 193	9 801
涞源县	147 047	146 875	116 759	306	1 099	3 188	28
望都县	226 003	224 085	201 728	900	5 010	6 177	4 238
易 县	194 113	193 673	168 339	1 694	5 641	7 297	101
曲阳县	400 961	396 896	357 400	2 936	12 455	11 700	2 522
蠡 县	626 494	622 899	553 380	3 438	9 158	12 972	2 354
顺平县	603 140	590 129	560 702	1 432	8 269	19 632	5 206
博野县	308 547	308 450	284 978	1 282	4 219	7 999	2 403
涿州市	929 975	904 566	872 928	1 914	10 733	24 629	7 617
安国市	805 103	796 189	717 529	3 052	22 160	20 738	3 205
高碑店市	888 602	861 252	706 823	5 490	27 296	32 602	7 691
白沟新城	146 265	145 986	127 367	617	3 412	5 584	1 967
高新区	995 321	965 794	748 216	5 726	61 332	62 529	36 072

3-11 分县（市、区）规模以上私营工业企业主要经济指标（六）

单位：万元

县（市、区）	财务费用	利息费用	利息收入	资产减值损失	其他收益	投资收益	公允价值变动收益	资产处置收益
全　市	**140 244**	**109 122**	**13 099**	**6 346**	**-7 265**	**58 767**	**200**	**22 332**
竞秀区	1 991	1 079	66	199	20	153		14
莲池区	4 226	3 849	17			2 213		–108
满城区	14 790	22 870	8 980	36	606	5 068	1	6
清苑区	7 937	3 290	509	–489	–21 806	18 950	–23	327
徐水区	13 932	6 138	35	35	289	–176		0.1
涞水县	7 301	6 867	72	61	747	35		92
阜平县	2 131	354	5					
定兴县	8 103	5 616	6	4	76	140		
唐　县	8 804	4 269	152	–60	7 182	2 014		–44
高阳县	4 139	2 907	–658	1 353	667	9 405		65
涞源县	4 025	3 344	25	3	648	34	0.3	–46
望都县	2 783	2 171	–2		0.2	4		
易　县	5 080	3 779	758		9	0.4		
曲阳县	1 683	673	374					
蠡　县	2 377	1 876	10	6	3	14		
顺平县	9 434	6 739	938	1 828	1 101	626		21 960
博野县	1 577	685	2	5	1	143		
涿州市	6 279	5 229	25	–0.3	547	329		–0.2
安国市	6 034	4 129	306	53	19	–20		–5
高碑店市	17 857	16 659	554	292	249	10 113		75
白沟新城	1 146	379	5	13	5	397		
高新区	8 617	6 221	919	3 008	2 372	9 326	222	–5

3-11 分县（市、区）规模以上私营工业企业主要经济指标（七）

单位：万元

县（市、区）	营业利润	营业外收入	营业外支出	利润总额	所得税费用	应付职工薪酬	应交增值税
全　市	**623 098**	**73 987**	**30 539**	**662 542**	**77 301**	**673 815**	**232 791**
竞秀区	3 799	510	506	3 803	523	19 464	7 149
莲池区	29 593	1 334	304	30 622	3 811	22 528	8 801
满城区	40 490	6 292	1 136	45 647	6 287	62 781	15 526
清苑区	63 315	4 184	876	66 623	4 090	36 628	10 966
徐水区	4 790	5 510	936	9 364	3 004	42 889	12 325
涞水县	13 807	336	605	13 538	4 278	12 151	7 078
阜平县	3 844	439	452	3 831	57	4 478	1 038
定兴县	17 097	765	459	17 404	3 680	26 933	12 653
唐　县	35 309	1 063	1 562	34 811	3 843	19 735	15 424
高阳县	63 630	10 909	6 612	67 925	7 060	85 404	22 359
涞源县	22 275	1 652	237	23 689	996	1 522	1 810
望都县	5 167	1 102	227	6 041	731	13 035	5 391
易　县	5 967	1 879	369	7 478	980	16 019	5 970
曲阳县	12 265	1 033	87	13 211	2 839	25 639	9 395
蠡　县	42 823	592	10 571	32 843	891	26 629	9 784
顺平县	24 341	17 001	620	36 723	1 966	30 996	6 840
博野县	6 228	402	660	5 969	661	10 472	5 515
涿州市	6 751	1 823	1 553	7 021	1 051	42 715	11 548
安国市	32 324	1 183	324	33 181	2 747	25 352	22 745
高碑店市	100 988	3 577	958	103 606	9 875	53 619	17 770
白沟新城	6 561	3 009	150	9 420	1 274	9 256	2 509
高新区	81 736	9 393	1 336	89 793	16 657	85 571	20 193

3-11 分县（市、区）规模以上私营工业企业主要经济指标（八）

单位：万元

县（市、区）	平均用工人数（万人）	期末用工人数（万人）	从业人员期末人数（万人）	从业人员平均人数（万人）	亏损企业亏损总额	利税总额	应交税金及附加	营业收入利润率（%）
全　市	**10.60**	**10.43**	**10.42**	**10.43**	**65 743**	**958 053**	**372 813**	**5.1**
竞秀区	0.37	0.37	0.38	0.37	1 032	12 399	9 119	1.1
莲池区	0.42	0.43	0.44	0.43	926	41 327	14 516	5.7
满城区	0.88	0.86	0.87	0.87	1 329	66 829	27 469	3.4
清苑区	0.63	0.62	0.64	0.63	2 408	80 937	18 404	6.3
徐水区	0.75	0.71	0.71	0.74	16 476	28 416	22 056	1.2
涞水县	0.17	0.17	0.17	0.17	5 148	22 132	12 873	6.6
阜平县	0.10	0.10	0.10	0.10	1 012	5 507	1 733	3.1
定兴县	0.45	0.46	0.44	0.45	1 678	35 929	22 206	3.2
唐　县	0.36	0.36	0.37	0.36	896	52 719	21 751	5.3
高阳县	1.30	1.29	1.16	1.15	21	94 625	33 760	6.3
涞源县	0.04	0.04	0.04	0.04	2 416	25 805	3 112	16.1
望都县	0.25	0.26	0.25	0.24	2 464	12 332	7 022	2.7
易　县	0.22	0.22	0.21	0.21	2 966	15 142	8 644	3.9
曲阳县	0.45	0.45	0.46	0.45	1 459	25 542	15 170	3.3
蠡　县	0.48	0.45	0.48	0.49	3 487	46 066	14 113	5.2
顺平县	0.44	0.41	0.41	0.42	819	44 995	10 239	6.1
博野县	0.22	0.23	0.23	0.22		12 766	7 458	1.9
涿州市	0.69	0.70	0.71	0.69	6 193	20 482	14 513	0.8
安国市	0.54	0.54	0.53	0.52	327	58 977	28 543	4.1
高碑店市	0.73	0.71	0.72	0.73	3 276	126 866	33 136	11.7
白沟新城	0.17	0.17	0.18	0.18	35	12 546	4 401	6.4
高新区	0.93	0.89	0.95	0.97	11 376	115 712	42 576	9.0

3-11 分县（市、区）规模以上私营工业企业主要经济指标（九）

县（市、区）	资产负债率（%）	总资产贡献率（%）	人均营业收入（元/人）	流动资产周转率（次/年）	每百元资产实现的营业收入（元）	产成品存货周转天数（天）	应收账款平均回收期（天）	成本费用利润率（%）
全　市	**62.7**	**7.4**	**122**	**1.5**	**90.6**	**26.3**	**77.7**	**5.4**
竞秀区	78.1	4.0	95	1.3	105.0	20.6	134.2	1.1
莲池区	52.0	9.3	129	1.6	110.7	26.4	89.2	6.0
满城区	55.6	6.8	151	1.8	111.1	23.6	53.7	3.6
清苑区	30.4	6.3	170	1.7	79.7	19.8	76.5	6.7
徐水区	115.1	2.6	106	1.3	59.0	60.7	69.4	1.2
涞水县	77.2	9.7	119	1.3	69.4	27.7	49.8	7.1
阜平县	63.0	4.5	119	1.8	95.3	42.6	55.8	3.2
定兴县	61.7	6.4	119	1.2	83.5	35.2	119.6	3.4
唐　县	60.9	9.1	182	2.2	105.1	28.3	50.6	5.6
高阳县	55.1	10.4	83	2.1	114.1	34.9	50.9	6.7
涞源县	79.7	13.2	395	2.0	66.8	19.9	91.9	18.9
望都县	61.6	5.6	91	1.4	87.3	18.0	83.5	2.8
易　县	68.9	7.3	87	1.8	78.4	21.1	47.3	4.0
曲阳县	61.6	6.5	90	2.6	101.2	17.0	25.9	3.4
蠡　县	54.5	11.3	130	2.5	147.3	20.8	48.4	5.7
顺平县	60.4	7.9	136	1.5	93.8	21.1	49.7	6.1
博野县	41.7	4.4	138	1.4	100.7	12.9	168.7	2.0
涿州市	76.6	4.5	134	2.1	162.2	16.6	52.0	0.8
安国市	60.5	9.1	149	1.5	117.2	20.6	149.9	4.3
高碑店市	72.9	9.2	123	0.8	57.2	22.4	78.4	13.1
白沟新城	64.0	6.9	85	1.2	78.4	23.9	80.7	6.8
高新区	42.0	8.3	107	1.0	68.1	31.5	119.4	9.8

3-12 分行业规模以上大中型工业企业主要经济指标（一）

单位：个、万元

指标名称	企业单位数	亏损企业	资产总计	流动资产合计	应收账款
全　市	**123**	**23**	**34 154 083**	**18 900 358**	**5 261 566**
煤炭开采和洗选业					
石油和天然气开采业					
黑色金属矿采选业	2		421 336	251 565	4 947
有色金属矿采选业					
非金属矿采选业					
开采专业及辅助性活动					
其他采矿业					
农副食品加工业	3	1	233 899	129 133	13 970
食品制造业	7		502 183	286 450	27 095
酒、饮料和精制茶制造业	3		270 112	146 135	26 300
烟草制品业	1	1	285 711	124 381	
纺织业	10	1	514 752	211 536	21 352
纺织服装、服饰业	3	1	69 831	52 280	14 042
皮革、毛皮、羽毛及其制品和制鞋业					
木材加工和木、竹、藤、棕、草制品业	2		82 021	28 045	6 114
家具制造业					
造纸和纸制品业	5		586 954	392 731	14 701
印刷和记录媒介复制业	5	4	183 902	83 082	21 742
文教、工美、体育和娱乐用品制造业	3		70 028	31 804	2 631
石油、煤炭及其他燃料加工业	1		20 820	2 561	671
化学原料和化学制品制造业	6	2	975 809	274 681	30 363
医药制造业	7		405 052	293 851	72 407
化学纤维制造业	1		200 304	89 490	11
橡胶和塑料制品业	5	1	1 090 001	438 394	110 708
非金属矿物制品业	3	1	122 121	102 195	72 607
黑色金属冶炼和压延加工业					
有色金属冶炼和压延加工业	2		682 248	162 368	51 624
金属制品业	10	2	1 012 432	587 018	191 096
通用设备制造业	4	1	189 722	137 881	26 082
专用设备制造业	3	1	160 387	121 285	6 906
汽车制造业	20	1	19 564 520	12 650 864	3 678 209
铁路、船舶、航空航天和其他运输设备制造业	2		674 991	296 059	18 952
电气机械和器材制造业	8	4	2 948 646	1 613 770	668 899
计算机、通信和其他电子设备制造业	1		122 825	13 276	3 846
仪器仪表制造业	1		62 816	58 160	28 575
其他制造业					
废弃资源综合利用业					
金属制品、机械和设备修理业					
电力、热力生产和供应业	3	2	2 284 599	177 557	107 247
燃气生产和供应业	1		265 726	92 966	34 123
水的生产和供应业	1		150 339	50 843	6 348

3-12 分行业规模以上大中型工业企业主要经济指标（二）

单位：万元

指标名称	资产总计				
	流动资产合计		长期股权投资	固定资产原价	
	存　货				房屋和构筑物
		产成品			
全　市	**2 453 443**	**1 058 883**	**5 335 244**	**11 925 863**	**2 726 613**
煤炭开采和洗选业					
石油和天然气开采业					
黑色金属矿采选业	15 832	2 681		161 711	60 420
有色金属矿采选业					
非金属矿采选业					
开采专业及辅助性活动					
其他采矿业					
农副食品加工业	31 454	8 835	40 900	62 365	31 298
食品制造业	47 990	23 009	7 600	222 043	89 208
酒、饮料和精制茶制造业	68 014	18 946	90	143 711	49 116
烟草制品业	111 416	8 183		197 321	71 240
纺织业	126 281	58 636	118 942	255 354	147 834
纺织服装、服饰业	13 189	4 619	6 941	22 913	7 570
皮革、毛皮、羽毛及其制品和制鞋业					
木材加工和木、竹、藤、棕、草制品业	12 116	8 389		65 647	7 479
家具制造业					
造纸和纸制品业	133 360	69 695	56 967	392 044	90 023
印刷和记录媒介复制业	13 804	2 816	1 348	135 790	73 325
文教、工美、体育和娱乐用品制造业	11 959	5 799	2 547	12 684	6 564
石油、煤炭及其他燃料加工业	323		1 340	38 599	5 555
化学原料和化学制品制造业	114 795	84 087	89 839	237 380	49 030
医药制造业	71 982	30 565	13 536	102 156	42 583
化学纤维制造业	8 633	248	4 337	129 190	40 935
橡胶和塑料制品业	59 356	16 908	389 821	233 200	1 015
非金属矿物制品业	13 014	9 554	316	26 335	6 387
黑色金属冶炼和压延加工业					
有色金属冶炼和压延加工业	43 654	11 994	481 695	146 772	22 309
金属制品业	168 405	62 173	150 503	383 200	139 325
通用设备制造业	63 882	4 328	2 129	30 153	1 076
专用设备制造业	34 151	1 075	6 124	34 137	13 055
汽车制造业	803 820	367 862	3 239 447	3 368 835	778 835
铁路、船舶、航空航天和其他运输设备制造业	86 499	37 769		342 086	187 428
电气机械和器材制造业	358 408	215 586	652 223	740 913	324 535
计算机、通信和其他电子设备制造业	9 430	3 408	2 028	16 022	385
仪器仪表制造业	9 294	1 710		19 939	4 526
其他制造业					
废弃资源综合利用业					
金属制品、机械和设备修理业					
电力、热力生产和供应业	12 893		29 942	4 183 102	451 956
燃气生产和供应业	9 007	6	2 000	149 524	10 891
水的生产和供应业	483		34 632	72 736	12 711

3-12 分行业规模以上大中型工业企业主要经济指标（三）

单位：万元

指标名称	资产总计				
	固定资产原价	累计折旧		固定资产净额	在建工程
	机器设备		本年折旧		
全 市	**6 950 696**	**5 971 702**	**749 535**	**5 741 674**	**1 011 052**
煤炭开采和洗选业					
石油和天然气开采业					
黑色金属矿采选业	28 921	41 607	7 367	81 151	9 692
有色金属矿采选业					
非金属矿采选业					
开采专业及辅助性活动					
其他采矿业					
农副食品加工业	29 519	50 566	29 517	11 799	1 740
食品制造业	107 289	109 458	14 267	112 526	7 006
酒、饮料和精制茶制造业	83 770	75 365	15 753	68 346	4 837
烟草制品业	92 639	82 583	12 644	110 523	25 928
纺织业	89 054	124 193	10 117	119 004	13 014
纺织服装、服饰业	15 116	17 070	1 017	5 844	
皮革、毛皮、羽毛及其制品和制鞋业					
木材加工和木、竹、藤、棕、草制品业	32 021	21 384	9 025	44 264	1 421
家具制造业					
造纸和纸制品业	270 573	265 759	21 138	126 285	6 343
印刷和记录媒介复制业	60 645	66 932	7 860	68 858	5 657
文教、工美、体育和娱乐用品制造业	4 073	6 658	691	5 749	1 627
石油、煤炭及其他燃料加工业	5 387	22 192	555	9 858	75
化学原料和化学制品制造业	49 494	87 287	14 345	149 894	248 439
医药制造业	33 646	42 387	7 996	59 666	14 462
化学纤维制造业	87 140	17 189	8 030	96 579	277
橡胶和塑料制品业	32 348	142 089	9 984	74 658	21 408
非金属矿物制品业	19 477	13 851	1 651	11 681	897
黑色金属冶炼和压延加工业					
有色金属冶炼和压延加工业	90 121	85 147	3 711	31 532	405
金属制品业	158 401	168 864	26 502	207 232	10 142
通用设备制造业	17 475	14 596	6 922	13 476	21 228
专用设备制造业	4 915	14 685	1 745	19 452	208
汽车制造业	1 861 273	1 648 191	275 710	1 642 947	160 282
铁路、船舶、航空航天和其他运输设备制造业	141 497	46 668	6 265	295 418	22 365
电气机械和器材制造业	325 604	363 102	33 293	377 748	175 775
计算机、通信和其他电子设备制造业	15 637	2 803	1 353	13 218	16 876
仪器仪表制造业	15 413	15 557	2 097	4 127	
其他制造业					
废弃资源综合利用业					
金属制品、机械和设备修理业					
电力、热力生产和供应业	3 253 781	2 358 278	212 375	1 824 824	181 620
燃气生产和供应业	18 650	16 319	4 318	133 205	23 757
水的生产和供应业	6 821	50 923	3 287	21 813	35 572

3-12 分行业规模以上大中型工业企业主要经济指标（四）

单位：万元

指标名称	资产总计		负债合计		
	无形资产	土地使用权		流动负债合计	应付账款
全 市	**1 371 926**	**574 389**	**21 141 063**	**17 808 692**	**7 464 069**
煤炭开采和洗选业					
石油和天然气开采业					
黑色金属矿采选业	57 166	3 008	267 248	211 437	21 728
有色金属矿采选业					
非金属矿采选业					
开采专业及辅助性活动					
其他采矿业					
农副食品加工业	4 424	4 423	130 863	110 924	26 452
食品制造业	19 324	13 573	189 195	181 594	45 146
酒、饮料和精制茶制造业	13 028	12 864	111 256	81 738	33 683
烟草制品业	20 996	18 656	279 470	279 470	51 510
纺织业	31 792	31 737	313 056	297 684	13 718
纺织服装、服饰业	2 830	2 816	22 107	20 497	7 557
皮革、毛皮、羽毛及其制品和制鞋业					
木材加工和木、竹、藤、棕、草制品业	6 023	5 402	34 670	33 003	2 810
家具制造业					
造纸和纸制品业	22 062	19 811	197 564	182 724	26 709
印刷和记录媒介复制业	13 530	13 530	111 423	92 027	26 911
文教、工美、体育和娱乐用品制造业	9 528	9 221	11 991	11 360	2 343
石油、煤炭及其他燃料加工业	5	5	6 006	5 465	963
化学原料和化学制品制造业	186 899	7 172	1 232 259	830 897	148 846
医药制造业	19 599	11 516	259 548	243 274	69 244
化学纤维制造业	9 443	8 532	115 038	51 412	8 928
橡胶和塑料制品业	40 528	10 833	367 640	125 950	48 601
非金属矿物制品业	5 754	5 666	89 663	84 726	60 948
黑色金属冶炼和压延加工业					
有色金属冶炼和压延加工业	4 192	4 037	189 033	113 896	12 179
金属制品业	41 387	34 666	635 838	531 564	100 756
通用设备制造业	13 039	8 532	185 339	166 573	32 295
专用设备制造业	7 073	6 568	96 384	94 125	18 123
汽车制造业	595 068	214 495	12 162 585	11 004 851	5 395 737
铁路、船舶、航空航天和其他运输设备制造业	55 950	49 405	459 947	265 616	190 758
电气机械和器材制造业	134 571	44 907	1 780 817	1 368 545	624 382
计算机、通信和其他电子设备制造业	3 586	3 572	12 092	10 544	7 211
仪器仪表制造业	529	529	4 433	4 433	2 746
其他制造业					
废弃资源综合利用业					
金属制品、机械和设备修理业					
电力、热力生产和供应业	30 479	6 875	1 565 813	1 212 587	407 006
燃气生产和供应业	13 470	13 406	222 550	156 772	50 234
水的生产和供应业	9 654	8 635	87 237	35 006	26 546

3-12 分行业规模以上大中型工业企业主要经济指标（五）

单位：万元

指标名称	所有者权益合计				
		实收资本			
			国家资本	集体资本	法人资本
全 市	**13 013 020**	**4 791 193**	**1 323 412**	**33 986**	**2 240 734**
煤炭开采和洗选业					
石油和天然气开采业					
黑色金属矿采选业	154 088	26 000			16 000
有色金属矿采选业					
非金属矿采选业					
开采专业及辅助性活动					
其他采矿业					
农副食品加工业	103 036	55 215			50 174
食品制造业	312 988	104 625			65 845
酒、饮料和精制茶制造业	158 856	51 521			34 120
烟草制品业	6 242	11 456	11 456		
纺织业	201 696	149 019	4 100		
纺织服装、服饰业	47 725	30 800	30 000		300
皮革、毛皮、羽毛及其制品和制鞋业					
木材加工和木、竹、藤、棕、草制品业	47 351	29 300			9 300
家具制造业					
造纸和纸制品业	389 390	166 009	140 009		22 000
印刷和记录媒介复制业	72 479	40 245	29 745		10 500
文教、工美、体育和娱乐用品制造业	58 037	21 018			
石油、煤炭及其他燃料加工业	14 814	21 242			21 242
化学原料和化学制品制造业	–256 450	136 499			40 425
医药制造业	145 504	45 608	7 020		23 651
化学纤维制造业	85 265	70 000	70 000		
橡胶和塑料制品业	722 361	402 485	306 006		39 553
非金属矿物制品业	32 458	31 918	13 075		30 888
黑色金属冶炼和压延加工业					
有色金属冶炼和压延加工业	493 214	109 506	13 006		
金属制品业	376 594	159 069	1 659		62 335
通用设备制造业	4 382	12 475		5 600	2 652
专用设备制造业	64 003	23 299			10 399
汽车制造业	7 401 936	1 771 120	79 256	17 755	1 227 867
铁路、船舶、航空航天和其他运输设备制造业	215 044	168 684	160 000		8 684
电气机械和器材制造业	1 167 829	579 729	385 055	5 772	121 661
计算机、通信和其他电子设备制造业	110 733	33 938			14 158
仪器仪表制造业	58 383	21 837	6 341	4 359	
其他制造业					
废弃资源综合利用业					
金属制品、机械和设备修理业					
电力、热力生产和供应业	718 786	418 495	51 383	500	366 612
燃气生产和供应业	43 175	37 714	15 300		
水的生产和供应业	63 102	62 368			62 368

3-12 分行业规模以上大中型工业企业主要经济指标（六）

单位：万元

指标名称	所有者权益合计			营业收入	
	实收资本				
	个人资本	港澳台资本	外商资本		主营业务收入
全 市	**741 087**	**353 692**	**111 358**	**25 402 892**	**24 503 286**
煤炭开采和洗选业					
石油和天然气开采业					
黑色金属矿采选业		10 000		119 226	119 154
有色金属矿采选业					
非金属矿采选业					
开采专业及辅助性活动					
其他采矿业					
农副食品加工业	4 896	145		272 051	272 040
食品制造业	31 580	7 200		508 188	490 147
酒、饮料和精制茶制造业	15 321		2 080	299 198	292 424
烟草制品业				521 524	452 676
纺织业	144 919			253 831	250 322
纺织服装、服饰业	500			43 656	43 469
皮革、毛皮、羽毛及其制品和制鞋业					
木材加工和木、竹、藤、棕、草制品业	20 000			98 431	98 431
家具制造业					
造纸和纸制品业	4 000			477 154	474 221
印刷和记录媒介复制业				100 660	96 437
文教、工美、体育和娱乐用品制造业	21 018			35 013	32 190
石油、煤炭及其他燃料加工业				6 961	4 789
化学原料和化学制品制造业	69 682	26 392		363 309	357 076
医药制造业	14 937			277 235	270 237
化学纤维制造业				35 368	30 158
橡胶和塑料制品业	36 926		20 000	394 355	357 995
非金属矿物制品业	1 030			82 500	81 927
黑色金属冶炼和压延加工业					
有色金属冶炼和压延加工业	61 696		34 804	379 432	359 806
金属制品业	85 743		9 332	766 377	735 196
通用设备制造业	4 223			83 461	79 719
专用设备制造业	12 900			140 857	137 732
汽车制造业	124 696	309 954	11 592	15 420 090	14 851 212
铁路、船舶、航空航天和其他运输设备制造业				237 669	237 082
电气机械和器材制造业	67 241			1 945 996	1 848 087
计算机、通信和其他电子设备制造业	19 780			16 137	15 661
仪器仪表制造业			11 137	51 993	50 151
其他制造业					
废弃资源综合利用业					
金属制品、机械和设备修理业					
电力、热力生产和供应业				2 240 817	2 237 574
燃气生产和供应业			22 414	182 719	179 419
水的生产和供应业				48 683	47 955

3-12 分行业规模以上大中型工业企业主要经济指标（七）

单位：万元

指标名称	营业成本	税金及附加	销售费用	管理费用	研发费用
全 市	**22 481 155**	**631 548**	**711 488**	**752 895**	**532 718**
煤炭开采和洗选业					
石油和天然气开采业					
黑色金属矿采选业	70 174	4 713	865	7 931	
有色金属矿采选业					
非金属矿采选业					
开采专业及辅助性活动					
其他采矿业					
农副食品加工业	266 046	573	1 406	4 121	624
食品制造业	375 057	3 540	49 070	17 321	9 741
酒、饮料和精制茶制造业	231 272	7 742	15 129	5 022	516
烟草制品业	181 524	289 501	1 932	59 430	
纺织业	223 792	2 043	4 078	11 231	1 645
纺织服装、服饰业	35 884	269	2 379	3 202	1 735
皮革、毛皮、羽毛及其制品和制鞋业					
木材加工和木、竹、藤、棕、草制品业	85 126	368	2 155	1 968	1 639
家具制造业					
造纸和纸制品业	370 641	4 358	5 702	35 758	7 489
印刷和记录媒介复制业	79 016	1 033	2 439	15 503	
文教、工美、体育和娱乐用品制造业	24 614	530	1 554	1 777	764
石油、煤炭及其他燃料加工业	7 178	177	0.3	499	
化学原料和化学制品制造业	286 667	4 582	30 032	23 247	8 930
医药制造业	159 247	2 349	42 056	11 816	8 996
化学纤维制造业	39 269	110	588	9 266	2 873
橡胶和塑料制品业	349 963	2 152	9 167	22 962	13 034
非金属矿物制品业	69 279	418	7 202	3 253	907
黑色金属冶炼和压延加工业					
有色金属冶炼和压延加工业	338 067	1 846	6 554	12 863	8 015
金属制品业	597 782	4 532	33 039	25 211	7 475
通用设备制造业	72 302	459	3 246	5 570	1 949
专用设备制造业	109 073	438	4 472	4 405	4 267
汽车制造业	14 081 842	251 378	411 358	332 986	386 150
铁路、船舶、航空航天和其他运输设备制造业	207 383	1 588	4 387	17 360	2 438
电气机械和器材制造业	1 732 723	32 657	63 699	72 278	50 626
计算机、通信和其他电子设备制造业	6 716	64	174	1 343	4 056
仪器仪表制造业	47 985	86	741	1 390	709
其他制造业					
废弃资源综合利用业					
金属制品、机械和设备修理业					
电力、热力生产和供应业	2 238 941	10 768		22 215	7 153
燃气生产和供应业	159 281	236	442	17 429	989
水的生产和供应业	34 310	3 041	7 624	5 541	

3-12 分行业规模以上大中型工业企业主要经济指标（八）

单位：万元

指标名称	财务费用	利息费用	利息收入	资产减值损失	其他收益
全 市	**95 395**	**156 094**	**-42 247**	**45 813**	**43 207**
煤炭开采和洗选业					
石油和天然气开采业					
黑色金属矿采选业	4 741	4 710	−23		
有色金属矿采选业					
非金属矿采选业					
开采专业及辅助性活动					
其他采矿业					
农副食品加工业	1 055	1 295	257	−14	186
食品制造业	1 824	2 396	−694	52	5 229
酒、饮料和精制茶制造业	714	254	1 633	−25	1 267
烟草制品业	−85		86	10 813	80
纺织业	1 873	1 996	−657		658
纺织服装、服饰业	132	115	23	−1 107	288
皮革、毛皮、羽毛及其制品和制鞋业					
木材加工和木、竹、藤、棕、草制品业	1 523	158	1	−42	1 029
家具制造业					
造纸和纸制品业	4 502	12 727	9 054	2	118
印刷和记录媒介复制业	1 483	925	102	125	46
文教、工美、体育和娱乐用品制造业	117	188	91	330	−1 936
石油、煤炭及其他燃料加工业	62	62			28
化学原料和化学制品制造业	1 894	580	422	760	1 236
医药制造业	−54	1 206	1 159	1 836	409
化学纤维制造业	2 149	3 016	895	1 633	562
橡胶和塑料制品业	3 132	3 463	−101	1 587	1 575
非金属矿物制品业	405	424	36	199	13
黑色金属冶炼和压延加工业					
有色金属冶炼和压延加工业	5 218	2 498	309	−325	1 654
金属制品业	15 072	13 179	1 066	1 975	997
通用设备制造业	1 067	1 101	39	−170	230
专用设备制造业	588	1 032	497	−3 991	300
汽车制造业	−6 887	54 748	−57 280	29 771	23 616
铁路、船舶、航空航天和其他运输设备制造业	2 027	2 588	−157	−187	570
电气机械和器材制造业	19 738	20 148	1 730	2 625	4 324
计算机、通信和其他电子设备制造业	−73	−73			
仪器仪表制造业	−106		−593	102	
其他制造业					
废弃资源综合利用业					
金属制品、机械和设备修理业					
电力、热力生产和供应业	30 442	27 348	145	−136	729
燃气生产和供应业	3 119				
水的生产和供应业	−276	11	−287		

3-12 分行业规模以上大中型工业企业主要经济指标（九）

单位：万元

指标名称	投资收益	公允价值变动收益	资产处置收益	营业利润	营业外收入
全 市	**789 578**	**5 910**	**55 135**	**1 048 390**	**116 931**
煤炭开采和洗选业					
石油和天然气开采业					
黑色金属矿采选业	59			30 862	6
有色金属矿采选业					
非金属矿采选业					
开采专业及辅助性活动					
其他采矿业					
农副食品加工业			–105	–1 678	23
食品制造业	1 637	92	2	58 543	2 722
酒、饮料和精制茶制造业	249		–166	40 177	336
烟草制品业				–21 512	445
纺织业	9 621			19 448	10 924
纺织服装、服饰业			10	1 460	243
皮革、毛皮、羽毛及其制品和制鞋业					
木材加工和木、竹、藤、棕、草制品业				6 724	1 201
家具制造业					
造纸和纸制品业	4 606			53 425	278
印刷和记录媒介复制业	38		47	1 193	641
文教、工美、体育和娱乐用品制造业	1 641		63	5 097	59
石油、煤炭及其他燃料加工业	3		887	–37	119
化学原料和化学制品制造业	5 134			13 568	4 634
医药制造业	444	39		51 883	903
化学纤维制造业	522		21 919	6 501	16 435
橡胶和塑料制品业	10 420		3	4 370	567
非金属矿物制品业	35		16	900	509
黑色金属冶炼和压延加工业					
有色金属冶炼和压延加工业	16 597	–0.1	27 496	52 940	2 625
金属制品业	10 021		–280	92 030	726
通用设备制造业	57			–677	254
专用设备制造业	353			22 259	617
汽车制造业	722 591	665	3 138	682 605	44 412
铁路、船舶、航空航天和其他运输设备制造业	487			3 731	487
电气机械和器材制造业	1 105	5 114	1 849	–15 958	5 070
计算机、通信和其他电子设备制造业	166			4 023	3 452
仪器仪表制造业	524		3	1 613	57
其他制造业					
废弃资源综合利用业					
金属制品、机械和设备修理业					
电力、热力生产和供应业	919		253	–67 118	12 152
燃气生产和供应业				1 223	6 540
水的生产和供应业	2 350			794	495

3-12 分行业规模以上大中型工业企业主要经济指标（十）

单位：万元

指标名称	营业外支出	利润总额	所得税费用	应付职工薪酬	应交增值税
全 市	**256 527**	**904 794**	**60 367**	**2 167 657**	**453 781**
煤炭开采和洗选业					
石油和天然气开采业					
黑色金属矿采选业	159	30 709	7 905	8 210	8 807
有色金属矿采选业					
非金属矿采选业					
开采专业及辅助性活动					
其他采矿业					
农副食品加工业	46	–1 701	351	17 829	758
食品制造业	266	60 999	8 867	54 868	18 159
酒、饮料和精制茶制造业	104	40 409	3 109	14 315	8 121
烟草制品业	139	–21 206	3 741	64 745	46 917
纺织业	6 250	24 123	2 016	41 346	7 741
纺织服装、服饰业	26	1 677	149	11 609	581
皮革、毛皮、羽毛及其制品和制鞋业					
木材加工和木、竹、藤、棕、草制品业	38	7 886		6 928	3 184
家具制造业					
造纸和纸制品业	121	53 582	13 660	81 144	20 608
印刷和记录媒介复制业	4 976	–3 143	86	17 830	3 958
文教、工美、体育和娱乐用品制造业	44	5 112	435	7 703	1 431
石油、煤炭及其他燃料加工业	9	73		2 798	112
化学原料和化学制品制造业	167	18 036	4 379	38 351	8 909
医药制造业	1 567	51 219	6 229	30 546	13 501
化学纤维制造业		18 937		9 901	44
橡胶和塑料制品业	634	4 303	2 071	41 449	4 768
非金属矿物制品业	21	1 389	298	8 452	1 919
黑色金属冶炼和压延加工业					
有色金属冶炼和压延加工业	34	55 531		16 708	8 433
金属制品业	1 247	91 509	8 394	73 209	16 789
通用设备制造业	2	–425	38	10 977	1 268
专用设备制造业	362	22 514	2 255	8 545	132
汽车制造业	4 124	722 893	–15 367	1 102 872	180 072
铁路、船舶、航空航天和其他运输设备制造业	88	4 130	653	46 940	4 696
电气机械和器材制造业	228 678	–239 566	4 316	154 660	28 657
计算机、通信和其他电子设备制造业	148	7 326	920	2 363	169
仪器仪表制造业	0.2	1 670	437	8 827	31
其他制造业					
废弃资源综合利用业					
金属制品、机械和设备修理业					
电力、热力生产和供应业	6 442	–61 408	3 722	244 947	62 615
燃气生产和供应业	286	7 478	1 702	24 990	231
水的生产和供应业	550	739		14 599	1 173

3-12 分行业规模以上大中型工业企业主要经济指标（十一）

单位：万元

指标名称	平均用工人数（万人）	期末用工人数（万人）	从业人员期末人数（万人）	从业人员平均人数（万人）	亏损企业亏损总额
全 市	**15.90**	**16.27**	**15.90**	**15.69**	**402 865**
煤炭开采和洗选业					
石油和天然气开采业					
黑色金属矿采选业	0.10	0.10	0.10	0.09	
有色金属矿采选业					
非金属矿采选业					
开采专业及辅助性活动					
其他采矿业					
农副食品加工业	0.27	0.30	0.30	0.27	6 910
食品制造业	0.57	0.57	0.57	0.57	
酒、饮料和精制茶制造业	0.16	0.16	0.16	0.16	
烟草制品业	0.13	0.13	0.13	0.13	21 206
纺织业	0.80	0.77	0.63	0.63	868
纺织服装、服饰业	0.17	0.17	0.18	0.18	6
皮革、毛皮、羽毛及其制品和制鞋业					
木材加工和木、竹、藤、棕、草制品业	0.07	0.07	0.07	0.07	
家具制造业					
造纸和纸制品业	0.40	0.39	0.39	0.40	
印刷和记录媒介复制业	0.30	0.30	0.30	0.30	6 098
文教、工美、体育和娱乐用品制造业	0.11	0.11	0.11	0.11	
石油、煤炭及其他燃料加工业	0.04	0.04	0.04	0.04	
化学原料和化学制品制造业	0.36	0.34	0.34	0.37	9 543
医药制造业	0.29	0.29	0.30	0.29	
化学纤维制造业	0.07	0.07	0.07	0.07	
橡胶和塑料制品业	0.36	0.34	0.36	0.37	3 971
非金属矿物制品业	0.10	0.10	0.10	0.10	215
黑色金属冶炼和压延加工业					
有色金属冶炼和压延加工业	0.19	0.19	0.19	0.19	
金属制品业	0.90	0.90	0.93	0.93	144
通用设备制造业	0.17	0.20	0.20	0.17	1 573
专用设备制造业	0.13	0.13	0.13	0.13	442
汽车制造业	6.88	7.36	7.25	6.99	755
铁路、船舶、航空航天和其他运输设备制造业	0.26	0.27	0.27	0.26	
电气机械和器材制造业	1.43	1.35	1.36	1.43	277 258
计算机、通信和其他电子设备制造业	0.03	0.03	0.03	0.03	
仪器仪表制造业	0.07	0.06	0.06	0.07	
其他制造业					
废弃资源综合利用业					
金属制品、机械和设备修理业					
电力、热力生产和供应业	1.33	1.33	1.13	1.14	73 877
燃气生产和供应业	0.12	0.12	0.12	0.12	
水的生产和供应业	0.09	0.09	0.09	0.09	

3-12 分行业规模以上大中型工业企业主要经济指标（十二）

单位：万元

指标名称	利税总额	应交税金及附加	营业收入利润率（%）	资产负债率（%）	总资产贡献率（%）
全市	**1 990 123**	**1 145 696**	**3.6**	**61.9**	**6.4**
煤炭开采和洗选业					
石油和天然气开采业					
黑色金属矿采选业	44 228	21 424	25.8	63.4	11.6
有色金属矿采选业					
非金属矿采选业					
开采专业及辅助性活动					
其他采矿业					
农副食品加工业	-371	1 682	-0.6	56.0	0.3
食品制造业	82 698	30 567	12.0	37.7	17.1
酒、饮料和精制茶制造业	56 272	18 972	13.5	41.2	20.3
烟草制品业	315 212	340 159	-4.1	97.8	110.3
纺织业	33 907	11 799	9.5	60.8	7.1
纺织服装、服饰业	2 527	999	3.8	31.7	3.8
皮革、毛皮、羽毛及其制品和制鞋业					
木材加工和木、竹、藤、棕、草制品业	11 438	3 552	8.0	42.3	14.1
家具制造业					
造纸和纸制品业	78 548	38 626	11.2	33.7	14.0
印刷和记录媒介复制业	1 848	5 076	-3.1	60.6	1.5
文教、工美、体育和娱乐用品制造业	7 073	2 396	14.6	17.1	10.2
石油、煤炭及其他燃料加工业	363	290	1.1	28.9	2.0
化学原料和化学制品制造业	31 526	17 870	5.0	126.3	3.3
医药制造业	67 069	22 079	18.5	64.1	16.6
化学纤维制造业	19 091	154	53.5	57.4	10.6
橡胶和塑料制品业	11 223	8 991	1.1	33.7	1.4
非金属矿物制品业	3 725	2 635	1.7	73.4	3.4
黑色金属冶炼和压延加工业					
有色金属冶炼和压延加工业	65 809	10 279	14.6	27.7	10.0
金属制品业	112 830	29 715	11.9	62.8	12.3
通用设备制造业	1 302	1 765	-0.5	97.7	1.3
专用设备制造业	23 084	2 825	16.0	60.1	14.7
汽车制造业	1 154 343	416 083	4.7	62.2	6.5
铁路、船舶、航空航天和其他运输设备制造业	10 414	6 937	1.7	68.1	2.0
电气机械和器材制造业	-178 252	65 630	-12.3	60.4	-5.4
计算机、通信和其他电子设备制造业	7 559	1 152	45.4	9.9	6.1
仪器仪表制造业	1 787	554	3.2	7.1	3.8
其他制造业					
废弃资源综合利用业					
金属制品、机械和设备修理业					
电力、热力生产和供应业	11 975	77 105	-2.7	68.5	1.7
燃气生产和供应业	7 945	2 170	4.1	83.8	3.0
水的生产和供应业	4 952	4 213	1.5	58.0	3.5

3-12 分行业规模以上大中型工业企业主要经济指标（十三）

指标名称	人均营业收入（元/人）	流动资产周转率（次/年）	每百元资产实现的营业收入（元）	产成品存货周转天数（天）	应收账款平均回收期（天）	成本费用利润率（%）
全 市	**160**	**1.3**	**74.4**	**17.0**	**74.6**	**3.7**
煤炭开采和洗选业						
石油和天然气开采业						
黑色金属矿采选业	123	0.5	28.3	13.8	14.9	36.7
有色金属矿采选业						
非金属矿采选业						
开采专业及辅助性活动						
其他采矿业						
农副食品加工业	101	2.1	116.3	12.0	18.5	-0.6
食品制造业	89	1.8	101.2	22.1	19.2	13.5
酒、饮料和精制茶制造业	187	2.1	110.8	29.5	31.6	16.0
烟草制品业	394	4.2	182.5	16.2		-8.7
纺织业	32	1.2	49.3	94.3	30.3	9.9
纺织服装、服饰业	26	0.8	62.5	46.3	115.8	3.9
皮革、毛皮、羽毛及其制品和制鞋业						
木材加工和木、竹、藤、棕、草制品业	137	3.5	120.0	35.5	22.4	8.5
家具制造业						
造纸和纸制品业	120	1.2	81.3	67.7	11.1	12.6
印刷和记录媒介复制业	33	1.2	54.7	12.8	77.8	-3.2
文教、工美、体育和娱乐用品制造业	32	1.1	50.0	84.8	27.1	17.7
石油、煤炭及其他燃料加工业	19	2.7	33.4		34.7	0.9
化学原料和化学制品制造业	100	1.3	37.2	105.6	30.1	5.1
医药制造业	96	0.9	68.4	69.1	94.0	23.1
化学纤维制造业	49	0.4	17.7	2.3	0.1	35.0
橡胶和塑料制品业	111	0.9	36.2	17.4	101.1	1.1
非金属矿物制品业	82	0.8	67.6	49.7	316.8	1.7
黑色金属冶炼和压延加工业						
有色金属冶炼和压延加工业	196	2.3	55.6	12.8	49.0	15.0
金属制品业	85	1.3	75.7	37.4	89.8	13.5
通用设备制造业	48	0.6	44.0	21.6	112.5	-0.5
专用设备制造业	108	1.2	87.8	3.6	17.7	18.3
汽车制造业	224	1.2	78.8	9.4	85.9	4.8
铁路、船舶、航空航天和其他运输设备制造业	91	0.8	35.2	65.6	28.7	1.8
电气机械和器材制造业	136	1.2	66.0	44.8	123.7	-12.4
计算机、通信和其他电子设备制造业	56	1.2	13.1	182.7	85.8	60.0
仪器仪表制造业	77	0.9	82.8	12.8	197.9	3.3
其他制造业						
废弃资源综合利用业						
金属制品、机械和设备修理业						
电力、热力生产和供应业	168	12.6	98.1		17.2	-2.7
燃气生产和供应业	155	2.0	68.8	0.01	67.2	4.1
水的生产和供应业	53	1.0	32.4		46.9	1.6

3-13 各县（市、区）规模以上大中型工业企业主要经济指标（一）

单位：万元

县（市、区）	企业单位数（个）	亏损企业	资产总计	流动资产合计	应收账款	存货	产成品
全　市	**123**	**23**	**34 154 083**	**18 900 358**	**5 261 566**	**2 453 443**	**1 058 883**
竞秀区	16	7	4 085 905	1 076 854	252 038	194 134	63 799
莲池区	9	1	17 472 068	11 286 444	3 051 215	695 815	273 765
满城区	10	1	911 348	396 810	28 560	118 925	47 363
清苑区	5	1	877 679	202 091	60 342	45 762	22 362
徐水区	11	2	2 223 610	1 282 806	489 358	296 899	124 876
涞水县	1	1	5 799	3 931	652	518	393
阜平县							
定兴县	7	2	570 044	342 400	19 366	75 983	39 076
唐　县	4		166 634	75 457	18 960	30 163	15 328
高阳县	8	1	507 995	228 891	49 204	121 947	55 592
涞源县	3	1	519 335	293 248	6 849	25 263	5 870
望都县	1		123 411	45 660	23 277	6 155	918
易　县	1		26 527	5 957	209	2 990	2 990
曲阳县	2		102 546	19 680	2 622	6 790	2 124
蠡　县	2		111 781	104 069	58 009	27 647	7 945
顺平县	4		397 270	241 638	37 014	46 057	6 384
博野县	3	1	126 410	60 102	47 028	8 715	3 016
涿州市	9		1 235 185	545 740	181 581	111 034	49 399
安国市	2		125 817	83 169	33 551	33 241	16 508
高碑店市	5		562 709	334 914	73 779	79 159	23 722
白沟新城							
高新区	20	5	4 002 011	2 270 496	827 952	526 247	297 455

3-13 各县（市、区）规模以上大中型工业企业主要经济指标（二）

单位：万元

县（市、区）	资产总计						
	长期股权投资	固定资产原价	房屋和构筑物	机器设备	累计折旧	本年折旧	固定资产净额
全　市	**5 335 244**	**11 925 863**	**2 726 613**	**6 950 696**	**5 971 702**	**749 535**	**5 741 674**
竞秀区	462 163	4 725 654	480 027	3 344 076	2 729 064	232 219	1 971 762
莲池区	2 731 015	3 143 132	793 008	1 716 057	1 510 386	250 673	1 571 337
满城区	52 698	488 520	221 842	250 950	103 266	23 921	385 253
清苑区	416 891	373 649	120 312	215 371	167 060	15 968	206 589
徐水区	120 093	482 948	135 940	225 094	187 841	37 625	267 299
涞水县	316	4 565	1 896	2 201	3 672	61	89
阜平县							
定兴县	43 590	172 392	71 458	70 943	80 822	10 051	91 569
唐　县	4 520	128 075	22 263	38 636	55 787	11 611	72 288
高阳县	124 448	203 845	123 600	76 626	104 790	10 493	99 056
涞源县	4 400	203 835	82 680	47 977	82 818	35 400	82 064
望都县		91 781	14 634	70 280	58 857	12 902	32 924
易　县		25 003			7 216	6 216	17 787
曲阳县		98 294	800	21	30 318	6 608	67 698
蠡　县		12 904	1 598	7 845	5 994	1 198	6 910
顺平县	10 331	181 260	47 875	119 061	38 623	13 032	127 215
博野县		63 475	30 691	15 412	14 881	3 329	48 594
涿州市	526 438	311 451	72 995	225 298	185 127	18 939	95 740
安国市		36 573	10 651	1 428	7 380	3 848	29 192
高碑店市	140 295	130 416	64 091	36 858	61 771	6 601	56 811
白沟新城							
高新区	698 047	1 048 092	430 255	486 563	536 031	48 841	511 497

3-13 各县（市、区）规模以上大中型工业企业主要经济指标（三）

单位：万元

县（市、区）	资产总计			负债合计		
	在建工程	无形资产	土地使用权		流动负债合计	应付账款
全　市	**1 011 052**	**1 371 926**	**574 389**	**21 141 063**	**17 808 692**	**7 464 069**
竞秀区	282 196	112 968	61 051	2 334 326	1 692 798	571 839
莲池区	123 318	535 655	223 915	11 045 610	9 985 695	4 861 448
满城区	24 885	69 898	61 534	585 639	412 386	203 439
清苑区	7 366	20 119	12 658	317 115	167 561	31 962
徐水区	256 524	230 618	35 940	1 987 821	1 576 912	466 910
涞水县	5	617	617	7 347	2 905	212
阜平县						
定兴县	6 028	23 209	9 694	190 223	185 480	49 205
唐　县	4 232	6 146	6 016	109 143	92 644	17 825
高阳县	15 950	37 166	36 800	319 802	311 349	38 325
涞源县	11 427	60 716	6 557	349 492	276 633	36 183
望都县	562	2 777	2 613	43 260	30 724	26 563
易　县	265	516		10 915	10 915	2 032
曲阳县		600	600	64 213	62 904	23 854
蠡　县	145	342	275	90 567	90 493	53 409
顺平县	1 930	36 749	14 218	243 649	177 145	49 435
博野县	11 647	5 385		79 045	58 246	41 222
涿州市	8 515	13 239	11 082	611 301	523 247	137 518
安国市	5 554	7 901	2 376	96 000	88 125	42 492
高碑店市	4 601	18 144	13 542	408 767	311 498	52 457
白沟新城						
高新区	245 904	189 159	74 903	2 246 829	1 751 034	757 741

3-13 各县（市、区）规模以上大中型工业企业主要经济指标（四）

单位：万元

县（市、区）	所有者权益合计	实收资本						
			国家资本	集体资本	法人资本	个人资本	港澳台资本	外商资本
全　市	**13 013 020**	**4 791 193**	**1 323 412**	**33 986**	**2 240 734**	**741 087**	**353 692**	**111 358**
竞秀区	1 751 579	1 027 275	478 035	5 600	498 575	35 726		22 414
莲池区	6 426 457	1 521 701	12 356		1 095 170	104 221	309 954	
满城区	325 710	233 452	190 200		36 852	6 400		
清苑区	560 564	142 509	51 383	500		90 626		
徐水区	235 789	357 171	8 000	4 359	173 902	159 774		11 137
涞水县	-1 548	1 030				1 030		
阜平县								
定兴县	379 821	118 409			73 163	38 046	7 200	
唐　县	57 492	37 725			1 301	35 969		456
高阳县	188 193	129 657			7 200	122 457		
涞源县	169 842	48 000			38 000		10 000	
望都县	80 150	14 200			12 120			2 080
易　县	15 612	8 500			8 500			
曲阳县	38 333	39 654				13 262	26 392	
蠡　县	21 214	8 900				8 900		
顺平县	153 622	95 613	70 000		18 038	7 575		
博野县	47 366	38 904			30 028			8 876
涿州市	623 884	193 139	122 262	5 772	6 876	370	145	57 714
安国市	29 817	15 000	6 120		5 880	3 000		
高碑店市	153 942	55 307		17 755	32 552	5 000		
白沟新城								
高新区	1 755 182	705 047	385 055		202 578	108 732		8 682

3-13 各县（市、区）规模以上大中型工业企业主要经济指标（五）

单位：万元

县（市、区）	营业收入	主营业务收入	营业成本	税金及附加	销售费用	管理费用	研发费用
全 市	**25 402 892**	**24 503 286**	**22 481 155**	**631 548**	**711 488**	**752 895**	**532 718**
竞秀区	3 020 630	2 986 645	2 817 118	19 568	17 703	108 199	23 967
莲池区	14 190 290	13 626 061	12 728 224	534 826	394 832	324 031	333 534
满城区	520 358	501 240	461 432	3 024	17 829	21 772	8 626
清苑区	318 939	310 762	301 476	2 025	5 539	11 999	1 992
徐水区	1 253 378	1 208 617	1 067 687	11 505	51 569	50 733	33 704
涞水县	2 819	2 817	2 420	27	17	252	
阜平县							
定兴县	485 870	478 456	374 911	6 256	32 858	14 132	6 771
唐 县	141 457	141 426	125 601	606	2 892	3 845	1 639
高阳县	280 277	271 880	225 051	2 173	18 922	12 180	4 470
涞源县	227 129	227 058	182 964	4 978	1 004	8 444	542
望都县	266 909	260 459	216 944	787	9 963	1 836	
易 县	49 875	49 875	45 259	139	754	972	
曲阳县	89 232	85 171	80 433	544	277	2 034	807
蠡 县	110 252	109 930	88 288	170	197	4 335	4 052
顺平县	230 528	220 024	198 849	432	5 922	15 191	6 910
博野县	97 334	97 137	85 429	410	459	8 306	1 661
涿州市	889 703	849 270	770 875	4 493	23 685	39 232	27 651
安国市	97 063	97 033	79 857	615	6 328	3 169	
高碑店市	495 750	471 324	370 303	2 650	17 320	9 797	3 732
白沟新城							
高新区	2 635 098	2 508 101	2 258 035	36 321	103 418	112 436	72 660

3-13 各县（市、区）规模以上大中型工业企业主要经济指标（六）

单位：万元

县（市、区）	财务费用			资产减值损失	其他收益	投资收益	公允价值变动收益	资产处置收益
		利息费用	利息收入					
全　市	**95 395**	**156 094**	**-42 247**	**45 813**	**43 207**	**789 578**	**5 910**	**55 135**
竞秀区	33 013	26 684	76	110	2 618	13 720		1 205
莲池区	−18 929	43 085	−57 488	39 304	20 037	674 147	665	2 102
满城区	5 775	14 634	8 207	30	276	5 145		6
清苑区	9 066	5 732	128	620	−1 721	17 467	−0.1	327
徐水区	6 469	5 383	−713	2 257	1 611	946		158
涞水县	351	351				35		
阜平县								
定兴县	2 196	2 041	−431	−1	4 430	1 637	92	−3
唐　县	2 881	859	1	−42	1 029	315		
高阳县	1 013	1 223	−718	1 353	667	9 308		65
涞源县	5 250	5 228	−11		63	59		−106
望都县	−595		1 622		916			−164
易　县	156	158	1					
曲阳县	1 013	22						
蠡　县	887	891	36	96	546	0.4		
顺平县	2 132	3 480	1 364	−2 430	629	1 050		21 920
博野县	802	266	−3	37		125		
涿州市	13 076	12 585	755	−101	3 170	48 660		27 731
安国市	475	425	108	28	1	22	−5	
高碑店市	9 239	9 340	483	302	845	9 973		75
白沟新城								
高新区	21 126	23 708	4 334	4 251	8 090	6 968	5 158	1 817

3-13 各县（市、区）规模以上大中型工业企业主要经济指标（七）

单位：万元

县（市、区）	营业利润	营业外收入	营业外支出	利润总额	所得税费用	应付职工薪酬	应交增值税
全　市	**1 048 390**	**116 931**	**256 527**	**904 794**	**60 367**	**2 167 657**	**453 781**
竞秀区	18 058	20 437	12 360	26 135	18 425	393 879	90 227
莲池区	550 524	29 425	4 882	575 067	−23 254	958 432	195 258
满城区	7 297	864	473	7 687	772	46 732	11 342
清苑区	2 296	2 704	311	4 689	903	24 553	1 816
徐水区	32 170	5 725	290	37 604	6 012	173 206	20 750
涞水县	−213	7	9	−215		1 106	178
阜平县							
定兴县	54 903	458	206	55 155	7 011	50 546	14 787
唐　县	5 380	410	487	5 303	265	10 500	5 720
高阳县	25 155	10 433	6 320	29 269	2 414	47 721	9 116
涞源县	23 963	8	172	23 799	7 905	14 296	8 933
望都县	38 725	259	104	38 879	2 719	7 520	5 806
易　县	2 594	1 201	34	3 761		4 216	1 702
曲阳县	4 124	800	21	4 904	2 264	8 136	2 589
蠡　县	12 774	249	7	13 016	541	8 585	832
顺平县	31 140	17 175	287	44 027	2 705	24 584	2 002
博野县	356	8	201	163	−498	10 464	938
涿州市	90 354	849	507	90 696	5 402	103 519	22 632
安国市	6 610	233	8	6 835	439	8 280	2 498
高碑店市	93 299	2 533	476	95 356	10 597	33 314	10 864
白沟新城							
高新区	48 884	23 155	229 374	−157 335	15 745	238 068	45 791

3-13 各县（市、区）规模以上大中型工业企业主要经济指标（八）

单位：万元

县（市、区）	平均用工人数（万人）	期末用工人数（万人）	从业人员期末人数（万人）	从业人员平均人数（万人）	亏损企业亏损总额	利税总额	应交税金及附加	营业收入利润率（%）
全　市	**15.90**	**16.27**	**15.90**	**15.69**	**402 865**	**1 990 123**	**1 145 696**	**3.6**
竞秀区	2.41	2.40	2.19	2.21	48 805	135 930	128 220	0.9
莲池区	5.24	5.43	5.55	5.37	21 206	1 305 151	706 830	4.1
满城区	0.52	0.53	0.54	0.53	775	22 054	15 139	1.5
清苑区	0.23	0.23	0.23	0.23	36 807	8 530	4 744	1.5
徐水区	1.73	1.97	1.77	1.72	9 662	69 859	38 267	3.0
涞水县	0.03	0.03	0.03	0.03	215	–9	205	–7.6
阜平县								
定兴县	0.61	0.59	0.60	0.61	761	76 198	28 055	11.4
唐　县	0.18	0.18	0.18	0.18		11 628	6 591	3.8
高阳县	0.66	0.65	0.52	0.51	17	40 557	13 702	10.4
涞源县	0.19	0.20	0.20	0.18	6 910	37 710	21 816	10.5
望都县	0.07	0.07	0.07	0.07		45 473	9 313	14.6
易　县	0.04	0.04	0.04	0.04		5 601	1 840	7.5
曲阳县	0.10	0.10	0.10	0.10		8 037	5 397	5.5
蠡　县	0.12	0.13	0.13	0.12		14 018	1 543	11.8
顺平县	0.26	0.24	0.22	0.23		46 461	5 139	19.1
博野县	0.13	0.13	0.13	0.13	323	1 510	849	0.2
涿州市	0.87	0.87	0.89	0.88		117 821	32 526	10.2
安国市	0.09	0.09	0.09	0.09		9 948	3 552	7.0
高碑店市	0.37	0.37	0.36	0.37		108 871	24 111	19.2
白沟新城								
高新区	2.06	1.99	2.04	2.09	277 385	–75 223	97 858	–6.0

3-13 各县（市、区）规模以上大中型工业企业主要经济指标（九）

县（市、区）	资产负债率（%）	总资产贡献率（%）	人均营业收入（元/人）	流动资产周转率（次/年）	每百元资产实现的营业收入（元）	产成品存货周转天数（天）	应收账款平均回收期（天）	成本费用利润率（%）
全　市	**61.9**	**6.4**	**160**	**1.3**	**74.4**	**17.0**	**74.6**	**3.7**
竞秀区	57.1	4.0	126	2.8	73.9	8.2	30.0	0.9
莲池区	63.2	8.1	271	1.3	81.2	7.7	77.4	4.2
满城区	64.3	3.1	100	1.3	57.1	37.0	19.8	1.5
清苑区	36.1	1.6	138	1.6	36.3	26.7	68.1	1.4
徐水区	89.4	3.4	72	1.0	56.4	42.1	140.6	3.1
涞水县	126.7	5.9	9	0.7	48.6	58.4	83.3	-7.1
阜平县								
定兴县	33.4	13.8	80	1.4	85.2	37.5	14.4	12.8
唐　县	65.5	7.5	78	1.9	84.9	43.9	48.3	3.9
高阳县	63.0	8.4	42	1.2	55.2	88.9	63.2	11.2
涞源县	67.3	8.3	120	0.8	43.7	11.6	10.9	12.0
望都县	35.1	35.5	378	5.9	216.3	1.5	31.4	17.0
易　县	41.2	21.7	139	8.4	188.0	23.8	1.5	8.0
曲阳县	62.6	7.9	90	4.5	87.0	9.5	10.6	5.8
蠡　县	81.0	13.3	89	1.1	98.6	32.4	189.4	13.3
顺平县	61.3	12.2	90	1.0	58.0	11.6	57.8	19.2
博野县	62.5	1.4	75	1.6	77.0	12.7	173.9	0.2
涿州市	49.5	10.5	103	1.6	72.0	23.1	73.5	10.4
安国市	76.3	8.2	102	1.2	77.2	74.4	124.4	7.6
高碑店市	72.6	20.9	135	1.5	88.1	23.1	53.6	23.2
白沟新城								
高新区	56.1	-1.4	128	1.2	65.8	47.4	113.1	-6.1

3-14 全市分行业及各县（市、区）总专包建筑业企业生产情况（一）

单位：个、万元

指标名称	企业个数	合同情况		
		签订合同额	上年结转合同额	本年新签合同额
全　市	**380**	**32 831 637**	**18 508 089**	**14 323 548**
一、按登记注册类型分组				
内资企业	379	22 180 355	11 583 653	10 596 703
国有企业	8	238 084	85 742	152 342
集体企业	2	258 158	143 911	114 247
有限责任公司	34	8 579 104	4 599 341	3 979 763
国有独资公司	2	71 200	28 614	42 586
其他有限责任公司	32	8 507 904	4 570 727	3 937 177
股份有限公司	1	21 761	21 761	
私营企业	334	13 083 249	6 732 899	6 350 350
私营有限责任公司	330	13 064 239	6 723 733	6 340 506
私营股份有限公司	4	19 011	9 166	9 845
港澳台商投资企业	1	10 651 282	6 924 436	3 726 846
二、按控股情况分				
国有控股	18	10 441 714	6 086 483	4 355 231
集体控股	7	1 392 131	727 044	665 087
私人控股	350	8 364 563	3 621 524	4 743 038
其他	5	12 633 230	8 073 038	4 560 193
三、按隶属关系分组				
中央	4	5 228 374	3 012 402	2 215 972
地方	46	4 913 537	2 664 488	2 249 050
其他	330	22 689 726	12 831 199	9 858 527
四、按国民经济行业分组				
房屋建筑业	223	19 524 719	11 328 573	8 196 146
住宅房屋建筑	214	19 458 543	11 287 233	8 171 310
其他房屋建筑	9	66 176	41 340	24 836
木工程建筑业	106	12 389 005	6 774 496	5 614 509
铁路、道路、隧道和桥梁工程建筑	52	10 907 298	6 070 525	4 836 773
铁路工程建筑	4	9 782 183	5 639 219	4 142 964
公路工程建筑	19	749 780	203 614	546 166
市政道路工程建筑	28	138 530	30 859	107 672
其他道路、隧道和桥梁工程建筑	1	236 806	196 833	39 972

3-14 全市分行业及各县（市、区）总专包建筑业企业生产情况（二）

单位：个、万元

指标名称	企业个数	合同情况		
		签订合同额	上年结转合同额	本年新签合同额
水利和水运工程建筑	1	39 244	11 030	28 214
河道治理及防洪设施工程建筑	1	39 244	11 030	28 214
工矿工程建筑	4	15 647	4 703	10 944
架线和管道工程建筑	25	732 361	356 117	376 245
架线及设备工程建筑	22	687 123	321 432	365 692
管道工程建筑	3	45 238	34 685	10 553
其他土木工程建筑	24	694 455	332 122	362 333
园林绿化工程施工	14	167 674	52 993	114 681
其他土木工程建筑施工	10	526 781	279 128	247 653
建筑安装业	24	636 158	318 722	317 436
电气安装	12	569 353	310 606	258 747
管道和设备安装	5	36 600	1 441	35 159
其他建筑安装业	7	30 206	6 676	23 530
建筑装饰、装修和其他建筑业	27	281 755	86 298	195 457
建筑装饰和装修业	19	220 211	77 540	142 670
公共建筑装饰和装修	11	188 511	75 616	112 895
住宅装饰和装修	8	31 700	1 925	29 775
建筑物拆除和场地准备活动	3	29 614	2 239	27 375
提供施工设备服务	2	11 963		11 963
其他未列明建筑业	3	19 967	6 518	13 448
五、按资质等级分组				
施工总承包	286	32 058 240	18 357 052	13 701 188
特级	3	11 100 417	7 029 039	4 071 378
一级	32	17 026 853	9 898 397	7 128 456
二级	104	3 299 343	1 271 405	2 027 938
三级及以下	147	631 628	158 211	473 417
三级	147	631 628	158 211	473 417
专业承包	94	773 397	151 037	622 360
一级	21	524 831	90 215	434 617
二级	29	116 936	40 442	76 494

3-14 全市分行业及各县（市、区）总专包建筑业企业生产情况（三）

单位：个、万元

指标名称	企业个数	合同情况		
		签订合同额	上年结转合同额	本年新签合同额
三级及以下	44	131 630	20 380	111 250
三级	43	125 817	19 742	106 075
其他	1	5 813	638	5 174
六、按地区分组				
竞秀区	51	14 449 219	9 110 155	5 339 063
莲池区	31	1 935 361	1 004 042	931 318
满城区	24	257 996	91 714	166 282
清苑区	21	636 686	297 046	339 640
徐水区	11	323 136	173 232	149 904
涞水县	17	79 555	45 601	33 954
阜平县	3	93 939	50 617	43 322
定兴县	10	282 224	182 190	100 034
唐　县	45	558 190	306 745	251 445
高阳县	1	1 930	145	1 785
涞源县	14	22 068	3 394	18 674
望都县	6	585 215	27 436	557 779
易　县	25	133 757	65 669	68 088
曲阳县	12	139 228	18 089	121 139
蠡　县	6	51 038	17 827	33 211
顺平县	4	43 043	32 059	10 984
博野县	11	41 837	1 904	39 932
涿州市	26	10 825 850	6 237 310	4 588 539
安国市	4	95 705	33 843	61 863
高碑店市	27	1 218 843	293 017	925 826
白沟新城	3	151 337	111 088	40 249
高新区	28	905 482	404 966	500 516
七、按营业状态分				
营业	377	32 831 637	18 508 089	14 323 548
停业（歇业）	3			

3-14 全市分行业及各县（市、区）总专包建筑业企业生产情况（四）

单位：万元

指标名称	承包工程完成情况			
	直接从建设单位承揽工程完成的产值			从建设单位以外承揽工程完成的产值
		自行完成施工产值	分包出去工程的产值	
全　市	**12 225 397**	**12 210 092**	**15 305**	**269 679**
一、按登记注册类型分组				
内资企业	8 184 363	8 169 058	15 305	269 679
国有企业	194 679	194 679		
集体企业	264 846	264 846		
有限责任公司	2 612 222	2 607 797	4 425	31 758
国有独资公司	57 912	57 912		
其他有限责任公司	2 554 311	2 549 885	4 425	31 758
股份有限公司	20 137	20 137		
私营企业	5 092 478	5 081 598	10 880	237 922
私营有限责任公司	5 077 916	5 067 037	10 880	237 922
私营股份有限公司	14 562	14 562		
港澳台商投资企业	4 041 034	4 041 034		
二、按控股情况分				
国有控股	1 778 408	1 778 408		515
集体控股	755 528	755 528		
私人控股	4 826 934	4 811 629	15 305	266 470
其他	4 864 527	4 864 527		2 695
三、按隶属关系分组				
中央	885 033	885 033		
地方	2 631 423	2 626 626	4 797	23 767
其他	8 708 940	8 698 433	10 508	245 913
四、按国民经济行业分组				
房屋建筑业	8 727 648	8 726 418	1 230	229 632
住宅房屋建筑	8 703 995	8 702 765	1 230	226 909
其他房屋建筑	23 653	23 653		2 723
木工程建筑业	3 053 195	3 047 970	5 225	16 289
铁路、道路、隧道和桥梁工程建筑	2 255 738	2 255 219	519	7 731
铁路工程建筑	1 521 958	1 521 958		
公路工程建筑	552 464	552 354	110	3 387
市政道路工程建筑	90 434	90 024	410	4 344
其他道路、隧道和桥梁工程建筑	90 883	90 883		

3-14 全市分行业及各县（市、区）总专包建筑业企业生产情况（五）

单位：万元

指标名称	承包工程完成情况			
	直接从建设单位承揽工程完成的产值	自行完成施工产值	分包出去工程的产值	从建设单位以外承揽工程完成的产值
水利和水运工程建筑	20 155	20 155		
河道治理及防洪设施工程建筑	20 155	20 155		
工矿工程建筑	13 134	13 134		
架线和管道工程建筑	253 288	248 583	4 706	7 042
架线及设备工程建筑	215 616	210 910	4 706	7 042
管道工程建筑	37 673	37 673		
其他土木工程建筑	510 879	510 879		1 516
园林绿化工程施工	142 253	142 253		
其他土木工程建筑施工	368 625	368 625		1 516
建筑安装业	277 287	271 694	5 593	11 456
电气安装	228 956	228 114	842	7 779
管道和设备安装	24 297	22 948	1 348	
其他建筑安装业	24 034	20 632	3 402	3 677
建筑装饰、装修和其他建筑业	167 268	164 010	3 258	12 302
建筑装饰和装修业	125 816	122 559	3 258	12 302
公共建筑装饰和装修	109 063	105 806	3 258	12 302
住宅装饰和装修	16 753	16 753		
建筑物拆除和场地准备活动	23 134	23 134		
提供施工设备服务	11 801	11 801		
其他未列明建筑业	6 516	6 516		
五、按资质等级分组				
施工总承包	11 637 687	11 635 533	2 155	239 945
特级	4 459 530	4 459 530		
一级	4 860 465	4 860 012	453	211 564
二级	1 887 095	1 886 492	603	12 886
三级及以下	430 597	429 499	1 098	15 495
三级	430 597	429 499	1 098	15 495
专业承包	587 710	574 559	13 150	29 735
一级	406 458	399 893	6 565	16 113
二级	81 214	75 471	5 743	8 920

3-14 全市分行业及各县（市、区）总专包建筑业企业生产情况（六）

单位：万元

指标名称	承包工程完成情况			
	直接从建设单位承揽工程完成的产值	自行完成施工产值	分包出去工程的产值	从建设单位以外承揽工程完成的产值
三级及以下	100 037	99 195	842	4 702
三级	94 225	93 383	842	4 702
其他	5 813	5 813		
六、按地区分组				
竞秀区	5 791 662	5 786 141	5 521	17 887
莲池区	1 077 709	1 074 517	3 192	14 444
满城区	169 241	164 941	4 300	12 065
清苑区	323 597	323 192	406	13 922
徐水区	107 003	106 999	4	4
涞水县	33 251	33 251		1 476
阜平县	79 986	79 986		
定兴县	130 897	130 897		
唐　县	240 271	239 429	842	1 062
高阳县	1 720	1 720		
涞源县	20 746	20 702	44	324
望都县	588 153	588 153		
易　县	93 695	93 428	267	2 889
曲阳县	69 021	69 021		
蠡　县	29 472	29 472		
顺平县	24 498	24 498		
博野县	33 852	33 844	8	1 724
涿州市	1 902 837	1 902 837		198 848
安国市	74 309	74 309		
高碑店市	1 063 392	1 062 990	401	604
白沟新城	33 073	33 073		
高新区	337 012	336 692	320	4 431
七、按营业状态分				
营业	12 225 397	12 210 092	15 305	269 679
停业（歇业）				

3-14 全市分行业及各县（市、区）总专包建筑业企业生产情况（七）

单位：万元

指标名称	建筑业总产值			
	合 计	装配式建筑工程产值	装饰装修产值	在外省完成的产值
全 市	**12 479 771**	**92 566**	**446 861**	**4 856 241**
一、按登记注册类型分组				
内资企业	8 438 737	41 766	422 436	2 542 579
国有企业	194 679			1 430
集体企业	264 846		22 049	16 055
有限责任公司	2 639 555	19 472	100 122	984 797
国有独资公司	57 912			
其他有限责任公司	2 581 643	19 472	100 122	984 797
股份有限公司	20 137			
私营企业	5 319 520	22 295	300 265	1 540 297
私营有限责任公司	5 304 958	22 295	300 265	1 529 156
私营股份有限公司	14 562			11 141
港澳台商投资企业	4 041 034	50 799	24 425	2 313 662
二、按控股情况分				
国有控股	1 778 923			1 282 607
集体控股	755 528		23 471	124 727
私人控股	5 078 099	30 731	386 231	986 640
其他	4 867 221	61 835	37 159	2 462 267
三、按隶属关系分组				
中央	885 033			673 878
地方	2 650 392	26 080	159 238	367 532
其他	8 944 346	66 486	287 623	3 814 830
四、按国民经济行业分组				
房屋建筑业	8 956 051	73 247	319 952	3 183 742
住宅房屋建筑	8 929 674	72 794	319 952	3 182 667
其他房屋建筑	26 376	453		1 075
木工程建筑业	3 064 259	14 283	8 928	1 588 669
铁路、道路、隧道和桥梁工程建筑	2 262 950		1 081	1 481 465
铁路工程建筑	1 521 958			1 406 522
公路工程建筑	555 741		1 000	28 379
市政道路工程建筑	94 368		81	7 523
其他道路、隧道和桥梁工程建筑	90 883			39 042

3-14 全市分行业及各县（市、区）总专包建筑业企业生产情况（八）

单位：万元

指标名称	建筑业总产值			
	合　计	装配式建筑工程产值	装饰装修产　　值	在外省完成的产值
水利和水运工程建筑	20 155			
河道治理及防洪设施工程建筑	20 155			
工矿工程建筑	13 134			7 336
架线和管道工程建筑	255 625	13 780	7 000	2 800
架线及设备工程建筑	217 952	13 780	7 000	2 800
管道工程建筑	37 673			
其他土木工程建筑	512 395	502	847	97 068
园林绿化工程施工	142 253	343	847	33 936
其他土木工程建筑施工	370 141	159		63 132
建筑安装业	283 150	5 036		47 129
电气安装	235 893	5 036		42 872
管道和设备安装	22 948			2 405
其他建筑安装业	24 309			1 853
建筑装饰、装修和其他建筑业	176 312		117 981	36 700
建筑装饰和装修业	134 861		117 981	33 212
公共建筑装饰和装修	118 108		106 966	32 872
住宅装饰和装修	16 753		11 015	340
建筑物拆除和场地准备活动	23 134			
提供施工设备服务	11 801			
其他未列明建筑业	6 516			3 488
五、按资质等级分组				
施工总承包	11 875 478	73 247	318 417	4 622 212
特级	4 459 530	50 799	24 425	2 406 343
一级	5 071 576	12 941	271 469	2 046 540
二级	1 899 378	2 050	19 916	126 042
三级及以下	444 993	7 456	2 607	43 287
三级	444 993	7 456	2 607	43 287
专业承包	604 294	19 319	128 444	234 029
一级	416 006	5 036	105 773	200 727
二级	84 390	14 102	18 948	11 669

3-14 全市分行业及各县（市、区）总专包建筑业企业生产情况（九）

单位：万元

指标名称	建筑业总产值			
	合　计	装配式建筑工程产值	装饰装修产　　值	在外省完成的产值
三级及以下	103 898	180	3 723	21 633
三级	98 085	180	3 723	18 146
其他	5 813			3 488
六、按地区分组				
竞秀区	5 804 029	51 815	75 651	2 670 460
莲池区	1 088 961	159	8 510	143 084
满城区	177 006	13 600	9 555	10 968
清苑区	337 114	1 285	107 076	50 022
徐水区	107 003	453		453
涞水县	34 726		50	5 032
阜平县	79 986			
定兴县	130 897	200		15 697
唐　县	240 491	10 543	2 276	74 139
高阳县	1 720			
涞源县	21 026		266	
望都县	588 153		8 865	26 570
易　县	96 317		1 000	13 994
曲阳县	69 021			4 180
蠡　县	29 472	2 000	1 115	14 036
顺平县	24 498			
博野县	35 568	50	353	3 488
涿州市	2 101 686	621	203 278	1 546 021
安国市	74 309			
高碑店市	1 063 594	6 803	23 352	219 944
白沟新城	33 073		3 210	
高新区	341 123	5 036	2 305	58 154
七、按营业状态分				
营业	12 479 771	92 566	446 861	4 856 241
停业（歇业）				

3-14 全市分行业及各县（市、区）总专包建筑业企业生产情况（十）

单位：万元

指标名称	建筑业总产值			竣工产值
	按构成分			
	建筑工程产值	安装工程产值	其他产值	
全　市	**11 066 282**	**1 032 796**	**380 694**	**4 781 896**
一、按登记注册类型分组				
内资企业	7 026 043	1 032 001	380 694	2 695 102
国有企业	183 643	2 418	8 619	93 302
集体企业	248 129		16 718	74 774
有限责任公司	2 157 149	227 944	254 462	608 489
国有独资公司	57 912			27 896
其他有限责任公司	2 099 237	227 944	254 462	580 593
股份有限公司	16 102	4 035		
私营企业	4 421 021	797 604	100 895	1 918 538
私营有限责任公司	4 406 459	797 604	100 895	1 915 538
私营股份有限公司	14 562			3 000
港澳台商投资企业	4 040 240	795		2 086 794
二、按控股情况分				
国有控股	1 602 287	167 929	8 707	255 107
集体控股	730 454	8 356	16 718	184 918
私人控股	4 198 167	649 208	230 724	1 946 839
其他	4 535 373	207 303	124 545	2 395 032
三、按隶属关系分组				
中央	719 434	165 511	88	124 591
地方	2 063 525	419 438	167 430	1 120 755
其他	8 283 323	447 847	213 176	3 536 550
四、按国民经济行业分组				
房屋建筑业	8 380 065	360 170	215 816	4 124 295
住宅房屋建筑	8 357 761	360 170	211 743	4 099 811
其他房屋建筑	22 304		4 073	24 485
木工程建筑业	2 503 781	420 894	139 584	537 906
铁路、道路、隧道和桥梁工程建筑	2 052 674	207 801	2 475	190 977
铁路工程建筑	1 316 367	205 591		106 201
公路工程建筑	553 983	1 739	19	26 386
市政道路工程建筑	91 442	471	2 455	58 390
其他道路、隧道和桥梁工程建筑	90 883			

3-14 全市分行业及各县（市、区）总专包建筑业企业生产情况（十一）

单位：万元

指标名称	建筑业总产值			竣工产值
	按构成分			
	建筑工程产值	安装工程产值	其他产值	
水利和水运工程建筑	20 155			11 474
河道治理及防洪设施工程建筑	20 155			11 474
工矿工程建筑	13 134			12 729
架线和管道工程建筑	36 212	211 357	8 055	65 784
架线及设备工程建筑	21 470	188 537	7 945	64 772
管道工程建筑	14 742	22 821	110	1 012
其他土木工程建筑	381 605	1 736	129 054	256 942
园林绿化工程施工	13 087	112	129 054	41 304
其他土木工程建筑施工	368 517	1 624		215 639
建筑安装业	35 647	242 363	5 140	64 609
电气安装	18 785	211 968	5 140	38 305
管道和设备安装		22 948		21 139
其他建筑安装业	16 862	7 447		5 165
建筑装饰、装修和其他建筑业	146 790	9 369	20 154	55 086
建筑装饰和装修业	113 880	8 666	12 315	28 173
公共建筑装饰和装修	106 085	6 723	5 300	14 110
住宅装饰和装修	7 795	1 943	7 015	14 063
建筑物拆除和场地准备活动	23 134			17 914
提供施工设备服务	3 963		7 838	2 566
其他未列明建筑业	5 813	703		6 433
五、按资质等级分组				
施工总承包	10 767 230	757 288	350 960	4 626 888
特级	4 409 601	23 568	26 362	2 216 158
一级	4 338 022	433 391	300 162	1 692 298
二级	1 623 069	276 130	179	523 807
三级及以下	396 538	24 199	24 257	194 625
三级	396 538	24 199	24 257	194 625
专业承包	299 052	275 508	29 734	155 008
一级	164 293	237 689	14 024	34 716
二级	50 832	21 526	12 033	60 133

3-14 全市分行业及各县（市、区）总专包建筑业企业生产情况（十二）

单位：万元

指标名称	建筑业总产值			竣工产值
	按构成分			
	建筑工程产值	安装工程产值	其他产值	
三级及以下	83 927	16 294	3 677	60 159
三级	78 114	16 294	3 677	54 346
其他	5 813			5 813
六、按地区分组				
竞秀区	5 056 509	458 664	288 855	2 754 198
莲池区	1 049 979	29 328	9 654	431 996
满城区	156 132	16 782	4 092	82 980
清苑区	308 423	11 428	17 263	265 924
徐水区	96 017	10 837	149	55 576
涞水县	30 742	1 055	2 930	10 771
阜平县	78 073	1 803	110	3 119
定兴县	130 897			60 298
唐　县	229 691	5 743	5 057	133 010
高阳县	1 720			1 196
涞源县	19 692	1 334		12 959
望都县	370 082	218 071		167 521
易　县	88 257	6 023	2 036	21 336
曲阳县	68 714	307		21 904
蠡　县	25 126	463	3 883	22 394
顺平县	22 518	1 980		17 860
博野县	35 100	430	38	30 241
涿州市	2 052 501	23 290	25 895	449 137
安国市	72 146	2 163		22 368
高碑店市	838 009	207 977	17 608	174 000
白沟新城	22 359	10 714		9 780
高新区	313 596	24 403	3 123	33 327
七、按营业状态分				
营业	11 066 282	1 032 796	380 694	4 781 896
停业（歇业）				

3-14 全市分行业及各县（市、区）总专包建筑业企业生产情况（十三）

单位：平方米、吨

指标名称	房屋建筑施工面积	本年新开工面积	主要建筑材料消耗		
			钢材	木材	水泥
全市	**111 510 375**	**23 170 354**	**3 603 000**	**1 680 226**	**15 057 074**
一、按登记注册类型分组					
内资企业	57 332 105	16 241 626	2 633 152	1 154 892	5 629 489
国有企业	745 306	313 059	49 334	23 224	126 330
集体企业	2 616 025	491 272	63 414	6 879	4 737
有限责任公司	20 263 703	4 746 649	494 515	134 975	1 300 907
国有独资公司	513 166	251 166	15 168	18 176	75 589
其他有限责任公司	19 750 537	4 495 483	479 347	116 799	1 225 318
股份有限公司	100 264	94 734	40 106		
私营企业	33 606 807	10 595 912	1 985 783	989 814	4 197 515
私营有限责任公司	33 586 110	10 579 312	1 985 235	989 527	4 195 158
私营股份有限公司	20 697	16 600	548	287	2 357
港澳台商投资企业	54 178 270	6 928 728	969 848	525 334	9 427 585
二、按控股情况分					
国有控股	10 645 479	3 181 393	458 478	45 789	1 515 564
集体控股	10 147 817	2 070 270	281 162	117 551	243 575
私人控股	27 526 060	9 466 358	1 799 431	958 774	3 641 264
其他	63 191 019	8 452 333	1 063 929	558 112	9 656 671
三、按隶属关系分组					
中央	7 148 491	2 220 000	182 506	1 408	449 444
地方	28 531 294	5 656 931	641 714	390 454	2 178 615
其他	75 830 590	15 293 423	2 778 780	1 288 364	12 429 015
四、按国民经济行业分组					
房屋建筑业	98 056 886	19 608 570	2 875 191	1 623 719	12 605 499
住宅房屋建筑	97 856 285	19 574 545	2 833 708	1 621 366	12 590 341
其他房屋建筑	200 601	34 025	41 483	2 353	15 158
木工程建筑业	12 847 881	3 241 308	707 857	44 313	2 297 690
铁路、道路、隧道和桥梁工程建筑	9 645 804	2 809 174	464 471	6 883	1 682 594
铁路工程建筑	9 348 516	2 607 168	392 556	4 344	1 312 928
公路工程建筑	220 832	190 000	67 189	2 403	334 138
市政道路工程建筑	76 456	12 006	4 726	136	35 528
其他道路、隧道和桥梁工程建筑					

3-14 全市分行业及各县（市、区）总专包建筑业企业生产情况（十四）

单位：万元、平方米

指标名称	房屋建筑施工面积	本年新开工面积	主要建筑材料消耗		
			钢材	木材	水泥
水利和水运工程建筑			3 044	644	56 548
河道治理及防洪设施工程建筑			3 044	644	56 548
工矿工程建筑	2 580	2 580	120	155	530
架线和管道工程建筑	7 900	900	144 084	9 055	153 358
架线及设备工程建筑			1 533	56	410
管道工程建筑	7 900	900	142 551	8 999	152 948
其他土木工程建筑	3 191 597	428 654	96 138	27 576	404 660
园林绿化工程施工	5 923	4 600	617	1 003	2 555
其他土木工程建筑施工	3 185 674	424 054	95 521	26 573	402 105
建筑安装业	288 108	6 976	14 405	5 000	18 849
电气安装	286 608	5 476	6 705		18 249
管道和设备安装			1 700		
其他建筑安装业	1 500	1 500	6 000	5 000	600
建筑装饰、装修和其他建筑业	317 500	313 500	5 547	7 194	135 036
建筑装饰和装修业			5 531	7 183	24 933
公共建筑装饰和装修			4 002	4 024	15 399
住宅装饰和装修			1 529	3 159	9 534
建筑物拆除和场地准备活动	317 500	313 500	16	11	220
提供施工设备服务					109 883
其他未列明建筑业					
五、按资质等级分组					
施工总承包	111 133 203	22 844 643	3 584 901	1 663 566	14 906 662
特级	54 178 270	6 928 728	1 032 298	525 334	9 702 825
一级	44 544 337	9 475 655	1 799 408	402 939	2 945 314
二级	10 848 183	5 425 742	526 860	688 361	1 827 777
三级及以下	1 562 413	1 014 518	226 335	46 932	430 746
三级	1 562 413	1 014 518	226 335	46 932	430 746
专业承包	377 172	325 711	18 099	16 660	150 412
一级	8 600	8 400	10 184	8 683	18 593
二级	13 423	3 100	6 457	2 823	116 158

3-14 全市分行业及各县（市、区）总专包建筑业企业生产情况（十五）

单位：万元、平方米

指标名称	房屋建筑施工面积	本年新开工面积	主要建筑材料消耗		
			钢材	木材	水泥
三级及以下	355 149	314 211	1 458	5 154	15 661
三级	355 149	314 211	1 458	5 154	15 661
其他					
六、按地区分组					
竞秀区	66 097 518	9 337 287	1 217 960	573 461	9 926 349
莲池区	12 269 111	2 725 951	295 032	159 916	793 978
满城区	437 452	104 649	18 716	7 139	17 371
清苑区	4 158 825	1 104 188	112 249	101 544	482 290
徐水区	1 471 155	888 959	25 912	106 266	217 615
涞水县	87 041	22 048	4 220	1 183	15 884
阜平县	202 050	71 530	175 100	15 021	70 800
定兴县	1 227 078	476 918	14 689	5 563	55 243
唐　县	2 639 744	998 384	107 897	32 335	167 432
高阳县	11 805	9 320	624	79	475
涞源县	83 337	64 487	4 251	3 166	28 510
望都县	2 473 582	2 147 423	113 280	451 702	764 564
易　县	398 210	93 114	161 138	40 042	405 746
曲阳县	72 275	49 520	11 064	12 621	50 088
蠡　县	45 068	30 068	15 220	8 550	45 110
顺平县	214 603	24 955	8 941	7 852	16 501
博野县	56 320	51 065	4 298	7 410	26 964
涿州市	12 987 385	3 047 413	920 896	20 528	1 393 203
安国市	329 045	181 885	9 867	7 849	34 892
高碑店市	3 644 480	934 240	349 412	102 734	489 632
白沟新城	877 741	64 540	140	70	400
高新区	1 726 550	742 410	32 094	15 195	54 027
七、按营业状态分					
营业	111 510 375	23 170 354	3 603 000	1 680 226	15 057 074
停业（歇业）					

3-14 全市分行业及各县（市、区）总专包建筑业企业生产情况（十六）

单位：人

指标名称	主要建筑材料消耗			从业人员情况	
	平板玻璃（重要箱）	平板玻璃（平方米）	铝 材（吨）	从事建筑业活动的平均人数	建筑业企业期末人数
全 市	**269 771**	**1 305 507**	**130 021**	**231 479**	**128 506**
一、按登记注册类型分组					
内资企业	269 771	1 305 507	130 021	166 302	121 655
国有企业	7 020	41 618	2 546	5 515	3 673
集体企业	4 335	173 400	155	2 821	2 494
有限责任公司	74 528	127 727	2 909	51 742	19 291
国有独资公司	11 013	21 226	136	1 553	1 668
其他有限责任公司	63 515	106 501	2 773	50 189	17 623
股份有限公司				183	152
私营企业	183 888	962 762	124 411	106 041	96 045
私营有限责任公司	183 643	955 862	124 393	105 674	95 736
私营股份有限公司	245	6 900	18	367	309
港澳台商投资企业				65 177	6 851
二、按控股情况分					
国有控股	18 034	62 848	2 683	20 543	19 377
集体控股	52 120	358 904	334	11 159	6 421
私人控股	199 617	883 755	126 354	120 817	92 861
其他			650	78 960	9 847
三、按隶属关系分组					
中央				9 470	9 984
地方	139 663	585 464	12 477	47 910	30 209
其他	130 108	720 043	117 544	174 099	88 313
四、按国民经济行业分组					
房屋建筑业	199 535	1 169 235	119 695	187 389	88 544
住宅房屋建筑	198 524	1 136 059	118 666	186 203	87 521
其他房屋建筑	1 011	33 176	1 029	1 186	1 023
木工程建筑业	6 187	28 357	8 185	36 502	35 353
铁路、道路、隧道和桥梁工程建筑	23	124	16	21 796	21 015
铁路工程建筑				12 724	13 271
公路工程建筑	1	4	1	5 900	4 967
市政道路工程建筑	22	120	15	2 762	2 387
其他道路、隧道和桥梁工程建筑				410	390

3-14 全市分行业及各县（市、区）总专包建筑业企业生产情况（十七）

单位：人

指标名称	主要建筑材料消耗			从业人员情况	
	平板玻璃（重要箱）	平板玻璃（平方米）	铝 材（吨）	从事建筑业活动的平均人数	建筑业企业期末人数
水利和水运工程建筑				101	101
河道治理及防洪设施工程建筑				101	101
工矿工程建筑				489	504
架线和管道工程建筑	1 589	1 987	302	3 331	3 756
架线及设备工程建筑				2 709	3 060
管道工程建筑	1 589	1 987	302	622	696
其他土木工程建筑	4 575	26 246	7 867	10 785	9 977
园林绿化工程施工	25	26	212	1 920	647
其他土木工程建筑施工	4 550	26 220	7 655	8 865	9 330
建筑安装业			23	2 451	1 748
电气安装			23	1 524	928
管道和设备安装				409	388
其他建筑安装业				518	432
建筑装饰、装修和其他建筑业	64 049	107 915	2 118	5 137	2 861
建筑装饰和装修业	64 044	107 890	2 117	4 608	2 414
公共建筑装饰和装修	64 044	107 890	2 117	3 967	1 738
住宅装饰和装修				641	676
建筑物拆除和场地准备活动	5	25	1	290	285
提供施工设备服务				71	71
其他未列明建筑业				168	91
五、按资质等级分组					
施工总承包	205 374	1 196 378	127 267	219 981	119 915
特级				67 221	8 658
一级	147 146	888 043	37 133	93 465	59 705
二级	50 787	231 332	86 230	47 033	39 421
三级及以下	7 441	77 003	3 904	12 262	12 131
三级	7 441	77 003	3 904	12 262	12 131
专业承包	64 397	109 129	2 754	11 498	8 591
一级	63 346	105 561	2 117	6 175	3 737
二级	928	2 753	633	2 548	2 309

3-14 全市分行业及各县（市、区）总专包建筑业企业生产情况（十八）

单位：人

指标名称	主要建筑材料消耗			从业人员情况	
	平板玻璃（重要箱）	平板玻璃（平方米）	铝　材（吨）	从事建筑业活动的平均人数	建筑业企业期末人数
三级及以下	123	815	4	2 775	2 545
三级	123	815	4	2 625	2 470
其他				150	75
六、按地区分组					
竞秀区	2 146	22 983	2 034	105 983	15 340
莲池区	63 854	236 479	8 121	21 697	17 221
满城区	2 737	28 244	647	6 165	5 526
清苑区	67 092	144 994	2 555	12 235	11 506
徐水区	14 109	18 718	76 821	2 585	2 607
涞水县	905	15 053	46	1 350	1 050
阜平县				3 131	3 147
定兴县	2 769	29 615	2 110	3 226	3 177
唐　县	21 716	73 820	620	6 925	6 345
高阳县	606	2 650		198	199
涞源县	805	17 968	371	1 572	1 611
望都县	197	878	58	8 263	5 083
易　县	5 707	27 640	2 283	4 133	4 256
曲阳县	512	1 334	681	1 930	2 094
蠡　县			2 706	2 275	2 036
顺平县	3 511	36 926	1 111	1 225	1 103
博野县	1 110	10 590	50	1 473	1 301
涿州市	6 305	37 831	2 282	27 844	29 561
安国市	750	3 838	2 341	2 717	355
高碑店市	56 485	534 720	19 985	9 982	9 186
白沟新城	15	25		267	252
高新区	18 440	61 201	5 199	6 303	5 550
七、按营业状态分					
营业	269 771	1 305 507	130 021	231 479	128 506
停业（歇业）					

3-14 全市分行业及各县（市、区）总专包建筑业企业生产情况（十九）

单位：人

指标名称	从业人员情况 建筑业企业期末人数 工程技术人员	现场施工人员	施工机械设备 自有施工机械设备（净值）（万元）	自有施工机械设备(总台数)（台）	自有施工机械设备(总功率)（千瓦）
全　市	**25 783**	**48 290**	**135 201**	**30 678**	**1 610 264**
一、按登记注册类型分组					
内资企业	20 203	48 290	132 979	30 480	1 585 624
国有企业	685	1 960	5 244	1 803	99 322
集体企业	398	1 687	2 691	897	12 693
有限责任公司	4 464	3 754	10 368	966	116 812
国有独资公司	385	1 187	590	33	1 763
其他有限责任公司	4 079	2 567	9 778	933	115 049
股份有限公司	38	114	850	376	11 025
私营企业	14 618	40 775	113 827	26 438	1 345 772
私营有限责任公司	14 513	40 636	113 400	26 234	1 329 364
私营股份有限公司	105	139	427	204	16 408
港澳台商投资企业	5 580		2 222	198	24 640
二、按控股情况分					
国有控股	4 427	5 435	21 635	2 939	189 973
集体控股	1 269	4 198	8 983	2 815	147 491
私人控股	12 952	37 164	101 526	23 886	1 240 669
其他	7 135	1 493	3 057	1 038	32 131
三、按隶属关系分组					
中央	1 693	235	56	75	1 080
地方	5 513	12 260	30 452	7 637	126 727
其他	18 577	35 795	104 693	22 966	1 482 457
四、按国民经济行业分组					
房屋建筑业	17 750	41 617	93 876	25 647	1 356 266
住宅房屋建筑	17 593	40 817	89 889	23 960	1 336 438
其他房屋建筑	157	800	3 987	1 687	19 828
木工程建筑业	6 550	5 500	37 836	4 106	240 974
铁路、道路、隧道和桥梁工程建筑	4 454	4 079	26 332	1 391	113 398
铁路工程建筑	2 986	2 053	13 092	913	75 800
公路工程建筑	818	1 308	9 418	270	24 729
市政道路工程建筑	490	718	3 822	208	12 869
其他道路、隧道和桥梁工程建筑	160				

3-14 全市分行业及各县（市、区）总专包建筑业企业生产情况（二十）

单位：人

指标名称	从业人员情况		施工机械设备		
	建筑业企业期末人数		自有施工机械设备（净值）（万元）	自有施工机械设备(总台数)（台）	自有施工机械设备(总功率)（千瓦）
	工程技术人员	现场施工人员			
水利和水运工程建筑	43	40	177	696	9 389
河道治理及防洪设施工程建筑	43	40	177	696	9 389
工矿工程建筑	54	19	190	19	1 850
架线和管道工程建筑	1 199	901	2 150	872	98 370
架线及设备工程建筑	970	886	1 844	838	96 390
管道工程建筑	229	15	305	34	1 980
其他土木工程建筑	800	461	8 987	1 128	17 967
园林绿化工程施工	230	242	1 064	408	9 197
其他土木工程建筑施工	570	219	7 924	720	8 770
建筑安装业	804	590	1 768	517	5 941
电气安装	565	244	1 255	316	2 896
管道和设备安装	79	187	422	168	2 536
其他建筑安装业	160	159	91	33	509
建筑装饰、装修和其他建筑业	679	583	1 722	408	7 083
建筑装饰和装修业	618	528	388	318	4 555
公共建筑装饰和装修	475	473	34	45	145
住宅装饰和装修	143	55	354	273	4 410
建筑物拆除和场地准备活动	25				
提供施工设备服务	15		1 179	26	1 468
其他未列明建筑业	21	55	155	64	1 060
五、按资质等级分组					
施工总承包	23 273	45 624	128 462	28 862	1 578 870
特级	5 700		6 805	253	27 983
一级	10 205	28 505	49 088	6 967	1 092 133
二级	5 187	13 852	60 408	19 870	403 112
三级及以下	2 181	3 267	12 161	1 772	55 642
三级	2 181	3 267	12 161	1 772	55 642
专业承包	2 510	2 666	6 739	1 816	31 394
一级	1 381	320	2 938	732	15 213
二级	545	1 189	2 018	701	11 081

3-14 全市分行业及各县（市、区）总专包建筑业企业生产情况（二十一）

单位：人

指标名称	从业人员情况 建筑业企业期末人数		施工机械设备		
	工程技术人员	现场施工人员	自有施工机械设备（净值）（万元）	自有施工机械设备(总台数)（台）	自有施工机械设备(总功率)（千瓦）
三级及以下	584	1 157	1 784	383	5 100
三级	569	1 102	1 638	358	4 100
其他	15	55	146	25	1 000
六、按地区分组					
竞秀区	9 246	2 256	7 279	1 355	50 640
莲池区	2 499	3 349	14 804	2 880	56 821
满城区	604	1 085	2 458	1 820	16 874
清苑区	1 444	6 283	6 983	2 235	29 023
徐水区	556	1 848	8 257	504	6 518
涞水县	133	315	1 046	1 111	27 944
阜平县	60	45	317	70	2 010
定兴县	557	2 138	5 030	374	9 222
唐　县	1 329	3 126	41 406	12 044	154 908
高阳县	50	158	86	15	360
涞源县	178	816	2 393	651	6 154
望都县	339	1 624	352	95	1 195
易　县	683	1 121	1 551	363	4 926
曲阳县	186	1 396	1 220	95	5 863
蠡　县	52				
顺平县	39	759	1 513	1 721	20 022
博野县	267	361	1 468	100	7 229
涿州市	4 328	16 403	22 536	2 332	1 010 812
安国市	52		2 842	845	79 550
高碑店市	2 212	3 401	7 473	1 028	16 947
白沟新城	15	30	55	35	750
高新区	954	1 776	6 134	1 005	102 496
七、按营业状态分					
营业	25 783	48 290	135 201	30 678	1 610 264
停业（歇业）					

3-14 全市分行业及各县（市、区）总专包建筑业企业生产情况（二十二）

单位：万元、平方米

指标名称	补充资料	房屋建筑竣工面积			
	企业总产值	合计	住宅房屋	商业及服务用房屋	商厦房屋(批发和零售用房)
全　市	**15 149 531**	**22 693 798**	**16 194 586**	**1 036 736**	**324 742**
一、按登记注册类型分组					
内资企业	11 018 081	12 756 471	9 811 667	440 235	40 799
国有企业	194 679	385 381	261 031		
集体企业	264 846	437 281	405 336	16 193	11 000
有限责任公司	2 646 149	2 051 068	1 218 713	164 591	
国有独资公司	57 912	187 669	169 556		
其他有限责任公司	2 588 237	1 863 399	1 049 157	164 591	
股份有限公司	20 137				
私营企业	7 892 269	9 882 741	7 926 587	259 451	29 799
私营有限责任公司	7 877 708	9 862 044	7 926 587	259 451	29 799
私营股份有限公司	14 562	20 697			
港澳台商投资企业	4 131 450	9 937 327	6 382 919	596 501	283 943
二、按控股情况分					
国有控股	1 784 869	1 318 432	771 179	86 000	
集体控股	755 528	1 725 981	1 398 137	43 788	38 595
私人控股	7 646 151	8 393 642	6 701 251	145 856	2 204
其他	4 962 983	11 255 743	7 324 019	761 092	283 943
三、按隶属关系分组					
中央	887 150	480 460	187 860		
地方	2 655 662	6 193 936	5 071 690	212 028	40 799
其他	11 606 719	16 019 402	10 935 036	824 708	283 943
四、按国民经济行业分组					
房屋建筑业	9 268 692	20 740 314	14 989 155	950 236	324 742
住宅房屋建筑	9 218 878	20 632 248	14 911 035	950 236	324 742
其他房屋建筑	49 814	108 066	78 120		
木工程建筑业	3 102 619	1 634 484	1 205 431	86 000	
铁路、道路、隧道和桥梁工程建筑	2 290 326	764 657	340 592	86 000	
铁路工程建筑	1 525 787	745 382	340 592	86 000	
公路工程建筑	568 550	11 242			
市政道路工程建筑	105 107	8 033			
其他道路、隧道和桥梁工程建筑	90 883				

3-14 全市分行业及各县（市、区）总专包建筑业企业生产情况（二十三）

单位：万元、平方米

指标名称	补充资料	房屋建筑竣工面积			
	企业总产值	合计	住宅房屋	商业及服务用房屋	商厦房屋(批发和零售用房)
水利和水运工程建筑	20 155				
河道治理及防洪设施工程建筑	20 155				
工矿工程建筑	13 134				
架线和管道工程建筑	265 400	3 700	3 700		
架线及设备工程建筑	226 371				
管道工程建筑	39 029	3 700	3 700		
其他土木工程建筑	513 603	866 127	861 139		
园林绿化工程施工	143 462	3 700			
其他土木工程建筑施工	370 141	862 427	861 139		
建筑安装业	2 597 217	1 500			
电气安装	336 430				
管道和设备安装	24 451				
其他建筑安装业	2 236 336	1 500			
建筑装饰、装修和其他建筑业	181 003	317 500		500	
建筑装饰和装修业	135 505				
公共建筑装饰和装修	119 257				
住宅装饰和装修	16 249				
建筑物拆除和场地准备活动	23 144	317 500		500	
提供施工设备服务	15 838				
其他未列明建筑业	6 516				
五、按资质等级分组					
施工总承包	12 185 836	22 330 665	16 185 611	1 036 236	324 742
特级	4 550 594	10 235 977	6 681 569	596 501	283 943
一级	5 105 132	8 553 316	6 407 881	419 728	40 799
二级	2 068 950	2 936 464	2 697 482	3 550	
三级及以下	461 160	604 908	398 679	16 457	
三级	461 160	604 908	398 679	16 457	
专业承包	2 963 695	363 133	8 975	500	
一级	2 628 824	6 388			
二级	111 438	10 791	8 975		

3-14 全市分行业及各县（市、区）总专包建筑业企业生产情况（二十四）

单位：万元、平方米

指标名称	补充资料	房屋建筑竣工面积			
	企业总产值	合计	住宅房屋	商业及服务用房屋	商厦房屋(批发和零售用房)
三级及以下	223 433	345 954		500	
三级	217 621	345 954		500	
其他	5 813				
六、按地区分组					
竞秀区	5 948 497	11 625 119	7 561 323	762 537	283 943
莲池区	1 088 961	2 534 695	2 200 250	29 173	27 595
满城区	187 993	210 932	207 932		
清苑区	343 789	1 554 664	1 100 555	2 204	2 204
徐水区	115 504	352 516	316 176	7 700	
涞水县	42 925	38 126	7 547		
阜平县	81 342	11 100	11 100		
定兴县	130 897	261 998	257 113	4 885	
唐　县	368 693	872 439	836 547		
高阳县	1 720	9 966	7 270		
涞源县	21 882	64 086	63 336		
望都县	588 163	1 354 011	978 251		
易　县	192 461	46 030	43 700		
曲阳县	69 021	59 775	43 900		
蠡　县	29 482	9 068	3 600		
顺平县	25 088	142 527	141 153		
博野县	38 775	42 516	21 116	850	
涿州市	2 107 631	2 427 244	1 368 579	213 194	
安国市	74 309	147 876	147 876		
高碑店市	1 065 627	769 001	737 056	16 193	11 000
白沟新城	47 073	55 168	55 168		
高新区	2 579 698	104 941	85 038		
七、按营业状态分					
营业	15 149 531	22 693 798	16 194 586	1 036 736	324 742
停业（歇业）					

3-14 全市分行业及各县（市、区）总专包建筑业企业生产情况（二十五）

单位：平方米

指标名称	房屋建筑竣工面积				
	合　计				
	商业及服务用房屋				办公用房屋
	宾馆用房屋(住宿用房)	餐饮用房屋(餐饮用房)	商务会展用房屋	其他商业及服务用房屋(居民服务业用房)	
全　市	**204 527**	**2 955**		**504 512**	**383 242**
一、按登记注册类型分组					
内资企业	93 473	2 955		303 008	300 584
国有企业					
集体企业				5 193	200
有限责任公司	93 473	2 955		68 163	68 578
国有独资公司					
其他有限责任公司	93 473	2 955		68 163	68 578
股份有限公司					
私营企业				229 652	231 806
私营有限责任公司				229 652	224 256
私营股份有限公司					7 550
港澳台商投资企业	111 054			201 504	82 658
二、按控股情况分					
国有控股				86 000	
集体控股				5 193	200
私人控股				143 652	294 594
其他	204 527	2 955		269 667	88 448
三、按隶属关系分组					
中央					
地方	93 473	2 955		74 801	25 693
其他	111 054			429 711	357 549
四、按国民经济行业分组					
房屋建筑业	204 527	2 955		418 012	383 242
住宅房屋建筑	204 527	2 955		418 012	383 242
其他房屋建筑					
木工程建筑业				86 000	
铁路、道路、隧道和桥梁工程建筑				86 000	
铁路工程建筑				86 000	
公路工程建筑					
市政道路工程建筑					
其他道路、隧道和桥梁工程建筑					

3-14 全市分行业及各县（市、区）总专包建筑业企业生产情况（二十六）

单位：平方米

指标名称	房屋建筑竣工面积				
	合计				
	商业及服务用房屋				办公用房屋
	宾馆用房屋(住宿用房)	餐饮用房屋(餐饮用房)	商务会展用房屋	其他商业及服务用房屋(居民服务业用房)	
水利和水运工程建筑					
河道治理及防洪设施工程建筑					
工矿工程建筑					
架线和管道工程建筑					
架线及设备工程建筑					
管道工程建筑					
其他土木工程建筑					
园林绿化工程施工					
其他土木工程建筑施工					
建筑安装业					
电气安装					
管道和设备安装					
其他建筑安装业					
建筑装饰、装修和其他建筑业				500	
建筑装饰和装修业					
公共建筑装饰和装修					
住宅装饰和装修					
建筑物拆除和场地准备活动				500	
提供施工设备服务					
其他未列明建筑业					
五、按资质等级分组					
施工总承包	204 527	2 955		504 012	383 242
特级	111 054			201 504	82 658
一级	93 473	2 955		282 501	214 725
二级				3 550	72 309
三级及以下				16 457	13 550
三级				16 457	13 550
专业承包				500	
一级					
二级					

3-14 全市分行业及各县（市、区）总专包建筑业企业生产情况（二十七）

单位：平方米

指标名称	房屋建筑竣工面积				
	合计				
	商业及服务用房屋				办公用房屋
	宾馆用房屋(住宿用房)	餐饮用房屋(餐饮用房)	商务会展用房屋	其他商业及服务用房屋(居民服务业用房)	
三级及以下				500	
三级				500	
其他					
六、按地区分组					
竞秀区	204 527	2 955		271 112	159 226
莲池区				1 578	9 205
满城区					1 000
清苑区					49 713
徐水区				7 700	5 000
涞水县					7 550
阜平县					
定兴县				4 885	
唐　县					9 639
高阳县					
涞源县					
望都县					15 465
易　县					
曲阳县					
蠡　县					
顺平县					
博野县				850	
涿州市				213 194	120 048
安国市					
高碑店市				5 193	200
白沟新城					
高新区					6 196
七、按营业状态分					
营业	204 527	2 955		504 512	383 242
停业（歇业）					

3-14 全市分行业及各县（市、区）总专包建筑业企业生产情况（二十八）

单位：平方米

指标名称	房屋建筑竣工面积			
	合　计			
	科研、教育、医疗用房屋	科学研究用房屋	教育用房屋	医疗用房屋(卫生医疗用房)
全　市	**2 017 100**	**188 960**	**1 323 792**	**504 348**
一、按登记注册类型分组				
内资企业	868 055	200	748 067	119 788
国有企业	77 163		77 163	
集体企业	14 206		14 206	
有限责任公司	254 305		196 305	58 000
国有独资公司				
其他有限责任公司	254 305		196 305	58 000
股份有限公司				
私营企业	522 381	200	460 393	61 788
私营有限责任公司	513 284	200	451 296	61 788
私营股份有限公司	9 097		9 097	
港澳台商投资企业	1 149 045	188 760	575 725	384 560
二、按控股情况分				
国有控股	229 653		229 653	
集体控股	20 583		20 583	
私人控股	489 814	200	427 826	61 788
其他	1 277 050	188 760	645 730	442 560
三、按隶属关系分组				
中央	126 300		126 300	
地方	250 853		167 751	83 102
其他	1 639 947	188 960	1 029 741	421 246
四、按国民经济行业分组				
房屋建筑业	1 856 153	188 960	1 165 445	501 748
住宅房屋建筑	1 856 153	188 960	1 165 445	501 748
其他房屋建筑				
木工程建筑业	159 447		156 847	2 600
铁路、道路、隧道和桥梁工程建筑	159 447		156 847	2 600
铁路工程建筑	152 490		152 490	
公路工程建筑				
市政道路工程建筑	6 957		4 357	2 600
其他道路、隧道和桥梁工程建筑				

3-14 全市分行业及各县（市、区）总专包建筑业企业生产情况（二十九）

单位：平方米

指标名称	房屋建筑竣工面积			
	合 计			
	科研、教育、医疗用房屋	科学研究用房屋	教育用房屋	医疗用房屋(卫生医疗用房)
水利和水运工程建筑				
河道治理及防洪设施工程建筑				
工矿工程建筑				
架线和管道工程建筑				
架线及设备工程建筑				
管道工程建筑				
其他土木工程建筑				
园林绿化工程施工				
其他土木工程建筑施工				
建筑安装业	1 500		1 500	
电气安装				
管道和设备安装				
其他建筑安装业	1 500		1 500	
建筑装饰、装修和其他建筑业				
建筑装饰和装修业				
公共建筑装饰和装修				
住宅装饰和装修				
建筑物拆除和场地准备活动				
提供施工设备服务				
其他未列明建筑业				
五、按资质等级分组				
施工总承包	2 015 600	188 960	1 322 292	504 348
特级	1 149 045	188 760	575 725	384 560
一级	663 069		579 967	83 102
二级	80 843		46 857	33 986
三级及以下	122 643	200	119 743	2 700
三级	122 643	200	119 743	2 700
专业承包	1 500		1 500	
一级	1 500		1 500	
二级				

3-14 全市分行业及各县（市、区）总专包建筑业企业生产情况（三十）

单位：平方米

指标名称	房屋建筑竣工面积			
	合　计			
	科研、教育、医疗用房屋	科学研究用房屋	教育用房屋	医疗用房屋(卫生医疗用房)
三级及以下				
三级				
其他				
六、按地区分组				
竞秀区	1 277 875	188 760	646 555	442 560
莲池区	16 027		16 027	
满城区	1 000		1 000	
清苑区	110 362		64 990	45 372
徐水区	21 300		21 300	
涞水县	14 997		14 997	
阜平县				
定兴县				
唐　县	2 600			2 600
高阳县				
涞源县				
望都县	28 604		14 888	13 716
易　县	1 400		1 400	
曲阳县	15 875		15 875	
蠡　县	3 906		3 906	
顺平县				
博野县	18 069	200	17 769	100
涿州市	489 379		489 379	
安国市				
高碑店市	14 206		14 206	
白沟新城				
高新区	1 500		1 500	
七、按营业状态分				
营业	2 017 100	188 960	1 323 792	504 348
停业（歇业）				

3-14 全市分行业及各县（市、区）总专包建筑业企业生产情况（三十一）

单位：平方米

指标名称	房屋建筑竣工面积				
	合计				
	文化、体育和娱乐用房	厂房及建筑物	厂房	仓库	其他未列明的房屋建筑物
全　市	**139 021**	**2 474 627**	**2 267 963**	**25 293**	**423 193**
一、按登记注册类型分组					
内资企业	12 229	980 063	781 701	20 093	323 545
国有企业		47 187	47 187		
集体企业				1 346	
有限责任公司	2 479	250 430	84 130	11 383	80 589
国有独资公司					18 113
其他有限责任公司	2 479	250 430	84 130	11 383	62 476
股份有限公司					
私营企业	9 750	682 446	650 384	7 364	242 956
私营有限责任公司	9 150	682 446	650 384	7 364	239 506
私营股份有限公司	600				3 450
港澳台商投资企业	126 792	1 494 564	1 486 262	5 200	99 648
二、按控股情况分					
国有控股		213 487	47 187		18 113
集体控股		59 736	59 736	1 346	202 191
私人控股	9 750	696 748	664 686	7 364	48 265
其他	129 271	1 504 656	1 496 354	16 583	154 624
三、按隶属关系分组					
中央		166 300			
地方	2 479	343 184	337 852	12 729	275 280
其他	136 542	1 965 143	1 930 111	12 564	147 913
四、按国民经济行业分组					
房屋建筑业	138 421	1 990 251	1 950 963	25 293	407 563
住宅房屋建筑	138 421	1 961 056	1 922 698	24 542	407 563
其他房屋建筑		29 195	28 265	751	
木工程建筑业	600	167 376			15 630
铁路、道路、隧道和桥梁工程建筑		167 376			11 242
铁路工程建筑		166 300			
公路工程建筑					11 242
市政道路工程建筑		1 076			
其他道路、隧道和桥梁工程建筑					

3-14 全市分行业及各县（市、区）总专包建筑业企业生产情况（三十二）

单位：平方米

指标名称	房屋建筑竣工面积				
	合计				
	文化、体育和娱乐用房	厂房及建筑物	厂房	仓库	其他未列明的房屋建筑物
水利和水运工程建筑					
河道治理及防洪设施工程建筑					
工矿工程建筑					
架线和管道工程建筑					
架线及设备工程建筑					
管道工程建筑					
其他土木工程建筑	600				4 388
园林绿化工程施工	600				3 100
其他土木工程建筑施工					1 288
建筑安装业					
电气安装					
管道和设备安装					
其他建筑安装业					
建筑装饰、装修和其他建筑业		317 000	317 000		
建筑装饰和装修业					
公共建筑装饰和装修					
住宅装饰和装修					
建筑物拆除和场地准备活动		317 000	317 000		
提供施工设备服务					
其他未列明建筑业					
五、按资质等级分组					
施工总承包	138 421	2 139 450	1 941 963	24 542	407 563
特级	126 792	1 494 564	1 486 262	5 200	99 648
一级	2 479	549 925	383 625	12 729	282 780
二级	2 150	54 612	36 115	6 613	18 905
三级及以下	7 000	40 349	35 961		6 230
三级	7 000	40 349	35 961		6 230
专业承包	600	335 177	326 000	751	15 630
一级	600				4 288
二级		965		751	100

3-14 全市分行业及各县（市、区）总专包建筑业企业生产情况（三十三）

单位：平方米

指标名称	房屋建筑竣工面积				
	合计				
	文化、体育和娱乐用房	厂房及建筑物	厂房	仓库	其他未列明的房屋建筑物
三级及以下		334 212	326 000		11 242
三级		334 212	326 000		11 242
其他					
六、按地区分组					
竞秀区	129 271	1 555 429	1 547 127	17 334	162 124
莲池区		59 736	59 736		220 304
满城区		1 000			
清苑区		285 217	285 217	6 613	
徐水区	1 100				1 240
涞水县		4 582			3 450
阜平县					
定兴县					
唐　县	600				23 053
高阳县		2 696	2 696		
涞源县		750			
望都县	2 150	329 541	317 000		
易　县		930			
曲阳县					
蠡　县		1 562			
顺平县		1 374			
博野县		1 076			1 405
涿州市	5 900	229 769	56 187		375
安国市					
高碑店市				1 346	
白沟新城					
高新区		965			11 242
七、按营业状态分					
营业	139 021	2 474 627	2 267 963	25 293	423 193
停业（歇业）					

3-14 全市分行业及各县（市、区）总专包建筑业企业生产情况（三十四）

单位：万元

指标名称	竣工房屋价值			
	合　计	住宅房屋	商业及服务用房屋	商厦房屋(批发和零售用房)
全　市	**4 184 495**	**2 818 059**	**287 299**	**54 158**
一、按登记注册类型分组				
内资企业	2 097 701	1 614 530	70 247	3 338
国有企业	60 400	39 446		
集体企业	72 154	63 348	2 986	1 241
有限责任公司	368 441	195 677	35 394	
国有独资公司	27 896	26 790		
其他有限责任公司	340 545	168 887	35 394	
股份有限公司				
私营企业	1 596 706	1 316 059	31 867	2 098
私营有限责任公司	1 594 135	1 316 059	31 867	2 098
私营股份有限公司	2 571			
港澳台商投资企业	2 086 794	1 203 529	217 052	50 819
二、按控股情况分				
国有控股	175 462	99 326	1 965	
集体控股	181 833	131 853	4 222	2 477
私人控股	1 494 611	1 235 859	28 666	862
其他	2 332 590	1 351 021	252 446	50 819
三、按隶属关系分组				
中央	78 463	28 936		
地方	979 330	777 277	40 737	3 338
其他	3 126 702	2 011 846	246 562	50 819
四、按国民经济行业分组				
房屋建筑业	3 861 592	2 569 576	285 284	54 158
住宅房屋建筑	3 849 848	2 559 943	285 284	54 158
其他房屋建筑	11 744	9 633		
木工程建筑业	309 394	248 483	1 965	
铁路、道路、隧道和桥梁工程建筑	92 399	33 090	1 965	
铁路工程建筑	87 166	33 090	1 965	
公路工程建筑	980			
市政道路工程建筑	4 253			
其他道路、隧道和桥梁工程建筑				

3-14 全市分行业及各县（市、区）总专包建筑业企业生产情况（三十五）

单位：万元

指标名称	竣工房屋价值			
	合　计	住宅房屋	商业及服务用房屋	商厦房屋(批发和零售用房)
水利和水运工程建筑				
河道治理及防洪设施工程建筑				
工矿工程建筑				
架线和管道工程建筑	902	902		
架线及设备工程建筑				
管道工程建筑	902	902		
其他土木工程建筑	216 093	214 492		
园林绿化工程施工	844			
其他土木工程建筑施工	215 249	214 492		
建筑安装业	60			
电气安装				
管道和设备安装				
其他建筑安装业	60			
建筑装饰、装修和其他建筑业	13 450		50	
建筑装饰和装修业				
公共建筑装饰和装修				
住宅装饰和装修				
建筑物拆除和场地准备活动	13 450		50	
提供施工设备服务				
其他未列明建筑业				
五、按资质等级分组				
施工总承包	4 163 937	2 817 074	287 249	54 158
特级	2 216 158	1 332 893	217 052	50 819
一级	1 431 330	1 046 414	65 831	3 338
二级	438 936	397 255	631	
三级及以下	77 513	40 513	3 736	
三级	77 513	40 513	3 736	
专业承包	20 558	985	50	
一级	1 632			
二级	1 127	985		

3-14 全市分行业及各县（市、区）总专包建筑业企业生产情况（三十六）

单位：万元

指标名称	竣工房屋价值			
	合　计	住宅房屋	商业及服务用房屋	商厦房屋(批发和零售用房)
三级及以下	17 799		50	
三级	17 799		50	
其他				
六、按地区分组				
竞秀区	2 465 909	1 461 002	252 706	50 819
莲池区	387 126	343 146	1 738	1 236
满城区	27 864	27 739		
清苑区	242 832	175 968	862	862
徐水区	52 946	49 513	926	
涞水县	5 981	1 771		
阜平县	2 500	2 500		
定兴县	42 566	41 545	1 021	
唐　县	114 058	107 043		
高阳县	1 196	873		
涞源县	9 465	9 390		
望都县	161 521	138 411		
易　县	8 847	6 902		
曲阳县	11 716	10 148		
蠡　县	1 962	1 000		
顺平县	17 822	17 650		
博野县	13 505	4 524	205	
涿州市	406 617	219 384	26 856	
安国市	21 590	21 590		
高碑店市	161 200	152 394	2 986	1 241
白沟新城	9 780	9 780		
高新区	17 495	15 789		
七、按营业状态分				
营业	4 184 495	2 818 059	287 299	54 158
停业（歇业）				

3-14 全市分行业及各县（市、区）总专包建筑业企业生产情况（三十七）

单位：万元

指标名称	竣工房屋价值			
	合 计			
	商业及服务用房屋			
	宾馆用房屋(住宿用房)	餐饮用房屋(餐饮用房)	商务会展用房屋	其他商业及服务用房屋(居民服务业用房)
全　市	**107 752**	**626**		**124 764**
一、按登记注册类型分组				
内资企业	19 354	626		46 929
国有企业				
集体企业				1 745
有限责任公司	19 354	626		15 414
国有独资公司				
其他有限责任公司	19 354	626		15 414
股份有限公司				
私营企业				29 770
私营有限责任公司				29 770
私营股份有限公司				
港澳台商投资企业	88 398			77 835
二、按控股情况分				
国有控股				1 965
集体控股				1 745
私人控股				27 805
其他	107 752	626		93 249
三、按隶属关系分组				
中央				
地方	19 354	626		17 419
其他	88 398			107 345
四、按国民经济行业分组				
房屋建筑业	107 752	626		122 749
住宅房屋建筑	107 752	626		122 749
其他房屋建筑				
木工程建筑业				1 965
铁路、道路、隧道和桥梁工程建筑				1 965
铁路工程建筑				1 965
公路工程建筑				
市政道路工程建筑				
其他道路、隧道和桥梁工程建筑				

3-14 全市分行业及各县（市、区）总专包建筑业企业生产情况（三十八）

单位：万元

指标名称	竣工房屋价值			
	合 计			
	商业及服务用房屋			
	宾馆用房屋(住宿用房)	餐饮用房屋(餐饮用房)	商务会展用房屋	其他商业及服务用房屋(居民服务业用房)
水利和水运工程建筑				
河道治理及防洪设施工程建筑				
工矿工程建筑				
架线和管道工程建筑				
架线及设备工程建筑				
管道工程建筑				
其他土木工程建筑				
园林绿化工程施工				
其他土木工程建筑施工				
建筑安装业				
电气安装				
管道和设备安装				
其他建筑安装业				
建筑装饰、装修和其他建筑业				50
建筑装饰和装修业				
公共建筑装饰和装修				
住宅装饰和装修				
建筑物拆除和场地准备活动				50
提供施工设备服务				
其他未列明建筑业				
五、按资质等级分组				
施工总承包	107 752	626		124 714
特级	88 398			77 835
一级	19 354	626		42 513
二级				631
三级及以下				3 736
三级				3 736
专业承包				50
一级				
二级				

3-14 全市分行业及各县（市、区）总专包建筑业企业生产情况（三十九）

单位：万元

指标名称	竣工房屋价值			
	合　计			
	商业及服务用房屋			
	宾馆用房屋(住宿用房)	餐饮用房屋(餐饮用房)	商务会展用房屋	其他商业及服务用房屋(居民服务业用房)
三级及以下				50
三级				50
其他				
六、按地区分组				
竞秀区	107 752	626		93 510
莲池区				502
满城区				
清苑区				
徐水区				926
涞水县				
阜平县				
定兴县				1 021
唐　县				
高阳县				
涞源县				
望都县				
易　县				
曲阳县				
蠡　县				
顺平县				
博野县				205
涿州市				26 856
安国市				
高碑店市				1 745
白沟新城				
高新区				
七、按营业状态分				
营业	107 752	626		124 764
停业（歇业）				

3-14 全市分行业及各县（市、区）总专包建筑业企业生产情况（四十）

单位：万元

指标名称	竣工房屋价值				
	合计				
	办公用房屋	科研、教育、医疗用房屋	科学研究用房屋	教育用房屋	医疗用房屋(卫生医疗用房)
全　市	**79 979**	**473 579**	**26 327**	**334 988**	**112 264**
一、按登记注册类型分组					
内资企业	55 984	180 915	57	148 544	32 314
国有企业		16 788		16 788	
集体企业	67	5 577		5 577	
有限责任公司	18 376	49 248		23 857	25 391
国有独资公司					
其他有限责任公司	18 376	49 248		23 857	25 391
股份有限公司					
私营企业	37 541	109 302	57	102 322	6 922
私营有限责任公司	36 521	108 298	57	101 318	6 922
私营股份有限公司	1 020	1 004		1 004	
港澳台商投资企业	23 994	292 664	26 269	186 445	79 950
二、按控股情况分					
国有控股		29 193		29 193	
集体控股	67	6 605		6 605	
私人控股	54 636	105 690	57	98 710	6 922
其他	25 275	332 091	26 269	200 480	105 342
三、按隶属关系分组					
中央		9 821		9 821	
地方	4 107	63 452		37 429	26 023
其他	75 872	400 306	26 327	287 739	86 241
四、按国民经济行业分组					
房屋建筑业	79 979	457 161	26 327	319 273	111 561
住宅房屋建筑	79 979	457 161	26 327	319 273	111 561
其他房屋建筑					
木工程建筑业		16 358		15 655	703
铁路、道路、隧道和桥梁工程建筑		16 358		15 655	703
铁路工程建筑		12 405		12 405	
公路工程建筑					
市政道路工程建筑		3 953		3 250	703
其他道路、隧道和桥梁工程建筑					

3-14 全市分行业及各县（市、区）总专包建筑业企业生产情况（四十一）

单位：万元

指标名称	竣工房屋价值				
	合计				
	办公用房屋	科研、教育、医疗用房屋	科学研究用房屋	教育用房屋	医疗用房屋(卫生医疗用房)
水利和水运工程建筑					
河道治理及防洪设施工程建筑					
工矿工程建筑					
架线和管道工程建筑					
架线及设备工程建筑					
管道工程建筑					
其他土木工程建筑					
园林绿化工程施工					
其他土木工程建筑施工					
建筑安装业		60		60	
电气安装					
管道和设备安装					
其他建筑安装业		60		60	
建筑装饰、装修和其他建筑业					
建筑装饰和装修业					
公共建筑装饰和装修					
住宅装饰和装修					
建筑物拆除和场地准备活动					
提供施工设备服务					
其他未列明建筑业					
五、按资质等级分组					
施工总承包	79 979	473 519	26 327	334 928	112 264
特级	23 994	292 664	26 269	186 445	79 950
一级	44 591	136 845		110 822	26 023
二级	9 869	16 812		11 254	5 558
三级及以下	1 525	27 198	57	26 409	732
三级	1 525	27 198	57	26 409	732
专业承包		60		60	
一级		60		60	
二级					

3-14 全市分行业及各县（市、区）总专包建筑业企业生产情况（四十二）

单位：万元

指标名称	竣工房屋价值				
	合计				
	办公用房屋	科研、教育、医疗用房屋	科学研究用房屋	教育用房屋	医疗用房屋(卫生医疗用房)
三级及以下					
三级					
其他					
六、按地区分组					
竞秀区	43 191	332 171	26 269	200 560	105 342
莲池区	879	1 347		1 347	
满城区	5	20		20	
清苑区	6 560	22 601		18 121	4 479
徐水区	500	1 748		1 748	
涞水县	1 020	2 166		2 166	
阜平县					
定兴县					
唐　县	1 911	703			703
高阳县					
涞源县					
望都县	2 456	4 833		3 122	1 711
易　县		1 781		1 781	
曲阳县		1 568		1 568	
蠡　县		696		696	
顺平县					
博野县		8 128	57	8 042	29
涿州市	22 810	90 181		90 181	
安国市					
高碑店市	67	5 577		5 577	
白沟新城					
高新区	579	60		60	
七、按营业状态分					
营业	79 979	473 579	26 327	334 988	112 264
停业（歇业）					

3-14 全市分行业及各县（市、区）总专包建筑业企业生产情况（四十三）

单位：万元

指标名称	竣工房屋价值				
	合计				
	文化、体育和娱乐用房	厂房及建筑物	厂房	仓库	其他未列明的房屋建筑物
全　市	**23 293**	**417 101**	**368 546**	**5 011**	**80 175**
一、按登记注册类型分组					
内资企业	2 866	115 291	69 241	3 990	53 878
国有企业		4 166	4 166		
集体企业				176	
有限责任公司	2 082	47 817	8 111	2 664	17 183
国有独资公司					1 106
其他有限责任公司	2 082	47 817	8 111	2 664	16 077
股份有限公司					
私营企业	784	63 308	56 964	1 150	36 695
私营有限责任公司	711	63 308	56 964	1 150	36 221
私营股份有限公司	73				474
港澳台商投资企业	20 427	301 810	299 305	1 021	26 297
二、按控股情况分					
国有控股		43 872	4 166		1 106
集体控股		8 600	8 600	176	30 310
私人控股	784	60 726	54 382	1 150	7 100
其他	22 509	303 903	301 398	3 685	41 659
三、按隶属关系分组					
中央		39 706			
地方	2 082	42 056	41 432	2 840	46 778
其他	21 210	335 339	327 115	2 170	33 397
四、按国民经济行业分组					
房屋建筑业	23 220	363 695	355 146	5 011	77 667
住宅房屋建筑	23 220	361 609	353 225	4 985	77 667
其他房屋建筑		2 086	1 921	26	
木工程建筑业	73	40 006			2 509
铁路、道路、隧道和桥梁工程建筑		40 006			980
铁路工程建筑		39 706			
公路工程建筑					980
市政道路工程建筑		300			
其他道路、隧道和桥梁工程建筑					

3-14 全市分行业及各县（市、区）总专包建筑业企业生产情况（四十四）

单位：万元

指标名称	竣工房屋价值				
	合 计				
	文化、体育和娱乐用房	厂房及建筑物	厂 房	仓 库	其他未列明的房屋建筑物
水利和水运工程建筑					
河道治理及防洪设施工程建筑					
工矿工程建筑					
架线和管道工程建筑					
架线及设备工程建筑					
管道工程建筑					
其他土木工程建筑	73				1 529
园林绿化工程施工	73				771
其他土木工程建筑施工					758
建筑安装业					
电气安装					
管道和设备安装					
其他建筑安装业					
建筑装饰、装修和其他建筑业		13 400	13 400		
建筑装饰和装修业					
公共建筑装饰和装修					
住宅装饰和装修					
建筑物拆除和场地准备活动		13 400	13 400		
提供施工设备服务					
其他未列明建筑业					
五、按资质等级分组					
施工总承包	23 220	400 245	354 546	4 985	77 667
特级	20 427	301 810	299 305	1 021	26 297
一级	2 082	85 235	45 529	2 840	47 493
二级	396	9 970	7 223	1 124	2 880
三级及以下	315	3 230	2 489		997
三级	315	3 230	2 489		997
专业承包	73	16 856	14 000	26	2 509
一级	73				1 500
二级		87		26	29

3-14 全市分行业及各县（市、区）总专包建筑业企业生产情况（四十五）

单位：万元

指标名称	竣工房屋价值				
	合　计				
	文化、体育和娱乐用房	厂房及建筑物	厂　房	仓　库	其他未列明的房屋建筑物
三级及以下		16 769	14 000		980
三级		16 769	14 000		980
其他					
六、按地区分组					
竞秀区	22 509	308 245	305 740	3 710	42 374
莲池区		8 600	8 600		31 416
满城区		100			
清苑区		35 717	35 717	1 124	
徐水区	94				166
涞水县		550			474
阜平县					
定兴县					
唐　县	73				4 329
高阳县		324	324		
涞源县		75			
望都县	396	15 425	13 400		
易　县		165			
曲阳县					
蠡　县		266			
顺平县		172			
博野县		300			348
涿州市	221	47 076	4 766		89
安国市					
高碑店市				176	
白沟新城					
高新区		87			980
七、按营业状态分					
营业	23 293	417 101	368 546	5 011	80 175
停业（歇业）					

3-15 全市分行业及各县（市、区）总专包建筑业企业财务状况（一）

单位：万元

指标名称	企业个数（个）	一、年初存货	二、年末资产负债			
			流动资产合计	应收账款	应收工程款	存货
全　市	**380**	**2 003 098**	**12 702 623**	**2 761 169**	**2 360 911**	**2 275 555**
一、按登记注册类型分组						
内资企业	379	1 980 930	7 916 681	2 148 268	1 771 510	2 257 487
国有企业	8	13 132	164 744	78 663	36 510	14 107
集体企业	2		62 110	37 752	37 575	165
有限责任公司	34	1 303 930	3 172 886	550 693	510 388	1 298 679
国有独资公司	2	797	22 842	9 012	9 012	650
其他有限责任公司	32	1 303 133	3 150 044	541 681	501 376	1 298 029
股份有限公司	1	17 828	30 223	5 285	5 285	22 848
私营企业	334	646 041	4 486 717	1 475 875	1 181 752	921 688
私营有限责任公司	330	645 473	4 473 436	1 468 752	1 175 116	920 529
私营股份有限公司	4	568	13 281	7 124	6 636	1 160
港澳台商投资企业	1	22 168	4 785 943	612 901	589 401	18 069
二、按控股情况分						
国有控股	18	158 980	1 641 109	458 096	410 600	188 907
集体控股	7	103 466	341 816	148 235	128 131	62 450
私人控股	350	1 000 529	4 761 064	1 381 963	1 111 279	1 206 274
其他	5	740 123	5 958 634	772 874	710 901	817 924
三、按隶属关系分组						
中央	4	11 410	487 077	113 172	109 073	10 165
地方	46	1 096 847	2 559 560	631 292	525 886	1 215 205
其他	330	894 841	9 655 986	2 016 705	1 725 952	1 050 185
四、按国民经济行业分组						
房屋建筑业	223	1 226 477	9 284 362	1 814 605	1 541 520	1 557 250
住宅房屋建筑	214	1 218 162	9 245 145	1 804 500	1 533 994	1 545 141
其他房屋建筑	9	8 315	39 218	10 105	7 526	12 110
土木工程建筑业	106	440 949	2 691 256	828 119	716 924	375 765
铁路、道路、隧道和桥梁工程建筑	52	238 379	2 056 697	645 187	571 141	225 708
铁路工程建筑	4	23 315	1 179 546	349 791	341 796	30 753
公路工程建筑	19	155 041	645 024	226 846	177 127	130 096
市政道路工程建筑	28	17 312	94 473	38 544	22 212	18 556
其他道路、隧道和桥梁工程建筑	1	42 711	137 654	30 006	30 006	46 303

3-15 全市分行业及各县（市、区）总专包建筑业企业财务状况（二）

单位：万元

指标名称	企业个数（个）	一、年初存货	二、年末资产负债			
			流动资产合计	应收账款	应收工程款	存货
水利和水运工程建筑	1	1 641	12 177	704		1 637
河道治理及防洪设施工程建筑	1	1 641	12 177	704		1 637
工矿工程建筑	4	3 521	16 403	2 988	2 980	10 169
架线和管道工程建筑	25	79 647	265 805	92 435	69 105	6 685
架线及设备工程建筑	22	58 452	213 311	80 595	57 265	4 544
管道工程建筑	3	21 195	52 494	11 840	11 840	2 141
其他土木工程建筑	24	117 760	340 173	86 805	73 699	131 566
园林绿化工程施工	14	110 976	238 728	17 798	12 656	126 589
其他土木工程建筑施工	10	6 784	101 446	69 007	61 043	4 978
建筑安装业	24	241 569	482 332	61 168	53 847	231 531
电气安装	12	239 833	424 551	31 599	26 026	225 528
管道和设备安装	5	–601	17 589	5 468	5 106	1 804
其他建筑安装业	7	2 336	40 192	24 101	22 715	4 199
建筑装饰、装修和其他建筑业	27	94 104	244 673	57 277	48 619	111 009
建筑装饰和装修业	19	91 410	208 906	31 717	25 020	108 325
公共建筑装饰和装修	11	88 243	187 831	25 671	18 988	105 128
住宅装饰和装修	8	3 167	21 075	6 046	6 032	3 197
建筑物拆除和场地准备活动	3		3 590	1 265		
提供施工设备服务	2	2 266	13 626	7 869	7 173	1 950
其他未列明建筑业	3	428	18 551	16 426	16 426	734
五、按资质等级分组						
施工总承包	286	1 865 615	11 991 459	2 495 414	2 131 501	2 118 352
特级	3	80 738	5 115 816	772 362	686 491	23 107
一级	32	1 218 185	4 437 670	1 099 486	984 957	1 489 653
二级	104	376 774	1 745 305	498 806	369 098	367 171
三级及以下	147	189 918	692 668	124 760	90 956	238 422
三级	147	189 918	692 668	124 760	90 956	238 422
专业承包	94	137 484	711 164	265 756	229 410	157 203
一级	21	97 881	429 825	142 757	121 244	119 724
二级	29	11 199	98 107	34 548	27 940	13 660

3-15 全市分行业及各县（市、区）总专包建筑业企业财务状况（三）

单位：万元

指标名称	企业个数（个）	一、年初存货	二、年末资产负债			
			流动资产合计	应收账款		存货
					应收工程款	
三级及以下	44	28 403	183 232	88 450	80 226	23 820
三级	43	28 267	172 851	78 928	70 704	23 689
其他	1	136	10 381	9 522	9 522	131
六、按地区分组						
竞秀区	51	1 079 824	7 134 588	1 083 794	978 815	1 123 412
莲池区	31	64 127	481 663	210 188	196 869	77 492
满城区	24	9 071	109 699	52 997	37 555	9 269
清苑区	21	164 033	424 577	79 988	74 145	204 625
徐水区	11	2 325	86 962	33 200	23 133	3 681
涞水县	17	36 870	149 042	28 210	20 122	44 891
阜平县	3	26 838	64 789	4 660	4 660	39 345
定兴县	10	15 781	116 832	40 251	39 405	24 489
唐　县	45	111 943	327 640	115 792	55 827	152 408
高阳县	1	284	1 414	729	729	284
涞源县	14	3 776	26 592	3 474	2 511	3 262
望都县	6	109	39 949	24 055	23 479	
易　县	25	17 241	100 441	47 867	23 661	10 387
曲阳县	12	5 988	55 472	13 959	10 907	12 957
蠡　县	6	1 432	21 432	10 072	8 351	2 402
顺平县	4	3 685	26 693	882	865	6 838
博野县	11	2 149	34 653	26 366	23 945	2 706
涿州市	26	147 753	1 918 448	445 505	397 402	316 577
安国市	4	3 104	11 494	445		2 179
高碑店市	27	109 153	814 015	314 468	305 114	40 028
白沟新城	3	12 435	57 142	2 102	2 102	41 656
高新区	28	185 178	699 088	222 165	131 317	156 670
七、按营业状态分						
营业	377	2 003 098	12 702 623	2 761 169	2 360 911	2 275 555
停业（歇业）	3					

3-15 全市分行业及各县（市、区）总专包建筑业企业财务状况（四）

单位：万元

指标名称	二、年末资产负债					
	固定资产减值准备	固定资产原　价	房屋和构筑物	机器设备	累计折旧	本年折旧
全　市	**3 015**	**886 640**	**149 574**	**409 478**	**458 743**	**53 632**
一、按登记注册类型分组						
内资企业	3 015	796 718	132 027	389 939	438 591	49 499
国有企业		16 966	2 189	1 626	10 782	2 560
集体企业	237	6 243	2 130	3 984	385	273
有限责任公司	108	196 119	38 221	96 895	131 324	11 497
国有独资公司		2 678			1 109	83
其他有限责任公司	108	193 441	38 221	96 895	130 215	11 414
股份有限公司		7 564	4 916	2 647	6 481	359
私营企业	2 669	569 828	84 571	284 788	289 620	34 811
私营有限责任公司	2 669	564 159	84 571	282 755	287 788	34 506
私营股份有限公司		5 668		2 033	1 832	305
港澳台商投资企业		89 921	17 547	19 538	20 152	4 134
二、按控股情况分						
国有控股	29	239 844	22 661	155 367	181 864	22 430
集体控股	237	48 884	23 520	20 043	26 094	2 432
私人控股	2 748	488 880	73 223	211 714	225 816	24 067
其他		109 031	30 170	22 354	24 968	4 703
三、按隶属关系分组						
中央	29	101 273	6 852	51 920	79 994	6 491
地方	991	152 415	33 481	62 754	78 008	6 918
其他	1 995	632 952	109 242	294 803	300 741	40 224
四、按国民经济行业分组						
房屋建筑业	1 964	472 891	92 890	187 763	180 458	21 746
住宅房屋建筑	1 964	464 871	92 890	187 518	176 628	21 351
其他房屋建筑		8 021		244	3 830	395
土木工程建筑业	753	393 599	54 147	217 936	266 538	30 637
铁路、道路、隧道和桥梁工程建筑		309 913	29 102	196 446	227 042	25 815
铁路工程建筑		201 773	20 239	144 054	150 927	19 426
公路工程建筑		89 192	8 241	40 879	63 136	5 007
市政道路工程建筑		11 162	621	6 304	6 028	1 054
其他道路、隧道和桥梁工程建筑		7 787		5 209	6 952	329

3-15 全市分行业及各县（市、区）总专包建筑业企业财务状况（五）

单位：万元

指标名称	二、年末资产负债					
	固定资产减值准备	固定资产原　价	房屋和构筑物	机器设备	累计折旧	本年折旧
水利和水运工程建筑		4 236	2 105	1 160	3 419	41
河道治理及防洪设施工程建筑		4 236	2 105	1 160	3 419	41
工矿工程建筑		1 923			1 382	1 256
架线和管道工程建筑	753	40 711	15 304	9 656	25 951	2 544
架线及设备工程建筑	753	38 011	15 092	8 602	24 027	2 479
管道工程建筑		2 700	212	1 054	1 924	64
其他土木工程建筑		36 817	7 637	10 675	8 744	981
园林绿化工程施工		13 936	235	5 696	3 639	258
其他土木工程建筑施工		22 881	7 402	4 979	5 104	722
建筑安装业		6 279	783	1 495	4 118	585
电气安装		3 298		616	1 788	495
管道和设备安装		1 120		780	872	30
其他建筑安装业		1 861	783	100	1 458	59
建筑装饰、装修和其他建筑业	298	13 870	1 754	2 283	7 628	665
建筑装饰和装修业	298	8 655	1 521	861	4 839	192
公共建筑装饰和装修	298	5 156		727	3 560	42
住宅装饰和装修		3 499	1 521	134	1 279	150
建筑物拆除和场地准备活动		1 056	27	716	481	162
提供施工设备服务		2 772	207		1 153	241
其他未列明建筑业		1 387		707	1 157	71
五、按资质等级分组						
施工总承包	1 992	801 574	136 382	371 952	419 310	47 109
特级		137 578	23 398	48 232	35 695	5 798
一级	237	374 162	72 713	216 217	241 379	25 786
二级	891	233 987	35 102	77 650	114 659	10 211
三级及以下	863	55 847	5 170	29 853	27 578	5 314
三级	863	55 847	5 170	29 853	27 578	5 314
专业承包	1 023	85 065	13 192	37 526	39 433	6 523
一级	298	32 166	5 529	17 350	18 108	2 099
二级		19 088	627	5 758	10 380	637

3-15 全市分行业及各县（市、区）总专包建筑业企业财务状况（六）

单位：万元

指标名称	二、年末资产负债					
	固定资产减值准备	固定资产原　价	房屋和构筑物	机器设备	累计折旧	本年折旧
三级及以下	726	33 812	7 036	14 419	10 945	3 787
三级	726	33 105	7 036	13 712	10 383	3 729
其他		707		707	561	57
六、按地区分组						
竞秀区	377	199 103	32 063	63 337	80 913	8 701
莲池区		72 500	13 202	37 371	39 657	3 393
满城区		10 951	1 977	4 960	4 679	252
清苑区	28	25 413	570	14 474	12 508	1 324
徐水区		6 096		83	928	111
涞水县		12 477	2 119	4 253	6 101	479
阜平县		4 232		1 125	2 675	508
定兴县		16 674	3 615	10 393	8 332	676
唐　县	1 569	117 151	28 178	52 735	39 543	3 792
高阳县		948			281	
涞源县	771	15 197	4 963	4 895	7 954	433
望都县		6 738		5 639	1 506	190
易　县		13 467	284	5 270	7 632	1 704
曲阳县		6 724	364	2 567	4 067	610
蠡　县		6 548		1 271	3 714	50
顺平县		5 725	1 949	757	3 165	341
博野县	3	5 544	431	3 679	1 784	662
涿州市	30	218 465	25 735	146 518	157 164	22 226
安国市		555	27	528	305	37
高碑店市	237	60 380	15 018	32 582	22 632	5 635
白沟新城		2 008		79	1 023	104
高新区		79 748	19 081	16 962	52 177	2 404
七、按营业状态分						
营业	3 015	886 640	149 574	409 478	458 743	53 632
停业（歇业）						

3-15 全市分行业及各县（市、区）总专包建筑业企业财务状况（七）

单位：万元

指标名称	二、年末资产负债					
	在建工程	无形资产	土地使用权	资产总计	流动负债合计	应付账款
全　市	**61 154**	**94 051**	**46 698**	**14 289 472**	**10 815 507**	**5 439 736**
一、按登记注册类型分组						
内资企业	47 171	94 002	46 650	8 967 663	6 084 299	2 316 406
国有企业	24	12 645		186 457	135 267	60 102
集体企业		74		68 315	35 258	9 194
有限责任公司	8 508	13 586	9 243	3 523 780	2 849 096	1 200 867
国有独资公司	875	3 909		29 229	33 228	15 249
其他有限责任公司	7 634	9 676	9 243	3 494 551	2 815 868	1 185 618
股份有限公司		2		35 614	23 110	206
私营企业	38 639	67 696	37 407	5 153 498	3 041 568	1 046 038
私营有限责任公司	38 639	67 696	37 407	5 136 380	3 032 677	1 045 459
私营股份有限公司				17 118	8 892	579
港澳台商投资企业	13 983	48	48	5 321 810	4 731 208	3 123 330
二、按控股情况分						
国有控股	5 326	22 452	3 830	1 776 756	1 520 529	293 067
集体控股	6 584	5 974	5 584	386 538	291 567	134 355
私人控股	35 261	65 577	37 237	5 612 622	3 337 291	1 215 829
其他	13 983	48	48	6 513 556	5 666 120	3 796 484
三、按隶属关系分组						
中央	781	2 532	1 252	542 691	441 377	109 212
地方	8 054	24 501	5 780	2 704 470	2 019 437	1 037 774
其他	52 319	67 018	39 666	11 042 312	8 354 693	4 292 751
四、按国民经济行业分组						
房屋建筑业	28 501	50 017	32 591	10 497 733	8 143 688	4 295 142
住宅房屋建筑	26 541	49 998	32 591	10 448 667	8 116 127	4 285 076
其他房屋建筑	1 961	19		49 067	27 561	10 066
土木工程建筑业	19 243	39 754	10 558	3 038 028	2 130 270	767 338
铁路、道路、隧道和桥梁工程建筑	13 315	33 036	6 757	2 325 297	1 654 151	442 794
铁路工程建筑	4 280	4 337	3 549	1 296 074	1 123 055	186 000
公路工程建筑	5 000	27 973	2 496	777 661	383 185	170 853
市政道路工程建筑	4 035	715	713	113 027	71 470	34 122
其他道路、隧道和桥梁工程建筑		11		138 536	76 441	51 819

3-15 全市分行业及各县（市、区）总专包建筑业企业财务状况（八）

单位：万元

指标名称	二、年末资产负债					
	在建工程	无形资产	土地使用权	资产总计	流动负债合计	应付账款
水利和水运工程建筑	24	1 568		14 636	10 725	121
河道治理及防洪设施工程建筑	24	1 568		14 636	10 725	121
工矿工程建筑				18 399	6 401	853
架线和管道工程建筑	5 238	2 495	1 186	295 943	205 685	144 499
架线及设备工程建筑	5 238	2 493	1 186	241 086	164 209	131 839
管道工程建筑		2		54 857	41 476	12 660
其他土木工程建筑	667	2 655	2 614	383 753	253 308	179 071
园林绿化工程施工	320			255 806	169 348	125 203
其他土木工程建筑施工	347	2 655	2 614	127 947	83 961	53 867
建筑安装业	13 281	3 486	3 328	497 847	371 807	270 346
电气安装		1 057	1 044	435 259	339 426	256 496
管道和设备安装	13 281	2 193	2 048	21 729	17 208	4 531
其他建筑安装业		235	235	40 859	15 173	9 320
建筑装饰、装修和其他建筑业	129	794	222	255 865	169 741	106 910
建筑装饰和装修业	129	572		214 919	145 202	92 900
公共建筑装饰和装修		572		191 518	138 038	87 081
住宅装饰和装修	129			23 401	7 164	5 819
建筑物拆除和场地准备活动				4 166	1 538	–34
提供施工设备服务				17 765	12 705	6 723
其他未列明建筑业		222	222	19 015	10 296	7 322
五、按资质等级分组						
施工总承包	45 557	83 982	37 396	13 354 765	10 166 923	5 190 290
特级	13 983	2 080	1 991	5 759 150	5 010 774	3 253 859
一级	5 154	29 511	12 898	4 796 059	3 379 125	1 490 801
二级	18 689	49 893	20 378	2 039 382	1 244 365	352 388
三级及以下	7 732	2 498	2 129	760 174	532 659	93 241
三级	7 732	2 498	2 129	760 174	532 659	93 241
专业承包	15 597	10 069	9 303	934 707	648 584	249 446
一级	12 045	4 365	3 768	466 661	313 670	185 714
二级	2 200	2 290	2 270	116 374	58 387	26 657

3-15 全市分行业及各县（市、区）总专包建筑业企业财务状况（九）

单位：万元

指标名称	二、年末资产负债					
	在建工程	无形资产	土地使用权	资产总计	流动负债合计	应付账款
三级及以下	1 352	3 414	3 264	351 673	276 527	37 074
三级	1 352	3 414	3 264	341 146	271 462	32 077
其他				10 527	5 065	4 998
六、按地区分组						
竞秀区	14 711	17 910	4 338	7 776 494	6 667 327	4 202 243
莲池区	14 011	30 088	24 098	583 527	387 566	187 957
满城区		325	284	142 362	80 633	20 348
清苑区	1 254	782	782	442 852	215 798	97 443
徐水区	493			105 113	74 504	20 671
涞水县	254	1 457		158 400	100 016	27 850
阜平县				66 346	38 883	8 203
定兴县		4 118	4 118	168 533	84 641	37 355
唐　县	4 602	3 083		440 655	181 037	107 765
高阳县				2 081	848	97
涞源县	1 951	2 054	1 760	39 898	12 023	2 163
望都县				67 196	48 877	10 471
易　县	4 070			113 265	65 628	20 079
曲阳县	1 593			66 122	41 717	17 620
蠡　县	330	724		25 389	10 098	8 116
顺平县	2 309			31 831	21 773	6 474
博野县	3	71	71	46 094	19 397	8 850
涿州市	4 472	16 782	3 537	2 048 643	1 427 225	223 098
安国市				13 705	2 355	453
高碑店市		5 644	5 479	1 084 975	797 933	241 193
白沟新城				60 360	56 588	2 123
高新区	11 101	11 014	2 230	805 632	480 641	189 165
七、按营业状态分						
营业	61 154	94 051	46 698	14 289 472	10 815 507	5 439 736
停业（歇业）						

3-15 全市分行业及各县（市、区）总专包建筑业企业财务状况（十）

单位：万元

指标名称	二、年末资产负债				
	非流动负债合计	负债合计	所有者权益合计		
				实收资本	个人资本
全　市	**422 602**	**11 301 835**	**2 987 638**	**1 571 270**	**307 298**
一、按登记注册类型分组					
内资企业	381 437	6 529 463	2 438 200	1 395 132	307 298
国有企业		139 018	47 439	40 418	
集体企业		35 258	33 057	9 600	
有限责任公司	131 015	2 980 972	542 808	285 523	25 324
国有独资公司	1 952	35 179	–5 950	5 100	
其他有限责任公司	129 063	2 945 793	548 758	280 423	25 324
股份有限公司		23 110	12 504	11 000	
私营企业	250 423	3 351 104	1 802 393	1 048 591	281 975
私营有限责任公司	250 291	3 342 081	1 794 299	1 041 401	278 975
私营股份有限公司	132	9 024	8 095	7 190	3 000
港澳台商投资企业	41 164	4 772 372	549 438	176 138	
二、按控股情况分					
国有控股	8 031	1 532 900	243 856	184 412	–19
集体控股	32	291 599	94 939	51 865	
私人控股	292 365	3 689 043	1 923 579	1 069 809	307 318
其他	122 173	5 788 293	725 263	265 184	
三、按隶属关系分组					
中央	488	441 864	100 827	61 594	
地方	203 539	2 229 341	475 128	294 319	36 096
其他	218 575	8 630 629	2 411 683	1 215 358	271 203
四、按国民经济行业分组					
房屋建筑业	290 575	8 476 616	2 021 118	1 052 375	201 286
住宅房屋建筑	290 413	8 448 855	1 999 812	1 033 867	200 169
其他房屋建筑	162	27 761	21 306	18 507	1 117
土木工程建筑业	92 250	2 236 659	801 368	430 383	96 927
铁路、道路、隧道和桥梁工程建筑	71 718	1 732 686	592 612	305 552	69 745
铁路工程建筑	3 834	1 130 534	165 540	87 200	
公路工程建筑	47 191	431 137	346 524	157 427	30 633
市政道路工程建筑	1 729	75 610	37 417	25 925	4 112
其他道路、隧道和桥梁工程建筑	18 964	95 405	43 131	35 000	35 000

3-15 全市分行业及各县（市、区）总专包建筑业企业财务状况（十一）

单位：万元

指标名称	二、年末资产负债				
	非流动负债合计	负债合计	所有者权益合计		
				实收资本	个人资本
水利和水运工程建筑		10 725	3 911	2 500	
河道治理及防洪设施工程建筑		10 725	3 911	2 500	
工矿工程建筑		6 989	11 410	12 926	-19
架线和管道工程建筑	2 456	211 854	84 090	49 233	13 153
架线及设备工程建筑	2 456	166 781	74 306	44 233	13 153
管道工程建筑		45 073	9 784	5 000	
其他土木工程建筑	18 077	274 406	109 347	60 173	14 048
园林绿化工程施工	18 066	189 090	66 716	32 575	4 271
其他土木工程建筑施工	11	85 316	42 631	27 598	9 777
建筑安装业	23 700	395 714	102 132	49 110	3 038
电气安装	23 700	363 333	71 926	30 423	268
管道和设备安装		17 208	4 521	5 377	120
其他建筑安装业		15 173	25 686	13 310	2 650
建筑装饰、装修和其他建筑业	16 076	192 845	63 020	39 402	6 047
建筑装饰和装修业	16 076	168 306	46 613	27 140	3 369
公共建筑装饰和装修	16 076	155 042	36 476	20 790	569
住宅装饰和装修		13 264	10 137	6 350	2 800
建筑物拆除和场地准备活动		1 538	2 628	1 560	
提供施工设备服务		12 705	5 060	4 510	2 010
其他未列明建筑业		10 296	8 719	6 192	668
五、按资质等级分组					
施工总承包	398 546	10 626 269	2 728 496	1 409 300	262 058
特级	65 543	5 076 317	682 834	211 605	
一级	252 242	3 647 827	1 148 232	584 339	92 569
二级	66 268	1 337 520	701 861	477 626	140 101
三级及以下	14 494	564 605	195 569	135 731	29 388
三级	14 494	564 605	195 569	135 731	29 388
专业承包	24 056	675 566	259 141	161 970	45 241
一级	17 663	331 683	134 979	68 196	17 180
二级	273	59 560	56 814	44 725	11 633

3-15 全市分行业及各县（市、区）总专包建筑业企业财务状况（十二）

单位：万元

指标名称	二、年末资产负债				
	非流动负债合计	负债合计	所有者权益合计	实收资本	个人资本
三级及以下	6 120	284 324	67 349	49 049	16 428
三级	6 120	279 259	61 887	45 849	16 428
其他		5 065	5 462	3 200	
六、按地区分组					
竞秀区	130 454	6 804 535	971 959	449 006	46 816
莲池区	6 773	395 684	187 843	141 631	6 060
满城区	142	85 782	56 581	38 580	23 323
清苑区	135 929	351 727	91 125	53 255	4 384
徐水区	22	74 563	30 549	24 756	4 075
涞水县	8 690	112 377	46 023	23 454	9 212
阜平县	11 450	53 930	12 416	4 285	3 285
定兴县	10 500	105 356	63 178	35 608	22 550
唐　县	29 090	218 789	221 866	173 804	66 566
高阳县		848	1 232	800	
涞源县	3 351	16 001	23 897	16 050	1 371
望都县	5	48 882	18 315	14 168	
易　县	3 978	74 443	38 822	23 258	4 350
曲阳县	174	46 420	19 703	12 037	
蠡　县		10 480	14 908	11 153	1 819
顺平县		24 241	7 590	6 934	
博野县		19 709	26 384	20 468	10 622
涿州市	22 047	1 449 300	599 342	247 765	8 567
安国市		6 106	7 599	5 896	3 673
高碑店市	38 877	837 450	247 526	81 460	32 211
白沟新城		56 588	3 772	3 687	
高新区	21 121	508 623	297 009	183 216	58 416
七、按营业状态分					
营业	422 602	11 301 835	2 987 638	1 571 270	307 298
停业（歇业）					

3-15 全市分行业及各县（市、区）总专包建筑业企业财务状况（十三）

单位：万元

指标名称	三、损益及分配					
	营业收入	主营业务收入	营业成本	主营业务成本	税金及附加	主营业务税金及附加
全　市	**10 956 743**	**10 754 337**	**15 981 354**	**10 042 940**	**46 284**	**43 911**
一、按登记注册类型分组						
内资企业	7 122 234	6 966 786	12 334 664	6 434 793	36 455	34 203
国有企业	160 412	148 746	153 820	142 395	836	792
集体企业	264 846	264 846	259 972	259 972	621	621
有限责任公司	2 216 679	2 202 280	2 032 920	2 019 618	9 738	8 952
国有独资公司	57 912	57 912	58 621	58 621	206	
其他有限责任公司	2 158 767	2 144 368	1 974 299	1 960 998	9 532	8 952
股份有限公司	12 154	12 154	10 407	10 407	87	87
私营企业	4 468 142	4 338 759	9 877 546	4 002 401	25 173	23 751
私营有限责任公司	4 453 770	4 324 387	9 864 130	3 988 985	25 115	23 693
私营股份有限公司	14 372	14 372	13 417	13 417	59	59
港澳台商投资企业	3 834 509	3 787 551	3 646 690	3 608 148	9 829	9 708
二、按控股情况分						
国有控股	1 296 348	1 270 091	1 208 239	1 182 872	3 284	2 827
集体控股	718 672	713 653	698 537	693 775	2 680	2 452
私人控股	4 318 998	4 199 027	9 702 457	3 836 090	25 032	23 466
其他	4 622 724	4 571 568	4 372 121	4 330 203	15 288	15 167
三、按隶属关系分组						
中央	575 793	570 305	532 426	527 017	1 234	1 215
地方	2 141 044	2 120 275	2 034 469	2 015 548	10 760	10 420
其他	8 239 906	8 063 757	13 414 458	7 500 375	34 290	32 276
四、按国民经济行业分组						
房屋建筑业	8 041 188	7 930 162	7 582 009	7 482 627	37 248	35 800
住宅房屋建筑	8 001 675	7 891 204	7 546 113	7 447 305	32 169	30 723
其他房屋建筑	39 513	38 958	35 896	35 323	5 079	5 077
土木工程建筑业	2 426 957	2 363 723	7 953 212	2 139 954	7 533	6 704
铁路、道路、隧道和桥梁工程建筑	1 660 127	1 630 862	7 248 605	1 468 867	4 410	4 153
铁路工程建筑	970 282	953 653	880 340	864 767	1 756	1 548
公路工程建筑	526 274	516 571	6 217 228	457 437	1 956	1 931
市政道路工程建筑	83 340	80 407	75 361	70 988	449	428
其他道路、隧道和桥梁工程建筑	80 232	80 231	75 676	75 676	249	246

3-15 全市分行业及各县（市、区）总专包建筑业企业财务状况（十四）

单位：万元

指标名称	三、损益及分配					
	营业收入	主营业务收入	营业成本	主营业务成本	税金及附加	主营业务税金及附加
水利和水运工程建筑	27 355	27 355	27 240	25 829	164	164
河道治理及防洪设施工程建筑	27 355	27 355	27 240	25 829	164	164
工矿工程建筑	13 008	2 772	13 218	3 264	74	47
架线和管道工程建筑	370 397	363 770	338 796	331 937	1 505	1 029
架线及设备工程建筑	331 353	324 741	303 925	297 066	1 215	981
管道工程建筑	39 044	39 029	34 871	34 871	290	48
其他土木工程建筑	356 069	338 963	325 353	310 057	1 381	1 312
园林绿化工程施工	146 400	129 612	125 024	109 738	472	403
其他土木工程建筑施工	209 669	209 351	200 329	200 319	909	909
建筑安装业	278 546	273 210	251 983	248 322	793	743
电气安装	223 001	218 495	202 575	199 007	527	520
管道和设备安装	24 925	24 253	22 155	22 155	91	49
其他建筑安装业	30 620	30 462	27 253	27 160	175	175
建筑装饰、装修和其他建筑业	210 051	187 244	194 151	172 037	710	664
建筑装饰和装修业	177 838	155 031	164 297	142 184	566	521
公共建筑装饰和装修	139 429	135 984	127 818	124 633	401	382
住宅装饰和装修	38 409	19 047	36 479	17 551	166	139
建筑物拆除和场地准备活动	5 569	5 569	4 433	4 433	13	13
提供施工设备服务	9 449	9 449	9 117	9 117	56	56
其他未列明建筑业	17 195	17 195	16 304	16 304	75	75
五、按资质等级分组						
施工总承包	10 363 010	10 181 556	15 465 542	9 545 727	39 045	36 790
特级	4 161 338	4 114 381	3 937 483	3 898 941	12 168	12 048
一级	4 213 955	4 189 066	3 911 315	3 889 181	16 959	16 369
二级	1 579 331	1 495 821	1 488 909	1 407 621	7 571	6 190
三级及以下	408 385	382 288	6 127 835	349 985	2 347	2 183
三级	408 385	382 288	6 127 835	349 985	2 347	2 183
专业承包	593 733	572 782	515 811	497 213	7 239	7 122
一级	369 168	367 209	323 331	321 773	1 201	1 170
二级	90 275	87 114	80 181	77 719	5 335	5 291

3-15 全市分行业及各县（市、区）总专包建筑业企业财务状况（十五）

单位：万元

指标名称	三、损益及分配					
	营业收入	主营业务收入	营业成本	主营业务成本	税金及附加	主营业务税金及附加
三级及以下	134 289	118 459	112 299	97 721	703	660
三级	128 476	112 647	106 877	92 299	685	642
其他	5 813	5 813	5 422	5 422	19	19
六、按地区分组						
竞秀区	5 567 768	5 485 610	5 247 730	5 177 508	19 736	19 244
莲池区	734 270	704 860	712 548	682 897	3 065	2 733
满城区	154 580	150 956	144 554	141 261	621	583
清苑区	341 517	339 042	324 194	321 730	1 054	1 045
徐水区	134 375	130 084	130 182	125 923	552	300
涞水县	33 098	28 780	29 667	25 896	230	190
阜平县	49 066	49 066	46 299	46 299	77	77
定兴县	110 405	109 890	100 228	100 228	591	591
唐　县	256 111	238 096	235 417	218 136	2 392	2 268
高阳县	1 720	1 720	1 650	1 650	3	3
涞源县	17 610	17 433	15 720	15 491	348	337
望都县	212 079	212 079	207 793	207 793	93	93
易　县	95 292	93 563	5 839 218	86 387	900	865
曲阳县	69 020	67 452	63 709	62 765	971	968
蠡　县	16 989	16 989	17 872	17 842	83	83
顺平县	25 175	25 175	23 447	23 447	132	132
博野县	38 045	37 198	35 399	32 272	143	141
涿州市	1 623 231	1 597 029	1 455 560	1 431 799	5 482	5 231
安国市	39 227	39 227	37 664	37 664	190	190
高碑店市	898 024	897 669	815 913	814 819	2 565	2 236
白沟新城	45 226	45 226	44 334	44 334	64	64
高新区	493 915	467 195	452 258	426 800	6 990	6 538
七、按营业状态分						
营业	10 956 743	10 754 337	15 981 354	10 042 940	46 284	43 911
停业（歇业）						

3-15 全市分行业及各县（市、区）总专包建筑业企业财务状况（十六）

单位：万元

指标名称	三、损益及分配					
	其他业务利润	销售费用	管理费用	研发费用	财务费用	利息收入
全　市	**10 827**	**5 755**	**230 011**	**56 505**	**70 793**	**15 298**
一、按登记注册类型分组						
内资企业	2 413	5 706	188 010	50 885	59 779	13 384
国有企业	34		6 819		−227	−212
集体企业			1 295		−107	
有限责任公司	941	717	72 566	17 356	25 151	12 551
国有独资公司			944			
其他有限责任公司	941	717	71 622	17 356	25 151	12 551
股份有限公司			904	365	218	
私营企业	1 437	4 988	106 427	33 164	34 744	1 045
私营有限责任公司	1 437	4 988	105 699	33 164	34 633	1 044
私营股份有限公司			728		112	1
港澳台商投资企业	8 415	50	42 001	5 621	11 014	1 914
二、按控股情况分						
国有控股	191	363	28 134	32 799	11 323	4 166
集体控股	31	225	10 997	365	356	26
私人控股	1 368	5 118	120 972	15 093	37 786	3 289
其他	9 238	50	69 908	8 249	21 329	7 818
三、按隶属关系分组						
中央		349	10 958	18 425	5 372	1 688
地方	1 657	709	56 024	3 796	9 874	6 994
其他	9 171	4 697	163 030	34 284	55 547	6 616
四、按国民经济行业分组						
房屋建筑业	9 742	2 621	137 998	14 897	40 561	8 769
住宅房屋建筑	9 708	2 597	135 897	14 897	39 986	8 774
其他房屋建筑	34	24	2 102		575	−5
土木工程建筑业	262	1 742	73 004	40 566	25 519	3 374
铁路、道路、隧道和桥梁工程建筑	16	827	43 379	31 472	23 795	3 847
铁路工程建筑	−141	185	12 648	31 289	13 173	3 748
公路工程建筑	156	47	24 849	70	8 914	85
市政道路工程建筑		595	3 731	113	227	−6
其他道路、隧道和桥梁工程建筑			2 151		1 481	20

3-15 全市分行业及各县（市、区）总专包建筑业企业财务状况（十七）

单位：万元

指标名称	三、损益及分配					
	其他业务利润	销售费用	管理费用	研发费用	财务费用	利息收入
水利和水运工程建筑			1 467		–220	–222
河道治理及防洪设施工程建筑			1 467		–220	–222
工矿工程建筑			1 327		17	–1
架线和管道工程建筑	9	898	16 125	6 553	–96	–511
架线及设备工程建筑	–6	898	13 307	6 553	–76	–506
管道工程建筑	15		2 818		–20	–4
其他土木工程建筑	237	17	10 708	2 541	2 023	261
园林绿化工程施工	–69	2	6 840	1 022	1 188	241
其他土木工程建筑施工	306	14	3 868	1 519	835	21
建筑安装业	824	1 021	10 781	715	3 849	3 144
电气安装	824	79	7 886	516	3 250	3 153
管道和设备安装		433	1 276	199	429	–13
其他建筑安装业		509	1 619		169	4
建筑装饰、装修和其他建筑业		372	8 228	327	864	11
建筑装饰和装修业		39	7 186	327	818	15
公共建筑装饰和装修		0.1	6 231	327	777	15
住宅装饰和装修		39	955		41	0.1
建筑物拆除和场地准备活动		271	603		25	–2
提供施工设备服务		24	124		–1	–1
其他未列明建筑业		38	316		22	–2
五、按资质等级分组						
施工总承包	10 627	4 037	195 494	48 901	65 512	13 197
特级	8 415	50	56 388	6 426	15 304	1 874
一级	1 468	349	78 173	42 261	32 945	8 211
二级	743	2 676	40 547	70	16 037	2 292
三级及以下	0.1	962	20 386	143	1 227	820
三级	0.1	962	20 386	143	1 227	820
专业承包	201	1 718	34 518	7 604	5 281	2 102
一级	167	922	15 434	5 941	2 018	932
二级	34	100	7 060	1 116	983	2

3-15 全市分行业及各县（市、区）总专包建筑业企业财务状况（十八）

单位：万元

指标名称	三、损益及分配					
	其他业务利　润	销售费用	管理费用	研发费用	财务费用	利息收入
三级及以下		697	12 024	547	2 280	1 168
三级		658	11 927	547	2 282	1 169
其他		38	97		−2	−2
六、按地区分组						
竞秀区	9 807	674	105 338	17 715	24 378	8 135
莲池区	292	1 128	14 158		861	−307
满城区		544	4 458	914	440	−6
清苑区	7	643	7 398	324	812	50
徐水区		913	1 546		231	42
涞水县		1	2 766		1 312	−6
阜平县			1 127		1 496	−5
定兴县	515		4 772		746	−11
唐　县		221	9 876		4 096	5
高阳县			6		0	
涞源县		138	1 809		−358	−802
望都县			827		−9	1
易　县		14	5 356		480	211
曲阳县		26	1 135		25	−4
蠡　县		91	398		35	1
顺平县			456		120	2
博野县		70	1 353		17	−1
涿州市	0.1	200	24 579	33 255	15 215	4 234
安国市		200	564		0.1	0.3
高碑店市	−141	132	23 458	4 099	11 128	2 105
白沟新城			417		182	−1
高新区	347	761	18 218	199	9 587	1 657
七、按营业状态分						
营业	10 827	5 755	230 011	56 505	70 793	15 298
停业（歇业）						

3-15 全市分行业及各县（市、区）总专包建筑业企业财务状况（十九）

单位：万元

指标名称	三、损益及分配						
	财务费用	资产减值损失	公允价值变动收益	投资收益	其他收益	营业利润	营业外收入
	利息支出						
全　市	**57 606**	**113 483**	**30**	**-2 446**	**478**	**185 206**	**7 728**
一、按登记注册类型分组							
内资企业	47 057	5 185		-3 409	477	219 222	4 227
国有企业	-22					576	984
集体企业				-658		3 724	43
有限责任公司	25 718	3 976		-3 304	371	57 946	491
国有独资公司				195		-1 664	36
其他有限责任公司	25 718	3 976		-3 499	371	59 609	455
股份有限公司						538	
私营企业	21 360	1 209		554	106	156 438	2 710
私营有限责任公司	21 262	1 209		554	106	156 381	2 589
私营股份有限公司	98					58	121
港澳台商投资企业	10 549	108 298	30	962	0.1	-34 015	3 501
二、按控股情况分							
国有控股	15 727	1 651		230	239	14 809	1 495
集体控股	4	454		158	53	7 166	197
私人控股	18 155	3 080		-3 797	186	178 121	2 355
其他	23 720	108 298	30	962	0.1	-14 890	3 682
三、按隶属关系分组							
中央	6 867	1 441		35	231	7 967	110
地方	12 196			234	1	31 394	1 320
其他	38 543	112 042	30	-2 715	246	145 846	6 298
四、按国民经济行业分组							
房屋建筑业	28 738	108 931	30	1 834	-1	95 255	5 339
住宅房屋建筑	28 505	108 931	30	1 834	-1	94 413	5 339
其他房屋建筑	233					842	
土木工程建筑业	22 163	4 553		-4 286	482	73 629	2 267
铁路、道路、隧道和桥梁工程建筑	19 573	4 427		-4 441	351	52 822	1 245
铁路工程建筑	15 393	2 622			208	28 736	906
公路工程建筑	2 533	1 727		-4 441	143	20 500	234
市政道路工程建筑	147	78				2 911	82
其他道路、隧道和桥梁工程建筑	1 501					675	23

3-15 全市分行业及各县（市、区）总专包建筑业企业财务状况（二十）

单位：万元

指标名称	三、损益及分配						
	财务费用	资产减值损失	公允价值变动收益	投资收益	其他收益	营业利润	营业外收入
	利息支出						
水利和水运工程建筑						116	
河道治理及防洪设施工程建筑						116	
工矿工程建筑	-2					-1 549	690
架线和管道工程建筑	548	128		155	107	7 128	204
架线及设备工程建筑	548	128		155	107	6 042	175
管道工程建筑						1 086	29
其他土木工程建筑	2 043	-3			24	15 112	128
园林绿化工程施工	1 228					12 399	116
其他土木工程建筑施工	815	-3			24	2 713	12
建筑安装业	6 530			2		10 568	39
电气安装	6 365			2		8 687	22
管道和设备安装						542	8
其他建筑安装业	164			0.1		1 340	9
建筑装饰、装修和其他建筑业	176			4	-4	5 754	83
建筑装饰和装修业	150					4 961	73
公共建筑装饰和装修	110					4 229	73
住宅装饰和装修	40					732	0.2
建筑物拆除和场地准备活动	26			4		227	
提供施工设备服务						129	9
其他未列明建筑业					-4	437	1
五、按资质等级分组							
施工总承包	56 062	112 867	30	-2 979	434	152 743	6 370
特级	11 130	110 026	30	-3 346	143	-22 949	3 541
一级	34 226	1 633		461	238	140 543	1 078
二级	8 847	1 104		422	53	28 331	456
三级及以下	1 859	105		-516	1	6 818	1 294
三级	1 859	105		-516	1	6 818	1 294
专业承包	1 544	616		533	43	32 463	1 359
一级	864	616		0.1	49	22 221	1 239
二级	167					3 418	19

3-15 全市分行业及各县（市、区）总专包建筑业企业财务状况（二十一）

单位：万元

指标名称	三、损益及分配						
	财务费用 利息支出	资产减值损失	公允价值变动收益	投资收益	其他收益	营业利润	营业外收入
三级及以下	513			533	–5	6 824	101
三级	513			533	–5	6 587	101
其他						238	
六、按地区分组							
竞秀区	26 109	107 942	30	1 325	78	5 518	3 846
莲池区	996			892		4 042	183
满城区	346				–4	5 913	14
清苑区	12	28				7 506	76
徐水区	38					951	12
涞水县	277					–985	5
阜平县	1 517					67	5
定兴县	748			205		4 316	1
唐　县	695			4		5 273	284
高阳县						70	
涞源县	325					–157	1
望都县	–6					3 427	15
易　县	129					632	1 074
曲阳县	13			–522		2 684	
蠡　县	4					–1 460	24
顺平县	116					993	
博野县	15					1 605	33
涿州市	15 438	2 004			184	95 586	701
安国市						609	0
高碑店市	1 087	3 073		–4 567	166	37 240	1 268
白沟新城						230	1
高新区	9 750	436		216	53	11 148	186
七、按营业状态分							
营业	57 606	113 483	30	–2 446	478	185 206	7 728
停业（歇业）							

3-15 全市分行业及各县（市、区）总专包建筑业企业财务状况（二十二）

单位：万元

指标名称	三、损益及分配			四、人工成本及增值税		五、其他材料
	营业外支出	利润总额	所得税费用	应付职工薪酬(本年贷方累计发生额)	应交增值税	建筑业企业在境外完成的营业收入
全　市	**5 398**	**186 761**	**43 869**	**541 251**	**205 271**	**20 611**
一、按登记注册类型分组						
内资企业	4 365	218 308	52 708	508 522	135 089	5 717
国有企业	675	885	880	16 666	2 937	
集体企业	1	3 767	943	21 037	4 361	
有限责任公司	1 007	57 429	15 686	100 320	53 911	
国有独资公司	41	−1 668		2 469	1 518	
其他有限责任公司	967	59 097	15 686	97 851	52 393	
股份有限公司		538	135	2 431	397	
私营企业	2 682	155 690	35 065	368 068	73 483	5 717
私营有限责任公司	2 681	155 512	35 001	358 372	72 802	5 717
私营股份有限公司	1	178	64	9 696	681	
港澳台商投资企业	1 033	−31 548	−8 839	32 729	70 182	14 894
二、按控股情况分						
国有控股	1 252	15 052	1 277	111 219	24 605	
集体控股	144	7 219	1 737	43 031	19 683	
私人控股	2 724	176 975	44 915	343 829	86 740	5 717
其他	1 278	−12 486	−4 059	43 173	74 243	14 894
三、按隶属关系分组						
中央	256	7 822	53	50 543	18 044	
地方	1 472	31 242	8 481	99 849	34 461	
其他	3 671	147 697	35 335	390 860	152 765	20 611
四、按国民经济行业分组						
房屋建筑业	3 069	97 079	26 193	337 810	145 422	14 894
住宅房屋建筑	3 067	96 239	25 958	332 806	144 162	14 894
其他房屋建筑	2	840	235	5 003	1 260	
土木工程建筑业	2 093	73 917	13 756	187 689	52 367	4 735
铁路、道路、隧道和桥梁工程建筑	1 367	52 814	9 600	134 454	23 735	4 685
铁路工程建筑	566	29 076	1 924	87 690	7 694	4 685
公路工程建筑	714	20 014	7 150	35 904	11 889	
市政道路工程建筑	84	3 029	352	9 059	2 739	
其他道路、隧道和桥梁工程建筑	3	695	174	1 801	1 413	

3-15 全市分行业及各县（市、区）总专包建筑业企业财务状况（二十三）

单位：万元

指标名称	三、损益及分配			四、人工成本及增值税		五、其他材料
	营业外支出	利润总额	所得税费用	应付职工薪酬(本年贷方累计发生额)	应交增值税	建筑业企业在境外完成的营业收入
水利和水运工程建筑	2	114	29	1 329	850	
河道治理及防洪设施工程建筑	2	114	29	1 329	850	
工矿工程建筑	5	-864	36	1 609	340	
架线和管道工程建筑	406	6 926	761	39 914	19 159	
架线及设备工程建筑	360	5 858	527	35 176	17 959	
管道工程建筑	46	1 068	234	4 738	1 200	
其他土木工程建筑	314	14 926	3 329	10 384	8 283	50
园林绿化工程施工	113	12 402	2 979	3 798	3 082	
其他土木工程建筑施工	201	2 524	350	6 586	5 202	50
建筑安装业	139	10 025	2 370	5 234	1 711	982
电气安装	136	8 573	2 194	1 538	545	
管道和设备安装	2	548	69	1 288	521	982
其他建筑安装业	1	904	107	2 408	645	
建筑装饰、装修和其他建筑业	97	5 740	1 551	10 519	5 771	
建筑装饰和装修业	96	4 938	1 390	7 689	5 059	
公共建筑装饰和装修	78	4 224	923	5 510	4 599	
住宅装饰和装修	18	714	467	2 179	461	
建筑物拆除和场地准备活动	1	226	9	293	66	
提供施工设备服务		138	38	246	285	
其他未列明建筑业	0.1	438	114	2 291	361	
五、按资质等级分组						
施工总承包	4 842	153 939	39 547	491 138	190 753	14 894
特级	1 151	-20 559	-4 289	42 159	73 633	14 894
一级	1 441	139 712	32 057	207 079	58 178	
二级	1 880	26 905	10 251	183 908	49 652	
三级及以下	370	7 880	1 528	57 992	9 291	
三级	370	7 880	1 528	57 992	9 291	
专业承包	556	32 822	4 323	50 113	14 517	5 717
一级	229	22 788	3 088	26 549	8 771	5 717
二级	254	3 183	259	8 881	3 153	

3-15 全市分行业及各县（市、区）总专包建筑业企业财务状况（二十四）

单位：万元

指标名称	三、损益及分配			四、人工成本及增值税		五、其他材料
	营业外支出	利润总额	所得税费用	应付职工薪酬(本年贷方累计发生额)	应交增值税	建筑业企业在境外完成的营业收入
三级及以下	73	6 852	975	14 683	2 593	
三级	73	6 614	916	14 516	2 503	
其他		238	59	168	90	
六、按地区分组						
竞秀区	1 847	7 512	98	99 322	102 272	14 945
莲池区	217	3 564	1 041	17 631	18 181	982
满城区	341	5 586	731	26 379	3 458	
清苑区	61	7 521	1 765	58 790	6 875	
徐水区	67	896	1 001	10 259	2 661	
涞水县	74	–914	125	6 397	1 092	
阜平县	24	48	14	12 569	455	
定兴县	25	4 293	947	13 137	1 530	
唐　县	52	5 037	1 742	32 231	5 154	
高阳县		70	15	686	21	
涞源县	7	–163	198	3 517	337	
望都县	13	3 429	783	9 726	1 172	
易　县	215	1 491	276	12 969	2 451	
曲阳县	47	2 637	218	7 759	1 112	
蠡　县		–1 436	28	14 108	303	
顺平县		993	232	5 696	778	
博野县	46	1 592	304	4 801	949	
涿州市	1 158	95 129	20 482	100 219	8 501	
安国市	1	608	588	3 749	1 161	
高碑店市	811	37 698	9 354	63 194	31 473	4 685
白沟新城	2	228	246	806	94	
高新区	392	10 942	3 683	37 307	15 241	
七、按营业状态分						
营业	5 398	186 761	43 869	541 251	205 271	20 611
停业（歇业）						

第二部分

统计数据篇

四、固定资产投资

4-1 全市及各县（市、区）全社会固定资产投资增长速度

单位：%

县（市、区）	全社会固定资产投资	固定资产投资			农村农户
			建设项目	房地产	
全 市	**6.9**	**6.9**	**6.8**	**7.1**	**5.9**
竞秀区	22.7	23.8	9.4	43.5	-81.3
莲池区	20.3	20.0	82.0	-52.6	
满城区	1.8	2.9	7.6	-6.2	-37.3
清苑区	17.5	16.1	11.1	24.9	70.0
徐水区	9.9	10.9	1.3	24.7	-28.8
涞水县	5.7	6.4	9.0	1.9	-16.7
阜平县	13.6	13.0	11.7	32.3	183.7
定兴县	7.0	7.0	-0.9	111.4	6.6
唐 县	11.3	9.2	9.6	8.5	158.9
高阳县	9.1	8.0	35.3	-54.3	123.3
涞源县	8.0	10.0	-12.2	78.9	-55.6
望都县	6.8	6.9	34.9	-17.1	-0.2
易 县	5.9	6.7	-7.1	55.0	-9.5
曲阳县	13.5	11.1	4.9	25.2	324.2
蠡 县	5.7	6.4	5.3	11.0	-41.3
顺平县	8.5	7.8	0.8	21.2	46.5
博野县	17.8	16.7	19.2	4.6	126.0
涿州市	7.5	7.1	-15.2	70.5	77.7
安国市	8.4	8.1	42.2	-12.9	36.5
高碑店市（不含荣乌）	9.8	10.3	-11.8	95.5	-28.5
白沟新城	0.0	1.3	-20.2	22.9	-88.8
高新区	44.7	44.3	408.4	-56.5	

4-2 全市及各县（市、区）分登记注册类型房地产开发企业财务状况（一）

单位：个、万元

指标名称	企业个数	年初存货	流动资产合计	应收账款	存货
全市	**474**	**15 340 410**	**33 573 547**	**376 239**	**17 228 700**
一、按登记注册类型分组					
内资企业	474	15 340 410	33 573 547	376 239	17 228 700
有限责任公司	131	6 088 017	16 061 488	113 351	7 145 476
国有独资公司	2	115 136	222 783	3 017	135 395
其他有限责任公司	129	5 972 881	15 838 705	110 334	7 010 081
股份有限公司	1	51 379	387 998	–3 483	64 899
私营企业	342	9 201 013	17 124 061	266 371	10 018 325
私营有限责任公司	341	9 190 105	17 111 066	266 371	10 006 109
私营股份有限公司	1	10 908	12 995		12 216
二、按控股情况分					
国有控股	8	597 786	1 158 724	3 024	878 107
私人控股	466	14 742 623	32 414 823	373 215	16 350 593
三、按隶属关系分组					
中央	2	86 146	238 187		161 260
地方	23	1 269 773	2 923 896	52 865	1 428 628
其他	449	13 984 491	30 411 464	323 374	15 638 812
四、按资质等级分组					
一级	15	1 760 231	3 924 354	3 402	1 779 232
二级	40	2 422 646	8 472 212	70 180	2 302 960
三级	43	1 524 632	2 592 000	59 072	1 713 953
四级	61	1 512 318	2 451 380	35 535	1 682 758
暂定	290	6 654 917	13 261 717	159 084	8 123 843
其他	25	1 465 667	2 871 885	48 967	1 625 954

4-2 全市及各县（市、区）分登记注册类型房地产开发企业财务状况（二）

单位：个、万元

指标名称	企业个数	年初存货	流动资产合　计	应收账款	存　货
五、按地区分组					
竞秀区	37	2 447 994	8 350 769	8 024	2 465 531
莲池区	42	2 069 331	5 148 491	10 782	2 863 030
满城区	21	613 901	952 167	40 746	665 094
清苑区	13	284 262	469 013	34 853	259 899
徐水区	29	1 012 365	1 695 993	46 874	1 164 768
涞水县	33	1 062 069	2 467 052	25 281	1 208 765
阜平县	2	75 153	89 401	1	88 474
定兴县	12	349 889	469 907	548	285 946
唐　县	19	277 266	467 575	548	301 234
高阳县	6	214 054	412 263	1 219	222 129
涞源县	22	288 566	609 044	5 483	420 809
望都县	11	266 618	506 886	3 931	321 670
易　县	24	389 226	593 822	16 689	371 525
曲阳县	27	335 967	770 883	4 621	467 368
蠡　县	7	82 327	179 881	24 821	119 245
顺平县	18	260 164	436 531	16 454	276 751
博野县	8	22 901	71 301	954	34 477
涿州市	33	1 856 524	3 554 489	34 631	1 922 441
安国市	21	382 190	979 277	58 865	601 296
高碑店市	37	1 135 575	2 011 984	−3 100	1 210 588
白沟新城	22	377 288	941 012	16 384	642 712
高新区	30	1 536 780	2 395 807	27 630	1 314 948
六、按营业状态分					
营业	466	15 337 753	33 566 415	375 361	17 225 877
停业（歇业）	7	2 657	7 132	878	2 823
筹建	1				

4-2 全市及各县（市、区）分登记注册类型房地产开发企业财务状况（三）

单位：万元

指标名称	固定资产原　价	累计折旧	本年折旧	在建工程	无形资产	土地使用权
全　市	**927 458**	**125 476**	**29 768**	**73 731**	**109 866**	**72 993**
一、按登记注册类型分组						
内资企业	927 458	125 476	29 768	73 731	109 866	72 993
有限责任公司	459 183	29 128	5 361	29 640	28 885	24 398
国有独资公司	69	59	17	7 615	4	
其他有限责任公司	459 114	29 069	5 344	22 025	28 881	24 398
股份有限公司	3 821	1 099	1 032			
私营企业	464 454	95 249	23 375	44 091	80 981	48 595
私营有限责任公司	464 454	95 249	23 375	44 091	80 981	48 595
私营股份有限公司						
二、按控股情况分						
国有控股	201	133	33	7 615	14	
私人控股	927 256	125 343	29 735	66 116	109 852	72 993
三、按隶属关系分组						
中央	108	64	12		10	
地方	67 193	11 204	4 014	12 369	12 397	12 384
其他	860 157	114 208	25 743	61 362	97 459	60 609
四、按资质等级分组						
一级	58 127	16 982	4 163	155	2 520	2 414
二级	660 837	54 917	12 676	25 603	19 178	14 641
三级	41 784	11 711	2 187	8 482	15 570	15 484
四级	21 385	8 835	1 424	6 232	5 964	4 877
暂定	140 219	31 435	8 919	32 461	66 349	35 578
其他	5 105	1 597	399	799	284	

4-2 全市及各县（市、区）分登记注册类型房地产开发企业财务状况（四）

单位：万元

指标名称	固定资产原价	累计折旧	本年折旧	在建工程	无形资产	土地使用权
五、按地区分组						
竞秀区	27 910	9 046	2 238	48	3 083	307
莲池区	300 707	41 968	12 246	2 102	2 911	2 375
满城区	3 054	1 846	234	2 293		
清苑区	2 245	949	166	57	868	
徐水区	14 399	4 195	848	7 946	5 738	5 729
涞水县	398 169	15 139	2 630	8 105	13 420	12 494
阜平县	7 897	2 002	404		615	
定兴县	13 018	3 778	551	433	4 550	4 536
唐　县	2 714	1 112	578	14	13	4
高阳县	2 360	1 529	433			
涞源县	10 552	2 434	591	311	156	149
望都县	4 417	694	346	16 038	30 104	3 101
易　县	7 034	1 541	285	3 171	0.2	
曲阳县	2 202	1 656	508	3 998	12 021	12 021
蠡　县	585	167	91			
顺平县	4 804	1 676	438	6	1	
博野县	126	64	18		1	
涿州市	32 789	7 926	1 176	1 229	482	402
安国市	28 140	7 102	1 613	6 547	14 364	14 094
高碑店市	35 463	8 954	2 017	20 995	19 543	15 864
白沟新城	17 609	3 127	930	226	1 947	1 919
高新区	11 264	8 570	1 427	211	47	
六、按营业状态分						
营业	926 275	124 502	29 710	73 731	109 503	72 630
停业（歇业）	1 183	975	58		363	363
筹建						

4-2 全市及各县（市、区）分登记注册类型房地产开发企业财务状况（五）

单位：万元

指标名称	资产总计	流动负债合　计	负债合计	所有者权益合　计	实收资本
全　市	**37 039 986**	**28 927 646**	**33 282 551**	**3 757 434**	**2 194 144**
一、按登记注册类型分组					
内资企业	37 039 986	28 927 646	33 282 551	3 757 434	2 194 144
有限责任公司	17 317 439	13 970 238	15 575 301	1 742 138	917 205
国有独资公司	230 410	112 207	190 353	40 057	4 428
其他有限责任公司	17 087 029	13 858 031	15 384 948	1 702 081	912 777
股份有限公司	439 222	417 164	417 164	22 058	20 000
私营企业	19 283 324	14 540 244	17 290 086	1 993 238	1 256 939
私营有限责任公司	19 270 329	14 527 232	17 277 074	1 993 256	1 256 439
私营股份有限公司	12 995	13 013	13 013	–18	500
二、按控股情况分					
国有控股	1 171 861	942 794	1 059 966	111 895	79 928
私人控股	35 868 124	27 984 853	32 222 585	3 645 540	2 114 216
三、按隶属关系分组					
中央	238 240	231 945	231 945	6 295	3 500
地方	3 125 124	2 400 249	2 784 447	340 678	163 160
其他	33 676 621	26 295 452	30 266 159	3 410 462	2 027 484
四、按资质等级分组					
一级	4 694 133	3 305 202	4 106 169	587 964	387 600
二级	9 548 531	7 380 437	8 488 188	1 060 343	390 874
三级	2 755 255	2 145 037	2 327 392	427 863	134 900
四级	2 574 224	1 837 080	2 177 324	396 899	197 356
暂定	14 537 261	11 835 478	13 440 716	1 096 545	982 811
其他	2 930 583	2 424 412	2 742 762	187 821	100 604

4-2 全市及各县（市、区）分登记注册类型房地产开发企业财务状况（六）

单位：万元

指标名称	资产总计	流动负债合计	负债合计	所有者权益合计	实收资本
五、按地区分组					
竞秀区	8 868 280	7 794 941	8 408 011	460 269	424 506
莲池区	6 099 049	4 072 358	5 628 487	470 562	431 687
满城区	964 955	830 969	889 398	75 557	37 908
清苑区	484 999	302 110	325 396	159 603	35 105
徐水区	1 773 811	1 637 458	1 669 479	104 332	54 277
涞水县	2 937 940	2 044 495	2 243 221	694 718	208 669
阜平县	97 344	80 583	90 307	7 038	3 800
定兴县	494 214	355 442	382 000	112 213	27 507
唐　县	481 969	388 197	452 605	29 365	39 770
高阳县	419 310	287 288	327 077	92 233	43 987
涞源县	665 045	477 638	564 626	100 420	58 470
望都县	532 075	339 194	421 792	110 283	45 928
易　县	621 039	436 912	554 827	66 211	22 982
曲阳县	790 765	623 697	702 644	88 121	45 860
蠡　县	189 720	173 296	178 961	10 759	19 203
顺平县	441 982	394 459	399 063	42 919	28 493
博野县	71 368	55 003	70 318	1 050	3 800
涿州市	3 742 007	2 986 643	3 368 465	373 542	198 500
安国市	1 076 895	910 531	1 001 753	75 142	48 220
高碑店市	2 125 409	1 732 717	1 877 380	248 029	148 721
白沟新城	1 312 438	1 046 090	1 231 387	81 050	83 276
高新区	2 849 375	1 957 627	2 495 354	354 021	183 474
六、按营业状态分					
营业	37 031 230	28 921 003	33 275 904	3 755 326	2 193 191
停业（歇业）	8 755	6 643	6 647	2 108	953
筹建					

4-2 全市及各县（市、区）分登记注册类型房地产开发企业财务状况（七）

单位：万元

指标名称	营业收入	主营业务收入	土地转让收入	商品房屋销售收入	房屋出租收入	其他主营业务收入
全　市	**3 380 633**	**3 290 343**	**5 771**	**3 264 833**	**13 970**	**5 769**
一、按登记注册类型分组						
内资企业	3 380 633	3 290 343	5 771	3 264 833	13 970	5 769
有限责任公司	1 180 544	1 139 034	3 397	1 131 766	232	3 638
国有独资公司						
其他有限责任公司	1 180 544	1 139 034	3 397	1 131 766	232	3 638
股份有限公司	7 696	7 373		7 050		323
私营企业	2 192 393	2 143 936	2 374	2 126 017	13 738	1 807
私营有限责任公司	2 192 393	2 143 936	2 374	2 126 017	13 738	1 807
私营股份有限公司						
二、按控股情况分						
国有控股	21 666	21 666		21 551		115
私人控股	3 358 967	3 268 677	5 771	3 243 282	13 970	5 654
三、按隶属关系分组						
中央	21 551	21 551		21 551		
地方	296 993	272 999		272 518		482
其他	3 062 088	2 995 792	5 771	2 970 764	13 970	5 287
四、按资质等级分组						
一级	452 828	411 262		408 529	2 410	323
二级	595 958	563 496		551 937	11 101	458
三级	606 066	605 928	4 997	598 106	135	2 690
四级	219 813	219 333		219 172	82	79
暂定	1 251 393	1 237 285	774	1 234 190	243	2 078
其他	254 574	253 040		252 899		141

4-2 全市及各县（市、区）分登记注册类型房地产开发企业财务状况（八）

单位：万元

指标名称	营业收入	主营业务收　入	土地转让收入	商品房屋销售收入	房屋出租收入	其他主营业务收入
五、按地区分组						
竞秀区	511 971	488 790		483 297	1 251	4 241
莲池区	259 476	241 404		230 270	10 962	172
满城区	142 736	142 735		142 631	104	
清苑区	107 851	107 851		107 838	13	
徐水区	240 955	240 528	1 600	238 851	5	71
涞水县	221 627	197 933		197 757	171	5
阜平县	20 933	20 933		20 933		
定兴县	36 520	36 381		36 347	34	
唐　县	28 634	28 597		28 534	63	
高阳县	96 879	96 705		96 705		
涞源县	16 553	15 050		15 027	6	18
望都县	50 967	50 967	3 397	47 570		
易　县	54 793	54 772		54 330	26	416
曲阳县	53 791	53 791	774	52 946		71
蠡　县	8 035	8 035		8 035		
顺平县	80 666	80 666		80 609	56	1
博野县	3 550	3 550		3 549		1
涿州市	447 714	446 308		445 435	636	237
安国市	68 365	68 365		68 054		311
高碑店市	235 345	234 332		233 898	420	14
白沟新城	109 189	97 889		97 455	223	210
高新区	584 084	574 763		574 763		
六、按营业状态分						
营业	3 380 633	3 290 343	5 771	3 264 833	13 970	5 769
停业（歇业）						
筹建						

4-2 全市及各县（市、区）分登记注册类型房地产开发企业财务状况（九）

单位：万元

指标名称	营业成本	主营业务成本	营业税金及附加	其他业务利润	销售费用
全　市	**2 591 569**	**2 516 259**	**259 342**	**2 294**	**170 409**
一、按登记注册类型分组					
内资企业	2 591 569	2 516 259	259 342	2 294	170 409
有限责任公司	938 346	880 207	80 553	1 177	72 419
国有独资公司			42		54
其他有限责任公司	938 346	880 207	80 511	1 177	72 365
股份有限公司	10 320	10 236	130		36
私营企业	1 642 903	1 625 816	178 659	1 117	97 954
私营有限责任公司	1 642 903	1 625 816	178 657	1 117	97 954
私营股份有限公司			3		
二、按控股情况分					
国有控股	19 984	19 353	1 723		3 421
私人控股	2 571 585	2 496 905	257 619	2 294	166 989
三、按隶属关系分组					
中央	19 353	19 353	1 031		670
地方	258 345	235 640	16 506	1	8 580
其他	2 313 870	2 261 266	241 806	2 293	161 159
四、按资质等级分组					
一级	315 015	286 035	19 524	1 102	19 155
二级	383 801	376 785	77 988		15 321
三级	454 555	454 550	49 184	–1	16 907
四级	190 263	189 943	19 568	1 177	8 284
暂定	1 020 672	983 985	84 028	14	86 393
其他	227 263	224 960	9 050	1	24 348

4-2 全市及各县（市、区）分登记注册类型房地产开发企业财务状况（十）

单位：万元

指标名称	营业成本	主营业务成本	营业税金及附加	其他业务利润	销售费用
五、按地区分组					
竞秀区	427 719	410 590	20 695		16 225
莲池区	155 395	121 082	24 934	742	27 525
满城区	98 117	97 991	9 300		4 473
清苑区	94 875	94 875	3 394	1	3 645
徐水区	200 483	200 432	7 838		7 757
涞水县	182 557	178 262	12 373		7 084
阜平县	14 626	14 626	1 082		94
定兴县	31 699	31 699	2 368		3 606
唐　县	27 066	27 066	2 639		3 177
高阳县	76 869	76 869	1 236		1 349
涞源县	14 429	13 379	1 782		4 586
望都县	34 121	34 121	4 068		2 189
易　县	45 624	43 333	2 316		1 913
曲阳县	42 508	42 508	8 438	−2	3 833
蠡　县	7 123	7 123	664		607
顺平县	63 299	63 257	2 752	−1	4 217
博野县	8 958	8 958	180		228
涿州市	344 405	342 678	69 869		24 955
安国市	68 480	67 980	4 143		7 569
高碑店市	173 133	172 864	10 503		20 659
白沟新城	66 551	59 077	7 625		16 390
高新区	413 532	407 489	61 144	1 553	8 331
六、按营业状态分					
营业	2 591 569	2 516 259	259 336	2 294	170 409
停业（歇业）			6		
筹建					

4-2 全市及各县（市、区）分登记注册类型房地产开发企业财务状况（十一）

单位：万元

指标名称	管理费用	研发费用	财务费用		
				利息收入	利息支出
全　市	**162 178**	**5**	**214 917**	**-2 913**	**139 728**
一、按登记注册类型分组					
内资企业	162 178	5	214 917	−2 913	139 728
有限责任公司	69 751		69 311	1 387	55 338
国有独资公司	388		3 885	4	
其他有限责任公司	69 363		65 427	1 383	55 338
股份有限公司	1 734		−28	28	
私营企业	90 693	5	145 633	−4 327	84 389
私营有限责任公司	90 688	5	145 633	−4 327	84 389
私营股份有限公司	5		0.1		
二、按控股情况分					
国有控股	1 113		3 572	337	8
私人控股	161 065	5	211 345	−3 250	139 720
三、按隶属关系分组					
中央	401		−14	16	
地方	9 709		17 149	875	12 156
其他	152 067	5	197 782	−3 803	127 571
四、按资质等级分组					
一级	20 754		88 365	−2 385	57 006
二级	36 924		18 528	704	7 402
三级	14 935		21 489	−991	13 341
四级	10 959		7 871	−31	2 860
暂定	67 612	5	46 017	−1 520	31 901
其他	10 995		32 646	1 310	27 217

4-2 全市及各县（市、区）分登记注册类型房地产开发企业财务状况（十二）

单位：万元

指标名称	管理费用	研发费用	财务费用	利息收入	利息支出
五、按地区分组					
竞秀区	27 038	5	19 333	859	13 728
莲池区	23 901		90 668	–2 364	84 674
满城区	3 325		3 296	–1 209	257
清苑区	1 899		1 827	616	436
徐水区	6 931		9 473	197	5 647
涞水县	9 229		11 233	109	5 737
阜平县	804		617	3	
定兴县	5 655		955	301	783
唐　县	4 483		448	–19	371
高阳县	3 766		–710	369	14
涞源县	6 708		31	–0.2	18
望都县	2 561		4 596	27	216
易　县	3 193		1 463	16	615
曲阳县	3 655		989	84	425
蠡　县	619		25	4	28
顺平县	2 272		1 545	23	487
博野县	432		54	2	61
涿州市	11 293		22 671	–1 597	23 745
安国市	7 675		812	–65	70
高碑店市	16 080		4 905	–239	3 515
白沟新城	8 137		–883	84	–873
高新区	12 521		41 567	–113	–224
六、按营业状态分					
营业	162 020	5	214 949	–2 880	139 728
停业（歇业）	158		–33	–33	
筹建					

4-2 全市及各县（市、区）分登记注册类型房地产开发企业财务状况（十三）

单位：万元

指标名称	资产减值损失	公允价值变动收益	投资收益	其他收益	营业利润	营业外收入
全　市	**-329**		**6 261**	**2 378**	**-106**	**4 804**
一、按登记注册类型分组						
内资企业	–329		6 261	2 378	–106	4 804
有限责任公司	–376		1 111	1 229	–35 573	1 698
国有独资公司					–4 369	0.2
其他有限责任公司	–376		1 111	1 229	–31 204	1 698
股份有限公司					–4 497	9
私营企业	47		5 150	1 149	39 964	3 097
私营有限责任公司	47		5 150	1 149	39 972	3 097
私营股份有限公司					–8	
二、按控股情况分						
国有控股	–110			1	–7 739	3
私人控股	–219		6 261	2 377	7 633	4 801
三、按隶属关系分组						
中央				1	110	
地方	–111			3	–8 761	80
其他	–218		6 261	2 374	8 545	4 724
四、按资质等级分组						
一级			1 763	949	–9 329	1 186
二级			5 895	206	70 017	560
三级			–2 006	22	53 204	377
四级	79		96	1 178	–7 898	1 136
暂定	–227		511	21	–58 385	1 412
其他	–180		1	4	–47 716	132

4-2 全市及各县（市、区）分登记注册类型房地产开发企业财务状况（十四）

单位：万元

指标名称	资产减值损失	公允价值变动收益	投资收益	其他收益	营业利润	营业外收入
五、按地区分组						
竞秀区	-127		163	3	627	260
莲池区	0.1		5 305	952	-68 896	918
满城区			11		24 361	6
清苑区				1	2 212	458
徐水区			-2 347	3	6 120	188
涞水县			432	44	7 911	333
阜平县					3 709	118
定兴县					-7 763	6
唐　县					-9 179	13
高阳县					14 369	25
涞源县				13	-10 816	40
望都县					3 424	160
易　县			275		1 148	58
曲阳县					-4 177	3
蠡　县					-1 004	1
顺平县			158		7 201	136
博野县			42		-6 301	
涿州市	-32		774	183	-11 396	208
安国市			15		-14 856	146
高碑店市			592		10 640	604
白沟新城			840		5 487	227
高新区	-170			1 178	47 075	896
六、按营业状态分						
营业	-329		6 261	2 378	26	4 804
停业（歇业）					-132	
筹建						

4-2 全市及各县（市、区）分登记注册类型房地产开发企业财务状况（十五）

单位：万元

指标名称	营业外支出	利润总额	所得税费用	应付职工薪酬	应交增值税
全　市	**34 344**	**-43 223**	**55 902**	**111 986**	**131 570**
一、按登记注册类型分组					
内资企业	34 344	−43 223	55 902	111 986	131 570
有限责任公司	10 345	−55 432	14 099	51 724	51 668
国有独资公司	575	−4 944		238	
其他有限责任公司	9 771	−50 489	14 099	51 487	51 668
股份有限公司	181	−4 669		1 179	1 305
私营企业	23 818	16 878	41 803	59 083	78 598
私营有限责任公司	23 818	16 886	41 803	59 080	78 598
私营股份有限公司		−8		3	
二、按控股情况分					
国有控股	634	−8 370	−1 141	1 303	3 750
私人控股	33 710	−34 852	57 043	110 683	127 820
三、按隶属关系分组					
中央	0.1	110	28	1 034	4 475
地方	977	−9 658	1 978	6 613	5 436
其他	33 367	−33 675	53 897	104 339	121 658
四、按资质等级分组					
一级	14 447	−22 590	4 543	13 156	7 978
二级	9 868	60 554	10 106	15 086	11 420
三级	1 812	49 737	10 038	8 558	20 023
四级	1 908	−16 561	4 180	7 409	8 902
暂定	4 732	−65 203	21 512	51 378	71 620
其他	1 577	−49 160	5 523	16 398	11 628

4-2 全市及各县（市、区）分登记注册类型房地产开发企业财务状况（十六）

单位：万元

指标名称	营业外支出	利润总额	所得税费用	应付职工薪酬	应交增值税
五、按地区分组					
竞秀区	1 499	–655	5 235	14 040	16 945
莲池区	13 238	–81 321	1 830	23 411	12 798
满城区	458	24 660	2 693	2 118	3 530
清苑区	17	2 653	1 062	1 848	1 566
徐水区	733	5 576	2 430	6 095	10 441
涞水县	709	7 535	1 250	5 315	8 067
阜平县	98	3 729	1 198	191	1 098
定兴县	783	–8 541	1 912	1 450	2 880
唐 县	139	–9 305	282	1 748	–966
高阳县	499	13 895	1 222	2 027	3 297
涞源县	99	–10 889	251	6 963	161
望都县	606	2 978	2 359	1 363	2 827
易 县	466	695	696	2 083	–26
曲阳县	214	–4 844	1 933	2 454	4 230
蠡 县	279	–1 282	351	436	603
顺平县	124	5 283	2 799	2 678	–1 423
博野县	33	–6 291		165	90
涿州市	1 530	–24 054	5 056	7 243	12 273
安国市	210	–14 920	179	3 151	1 032
高碑店市	767	10 476	11 390	14 670	16 763
白沟新城	8 152	–2 881	2 322	5 890	11 664
高新区	3 691	44 279	9 454	6 649	23 721
六、按营业状态分					
营业	34 344	–43 091	55 902	111 921	131 565
停业（歇业）		–132		65	5
筹建					

4-3 全市及各县（市、区）房地产开发企业施工和销售情况（一）

单位：个、平方米

指标名称	项目个数	房屋施工面积	房屋新开工面积	房屋竣工面积	不可销售面积	房屋竣工价值（万元）
全　市	**531**	**33 918 893**	**10 047 331**	**2 848 887**	**162 785**	**1 016 997**
一、按登记注册类型分组						
内资企业	531	33 918 893	10 047 331	2 848 887	162 785	1 016 997
有限责任公司	158	11 350 730	3 644 248	639 255	16 340	221 343
国有独资公司	5	448 213	4 845			
其他有限责任公司	153	10 902 517	3 639 403	639 255	16 340	221 343
私营企业	373	22 568 163	6 403 083	2 209 632	146 445	795 654
私营有限责任公司	366	22 046 011	6 357 720	2 189 218	146 445	793 206
私营股份有限公司	4	401 428		6 925		831
二、按控股情况分						
国有控股	16	1 461 365	530 659			
集体控股						
私人控股	514	32 336 946	9 440 942	2 848 887	162 785	1 016 997
其他	1	120 582	75 730			
三、按隶属关系分组						
中央	1	48 609				
地方	35	2 644 265	534 557			
其他	495	31 226 019	9 512 774	2 848 887	162 785	1 016 997
四、按资质等级分组						
一级	23	2 549 892	368 741	166 532	8 762	48 472
二级	49	4 577 600	1 076 115	1 003 790	4 209	280 268
三级	57	4 628 011	1 454 795	375 897	29 493	146 828
四级	71	2 749 286	650 722	131 675	11 176	35 518
暂定	279	16 279 839	5 655 029	1 085 794	107 145	463 790
其他	52	3 134 265	841 929	85 199	2 000	42 121

4-3 全市及各县（市、区）房地产开发企业施工和销售情况（二）

单位：个、平方米

指标名称	项目个数	房屋施工面积	房屋新开工面积	房屋竣工面积	不可销售面积	房屋竣工价值（万元）
五、按地区分组						
竞秀区	33	1 540 890	462 519			
莲池区	28	2 242 644	879 586			
满城区	20	697 524	357 987	96 531		18 630
清苑区	14	512 453	232 523			
徐水区	33	3 887 923	1 396 762			
涞水县	36	1 884 951	342 254	438 015	8 272	172 896
阜平县	9	368 962	68 545			
定兴县	19	1 356 399	124 935	20 414		2 448
唐　县	30	1 557 072	544 308	198 646	6 991	61 501
高阳县	8	600 102	48 441			
涞源县	27	1 414 789	426 260			
望都县	20	1 248 226	179 832			
易　县	18	686 322	181 303	8 872		4 128
曲阳县	30	1 106 670	494 448	13 644	9 996	3 964
蠡　县	9	494 891	129 679			
顺平县	25	1 140 932	628 034	72 693	44 431	11 981
博野县	9	200 676	116 856	37 550		9 316
涿州市	34	3 125 857	1 442 186	211 390		106 220
安国市	30	2 007 276	650 845	142 865	50 387	46 429
高碑店市	48	4 322 363	629 896	1 430 802	42 708	406 815
白沟新城	25	1 163 260	656 529			
高新区	26	2 358 711	53 603	177 465		172 669
六、按营业状态分						
营业	531	33 918 893	10 047 331	2 848 887	162 785	1 016 997

4-3 全市及各县（市、区）房地产开发企业施工和销售情况（三）

单位：平方米、万元

指标名称	出租房屋面积	商品房屋销售面积	现房销售面积	期房销售面积	商品房屋销售额	现房销售额	期房销售额
全市	**9 902**	**6 545 291**	**640 214**	**5 905 077**	**4 909 030**	**365 927**	**4 543 103**
一、按登记注册类型分组							
内资企业	9 902	6 545 291	640 214	5 905 077	4 909 030	365 927	4 543 103
有限责任公司		2 151 150	201 877	1 949 273	1 828 167	115 923	1 712 244
国有独资公司		1 181		1 181	578		578
其他有限责任公司		2 149 969	201 877	1 948 092	1 827 589	115 923	1 711 666
私营企业	9 902	4 394 141	438 337	3 955 804	3 080 863	250 004	2 830 859
私营有限责任公司	9 902	4 280 277	438 337	3 841 940	2 989 458	250 004	2 739 454
私营股份有限公司		53 317		53 317	44 783		44 783
二、按控股情况分							
国有控股		159 876		159 876	169 695		169 695
集体控股							
私人控股	9 902	6 345 925	600 724	5 745 201	4 722 061	348 653	4 373 408
其他		39 490	39 490		17 274	17 274	
三、按隶属关系分组							
中央		11 563		11 563	15 032		15 032
地方		249 829	5 360	244 469	228 229	3 932	224 297
其他	9 902	6 283 899	634 854	5 649 045	4 665 769	361 995	4 303 774
四、按资质等级分组							
一级		447 956	447	447 509	347 777	408	347 369
二级	5 405	719 576	70 714	648 862	511 685	31 840	479 845
三级		781 423	110 401	671 022	562 795	75 314	487 481
四级	4 497	716 666	86 753	629 913	501 657	46 017	455 640
暂定		3 187 341	278 173	2 909 168	2 408 422	155 871	2 252 551
其他		692 329	93 726	598 603	576 694	56 477	520 217

4-3 全市及各县（市、区）房地产开发企业施工和销售情况（四）

单位：平方米、万元

指标名称	出租房屋面积	商品房屋销售面积	现房销售面积	期房销售面积	商品房屋销售额	现房销售额	期房销售额
五、按地区分组							
竞秀区		396 704	6 429	390 275	432 317	3 413	428 904
莲池区		592 264	10 000	582 264	569 124	5 000	564 124
满城区		205 507	105 624	99 883	114 537	47 635	66 902
清苑区		49 517		49 517	36 714		36 714
徐水区		597 023		597 023	441 487		441 487
涞水县	5 405	194 463	75 078	119 385	141 664	50 301	91 363
阜平县		72 407		72 407	43 145		43 145
定兴县		270 978	4 030	266 948	199 756	2 339	197 417
唐　县	4 497	190 515	16 723	173 792	120 296	10 275	110 021
高阳县		88 053		88 053	66 922		66 922
涞源县		98 840		98 840	56 720		56 720
望都县		156 389	18 672	137 717	79 269	8 533	70 736
易　县		64 548	793	63 755	61 423	781	60 642
曲阳县		281 618		281 618	165 660		165 660
蠡　县		125 336	39 490	85 846	54 168	17 274	36 894
顺平县		305 073	51 457	253 616	147 799	20 333	127 466
博野县		33 227	21 144	12 083	15 688	10 351	5 337
涿州市		474 105	9 779	464 326	453 287	6 570	446 717
安国市		685 062	103 483	581 579	411 899	60 945	350 954
高碑店市		1 202 114	136 439	1 065 675	856 405	74 902	781 503
白沟新城		193 306	28 161	165 145	173 257	22 334	150 923
高新区		268 242	12 912	255 330	267 493	24 941	242 552
六、按营业状态分							
营业	9 902	6 545 291	640 214	5 905 077	4 909 030	365 927	4 543 103

4-3 全市及各县（市、区）房地产开发企业施工和销售情况（五）

单位：套、平方米

指标名称	商品房屋住宅销售套数	现房销售套数	期房销售套数	待售面积	待售1-3年（含1年）	待售3年以上（含3年）
全　市	**57 986**	**5 703**	**52 283**	**987 106**	**729 740**	**114 259**
一、按登记注册类型分组						
内资企业	57 986	5 703	52 283	987 106	729 740	114 259
有限责任公司	18 988	1 918	17 070	377 423	323 602	53 821
国有独资公司	10		10			
其他有限责任公司	18 978	1 918	17 060	377 423	323 602	53 821
私营企业	38 998	3 785	35 213	609 683	406 138	60 438
私营有限责任公司	38 015	3 785	34 230	609 683	406 138	60 438
私营股份有限公司	432		432			
二、按控股情况分						
国有控股	1 539		1 539	15 403	15 403	
集体控股						
私人控股	56 099	5 355	50 744	971 703	714 337	114 259
其他	348	348				
三、按隶属关系分组						
中央	85		85	15 403	15 403	
地方	2 249	57	2 192	30 618	30 618	
其他	55 652	5 646	50 006	941 085	683 719	114 259
四、按资质等级分组						
一级	3 822	5	3 817			
二级	6 281	576	5 705	72 856	72 163	693
三级	6 641	1 013	5 628	226 745	148 197	
四级	6 055	632	5 423	182 497	101 292	60 438
暂定	29 195	2 538	26 657	428 485	334 350	53 128
其他	5 992	939	5 053	76 523	73 738	

4-3 全市及各县（市、区）房地产开发企业施工和销售情况（六）

单位：平方米、万元

指标名称	商品房屋住宅销售套数	现房销售套数	期房销售套数	待售面积	待售1-3年（含1年）	待售3年以上（含3年）
五、按地区分组						
竞秀区	3 459	70	3 389			
莲池区	5 443		5 443	15 403	15 403	
满城区	1 765	901	864	80 980	69 109	
清苑区	520		520			
徐水区	5 298		5 298			
涞水县	1 845	678	1 167	383 316	314 420	53 128
阜平县	558		558			
定兴县	2 325	21	2 304	5 858	5 376	482
唐　县	1 567	138	1 429	91 557	14 376	28 390
高阳县	678		678	32 664	32 664	
涞源县	1 041		1 041	32 048		32 048
望都县	1 268	154	1 114			
易　县	599	9	590	32 612	32 612	
曲阳县	2 207		2 207			
蠡　县	1 082	348	734			
顺平县	2 634	417	2 217	11 006	11 006	
博野县	279	183	96	34 326	34 326	
涿州市	4 130	135	3 995	71 895	17 867	
安国市	5 490	1 014	4 476	73 256	73 256	
高碑店市	11 603	1 252	10 351	51 921	39 061	211
白沟新城	2 010	269	1 741			
高新区	2 185	114	2 071	70 264	70 264	
六、按营业状态分						
营业	57 986	5 703	52 283	987 106	729 740	114 259

4-4 全市及各县（市、区）房地产开发企业投资和土地情况（一）

单位：个、万元

指标名称	企业个数	上年末结余资金	本年实际到位资金	国内贷款	银行贷款	非银行金融机构贷款
全　市	**474**	**1 387 074**	**6 590 670**	**219 733**	**207 333**	**12 400**
一、按登记注册类型分组						
内资企业	474	1 387 074	6 590 670	219 733	207 333	12 400
有限责任公司	131	585 612	2 326 340	32 600	29 200	3 400
国有独资公司	2		31 468			
其他有限责任公司	129	585 612	2 294 872	32 600	29 200	3 400
股份有限公司	1					
私营企业	342	801 462	4 264 330	187 133	178 133	9 000
私营有限责任公司	341	799 829	4 261 670	187 133	178 133	9 000
私营股份有限公司	1	1 633	2 660			
二、按控股情况分						
国有控股	8	47 861	504 202			
私人控股	466	1 339 213	6 086 468	219 733	207 333	12 400
三、按隶属关系分组						
中央	2	3 716	143 702			
地方	23	215 475	618 526			
其他	449	1 167 883	5 828 442	219 733	207 333	12 400
四、按资质等级分组						
一级	15	117 719	327 848	3 000	3 000	
二级	40	168 594	660 486	53 770	45 970	7 800
三级	43	127 892	659 435	1 200	1 200	
四级	61	125 313	441 267	13 895	9 295	4 600
暂定	290	662 312	3 744 731	84 868	84 868	
其他	25	185 244	756 903	63 000	63 000	

4-4 全市及各县（市、区）房地产开发企业投资和土地情况（二）

单位：个、万元

指标名称	企业个数	上年末结余资金	本年实际到位资金	国内贷款	银行贷款	非银行金融机构贷款
五、按地区分组						
竞秀区	37	153 451	977 817	80 000	80 000	
莲池区	42	84 679	722 751	51 987	51 987	
满城区	21	56 248	214 999			
清苑区	13	72 594	126 387			
徐水区	29	51 368	537 627			
涞水县	33	33 696	138 265	3 200	3 200	
阜平县	2	10 637	27 167			
定兴县	12	31 164	177 983	3 400		3 400
唐　县	19	32 834	164 967	470	470	
高阳县	6	19 944	45 550			
涞源县	22	121 254	220 390	1 200	1 200	
望都县	11	6 465	172 407			
易　县	24	270	126 224	10 800	3 000	7 800
曲阳县	27	32 681	234 866	12 260	12 260	
蠡　县	7	26 572	101 408			
顺平县	18	40 086	139 565	3 211	3 211	
博野县	8	2 538	49 728	4 500	4 500	
涿州市	33	274 883	787 792	24 795	23 595	1 200
安国市	21	75 968	360 086	6 640	6 640	
高碑店市	37	95 667	466 643			
白沟新城	22	18 151	407 304	8 270	8 270	
高新区	30	145 924	390 744	9 000	9 000	
六、按营业状态分						
营业	466	1 387 074	6 590 670	219 733	207 333	12 400
停业（歇业）	7					
当年注销	1					

4-4 全市及各县（市、区）房地产开发企业投资和土地情况（三）

单位：万元

指标名称	本年实际到位资金			
	自筹资金	定金及预收款	个人按揭贷款	其他到位资金
全　市	**3 479 412**	**2 049 514**	**751 909**	**90 102**
一、按登记注册类型分组				
内资企业	3 479 412	2 049 514	751 909	90 102
有限责任公司	1 308 485	706 638	259 868	18 749
国有独资公司	31 468			
其他有限责任公司	1 277 017	706 638	259 868	18 749
股份有限公司				
私营企业	2 170 927	1 342 876	492 041	71 353
私营有限责任公司	2 168 267	1 342 876	492 041	71 353
私营股份有限公司	2 660			
二、按控股情况分				
国有控股	283 475	176 441	40 786	3 500
私人控股	3 195 937	1 873 073	711 123	86 602
三、按隶属关系分组				
中央	14 630	85 296	40 276	3 500
地方	438 212	160 370	13 956	5 988
其他	3 026 570	1 803 848	697 677	80 614
四、按资质等级分组				
一级	157 402	137 224	22 928	7 294
二级	281 669	204 575	118 972	1 500
三级	450 295	148 341	47 470	12 129
四级	189 075	129 765	75 625	32 907
暂定	2 108 518	1 109 385	411 507	30 453
其他	292 453	320 224	75 407	5 819

4-4 全市及各县（市、区）房地产开发企业投资和土地情况（四）

单位：万元

指标名称	本年实际到位资金			
	自筹资金	定金及预收款	个人按揭贷款	其他到位资金
五、按地区分组				
竞秀区	504 852	351 029	39 936	2 000
莲池区	448 370	191 542	22 558	8 294
满城区	65 654	101 605	34 383	13 357
清苑区	88 850	15 631	21 906	
徐水区	457 615	41 242	38 770	
涞水县	83 048	18 505	30 730	2 782
阜平县		17 790	9 377	
定兴县	20 714	91 422	57 810	4 637
唐　县	96 832	23 239	43 101	1 325
高阳县	45 550			
涞源县	177 633	25 782	3 675	12 100
望都县	79 036	5 741	87 630	
易　县	103 718	6 164	5 542	
曲阳县	129 594	33 762	55 445	3 805
蠡　县	57 712	36 116	7 580	
顺平县	98 414	16 396	18 919	2 625
博野县	33 572	5 331	6 325	
涿州市	382 796	273 501	80 030	26 670
安国市	115 112	138 814	87 811	11 709
高碑店市	64 773	343 199	58 671	
白沟新城	312 377	74 030	12 627	
高新区	113 190	238 673	29 083	798
六、按营业状态分				
营业	3 479 412	2 049 514	751 909	90 102
停业（歇业）				
当年注销				

4-4 全市及各县（市、区）房地产开发企业投资和土地情况（五）

单位：万元、平方米

指标名称	各项应付款合计	工程款	待开发土地面积	土地购置面积	土地成交价款	拆迁补偿费
全　市	**2 144 631**	**1 173 026**	**1 382 328**	**750 098**	**315 270**	**43 627**
一、按登记注册类型分组						
内资企业	2 144 631	1 173 026	1 382 328	750 098	315 270	43 627
有限责任公司	1 151 918	644 991	295 961	509 318	258 356	34 661
国有独资公司	41 632	6 177				
其他有限责任公司	1 110 286	638 814	295 961	509 318	258 356	34 661
股份有限公司						
私营企业	992 713	528 035	1 086 367	240 780	56 914	8 966
私营有限责任公司	992 713	528 035	1 086 367	240 780	56 914	8 966
私营股份有限公司						
二、按控股情况分						
国有控股	210 049	174 594		87 174	64 876	
私人控股	1 934 582	998 432	1 382 328	662 924	250 394	43 627
三、按隶属关系分组						
中央	7 357	7 357				
地方	317 663	225 548	3 408	87 174	64 876	
其他	1 819 611	940 121	1 378 920	662 924	250 394	43 627
四、按资质等级分组						
一级	20 806	20 796	3 408			
二级	183 614	62 807	208 154	8 166	8 400	
三级	123 856	90 417	191 990	121 578	27 248	
四级	167 625	43 526	54 242	20 640	3 663	3 084
暂定	1 301 766	846 407	845 663	583 655	273 482	40 543
其他	346 964	109 073	78 871	16 059	2 477	

4-4 全市及各县（市、区）房地产开发企业投资和土地情况（六）

单位：万元、平方米

指标名称	各项应付款合计	工程款	待开发土地面积	土地购置面积	土地成交价款	拆迁补偿费
五、按地区分组						
竞秀区	359 989	304 865	251 825	136 404	77 756	
莲池区	259 906	104 226	177 521	73 567	36 470	34 305
满城区	53 215	23 900	56 417			
清苑区	64 525	1 432	20 260			
徐水区	93 569	11 488	6 980	146 555	69 191	
涞水县	45 765	38 346		55 696	15 585	356
阜平县	11 856	4 096				
定兴县	13 660	5 418	247 031	55 895	13 932	
唐　县	25 090	22 147				
高阳县	2 930	2 930				
涞源县	57 859	36 876	45 797	86 001	9 108	
望都县	108 180	30 650	150 420			
易　县	5 678	3 479	7 711	3 413	1 178	
曲阳县	25 583	11 573				
蠡　县	38 917	38 230	71			
顺平县	83 842	36 395		35 700	4 018	
博野县	5 541	5 541		41 877	8 738	7 406
涿州市	312 108	205 922		99 545	73 034	
安国市	186 653	131 252	13 185	15 445	6 260	1 560
高碑店市	150 398	99 027	26 667			
白沟新城	148 126	12 549	241 593			
高新区	91 241	42 684	136 850			
六、按营业状态分						
营业	2 144 631	1 173 026	1 382 328	750 098	315 270	43 627
停业（歇业）						
当年注销						

第二部分

统计数据篇

五、能　源

5-1 规模以上工业能源购进、消费与库存（一）

指标名称	计量单位	年初库存量	购进量		
			实物量		金额（千元）
				购自省外	
原煤	吨	533 839	9 108 355	7 799 158	7 107 026
无烟煤	吨	17 029	253 603	236 168	324 143
炼焦烟煤	吨				
一般烟煤	吨	516 810	8 854 752	7 562 990	6 782 883
褐煤	吨				
洗精煤	吨				
其他洗煤	吨	3 465	20 146		29 444
煤制品	吨		51 564	51 467	28 233
焦炭	吨		92 549	33 387	152 584
其他焦化产品	吨				
焦炉煤气	万立方米				
高炉煤气	万立方米				
转炉煤气	万立方米				
发生炉煤气	万立方米				
天然气（气态）	万立方米	86	31 094		931 148
液化天然气（液态）	吨	129	28 347	2 076	127 589
煤层气（煤田）	万立方米				
原油	吨				
汽油	吨	5	9 895	25	65 918
煤油	吨		34		212
柴油	吨	602	19 180	334	125 576
燃料油	吨	286	769		3 250
液化石油气	吨		420		2 272
炼厂干气	吨				
石脑油	吨				
润滑油	吨		1 439		30 395
石蜡	吨	140	1 340	1 086	10 082
溶剂油	吨				
石油焦	吨	1 975	51 135		114 430
石油沥青	吨	13 081	21 337	19 137	65 777
其他石油制品	吨		55		413
热力	百万千焦		9 919 767		899 004
电力	万千瓦时		918 361		4 327 956
煤矸石用于燃料	吨		16 211	16 211	9 263
城市垃圾用于燃料	吨		1 592 049		
生物质废料用于燃料	吨	1	45 851	135	57 821
余热余压	百万千焦		358 865		10 681
其他工业废料用于燃料	吨		49 961		15 956
其他燃料	吨标准煤	161	583		1 461
能源合计	吨标准煤				14 116 491

5-1 规模以上工业能源购进、消费与库存（二）

指标名称	计量单位	工业生产消费量合计	用于原材料	运输工具消费	年末库存量
原煤	吨	9 040 563	333 065		601 616
无烟煤	吨	260 287	174 548		10 340
炼焦烟煤	吨				
一般烟煤	吨	8 780 275	158 518		591 276
褐煤	吨				
洗精煤	吨				
其他洗煤	吨	20 381			3 231
煤制品	吨	45 280			6 284
焦炭	吨	91 538			1 012
其他焦化产品	吨				
焦炉煤气	万立方米				
高炉煤气	万立方米				
转炉煤气	万立方米				
发生炉煤气	万立方米				
天然气（气态）	万立方米	31 474		179	57
液化天然气（液态）	吨	28 403			92
煤层气（煤田）	万立方米				
原油	吨				
汽油	吨	9 902		9 108	415
煤油	吨	34			
柴油	吨	18 986		10 399	803
燃料油	吨	779			276
液化石油气	吨	420			
炼厂干气	吨				
石脑油	吨				
润滑油	吨	1 439			
石蜡	吨	1 457	1 208		23
溶剂油	吨				
石油焦	吨	49 005	49 005		4 105
石油沥青	吨	29 858	29 858		4 560
其他石油制品	吨	55	55		
热力	百万千焦	9 902 449			
电力	万千瓦时	1 043 566		50	
煤矸石用于燃料	吨	16 211			
城市垃圾用于燃料	吨	1 592 049			
生物质废料用于燃料	吨	38 890			20
余热余压	百万千焦	2 781 499			
其他工业废料用于燃料	吨	49 961			
其他燃料	吨标准煤	732			12
能源合计	吨标准煤	8 946 992	372 755		

5-2 规模以上工业能源加工转换及回收利用

指标名称	计量单位	加工转换投入合计				能源加工转换产出	回收利用
			火力发电	供 热	煤制品加 工		
原煤	吨	7 483 437	4 510 617	2 904 510	68 310		
无烟煤	吨	68 310			68 310		
炼焦烟煤	吨						
一般烟煤	吨	7 415 127	4 510 617	2 904 510			
褐煤	吨						
洗精煤	吨						
其他洗煤	吨						
煤制品	吨	45 183	4 773	40 410		77 211	
焦炭	吨	79 621	5 960	62 454	11 207		
其他焦化产品	吨						
焦炉煤气	万立方米						
高炉煤气	万立方米						
转炉煤气	万立方米						
发生炉煤气	万立方米						
天然气（气态）	万立方米	208		208			
液化天然气（液态）	吨						
煤层气（煤田）	万立方米						
原油	吨						
汽油	吨						
煤油	吨						
柴油	吨	2 165	1 995	170			
燃料油	吨	336	294	42			
液化石油气	吨						
炼厂干气	吨						
石脑油	吨						
润滑油	吨						
石蜡	吨						
溶剂油	吨						
石油焦	吨						
石油沥青	吨						
其他石油制品	吨						
热力	百万千焦					51 706 227	
电力	万千瓦时					1 178 398	
煤矸石用于燃料	吨	16 211	1 595	14 616			
城市垃圾用于燃料	吨	1 592 049	1 592 049				
生物质废料用于燃料	吨	27 098	2 307	24 791			
余热余压	百万千焦	2 781 499	2 781 499				2 763 192
其他工业废料用于燃料	吨						
其他燃料	吨标准煤						
能源合计	吨标准煤	5 521 003	3 441 992	2 003 721	75 289	3 277 063	94 225
附：加工转换效率	%	59.36	42.08	88.00			

5-3 分行业规模以上工业能源消费量（标准量）

指标名称	综合能源消费量（吨标准煤）	能源消费量合计（吨标准煤）	能源加工转换（吨标准煤）		回收利用（吨标准煤）
			投入量	产出量	
全 市	**5 575 704**	**8 946 992**	**5 521 003**	**3 277 063**	**94 225**
采矿业	**41 114**	**41 114**			
煤炭开采和洗选业	113	113			
石油和天然气开采业					
黑色金属矿采选业	34 203	34 203			
有色金属矿采选业					
非金属矿采选业	6 798	6 798			
开采辅助活动					
其他采矿业					
制造业	**2 916 621**	**3 120 780**	**180 166**	**109 935**	**94 225**
农副食品加工业	42 575	42 575			
食品制造业	53 664	53 664			
酒、饮料和精制茶制造业	35 644	35 644			
烟草制品业	5 568	5 568			
纺织业	221 026	221 026			
纺织服装、服饰业	7 604	7 604			
皮革、毛皮、羽毛及其制品和制鞋业	2 339	2 339			
木材加工和木、竹、藤、棕、草制品业	54 571	54 571			
家具制造业	485	485			
造纸和纸制品业	393 951	393 951			
印刷和记录媒介复制业	12 134	12 134			
文教、工美、体育和娱乐用品制造业	2 920	2 920			
石油加工、炼焦和核燃料加工业	15 314	99 686	97 554	84 372	
化学原料和化学制品制造业	345 374	345 374			
医药制造业	28 090	28 090			
化学纤维制造业	24 959	24 959			
橡胶和塑料制品业	94 718	94 718			
非金属矿物制品业	1 094 247	1 214 034	82 612	25 563	94 225
黑色金属冶炼和压延加工业	664	664			
有色金属冶炼和压延加工业	98 584	98 584			
金属制品业	55 335	55 335			
通用设备制造业	13 511	13 511			
专用设备制造业	5 915	5 915			
汽车制造业	247 908	247 908			
铁路、船舶、航空航天和其他运输设备制造业	8 682	8 682			
电气机械和器材制造业	42 732	42 732			
计算机、通信和其他电子设备制造业	5 232	5 232			
仪器仪表制造业	1 441	1 441			
其他制造业	1 178	1 178			
废弃资源综合利用业	254	254			
金属制品、机械和设备修理业	4	4			
电力、热力、燃气及水生产和供应业	**2 617 969**	**5 785 097**	**5 340 837**	**3 167 128**	
电力、热力生产和供应业	2 603 480	5 770 608	5 340 837	3 167 128	
燃气生产和供应业	1 586	1 586			
水的生产和供应业	12 903	12 903			

5-4 各县（市、区）规模以上工业能源消费量（标准量）

县（市、区）	综合能源消费量（吨标准煤）	能源消费量合计（吨标准煤）	能源加工转换（吨标准煤）		回收利用（吨标准煤）
			投入量	产出量	
全　市	**5 575 704**	**8 946 992**	**5 521 003**	**3 277 063**	**94 225**
竞秀区	678 855	1 117 686	730 228	438 831	
莲池区	228 637	228 637			
满城区	965 694	1 857 649	1 489 510	891 955	
清苑区	736 550	1 403 997	1 285 090	667 447	
徐水区	91 233	157 044	79 611	65 811	
涞水县	433 292	546 907	218 900	81 424	32 191
阜平县	7 855	33 594	28 450	25 740	
定兴县	37 134	37 134			
唐　县	189 279	218 978	22 845	6 854	22 845
高阳县	179 417	352 361	190 032	172 944	
涞源县	55 543	108 464	65 373	52 921	
望都县	36 171	64 121	34 437	27 949	
易　县	292 912	311 089	12 237	6 563	11 613
曲阳县	583 580	674 294	93 986	72 017	18 697
蠡　县	65 858	65 858			
顺平县	177 867	217 169	41 515	30 423	8 878
博野县	16 384	16 384			
涿州市	626 174	1 232 685	1 079 419	606 511	
安国市	23 802	23 802			
高碑店市	50 477	111 031	67 742	60 554	
白沟新城	25 185	94 304	81 627	69 120	
高新区	73 802	73 802			

5-5 分行业规模以上工业各品种能源消费量（一）

指标名称	原 煤（吨）	无 烟 煤（吨）	一般烟煤（吨）	其他洗煤（吨）	煤 制 品（吨）
全　市	**9 040 563**	**260 287**	**8 780 275**	**20 381**	**45 280**
采矿业				**20 381**	
煤炭开采和洗选业					
石油和天然气开采业					
黑色金属矿采选业				20 381	
有色金属矿采选业					
非金属矿采选业					
开采辅助活动					
其他采矿业					
制造业	**1 650 358**	**260 287**	**1 390 070**		**97**
农副食品加工业					
食品制造业					
酒、饮料和精制茶制造业					
烟草制品业					
纺织业	26 423		26 423		
纺织服装、服饰业					
皮革、毛皮、羽毛及其制品和制鞋业					
木材加工和木、竹、藤、棕、草制品业					
家具制造业					
造纸和纸制品业	54 594		54 594		
印刷和记录媒介复制业					
文教、工美、体育和娱乐用品制造业					
石油加工、炼焦和核燃料加工业	94 971	68 310	26 661		
化学原料和化学制品制造业	333 065	174 548	158 518		
医药制造业					
化学纤维制造业					
橡胶和塑料制品业					
非金属矿物制品业	1 141 305	17 430	1 123 875		
黑色金属冶炼和压延加工业					
有色金属冶炼和压延加工业					
金属制品业					97
通用设备制造业					
专用设备制造业					
汽车制造业					
铁路、船舶、航空航天和其他运输设备制造业					
电气机械和器材制造业					
计算机、通信和其他电子设备制造业					
仪器仪表制造业					
其他制造业					
废弃资源综合利用业					
金属制品、机械和设备修理业					
电力、热力、燃气及水生产和供应业	**7 390 205**		**7 390 205**		**45 183**
电力、热力生产和供应业	7 390 205		7 390 205		45 183
燃气生产和供应业					
水的生产和供应业					

5-5 分行业规模以上工业各品种能源消费量（二）

指标名称	焦　炭（吨）	天然气（气态）（万立方米）	液　化天然气（液态）（吨）	汽　油（吨）	煤　油（吨）
全　市	**91 538**	**31 474**	**28 403**	**9 902**	**34**
采矿业				**11**	
煤炭开采和洗选业					
石油和天然气开采业					
黑色金属矿采选业					
有色金属矿采选业					
非金属矿采选业				11	
开采辅助活动					
其他采矿业					
制造业	**23 124**	**31 149**	**28 403**	**9 506**	**34**
农副食品加工业		1 302	1 884	104	
食品制造业		2 181		161	
酒、饮料和精制茶制造业		1 398	269	15	
烟草制品业		268			
纺织业		4 464	8 321	183	
纺织服装、服饰业		368		5	
皮革、毛皮、羽毛及其制品和制鞋业		1		35	
木材加工和木、竹、藤、棕、草制品业		2			
家具制造业		10			
造纸和纸制品业		1 852	6 284	121	
印刷和记录媒介复制业		394		162	
文教、工美、体育和娱乐用品制造业				147	
石油加工、炼焦和核燃料加工业	11 207	73		10	
化学原料和化学制品制造业		799		123	
医药制造业		1 298	209	808	
化学纤维制造业		1 147			
橡胶和塑料制品业		3 245	656	175	
非金属矿物制品业	11 917	1 277	9 466	108	
黑色金属冶炼和压延加工业				22	
有色金属冶炼和压延加工业		4 627		37	33
金属制品业		687	1 093	235	
通用设备制造业		129		229	1
专用设备制造业		65	57	117	
汽车制造业		4 582		6 175	
铁路、船舶、航空航天和其他运输设备制造业		440		36	
电气机械和器材制造业		496	163	410	
计算机、通信和其他电子设备制造业		1		22	
仪器仪表制造业		10		67	
其他制造业		33			
废弃资源综合利用业					
金属制品、机械和设备修理业					
电力、热力、燃气及水生产和供应业	**68 414**	**325**		**385**	
电力、热力生产和供应业	68 414	300		42	
燃气生产和供应业		8		277	
水的生产和供应业		17		67	

5-5 分行业规模以上工业各品种能源消费量（三）

指标名称	柴 油（吨）	燃料油（吨）	液 化 石油气（吨）	润滑油（吨）	石 蜡（吨）	石油焦（吨）
全 市	**18 986**	**779**	**420**	**1 439**	**1 457**	**49 005**
采矿业	**2 324**					
煤炭开采和洗选业						
石油和天然气开采业						
黑色金属矿采选业	2 129					
有色金属矿采选业						
非金属矿采选业	195					
开采辅助活动						
其他采矿业						
制造业	**13 393**	**443**	**420**	**1 439**	**1 457**	**49 005**
农副食品加工业	373	44				
食品制造业	171					
酒、饮料和精制茶制造业			1			
烟草制品业						
纺织业	61					
纺织服装、服饰业						
皮革、毛皮、羽毛及其制品和制鞋业						
木材加工和木、竹、藤、棕、草制品业	760				1 203	
家具制造业						
造纸和纸制品业	80					
印刷和记录媒介复制业	130					
文教、工美、体育和娱乐用品制造业	88	244				
石油加工、炼焦和核燃料加工业	49					
化学原料和化学制品制造业	300					
医药制造业	28					
化学纤维制造业						
橡胶和塑料制品业	207		188	4	254	
非金属矿物制品业	7 826	155	155	206		49 005
黑色金属冶炼和压延加工业						
有色金属冶炼和压延加工业	459		63			
金属制品业	186					
通用设备制造业	522			5		
专用设备制造业	43			10		
汽车制造业	1 828		13	1 211		
铁路、船舶、航空航天和其他运输设备制造业	25					
电气机械和器材制造业	245			3		
计算机、通信和其他电子设备制造业						
仪器仪表制造业	11					
其他制造业						
废弃资源综合利用业						
金属制品、机械和设备修理业						
电力、热力、燃气及水生产和供应业	**3 269**	**336**				
电力、热力生产和供应业	3 183	336				
燃气生产和供应业	44					
水的生产和供应业	42					

5-5 分行业规模以上工业各品种能源消费量（四）

指标名称	石油沥青（吨）	其他石油制品（吨）	热力（百万千焦）	电力（万千瓦时）	煤矸石用于燃料（吨）
全　市	**29 858**	**55**	**9 902 449**	**1 043 566**	**16 211**
采矿业				**22 985**	
煤炭开采和洗选业				92	
石油和天然气开采业					
黑色金属矿采选业				17 606	
有色金属矿采选业					
非金属矿采选业				5 287	
开采辅助活动					
其他采矿业					
制造业	**29 858**	**55**	**9 896 103**	**663 236**	
农副食品加工业			57 007	16 393	
食品制造业			362 980	10 426	
酒、饮料和精制茶制造业			239 081	8 488	
烟草制品业				1 633	
纺织业			1 809 143	60 632	
纺织服装、服饰业			18 374	1 752	
皮革、毛皮、羽毛及其制品和制鞋业				1 586	
木材加工和木、竹、藤、棕、草制品业				22 443	
家具制造业				296	
造纸和纸制品业			5 359 767	106 032	
印刷和记录媒介复制业			6 722	5 219	
文教、工美、体育和娱乐用品制造业				1 813	
石油加工、炼焦和核燃料加工业				898	
化学原料和化学制品制造业			192 736	41 409	
医药制造业			37 041	7 889	
化学纤维制造业			157 559	5 039	
橡胶和塑料制品业		55	290 706	33 454	
非金属矿物制品业	29 858		38 962	113 785	
黑色金属冶炼和压延加工业				514	
有色金属冶炼和压延加工业				33 063	
金属制品业				35 666	
通用设备制造业			6 235	8 526	
专用设备制造业			1 861	3 798	
汽车制造业			865 960	117 870	
铁路、船舶、航空航天和其他运输设备制造业				2 231	
电气机械和器材制造业			451 968	16 316	
计算机、通信和其他电子设备制造业				4 222	
仪器仪表制造业				971	
其他制造业				662	
废弃资源综合利用业				207	
金属制品、机械和设备修理业				3	
电力、热力、燃气及水生产和供应业			**6 345**	**357 345**	**16 211**
电力、热力生产和供应业				346 512	16 211
燃气生产和供应业				823	
水的生产和供应业			6 345	10 010	

5-5 分行业规模以上工业各品种能源消费量（五）

指标名称	城市垃圾用于燃料（吨）	生物质废料用于燃料（吨）	余热余压（百万千焦）	其他工业废料用于燃料（吨）	其他燃料（吨标准煤）
全　市	**1 592 049**	**38 890**	**2 781 499**	**49 961**	**732**
采矿业					
煤炭开采和洗选业					
石油和天然气开采业					
黑色金属矿采选业					
有色金属矿采选业					
非金属矿采选业					
开采辅助活动					
其他采矿业					
制造业		**11 792**	**2 422 633**	**49 961**	**732**
农副食品加工业		1			250
食品制造业		172			
酒、饮料和精制茶制造业					190
烟草制品业					
纺织业					
纺织服装、服饰业					
皮革、毛皮、羽毛及其制品和制鞋业		329			
木材加工和木、竹、藤、棕、草制品业		2 802		49 961	
家具制造业					
造纸和纸制品业		8 488			
印刷和记录媒介复制业					38
文教、工美、体育和娱乐用品制造业					
石油加工、炼焦和核燃料加工业					
化学原料和化学制品制造业					32
医药制造业					
化学纤维制造业					
橡胶和塑料制品业					
非金属矿物制品业			2 422 633		
黑色金属冶炼和压延加工业					
有色金属冶炼和压延加工业					
金属制品业					
通用设备制造业					
专用设备制造业					
汽车制造业					222
铁路、船舶、航空航天和其他运输设备制造业					
电气机械和器材制造业					
计算机、通信和其他电子设备制造业					
仪器仪表制造业					
其他制造业					
废弃资源综合利用业					
金属制品、机械和设备修理业					
电力、热力、燃气及水生产和供应业	**1 592 049**	**27 098**	**358 865**		
电力、热力生产和供应业	1 592 049	27 098	358 865		
燃气生产和供应业					
水的生产和供应业					

5-6 各县（市、区）规模以上工业各品种能源消费量（一）

县（市、区）	原　煤（吨）	无烟煤（吨）	一般烟煤（吨）	其他洗煤（吨）	煤制品（吨）	焦　炭（吨）
全　市	**9 040 563**	**260 287**	**8 780 275**	**20 381**	**45 280**	**91 538**
竞秀区	1 205 604		1 205 604			
莲池区						
满城区	2 001 079		2 001 079			58 150
清苑区	1 667 180		1 667 180			
徐水区	126 075		126 075			
涞水县	421 507		421 507			11 917
阜平县	39 829		39 829			
定兴县						
唐　县	187 843	17 430	170 413		97	
高阳县	255 173		255 173		45 183	10 263
涞源县	116 903		116 903	20 381		
望都县	48 211		48 211			
易　县	288 665		288 665			
曲阳县	628 778	242 858	385 920			11 207
蠡　县						
顺平县	151 734		151 734			
博野县						
涿州市	1 667 588		1 667 588			
安国市						
高碑店市	118 380		118 380			
白沟新城	114 276		114 276			
高新区	1 739		1 739			

5-6 各县（市、区）规模以上工业各品种能源消费量（二）

县（市、区）	天然气（气态）（万立方米）	液化天然气（液态）（吨）	汽 油（吨）	煤 油（吨）	柴 油（吨）	燃料油（吨）	液化石油气（吨）
全 市	**31 474**	**28 403**	**9 902**	**34**	**18 986**	**779**	**420**
竞秀区	448		233	1	507	336	
莲池区	4 827		6 007		1 194		
满城区	2 723	1 314	211		382		
清苑区	2 768	2 312	79	33	2 200		
徐水区	2 297	1 380	472		1 113		13
涞水县	175		6		1 370		
阜平县					323		
定兴县	646		57		394		156
唐 县	79		140		1 985		
高阳县	1 973	4 799	203		234		
涞源县	218				2 616		
望都县	1 199				45	155	
易 县	162		13		618		
曲阳县		8 580	189		1 293		
蠡 县	3 097	1 255	75		6		
顺平县	2 383	4 854	115		656	288	
博野县	88		46		4		
涿州市	4 564	1 247	573		1 239		249
安国市	905	974	715		22		
高碑店市	1 127	1 688	456		2 146		2
白沟新城	577						
高新区	1 218		310		638		

5-6 各县（市、区）规模以上工业各品种能源消费量（三）

县（市、区）	润滑油（吨）	石蜡（吨）	石油焦（吨）	石油沥青（吨）	其他石油制品（吨）	热力（百万千焦）	电力（万千瓦时）
全市	**1 439**	**1 457**	**49 005**	**29 858**	**55**	**9 902 449**	**1 043 566**
竞秀区	5					914 857	284 433
莲池区	1 190					804 942	102 340
满城区						4 541 198	112 853
清苑区							57 330
徐水区						10 101	36 646
涞水县				28 147			33 681
阜平县							3 800
定兴县						329 472	13 271
唐县		1 203					42 514
高阳县	10					1 696 991	43 559
涞源县							22 196
望都县	206						12 287
易县							44 085
曲阳县			49 005				56 419
蠡县						82 521	19 877
顺平县		249				251 647	31 757
博野县						171 410	7 627
涿州市	22					248 860	66 927
安国市						4 039	8 596
高碑店市	4	5		1 711	55	87 850	14 123
白沟新城							5 040
高新区	3					758 559	24 204

5-6 各县（市、区）规模以上工业各品种能源消费量（四）

县（市、区）	煤矸石用于燃料（吨）	城市垃圾用于燃料（吨）	生物质废料用于燃料（吨）	余热余压（百万千焦）	其他工业废料用于燃料（吨）	其他燃料（吨标准煤）
全 市	**16 211**	**1 592 049**	**38 890**	**2 781 499**	**49 961**	**732**
竞秀区						
莲池区						
满城区		275 871	26 963			
清苑区		833 944	8 488			
徐水区						472
涞水县		482 233		944 026		
阜平县						
定兴县						259
唐 县				669 953		
高阳县	16 211		135			
涞源县						
望都县						
易 县			2 803	358 865	49 961	
曲阳县				548 289		
蠡 县			500			
顺平县				260 365		
博野县						
涿州市						
安国市						
高碑店市						
白沟新城						
高新区						

5-7 分行业规模以上工业能源加工转换投入产出量及回收利用（一）

指标名称	一、加工转换投入					
	原　煤（吨）	无烟煤（吨）	一般烟煤（吨）	煤制品（吨）	焦　炭（吨）	天然气（气态）（万立方米）
全　市	**7 483 437**	**68 310**	**7 415 127**	**45 183**	**79 621**	**208**
采矿业						
煤炭开采和洗选业						
石油和天然气开采业						
黑色金属矿采选业						
有色金属矿采选业						
非金属矿采选业						
开采辅助活动						
其他采矿业						
制造业	**94 971**	**68 310**	**26 661**		**11 207**	
农副食品加工业						
食品制造业						
酒、饮料和精制茶制造业						
烟草制品业						
纺织业						
纺织服装、服饰业						
皮革、毛皮、羽毛及其制品和制鞋业						
木材加工和木、竹、藤、棕、草制品业						
家具制造业						
造纸和纸制品业						
印刷和记录媒介复制业						
文教、工美、体育和娱乐用品制造业						
石油加工、炼焦和核燃料加工业	94 971	68 310	26 661		11 207	
化学原料和化学制品制造业						
医药制造业						
化学纤维制造业						
橡胶和塑料制品业						
非金属矿物制品业						
黑色金属冶炼和压延加工业						
有色金属冶炼和压延加工业						
金属制品业						
通用设备制造业						
专用设备制造业						
汽车制造业						
铁路、船舶、航空航天和其他运输设备制造业						
电气机械和器材制造业						
计算机、通信和其他电子设备制造业						
仪器仪表制造业						
其他制造业						
废弃资源综合利用业						
金属制品、机械和设备修理业						
电力、热力、燃气及水生产和供应业	**7 388 466**		**7 388 466**	**45 183**	**68 414**	**208**
电力、热力生产和供应业	7 388 466		7 388 466	45 183	68 414	208
燃气生产和供应业						
水的生产和供应业						

5-7 分行业规模以上工业能源加工转换投入产出量及回收利用（二）

指标名称	一、加工转换投入					
	柴 油（吨）	燃料油（吨）	煤矸石用于燃料（吨）	城市垃圾用于燃料（吨）	生物质废料用于燃料（吨）	余热余压（百万千焦）
全 市	**2 165**	**336**	**16 211**	**1 592 049**	**27 098**	**2 781 499**
采矿业						
煤炭开采和洗选业						
石油和天然气开采业						
黑色金属矿采选业						
有色金属矿采选业						
非金属矿采选业						
开采辅助活动						
其他采矿业						
制造业						**2 422 633**
农副食品加工业						
食品制造业						
酒、饮料和精制茶制造业						
烟草制品业						
纺织业						
纺织服装、服饰业						
皮革、毛皮、羽毛及其制品和制鞋业						
木材加工和木、竹、藤、棕、草制品业						
家具制造业						
造纸和纸制品业						
印刷和记录媒介复制业						
文教、工美、体育和娱乐用品制造业						
石油加工、炼焦和核燃料加工业						
化学原料和化学制品制造业						
医药制造业						
化学纤维制造业						
橡胶和塑料制品业						
非金属矿物制品业						2 422 633
黑色金属冶炼和压延加工业						
有色金属冶炼和压延加工业						
金属制品业						
通用设备制造业						
专用设备制造业						
汽车制造业						
铁路、船舶、航空航天和其他运输设备制造业						
电气机械和器材制造业						
计算机、通信和其他电子设备制造业						
仪器仪表制造业						
其他制造业						
废弃资源综合利用业						
金属制品、机械和设备修理业						
电力、热力、燃气及水生产和供应业	**2 165**	**336**	**16 211**	**1 592 049**	**27 098**	**358 865**
电力、热力生产和供应业	2 165	336	16 211	1 592 049	27 098	358 865
燃气生产和供应业						
水的生产和供应业						

5-7 分行业规模以上工业能源加工转换投入产出量及回收利用（三）

指标名称	二、加工转换产出			三、回收利用
	煤制品（吨）	热　力（百万千焦）	电　力（万千瓦时）	余热余压（百万千焦）
全　市	**77 211**	**51 706 227**	**1 178 398**	**2 763 192**
采矿业				
煤炭开采和洗选业				
石油和天然气开采业				
黑色金属矿采选业				
有色金属矿采选业				
非金属矿采选业				
开采辅助活动				
其他采矿业				
制造业	**77 211**	**549 650**	**20 799**	**2 763 192**
农副食品加工业				
食品制造业				
酒、饮料和精制茶制造业				
烟草制品业				
纺织业				
纺织服装、服饰业				
皮革、毛皮、羽毛及其制品和制鞋业				
木材加工和木、竹、藤、棕、草制品业				
家具制造业				
造纸和纸制品业				
印刷和记录媒介复制业				
文教、工美、体育和娱乐用品制造业				
石油加工、炼焦和核燃料加工业	77 211	549 650		
化学原料和化学制品制造业				
医药制造业				
化学纤维制造业				
橡胶和塑料制品业				
非金属矿物制品业			20 799	2 763 192
黑色金属冶炼和压延加工业				
有色金属冶炼和压延加工业				
金属制品业				
通用设备制造业				
专用设备制造业				
汽车制造业				
铁路、船舶、航空航天和其他运输设备制造业				
电气机械和器材制造业				
计算机、通信和其他电子设备制造业				
仪器仪表制造业				
其他制造业				
废弃资源综合利用业				
金属制品、机械和设备修理业				
电力、热力、燃气及水生产和供应业		**51 156 577**	**1 157 599**	
电力、热力生产和供应业		51 156 577	1 157 599	
燃气生产和供应业				
水的生产和供应业				

5-8 各县（市、区）规模以上工业能源加工转换投入产出量及回收利用（一）

县（市、区）	一、加工转换投入					
	原 煤（吨）	无烟煤（吨）	一般烟煤（吨）	煤制品（吨）	焦 炭（吨）	天然气（气态）（万立方米）
全 市	**7 483 437**	**68 310**	**7 415 127**	**45 183**	**79 621**	**208**
竞秀区	1 205 604		1 205 604			
莲池区						
满城区	1 946 485		1 946 485		58 150	
清苑区	1 667 180		1 667 180			
徐水区	126 075		126 075			
涞水县	90 156		90 156			
阜平县	39 829		39 829			
定兴县						
唐 县						
高阳县	228 750		228 750	45 183	10 263	
涞源县	116 903		116 903			
望都县	48 211		48 211			
易 县						
曲阳县	68 310	68 310			11 207	
蠡 县						
顺平县	45 691		45 691			
博野县						
涿州市	1 667 588		1 667 588			208
安国市						
高碑店市	118 380		118 380			
白沟新城	114 276		114 276			
高新区						

5-8 各县（市、区）规模以上工业能源加工转换投入产出量及回收利用（二）

县（市、区）	一、加工转换投入					
	柴油（吨）	燃料油（吨）	煤矸石用于燃料（吨）	城市垃圾用于燃料（吨）	生物质废料用于燃料（吨）	余热余压（百万千焦）
全　市	**2 165**	**336**	**16 211**	**1 592 049**	**27 098**	**2 781 499**
竞秀区		336				
莲池区						
满城区	204			275 871	26 963	
清苑区	869			833 944		
徐水区	32					
涞水县	839			482 233		944 026
阜平县						
定兴县						
唐　县						669 953
高阳县			16 211		135	
涞源县	8					
望都县						
易　县						358 865
曲阳县						548 289
蠡　县						
顺平县						260 365
博野县						
涿州市	145					
安国市						
高碑店市	68					
白沟新城						
高新区						

5-8 各县（市、区）规模以上工业能源加工转换投入产出量及回收利用（三）

县（市、区）	二、加工转换产出			三、回收利用
	煤制品（吨）	热 力（百万千焦）	电 力（万千瓦时）	余热余压（百万千焦）
全 市	**77 211**	**51 706 227**	**1 178 398**	**2 763 192**
竞秀区		6 959 332	163 969	
莲池区				
满城区		14 061 064	335 616	
清苑区		8 577 870	305 078	
徐水区		1 929 937		
涞水县		1 428 852	26 607	944 026
阜平县		754 836		
定兴县				
唐 县			5 577	669 953
高阳县		4 599 583	13 099	
涞源县		1 282 075	7 488	
望都县		819 633		
易 县			5 340	340 559
曲阳县	77 211		5 198	548 289
蠡 县				
顺平县		814 064	2 167	260 365
博野县				
涿州市		6 676 245	308 259	
安国市				
高碑店市		1 775 770		
白沟新城		2 026 967		
高新区				

第二部分

统计数据篇

六、贸易. 财政. 金融

6-1 全市社会消费品零售总额及增长速度

单位：万元、%

指标名称	2021年	比上年增长
社会消费品零售总额	**14 904 998.6**	**9.5**
按销售单位所在地分		
城镇	12 666 731.3	7.8
城区	5 485 841.1	9.0
乡村	2 238 267.3	19.6
按消费形态分		
1. 餐饮收入	850 312.5	18.1
2. 商品零售	14 054 686.1	9.0

6-2 全市及各县（市、区）社会消费品零售总额及增长速度

单位：万元、%

县（市、区）	2021年	比上年增长
保定市	**14 904 998.6**	**9.5**
竞秀区	917 238.6	9.2
莲池区	2 758 170.8	9.3
满城区	293 050.2	10.2
清苑区	573 554.7	9.5
徐水区	1 217 836.5	8.6
涞水县	285 547.3	9.1
阜平县	104 999.3	9.9
定兴县	772 525.4	10.2
唐　县	416 059.7	12.5
高阳县	554 550.0	9.5
涞源县	155 468.1	9.8
望都县	249 938.5	10.0
易　县	376 218.9	9.3
曲阳县	308 763.1	10.1
蠡　县	542 122.5	10.4
顺平县	209 345.9	9.0
博野县	163 434.4	10.5
涿州市	1 008 076.7	9.1
安国市	425 846.1	9.6
高碑店市	849 196.4	11.1
白沟新城	881 434.8	9.4
高新区	1 841 620.7	8.5

6-3 限额以上批发和零售法人企业商品购进、销售和库存（一）

单位：万元

指标名称	法人企业数（个）	从业人员期末人数（人）	商品购进额	进口
全　市	**611**	**38 782**	**8 436 716.5**	**95 928.5**
一、批发业	197	7 865	3 852 006.1	2 007.0
1. 按批发行业小类分				
农、林、牧、渔产品批发	8	77	88 331.6	
谷物、豆及薯类批发	5	42	35 789.6	
种子批发				
畜牧渔业饲料批发	1	7	10 037.4	
棉、麻批发	2	28	42 504.6	
食品、饮料及烟草制品批发	36	2 841	1 017 109.3	
米、面制品及食用油批发	1	63	14 107.8	
糕点、糖果及糖批发	2	71	25 354.3	
果品、蔬菜批发	15	572	45 348.9	
肉、禽、蛋、奶及水产品批发	2	34	11 833.6	
营养和保健品批发	2	95	22 450.1	
酒、饮料及茶叶批发	9	749	192 959.8	
烟草制品批发	1	1 112	681 817.0	
其他食品批发	4	145	23 237.8	
纺织、服装及家庭用品批发	11	594	226 228.1	1 620.7
纺织品、针织品及原料批发	5	61	27 864.6	1 620.7
服装批发	1	67	3 941.5	
化妆品及卫生用品批发	2	406	48 505.3	
日用家电批发	3	60	145 916.7	
文化、体育用品及器材批发	1	7	4 146.1	
文具用品批发	1	7	4 146.1	
医药及医疗器材批发	59	2 849	1 309 038.0	386.3
西药批发	18	1 141	520 250.8	
中药批发	38	1 597	772 003.1	386.3
医疗用品及器材批发	3	111	16 784.1	
矿产品、建材及化工产品批发	44	516	846 953.8	
石油及制品批发	6	119	221 998.0	
金属及金属矿批发	17	215	237 126.4	
建材批发	13	81	108 407.4	
化肥批发	1	16	103 566.2	
其他化工产品批发	7	85	175 855.8	
机械设备、五金产品及电子产品批发	36	976	353 063.7	
农业机械批发	2	40	5 034.1	
汽车及零配件批发	28	851	285 180.6	
摩托车及零配件批发	1	13	7 358.7	

6-3 限额以上批发和零售法人企业商品购进、销售和库存（二）

单位：万元

指标名称	法人企业数（个）	从业人员期末人数（人）	商品购进额	进口
五金产品批发	3	46	46 258.9	
电气设备批发	1	9	3 577.1	
其他机械设备及电子产品批发	1	17	5 654.3	
其他批发业	2	5	7 135.5	
再生物资回收与批发	2	5	7 135.5	
2. 按登记注册类型分				
内资企业	196	7 835	3 836 133.7	2 007.0
国有企业	1	1 112	681 817.0	
有限责任公司	25	1 241	681 337.6	
国有独资公司	1	20	10 034.8	
其他有限责任公司	24	1 221	671 302.8	
私营企业	170	5 482	2 472 979.1	2 007.0
私营独资企业	2	98	39 512.5	
私营有限责任公司	168	5 384	2 433 466.6	2 007.0
外商投资企业	1	30	15 872.4	
中外合资经营企业				
中外合作经营企业				
外资企业	1	30	15 872.4	
外商投资股份有限公司				
其他外商投资企业				
3. 按控股情况分				
国有控股	5	1 246	766 090.9	
集体控股	1	67	146 099.8	
私人控股	190	6 522	2 923 943.0	2 007.0
外商控股	1	30	15 872.4	
4. 按经营形式分				
独立门店	174	5 950	2 719 079.3	2 007.0
其他	23	1 915	1 132 926.8	
5. 按单位规模分				
大型	4	2 177	1 099 904.8	
中型	67	3 830	1 577 215.2	78.4
小型	98	1 780	965 453.5	1 928.6
微型	28	78	209 432.6	
6. 按经营地分				
城镇	178	7 446	3 522 610.4	1 928.6
城区	127	6 311	2 712 299.8	307.9
乡村	19	419	329 395.7	78.4

6-3 限额以上批发和零售法人企业商品购进、销售和库存（三）

单位：万元

指标名称	法　人 企业数 （个）	从业人员 期末人数 （人）	商　品 购进额	进　口
二、零售业	**414**	**30 917**	**4 584 710.4**	**93 921.5**
1. 按零售行业小类分				
综合零售	58	15 321	1 289 078.9	11 757.6
百货零售	38	10 564	894 908.5	11 757.6
超级市场零售	16	4 280	301 079.9	
便利店零售	2	106	5 987.5	
其他综合零售	2	371	87 103.0	
食品、饮料及烟草制品专门零售	24	806	421 393.9	
粮油零售	3	482	358 348.9	
肉、禽、蛋、奶及水产品零售	4	54	23 830.8	
酒、饮料及茶叶零售	14	215	31 318.2	
其他食品零售	3	55	7 896.0	
纺织、服装及日用品专门零售	15	730	62 293.2	
纺织品及针织品零售	2	52	2 119.5	
服装零售	8	392	36 122.8	
鞋帽零售	1	71	256.2	
化妆品及卫生用品零售	1	15	2 357.5	
厨具卫具及日用杂品零售	1	10	1 135.2	
箱包零售	1	35	7 582.9	
其他日用品零售	1	155	12 719.1	
文化、体育用品及器材专门零售	8	538	98 477.0	
文具用品零售	1	11	655.5	
体育用品及器材零售	2	120	24 418.3	
图书、报刊零售	2	252	66 967.1	
珠宝首饰零售	3	155	6 436.1	
医药及医疗器材专门零售	26	2 559	85 212.6	
西药零售	22	2 259	71 668.6	
中药零售	4	300	13 544.0	
汽车、摩托车、零配件和燃料及其他动力销售	213	9 602	2 427 359.1	82 163.9
汽车新车零售	148	7 199	2 176 168.9	82 163.9
摩托车及零配件零售	1	2	1 410.7	
机动车燃油零售	64	2 401	249 779.5	
家用电器及电子产品专门零售	53	1 172	172 463.3	
家用视听设备零售	21	305	27 588.9	
日用家电零售	18	287	46 916.5	
计算机、软件及辅助设备零售	3	85	21 975.0	
通信设备零售	9	478	69 200.2	
其他电子产品零售	2	17	6 782.7	

6-3 限额以上批发和零售法人企业商品购进、销售和库存（四）

单位：万元

指标名称	法　人 企业数 （个）	从业人员 期末人数 （人）	商　品 购进额	进　口
五金、家具及室内装饰材料专门零售	3	43	3 424.2	
家具零售	1	10	598.7	
涂料零售	2	33	2 825.5	
货摊、无店铺及其他零售业	14	146	25 008.2	
互联网零售	13	134	23 662.7	
生活用燃料零售	1	12	1 345.5	
2. 按登记注册类型分				
内资企业	412	29 754	4 523 541.5	79 113.3
国有企业	1	18	1 386.9	
集体企业	4	49	3 897.4	
股份合作企业	2	18	1 326.9	
有限责任公司	57	8 705	1 305 031.3	26 899.2
股份有限公司	3	855	168 520.9	
私营企业	345	20 109	3 043 378.1	52 214.1
私营独资企业	53	719	62 116.9	
私营合伙企业	7	45	7 386.1	
私营有限责任公司	284	19 326	2 971 815.3	52 214.1
私营股份有限公司	1	19	2 059.8	
港、澳、台商投资企业	1	77	61 168.9	14 808.2
港澳台商独资企业	1	77	61 168.9	14 808.2
外商投资企业	1	1 086		
外商投资股份有限公司	1	1 086		
3. 按控股情况分				
国有控股	13	2 510	346 257.3	
集体控股	6	2 419	441 262.5	
私人控股	394	25 911	3 736 021.7	79 113.3
港澳台商控股	1	77	61 168.9	14 808.2
4. 按经营形式分				
独立门店	376	27 990	3 857 808.2	93 921.5
连锁总店（总部）	13	1 569	402 134.8	
连锁直营店	1	174	2 675.5	
连锁加盟店	2	47	2 786.5	
其他	22	1 137	319 305.4	
5. 按单位规模分				
大型	15	12 927	1 781 364.2	
中型	121	13 356	2 026 023.9	93 921.5
小型	178	4 132	635 487.7	
微型	100	502	141 834.6	

6-3 限额以上批发和零售法人企业商品购进、销售和库存（五）

单位：万元

指标名称	法人企业数（个）	从业人员期末人数（人）	商品购进额	进口
6. 按零售业态分（汇总口径1）				
有店铺零售	396	30 716	4 553 051.0	93 921.5
食杂店	1	10	519.6	
便利店	3	280	16 899.1	
超市	24	3 721	542 505.7	
大型超市	8	2 484	251 537.6	11 757.6
百货店	33	9 578	857 952.9	
专业店	169	7 299	924 590.8	14 808.2
专卖店	154	6 950	1 900 489.1	67 355.7
购物中心	2	279	10 060.6	
厂家直销中心	2	115	48 495.6	
无店铺零售	18	201	31 659.4	
网上商店	13	134	23 662.7	
其他	5	67	7 996.7	
7. 按零售业态分（汇总口径2）				
有店铺零售	397	30 721	4 553 190.5	93 921.5
食杂店	1	10	519.6	
便利店	5	323	23 981.5	
超市	26	3 797	549 745.4	
大型超市	10	3 262	388 271.1	11 757.6
百货店	36	9 750	874 359.6	
专业店	170	7 306	927 329.0	14 808.2
专卖店	155	7 045	1 906 286.2	67 355.7
购物中心	4	445	24 981.0	
厂家直销中心	3	149	52 291.0	
无店铺零售	19	296	37 456.5	
网上商店	14	229	29 459.8	
其他	6	72	8 136.2	
8. 按经营地分				
城镇	396	30 120	4 159 455.2	93 921.5
城区	195	16 942	2 454 225.0	41 070.5
乡村	18	797	425 255.2	
9. 按港澳台商投资情况分				
港商投资	1	77	61 168.9	14 808.2

6-3 限额以上批发和零售法人企业商品购进、销售和库存（六）

单位：万元

指标名称	商品销售额	通过公共网络实现的销售额	通过非自营平台实现的商品销售额
全　市	**9 472 990.8**	**1 023 545.4**	**13 762.2**
一、批发业	4 303 038.4	962 548.5	30.6
1. 按批发行业小类分			
农、林、牧、渔产品批发	86 025.5		
谷物、豆及薯类批发	37 055.6		
种子批发			
畜牧渔业饲料批发	9 990.7		
棉、麻批发	38 979.2		
食品、饮料及烟草制品批发	1 315 639.2	947 517.7	
米、面制品及食用油批发	16 567.9		
糕点、糖果及糖批发	28 791.9		
果品、蔬菜批发	53 830.2		
肉、禽、蛋、奶及水产品批发	12 285.8		
营养和保健品批发	24 801.8		
酒、饮料及茶叶批发	209 283.0		
烟草制品批发	947 517.7	947 517.7	
其他食品批发	22 560.9		
纺织、服装及家庭用品批发	240 326.8	2 192.2	
纺织品、针织品及原料批发	25 711.5		
服装批发	4 235.0	164.3	
化妆品及卫生用品批发	49 042.8	2 027.9	
日用家电批发	161 337.5		
文化、体育用品及器材批发	4 318.6		
文具用品批发	4 318.6		
医药及医疗器材批发	1 407 905.0		
西药批发	555 842.1		
中药批发	831 090.2		
医疗用品及器材批发	20 972.7		
矿产品、建材及化工产品批发	870 678.7	11 756.2	
石油及制品批发	225 029.7		
金属及金属矿批发	253 122.6		
建材批发	112 679.4		
化肥批发	98 180.3		
其他化工产品批发	181 666.7	11 756.2	
机械设备、五金产品及电子产品批发	370 631.7	1 082.4	30.6
农业机械批发	5 298.8		
汽车及零配件批发	297 220.4		
摩托车及零配件批发	8 147.6		

6-3 限额以上批发和零售法人企业商品购进、销售和库存（七）

单位：万元

指标名称	商品销售额	通过公共网络实现的销售额	通过非自营平台实现的商品销售额
五金产品批发	49 971.8	1 082.4	30.6
电气设备批发	3 818.7		
其他机械设备及电子产品批发	6 174.4		
其他批发业	7 512.9		
再生物资回收与批发	7 512.9		
2. 按登记注册类型分			
内资企业	4 285 875.6	962 548.5	30.6
国有企业	947 517.7	947 517.7	
有限责任公司	745 734.5		
国有独资公司	12 943.2		
其他有限责任公司	732 791.3		
私营企业	2 592 623.4	15 030.8	30.6
私营独资企业	41 399.5		
私营有限责任公司	2 551 223.9	15 030.8	30.6
外商投资企业	17 162.8		
中外合资经营企业			
中外合作经营企业			
外资企业	17 162.8		
外商投资股份有限公司			
其他外商投资企业			
3. 按控股情况分			
国有控股	1 037 817.5	947 517.7	
集体控股	153 838.7		
私人控股	3 094 219.4	15 030.8	30.6
外商控股	17 162.8		
4. 按经营形式分			
独立门店	2 873 165.7	3 274.6	30.6
其他	1 429 872.7	959 273.9	
5. 按单位规模分			
大型	1 386 996.5	947 517.7	
中型	1 698 705.7	3 110.3	30.6
小型	1 005 917.6	11 920.5	
微型	211 418.6		
6. 按经营地分			
城镇	3 946 779.1	962 548.5	30.6
城区	3 095 881.9	950 792.3	30.6
乡村	356 259.3		

6-3 限额以上批发和零售法人企业商品购进、销售和库存（八）

单位：万元

指标名称	商品销售额	通过公共网络实现的销售额	通过非自营平台实现的商品销售额
二、零售业	**5 169 952.4**	**60 996.9**	**13 731.6**
1. 按零售行业小类分			
综合零售	1 453 516.5	6 751.4	478.6
百货零售	985 155.5	5 229.7	86.4
超级市场零售	377 198.3	1 521.7	392.2
便利店零售	6 823.5		
其他综合零售	84 339.2		
食品、饮料及烟草制品专门零售	364 365.5		
粮油零售	291 633.3		
肉、禽、蛋、奶及水产品零售	27 704.6		
酒、饮料及茶叶零售	36 941.7		
其他食品零售	8 085.9		
纺织、服装及日用品专门零售	76 783.2	7 465.1	
纺织品及针织品零售	2 390.1		
服装零售	41 878.7		
鞋帽零售	398.3		
化妆品及卫生用品零售	6 218.5	2 773.3	
厨具卫具及日用杂品零售	1 260.8	1 260.8	
箱包零售	9 136.0	3 431.0	
其他日用品零售	15 500.8		
文化、体育用品及器材专门零售	108 667.3		
文具用品零售	772.2		
体育用品及器材零售	33 728.6		
图书、报刊零售	67 078.9		
珠宝首饰零售	7 087.6		
医药及医疗器材专门零售	98 082.5	2 973.6	1 206.3
西药零售	82 355.5	2 249.0	482.6
中药零售	15 727.0	724.6	723.7
汽车、摩托车、零配件和燃料及其他动力销售	2 848 006.7	17 056.5	11 352.0
汽车新车零售	2 208 386.5	17 056.5	11 352.0
摩托车及零配件零售	1 414.0		
机动车燃油零售	638 206.2		
家用电器及电子产品专门零售	188 237.6	1 858.2	
家用视听设备零售	30 488.9		
日用家电零售	49 332.3	1 858.2	
计算机、软件及辅助设备零售	22 084.8		
通信设备零售	79 493.9		
其他电子产品零售	6 837.7		

6-3 限额以上批发和零售法人企业商品购进、销售和库存（九）

单位：万元

指标名称	商品销售额	通过公共网络实现的销售额	通过非自营平台实现的商品销售额
五金、家具及室内装饰材料专门零售	3 789.2		
家具零售	632.5		
涂料零售	3 156.7		
货摊、无店铺及其他零售业	28 503.9	24 892.1	694.7
互联网零售	25 512.3	24 892.1	694.7
生活用燃料零售	2 991.6		
2. 按登记注册类型分			
内资企业	4 793 578.8	60 996.9	13 731.6
国有企业	1 383.8		
集体企业	4 364.4		
股份合作企业	1 556.3		
有限责任公司	1 415 669.0	7 663.0	392.2
股份有限公司	239 034.8	1 387.6	174.6
私营企业	3 131 570.5	51 946.3	13 164.8
私营独资企业	70 505.0		
私营合伙企业	7 954.2		
私营有限责任公司	3 051 182.2	51 946.3	13 164.8
私营股份有限公司	1 929.1		
港、澳、台商投资企业	65 631.3		
港澳台商独资企业	65 631.3		
外商投资企业	310 742.3		
外商投资股份有限公司	310 742.3		
3. 按控股情况分			
国有控股	731 968.3		
集体控股	507 473.3	1 378.5	
私人控股	3 864 879.5	59 618.4	13 731.6
港澳台商控股	65 631.3		
4. 按经营形式分			
独立门店	4 504 059.9	49 597.6	13 713.5
连锁总店（总部）	339 439.6	3 642.7	18.1
连锁直营店	3 500.7		
连锁加盟店	3 585.6		
其他	319 366.6	7 756.6	
5. 按单位规模分			
大型	2 243 646.4	6 349.0	86.4
中型	2 079 867.3	15 974.3	12 206.3
小型	685 855.1	20 236.4	1 438.9
微型	160 583.6	18 437.2	

6-3 限额以上批发和零售法人企业商品购进、销售和库存（十）

单位：万元

指标名称	商品销售额	通过公共网络实现的销售额	通过非自营平台实现的商品销售额
6. 按零售业态分（汇总口径1）			
有店铺零售	5 129 576.4	33 331.5	13 036.9
食杂店	622.3		
便利店	20 239.2		
超市	509 407.5	1 663.2	392.2
大型超市	294 410.4	1 119.3	
百货店	947 582.2	5 229.7	86.4
专业店	1 364 146.7	17 593.4	11 834.6
专卖店	1 932 256.3	7 725.9	723.7
购物中心	9 450.4		
厂家直销中心	51 461.4		
无店铺零售	40 376.0	27 665.4	694.7
网上商店	25 512.3	24 892.1	694.7
其他	14 863.7	2 773.3	
7. 按零售业态分（汇总口径2）			
有店铺零售	5 129 727.2	33 482.3	13 036.9
食杂店	622.3		
便利店	27 290.0		
超市	517 216.0	1 663.2	392.2
大型超市	431 621.6	1 119.3	
百货店	967 314.3	5 380.5	86.4
专业店	1 366 922.8	17 593.4	11 834.6
专卖店	1 937 739.4	7 726.8	723.7
购物中心	27 263.3		
厂家直销中心	55 512.1		
无店铺零售	45 859.1	27 666.3	694.7
网上商店	30 995.4	24 893.0	694.7
其他	15 014.5	2 924.1	
8. 按经营地分			
城镇	4 812 926.7	60 476.8	13 211.5
城区	2 937 750.1	29 245.3	12 598.5
乡村	357 025.7	520.1	520.1
9. 按港澳台商投资情况分			
港商投资	65 631.3		

6-3 限额以上批发和零售法人企业商品购进、销售和库存（十一）

单位：万元

指标名称	商品销售额			
	批发额	出口	零售额	通过公共网络实现的零售额
全　市	**4 314 091.2**	**8 117.0**	**5 150 668.5**	**65 462.9**
一、批发业	4 109 924.7	8 117.0	184 882.6	6 229.3
1. 按批发行业小类分				
农、林、牧、渔产品批发	84 027.4		1 998.1	
谷物、豆及薯类批发	37 055.6			
种子批发				
畜牧渔业饲料批发	7 992.6		1 998.1	
棉、麻批发	38 979.2			
食品、饮料及烟草制品批发	1 258 137.4	2 540.4	57 501.8	
米、面制品及食用油批发	16 567.9			
糕点、糖果及糖批发	28 357.3		434.6	
果品、蔬菜批发	42 095.2		11 735.0	
肉、禽、蛋、奶及水产品批发	10 337.9		1 947.9	
营养和保健品批发	13 645.8		11 156.0	
酒、饮料及茶叶批发	179 002.1		30 280.9	
烟草制品批发	947 517.7			
其他食品批发	20 613.5	2 540.4	1 947.4	
纺织、服装及家庭用品批发	232 622.2	2 363.6	6 026.1	2 192.2
纺织品、针织品及原料批发	23 692.6	2 363.6	340.4	
服装批发	4 070.7		164.3	164.3
化妆品及卫生用品批发	45 074.7		3 968.1	2 027.9
日用家电批发	159 784.2		1 553.3	
文化、体育用品及器材批发	4 318.6			
文具用品批发	4 318.6			
医药及医疗器材批发	1 323 263.2		81 184.8	
西药批发	553 585.7		2 256.4	
中药批发	749 719.9		77 913.3	
医疗用品及器材批发	19 957.6		1 015.1	
矿产品、建材及化工产品批发	848 096.3	633.9	22 228.3	3 921.7
石油及制品批发	223 588.4		1 441.3	
金属及金属矿批发	236 892.5		16 230.1	
建材批发	111 690.1		635.2	
化肥批发	98 180.3			
其他化工产品批发	177 745.0	633.9	3 921.7	3 921.7
机械设备、五金产品及电子产品批发	352 032.2	2 579.1	15 943.5	115.4
农业机械批发	5 298.8			
汽车及零配件批发	283 102.3	2 579.1	11 462.1	
摩托车及零配件批发	6 883.9		1 263.7	

6-3 限额以上批发和零售法人企业商品购进、销售和库存（十二）

单位：万元

指标名称	商品销售额			
	批发额	出口	零售额	通过公共网络实现的零售额
五金产品批发	46 754.1		3 217.7	115.4
电气设备批发	3 818.7			
其他机械设备及电子产品批发	6 174.4			
其他批发业	7 427.4			
再生物资回收与批发	7 427.4			
2. 按登记注册类型分				
内资企业	4 092 761.9	8 117.0	184 882.6	6 229.3
国有企业	947 517.7			
有限责任公司	670 628.3	2 579.1	75 020.7	
国有独资公司	12 943.2			
其他有限责任公司	657 685.1	2 579.1	75 020.7	
私营企业	2 474 615.9	5 537.9	109 861.9	6 229.3
私营独资企业	41 399.5			
私营有限责任公司	2 433 216.4	5 537.9	109 861.9	6 229.3
外商投资企业	17 162.8			
中外合资经营企业				
中外合作经营企业				
外资企业	17 162.8			
外商投资股份有限公司				
其他外商投资企业				
3. 按控股情况分				
国有控股	1 036 176.6		1 555.4	
集体控股	153 838.7			
私人控股	2 902 746.6	8 117.0	183 327.2	6 229.3
外商控股	17 162.8			
4. 按经营形式分				
独立门店	2 693 696.9	4 904.0	171 237.7	2 307.6
其他	1 416 227.8	3 213.0	13 644.9	3 921.7
5. 按单位规模分				
大型	1 284 070.3		102 926.2	
中型	1 676 278.2	2 579.1	22 427.5	2 143.3
小型	949 152.3	633.9	56 765.3	4 086.0
微型	200 423.9	4 904.0	2 763.6	
6. 按经营地分				
城镇	3 756 974.7	8 117.0	183 337.3	6 229.3
城区	2 946 937.3	3 213.0	145 133.5	2 307.6
乡村	352 950.0		1 545.3	

6-3 限额以上批发和零售法人企业商品购进、销售和库存（十三）

单位：万元

指标名称	商品销售额			
	批发额	出口	零售额	通过公共网络实现的零售额
二、零售业	**204 166.5**		**4 965 785.9**	**59 233.6**
1. 按零售行业小类分				
综合零售			1 453 516.5	6 751.4
百货零售			985 155.5	5 229.7
超级市场零售			377 198.3	1 521.7
便利店零售			6 823.5	
其他综合零售			84 339.2	
食品、饮料及烟草制品专门零售	8 133.5		356 232.0	
粮油零售	558.8		291 074.5	
肉、禽、蛋、奶及水产品零售	1 504.9		26 199.7	
酒、饮料及茶叶零售	4 123.7		32 818.0	
其他食品零售	1 946.1		6 139.8	
纺织、服装及日用品专门零售	4 665.4		72 117.8	7 465.1
纺织品及针织品零售	661.6		1 728.5	
服装零售			41 878.7	
鞋帽零售			398.3	
化妆品及卫生用品零售	3 445.2		2 773.3	2 773.3
厨具卫具及日用杂品零售			1 260.8	1 260.8
箱包零售	558.6		8 577.4	3 431.0
其他日用品零售			15 500.8	
文化、体育用品及器材专门零售	911.4		107 755.9	
文具用品零售	772.2			
体育用品及器材零售			33 728.6	
图书、报刊零售			67 078.9	
珠宝首饰零售	139.2		6 948.4	
医药及医疗器材专门零售	2 442.1		95 640.4	2 973.6
西药零售	2 437.1		79 918.4	2 249.0
中药零售	5.0		15 722.0	724.6
汽车、摩托车、零配件和燃料及其他动力销售	183 483.6		2 664 523.1	15 306.5
汽车新车零售	17 661.8		2 190 724.7	15 306.5
摩托车及零配件零售			1 414.0	
机动车燃油零售	165 821.8		472 384.4	
家用电器及电子产品专门零售	685.5		187 552.1	1 844.9
家用视听设备零售			30 488.9	
日用家电零售	685.5		48 646.8	1 844.9
计算机、软件及辅助设备零售			22 084.8	
通信设备零售			79 493.9	
其他电子产品零售			6 837.7	

6-3 限额以上批发和零售法人企业商品购进、销售和库存（十四）

单位：万元

指标名称	商品销售额			
	批发额	出口	零售额	通过公共网络实现的零售额
五金、家具及室内装饰材料专门零售	853.4		2 935.8	
家具零售			632.5	
涂料零售	853.4		2 303.3	
货摊、无店铺及其他零售业	2 991.6		25 512.3	24 892.1
互联网零售			25 512.3	24 892.1
生活用燃料零售	2 991.6			
2. 按登记注册类型分				
内资企业	98 496.0		4 695 082.8	59 233.6
国有企业			1 383.8	
集体企业	926.0		3 438.4	
股份合作企业			1 556.3	
有限责任公司	6 072.2		1 409 596.8	7 649.7
股份有限公司	52 545.1		186 489.7	1 387.6
私营企业	38 952.7		3 092 617.8	50 196.3
私营独资企业	3 808.3		66 696.7	
私营合伙企业	427.6		7 526.6	
私营有限责任公司	34 158.0		3 017 024.2	50 196.3
私营股份有限公司	558.8		1 370.3	
港、澳、台商投资企业			65 631.3	
港澳台商独资企业			65 631.3	
外商投资企业	105 670.5		205 071.8	
外商投资股份有限公司	105 670.5		205 071.8	
3. 按控股情况分				
国有控股	160 203.7		571 764.6	
集体控股	926.0		506 547.3	1 378.5
私人控股	43 036.8		3 821 842.7	57 855.1
港澳台商控股			65 631.3	
4. 按经营形式分				
独立门店	196 868.5		4 307 191.4	47 847.6
连锁总店（总部）	2 458.7		336 980.9	3 629.4
连锁直营店			3 500.7	
连锁加盟店			3 585.6	
其他	4 839.3		314 527.3	7 756.6
5. 按单位规模分				
大型	158 215.6		2 085 430.8	6 349.0
中型	3 160.4		2 076 706.9	15 974.3
小型	23 950.7		661 904.4	20 223.1
微型	18 839.8		141 743.8	16 687.2

6-3 限额以上批发和零售法人企业商品购进、销售和库存（十五）

单位：万元

指标名称	商品销售额			
	批发额	出口	零售额	通过公共网络实现的零售额
6. 按零售业态分（汇总口径1）				
有店铺零售	197 504.5		4 932 071.9	31 568.2
食杂店	622.3			
便利店			20 239.2	
超市	698.0		508 709.5	1 663.2
大型超市			294 410.4	1 119.3
百货店	882.6		946 699.6	5 229.7
专业店	173 180.7		1 190 966.0	17 580.1
专卖店	22 120.9		1 910 135.4	5 975.9
购物中心			9 450.4	
厂家直销中心			51 461.4	
无店铺零售	6 662.0		33 714.0	27 665.4
网上商店			25 512.3	24 892.1
其他	6 662.0		8 201.7	2 773.3
7. 按零售业态分（汇总口径2）				
有店铺零售	197 504.5		4 932 222.7	31 719.0
食杂店	622.3			
便利店	1 042.5		26 247.5	
超市	698.0		516 518.0	1 663.2
大型超市			431 621.6	1 119.3
百货店	882.6		966 431.7	5 380.5
专业店	173 180.7		1 193 742.1	17 580.1
专卖店	22 120.9		1 915 618.5	5 976.8
购物中心			27 263.3	
厂家直销中心			55 512.1	
无店铺零售	6 662.0		39 197.1	27 666.3
网上商店			30 995.4	24 893.0
其他	6 662.0		8 352.5	2 924.1
8. 按经营地分				
城镇	203 633.7		4 609 293.0	58 713.5
城区	185 682.8		2 752 067.3	29 232.0
乡村	532.8		356 492.9	520.1
9. 按港澳台商投资情况分				
港商投资			65 631.3	

6-3 限额以上批发和零售法人企业商品购进、销售和库存（十六）

单位：万元

指标名称	商品销售额 零售额 通过公共网络实现的零售额 通过非自营平台实现的零售额	期末商品库存额	服务营业额	年末零售营业面积（平方米）
全　市	**13 742.8**	**860 826.1**	**45 195.4**	**2 452 294.0**
一、批发业	11.2	351 160.9	3 491.4	363 147.0
1. 按批发行业小类分				
农、林、牧、渔产品批发		13 730.1		175 607.0
谷物、豆及薯类批发		8 936.9		200.0
种子批发				
畜牧渔业饲料批发		527.6		2 000.0
棉、麻批发		4 265.6		173 407.0
食品、饮料及烟草制品批发		103 948.5	2 611.5	19 609.0
米、面制品及食用油批发		3 577.5		
糕点、糖果及糖批发		522.9		6 270.0
果品、蔬菜批发		8 184.8		8 200.0
肉、禽、蛋、奶及水产品批发		973.0		10.0
营养和保健品批发		347.2		550.0
酒、饮料及茶叶批发		35 544.7	2 611.5	4 379.0
烟草制品批发		51 502.9		
其他食品批发		3 295.5		200.0
纺织、服装及家庭用品批发		36 902.9	455.6	24 600.0
纺织品、针织品及原料批发		5 568.8		240.0
服装批发		2 799.2		100.0
化妆品及卫生用品批发		2 649.0	455.6	23 760.0
日用家电批发		25 885.9		500.0
文化、体育用品及器材批发				
文具用品批发				
医药及医疗器材批发		119 827.1	191.4	33 542.0
西药批发		55 524.7	191.4	18 957.0
中药批发		63 284.3		14 585.0
医疗用品及器材批发		1 018.1		
矿产品、建材及化工产品批发		41 808.7	2.9	78 382.0
石油及制品批发		9 722.9		57 840.0
金属及金属矿批发		7 470.0		11 239.0
建材批发		5 326.2		6 863.0
化肥批发		5 319.0		
其他化工产品批发		13 970.6	2.9	2 440.0
机械设备、五金产品及电子产品批发	11.2	34 942.7	230.0	31 222.0
农业机械批发		407.2		960.0
汽车及零配件批发		33 667.5	230.0	27 145.0
摩托车及零配件批发		460.1		240.0

6-3 限额以上批发和零售法人企业商品购进、销售和库存（十七）

单位：万元

指标名称	商品销售额 零售额 通过公共网络实现的零售额 通过非自营平台实现的零售额	期末商品库存额	服务营业额	年末零售营业面积（平方米）
五金产品批发	11.2	384.0		2 594.0
电气设备批发				65.0
其他机械设备及电子产品批发		23.9		218.0
其他批发业		0.9		185.0
再生物资回收与批发		0.9		185.0
2. 按登记注册类型分				
内资企业	11.2	349 931.6	3 491.4	363 147.0
国有企业		51 502.9		
有限责任公司		89 252.1	235.0	63 105.0
国有独资公司		2 827.3		
其他有限责任公司		86 424.8	235.0	63 105.0
私营企业	11.2	209 176.6	3 256.4	300 042.0
私营独资企业		4 617.6		1 200.0
私营有限责任公司	11.2	204 559.0	3 256.4	298 842.0
外商投资企业		1 229.3		
中外合资经营企业				
中外合作经营企业				
外资企业		1 229.3		
外商投资股份有限公司				
其他外商投资企业				
3. 按控股情况分				
国有控股		58 694.7		1 380.0
集体控股		9 080.5	191.4	
私人控股	11.2	282 156.4	3 300.0	361 767.0
外商控股		1 229.3		
4. 按经营形式分				
独立门店	11.2	241 947.0	3 488.5	195 744.0
其他		109 213.9	2.9	167 403.0
5. 按单位规模分				
大型		131 837.0	2 015.1	3 069.0
中型	11.2	134 275.4	1 429.8	239 205.0
小型		75 589.8	46.5	99 354.0
微型		9 458.7		21 519.0
6. 按经营地分				
城镇	11.2	322 522.5	3 300.0	357 016.0
城区	11.2	252 346.6	3 300.0	115 053.0
乡村		28 638.4	191.4	6 131.0

6-3 限额以上批发和零售法人企业商品购进、销售和库存（十八）

单位：万元

指标名称	商品销售额 零售额 通过公共网络实现的零售额 通过非自营平台实现的零售额	期末商品库存额	服务营业额	年末零售营业面积（平方米）
二、零售业	**13 731.6**	**509 665.2**	**41 704.0**	**2 089 147.0**
1. 按零售行业小类分				
综合零售	478.6	101 542.6	8 446.5	733 680.0
百货零售	86.4	57 477.9	4 271.9	643 802.0
超级市场零售	392.2	38 718.9	4 174.6	62 912.0
便利店零售		361.7		3 776.0
其他综合零售		4 984.1		23 190.0
食品、饮料及烟草制品专门零售		85 926.0	191.0	383 849.0
粮油零售		79 509.2		368 215.0
肉、禽、蛋、奶及水产品零售		1 310.3		9 370.0
酒、饮料及茶叶零售		4 331.4	191.0	3 984.0
其他食品零售		775.1		2 280.0
纺织、服装及日用品专门零售		7 274.5		22 892.0
纺织品及针织品零售		111.9		2 800.0
服装零售		5 919.2		11 142.0
鞋帽零售		337.7		1 950.0
化妆品及卫生用品零售		471.9		
厨具卫具及日用杂品零售		292.0		
箱包零售		39.3		1 000.0
其他日用品零售		102.5		6 000.0
文化、体育用品及器材专门零售		22 245.2		29 300.0
文具用品零售		93.1		25.0
体育用品及器材零售		9 337.1		1 369.0
图书、报刊零售		10 877.5		23 376.0
珠宝首饰零售		1 937.5		4 530.0
医药及医疗器材专门零售	1 206.3	14 845.4	210.6	55 005.0
西药零售	482.6	8 957.8	96.0	46 484.0
中药零售	723.7	5 887.6	114.6	8 521.0
汽车、摩托车、零配件和燃料及其他动力销售	11 352.0	236 779.2	30 076.0	793 983.0
汽车新车零售	11 352.0	213 693.9	30 076.0	480 957.0
摩托车及零配件零售		298.6		100.0
机动车燃油零售		22 786.7		312 926.0
家用电器及电子产品专门零售		37 925.0	2 757.3	65 556.0
家用视听设备零售		14 051.0	2 044.2	17 906.0
日用家电零售		7 663.8	652.9	33 653.0
计算机、软件及辅助设备零售		3 021.0		652.0
通信设备零售		12 849.1	39.2	13 265.0
其他电子产品零售		340.1	21.0	80.0

6-3 限额以上批发和零售法人企业商品购进、销售和库存（十九）

单位：万元

指标名称	商品销售额	期末商品库存额	服务营业额	年末零售营业面积（平方米）
	零售额			
	通过公共网络实现的零售额			
	通过非自营平台实现的零售额			
五金、家具及室内装饰材料专门零售		1 711.6		3 415.0
家具零售		258.7		2 850.0
涂料零售		1 452.9		565.0
货摊、无店铺及其他零售业	694.7	1 415.7	22.6	1 467.0
互联网零售	694.7	778.3	22.6	1 467.0
生活用燃料零售		637.4		
2. 按登记注册类型分				
内资企业	13 731.6	489 916.3	39 937.0	1 894 639.0
国有企业		23.1		460.0
集体企业		1 488.7		1 678.0
股份合作企业		78.8		1 816.0
有限责任公司	392.2	107 264.1	5 434.8	408 602.0
股份有限公司	174.6	5 278.0		76 700.0
私营企业	13 164.8	375 783.6	34 502.2	1 405 383.0
私营独资企业		5 961.6		50 321.0
私营合伙企业		278.1		7 541.0
私营有限责任公司	13 164.8	369 412.2	34 502.2	1 347 401.0
私营股份有限公司		131.7		120.0
港、澳、台商投资企业		5 456.2	1 767.0	6 496.0
港澳台商独资企业		5 456.2	1 767.0	6 496.0
外商投资企业		14 292.7		188 012.0
外商投资股份有限公司		14 292.7		188 012.0
3. 按控股情况分				
国有控股		44 907.8		343 100.0
集体控股		11 541.4		135 678.0
私人控股	13 731.6	447 759.8	39 937.0	1 603 873.0
港澳台商控股		5 456.2	1 767.0	6 496.0
4. 按经营形式分				
独立门店	13 713.5	402 555.9	41 578.4	1 656 082.0
连锁总店（总部）	18.1	83 778.4	104.6	399 865.0
连锁直营店		198.4		5 255.0
连锁加盟店		98.6		1 987.0
其他		23 033.9	21.0	25 958.0
5. 按单位规模分				
大型	86.4	194 831.5	6 829.0	960 074.0
中型	12 206.3	230 961.7	27 799.6	776 070.0
小型	1 438.9	75 296.8	5 079.4	307 759.0
微型		8 575.2	1 996.0	45 244.0

6-3 限额以上批发和零售法人企业商品购进、销售和库存（二十）

单位：万元

指标名称	商品销售额 零售额 通过公共网络实现的零售额 通过非自营平台实现的零售额	期末商品库存额	服务营业额	年末零售营业面积（平方米）
6. 按零售业态分（汇总口径1）				
有店铺零售	13 036.9	507 841.2	41 681.4	2 086 540.0
食杂店		12.8		7 000.0
便利店		3 018.4		3 876.0
超市	392.2	96 038.6	4 541.3	411 012.0
大型超市		28 676.0	492.2	97 533.0
百货店	86.4	55 454.5	3 418.8	584 139.0
专业店	11 834.6	113 390.0	5 459.9	537 993.0
专卖店	723.7	208 576.2	27 629.7	413 182.0
购物中心		1 030.8		24 305.0
厂家直销中心		1 643.9	139.5	7 500.0
无店铺零售	694.7	1 824.0	22.6	2 607.0
网上商店	694.7	778.3	22.6	1 467.0
其他		1 045.7		1 140.0
7. 按零售业态分（汇总口径2）				
有店铺零售	13 036.9	507 841.2	41 681.4	2 086 640.0
食杂店		12.8		7 000.0
便利店		3 206.8		9 376.0
超市	392.2	96 769.5	4 541.3	414 061.0
大型超市		32 493.2	492.2	198 528.0
百货店	86.4	56 024.2	3 418.8	591 239.0
专业店	11 834.6	113 755.8	5 459.9	538 173.0
专卖店	723.7	212 437.2	27 645.9	417 897.0
购物中心		1 135.4		33 305.0
厂家直销中心		1 878.3	682.8	7 550.0
无店铺零售	694.7	5 685.0	38.8	7 322.0
网上商店	694.7	4 639.3	38.8	6 182.0
其他		1 045.7		1 240.0
8. 按经营地分				
城镇	13 211.5	422 418.7	41 679.6	1 689 723.0
城区	12 598.5	286 735.8	17 910.4	1 112 675.0
乡村	520.1	87 246.5	24.4	399 424.0
9. 按港澳台商投资情况分				
港商投资		5 456.2	1 767.0	6 496.0

6-4 各县（市、区）限额以上批发业法人企业商品购进、销售和库存（一）

单位：万元

县（市、区）	批发和零售业			
	法人企业数（个）	从业人员期末人数（人）	商品购进额	进　口
全　市	**197**	**7 865**	**3 852 006.1**	**2 007.0**
竞秀区	11	349	152 968.2	
莲池区	41	3 875	1 812 467.2	
满城区				
清苑区	7	521	230 319.1	
徐水区	13	324	324 911.6	
涞水县				
阜平县	3	35	7 912.0	
定兴县	1	2	3 774.0	
唐　县				
高阳县	6	123	36 116.2	
涞源县				
望都县	4	65	18 497.8	
易　县	2	26	7 284.7	
曲阳县				
蠡　县	5	50	130 397.9	1 620.7
顺平县	3	32	45 168.7	
博野县	8	220	93 885.3	
涿州市	24	502	270 617.8	
安国市	31	790	445 399.4	386.3
高碑店市	25	734	170 499.0	
白沟新城	6	64	37 919.7	
高新区	7	153	63 867.5	

6-4 各县（市、区）限额以上批发业法人企业商品购进、销售和库存（二）

单位：万元

县（市、区）	批发和零售业				
	商品销售额	通过公共网络实现的销售额	通过非自营平台实现的商品销售额	批发额	出　口
全　市	**4 303 038.4**	**962 548.5**	**30.6**	**4 109 924.7**	**8 117.0**
竞秀区	159 511.1			156 336.5	633.9
莲池区	2 132 662.3	950 792.3	30.6	2 090 190.8	
满城区					
清苑区	250 786.7			172 211.8	2 579.1
徐水区	337 655.4			335 216.5	
涞水县					
阜平县	8 953.3			7 512.0	
定兴县	3 342.3			3 342.3	
唐　县					
高阳县	39 614.8			36 874.8	
涞源县					
望都县	21 642.3			21 642.3	
易　县	8 346.8			8 346.8	
曲阳县					
蠡　县	133 383.4			128 525.1	
顺平县	41 519.6			41 519.6	2 540.4
博野县	102 673.6	11 756.2		98 751.9	
涿州市	293 543.3			293 197.9	
安国市	481 117.3			462 734.8	
高碑店市	180 292.6			165 401.0	
白沟新城	41 512.5			39 815.8	2 363.6
高新区	66 481.1			48 304.8	

6-4 各县（市、区）限额以上批发业法人企业商品购进、销售和库存（三）

单位：万元

县（市、区）	批发和零售业					
	商品销售额			期末商品库存额	服务营业额	年末零售营业面积（平方米）
	零售额	通过公共网络实现的零售额	通过非自营平台实现的零售额			
全 市	**184 882.6**	**6 229.3**	**11.2**	**351 160.9**	**3 491.4**	**363 147.0**
竞秀区	3 174.6			10 360.4	2.9	7 665.0
莲池区	42 471.5	2 307.6	11.2	179 933.1	3 488.5	64 186.0
满城区						
清苑区	78 574.9			38 250.9		1 990.0
徐水区	1 999.3			38 622.4		4 133.0
涞水县						
阜平县	1 441.3			1 228.9		50 400.0
定兴县				557.5		300.0
唐 县						
高阳县	1 061.5			3 861.9		3 200.0
涞源县						
望都县				1 742.2		
易 县				95.6		1 000.0
曲阳县						
蠡 县	2 202.3			12 221.5		1 500.0
顺平县				4 265.6		173 407.0
博野县	3 921.7	3 921.7		15 145.4		700.0
涿州市	345.4			7 967.3		20 172.0
安国市	14 925.5			16 607.4		20 801.0
高碑店市	14 891.6			15 667.9		11 317.0
白沟新城	1 696.7			1 796.5		628.0
高新区	18 176.3			2 836.4		1 748.0

6-5 各县（市、区）限额以上零售业法人企业商品购进、销售和库存（一）

单位：万元

县（市、区）	批发和零售业			
	法人企业数（个）	从业人员期末人数（人）	商品购进额	进口
全　市	**414**	**30 917**	**4 584 710.4**	**93 921.5**
竞秀区	25	2 949	557 649.6	
莲池区	76	8 279	1 518 744.3	29 152.3
满城区	9	130	28 274.0	
清苑区	16	606	141 603.8	
徐水区	16	397	92 816.3	
涞水县	14	361	23 448.4	
阜平县	7	106	14 159.3	
定兴县	23	511	83 786.3	
唐　县	14	901	46 974.1	
高阳县	15	389	20 130.6	
涞源县	10	307	16 935.8	
望都县	10	921	53 181.1	
易　县	15	621	42 339.7	
曲阳县	14	1 186	38 598.1	
蠡　县	9	1 094	73 286.9	
顺平县	7	347	12 465.4	
博野县	6	155	10 465.2	
涿州市	43	2 601	291 454.5	
安国市	9	712	31 647.3	11 757.6
高碑店市	25	2 234	275 058.2	160.6
白沟新城	17	207	34 472.6	
高新区	34	5 903	1 177 218.9	52 851.0

6-5 各县（市、区）限额以上零售业法人企业商品购进、销售和库存（二）

单位：万元

县（市、区）	批发和零售业				
	商品销售额	通过公共网络实现的销售额	通过非自营平台实现的商品销售额	批发额	出　口
全　市	**5 169 952.4**	**60 996.9**	**13 731.6**	**204 166.5**	
竞秀区	650 885.2	2 773.3		59 160.4	
莲池区	1 802 325.6	18 956.2	12 206.3	123 916.4	
满城区	28 372.5	2 253.3			
清苑区	140 261.3	4.0			
徐水区	94 035.4			1 316.7	
涞水县	24 280.8	3 075.0			
阜平县	15 532.3	494.8	352.0	3 751.4	
定兴县	91 694.7			3 237.3	
唐　县	47 338.9			751.4	
高阳县	21 156.2	150.8		507.9	
涞源县	19 750.8				
望都县	55 677.7	13 494.1	261.0		
易　县	42 686.6			2 132.2	
曲阳县	44 586.3	2 557.2	520.1	0.9	
蠡　县	79 226.1	1 384.6		44.5	
顺平县	13 507.4	10.2		1 377.8	
博野县	11 191.0	1 948.6		139.2	
涿州市	359 604.3	3 273.9	392.2	2 572.7	
安国市	31 736.8				
高碑店市	252 784.2	3 747.0		503.0	
白沟新城	38 303.6	5 495.4		1 472.8	
高新区	1 305 014.7	1 378.5		3 281.9	

6-5 各县（市、区）限额以上零售业法人企业商品购进、销售和库存（三）

单位：万元

县（市、区）	批发和零售业					
	商品销售额			期末商品库存额	服务营业额	年末零售营业面积（平方米）
	零售额	通过公共网络实现的零售额	通过非自营平台实现的零售额			
全　市	**4 965 785.9**	**59 233.6**	**13 731.6**	**509 665.2**	**41 704.0**	**2 089 147.0**
竞秀区	591 724.8	2 773.3		40 452.1	21.0	162 643.0
莲池区	1 678 409.2	18 942.9	12 206.3	230 539.3	9 226.1	941 680.0
满城区	28 372.5	2 253.3		2 141.3		3 795.0
清苑区	140 261.3	4.0		10 354.9	712.6	37 206.0
徐水区	92 718.7			4 539.9		33 917.0
涞水县	24 280.8	3 075.0		4 283.8		32 764.0
阜平县	11 780.9	494.8	352.0	2 040.5	120.0	14 572.0
定兴县	88 457.4			6 246.1	2 759.4	30 734.0
唐　县	46 587.5			6 382.6		43 010.0
高阳县	20 648.3	150.8		1 148.5		43 371.0
涞源县	19 750.8			3 189.3		15 390.0
望都县	55 677.7	13 494.1	261.0	7 409.5	443.1	33 611.0
易　县	40 554.4			3 622.0	276.3	14 046.0
曲阳县	44 585.4	2 557.2	520.1	4 788.7		28 561.0
蠡　县	79 181.6	1 384.6		13 451.2	581.5	30 805.0
顺平县	12 129.6	10.2		1 497.9		15 795.0
博野县	11 051.8	198.6		319.6	456.1	9 970.0
涿州市	357 031.6	3 273.9	392.2	47 250.0	657.2	90 986.0
安国市	31 736.8			4 259.7	20.0	23 935.0
高碑店市	252 281.2	3 747.0		36 020.2	7 340.8	238 414.0
白沟新城	36 830.8	5 495.4		1 648.7	177.1	19 687.0
高新区	1 301 732.8	1 378.5		78 079.4	18 912.8	224 255.0

6-6 限额以上批发和零售业法人企业财务状况（一）

单位：万元

指标名称	法人企业数（个）	执行《2006年企业会计准则》企业数	一、年初存货	二、期末资产负债
				流动资产合计
全　市	**611**	**198**	**745 926.4**	**3 316 931.7**
一、批发业	**197**	**60**	**302 422.3**	**1 736 050.5**
1. 按批发行业小类分				
农、林、牧、渔产品批发	8	4	10 136.2	40 981.0
谷物、豆及薯类批发	5	2	9 511.7	10 810.2
畜牧渔业饲料批发	1		437.3	2 683.3
棉、麻批发	2	2	187.2	27 487.5
食品、饮料及烟草制品批发	36	11	71 126.9	397 339.8
米、面制品及食用油批发	1		4 625.0	6 602.2
糕点、糖果及糖批发	2		771.7	4 709.2
果品、蔬菜批发	15	4	4 898.7	23 531.1
肉、禽、蛋、奶及水产品批发	2		652.4	5 333.0
营养和保健品批发	2		483.6	3 475.7
酒、饮料及茶叶批发	9	6	21 435.7	119 347.5
烟草制品批发	1	1	36 607.4	220 797.9
其他食品批发	4		1 652.4	13 543.2
纺织、服装及家庭用品批发	11	3	34 448.9	176 894.2
纺织品、针织品及原料批发	5	2	1 727.1	9 150.7
服装批发	1		2 998.6	3 185.5
化妆品及卫生用品批发	2		2 073.1	5 850.4
日用家电批发	3	1	27 650.1	158 707.6
文化、体育用品及器材批发	1			923.6
文具用品批发	1			923.6
医药及医疗器材批发	59	16	115 392.4	648 504.4
西药批发	18	4	58 299.2	268 713.9
中药批发	38	12	55 804.6	363 139.8
医疗用品及器材批发	3		1 288.6	16 650.7
矿产品、建材及化工产品批发	44	13	38 782.1	358 938.2
石油及制品批发	6	3	2 806.5	47 987.9
金属及金属矿批发	17	3	8 213.6	73 151.0
建材批发	13	3	13 982.8	169 951.4
化肥批发	1		54.1	31 520.9
其他化工产品批发	7	4	13 725.1	36 327.0
机械设备、五金产品及电子产品批发	36	12	32 524.5	103 357.9
农业机械批发	2		1 499.1	2 239.8
汽车及零配件批发	28	11	30 049.1	86 851.6
摩托车及零配件批发	1		455.2	3 117.5

6-6 限额以上批发和零售业法人企业财务状况（二）

单位：万元

指标名称	法人企业数（个）	执行《2006年企业会计准则》企业数	一、年初存货	二、期末资产负债 流动资产合计
五金产品批发	3	1	408.5	6 338.2
电气设备批发	1			2 121.1
其他机械设备及电子产品批发	1		112.6	2 689.7
其他批发业	2	1	11.3	9 111.4
再生物资回收与批发	2	1	11.3	9 111.4
2. 按登记注册类型分				
内资企业	196	59	301 621.8	1 727 327.1
国有企业	1	1	36 607.4	220 797.9
有限责任公司	25	11	94 824.4	444 945.1
国有独资公司	1	1	5 694.9	3 171.6
其他有限责任公司	24	10	89 129.5	441 773.5
私营企业	170	47	170 190.0	1 061 584.1
私营独资企业	2	1	5 156.9	22 813.2
私营有限责任公司	168	46	165 033.1	1 038 770.9
外商投资企业	1	1	800.5	8 723.4
3. 按控股情况分				
国有控股	5	5	47 182.2	278 907.4
集体控股	1		9 456.7	76 467.1
私人控股	190	54	244 982.9	1 371 952.6
外商控股	1	1	800.5	8 723.4
4. 按经营形式分				
独立门店	174	52	209 747.7	1 240 729.8
其他	23	8	92 674.6	495 320.7
5. 按单位规模分				
大型	4	3	93 513.0	444 530.5
中型	67	24	153 039.2	877 646.5
小型	98	25	49 668.7	329 588.6
微型	28	8	6 201.4	84 284.9
6. 按经营地分				
城镇	178	54	278 784.1	1 585 275.1
城区	127	38	210 370.2	1 184 103.7
乡村	19	6	23 638.2	150 775.4
二、零售业	**414**	**138**	**443 504.1**	**1 580 881.2**
1. 按零售行业小类分				
综合零售	58	23	101 269.0	354 269.8
百货零售	38	16	63 112.8	272 011.1
超级市场零售	16	7	33 723.5	70 577.6

6-6 限额以上批发和零售业法人企业财务状况（三）

单位：万元

指标名称	法人企业数（个）	执行《2006年企业会计准则》企业数	一、年初存货	二、期末资产负债 流动资产合计
便利店零售	2		240.4	980.1
其他综合零售	2		4 192.3	10 701.0
食品、饮料及烟草制品专门零售	24	7	13 723.3	151 417.5
粮油零售	3		4 266.9	121 882.2
肉、禽、蛋、奶及水产品零售	4	2	602.1	4 116.0
酒、饮料及茶叶零售	14	4	7 609.4	20 010.1
其他食品零售	3	1	1 244.9	5 409.2
纺织、服装及日用品专门零售	15	5	10 858.3	33 481.5
纺织品及针织品零售	2		742.4	5 386.9
服装零售	8	2	6 795.6	10 989.9
鞋帽零售	1	1	335.2	365.4
化妆品及卫生用品零售	1		2 572.6	13 805.3
厨具卫具及日用杂品零售	1	1		2 183.8
箱包零售	1		26.0	231.8
其他日用品零售	1	1	386.5	518.4
文化、体育用品及器材专门零售	8	2	16 330.0	81 733.5
文具用品零售	1		78.7	225.7
体育用品及器材零售	2		9 750.6	11 677.1
图书、报刊零售	2	1	5 401.6	66 311.6
珠宝首饰零售	3	1	1 099.1	3 519.1
医药及医疗器材专门零售	26	8	18 681.3	43 978.9
西药零售	22	7	15 134.7	34 803.1
中药零售	4	1	3 546.6	9 175.8
汽车、摩托车、零配件和燃料及其他动力销售	213	83	244 731.6	827 608.4
汽车新车零售	148	69	198 606.0	562 145.9
摩托车及零配件零售	1		409.8	265.9
机动车燃油零售	64	14	45 715.8	265 196.6
家用电器及电子产品专门零售	53	6	34 842.9	71 915.5
家用视听设备零售	21	3	14 002.8	20 955.6
日用家电零售	18	2	8 524.6	18 102.0
计算机、软件及辅助设备零售	3	1	1 142.0	4 907.5
通信设备零售	9		10 387.1	27 036.6
其他电子产品零售	2		786.4	913.8
五金、家具及室内装饰材料专门零售	3		1 638.2	2 538.7
家具零售	1		224.5	262.4
涂料零售	2		1 413.7	2 276.3

6-6 限额以上批发和零售业法人企业财务状况（四）

单位：万元

指标名称	法人企业数（个）	执行《2006年企业会计准则》企业数	一、年初存货	二、期末资产负债
				流动资产合计
货摊、无店铺及其他零售业	14	4	1 429.5	13 937.4
互联网零售	13	3	201.6	6 688.8
生活用燃料零售	1	1	1 227.9	7 248.6
2. 按登记注册类型分				
内资企业	412	136	399 615.0	1 547 462.9
国有企业	1	1	19.7	364.7
集体企业	4	1	1 459.7	2 118.4
股份合作企业	2	1	71.3	412.6
有限责任公司	57	33	81 400.1	430 261.2
其他有限责任公司	57	33	81 400.1	430 261.2
股份有限公司	3	3	3 073.8	221 843.2
私营企业	345	97	313 590.4	892 462.8
私营独资企业	53	8	5 831.8	15 211.2
私营合伙企业	7		150.9	822.1
私营有限责任公司	284	89	307 473.0	875 034.5
私营股份有限公司	1		134.7	1 395.0
港、澳、台商投资企业	1	1	4 334.8	5 855.3
港、澳、台商独资经营企业	1	1	4 334.8	5 855.3
外商投资企业	1	1	39 554.3	27 563.0
外商投资股份有限公司	1	1	39 554.3	27 563.0
3. 按控股情况分				
国有控股	13	10	63 449.5	338 837.7
集体控股	6	3	10 356.6	110 603.2
私人控股	394	124	365 363.2	1 125 585.0
港澳台商控股	1	1	4 334.8	5 855.3
4. 按经营形式分				
独立门店	376	129	404 198.9	1 365 677.4
连锁总店（总部）	13	2	7 199.0	135 356.7
连锁直营店	1		108.8	608.2
连锁加盟店	2			491.2
其他	22	7	31 997.4	78 747.7
5. 按单位规模分				
大型	15	10	141 815.8	644 200.5
中型	121	55	198 522.0	575 047.0
小型	178	52	81 849.9	310 401.1
微型	100	21	21 316.4	51 232.6

6-6 限额以上批发和零售业法人企业财务状况（五）

单位：万元

指标名称	法人企业数（个）	执行《2006年企业会计准则》企业数	一、年初存货	二、期末资产负债 流动资产合计
6. 按零售业态分				
有店铺零售	396	134	436 980.5	1 555 717.7
食杂店	1	1	50.0	1 606.0
便利店	3		3 145.7	6 106.6
超市	24	6	24 289.9	178 231.8
大型超市	8	5	23 175.2	40 435.3
百货店	33	15	57 491.6	257 175.9
专业店	169	42	126 956.0	549 692.2
专卖店	154	65	200 074.8	510 696.2
购物中心	2		790.6	4 063.4
厂家直销中心	2		1 006.7	7 710.3
无店铺零售	18	4	6 523.6	25 163.5
网上商店	13	3	201.6	6 688.8
其他	5	1	6 322.0	18 474.7
7. 按零售业态分				
有店铺零售	397	134	436 991.0	1 555 734.0
食杂店	1	1	50.0	1 606.0
便利店	5	1	3 544.8	6 738.8
超市	26	7	24 856.7	179 993.0
大型超市	10	7	27 384.7	57 187.0
百货店	36	17	58 215.0	258 722.3
专业店	170	42	127 323.8	550 081.6
专卖店	155	65	202 357.4	515 007.4
购物中心	4	2	1 179.4	5 045.5
厂家直销中心	3	1	1 618.4	49 983.0
无店铺零售	19	4	8 806.2	29 474.7
网上商店	14	3	2 484.2	11 000.0
其他	6	1	6 332.5	18 491.0
8. 按经营地分				
城镇	396	134	431 369.6	1 448 289.5
城区	195	70	285 280.2	959 217.5
乡村	18	4	12 134.5	132 591.7
9. 按港澳台商投资情况分				
港商投资	1	1	4 334.8	5 855.3

6-6 限额以上批发和零售业法人企业财务状况（六）

单位：万元

指标名称	二、期末资产负债				
	流动资产合计		固定资产原价		
	应收账款	存货		房屋和构筑物	机器设备
全市	**637 962.0**	**839 716.2**	**762 329.0**	**206 049.4**	**150 687.1**
一、批发业	**539 123.1**	**328 927.5**	**126 425.5**	**41 877.9**	**20 734.3**
1. 按批发行业小类分					
农、林、牧、渔产品批发	1 951.1	13 721.2	9 589.1	4 402.5	828.3
谷物、豆及薯类批发	55.5	9 214.1	2 106.5	3.1	1.7
畜牧渔业饲料批发	1 848.1	507.5	182.5		182.4
棉、麻批发	47.5	3 999.6	7 300.1	4 399.4	644.2
食品、饮料及烟草制品批发	14 439.5	90 963.6	49 562.9	19 689.5	7 549.9
米、面制品及食用油批发	2 546.0	3 502.3	262.9		262.9
糕点、糖果及糖批发	581.9	470.8	5 262.7	3 577.8	1 057.0
果品、蔬菜批发	1 483.3	8 104.1	7 084.4		77.2
肉、禽、蛋、奶及水产品批发	948.2	891.1	90.7		0.5
营养和保健品批发		347.2	112.0		112.0
酒、饮料及茶叶批发	7 867.7	28 508.0	6 115.7	3 002.3	39.8
烟草制品批发		47 482.3	28 787.3	13 109.4	5 972.9
其他食品批发	1 012.4	1 657.8	1 847.2		27.6
纺织、服装及家庭用品批发	2 972.3	37 178.7	7 298.5	2 816.6	1 910.4
纺织品、针织品及原料批发	1 447.5	5 792.9	2 418.0	695.4	1 411.9
服装批发	25.1	2 799.2	2 436.2	2 121.2	
化妆品及卫生用品批发	1 487.3	2 786.4	2 086.3		172.2
日用家电批发	12.4	25 800.2	358.0		326.3
文化、体育用品及器材批发	478.9		9.7		
文具用品批发	478.9		9.7		
医药及医疗器材批发	353 852.6	121 105.0	42 575.3	12 105.7	6 897.0
西药批发	135 262.4	54 618.9	14 812.2	1 639.9	5 893.9
中药批发	204 829.8	65 430.1	27 192.1	10 465.8	927.9
医疗用品及器材批发	13 760.4	1 056.0	571.0		75.2
矿产品、建材及化工产品批发	123 506.4	36 707.6	8 792.9	1 275.3	2 697.9
石油及制品批发	39 893.4	5 146.9	3 074.7	158.0	523.7
金属及金属矿批发	26 120.5	8 300.2	2 571.1		812.5
建材批发	33 986.4	19 210.8	703.9		131.4
化肥批发		1 793.0	357.9	350.6	7.3
其他化工产品批发	23 506.1	2 256.7	2 085.3	766.7	1 223.0
机械设备、五金产品及电子产品批发	37 542.3	29 239.4	6 070.4	1 588.3	850.8
农业机械批发	304.6	645.0	584.8	475.5	109.0
汽车及零配件批发	29 653.0	27 749.9	4 727.9	761.8	505.1
摩托车及零配件批发	1 966.5	582.2	504.8	351.0	153.8

6-6 限额以上批发和零售业法人企业财务状况（七）

单位：万元

指标名称	二、期末资产负债				
	流动资产合计		固定资产原价		
	应收账款	存货		房屋和构筑物	机器设备
五金产品批发	4 990.5	238.4	82.9		82.9
电气设备批发	296.7		31.2		
其他机械设备及电子产品批发	331.0	23.9	138.8		
其他批发业	4 380.0	12.0	2 526.7		
再生物资回收与批发	4 380.0	12.0	2 526.7		
2. 按登记注册类型分					
内资企业	535 832.1	327 698.2	115 871.3	32 098.7	20 214.2
国有企业		47 482.3	28 787.3	13 109.4	5 972.9
有限责任公司	116 422.7	87 651.3	23 454.1	484.8	2 840.3
国有独资公司		3 109.7	1 537.0		
其他有限责任公司	116 422.7	84 541.6	21 917.1	484.8	2 840.3
私营企业	419 409.4	192 564.6	63 629.9	18 504.5	11 401.0
私营独资企业	17 445.8	4 735.0	438.1		63.0
私营有限责任公司	401 963.6	187 829.6	63 191.8	18 504.5	11 338.0
外商投资企业	3 291.0	1 229.3	10 554.2	9 779.2	520.1
3. 按控股情况分					
国有控股	25 764.0	54 553.8	34 129.3	13 109.4	5 972.9
集体控股	32 274.8	9 080.5	977.8		
私人控股	477 793.3	264 063.9	80 764.2	18 989.3	14 241.3
外商控股	3 291.0	1 229.3	10 554.2	9 779.2	520.1
4. 按经营形式分					
独立门店	479 083.5	235 816.9	83 284.4	23 637.9	11 341.1
其他	60 039.6	93 110.6	43 141.1	18 240.0	9 393.2
5. 按单位规模分					
大型	45 027.4	120 059.2	40 236.5	16 111.7	5 994.1
中型	307 024.7	150 105.4	61 718.5	21 182.6	11 717.1
小型	152 178.2	48 920.0	20 211.7	4 583.6	2 896.9
微型	34 892.8	9 842.9	4 258.8		126.2
6. 按经营地分					
城镇	482 330.9	302 997.3	112 920.9	41 874.8	18 235.3
城区	340 613.9	249 010.5	91 907.6	36 199.4	16 179.5
乡村	56 792.2	25 930.2	13 504.6	3.1	2 499.0
二、零售业	98 838.9	510 788.7	635 903.5	164 171.5	129 952.8
1. 按零售行业小类分					
综合零售	15 371.9	118 535.0	327 220.0	89 787.1	12 365.0
百货零售	12 853.9	74 550.1	244 993.8	84 741.9	11 145.6
超级市场零售	2 067.2	38 701.8	76 178.0	369.7	955.0

6-6 限额以上批发和零售业法人企业财务状况（八）

单位：万元

指标名称	二、期末资产负债				
	流动资产合计		固定资产原　价		
	应收账款	存　货		房屋和构筑物	机器设备
便利店零售	6.0	299.0	250.5	61.0	189.4
其他综合零售	444.8	4 984.1	5 797.7	4 614.5	75.0
食品、饮料及烟草制品专门零售	**4 489.5**	**88 644.0**	**9 278.0**	**4 963.2**	**861.1**
粮油零售	1 901.6	80 886.5	3 576.5	1 620.8	154.3
肉、禽、蛋、奶及水产品零售	353.1	1 099.5	3 054.0	2 649.0	285.6
酒、饮料及茶叶零售	2 030.4	5 052.4	1 934.6	693.4	421.2
其他食品零售	204.4	1 605.6	712.9		
纺织、服装及日用品专门零售	7 184.4	10 535.5	1 348.9		518.2
纺织品及针织品零售	0.1	2 640.0	493.9		493.9
服装零售	406.2	6 358.4	239.9		24.3
鞋帽零售		337.7	2.0		
化妆品及卫生用品零售	6 737.9	433.3	194.5		
厨具卫具及日用杂品零售		208.8	1.0		
箱包零售	39.8	39.3	10.0		
其他日用品零售	0.4	518.0	407.6		
文化、体育用品及器材专门零售	7 027.3	14 085.2	20 543.1	15 192.2	204.0
文具用品零售	127.1	93.1			
体育用品及器材零售	498.3	6 724.9	158.4		
图书、报刊零售	6 399.4	6 104.8	19 629.7	15 192.2	204.0
珠宝首饰零售	2.5	1 162.4	755.0		
医药及医疗器材专门零售	8 528.5	24 088.4	4 036.9	1 087.5	717.2
西药零售	6 987.1	18 425.9	3 466.8	1 087.5	601.1
中药零售	1 541.4	5 662.5	570.1		116.1
汽车、摩托车、零配件和燃料及其他动力销售	50 666.8	211 025.1	265 908.8	51 699.3	114 804.9
汽车新车零售	48 336.7	175 804.4	130 566.1	21 404.4	14 282.0
摩托车及零配件零售		264.2	40.8		
机动车燃油零售	2 330.1	34 956.5	135 301.9	30 294.9	100 522.9
家用电器及电子产品专门零售	4 289.1	40 530.8	6 767.8	1 164.8	139.7
家用视听设备零售	1 612.2	15 201.0	2 144.1	243.6	17.8
日用家电零售	1 760.0	9 542.5	2 453.6	921.2	68.6
计算机、软件及辅助设备零售	298.9	3 021.0	1.2		1.1
通信设备零售	575.3	12 465.4	2 116.9		0.2
其他电子产品零售	42.7	300.9	52.0		52.0
五金、家具及室内装饰材料专门零售	803.1	1 711.6	211.6	125.0	52.8
家具零售	3.7	258.7	1.2		1.2
涂料零售	799.4	1 452.9	210.4	125.0	51.6

6-6 限额以上批发和零售业法人企业财务状况（九）

单位：万元

指标名称	二、期末资产负债				
	流动资产合计		固定资产原　价		
	应收账款	存　货		房屋和构筑物	机器设备
货摊、无店铺及其他零售业	478.3	1 633.1	588.4	152.4	289.9
互联网零售	476.6	995.7	247.0	45.0	55.9
生活用燃料零售	1.7	637.4	341.4	107.4	234.0
2. 按登记注册类型分					
内资企业	98 667.1	479 032.3	557 433.6	156 858.5	60 383.0
国有企业	49.4	20.4	119.6		
集体企业	107.1	1 949.8	204.0	125.0	65.0
股份合作企业	270.5	78.8	28.9	17.7	7.7
有限责任公司	29 140.3	86 100.6	184 041.4	26 932.9	4 556.9
其他有限责任公司	29 140.3	86 100.6	184 041.4	26 932.9	4 556.9
股份有限公司	110.7	4 771.2	59 047.4	28 325.6	28 438.1
私营企业	68 989.1	386 111.5	313 992.3	101 457.3	27 315.3
私营独资企业	2 307.5	5 918.0	6 244.3	1 570.2	936.5
私营合伙企业	10.0	182.4	381.8	98.2	47.4
私营有限责任公司	66 668.4	379 872.3	307 114.1	99 788.9	26 331.4
私营股份有限公司	3.2	138.8	252.1		
港、澳、台商投资企业	165.2	5 363.7	1 820.7		294.8
港、澳、台商独资经营企业	165.2	5 363.7	1 820.7		294.8
外商投资企业	6.6	26 392.7	76 649.2	7 313.0	69 275.0
外商投资股份有限公司	6.6	26 392.7	76 649.2	7 313.0	69 275.0
3. 按控股情况分					
国有控股	8 218.1	50 083.2	153 131.3	48 058.6	99 653.8
集体控股	107.1	19 505.0	76 818.2	125.0	65.0
私人控股	90 348.5	435 836.8	404 133.3	115 987.9	29 939.2
港澳台商控股	165.2	5 363.7	1 820.7		294.8
4. 按经营形式分					
独立门店	83 959.9	402 893.8	618 283.0	161 779.3	128 775.9
连锁总店（总部）	6 295.3	86 082.6	6 512.2	1 645.9	528.1
连锁直营店	380.6	198.4	0.3		
连锁加盟店	0.3	108.3	727.7	596.8	130.8
其他	8 202.8	21 505.6	10 380.3	149.5	518.0
5. 按单位规模分					
大型	9 780.6	214 740.8	388 099.7	79 798.5	103 152.5
中型	55 472.0	188 390.2	181 729.9	60 024.6	17 541.5
小型	29 326.4	86 403.7	57 369.8	21 890.8	7 814.2
微型	4 259.9	21 254.0	8 704.1	2 457.6	1 444.6

6-6 限额以上批发和零售业法人企业财务状况（十）

单位：万元

指标名称	二、期末资产负债				
	流动资产合计		固定资产原　价		
	应收账款	存　货		房屋和构筑物	机器设备
6. 按零售业态分					
有店铺零售	91 507.1	508 801.1	634 579.8	164 126.5	129 321.0
食杂店	211.3	15.0	2 934.6	2 649.0	285.6
便利店	406.8	2 955.7	1 358.7	61.0	189.4
超市	7 277.6	103 252.5	51 000.2	1 691.8	394.6
大型超市	355.6	28 841.5	44 218.4	9 921.7	1 264.8
百货店	7 002.4	67 961.1	233 017.0	79 697.5	10 628.4
专业店	30 624.4	129 660.7	186 156.0	53 683.2	105 202.2
专卖店	43 632.9	173 766.2	112 184.2	16 303.4	11 050.2
购物中心	2 095.6	633.0	3 079.8		16.0
厂家直销中心	–99.5	1 715.4	630.9	118.9	289.8
无店铺零售	7 331.8	1 987.6	1 323.7	45.0	631.8
网上商店	476.6	995.7	247.0	45.0	55.9
其他	6 855.2	991.9	1 076.7		575.9
7. 按零售业态分					
有店铺零售	91 516.6	508 807.9	634 584.3	164 131.0	129 321.0
食杂店	211.3	15.0	2 934.6	2 649.0	285.6
便利店	760.3	3 122.2	1 600.5	61.0	431.2
超市	7 379.1	103 931.9	51 636.6	1 752.8	970.0
大型超市	455.1	33 048.0	95 312.1	56 550.0	4 943.7
百货店	7 107.8	68 953.1	233 815.1	79 702.0	11 014.4
专业店	30 626.5	129 984.5	186 156.0	53 683.2	105 202.2
专卖店	43 781.9	177 627.2	112 522.4	16 303.4	11 050.2
购物中心	2 449.5	1 152.6	3 544.2		72.8
厂家直销中心	675.0	1 922.9	1 646.3	118.9	289.8
无店铺零售	7 480.8	5 848.6	1 661.9	45.0	631.8
网上商店	625.6	4 856.7	585.2	45.0	55.9
其他	6 864.7	998.7	1 081.2	4.5	575.9
8. 按经营地分					
城镇	95 568.9	423 323.2	628 563.3	160 215.4	128 724.6
城区	65 093.9	261 833.5	397 012.6	129 945.7	113 090.9
乡村	3 270.0	87 465.5	7 340.2	3 956.1	1 228.2
9. 按港澳台商投资情况分					
港商投资	165.2	5 363.7	1 820.7		294.8

6-6 限额以上批发和零售业法人企业财务状况（十一）

单位：万元

指标名称	二、期末资产负债				
	累计折旧	本年折旧	固定资产净　额	在建工程	无形资产
全　市	**330 983.6**	**43 485.3**	**403 472.3**	**26 399.8**	**162 550.2**
一、批发业	**61 425.0**	**6 918.9**	**60 586.9**	**4 626.3**	**24 291.1**
1. 按批发行业小类分					
农、林、牧、渔产品批发	4 194.0	362.7	5 314.1	334.8	4 224.5
谷物、豆及薯类批发	1 027.8	68.7	1 078.7	311.8	583.0
畜牧渔业饲料批发	101.5	11.0			
棉、麻批发	3 064.7	283.0	4 235.4	23.0	3 641.5
食品、饮料及烟草制品批发	27 704.0	2 009.2	19 499.9	535.9	8 039.8
米、面制品及食用油批发	147.0	5.2	115.9		
糕点、糖果及糖批发	2 754.4	223.7	2 508.3	325.6	2 493.5
果品、蔬菜批发	2 316.5	243.4	4 767.8	61.0	608.8
肉、禽、蛋、奶及水产品批发	30.0	7.0	60.7		
营养和保健品批发	37.6	16.0	74.4		
酒、饮料及茶叶批发	2 146.6	306.5	3 250.2	129.4	1 215.1
烟草制品批发	20 130.2	1 172.3	8 657.1	19.9	3 720.8
其他食品批发	141.7	35.1	65.5		1.6
纺织、服装及家庭用品批发	3 400.7	436.4	3 840.6		640.5
纺织品、针织品及原料批发	2 000.1	297.2	361.1		
服装批发	351.6	36.0	2 084.6		206.0
化妆品及卫生用品批发	729.2	25.0	1 357.1		434.5
日用家电批发	319.8	78.2	37.8		
文化、体育用品及器材批发	9.2	0.1	0.4		
文具用品批发	9.2	0.1	0.4		
医药及医疗器材批发	16 955.3	1 992.2	25 494.5	1 173.2	9 046.2
西药批发	9 347.2	921.5	5 464.2	1 066.0	4 932.4
中药批发	7 268.5	1 020.5	19 798.9	107.2	4 113.8
医疗用品及器材批发	339.6	50.2	231.4		
矿产品、建材及化工产品批发	4 501.2	1 574.3	4 035.3	2 515.9	2 103.2
石油及制品批发	1 218.0	1 001.2	1 702.6	1 725.7	798.0
金属及金属矿批发	1 439.7	357.3	1 080.2	513.9	915.2
建材批发	263.0	138.6	393.5		
化肥批发	318.4	3.7	35.8		
其他化工产品批发	1 262.1	73.5	823.2	276.3	390.0
机械设备、五金产品及电子产品批发	3 431.4	533.4	2 376.2	66.5	236.9
农业机械批发	37.9	34.3	546.9		
汽车及零配件批发	3 109.5	469.3	1 355.7	66.5	236.9
摩托车及零配件批发	108.1	0.2	396.7		

6-6 限额以上批发和零售业法人企业财务状况（十二）

单位：万元

指标名称	二、期末资产负债				
	累计折旧	本年折旧	固定资产净额	在建工程	无形资产
五金产品批发	70.7	10.4	12.2		
电气设备批发	13.6	2.5	17.6		
其他机械设备及电子产品批发	91.6	16.7	47.1		
其他批发业	1 229.2	10.6	25.9		
再生物资回收与批发	1 229.2	10.6	25.9		
2. 按登记注册类型分					
内资企业	58 325.4	6 552.5	53 132.3	4 626.3	22 023.3
国有企业	20 130.2	1 172.3	8 657.1	19.9	3 720.8
有限责任公司	7 960.6	1 641.7	14 086.3	2 340.6	1 714.1
国有独资公司	797.1	49.7	739.9	311.8	443.8
其他有限责任公司	7 163.5	1 592.0	13 346.4	2 028.8	1 270.3
私营企业	30 234.6	3 738.5	30 388.9	2 265.8	16 588.4
私营独资企业	238.9	27.5	199.2		
私营有限责任公司	29 995.7	3 711.0	30 189.7	2 265.8	16 588.4
外商投资企业	3 099.6	366.4	7 454.6		2 267.8
3. 按控股情况分					
国有控股	22 745.1	1 405.6	10 112.5	331.7	4 164.6
集体控股	761.2	100.3	216.6		
私人控股	34 819.1	5 046.6	42 803.2	4 294.6	17 858.7
外商控股	3 099.6	366.4	7 454.6		2 267.8
4. 按经营形式分					
独立门店	34 364.6	4 955.6	46 097.3	4 583.4	16 920.0
其他	27 060.4	1 963.3	14 489.6	42.9	7 371.1
5. 按单位规模分					
大型	23 211.2	1 611.3	17 025.3	19.9	6 055.1
中型	28 165.1	3 028.9	31 182.4	1 963.0	15 509.2
小型	7 885.7	1 935.8	11 828.9	2 643.4	2 587.6
微型	2 163.0	342.9	550.3		139.2
6. 按经营地分					
城镇	56 043.0	6 058.5	53 792.9	4 565.3	23 682.3
城区	47 988.6	4 062.0	41 793.8	2 228.5	16 546.3
乡村	5 382.0	860.4	6 794.0	61.0	608.8
二、零售业	269 558.6	36 566.4	342 885.4	21 773.5	138 259.1
1. 按零售行业小类分					
综合零售	133 612.7	15 971.1	179 978.2	12 763.5	29 907.3
百货零售	104 757.4	10 167.6	136 006.5	12 725.4	28 121.9
超级市场零售	27 113.6	5 521.4	39 665.2	38.1	1 785.4

6-6 限额以上批发和零售业法人企业财务状况（十三）

单位：万元

指标名称	二、期末资产负债				
	累计折旧	本年折旧	固定资产净额	在建工程	无形资产
便利店零售	181.7	8.1	68.8		
其他综合零售	1 560.0	274.0	4 237.7		
食品、饮料及烟草制品专门零售	**1 748.0**	**587.9**	**7 197.3**		**478.9**
粮油零售	576.3	360.2	2 830.2		443.0
肉、禽、蛋、奶及水产品零售	258.8	135.2	2 780.4		
酒、饮料及茶叶零售	536.2	65.6	1 264.1		35.9
其他食品零售	376.7	26.9	322.6		
纺织、服装及日用品专门零售	718.5	116.3	565.5		
纺织品及针织品零售	48.0	13.2	445.9		
服装零售	208.2	31.4	31.7		
鞋帽零售	2.0				
化妆品及卫生用品零售	116.2	40.0	78.3		
厨具卫具及日用杂品零售	0.1	0.1			
箱包零售	0.4	0.1	9.6		
其他日用品零售	343.6	31.5			
文化、体育用品及器材专门零售	8 080.6	587.1	11 735.2	22.7	3 208.7
文具用品零售					
体育用品及器材零售	138.8	15.0	19.6		
图书、报刊零售	7 914.1	562.8	11 715.6	22.7	3 208.7
珠宝首饰零售	27.7	9.3			
医药及医疗器材专门零售	1 573.4	297.5	2 216.7		105.2
西药零售	1 407.0	221.5	1 830.7		97.0
中药零售	166.4	76.0	386.0		8.2
汽车、摩托车、零配件和燃料及其他动力销售	119 679.7	18 565.7	138 591.7	8 987.3	104 413.6
汽车新车零售	50 919.9	14 506.4	75 632.6	5 800.9	5 781.1
摩托车及零配件零售	29.1	2.9	11.7		
机动车燃油零售	68 730.7	4 056.4	62 947.4	3 186.4	98 632.5
家用电器及电子产品专门零售	3 681.0	299.3	2 276.0		117.8
家用视听设备零售	1 060.5	149.9	809.5		117.8
日用家电零售	1 143.0	77.9	797.1		
计算机、软件及辅助设备零售	1.2	0.1			
通信设备零售	1 433.9	71.4	659.9		
其他电子产品零售	42.4		9.5		
五金、家具及室内装饰材料专门零售	158.0	6.9	53.6		
家具零售	0.4	0.2	0.8		
涂料零售	157.6	6.7	52.8		

6-6 限额以上批发和零售业法人企业财务状况（十四）

单位：万元

指标名称	二、期末资产负债				
	累计折旧	本年折旧	固定资产净额	在建工程	无形资产
货摊、无店铺及其他零售业	306.7	134.6	271.2		27.6
互联网零售	50.0	49.0	186.5		27.6
生活用燃料零售	256.7	85.6	84.7		
2. 按登记注册类型分					
内资企业	234 884.4	34 897.4	301 114.3	18 782.2	74 160.4
国有企业	6.1	6.1			
集体企业	164.2	15.2	36.7		
股份合作企业	26.2	0.6	2.7		
有限责任公司	87 314.9	11 082.8	94 619.7	12 370.8	12 899.9
其他有限责任公司	87 314.9	11 082.8	94 619.7	12 370.8	12 899.9
股份有限公司	37 932.0	2 324.8	21 115.3	184.7	34 924.2
私营企业	109 441.0	21 467.9	185 339.9	6 226.7	26 336.3
私营独资企业	1 995.9	465.3	2 824.7		816.0
私营合伙企业	195.0	27.9	165.5	10.4	
私营有限责任公司	107 168.0	20 974.6	182 349.7	6 216.3	25 520.3
私营股份有限公司	82.1	0.1			
港、澳、台商投资企业	672.7	298.6	1 148.0		10.3
港、澳、台商独资经营企业	672.7	298.6	1 148.0		10.3
外商投资企业	34 001.5	1 370.4	40 623.1	2 991.3	64 088.4
外商投资股份有限公司	34 001.5	1 370.4	40 623.1	2 991.3	64 088.4
3. 按控股情况分					
国有控股	75 912.5	6 045.9	73 568.2	3 198.7	101 666.9
集体控股	49 012.0	3 124.4	27 803.1	12 167.6	4 643.9
私人控股	143 961.4	27 097.5	240 366.1	6 407.2	31 938.0
港澳台商控股	672.7	298.6	1 148.0		10.3
4. 按经营形式分					
独立门店	264 176.8	35 254.9	333 771.5	19 459.4	137 149.6
连锁总店（总部）	979.1	478.1	3 073.2		457.5
连锁直营店	0.3				
连锁加盟店	188.0	188.0			
其他	4 214.4	645.4	6 040.7	2 314.1	652.0
5. 按单位规模分					
大型	173 844.2	14 971.2	205 542.1	18 160.6	118 282.2
中型	69 273.7	15 250.5	102 167.3	3 213.6	14 408.8
小型	22 911.1	5 624.2	31 652.0	388.8	4 577.5
微型	3 529.6	720.5	3 524.0	10.5	990.6

6-6 限额以上批发和零售业法人企业财务状况（十五）

单位：万元

指标名称	二、期末资产负债				
	累计折旧	本年折旧	固定资产净额	在建工程	无形资产
6. 按零售业态分					
有店铺零售	269 200.4	36 434.2	342 055.7	21 773.5	138 055.8
食杂店	230.1	122.4	2 704.5		
便利店	929.0	132.9	429.7		
超市	14 280.3	2 600.7	32 825.6	38.1	585.1
大型超市	15 938.4	3 724.3	19 144.4		3 013.3
百货店	102 653.9	9 581.4	128 900.0	12 696.1	26 751.9
专业店	90 134.3	8 781.4	89 210.2	3 591.6	103 352.3
专卖店	43 584.0	11 020.8	66 633.5	5 463.3	4 352.0
购物中心	1 192.6	355.2	1 834.7	29.3	
厂家直销中心	257.8	115.1	373.1	-44.9	1.2
无店铺零售	358.2	132.2	829.7		203.3
网上商店	50.0	49.0	186.5		27.6
其他	308.2	83.2	643.2		175.7
7. 按零售业态分					
有店铺零售	269 201.4	36 435.2	342 055.7	21 773.5	138 055.8
食杂店	230.1	122.4	2 704.5		
便利店	1 095.9	156.2	473.8		15.2
超市	14 534.2	2 619.5	33 208.1	38.1	585.1
大型超市	32 360.1	5 411.3	53 816.4	464.8	8 026.0
百货店	103 070.8	9 624.7	129 213.7	12 696.1	26 751.9
专业店	90 134.3	8 781.4	89 210.2	3 591.6	103 352.3
专卖店	43 633.7	11 070.5	66 921.9	5 463.3	4 352.0
购物中心	1 562.2	401.2	1 834.7	29.3	
厂家直销中心	674.2	355.9	972.1	-44.9	1.2
无店铺零售	407.9	181.9	1 118.1		203.3
网上商店	99.7	98.7	474.9		27.6
其他	309.2	84.2	643.2		175.7
8. 按经营地分					
城镇	267 074.1	34 842.2	338 312.8	21 773.5	136 658.2
城区	180 450.3	19 013.3	204 990.7	19 626.4	120 498.3
乡村	2 484.5	1 724.2	4 572.6		1 600.9
9. 按港澳台商投资情况分					
港商投资	672.7	298.6	1 148.0		10.3

6-6 限额以上批发和零售业法人企业财务状况（十六）

单位：万元

指标名称	二、期末资产负债			
	土地使用权	资产总计	流动负债合计	应付账款
全　市	**60 437.9**	**4 321 219.1**	**2 638 388.6**	**504 940.2**
一、批发业	**20 572.0**	**1 868 430.4**	**1 140 355.8**	**304 124.8**
1. 按批发行业小类分				
农、林、牧、渔产品批发	4 224.2	51 252.2	41 862.2	1 030.8
谷物、豆及薯类批发	582.8	12 780.5	9 772.0	248.9
畜牧渔业饲料批发		2 764.3	1 562.1	781.9
棉、麻批发	3 641.4	35 707.4	30 528.1	
食品、饮料及烟草制品批发	6 862.4	429 309.8	146 589.3	27 412.1
米、面制品及食用油批发		6 721.2	1 721.2	–116.9
糕点、糖果及糖批发	2 493.5	10 367.2	12 726.2	1 429.8
果品、蔬菜批发		30 692.0	19 468.8	800.7
肉、禽、蛋、奶及水产品批发		5 393.8	4 222.1	2 793.7
营养和保健品批发		3 550.1	2 448.9	43.8
酒、饮料及茶叶批发	826.2	124 673.1	58 356.0	6 901.7
烟草制品批发	3 542.7	234 022.8	37 373.9	15 126.4
其他食品批发		13 889.6	10 272.2	432.9
纺织、服装及家庭用品批发	640.5	184 993.3	53 424.4	881.5
纺织品、针织品及原料批发		9 800.5	7 043.8	340.9
服装批发	206.0	5 476.1	5 358.1	–936.6
化妆品及卫生用品批发	434.5	7 642.0	4 745.0	1 477.2
日用家电批发		162 074.7	36 277.5	
文化、体育用品及器材批发		960.6	204.8	204.8
文具用品批发		960.6	204.8	204.8
医药及医疗器材批发	7 588.2	705 092.0	546 039.0	238 653.5
西药批发	4 605.5	289 192.1	256 102.6	135 156.3
中药批发	2 982.7	398 540.5	275 499.3	93 116.7
医疗用品及器材批发		17 359.4	14 437.1	10 380.5
矿产品、建材及化工产品批发	1 256.7	376 187.9	272 555.7	9 919.8
石油及制品批发		55 611.2	7 765.6	–9 092.5
金属及金属矿批发	866.7	76 970.1	58 528.4	8 020.0
建材批发		170 416.7	159 496.2	6 741.5
化肥批发		32 926.3	14 431.1	
其他化工产品批发	390.0	40 263.6	32 334.4	4 250.8
机械设备、五金产品及电子产品批发		108 522.8	78 752.2	25 520.3
农业机械批发		2 786.8	2 087.6	285.1
汽车及零配件批发		90 915.8	66 411.2	22 929.6
摩托车及零配件批发		3 514.2	3 470.7	19.7

6-6 限额以上批发和零售业法人企业财务状况（十七）

单位：万元

指标名称	二、期末资产负债			
	土地使用权	资产总计	流动负债合计	应付账款
五金产品批发		6 430.3	4 272.6	1 170.9
电气设备批发		2 138.8	777.9	624.8
其他机械设备及电子产品批发		2 736.9	1 732.2	490.2
其他批发业		12 111.8	928.2	502.0
再生物资回收与批发		12 111.8	928.2	502.0
2. 按登记注册类型分				
内资企业	18 304.2	1 847 228.4	1 126 166.2	301 175.6
国有企业	3 542.7	234 022.8	37 373.9	15 126.4
有限责任公司	582.8	483 942.8	292 989.0	100 898.8
国有独资公司	443.6	4 663.8	2 983.3	18.2
其他有限责任公司	139.2	479 279.0	290 005.7	100 880.6
私营企业	14 178.7	1 129 262.8	795 803.3	185 150.4
私营独资企业		23 134.8	19 857.0	13 173.9
私营有限责任公司	14 178.7	1 106 128.0	775 946.3	171 976.5
外商投资企业	2 267.8	21 202.0	14 189.6	2 949.2
3. 按控股情况分				
国有控股	3 986.3	305 656.1	94 332.3	30 872.0
集体控股		76 683.7	73 653.3	35 984.3
私人控股	14 317.9	1 464 888.6	958 180.6	234 319.3
外商控股	2 267.8	21 202.0	14 189.6	2 949.2
4. 按经营形式分				
独立门店	13 386.9	1 342 256.5	959 573.0	263 235.2
其他	7 185.1	526 173.9	180 782.8	40 889.6
5. 按单位规模分				
大型	4 368.9	471 980.5	209 190.7	73 182.1
中型	14 133.6	947 320.1	667 259.9	175 205.6
小型	1 930.3	360 705.4	214 092.0	48 898.4
微型	139.2	88 424.4	49 813.2	6 838.7
6. 按经营地分				
城镇	20 572.0	1 706 023.7	1 018 833.2	260 142.9
城区	14 237.0	1 271 878.8	817 969.1	237 728.0
乡村		162 406.7	121 522.6	43 981.9
二、零售业	39 865.9	2 452 788.7	1 498 032.8	200 815.4
1. 按零售行业小类分				
综合零售	21 178.2	778 053.2	575 766.6	129 252.6
百货零售	20 915.9	606 779.4	435 137.3	73 404.8
超级市场零售	262.3	155 182.4	130 994.6	55 597.5

6-6 限额以上批发和零售业法人企业财务状况（十八）

单位：万元

指标名称	二、期末资产负债			
	土地使用权	资产总计	流动负债合计	应付账款
便利店零售		1 152.7	423.0	229.2
其他综合零售		14 938.7	9 211.7	21.1
食品、饮料及烟草制品专门零售		**165 809.9**	**118 939.7**	**59 408.0**
粮油零售		127 326.9	102 214.8	60 715.7
肉、禽、蛋、奶及水产品零售		6 641.1	3 075.1	483.6
酒、饮料及茶叶零售		25 480.1	8 647.1	–1 795.7
其他食品零售		6 361.8	5 002.7	4.4
纺织、服装及日用品专门零售		34 201.5	19 316.1	9 424.6
纺织品及针织品零售		5 600.5	22.8	11.4
服装零售		11 343.0	10 275.1	5 047.8
鞋帽零售		365.4	435.0	
化妆品及卫生用品零售		13 883.4	5 404.8	3 216.4
厨具卫具及日用杂品零售		2 183.8	3 142.8	1 135.2
箱包零售		241.8	35.6	13.8
其他日用品零售		583.6		
文化、体育用品及器材专门零售	3 205.9	106 281.0	38 299.9	12 140.7
文具用品零售		225.7	207.5	96.6
体育用品及器材零售		12 429.4	12 347.6	4 484.0
图书、报刊零售	3 205.9	89 347.3	25 136.1	7 385.5
珠宝首饰零售		4 278.6	608.7	174.6
医药及医疗器材专门零售	62.8	48 717.2	29 947.2	11 340.9
西药零售	62.8	38 809.5	24 824.1	10 485.2
中药零售		9 907.7	5 123.1	855.7
汽车、摩托车、零配件和燃料及其他动力销售	15 301.2	1 219 221.3	653 263.0	–35 364.8
汽车新车零售	4 049.9	746 390.1	488 059.6	82 460.8
摩托车及零配件零售		277.6	151.1	
机动车燃油零售	11 251.3	472 553.6	165 052.3	–117 825.6
家用电器及电子产品专门零售	117.8	83 598.5	48 658.8	12 377.9
家用视听设备零售	117.8	22 235.7	18 838.4	5 912.6
日用家电零售		23 978.8	19 827.9	5 130.4
计算机、软件及辅助设备零售		5 144.3	3 505.5	955.6
通信设备零售		31 298.7	6 138.7	290.5
其他电子产品零售		941.0	348.3	88.8
五金、家具及室内装饰材料专门零售		2 592.3	2 032.0	662.8
家具零售		263.2		
涂料零售		2 329.1	2 032.0	662.8

6-6 限额以上批发和零售业法人企业财务状况（十九）

单位：万元

指标名称	二、期末资产负债			
	土地使用权	资产总计	流动负债合计	应付账款
货摊、无店铺及其他零售业		14 313.8	11 809.5	1 572.7
互联网零售		6 980.5	5 209.6	1 572.7
生活用燃料零售		7 333.3	6 599.9	
2. 按登记注册类型分				
内资企业	29 372.4	2 274 884.5	1 359 996.5	319 797.3
国有企业		475.3	198.9	25.6
集体企业		2 167.1	1 663.5	453.0
股份合作企业		415.4	287.8	11.0
有限责任公司	10 670.0	710 116.6	458 728.3	122 106.4
其他有限责任公司	10 670.0	710 116.6	458 728.3	122 106.4
股份有限公司	1 523.3	284 281.3	23 979.7	2 971.3
私营企业	17 179.1	1 277 428.8	875 138.3	194 230.0
私营独资企业	714.8	21 296.9	9 871.6	3 320.8
私营合伙企业		1 019.5	595.8	78.9
私营有限责任公司	16 464.3	1 253 717.4	864 670.9	190 830.3
私营股份有限公司		1 395.0		
港、澳、台商投资企业		10 596.7	4 671.9	1 695.9
港、澳、台商独资经营企业		10 596.7	4 671.9	1 695.9
外商投资企业	10 493.5	167 307.5	133 364.4	-120 677.8
外商投资股份有限公司	10 493.5	167 307.5	133 364.4	-120 677.8
3. 按控股情况分				
国有控股	14 656.8	573 405.8	205 955.8	-106 168.2
集体控股	4 643.9	161 803.7	114 943.7	35 558.1
私人控股	20 565.2	1 706 982.5	1 172 461.4	269 729.6
港澳台商控股		10 596.7	4 671.9	1 695.9
4. 按经营形式分				
独立门店	39 239.3	2 217 931.7	1 315 726.1	132 621.1
连锁总店（总部）		142 765.2	115 657.8	67 139.1
连锁直营店		608.2	329.2	329.2
连锁加盟店		1 229.9		
其他	626.6	90 253.7	66 319.7	726.0
5. 按单位规模分				
大型	23 315.1	1 094 062.8	637 284.1	52 667.3
中型	14 116.9	902 435.8	559 017.5	72 528.7
小型	1 719.0	395 349.3	265 287.3	71 167.3
微型	714.9	60 940.8	36 443.9	4 452.1

6-6 限额以上批发和零售业法人企业财务状况（二十）

单位：万元

指标名称	二、期末资产负债			
	土地使用权	资产总计	流动负债合计	应付账款
6. 按零售业态分				
有店铺零售	39 865.9	2 424 804.5	1 489 278.7	199 381.6
食杂店		4 040.3	431.0	388.1
便利店		6 640.1	5 337.7	250.3
超市		232 155.2	189 073.4	92 134.0
大型超市	1 632.3	94 062.5	68 365.2	24 514.1
百货店	19 545.9	578 123.9	423 901.6	73 242.7
专业店	14 637.8	819 500.0	358 944.0	–68 399.8
专卖店	4 049.9	673 832.5	436 118.5	77 117.4
购物中心		5 927.4	293.2	124.8
厂家直销中心		10 522.6	6 814.1	10.0
无店铺零售		27 984.2	8 754.1	1 433.8
网上商店		6 980.5	5 209.6	1 572.7
其他		21 003.7	3 544.5	–138.9
7. 按零售业态分				
有店铺零售	39 865.9	2 424 820.8	1 489 278.7	199 381.6
食杂店		4 040.3	431.0	388.1
便利店		7 513.8	6 005.7	252.3
超市		234 391.2	189 677.3	92 544.1
大型超市	6 628.8	166 217.8	106 676.7	35 097.5
百货店	19 545.9	580 121.5	424 082.5	73 423.6
专业店	14 637.8	819 889.4	359 399.6	–68 559.1
专卖店	4 049.9	678 432.1	438 238.6	76 996.6
购物中心		7 082.2	293.2	124.8
厂家直销中心		55 391.9	31 468.1	24 336.3
无店铺零售		32 583.8	10 874.2	1 313.0
网上商店		11 580.1	7 329.7	1 451.9
其他		21 020.0	3 544.5	–138.9
8. 按经营地分				
城镇	38 808.5	2 309 506.1	1 382 647.2	137 392.9
城区	27 675.9	1 582 384.8	964 957.5	44 005.6
乡村	1 057.4	143 282.6	115 385.6	63 422.5
9. 按港澳台商投资情况分				
港商投资		10 596.7	4 671.9	1 695.9

6-6 限额以上批发和零售业法人企业财务状况（二十一）

单位：万元

指标名称	二、期末资产负债			
	负债合计	所有者权益合计	实收资本	
				个人资本
全 市	**2 949 933.1**	**1 089 241.5**	**614 475.5**	**170 148.7**
一、批发业	**1 239 349.0**	**611 713.2**	**201 728.4**	**69 982.0**
1. 按批发行业小类分				
农、林、牧、渔产品批发	42 108.1	9 144.1	11 008.0	7 863.1
谷物、豆及薯类批发	10 017.9	2 762.6	2 108.0	63.1
畜牧渔业饲料批发	1 562.1	1 202.2	1 100.0	
棉、麻批发	30 528.1	5 179.3	7 800.0	7 800.0
食品、饮料及烟草制品批发	176 623.2	252 686.6	68 474.5	11 260.0
米、面制品及食用油批发	1 721.2	5 000.0	5 000.0	5 000.0
糕点、糖果及糖批发	12 726.2	–2 359.0	1 600.0	600.0
果品、蔬菜批发	23 105.9	7 586.1	3 780.0	200.0
肉、禽、蛋、奶及水产品批发	4 222.1	1 171.7	1 500.0	
营养和保健品批发	2 448.9	1 101.2	300.0	300.0
酒、饮料及茶叶批发	63 158.4	61 514.7	52 150.0	3 050.0
烟草制品批发	58 318.3	175 704.5	1 534.5	
其他食品批发	10 922.2	2 967.4	2 610.0	2 110.0
纺织、服装及家庭用品批发	53 495.9	130 141.1	5 336.0	1 058.0
纺织品、针织品及原料批发	7 115.3	1 328.9	1 328.0	
服装批发	5 358.1	118.0	100.0	
化妆品及卫生用品批发	4 745.0	2 897.0	1 108.0	1 058.0
日用家电批发	36 277.5	125 797.2	2 800.0	
文化、体育用品及器材批发	204.8	755.8	500.0	
文具用品批发	204.8	755.8	500.0	
医药及医疗器材批发	559 279.4	141 253.2	51 999.4	21 594.3
西药批发	262 676.6	26 515.5	14 436.3	8 747.3
中药批发	282 165.7	111 815.4	36 540.1	12 426.0
医疗用品及器材批发	14 437.1	2 922.3	1 023.0	421.0
矿产品、建材及化工产品批发	327 415.6	48 567.0	37 192.4	17 535.5
石油及制品批发	43 339.6	12 271.6	11 650.0	6 650.0
金属及金属矿批发	61 851.4	15 118.7	12 393.0	6 353.0
建材批发	161 509.6	8 701.8	3 683.5	1 232.0
化肥批发	26 696.4	6 229.9	5 000.0	
其他化工产品批发	34 018.6	6 245.0	4 465.9	3 300.5
机械设备、五金产品及电子产品批发	79 494.7	28 921.0	27 118.1	10 671.1
农业机械批发	2 087.6	699.2	420.0	
汽车及零配件批发	67 114.4	23 694.3	23 647.0	10 170.0
摩托车及零配件批发	3 470.7	43.5	500.0	

6-6 限额以上批发和零售业法人企业财务状况（二十二）

单位：万元

指标名称	二、期末资产负债			
	负债合计	所有者权益合计	实收资本	
				个人资本
五金产品批发	4 311.9	2 118.4	1 001.1	1.1
电气设备批发	777.9	1 360.9	1 050.0	
其他机械设备及电子产品批发	1 732.2	1 004.7	500.0	500.0
其他批发业	727.3	244.4	100.0	
再生物资回收与批发	727.3	244.4	100.0	
2. 按登记注册类型分				
内资企业	1 225 125.1	604 735.1	194 728.4	69 982.0
国有企业	58 318.3	175 704.5	1 534.5	
有限责任公司	301 220.6	171 582.1	27 676.1	4 314.1
国有独资公司	3 229.2	1 434.6	1 200.0	
其他有限责任公司	297 991.4	170 147.5	26 476.1	4 314.1
私营企业	865 586.2	257 448.5	165 517.8	65 667.9
私营独资企业	19 857.0	3 277.8	2 325.9	
私营有限责任公司	845 729.2	254 170.7	163 191.9	65 667.9
外商投资企业	14 223.9	6 978.1	7 000.0	
3. 按控股情况分				
国有控股	115 643.4	178 872.6	3 322.5	63.1
集体控股	73 653.3	3 030.4	2 000.0	980.0
私人控股	1 035 828.4	422 832.1	189 405.9	68 938.9
外商控股	14 223.9	6 978.1	7 000.0	
4. 按经营形式分				
独立门店	1 032 406.0	292 482.3	172 331.9	50 761.5
其他	206 943.0	319 230.9	29 396.5	19 220.5
5. 按单位规模分				
大型	230 135.1	241 845.4	53 616.1	
中型	680 953.9	266 366.2	96 894.5	52 869.0
小型	278 127.8	82 577.6	45 786.8	15 044.9
微型	50 132.2	20 924.0	5 431.0	2 068.1
6. 按经营地分				
城镇	1 118 813.5	582 338.4	183 978.4	65 881.0
城区	879 197.1	387 917.0	138 593.0	36 255.9
乡村	120 535.5	29 374.8	17 750.0	4 101.0
二、零售业	1 710 584.1	477 528.3	412 747.1	100 166.7
1. 按零售行业小类分				
综合零售	690 941.5	86 045.5	66 836.3	11 744.2
百货零售	514 942.2	91 837.2	49 719.2	11 342.2
超级市场零售	166 050.2	−11 934.0	15 507.1	402.0

6-6 限额以上批发和零售业法人企业财务状况（二十三）

单位：万元

指标名称	二、期末资产负债			
	负债合计	所有者权益合计	实收资本	
				个人资本
便利店零售	737.4	415.3	100.0	
其他综合零售	9 211.7	5 727.0	1 510.0	
食品、饮料及烟草制品专门零售	**119 690.8**	**46 119.1**	**32 307.0**	**26 266.4**
粮油零售	102 965.0	24 361.9	19 840.0	19 840.0
肉、禽、蛋、奶及水产品零售	2 805.4	3 835.7	4 079.0	200.0
酒、饮料及茶叶零售	8 916.3	16 563.8	8 008.0	5 966.4
其他食品零售	5 004.1	1 357.7	380.0	260.0
纺织、服装及日用品专门零售	24 461.3	9 740.2	3 999.7	305.0
纺织品及针织品零售	2 987.0	2 613.5	2 584.7	
服装零售	11 902.9	–559.9	1 080.0	200.0
鞋帽零售	435.0	–69.6	5.0	5.0
化妆品及卫生用品零售	5 404.8	8 478.6	200.0	
厨具卫具及日用杂品零售	3 142.8	–959.0	30.0	
箱包零售	35.6	206.2	100.0	100.0
其他日用品零售	553.2	30.4		
文化、体育用品及器材专门零售	39 371.2	66 909.8	3 840.0	50.0
文具用品零售	207.5	18.2		
体育用品及器材零售	12 490.3	–60.9	310.0	
图书、报刊零售	25 286.0	64 061.3	2 050.0	50.0
珠宝首饰零售	1 387.4	2 891.2	1 480.0	
医药及医疗器材专门零售	23 521.3	16 316.5	8 846.8	2 441.6
西药零售	17 788.5	12 141.6	5 696.8	2 417.1
中药零售	5 732.8	4 174.9	3 150.0	24.5
汽车、摩托车、零配件和燃料及其他动力销售	727 107.0	238 009.1	283 650.6	54 364.1
汽车新车零售	518 786.5	223 653.8	273 996.9	50 124.0
摩托车及零配件零售	246.1	31.5	60.0	60.0
机动车燃油零售	208 074.4	14 323.8	9 593.7	4 180.1
家用电器及电子产品专门零售	71 540.8	11 432.2	11 897.3	4 453.0
家用视听设备零售	19 343.2	2 771.4	2 578.0	1 040.0
日用家电零售	23 681.2	297.6	4 898.3	2 312.0
计算机、软件及辅助设备零售	3 505.5	1 638.8	1 501.0	1 001.0
通信设备零售	24 757.9	6 540.8	2 820.0	
其他电子产品零售	253.0	183.6	100.0	100.0
五金、家具及室内装饰材料专门零售	2 131.4	460.9	66.0	
家具零售	99.4	163.8		
涂料零售	2 032.0	297.1	66.0	

6-6 限额以上批发和零售业法人企业财务状况（二十四）

单位：万元

指标名称	二、期末资产负债			
	负债合计	所有者权益合计	实收资本	个人资本
货摊、无店铺及其他零售业	11 818.8	2 495.0	1 303.4	542.4
互联网零售	5 218.9	1 761.6	803.4	42.4
生活用燃料零售	6 599.9	733.4	500.0	500.0
2. 按登记注册类型分				
内资企业	1 536 722.8	473 485.4	409 547.1	100 166.7
国有企业	198.9	276.4	101.2	
集体企业	1 663.5	503.6	128.0	
股份合作企业	287.8	127.6	30.0	30.0
有限责任公司	557 552.9	148 071.9	183 314.4	5 335.1
其他有限责任公司	557 552.9	148 071.9	183 314.4	5 335.1
股份有限公司	30 963.3	3 162.6	1 600.0	1 100.0
私营企业	946 056.4	321 343.3	224 373.5	93 701.6
私营独资企业	11 528.1	9 264.4	4 149.2	2 871.8
私营合伙企业	595.7	423.8	121.1	90.1
私营有限责任公司	933 182.4	311 010.3	220 103.2	90 739.7
私营股份有限公司	750.2	644.8		
港、澳、台商投资企业	6 389.2	4 207.5	3 200.0	
港、澳、台商独资经营企业	6 389.2	4 207.5	3 200.0	
外商投资企业	167 472.1	-164.6		
外商投资股份有限公司	167 472.1	-164.6		
3. 按控股情况分				
国有控股	272 753.0	50 497.4	8 536.4	24.5
集体控股	118 597.4	43 206.3	12 903.0	128.0
私人控股	1 312 844.5	379 617.1	388 107.7	100 014.2
港澳台商控股	6 389.2	4 207.5	3 200.0	
4. 按经营形式分				
独立门店	1 525 470.7	428 850.9	378 753.3	70 877.3
连锁总店（总部）	119 057.1	23 708.1	22 235.0	20 400.0
连锁直营店	329.2	279.0	143.0	
连锁加盟店	343.8	886.1		
其他	65 383.3	23 804.2	11 615.8	8 889.4
5. 按单位规模分				
大型	741 578.8	102 328.6	65 915.0	24 968.0
中型	648 618.9	253 816.9	236 392.5	42 890.3
小型	290 736.5	104 612.8	99 834.3	27 047.3
微型	29 649.9	16 770.0	10 605.3	5 261.1

6-6 限额以上批发和零售业法人企业财务状况（二十五）

单位：万元

指标名称	二、期末资产负债			
	负债合计	所有者权益合计	实收资本	个人资本
6. 按零售业态分				
有店铺零售	1 700 820.8	459 307.4	409 592.5	100 074.3
食杂店	161.3	3 879.0	3 879.0	
便利店	5 652.1	988.0	610.0	
超市	225 727.9	5 361.1	26 629.1	20 898.1
大型超市	75 656.5	18 406.0	12 984.1	500.0
百货店	493 161.7	84 962.2	48 118.1	10 901.1
专业店	424 052.5	135 646.5	57 944.2	15 226.5
专卖店	466 186.9	203 836.5	257 868.0	52 548.6
购物中心	3 407.8	2 519.6	200.0	
厂家直销中心	6 814.1	3 708.5	1 360.0	
无店铺零售	9 763.3	18 220.9	3 154.6	92.4
网上商店	5 218.9	1 761.6	803.4	42.4
其他	4 544.4	16 459.3	2 351.2	50.0
7. 按零售业态分				
有店铺零售	1 700 835.4	459 309.1	409 592.5	100 074.3
食杂店	161.3	3 879.0	3 879.0	
便利店	7 053.7	460.1	1 110.0	
超市	226 511.8	6 813.2	27 441.1	21 610.1
大型超市	139 100.9	27 116.9	18 484.1	500.0
百货店	494 090.4	86 031.1	48 830.1	11 613.1
专业店	424 508.1	135 580.3	57 944.2	15 226.5
专卖店	468 307.0	206 316.0	259 868.0	52 548.6
购物中心	4 478.1	2 604.1	200.0	
厂家直销中心	31 534.3	23 857.6	21 360.0	
无店铺零售	11 883.4	20 700.4	5 154.6	92.4
网上商店	7 339.0	4 241.1	2 803.4	42.4
其他	4 559.0	16 461.0	2 351.2	50.0
8. 按经营地分				
城镇	1 594 582.6	450 247.2	389 589.5	78 898.8
城区	1 091 475.4	238 655.7	270 162.7	45 120.5
乡村	116 001.5	27 281.1	23 157.6	21 267.9
9. 按港澳台商投资情况分				
港商投资	6 389.2	4 207.5	3 200.0	

6-6 限额以上批发和零售业法人企业财务状况（二十六）

单位：万元

指标名称	三、损益及分配			
	营业收入	主营业务收入	营业成本	税金及附加
全　市	**8 522 491.1**	**8 415 321.5**	**7 665 175.5**	**124 827.4**
一、批发业	**3 860 022.1**	**3 819 350.9**	**3 487 756.0**	**110 415.9**
1. 按批发行业小类分				
农、林、牧、渔产品批发	80 461.0	80 461.0	77 764.5	158.5
谷物、豆及薯类批发	34 647.6	34 647.6	33 399.6	36.2
畜牧渔业饲料批发	9 347.3	9 347.3	9 182.3	6.9
棉、麻批发	36 466.1	36 466.1	35 182.6	115.4
食品、饮料及烟草制品批发	1 154 541.0	1 128 697.8	898 197.6	106 398.9
米、面制品及食用油批发	15 116.9	15 116.9	14 012.4	13.1
糕点、糖果及糖批发	25 278.0	25 278.0	24 720.0	49.3
果品、蔬菜批发	52 555.5	28 537.7	48 689.5	52.8
肉、禽、蛋、奶及水产品批发	11 137.5	11 136.0	10 810.5	4.8
营养和保健品批发	21 038.6	21 038.3	18 962.3	27.0
酒、饮料及茶叶批发	187 623.9	187 623.9	166 390.0	413.9
烟草制品批发	820 828.6	819 504.6	595 150.7	105 818.4
其他食品批发	20 962.0	20 462.4	19 462.2	19.6
纺织、服装及家庭用品批发	214 456.3	209 100.1	205 591.3	196.2
纺织品、针织品及原料批发	22 151.1	18 295.4	21 136.6	47.3
服装批发	4 235.0	4 235.0	3 716.0	9.7
化妆品及卫生用品批发	45 341.1	43 840.6	41 260.0	86.9
日用家电批发	142 729.1	142 729.1	139 478.7	52.3
文化、体育用品及器材批发	3 851.8	3 669.2	3 669.2	4.2
文具用品批发	3 851.8	3 669.2	3 669.2	4.2
医药及医疗器材批发	1 269 546.9	1 265 638.3	1 205 005.9	2 596.3
西药批发	503 328.5	503 139.9	481 537.1	719.6
中药批发	746 930.2	743 210.2	706 773.9	1 806.0
医疗用品及器材批发	19 288.2	19 288.2	16 694.9	70.7
矿产品、建材及化工产品批发	798 791.9	798 423.7	776 698.9	696.5
石油及制品批发	200 311.1	200 311.1	194 824.4	231.2
金属及金属矿批发	224 506.4	224 506.4	217 099.4	176.3
建材批发	99 883.0	99 514.8	96 133.9	131.5
化肥批发	98 178.8	98 178.8	96 994.3	31.6
其他化工产品批发	175 912.6	175 912.6	171 646.9	125.9
机械设备、五金产品及电子产品批发	331 724.5	326 787.9	314 294.8	331.4
农业机械批发	5 054.2	5 054.2	4 505.0	3.1
汽车及零配件批发	266 393.3	261 456.7	252 738.5	257.7
摩托车及零配件批发	7 210.6	7 210.6	6 745.8	10.7

6-6 限额以上批发和零售业法人企业财务状况（二十七）

单位：万元

指标名称	三、损益及分配			
	营业收入	主营业务收入	营业成本	税金及附加
五金产品批发	44 222.9	44 222.9	41 959.9	47.7
电气设备批发	3 379.4	3 379.4	3 208.1	3.7
其他机械设备及电子产品批发	5 464.1	5 464.1	5 137.5	8.5
其他批发业	6 648.7	6 572.9	6 533.8	33.9
再生物资回收与批发	6 648.7	6 572.9	6 533.8	33.9
2. 按登记注册类型分				
内资企业	3 843 139.9	3 803 691.7	3 473 163.1	110 121.5
国有企业	820 828.6	819 504.6	595 150.7	105 818.4
有限责任公司	664 622.6	663 094.5	634 178.7	912.4
国有独资公司	11 454.2	11 454.2	10 936.2	0.2
其他有限责任公司	653 168.4	651 640.3	623 242.5	912.2
私营企业	2 357 688.7	2 321 092.6	2 243 833.7	3 390.7
私营独资企业	37 581.4	37 581.4	33 887.2	77.8
私营有限责任公司	2 320 107.3	2 283 511.2	2 209 946.5	3 312.9
外商投资企业	16 882.2	15 659.2	14 592.9	294.4
3. 按控股情况分				
国有控股	901 174.0	899 774.2	672 079.3	105 944.8
集体控股	136 709.2	136 528.6	134 109.0	147.4
私人控股	2 805 256.7	2 767 388.9	2 666 974.8	4 029.3
外商控股	16 882.2	15 659.2	14 592.9	294.4
4. 按经营形式分				
独立门店	2 604 209.1	2 565 137.6	2 478 351.8	4 123.4
其他	1 255 813.0	1 254 213.3	1 009 404.2	106 292.5
5. 按单位规模分				
大型	1 209 757.1	1 208 433.1	965 257.1	106 424.9
中型	1 528 117.1	1 522 941.8	1 442 258.3	2 656.4
小型	932 590.4	905 455.4	895 690.6	1 112.7
微型	189 557.5	182 520.6	184 550.0	221.9
6. 按经营地分				
城镇	3 539 603.6	3 501 081.9	3 181 837.2	109 988.8
城区	2 775 896.8	2 742 366.2	2 446 452.5	108 884.5
乡村	320 418.5	318 269.0	305 918.8	427.1
二、零售业	4 662 469.0	4 595 970.6	4 177 419.5	14 411.5
1. 按零售行业小类分				
综合零售	1 318 332.8	1 292 062.6	1 117 003.2	7 406.3
百货零售	893 204.2	874 617.4	736 664.0	5 995.3
超级市场零售	343 612.0	335 942.3	304 627.1	1 283.8

6-6 限额以上批发和零售业法人企业财务状况（二十八）

单位：万元

指标名称	三、损益及分配			
	营业收入	主营业务收入	营业成本	税金及附加
便利店零售	6 144.9	6 134.1	4 605.7	16.6
其他综合零售	75 371.7	75 368.8	71 106.4	110.6
食品、饮料及烟草制品专门零售	**325 339.8**	**324 266.4**	**297 481.8**	**448.9**
粮油零售	261 344.4	260 606.8	238 955.0	388.9
肉、禽、蛋、奶及水产品零售	26 051.3	26 051.3	24 873.6	3.0
酒、饮料及茶叶零售	30 495.5	30 159.7	26 638.5	44.8
其他食品零售	7 448.6	7 448.6	7 014.7	12.2
纺织、服装及日用品专门零售	68 223.1	68 169.1	57 083.1	266.9
纺织品及针织品零售	2 227.1	2 227.1	1 968.4	11.8
服装零售	37 216.0	37 162.0	30 569.2	112.8
鞋帽零售	354.4	354.4	253.9	1.1
化妆品及卫生用品零售	5 503.1	5 503.1	2 778.2	56.5
厨具卫具及日用杂品零售	1 120.1	1 120.1	1 582.2	
箱包零售	8 084.9	8 084.9	7 277.2	12.4
其他日用品零售	13 717.5	13 717.5	12 654.0	72.3
文化、体育用品及器材专门零售	102 845.6	97 566.0	72 537.8	563.0
文具用品零售	683.3	683.3	631.3	0.3
体育用品及器材零售	29 849.7	29 849.7	22 170.5	96.7
图书、报刊零售	65 957.4	60 677.8	44 050.2	329.3
珠宝首饰零售	6 355.2	6 355.2	5 685.8	136.7
医药及医疗器材专门零售	89 072.2	88 109.1	73 055.0	193.3
西药零售	74 715.9	73 800.2	60 761.8	153.6
中药零售	14 356.3	14 308.9	12 293.2	39.7
汽车、摩托车、零配件和燃料及其他动力销售	2 561 156.7	2 533 458.3	2 375 442.1	5 185.5
汽车新车零售	2 049 822.9	2 031 236.9	1 921 905.2	3 970.6
摩托车及零配件零售	1 251.3	1 251.3	1 226.8	1.2
机动车燃油零售	510 082.5	500 970.1	452 310.1	1 213.7
家用电器及电子产品专门零售	168 276.5	163 226.0	159 713.4	266.6
家用视听设备零售	27 651.7	27 637.4	25 495.0	99.8
日用家电零售	44 363.1	44 238.1	42 600.5	70.1
计算机、软件及辅助设备零售	19 544.0	19 544.0	19 522.4	16.1
通信设备零售	70 494.3	70 090.2	66 081.2	78.3
其他电子产品零售	6 223.4	1 716.3	6 014.3	2.3
五金、家具及室内装饰材料专门零售	3 426.0	3 426.0	3 024.3	10.3
家具零售	632.5	632.5	452.7	7.5
涂料零售	2 793.5	2 793.5	2 571.6	2.8

6-6 限额以上批发和零售业法人企业财务状况（二十九）

单位：万元

指标名称	三、损益及分配			
	营业收入	主营业务收入	营业成本	税金及附加
货摊、无店铺及其他零售业	25 796.3	25 687.1	22 078.8	70.7
互联网零售	23 056.7	22 947.5	20 142.7	55.4
生活用燃料零售	2 739.6	2 739.6	1 936.1	15.3
2. 按登记注册类型分				
内资企业	4 324 244.3	4 259 843.2	3 883 626.3	13 747.3
国有企业	1 450.3	1 450.3	1 224.6	3.7
集体企业	3 845.3	3 845.3	3 493.6	34.1
股份合作企业	1 377.3	1 377.3	1 292.3	8.1
有限责任公司	1 288 686.8	1 268 675.9	1 130 622.2	3 891.9
其他有限责任公司	1 288 686.8	1 268 675.9	1 130 622.2	3 891.9
股份有限公司	152 729.9	143 412.6	142 040.9	463.1
私营企业	2 876 154.7	2 841 081.8	2 604 952.7	9 346.4
私营独资企业	64 129.1	59 342.0	58 594.7	255.0
私营合伙企业	7 378.3	7 378.3	6 724.9	33.6
私营有限责任公司	2 802 726.4	2 772 440.6	2 537 960.4	9 056.7
私营股份有限公司	1 920.9	1 920.9	1 672.7	1.1
港、澳、台商投资企业	60 005.6	57 908.3	54 701.9	91.3
港、澳、台商独资经营企业	60 005.6	57 908.3	54 701.9	91.3
外商投资企业	278 219.1	278 219.1	239 091.3	572.9
外商投资股份有限公司	278 219.1	278 219.1	239 091.3	572.9
3. 按控股情况分				
国有控股	598 587.9	580 314.9	521 404.5	1 485.6
集体控股	458 084.2	455 099.7	387 441.1	1 317.2
私人控股	3 545 791.3	3 502 647.7	3 213 872.0	11 517.4
港澳台商控股	60 005.6	57 908.3	54 701.9	91.3
4. 按经营形式分				
独立门店	4 062 968.8	3 998 212.7	3 623 539.7	13 538.3
连锁总店（总部）	304 831.7	303 987.1	277 648.0	467.4
连锁直营店	3 466.1	3 466.1	2 590.9	2.1
连锁加盟店	3 309.3	3 309.3	2 349.0	4.9
其他	287 893.1	286 995.4	271 291.9	398.8
5. 按单位规模分				
大型	1 958 771.3	1 931 853.8	1 717 575.6	7 487.2
中型	1 934 855.4	1 912 385.5	1 749 351.7	4 932.0
小型	623 424.7	617 873.1	574 274.7	1 710.3
微型	145 417.6	133 858.2	136 217.5	282.0

6-6 限额以上批发和零售业法人企业财务状况（三十）

单位：万元

指标名称	三、损益及分配			
	营业收入	主营业务收入	营业成本	税金及附加
6. 按零售业态分				
有店铺零售	4 628 426.8	4 562 037.6	4 150 408.2	14 279.0
食杂店	622.3	622.3	577.1	0.2
便利店	18 752.4	18 741.6	15 765.9	34.6
超市	458 509.3	456 719.7	410 054.4	1 315.6
大型超市	267 029.6	260 004.4	242 627.6	812.1
百货店	857 762.7	839 835.1	708 769.4	5 739.3
专业店	1 171 605.9	1 150 279.0	1 049 278.7	2 538.2
专卖店	1 795 380.1	1 777 392.8	1 668 247.2	3 803.5
购物中心	9 890.1	9 635.5	8 574.8	1.4
厂家直销中心	48 874.4	48 807.2	46 513.1	34.1
无店铺零售	34 042.2	33 933.0	27 011.3	132.5
网上商店	23 056.7	22 947.5	20 142.7	55.4
其他	10 985.5	10 985.5	6 868.6	77.1
7. 按零售业态分				
有店铺零售	4 628 578.9	4 562 189.7	4 150 528.2	14 279.0
食杂店	622.3	622.3	577.1	0.2
便利店	24 571.2	24 311.6	21 058.8	39.7
超市	465 435.3	463 634.9	416 002.8	1 331.9
大型超市	394 162.4	379 808.7	349 247.7	2 805.7
百货店	875 243.4	857 315.8	724 818.2	5 814.7
专业店	1 174 062.7	1 152 735.8	1 051 613.0	2 540.1
专卖店	1 800 273.0	1 782 246.1	1 672 464.6	3 815.1
购物中心	25 645.8	25 391.2	23 045.6	74.5
厂家直销中心	52 576.2	51 965.7	49 839.7	59.8
无店铺零售	38 935.1	38 786.3	31 228.7	144.1
网上商店	27 949.6	27 800.8	24 360.1	67.0
其他	11 137.6	11 137.6	6 988.6	77.1
8. 按经营地分				
城镇	4 342 398.3	4 279 138.6	3 883 425.3	13 887.3
城区	2 608 587.1	2 561 882.3	2 350 304.8	8 062.1
乡村	320 070.7	316 832.0	293 994.2	524.2
9. 按港澳台商投资情况分				
港商投资	60 005.6	57 908.3	54 701.9	91.3

6-6 限额以上批发和零售业法人企业财务状况（三十一）

单位：万元

指标名称	三、损益及分配			
	其他业务利润	销售费用	管理费用	研发费用
全　市	**42 370.9**	**369 543.3**	**218 977.6**	**136.4**
一、批发业	**2 988.5**	**79 981.9**	**81 469.6**	**0.7**
1. 按批发行业小类分				
农、林、牧、渔产品批发	–28.8	921.6	861.7	
谷物、豆及薯类批发		577.6	377.8	
畜牧渔业饲料批发		22.6	68.0	
棉、麻批发	–28.8	321.4	415.9	
食品、饮料及烟草制品批发	–16.0	30 500.2	44 669.9	
米、面制品及食用油批发		762.4	150.3	
糕点、糖果及糖批发		432.1	466.8	
果品、蔬菜批发	–325.5	691.4	5 743.2	
肉、禽、蛋、奶及水产品批发		230.1	119.6	
营养和保健品批发		1 456.9	455.8	
酒、饮料及茶叶批发		13 317.5	3 493.5	
烟草制品批发	309.5	13 179.9	33 279.9	
其他食品批发		429.9	960.8	
纺织、服装及家庭用品批发	325.5	4 415.8	1 653.2	
纺织品、针织品及原料批发	28.0	408.6	297.0	
服装批发		499.1	72.5	
化妆品及卫生用品批发		2 812.8	630.6	
日用家电批发	297.5	695.3	653.1	
文化、体育用品及器材批发		13.1	72.2	
文具用品批发		13.1	72.2	
医药及医疗器材批发	1 223.0	27 133.1	17 473.2	
西药批发		8 822.0	9 828.8	
中药批发	1 223.0	17 647.8	6 585.0	
医疗用品及器材批发		663.3	1 059.4	
矿产品、建材及化工产品批发	91.4	7 979.9	12 592.0	0.5
石油及制品批发		2 705.3	8 105.2	
金属及金属矿批发	91.4	4 227.3	1 662.3	0.1
建材批发		391.3	1 294.9	0.4
化肥批发		27.3	311.4	
其他化工产品批发		628.7	1 218.2	
机械设备、五金产品及电子产品批发	1 393.4	8 989.1	3 598.9	0.2
农业机械批发		86.7	78.8	
汽车及零配件批发	1 393.4	7 545.6	3 167.8	
摩托车及零配件批发		131.7	126.8	

6-6 限额以上批发和零售业法人企业财务状况（三十二）

单位：万元

指标名称	三、损益及分配			
	其他业务利润	销售费用	管理费用	研发费用
五金产品批发		1 043.9	30.1	0.2
电气设备批发		54.2	73.6	
其他机械设备及电子产品批发		127.0	121.8	
其他批发业		29.1	548.5	
再生物资回收与批发		29.1	548.5	
2. 按登记注册类型分				
内资企业	1 765.5	79 279.8	80 744.6	0.7
国有企业	309.5	13 179.9	33 279.9	
有限责任公司	1 224.4	13 786.2	8 916.4	0.4
国有独资公司		359.9	202.6	
其他有限责任公司	1 224.4	13 426.3	8 713.8	0.4
私营企业	231.6	52 313.7	38 548.3	0.3
私营独资企业		2 431.6	922.7	
私营有限责任公司	231.6	49 882.1	37 625.6	0.3
外商投资企业	1 223.0	702.1	725.0	
3. 按控股情况分				
国有控股	309.5	15 305.7	35 332.7	
集体控股		95.4	2 294.1	
私人控股	1 456.0	63 878.7	43 117.8	0.7
外商控股	1 223.0	702.1	725.0	
4. 按经营形式分				
独立门店	2 366.2	57 588.2	35 089.7	0.6
其他	622.3	22 393.7	46 379.9	0.1
5. 按单位规模分				
大型	309.5	25 772.8	36 598.0	
中型	2 723.4	40 151.5	29 322.7	
小型	-12.1	13 233.1	14 351.0	0.3
微型	-32.3	824.5	1 197.9	0.4
6. 按经营地分				
城镇	2 988.5	73 904.6	76 270.5	0.7
城区	2 691.8	62 551.8	61 164.2	0.7
乡村		6 077.3	5 199.1	
二、零售业	39 382.4	289 561.4	137 508.0	135.7
1. 按零售行业小类分				
综合零售	27 041.1	107 862.4	81 062.9	43.5
百货零售	7 576.7	64 102.7	72 216.1	42.7
超级市场零售	19 450.7	40 527.5	7 785.3	0.8

6-6 限额以上批发和零售业法人企业财务状况（三十三）

单位：万元

指标名称	三、损益及分配			
	其他业务利润	销售费用	管理费用	研发费用
便利店零售	10.8	1 208.5	70.9	
其他综合零售	2.9	2 023.7	990.6	
食品、饮料及烟草制品专门零售	**912.3**	**17 992.0**	**4 822.0**	**0.5**
粮油零售	737.6	15 527.3	3 084.6	0.1
肉、禽、蛋、奶及水产品零售		968.8	608.0	
酒、饮料及茶叶零售	174.7	1 211.0	1 020.8	0.2
其他食品零售		284.9	108.6	0.2
纺织、服装及日用品专门零售	54.0	6 508.6	2 675.9	0.1
纺织品及针织品零售		21.1	133.2	0.1
服装零售	54.0	4 122.4	656.0	
鞋帽零售		120.0	74.4	
化妆品及卫生用品零售		922.7	984.0	
厨具卫具及日用杂品零售		501.0	7.8	
箱包零售		253.0	356.8	
其他日用品零售		568.4	463.7	
文化、体育用品及器材专门零售	3 462.6	16 850.6	5 966.7	
文具用品零售			41.0	
体育用品及器材零售		7 097.8	99.7	
图书、报刊零售	3 462.6	9 482.8	5 593.6	
珠宝首饰零售		270.0	232.4	
医药及医疗器材专门零售	842.3	9 169.1	6 081.2	0.1
西药零售	802.7	7 994.4	4 593.0	0.1
中药零售	39.6	1 174.7	1 488.2	
汽车、摩托车、零配件和燃料及其他动力销售	7 242.3	121 828.2	32 088.3	89.3
汽车新车零售	7 240.5	82 813.4	26 164.4	3.0
摩托车及零配件零售			15.0	
机动车燃油零售	1.8	39 014.8	5 908.9	86.3
家用电器及电子产品专门零售	-172.2	7 407.7	4 035.3	2.1
家用视听设备零售		1 316.3	702.9	1.8
日用家电零售		3 285.3	797.7	0.3
计算机、软件及辅助设备零售	-280.9	197.7	403.3	
通信设备零售	108.7	2 532.2	2 013.0	
其他电子产品零售		76.2	118.4	
五金、家具及室内装饰材料专门零售		194.8	123.3	
家具零售		65.0	53.7	
涂料零售		129.8	69.6	

6-6 限额以上批发和零售业法人企业财务状况（三十四）

单位：万元

指标名称	三、损益及分配			
	其他业务利润	销售费用	管理费用	研发费用
货摊、无店铺及其他零售业		1 748.0	652.4	0.1
互联网零售		1 380.0	500.9	0.1
生活用燃料零售		368.0	151.5	
2. 按登记注册类型分				
内资企业	34 170.0	264 456.6	132 438.7	135.7
国有企业		108.0	59.1	
集体企业		146.2	150.7	0.1
股份合作企业		17.6	61.8	
有限责任公司	23 712.1	93 741.7	59 827.1	
其他有限责任公司	23 712.1	93 741.7	59 827.1	
股份有限公司	697.6	12 712.1	−807.1	
私营企业	9 760.3	157 731.0	73 147.1	135.6
私营独资企业		2 007.4	2 458.9	87.3
私营合伙企业		138.9	209.0	0.6
私营有限责任公司	9 760.3	155 535.2	70 343.8	47.6
私营股份有限公司		49.5	135.4	0.1
港、澳、台商投资企业	5 212.4	2 556.7	608.4	
港、澳、台商独资经营企业	5 212.4	2 556.7	608.4	
外商投资企业		22 548.1	4 460.9	
外商投资股份有限公司		22 548.1	4 460.9	
3. 按控股情况分				
国有控股	4 284.4	50 554.1	9 891.0	
集体控股	2 948.8	26 009.7	39 369.0	0.1
私人控股	26 936.8	210 440.9	87 639.6	135.6
港澳台商控股	5 212.4	2 556.7	608.4	
4. 按经营形式分				
独立门店	37 831.3	258 393.2	127 158.1	93.1
连锁总店（总部）	1 551.1	18 817.2	5 472.8	42.5
连锁直营店		566.8	263.3	
连锁加盟店		883.5	60.1	
其他		10 900.7	4 553.7	0.1
5. 按单位规模分				
大型	21 256.7	142 699.0	73 085.6	
中型	15 441.1	113 462.3	44 379.4	43.0
小型	2 629.8	28 173.6	17 428.5	90.9
微型	54.8	5 226.5	2 614.5	1.8

6-6 限额以上批发和零售业法人企业财务状况（三十五）

单位：万元

指标名称	三、损益及分配			
	其他业务利润	销售费用	管理费用	研发费用
6. 按零售业态分				
有店铺零售	39 382.4	287 102.4	135 536.3	135.6
食杂店		154.5	37.0	
便利店	10.8	2 306.4	435.1	
超市	12 838.4	43 401.5	9 545.1	43.2
大型超市	7 352.8	17 458.8	4 545.2	
百货店	7 322.1	62 108.5	69 628.1	0.6
专业店	9 574.2	73 768.4	26 590.4	91.5
专卖店	1 295.0	85 723.3	23 400.1	0.3
购物中心	254.6	268.5	1 088.2	
厂家直销中心	734.5	1 912.5	267.1	
无店铺零售		2 459.0	1 971.7	0.1
网上商店		1 380.0	500.9	0.1
其他		1 079.0	1 470.8	
7. 按零售业态分				
有店铺零售	39 382.4	287 102.4	135 557.3	135.6
食杂店		154.5	37.0	
便利店	12.6	2 987.8	550.7	
超市	12 849.2	43 949.4	9 679.4	43.2
大型超市	8 162.0	24 868.6	13 164.0	
百货店	7 322.1	62 846.6	70 235.9	0.6
专业店	9 574.2	73 915.5	26 590.4	91.5
专卖店	1 334.6	85 724.2	23 915.2	0.3
购物中心	254.6	855.1	1 583.3	
厂家直销中心	988.4	2 821.4	268.4	
无店铺零售	39.6	2 459.9	2 486.8	0.1
网上商店	39.6	1 380.9	1 016.0	0.1
其他		1 079.0	1 491.8	
8. 按经营地分				
城镇	38 644.8	272 603.3	133 387.4	135.1
城区	31 040.3	156 597.4	69 761.9	86.1
乡村	737.6	16 958.1	4 120.6	0.6
9. 按港澳台商投资情况分				
港商投资	5 212.4	2 556.7	608.4	

6-6 限额以上批发和零售业法人企业财务状况（三十六）

单位：万元

指标名称	三、损益及分配			
	财务费用	利息收入	利息费用	投资收益
全　市	**25 328.4**	**10 520.4**	**10 850.5**	**38 121.5**
一、批发业	**4 012.4**	**7 274.9**	**4 938.0**	**36 948.9**
1. 按批发行业小类分				
农、林、牧、渔产品批发	349.2	6.7	353.5	–43.6
谷物、豆及薯类批发	268.3	4.4	271.6	1.0
畜牧渔业饲料批发	0.7			–51.5
棉、麻批发	80.2	2.3	81.9	6.9
食品、饮料及烟草制品批发	–4 066.4	6 106.6	1 709.0	3 264.9
米、面制品及食用油批发	103.9	0.5	104.4	
糕点、糖果及糖批发	209.2	–0.3	190.3	
果品、蔬菜批发	606.9		352.4	
肉、禽、蛋、奶及水产品批发	42.4	0.5	42.4	
营养和保健品批发	69.6	–0.5	26.2	
酒、饮料及茶叶批发	469.8	465.6	901.8	264.9
烟草制品批发	–5 604.1	5 625.1	7.2	3 000.0
其他食品批发	35.9	15.7	84.3	
纺织、服装及家庭用品批发	317.8	215.0	165.3	32 236.3
纺织品、针织品及原料批发	69.4	45.7	10.0	75.0
服装批发	–0.2	0.2		
化妆品及卫生用品批发	128.8	16.2	145.0	
日用家电批发	119.8	152.9	10.3	32 161.3
文化、体育用品及器材批发	2.0	1.8		
文具用品批发	2.0	1.8		
医药及医疗器材批发	3 061.7	600.6	922.7	1 741.1
西药批发	2 398.8	520.3	429.6	143.7
中药批发	653.2	80.3	493.1	1 597.4
医疗用品及器材批发	9.7			
矿产品、建材及化工产品批发	1 937.2	246.1	1 556.2	28.7
石油及制品批发	–34.7	58.8	11.8	
金属及金属矿批发	330.1	53.9	278.4	
建材批发	485.1	59.1	74.2	9.7
化肥批发	618.2	54.0	672.2	
其他化工产品批发	538.5	20.3	519.6	19.0
机械设备、五金产品及电子产品批发	2 406.4	97.1	226.2	–278.5
农业机械批发	7.7		7.5	
汽车及零配件批发	2 145.4	92.5	102.6	–278.5
摩托车及零配件批发	105.5			

6-6 限额以上批发和零售业法人企业财务状况（三十七）

单位：万元

指标名称	三、损益及分配			
	财务费用	利息收入	利息费用	投资收益
五金产品批发	150.4	–0.5	117.2	
电气设备批发	–3.0	3.6		
其他机械设备及电子产品批发	0.4	1.5	–1.1	
其他批发业	4.5	1.0	5.1	
再生物资回收与批发	4.5	1.0	5.1	
2. 按登记注册类型分				
内资企业	3 633.4	7 274.1	4 579.0	35 377.2
国有企业	–5 604.1	5 625.1	7.2	3 000.0
有限责任公司	3 265.4	156.6	796.0	32 426.6
国有独资公司	207.2	2.4	209.6	
其他有限责任公司	3 058.2	154.2	586.4	32 426.6
私营企业	5 972.1	1 492.4	3 775.8	–49.4
私营独资企业	–6.8	12.2	5.4	19.0
私营有限责任公司	5 978.9	1 480.2	3 770.4	–68.4
外商投资企业	379.0	0.8	359.0	1 571.7
3. 按控股情况分				
国有控股	–3 672.2	5 630.4	216.8	3 000.1
集体控股	–267.7	330.5	27.3	
私人控股	7 573.3	1 313.2	4 334.9	32 377.1
外商控股	379.0	0.8	359.0	1 571.7
4. 按经营形式分				
独立门店	8 929.5	1 441.3	4 697.8	1 780.7
其他	–4 917.1	5 833.6	240.2	35 168.2
5. 按单位规模分				
大型	–5 914.4	6 134.0	667.0	3 015.7
中型	7 031.1	812.2	2 083.1	34 113.7
小型	2 828.7	171.6	2 127.6	–181.5
微型	67.0	157.1	60.3	1.0
6. 按经营地分				
城镇	3 110.2	6 939.9	4 598.7	36 939.1
城区	2 043.8	6 644.2	3 975.0	4 665.1
乡村	902.2	335.0	339.3	9.8
二、零售业	21 316.0	3 245.5	5 912.5	1 172.6
1. 按零售行业小类分				
综合零售	6 461.5	–10.3	487.8	172.7
百货零售	2 955.8	–10.8	475.6	172.7
超级市场零售	3 384.0	0.5	0.4	

6-6 限额以上批发和零售业法人企业财务状况（三十八）

单位：万元

指标名称	三、损益及分配			
	财务费用	利息收入	利息费用	投资收益
便利店零售	11.8			
其他综合零售	109.9		11.8	
食品、饮料及烟草制品专门零售	**577.9**	**-104.6**	**306.7**	
粮油零售	327.0	−103.2	52.6	
肉、禽、蛋、奶及水产品零售	−0.2	1.4	0.9	
酒、饮料及茶叶零售	249.8	−2.8	253.2	
其他食品零售	1.3			
纺织、服装及日用品专门零售	317.8	93.1	226.6	
纺织品及针织品零售	146.0	0.1	146.0	
服装零售	128.7	1.3	80.6	
鞋帽零售				
化妆品及卫生用品零售	−91.7	91.7		
厨具卫具及日用杂品零售	11.7			
箱包零售	122.5			
其他日用品零售	0.6			
文化、体育用品及器材专门零售	191.9	29.5	3.6	790.1
文具用品零售				
体育用品及器材零售	142.1		3.6	
图书、报刊零售	24.4	29.5		790.1
珠宝首饰零售	25.4			
医药及医疗器材专门零售	162.3	102.5	85.7	6.1
西药零售	137.6	101.8	76.8	6.1
中药零售	24.7	0.7	8.9	
汽车、摩托车、零配件和燃料及其他动力销售	11 939.6	3 131.4	4 340.1	202.6
汽车新车零售	9 715.3	3 131.7	3 950.5	202.6
摩托车及零配件零售	0.5			
机动车燃油零售	2 223.8	−0.3	389.6	
家用电器及电子产品专门零售	1 401.6	4.3	231.5	1.1
家用视听设备零售	195.9	2.8	66.1	
日用家电零售	375.3	1.0	42.4	
计算机、软件及辅助设备零售	20.9	−0.1		
通信设备零售	803.9	0.6	123.0	1.1
其他电子产品零售	5.6			
五金、家具及室内装饰材料专门零售	1.6			
家具零售				
涂料零售	1.6			

6-6 限额以上批发和零售业法人企业财务状况（三十九）

单位：万元

指标名称	三、损益及分配			
	财务费用	利息收入	利息费用	投资收益
货摊、无店铺及其他零售业	261.8	-0.4	230.5	
互联网零售	31.7	-0.3	0.5	
生活用燃料零售	230.1	-0.1	230.0	
2. 按登记注册类型分				
内资企业	19 393.0	3 235.6	5 766.5	1 053.0
国有企业	10.0			
集体企业	1.6			
股份合作企业	0.3	0.1	0.3	
有限责任公司	6 320.5	2 127.6	1 074.0	790.1
其他有限责任公司	6 320.5	2 127.6	1 074.0	790.1
股份有限公司	293.3	2.3	294.9	3.0
私营企业	12 767.3	1 105.6	4 397.3	259.9
私营独资企业	145.6	1.2	107.8	
私营合伙企业	18.3		0.1	
私营有限责任公司	12 550.8	1 104.4	4 236.8	259.9
私营股份有限公司	52.6		52.6	
港、澳、台商投资企业	142.9	9.9	146.0	119.6
港、澳、台商独资经营企业	142.9	9.9	146.0	119.6
外商投资企业	1 780.1			
外商投资股份有限公司	1 780.1			
3. 按控股情况分				
国有控股	2 920.5	119.8	602.9	790.1
集体控股	-125.2	7.5		
私人控股	18 377.8	3 108.3	5 163.6	262.9
港澳台商控股	142.9	9.9	146.0	119.6
4. 按经营形式分				
独立门店	21 872.9	2 257.4	5 650.5	1 172.6
连锁总店（总部）	173.8	-90.2	76.5	
连锁直营店				
连锁加盟店	0.3			
其他	-731.0	1 078.3	185.5	
5. 按单位规模分				
大型	6 970.3	751.4	637.3	101.9
中型	7 483.0	836.3	3 255.2	981.6
小型	6 403.8	1 717.7	1 801.2	89.1
微型	458.9	-59.9	218.8	

6-6 限额以上批发和零售业法人企业财务状况（四十）

单位：万元

指标名称	三、损益及分配			
	财务费用	利息收入	利息费用	投资收益
6. 按零售业态分				
有店铺零售	21 362.2	3 153.8	5 912.0	1 172.6
食杂店				
便利店	24.7		11.8	
超市	2 413.9	–100.6	139.2	
大型超市	1 396.2			
百货店	2 688.9	–12.9	391.8	172.7
专业店	6 590.3	201.7	1 911.2	916.9
专卖店	7 785.4	3 061.3	3 393.4	83.0
购物中心	9.2			
厂家直销中心	453.6	4.3	64.6	
无店铺零售	–46.2	91.7	0.5	
网上商店	31.7	–0.3	0.5	
其他	–77.9	92.0		
7. 按零售业态分				
有店铺零售	21 362.2	3 153.8	5 912.0	1 172.6
食杂店				
便利店	30.4		14.7	
超市	2 441.1	–100.6	154.7	
大型超市	2 036.7	–25.7		100.8
百货店	2 705.0	–12.9	407.3	172.7
专业店	6 615.9	201.7	1 911.2	916.9
专卖店	7 788.8	3 060.9	3 393.4	83.0
购物中心	12.6			
厂家直销中心	2 005.7	1 596.6	104.4	
无店铺零售	–42.8	91.3	0.5	
网上商店	35.1	–0.7	0.5	
其他	–77.9	92.0		
8. 按经营地分				
城镇	21 118.0	3 294.8	5 823.4	1 172.6
城区	12 856.1	2 990.0	2 309.4	1 166.5
乡村	198.0	–49.3	89.1	
9. 按港澳台商投资情况分				
港商投资	142.9	9.9	146.0	119.6

6-6 限额以上批发和零售业法人企业财务状况（四十一）

单位：万元

指标名称	三、损益及分配			
	营业利润	营业外收入	营业外支出	利润总额
全 市	**175 116.1**	**11 233.2**	**7 165.1**	**180 174.0**
一、批发业	**136 274.1**	**3 452.4**	**1 616.5**	**139 237.8**
1. 按批发行业小类分				
农、林、牧、渔产品批发	311.3	410.9	13.7	708.5
谷物、豆及薯类批发	–32.5	303.0	5.7	264.8
畜牧渔业饲料批发	15.1	68.3	8.0	75.4
棉、麻批发	328.7	39.6		368.3
食品、饮料及烟草制品批发	81 867.0	1 154.7	259.4	83 718.3
米、面制品及食用油批发	74.8			74.8
糕点、糖果及糖批发	–599.6	1 026.0	16.5	409.9
果品、蔬菜批发	–3 533.6	25.8	3.6	–2 555.4
肉、禽、蛋、奶及水产品批发	–70.2	8.1	0.1	–62.2
营养和保健品批发	67.1	3.0	0.1	70.0
酒、饮料及茶叶批发	3 843.7	6.3	25.4	3 824.6
烟草制品批发	82 031.4	83.1	213.7	81 900.8
其他食品批发	53.4	2.4		55.8
纺织、服装及家庭用品批发	34 669.0	785.2	539.7	34 996.1
纺织品、针织品及原料批发	120.5	171.4	528.7	–155.2
服装批发	–62.2	0.1	0.4	–62.5
化妆品及卫生用品批发	422.0		6.5	415.5
日用家电批发	34 188.7	613.7	4.1	34 798.3
文化、体育用品及器材批发	91.1			91.1
文具用品批发	91.1			91.1
医药及医疗器材批发	15 440.1	922.6	511.1	15 873.7
西药批发	–161.5	376.8	139.0	76.3
中药批发	14 811.6	545.7	358.2	15 021.2
医疗用品及器材批发	790.0	0.1	13.9	776.2
矿产品、建材及化工产品批发	2 515.2	78.6	87.3	2 853.0
石油及制品批发	454.6	0.9	10.9	444.6
金属及金属矿批发	1 011.5	2.3	64.8	949.0
建材批发	1 455.6	60.5	6.1	1 510.0
化肥批发			5.0	341.5
其他化工产品批发	–406.5	14.9	0.5	–392.1
机械设备、五金产品及电子产品批发	1 881.5	97.4	135.0	1 565.5
农业机械批发	272.7			272.7
汽车及零配件批发	938.1	78.6	134.4	603.9
摩托车及零配件批发	89.9			89.9

6-6 限额以上批发和零售业法人企业财务状况（四十二）

单位：万元

指标名称	三、损益及分配			
	营业利润	营业外收入	营业外支出	利润总额
五金产品批发	469.4	18.8	0.6	487.6
电气设备批发	42.9			42.9
其他机械设备及电子产品批发	68.5			68.5
其他批发业	-501.1	3.0	70.3	-568.4
再生物资回收与批发	-501.1	3.0	70.3	-568.4
2. 按登记注册类型分				
内资企业	134 718.8	3 394.2	1 616.3	137 624.5
国有企业	82 031.4	83.1	213.7	81 900.8
有限责任公司	36 065.6	833.1	130.9	36 767.8
国有独资公司	-251.9	299.8	5.7	42.2
其他有限责任公司	36 317.5	533.3	125.2	36 725.6
私营企业	16 621.8	2 478.0	1 271.7	18 955.9
私营独资企业	269.0	0.2	5.0	264.2
私营有限责任公司	16 352.8	2 477.8	1 266.7	18 691.7
外商投资企业	1 555.3	58.2	0.2	1 613.3
3. 按控股情况分				
国有控股	78 913.6	383.7	290.4	79 006.9
集体控股	331.0	2.9		333.9
私人控股	55 474.2	3 007.6	1 325.9	58 283.7
外商控股	1 555.3	58.2	0.2	1 613.3
4. 按经营形式分				
独立门店	17 803.3	2 675.6	922.1	20 684.6
其他	118 470.8	776.8	694.4	118 553.2
5. 按单位规模分				
大型	84 661.9	210.0	301.4	84 570.5
中型	47 111.5	2 928.3	1 051.9	48 987.9
小型	2 185.7	160.9	184.7	3 289.7
微型	2 315.0	153.2	78.5	2 389.7
6. 按经营地分				
城镇	134 394.1	3 409.6	1 537.7	137 371.7
城区	96 133.5	2 034.0	1 078.6	98 113.0
乡村	1 880.0	42.8	78.8	1 866.1
二、零售业	38 842.0	7 780.8	5 548.6	40 936.2
1. 按零售行业小类分				
综合零售	5 725.5	3 895.1	3 009.9	6 441.0
百货零售	5 733.8	3 559.6	604.6	8 688.8
超级市场零售	-1 270.2	269.9	2 390.6	-3 560.6

6-6 限额以上批发和零售业法人企业财务状况（四十三）

单位：万元

指标名称	三、损益及分配			
	营业利润	营业外收入	营业外支出	利润总额
便利店零售	231.4	5.7	0.2	236.9
其他综合零售	1 030.5	59.9	14.5	1 075.9
食品、饮料及烟草制品专门零售	**3 987.4**	**43.5**	**317.0**	**3 713.9**
粮油零售	3 061.6	20.8	307.0	2 775.4
肉、禽、蛋、奶及水产品零售	−400.2	3.0		−397.2
酒、饮料及茶叶零售	1 309.1	19.7	10.0	1 318.8
其他食品零售	16.9			16.9
纺织、服装及日用品专门零售	1 212.1	50.3	42.0	1 220.4
纺织品及针织品零售	−53.5	27.5	20.6	−46.6
服装零售	391.7	4.6	1.0	395.3
鞋帽零售	−95.0			−95.0
化妆品及卫生用品零售	946.8	18.2	20.4	944.6
厨具卫具及日用杂品零售				
箱包零售	63.0			63.0
其他日用品零售	−40.9			−40.9
文化、体育用品及器材专门零售	7 748.6	201.6	−197.2	8 147.4
文具用品零售	10.7			10.7
体育用品及器材零售	242.8	124.9		367.7
图书、报刊零售	7 490.2	76.7	−197.2	7 764.1
珠宝首饰零售	4.9			4.9
医药及医疗器材专门零售	715.9	218.6	14.2	920.3
西药零售	909.8	199.1	13.7	1 095.2
中药零售	−193.9	19.5	0.5	−174.9
汽车、摩托车、零配件和燃料及其他动力销售	23 264.0	3 304.7	2 214.7	24 385.7
汽车新车零售	14 470.1	1 520.3	464.0	15 558.1
摩托车及零配件零售	7.8	3.0	0.1	10.7
机动车燃油零售	8 786.1	1 781.4	1 750.6	8 816.9
家用电器及电子产品专门零售	−4 519.5	39.5	147.0	−4 627.0
家用视听设备零售	−120.2	12.0	14.5	−122.7
日用家电零售	−2 765.9	25.3	105.7	−2 846.3
计算机、软件及辅助设备零售	−616.6		13.4	−630.0
通信设备零售	−1 023.4	0.1	7.4	−1 030.7
其他电子产品零售	6.6	2.1	6.0	2.7
五金、家具及室内装饰材料专门零售	18.2	3.0		21.2
家具零售				
涂料零售	18.2	3.0		21.2

6-6 限额以上批发和零售业法人企业财务状况（四十四）

单位：万元

指标名称	三、损益及分配			
	营业利润	营业外收入	营业外支出	利润总额
货摊、无店铺及其他零售业	689.8	24.5	1.0	713.3
互联网零售	651.2	24.5	1.0	674.7
生活用燃料零售	38.6			38.6
2. 按登记注册类型分				
内资企业	27 553.2	6 025.1	3 947.1	29 493.2
国有企业	53.9	0.1		54.0
集体企业	40.5	3.0	11.9	31.6
股份合作企业	−2.7	20.0	1.3	16.0
有限责任公司	14 964.8	806.5	340.1	15 261.5
其他有限责任公司	14 964.8	806.5	340.1	15 261.5
股份有限公司	−1 969.2	13.6	113.6	−2 069.2
私营企业	14 465.9	5 181.9	3 480.2	16 199.3
私营独资企业	576.9	1.8	21.5	557.2
私营合伙企业	211.1	0.8	9.1	202.8
私营有限责任公司	13 668.4	5 179.3	3 449.6	15 429.8
私营股份有限公司	9.5			9.5
港、澳、台商投资企业	2 024.0	11.0	3.7	2 031.3
港、澳、台商独资经营企业	2 024.0	11.0	3.7	2 031.3
外商投资企业	9 264.8	1 744.7	1 597.8	9 411.7
外商投资股份有限公司	9 264.8	1 744.7	1 597.8	9 411.7
3. 按控股情况分				
国有控股	14 375.9	1 845.0	1 527.8	14 693.1
集体控股	4 093.8	155.2	80.6	4 168.4
私人控股	18 348.3	5 769.6	3 936.5	20 043.4
港澳台商控股	2 024.0	11.0	3.7	2 031.3
4. 按经营形式分				
独立门店	34 344.4	7 305.4	5 087.7	36 424.1
连锁总店（总部）	2 189.7	201.4	319.5	2 071.6
连锁直营店	42.8	3.0		45.8
连锁加盟店	11.5	2.0	0.4	13.1
其他	2 253.6	269.0	141.0	2 381.6
5. 按单位规模分				
大型	19 301.3	5 344.4	4 882.0	19 594.0
中型	20 193.3	1 851.2	285.7	21 790.5
小型	−1 162.2	389.6	309.3	−1 081.9
微型	509.6	195.6	71.6	633.6

6-6 限额以上批发和零售业法人企业财务状况（四十五）

单位：万元

指标名称	三、损益及分配			
	营业利润	营业外收入	营业外支出	利润总额
6. 按零售业态分				
有店铺零售	36 586.4	7 731.8	5 523.4	38 656.8
食杂店	-144.8			-144.8
便利店	185.7	61.4	0.2	246.9
超市	2 352.0	165.7	666.7	1 681.3
大型超市	1 110.9	145.0	2 051.9	-796.0
百货店	5 478.1	3 545.4	597.5	8 426.0
专业店	14 732.2	2 230.6	1 743.6	15 219.2
专卖店	12 485.6	1 552.1	460.3	13 609.1
购物中心	-52.0	2.2	2.5	-52.3
厂家直销中心	438.7	29.4	0.7	467.4
无店铺零售	2 255.6	49.0	25.2	2 279.4
网上商店	651.2	24.5	1.0	674.7
其他	1 604.4	24.5	24.2	1 604.7
7. 按零售业态分				
有店铺零售	36 597.5	7 731.8	5 523.4	38 667.9
食杂店	-144.8			-144.8
便利店	-378.3	85.5	17.9	-310.7
超市	2 607.0	169.4	666.7	1 940.0
大型超市	3 119.2	175.3	2 298.2	996.3
百货店	5 476.3	3 545.4	597.5	8 424.2
专业店	14 680.0	2 230.6	1 747.7	15 162.9
专卖店	12 630.0	1 552.1	460.3	13 753.5
购物中心	-206.8	25.3	20.2	-201.7
厂家直销中心	1 614.3	47.7	10.9	1 651.1
无店铺零售	2 400.0	49.0	25.2	2 423.8
网上商店	795.6	24.5	1.0	819.1
其他	1 615.5	24.5	24.2	1 615.8
8. 按经营地分				
城镇	35 040.3	7 759.6	5 232.6	37 429.3
城区	19 308.1	6 849.4	4 499.3	21 689.9
乡村	3 801.7	21.2	316.0	3 506.9
9. 按港澳台商投资情况分				
港商投资	2 024.0	11.0	3.7	2 031.3

6-6 限额以上批发和零售业法人企业财务状况（四十六）

单位：万元

指标名称	三、损益及分配	四、人工成本及增值税		五、从事批发和零售业活动的从业人员平均人数（人）
	所得税费用	应付职工薪酬（本年贷方累计发生额）	应交增值税	
全　市	**34 482.7**	**223 602.1**	**131 063.7**	**38 889**
一、批发业	**24 692.9**	**70 743.7**	**51 787.1**	**7 425**
1. 按批发行业小类分				
农、林、牧、渔产品批发	30.8	363.0	113.7	77
谷物、豆及薯类批发	26.6	209.7	34.1	39
畜牧渔业饲料批发	1.8	34.4	23.5	7
棉、麻批发	2.4	118.9	56.1	31
食品、饮料及烟草制品批发	20 519.5	47 902.2	30 506.1	2 301
米、面制品及食用油批发	18.7	201.2	47.1	60
糕点、糖果及糖批发	0.7	243.9	36.1	71
果品、蔬菜批发	3.3	344.0	66.2	66
肉、禽、蛋、奶及水产品批发	0.6	155.0	32.8	41
营养和保健品批发	10.7	167.2	246.7	81
酒、饮料及茶叶批发	750.8	6 170.5	2 196.9	727
烟草制品批发	19 725.2	40 016.1	27 803.6	1 112
其他食品批发	9.5	604.3	76.7	143
纺织、服装及家庭用品批发	764.0	2 508.9	1 040.4	662
纺织品、针织品及原料批发	11.3	207.3	213.8	118
服装批发		225.5	60.0	63
化妆品及卫生用品批发	96.8	1 621.9	360.4	416
日用家电批发	655.9	454.2	406.2	65
文化、体育用品及器材批发	2.8	28.9	23.7	7
文具用品批发	2.8	28.9	23.7	7
医药及医疗器材批发	2 630.7	12 864.5	13 429.1	2 914
西药批发	383.0	5 037.4	3 797.2	1 170
中药批发	2 171.5	7 312.9	9 138.1	1 623
医疗用品及器材批发	76.2	514.2	493.8	121
矿产品、建材及化工产品批发	559.8	2 808.0	3 685.3	540
石油及制品批发	118.9	777.4	1 764.7	102
金属及金属矿批发	107.6	1 034.4	692.8	229
建材批发	261.9	624.8	309.0	104
化肥批发	47.3	73.0	2.6	18
其他化工产品批发	24.1	298.4	916.2	87
机械设备、五金产品及电子产品批发	183.9	4 251.6	2 931.8	913
农业机械批发	0.5	172.3	19.3	39
汽车及零配件批发	52.9	3 578.7	938.5	786
摩托车及零配件批发	4.5	54.8	53.6	13

6-6 限额以上批发和零售业法人企业财务状况（四十七）

单位：万元

指标名称	三、损益及分配	四、人工成本及增值税		五、从事批发和零售业活动的从业人员平均人数（人）
	所得税费用	应付职工薪酬（本年贷方累计发生额）	应交增值税	
五金产品批发	119.8	336.5	1 845.2	49
电气设备批发	1.7	35.7	20.4	9
其他机械设备及电子产品批发	4.5	73.6	54.8	17
其他批发业	1.4	16.6	57.0	11
再生物资回收与批发	1.4	16.6	57.0	11
2. 按登记注册类型分				
内资企业	24 687.4	70 076.6	51 565.5	7 352
国有企业	19 725.2	40 016.1	27 803.6	1 112
有限责任公司	1 433.3	8 100.3	3 706.5	1 251
国有独资公司	18.7	81.0	18.6	20
其他有限责任公司	1 414.6	8 019.3	3 687.9	1 231
私营企业	3 528.9	21 960.2	20 055.4	4 989
私营独资企业	62.5	399.0	389.9	98
私营有限责任公司	3 466.4	21 561.2	19 665.5	4 891
外商投资企业	5.5	667.1	221.6	73
3. 按控股情况分				
国有控股	19 666.7	41 514.3	27 836.7	1 279
集体控股	83.5	217.0	548.4	65
私人控股	4 937.2	28 345.3	23 180.4	6 008
外商控股	5.5	667.1	221.6	73
4. 按经营形式分				
独立门店	4 233.6	27 411.5	19 930.7	5 526
其他	20 459.3	43 332.2	31 856.4	1 899
5. 按单位规模分				
大型	20 392.7	46 475.5	30 126.1	2 148
中型	2 664.3	18 773.1	16 073.9	3 849
小型	1 018.2	5 154.5	4 576.9	1 290
微型	617.7	340.6	1 010.2	138
6. 按经营地分				
城镇	24 423.4	68 331.8	50 011.0	6 988
城区	23 152.9	63 669.4	41 526.1	5 814
乡村	269.5	2 411.9	1 776.1	437
二、零售业	9 789.8	152 858.4	79 276.6	31 464
1. 按零售行业小类分				
综合零售	3 837.6	61 484.4	14 264.7	15 505
百货零售	3 490.3	46 724.5	10 730.5	10 866
超级市场零售	62.8	13 394.7	3 161.7	4 275

6-6 限额以上批发和零售业法人企业财务状况（四十八）

单位：万元

指标名称	三、损益及分配	四、人工成本及增值税		五、从事批发和零售业活动的从业人员平均人数（人）
	所得税费用	应付职工薪酬（本年贷方累计发生额）	应交增值税	
便利店零售	15.6	348.9	116.0	115
其他综合零售	268.9	1 016.3	256.5	249
食品、饮料及烟草制品专门零售	**1 016.5**	**2 911.5**	**2 778.0**	**748**
粮油零售	739.6	1 570.2	2 418.1	385
肉、禽、蛋、奶及水产品零售	0.6	288.7	19.0	81
酒、饮料及茶叶零售	275.4	872.2	333.7	235
其他食品零售	0.9	180.4	7.2	47
纺织、服装及日用品专门零售	65.7	2 737.4	1 211.2	755
纺织品及针织品零售	7.9	156.0	4.5	52
服装零售	55.3	1 411.3	553.9	413
鞋帽零售		100.9	8.1	71
化妆品及卫生用品零售		498.0	548.2	25
厨具卫具及日用杂品零售		7.2	11.0	10
箱包零售	2.5	149.5	30.8	39
其他日用品零售		414.5	54.7	145
文化、体育用品及器材专门零售	70.9	13 509.9	1 320.0	1 093
文具用品零售	0.2	30.1	2.7	8
体育用品及器材零售	66.9	874.5	647.9	125
图书、报刊零售	1.0	12 293.6	620.9	805
珠宝首饰零售	2.8	311.7	48.5	155
医药及医疗器材专门零售	372.7	9 621.2	1 305.3	2 570
西药零售	358.3	8 058.3	1 081.9	2 306
中药零售	14.4	1 562.9	223.4	264
汽车、摩托车、零配件和燃料及其他动力销售	4 340.5	56 801.9	57 442.2	9 473
汽车新车零售	4 218.1	44 582.6	19 052.1	7 059
摩托车及零配件零售	0.6	9.1	5.1	2
机动车燃油零售	121.8	12 210.2	38 385.0	2 412
家用电器及电子产品专门零售	60.5	5 237.8	681.6	1 134
家用视听设备零售	19.1	1 111.7	162.2	317
日用家电零售	10.2	1 159.5	243.2	291
计算机、软件及辅助设备零售	0.7	225.2	-160.7	62
通信设备零售	23.0	2 661.6	417.4	435
其他电子产品零售	7.5	79.8	19.5	29
五金、家具及室内装饰材料专门零售	3.0	174.1	21.1	43
家具零售		47.8		10
涂料零售	3.0	126.3	21.1	33

6-6 限额以上批发和零售业法人企业财务状况（四十九）

单位：万元

指标名称	三、损益及分配	四、人工成本及增值税		五、从事批发和零售业活动的从业人员平均人数（人）
	所得税费用	应付职工薪酬（本年贷方累计发生额）	应交增值税	
货摊、无店铺及其他零售业	22.4	380.2	252.5	143
互联网零售	21.4	335.8	109.6	131
生活用燃料零售	1.0	44.4	142.9	12
2. 按登记注册类型分				
内资企业	9 278.4	142 309.4	43 947.8	30 284
国有企业	1.4	79.5	27.1	19
集体企业	4.0	173.3	35.4	49
股份合作企业	0.4	64.0	53.5	18
有限责任公司	2 650.2	51 335.4	12 619.8	8 856
其他有限责任公司	2 650.2	51 335.4	12 619.8	8 856
股份有限公司	2.1	833.8	1 391.0	874
私营企业	6 620.3	89 823.4	29 821.0	20 468
私营独资企业	105.1	2 165.4	733.8	733
私营合伙企业	6.5	193.2	244.4	46
私营有限责任公司	6 508.5	87 391.2	28 834.6	19 670
私营股份有限公司	0.2	73.6	8.2	19
港、澳、台商投资企业	511.4	1 062.2	–206.2	75
港、澳、台商独资经营企业	511.4	1 062.2	–206.2	75
外商投资企业		9 486.8	35 535.0	1 105
外商投资股份有限公司		9 486.8	35 535.0	1 105
3. 按控股情况分				
国有控股	419.0	26 501.4	38 301.7	3 080
集体控股	1 322.0	13 425.5	5 006.2	2 465
私人控股	7 537.4	111 869.3	36 174.9	25 844
港澳台商控股	511.4	1 062.2	–206.2	75
4. 按经营形式分				
独立门店	8 426.8	140 838.7	75 202.7	28 780
连锁总店（总部）	909.4	5 392.7	3 040.8	1 398
连锁直营店	10.5	509.0	3.4	152
连锁加盟店	0.6	171.5	35.7	55
其他	442.5	5 946.5	994.0	1 079
5. 按单位规模分				
大型	4 234.3	61 553.3	51 921.3	13 365
中型	4 602.2	72 689.7	19 337.9	13 060
小型	879.8	16 652.9	7 122.6	4 278
微型	73.5	1 962.5	894.8	761

6-6 限额以上批发和零售业法人企业财务状况（五十）

单位：万元

指标名称	三、损益及分配	四、人工成本及增值税		五、从事批发和零售业活动的从业人员平均人数（人）
	所得税费用	应付职工薪酬（本年贷方累计发生额）	应交增值税	
6. 按零售业态分				
有店铺零售	9 627.8	151 816.5	78 455.7	31 255
食杂店		3.8		10
便利店	18.1	859.9	227.8	281
超市	796.6	10 752.1	4 547.1	3 646
大型超市	313.3	7 280.7	1 574.6	2 356
百货店	3 456.1	44 814.4	10 616.1	9 876
专业店	1 253.1	44 896.5	41 898.3	7 904
专卖店	3 790.6	42 054.7	19 567.6	6 795
购物中心		631.9	–126.9	279
厂家直销中心		522.5	151.1	108
无店铺零售	162.0	1 041.9	820.9	209
网上商店	21.4	335.8	109.6	131
其他	140.6	706.1	711.3	78
7. 按零售业态分				
有店铺零售	9 627.8	151 856.5	78 455.7	31 260
食杂店		3.8		10
便利店	18.1	939.2	269.5	430
超市	813.6	11 015.2	4 638.9	3 723
大型超市	1 171.2	14 117.0	3 179.8	3 134
百货店	3 457.5	45 330.6	10 674.1	10 038
专业店	1 253.1	44 927.8	41 906.7	7 911
专卖店	3 796.4	42 369.9	19 608.0	6 866
购物中心		1 087.0	–66.7	541
厂家直销中心	296.2	926.0	151.1	142
无店铺零售	167.8	1 357.1	861.3	280
网上商店	27.2	651.0	150.0	202
其他	140.6	746.1	711.3	83
8. 按经营地分				
城镇	8 817.5	149 208.6	76 397.5	30 782
城区	3 532.4	90 749.0	56 753.5	17 354
乡村	972.3	3 649.8	2 879.1	682
9. 按港澳台商投资情况分				
港商投资	511.4	1 062.2	–206.2	75

6-7 各县（市、区）限额以上批发业法人企业财务状况（一）

单位：万元

县（市、区）	法人企业数（个）	执行《2006年企业会计准则》企业数	一、年初存货	二、期末资产负债		
				流动资产合计	应收账款	存货
全市	**197**	**60**	**302 422.3**	**1 736 050.5**	**539 123.1**	**328 927.5**
竞秀区	11	2	7 368.2	50 281.5	19 007.9	8 976.9
莲池区	41	16	151 786.7	734 370.2	198 980.7	168 766.3
满城区						
清苑区	7	2	31 504.2	100 287.8	32 436.6	37 043.7
徐水区	13	3	31 141.6	230 930.3	11 701.3	35 091.5
涞水县						
阜平县	3	1	1 549.6	11 369.0	7 326.2	1 146.0
定兴县	1		33.4	2 441.1	2 122.0	301.4
唐县						
高阳县	6	3	7 589.6	7 696.7	898.5	5 049.6
涞源县						
望都县	4	1	2 608.6	11 702.2	6 307.6	1 737.1
易县	2	2	16.1	4 181.5	2 911.9	84.6
曲阳县						
蠡县	5	3	4 777.2	50 624.1	37 856.9	7 783.2
顺平县	3	2	231.0	27 987.6	500.9	3 999.6
博野县	8	1	22 725.5	33 952.4	18 522.5	4 775.8
涿州市	24	5	7 545.5	52 183.8	19 097.2	7 778.5
安国市	31	9	16 335.1	208 230.1	149 838.3	17 131.4
高碑店市	25	9	15 860.6	177 784.9	24 470.2	26 104.9
白沟新城	6		504.8	5 449.0	1 975.2	1 734.9
高新区	7	1	844.6	26 578.3	5 169.2	1 422.1

6-7 各县（市、区）限额以上批发业法人企业财务状况（二）

单位：万元

县（市、区）	二、期末资产负债					
	固定资产原价	房屋和构筑物	机器设备	累计折旧	本年折旧	固定资产净额
全　市	**126 425.5**	**41 877.9**	**20 734.3**	**61 425.0**	**6 918.9**	**60 586.9**
竞秀区	4 062.8	695.4	1 521.4	3 047.3	228.1	1 004.8
莲池区	64 183.2	24 333.5	14 824.0	38 697.2	2 981.8	23 827.1
满城区						
清苑区	6 576.7	2.7	199.5	995.3	242.0	5 565.9
徐水区	4 547.4	511.7	783.7	2 228.4	315.6	915.3
涞水县						
阜平县	1 716.9		49.6	457.6	377.7	1 259.3
定兴县						
唐　县						
高阳县	3 075.5	475.5	105.8	1 030.9	280.6	1 286.6
涞源县						
望都县	1 343.1	575.8	13.6	348.6	68.5	994.5
易　县	92.3			79.0	2.2	13.3
曲阳县						
蠡　县	7 623.8			2 727.5	660.6	4 724.1
顺平县	7 300.1	4 399.4	644.2	3 064.7	283.0	4 235.4
博野县	800.2	35.8	85.9	333.2	42.8	467.0
涿州市	2 497.0		1 127.9	1 294.9	218.4	1 133.0
安国市	19 984.9	10 501.0	978.8	5 763.9	742.3	14 106.9
高碑店市	1 287.8	316.2	205.3	666.2	181.1	496.2
白沟新城	436.7			35.2	24.8	385.3
高新区	897.1	30.9	194.6	655.1	269.4	172.2

6-7 各县（市、区）限额以上批发业法人企业财务状况（三）

单位：万元

县（市、区）	二、期末资产负债					
	在建工程	无形资产	土地使用权	资产总计	流动负债合计	应付账款
全　市	**4 626.3**	**24 291.1**	**20 572.0**	**1 868 430.4**	**1 140 355.8**	**304 124.8**
竞秀区		229.0		51 612.4	42 076.1	1 651.7
莲池区	1 270.9	10 272.3	9 676.6	781 087.9	463 877.6	189 286.1
满城区						
清苑区	66.5	1 120.2	1.0	111 978.3	97 334.6	31 424.9
徐水区	129.4	798.0		240 470.0	71 492.8	8 844.0
涞水县						
阜平县	1 725.7			14 528.7	11 512.6	5 152.2
定兴县				2 441.1	2 375.9	2 290.6
唐　县						
高阳县	311.8	443.8	443.6	10 606.7	5 541.3	266.0
涞源县						
望都县		1 049.3	1 046.6	13 746.1	9 122.0	2 607.0
易　县	179.1			4 374.0	3 230.2	338.8
曲阳县						
蠡　县	61.0	608.8		58 033.7	6 496.0	909.1
顺平县	23.0	3 641.5	3 641.4	36 207.5	30 923.4	
博野县		943.3	943.3	38 524.8	29 025.2	13 657.1
涿州市	513.9	871.7	866.7	55 429.7	42 549.6	–4 194.1
安国市	245.3	3 294.6	2 982.7	233 365.3	130 816.6	39 924.9
高碑店市	2.5	1 018.6	970.1	180 385.1	167 779.9	8 637.8
白沟新城				5 850.8	4 699.2	1 051.7
高新区	97.2			29 788.3	21 502.8	2 277.0

6-7 各县（市、区）限额以上批发业法人企业财务状况（四）

单位：万元

县（市、区）	二、期末资产负债				三、损益及分配	
	负债合计	所有者权益合计	实收资本		营业收入	主营业务收入
				个人资本		
全　市	**1 239 349.0**	**611 713.2**	**201 728.4**	**69 982.0**	**3 860 022.1**	**3 819 350.9**
竞秀区	42 855.9	8 756.5	7 915.5	4 501.5	143 792.1	142 864.2
莲池区	492 739.5	288 348.4	100 082.5	25 095.0	1 892 628.9	1 888 246.5
满城区						
清苑区	97 334.1	14 644.2	6 471.6	1 860.0	225 072.7	224 887.8
徐水区	88 325.5	140 799.1	13 520.0	3 200.0	311 908.1	311 478.1
涞水县						
阜平县	11 662.8	2 865.9	4 991.5	1 000.0	8 291.4	8 277.4
定兴县	2 375.9	65.2			2 957.8	2 957.8
唐　县						
高阳县	5 045.5	4 204.9	1 550.0		33 232.5	29 376.8
涞源县						
望都县	9 122.0	4 624.1	3 908.0	3 163.1	20 350.7	20 350.7
易　县	3 230.2	1 143.8	260.0		7 386.6	7 386.6
曲阳县						
蠡　县	42 476.8	15 449.8	3 988.0		118 660.5	116 298.3
顺平县	30 923.4	5 284.1	7 900.0	7 900.0	39 006.5	39 006.5
博野县	30 709.3	7 815.5	3 865.9	1 200.0	98 194.2	98 194.2
涿州市	44 582.0	10 847.7	10 613.0	6 503.0	260 905.9	260 905.9
安国市	138 095.4	90 710.5	27 032.0	13 034.0	435 634.5	431 914.2
高碑店市	173 451.4	6 933.7	3 248.4	1 013.4	164 637.8	140 350.6
白沟新城	4 699.2	1 151.6	302.0	102.0	36 962.5	36 955.5
高新区	21 720.1	8 068.2	6 080.0	1 410.0	60 399.4	59 899.8

6-7 各县（市、区）限额以上批发业法人企业财务状况（五）

单位：万元

县（市、区）	三、损益及分配					
	营业成本	税金及附加	其他业务利润	销售费用	管理费用	研发费用
全　市	**3 487 756.0**	**110 415.9**	**2 988.5**	**79 981.9**	**81 469.6**	**0.7**
竞秀区	136 498.7	177.2		4 406.3	1 588.1	
莲池区	1 612 001.3	107 341.9	1 703.1	40 323.3	49 027.3	
满城区						
清苑区	218 010.7	248.6	–0.2	5 211.5	1 363.5	
徐水区	302 659.1	205.2	297.5	4 093.1	1 752.5	
涞水县						
阜平县	7 704.9	6.9		435.6	691.5	
定兴县	2 948.8	1.7		18.8	31.5	
唐　县						
高阳县	31 114.5	50.8	28.0	789.0	407.9	
涞源县						
望都县	18 993.7	55.8		245.8	686.4	
易　县	6 375.9	13.6		331.2	354.5	
曲阳县						
蠡　县	114 696.1	210.3		1 839.4	744.7	
顺平县	37 710.8	116.4	–28.8	391.7	426.9	
博野县	95 802.7	121.1		990.9	711.3	
涿州市	248 995.2	218.1	91.4	6 243.1	9 491.7	0.1
安国市	405 130.5	1 370.1	1 223.0	10 770.3	5 266.0	
高碑店市	156 829.3	181.9	–325.5	1 376.7	7 036.8	0.6
白沟新城	35 583.1	47.9		399.5	710.6	
高新区	56 700.7	48.4		2 115.7	1 178.4	

6-7 各县（市、区）限额以上批发业法人企业财务状况（六）

单位：万元

县（市、区）	三、损益及分配					
	财务费用	利息收入	利息费用	投资收益	营业利润	营业外收入
全　市	**4 012.4**	**7 274.9**	**4 938.0**	**36 948.9**	**136 274.1**	**3 452.4**
竞秀区	411.2	46.0	78.0		710.2	191.1
莲池区	-72.8	6 951.7	2 075.0	2 817.2	84 841.1	1 629.6
满城区						
清苑区	-218.7	-146.5	56.9	15.7	439.2	6.2
徐水区	987.9	213.9	948.0	32 358.4	34 608.7	666.3
涞水县						
阜平县	112.4	1.3			-659.8	0.2
定兴县	0.2				-43.2	
唐　县						
高阳县	223.3	3.2	219.6	81.5	610.9	299.8
涞源县						
望都县	151.7	3.2	153.2	1.0	196.8	8.2
易　县	88.8	10.6			243.9	
曲阳县						
蠡　县	245.3	-0.1			357.1	20.8
顺平县	9.0	2.3	81.9	6.9	329.8	39.6
博野县	100.0	8.1	77.9	19.0	668.1	75.5
涿州市	283.7	3.1	219.0	9.8	2 196.1	15.0
安国市	944.5	3.7	463.2	1 581.7	13 508.7	417.5
高碑店市	755.5	59.1	477.9	57.7	-2 315.3	79.6
白沟新城	-75.5	2.2	-80.8		291.0	3.0
高新区	65.9	113.1	168.2		290.8	

6-7 各县（市、区）限额以上批发业法人企业财务状况（七）

单位：万元

县（市、区）	三、损益及分配			四、人工成本及增值税		五、从事批发和零售业活动的从业人员平均人数（人）
	营业外支出	利润总额	所得税费用	应付职工薪酬（本年贷方累计发生额）	应交增值税	
全　市	**1 616.5**	**139 237.8**	**24 692.9**	**70 743.7**	**51 787.1**	**7 425**
竞秀区	451.2	450.1	42.8	1 564.9	884.7	376
莲池区	570.0	85 622.3	20 943.4	54 189.2	34 559.7	3 846
满城区						
清苑区	6.4	439.0	180.3	2 432.6	1 430.1	502
徐水区	90.6	35 530.9	926.4	2 172.6	980.9	339
涞水县						
阜平县	9.5	–669.1	–1.5	237.5	22.0	35
定兴县		–43.2	0.6	18.6		5
唐　县						
高阳县	80.7	911.6	74.4	393.2	145.1	178
涞源县						
望都县	66.2	138.8	9.1	238.4	243.6	64
易　县		243.9	20.6	99.5	128.0	28
曲阳县						
蠡　县	3.3	374.6	16.4	238.7	88.7	50
顺平县		369.4	2.4	119.4	56.1	35
博野县	0.3	765.4	45.4	793.4	555.2	229
涿州市	3.0	2 208.1	181.3	2 563.7	2 648.8	490
安国市	257.8	13 668.4	1 968.2	3 206.6	7 584.9	820
高碑店市	12.7	–1 292.4	227.5	1 144.4	226.0	213
白沟新城	0.3	293.7	7.2	271.8	1 287.4	63
高新区	64.5	226.3	48.4	1 059.2	945.9	152

6-8 各县（市、区）限额以上零售业法人企业财务状况（一）

单位：万元

县（市、区）	法人企业数（个）	执行《2006年企业会计准则》企业数	一、年初存货	二、期末资产负债		
				流动资产合计	应收账款	存货
全　市	**414**	**138**	**443 504.1**	**1 580 881.2**	**98 838.9**	**510 788.7**
竞秀区	25	8	38 575.7	375 174.3	21 938.3	32 825.2
莲池区	76	34	162 599.5	484 290.1	22 842.5	216 561.4
满城区	9	2	1 013.9	4 316.3	889.8	917.0
清苑区	16	3	13 483.4	41 666.3	3 645.2	16 129.3
徐水区	16	1	11 884.6	22 419.9	1 665.8	13 300.9
涞水县	14		2 566.2	12 929.6	2 288.0	4 853.3
阜平县	7	2	2 428.0	11 357.7	475.0	2 017.4
定兴县	23	8	4 888.4	21 069.1	840.7	5 951.9
唐　县	14		8 167.5	24 365.8	596.2	11 244.1
高阳县	15	3	1 282.7	4 599.4	547.6	1 881.8
涞源县	10	4	4 072.8	10 130.3	1 849.8	5 382.3
望都县	10	2	7 911.5	13 268.9	435.3	7 825.4
易　县	15	3	6 245.2	14 219.2	2 451.3	7 149.1
曲阳县	14	2	4 846.3	12 264.7	792.8	5 477.1
蠡　县	9	3	9 292.1	19 082.2	224.6	13 257.8
顺平县	7	2	939.4	3 562.6	116.8	781.3
博野县	6	3	127.9	2 272.7	621.9	340.4
涿州市	43	15	47 287.9	112 819.9	10 293.7	50 846.6
安国市	9	2	4 711.1	8 157.1	1 174.0	3 928.5
高碑店市	25	11	28 921.6	70 246.2	8 562.7	26 201.7
白沟新城	17	5	1 708.9	5 761.4	590.7	2 012.7
高新区	34	25	80 549.5	306 907.5	15 996.2	81 903.5

6-8 各县（市、区）限额以上零售业法人企业财务状况（二）

单位：万元

县（市、区）	二、期末资产负债					
	固定资产原价	房屋和构筑物	机器设备	累计折旧	本年折旧	固定资产净额
全　市	**635 903.5**	**164 171.5**	**129 952.8**	**269 558.6**	**36 566.4**	**342 885.4**
竞秀区	99 669.9	44 211.3	29 021.9	56 373.6	3 828.9	43 272.0
莲池区	221 005.0	72 611.5	78 473.2	89 220.9	10 028.6	129 479.7
满城区	563.9	79.1	3.1	226.4	52.4	295.6
清苑区	11 456.4	2 254.3	1 393.6	4 206.7	1 767.0	6 709.8
徐水区	7 891.3	5 791.8	303.0	2 599.6	389.9	4 941.5
涞水县	5 115.0	162.9	69.1	1 967.2	467.8	2 470.6
阜平县	2 686.6	1 317.0	408.4	461.3	98.5	1 386.2
定兴县	8 954.0	3 069.6	2 920.6	2 239.8	665.2	5 236.1
唐　县	11 790.4	506.0	494.8	2 391.0	509.4	9 265.9
高阳县	1 730.5	911.7	240.2	822.0	92.1	583.7
涞源县	4 437.0	263.7	342.3	1 045.5	111.6	899.8
望都县	13 027.4	9 478.3	2 496.4	3 141.2	493.1	9 881.8
易　县	8 037.7	3 729.6	465.6	2 153.8	467.0	5 317.6
曲阳县	10 604.2	6 511.9	3 178.5	1 108.9	538.7	9 384.1
蠡　县	11 869.2	10.0	8.1	4 834.3	2 187.7	4 672.3
顺平县	398.8	140.0	54.0	105.1	43.7	264.9
博野县	1 184.3	314.1	74.8	98.3	62.4	352.3
涿州市	41 102.1	3 853.3	1 591.4	17 309.8	2 863.9	14 835.9
安国市	7 818.5	3 899.2	1 918.9	3 390.4	706.0	4 406.3
高碑店市	19 131.8	1 429.8	1 774.3	11 595.1	1 613.7	7 420.1
白沟新城	1 443.3	245.3	163.4	496.0	79.0	855.7
高新区	145 986.2	3 381.1	4 557.2	63 771.7	9 499.8	80 953.5

6-8 各县（市、区）限额以上零售业法人企业财务状况（三）

单位：万元

县（市、区）	二、期末资产负债					
	在建工程	无形资产	土地使用权	资产总计	流动负债合计	应付账款
全　市	**21 773.5**	**138 259.1**	**39 865.9**	**2 452 788.7**	**1 498 032.8**	**200 815.4**
竞秀区	14 689.1	40 743.2	7 206.2	503 498.9	142 552.6	24 678.0
莲池区	4 364.9	74 138.5	20 027.8	884 806.5	675 086.4	13 457.4
满城区		117.8	117.8	6 460.9	3 260.9	729.5
清苑区		200.0	100.0	51 003.9	42 942.4	6 717.3
徐水区	0.1	0.1	0.1	28 325.2	18 787.9	512.4
涞水县	39.7	122.0		16 284.1	8 166.5	1 567.3
阜平县	200.0	509.8	509.8	13 962.9	9 556.9	542.8
定兴县		35.9		29 035.1	13 497.1	3 144.0
唐　县		1 898.0		35 929.9	15 947.7	4 857.1
高阳县		105.0	105.0	5 547.8	381.1	76.0
涞源县				12 684.7	3 483.5	751.6
望都县		3 937.0	3 924.6	27 209.8	20 758.9	3 978.6
易　县		1.6		21 283.1	11 045.1	723.6
曲阳县		3 665.1	3 645.1	27 169.4	13 752.5	3 392.6
蠡　县		2 875.7	262.3	29 153.1	15 422.3	3 887.6
顺平县				3 907.3	1 622.0	1 038.0
博野县				3 428.3	867.1	388.3
涿州市	58.9	2 856.4	43.0	169 829.8	139 001.5	48 501.7
安国市		175.7		17 785.4	8 743.7	890.5
高碑店市	558.8	3 881.5	1 238.5	103 699.2	82 250.1	15 502.0
白沟新城		1.2		7 524.8	3 933.6	1 260.0
高新区	1 862.0	2 994.6	2 685.7	454 258.6	266 973.0	64 219.1

6-8 各县（市、区）限额以上零售业法人企业财务状况（四）

单位：万元

县（市、区）	二、期末资产负债				三、损益及分配	
	负债合计	所有者权益合计	实收资本	个人资本	营业收入	主营业务收入
全　市	**1 710 584.1**	**477 528.3**	**412 747.1**	**100 166.7**	**4 662 469.0**	**4 595 970.6**
竞秀区	151 677.9	100 599.4	19 902.8	13 333.1	526 164.6	509 707.9
莲池区	786 187.0	98 619.5	107 919.3	33 253.0	1 628 957.5	1 609 700.3
满城区	3 674.2	2 786.7	2 252.0	701.0	25 734.7	25 652.7
清苑区	43 926.5	7 077.4	8 938.5	3 428.5	130 272.7	129 638.4
徐水区	10 710.7	7 703.0	3 188.5	732.1	82 126.3	78 950.1
涞水县	11 862.5	4 421.6	1 454.3	125.0	22 588.5	22 333.9
阜平县	10 944.7	3 018.2	1 600.0	1 600.0	14 942.9	14 942.9
定兴县	14 432.7	14 602.4	9 138.7	938.0	81 893.0	81 557.2
唐　县	25 112.0	10 817.9	9 740.5	1 656.0	43 583.4	42 463.7
高阳县	1 802.2	3 745.6	550.0	500.0	19 403.3	19 181.3
涞源县	7 698.4	4 986.3	1 039.8	770.0	17 850.8	17 850.8
望都县	25 266.4	1 943.4	2 110.0	580.0	50 907.7	49 801.3
易　县	16 516.8	4 766.3	4 179.1	1 811.1	40 230.4	40 177.9
曲阳县	23 485.0	3 684.4	2 224.0	512.0	41 384.6	40 821.4
蠡　县	15 327.0	13 321.7	5 067.8	337.3	71 917.1	66 629.2
顺平县	1 622.0	2 285.3	730.0	430.0	12 078.4	12 078.4
博野县	1 771.0	1 657.3	1 386.1	681.6	9 832.5	9 832.5
涿州市	149 584.4	20 632.2	25 406.2	5 274.5	326 934.5	319 745.8
安国市	9 338.9	8 446.5	7 222.7	5 269.7	28 531.5	28 531.5
高碑店市	83 686.4	20 012.8	121 517.2	5 587.7	238 464.3	234 524.2
白沟新城	3 943.6	3 581.2	2 046.1	586.1	34 836.2	34 635.8
高新区	312 013.8	138 819.2	75 133.5	22 060.0	1 213 834.1	1 207 213.4

6-8 各县（市、区）限额以上零售业法人企业财务状况（五）

单位：万元

县（市、区）	三、损益及分配					
	营业成本	税金及附加	其他业务利润	销售费用	管理费用	研发费用
全　市	**4 177 419.5**	**14 411.5**	**39 382.4**	**289 561.4**	**137 508.0**	**135.7**
竞秀区	467 603.6	1 495.7	4 615.9	37 641.8	13 403.6	0.2
莲池区	1 470 231.8	5 376.5	16 644.0	99 170.5	36 505.1	
满城区	24 785.4	26.5		428.0	359.7	0.1
清苑区	122 381.3	165.2	373.8	3 215.6	2 508.7	0.4
徐水区	77 618.6	173.1	3.0	1 770.3	1 419.1	0.1
涞水县	20 249.5	25.4	254.6	565.2	1 558.3	0.2
阜平县	13 433.5	102.9		582.2	347.3	0.3
定兴县	76 078.3	264.7	174.7	2 409.3	1 749.1	0.3
唐　县	34 941.8	331.0	49.3	4 279.9	2 679.8	0.4
高阳县	17 346.2	127.0		574.6	644.9	2.2
涞源县	15 743.7	41.1		764.0	1 006.1	43.1
望都县	41 171.1	425.0		6 171.1	1 092.9	
易　县	33 203.9	92.7		3 595.6	1 065.9	
曲阳县	35 072.4	223.9		6 204.1	766.8	
蠡　县	58 244.7	554.7	105.1	5 178.7	3 531.8	
顺平县	10 213.1	23.7		1 282.9	445.7	0.1
博野县	9 014.5	13.5		318.6	208.0	
涿州市	302 206.3	709.8	6 922.6	17 279.5	7 556.9	85.4
安国市	24 264.5	159.5	1 674.2	1 758.6	1 530.8	
高碑店市	211 789.5	523.6	1 544.5	13 302.5	12 538.6	
白沟新城	31 800.0	115.4		1 313.4	1 098.7	2.9
高新区	1 080 025.8	3 440.6	7 020.7	81 755.0	45 490.2	

6-8 各县（市、区）限额以上零售业法人企业财务状况（六）

单位：万元

县（市、区）	三、损益及分配					
	财务费用	利息收入	利息费用	投资收益	营业利润	营业外收入
全　市	**21 316.0**	**3 245.5**	**5 912.5**	**1 172.6**	**38 842.0**	**7 780.8**
竞秀区	–637.2	1 304.7	325.7	790.1	7 788.9	321.5
莲池区	8 983.3	1 546.9	1 252.0	224.5	14 499.2	3 051.8
满城区	15.5	0.1	2.0		38.0	6.7
清苑区	374.2	–2.2	332.9	83.0	1 667.7	105.1
徐水区	324.7	0.5	38.3		837.6	7.6
涞水县	18.3	–1.2	0.9		22.2	25.7
阜平县	323.6	–0.1	307.9		152.8	2.0
定兴县	407.7	–5.1	252.0		942.8	20.9
唐　县	723.1		162.0	6.1	623.7	81.0
高阳县	53.2		15.0		248.6	1.1
涞源县	75.7	–0.1	24.7		162.0	3.3
望都县	276.6	1.1	1.4		1 770.8	34.9
易　县	421.0	1.6	396.9		–278.7	91.6
曲阳县	419.1	3.3	20.1		–1 612.6	13.7
蠡　县	372.5	–0.2	346.1		4 084.5	40.1
顺平县	7.7	0.5	4.7		102.6	0.2
博野县	22.2		0.4		–24.4	23.1
涿州市	2 805.4	24.6	531.5		–1 922.6	80.9
安国市	71.9		13.0		698.2	3.6
高碑店市	1 772.4	67.8	65.1	68.9	–1 778.6	3 317.3
白沟新城	143.3	0.1	3.6		387.2	15.6
高新区	4 341.8	303.2	1 816.3		10 432.1	533.1

6-8 各县（市、区）限额以上零售业法人企业财务状况（七）

单位：万元

县（市、区）	三、损益及分配			四、人工成本及增值税		五、从事批发和零售业活动的从业人员平均人数（人）
	营业外支出	利润总额	所得税费用	应付职工薪酬（本年货方累计发生额）	应交增值税	
全　市	**5 548.6**	**40 936.2**	**9 789.8**	**152 858.4**	**79 276.6**	**31 464**
竞秀区	148.6	7 961.8	471.3	22 074.1	3 759.0	3 470
莲池区	2 464.1	15 118.6	3 218.7	45 201.9	47 858.5	7 617
满城区	2.0	42.7	4.4	374.0	87.0	130
清苑区	21.7	1 751.1	56.8	3 790.9	3 732.9	581
徐水区	24.8	820.4	277.0	906.2	304.5	459
涞水县	6.6	41.3	7.0	1 037.3	8.0	363
阜平县	2.3	152.5	26.7	353.8	224.8	107
定兴县	7.3	956.4	150.9	1 632.9	379.4	518
唐　县	74.0	630.7	67.1	3 760.7	146.1	861
高阳县	9.5	240.2	22.6	1 270.6	65.6	414
涞源县	2.3	163.0	8.8	914.5	94.7	303
望都县	18.6	1 787.1	18.1	3 882.9	1 045.6	918
易　县	15.4	−202.5	19.5	2 243.0	282.0	624
曲阳县	48.6	−1 647.5	21.7	4 136.5	99.9	1 144
蠡　县	47.4	4 077.2	973.4	5 099.3	1 542.9	1 052
顺平县	0.1	102.7	6.5	924.1	78.5	362
博野县	17.8	−19.1	5.5	320.3	30.4	262
涿州市	2 064.7	−3 906.4	118.6	10 455.7	1 520.3	2 630
安国市	1.6	700.2	137.7	1 400.0	177.0	701
高碑店市	86.7	1 452.0	214.3	10 956.1	2 171.3	2 812
白沟新城	1.1	401.7	177.4	989.5	427.9	212
高新区	483.4	10 312.1	3 785.8	31 134.1	15 240.3	5 924

6-9 限额以上住宿和餐饮业法人单位经营情况（一）

单位：万元

指标名称	法人企业数（个）	从业人员期末人数（人）	营业额	客房收入	通过公共网络实现的客房收入	通过非自营平台实现的客房收入
全 市	**130**	**8 341**	**152 603.9**	**36 728.1**	**3 887.9**	**558.4**
一、住宿业	**53**	**4 683**	**82 159.9**	**31 300.1**	**3 126.7**	**489.5**
1. 按住宿业行业小类分						
旅游饭店	15	1 220	20 525.3	7 830.4	21.3	
旅游饭店	15	1 220	20 525.3	7 830.4	21.3	
一般旅馆	33	2 379	43 295.9	19 218.6	2 963.6	489.5
经济型连锁酒店	6	281	9 029.9	4 760.4	93.7	93.7
其他一般旅馆	27	2 098	34 266.0	14 458.2	2 869.9	395.8
其他住宿业	5	1 084	18 338.7	4 251.1	141.8	
其他住宿业	5	1 084	18 338.7	4 251.1	141.8	
2. 按登记注册类型分						
内资企业	53	4 683	82 159.9	31 300.1	3 126.7	489.5
国有企业	1	55	874.9	134.1		
有限责任公司	14	2 666	47 507.1	14 324.4	1 115.7	
国有独资公司	2	108	1 019.5	441.0		
其他有限责任公司	12	2 558	46 487.6	13 883.4	1 115.7	
私营企业	38	1 962	33 777.9	16 841.6	2 011.0	489.5
私营独资企业	2	106	1 223.9	310.5		
私营有限责任公司	36	1 856	32 554.0	16 531.1	2 011.0	489.5
3. 按控股情况分						
国有控股	4	253	2 341.5	690.7		
集体控股	1	123	1 647.7	750.0		
私人控股	48	4 307	78 170.7	29 859.4	3 126.7	489.5
4. 按经营形式分						
独立门店	47	4 488	78 625.9	28 183.7	2 234.9	376.6
连锁加盟店	3	51	1 419.5	1 405.2	626.3	112.9
其他	3	144	2 114.5	1 711.2	265.5	
5. 按单位规模分						
大型	1	1 069	18 420.2	5 344.8	618.4	
中型	6	1 640	30 022.2	7 949.0	480.2	
小型	39	1 947	31 518.4	16 529.6	1 617.5	489.5
微型	7	27	2 199.1	1 476.7	410.6	
6. 按星级分						
五星	4	812	13 452.5	4 975.1	114.6	
四星	7	1 095	18 176.9	4 779.3	141.8	
三星	6	242	3 218.7	1 213.9	4.9	
其他	36	2 534	47 311.8	20 331.8	2 865.4	489.5

6-9 限额以上住宿和餐饮业法人单位经营情况（二）

单位：万元

指标名称	法人企业数（个）	从业人员期末人数（人）	营业额	客房收入	通过公共网络实现的客房收入	通过非自营平台实现的客房收入
7. 按经营地分						
城镇	53	4 683	82 159.9	31 300.1	3 126.7	489.5
城区	31	1 758	32 110.6	15 372.0	2 310.7	489.5
8. 按港澳台商投资情况分						
二、餐饮业	**77**	**3 658**	**70 444.0**	**5 428.0**	**761.2**	**68.9**
1. 按餐饮业行业小类分						
正餐服务	74	3 557	60 053.6	5 428.0	761.2	68.9
正餐服务	74	3 557	60 053.6	5 428.0	761.2	68.9
饮料及冷饮服务	1	22	699.8			
其他饮料及冷饮服务	1	22	699.8			
餐饮配送及外卖送餐服务	2	79	9 690.6			
餐饮配送服务	2	79	9 690.6			
2. 按登记注册类型分						
内资企业	76	3 636	69 744.2	5 428.0	761.2	68.9
有限责任公司	18	1 517	37 098.4	1 894.9	495.2	57.7
股份有限公司						
私营企业	58	2 119	32 645.8	3 533.1	266.0	11.2
私营独资企业	5	236	3 255.7	337.8		
私营合伙企业	4	115	2 948.8			
私营有限责任公司	49	1 768	26 441.3	3 195.3	266.0	11.2
港、澳、台商投资企业	1	22	699.8			
3. 按控股情况分						
私人控股	76	3 636	69 744.2	5 428.0	761.2	68.9
港澳台商控股	1	22	699.8			
4. 按经营形式分						
独立门店	69	3 338	65 707.1	5 089.0	750.6	68.9
连锁总店（总部）	1	34	667.9			
连锁直营店	1	22	699.8			
其他	6	264	3 369.2	339.0	10.6	
5. 按单位规模分						
中型	4	591	13 859.3	825.8	202.9	
小型	67	2 993	55 532.8	4 524.9	558.3	68.9
微型	6	74	1 051.9	77.3		
6. 按经营地分						
城镇	72	3 413	67 724.7	4 578.1	703.5	11.2
城区	33	1 673	38 801.1	1 635.4	119.1	
乡村	5	245	2 719.3	849.9	57.7	57.7
7. 按港澳台商投资情况分						
台投资商	1	22	699.8			

6-9 限额以上住宿和餐饮业法人单位经营情况（三）

单位：万元

指标名称	营业额				
	餐费收入	通过公共网络实现的餐费收入	通过非自营平台实现的餐费收入	商品销售额收入	其他收入
全　市	**85 584.3**	**1 936.1**	**94.3**	**12 107.3**	**18 184.2**
一、住宿业	**28 752.4**	**210.0**	**15.2**	**5 545.5**	**16 561.9**
1. 按住宿业行业小类分					
旅游饭店	6 342.0	0.2		295.2	6 057.7
旅游饭店	6 342.0	0.2		295.2	6 057.7
一般旅馆	16 591.1	204.4	15.2	864.0	6 622.2
经济型连锁酒店	3 730.6			74.6	464.3
其他一般旅馆	12 860.5	204.4	15.2	789.4	6 157.9
其他住宿业	5 819.3	5.4		4 386.3	3 882.0
其他住宿业	5 819.3	5.4		4 386.3	3 882.0
2. 按登记注册类型分					
内资企业	28 752.4	210.0	15.2	5 545.5	16 561.9
国有企业	740.8				
有限责任公司	18 239.6	163.5		5 190.6	9 752.5
国有独资公司	480.4			59.3	38.8
其他有限责任公司	17 759.2	163.5		5 131.3	9 713.7
私营企业	9 772.0	46.5	15.2	354.9	6 809.4
私营独资企业	913.4				
私营有限责任公司	8 858.6	46.5	15.2	354.9	6 809.4
3. 按控股情况分					
国有控股	1 430.5			93.3	127.0
集体控股	264.9				632.8
私人控股	27 057.0	210.0	15.2	5 452.2	15 802.1
4. 按经营形式分					
独立门店	28 347.9	180.0	15.2	5 539.8	16 554.5
连锁加盟店	1.2			5.7	7.4
其他	403.3	30.0			
5. 按单位规模分					
大型	7 422.8	157.9		642.1	5 010.5
中型	10 732.2	5.4		4 543.8	6 797.2
小型	10 044.9	46.5	15.2	344.6	4 599.3
微型	552.5	0.2		15.0	154.9
6. 按星级分					
五星	4 751.7			103.6	3 622.1
四星	5 086.1	5.4		4 371.3	3 940.2
三星	1 997.7			0.2	6.9
其他	16 916.9	204.6	15.2	1 070.4	8 992.7

6-9 限额以上住宿和餐饮业法人单位经营情况（四）

单位：万元

指标名称	营业额				
	餐费收入	通过公共网络实现的餐费收入	通过非自营平台实现的餐费收入	商品销售额收入	其他收入
7. 按经营地分					
城镇	28 752.4	210.0	15.2	5 545.5	16 561.9
城区	9 483.4	46.5	15.2	374.1	6 881.1
8. 按港澳台商投资情况分					
二、餐饮业	56 831.9	1 726.1	79.1	6 561.8	1 622.3
1. 按餐饮业行业小类分					
正餐服务	51 739.9	1 410.9	79.1	1 571.0	1 314.7
正餐服务	51 739.9	1 410.9	79.1	1 571.0	1 314.7
饮料及冷饮服务	699.8	315.2			
其他饮料及冷饮服务	699.8	315.2			
餐饮配送及外卖送餐服务	4 392.2			4 990.8	307.6
餐饮配送服务	**4 392.2**			**4 990.8**	**307.6**
2. 按登记注册类型分					
内资企业	56 132.1	1 410.9	79.1	6 561.8	1 622.3
有限责任公司	28 391.8	626.0		6 032.8	778.9
股份有限公司					
私营企业	27 740.3	784.9	79.1	529.0	843.4
私营独资企业	2 758.1	19.0		113.1	46.7
私营合伙企业	2 946.6	652.0		2.2	
私营有限责任公司	22 035.6	113.9	79.1	413.7	796.7
港、澳、台商投资企业	699.8	315.2			
3. 按控股情况分					
私人控股	56 132.1	1 410.9	79.1	6 561.8	1 622.3
港澳台商控股	699.8	315.2			
4. 按经营形式分					
独立门店	52 574.8	1 384.3	79.1	6 491.8	1 551.5
连锁总店（总部）	667.9				
连锁直营店	699.8	315.2			
其他	2 889.4	26.6		70.0	70.8
5. 按单位规模分					
中型	12 332.5	42.2		362.7	338.3
小型	43 531.5	1 675.7	79.1	6 199.1	1 277.3
微型	967.9	8.2			6.7
6. 按经营地分					
城镇	55 360.8	1 726.1	79.1	6 486.2	1 299.6
城区	30 878.5	1 036.5	61.1	5 611.8	675.4
乡村	1 471.1			75.6	322.7
7. 按港澳台商投资情况分					
台投资商	699.8	315.2			

6-9 限额以上住宿和餐饮业法人单位经营情况（五）

单位：万元

指标名称	营业额 其他收入 外卖送餐服务收入	客房数（间）	床位数（个）	餐位数（位）	年末餐饮营业面积（平方米）
全　市	**315.7**	**12 552**	**21 499**	**47 415**	**494 422.0**
一、住宿业	**272.6**	**8 151**	**13 392**	**19 411**	**236 631.0**
1. 按住宿业行业小类分					
旅游饭店	0.2	1 783	2 770	5 601	98 390.0
旅游饭店	0.2	1 783	2 770	5 601	98 390.0
一般旅馆	272.4	5 693	9 534	10 287	97 334.0
经济型连锁酒店		1 138	1 935	1 450	32 357.0
其他一般旅馆	272.4	4 555	7 599	8 837	64 977.0
其他住宿业		675	1 088	3 523	40 907.0
其他住宿业		675	1 088	3 523	40 907.0
2. 按登记注册类型分					
内资企业	272.6	8 151	13 392	19 411	236 631.0
国有企业		55	100	800	2 015.0
有限责任公司	269.9	3 749	6 661	11 088	87 692.0
国有独资公司		232	380	450	2 500.0
其他有限责任公司	269.9	3 517	6 281	10 638	85 192.0
私营企业	2.7	4 347	6 631	7 523	146 924.0
私营独资企业		176	323	740	6 202.0
私营有限责任公司	2.7	4 171	6 308	6 783	140 722.0
3. 按控股情况分					
国有控股		447	796	2 050	11 095.0
集体控股		192	252	98	332.0
私人控股	272.6	7 512	12 344	17 263	225 204.0
4. 按经营形式分					
独立门店	272.6	7 469	12 380	19 205	228 019.0
连锁加盟店		282	445	70	3 132.0
其他		400	567	136	5 480.0
5. 按单位规模分					
大型	269.9	1 733	3 392	4 550	15 835.0
中型		1 314	2 099	5 229	60 861.0
小型	2.7	4 763	7 375	9 218	138 215.0
微型		341	526	414	21 720.0
6. 按星级分					
五星	2.5	820	1 280	2 175	36 031.0
四星		933	1 362	3 346	69 942.0
三星	0.2	523	952	2 593	20 226.0
其他	269.9	5 875	9 798	11 297	110 432.0

6-9 限额以上住宿和餐饮业法人单位经营情况（六）

单位：万元

指标名称	营业额 其他收入 外卖送餐服务收入	客房数（间）	床位数（个）	餐位数（位）	年末餐饮营业面积（平方米）
7. 按经营地分					
城镇	272.6	8 151	13 392	19 411	236 631.0
城区	2.5	3 589	5 434	7 569	118 889.0
8. 按港澳台商投资情况分					
二、餐饮业	43.1	4 401	8 107	28 004	257 791.0
1. 按餐饮业行业小类分					
正餐服务	43.1	4 401	8 107	27 974	255 889.0
正餐服务	43.1	4 401	8 107	27 974	255 889.0
饮料及冷饮服务				30	297.0
其他饮料及冷饮服务				30	297.0
餐饮配送及外卖送餐服务					1 605.0
餐饮配送服务					**1 605.0**
2. 按登记注册类型分					
内资企业	43.1	4 401	8 107	27 974	257 494.0
有限责任公司		512	838	9 504	100 697.0
股份有限公司					
私营企业	43.1	3 889	7 269	18 470	156 797.0
私营独资企业	24.7	39	77	1 637	9 945.0
私营合伙企业				2 113	2 480.0
私营有限责任公司	18.4	3 850	7 192	14 720	144 372.0
港、澳、台商投资企业				30	297.0
3. 按控股情况分					
私人控股	43.1	4 401	8 107	27 974	257 494.0
港澳台商控股				30	297.0
4. 按经营形式分					
独立门店	43.1	4 300	7 905	26 123	234 863.0
连锁总店（总部）				205	1 260.0
连锁直营店				30	297.0
其他		101	202	1 646	21 371.0
5. 按单位规模分					
中型		202	315	2 960	39 925.0
小型	43.1	4 149	7 692	24 391	212 993.0
微型		50	100	653	4 873.0
6. 按经营地分					
城镇	43.1	3 981	7 376	26 599	227 241.0
城区		385	670	8 762	92 603.0
乡村		420	731	1 405	30 550.0
7. 按港澳台商投资情况分					
台投资商				30	297.0

6-10 各县（市、区）限额以上住宿业法人单位经营情况（一）

单位：万元

县（市、区）	法　人企业数（个）	从业人员期末人数（人）	营业额	客房收入	通过公共网络实现的客房收入	通过非自营平台实现的客房收入
全　市	**53**	**4 683**	**82 159.9**	**31 300.1**	**3 126.7**	**489.5**
竞秀区	9	465	7 885.7	5 173.9	464.8	
莲池区	8	547	11 847.9	4 498.7	1 003.8	489.5
满城区						
清苑区						
徐水区	1	1 069	18 420.2	5 344.8	618.4	
涞水县	1	135	1 375.1	504.8		
阜平县	3	108	1 484.2	595.5		
定兴县						
唐　县	3	98	943.4	510.8	21.7	
高阳县						
涞源县	4	280	7 537.1	3 265.7	12.8	
望都县						
易　县	2	40	602.4	268.2	21.3	
曲阳县						
蠡　县						
顺平县						
博野县						
涿州市	4	166	2 153.4	1 347.1		
安国市	5	204	3 750.0	1 421.8		
高碑店市	6	411	7 191.8	3 189.7	842.1	
白沟新城	2	53	522.4	510.2		
高新区	5	1 107	18 446.3	4 668.9	141.8	

6-10 各县（市、区）限额以上住宿业法人单位经营情况（二）

单位：万元

县（市、区）	营业额					
	餐费收入	通过公共网络实现的餐费收入	通过非自营平台实现的餐费收入	商品销售额收入	其他收入	外卖送餐服务收入
全　市	**28 752.4**	**210.0**	**15.2**	**5 545.5**	**16 561.9**	**272.6**
竞秀区	1 630.8				1 081.0	
莲池区	2 357.8	16.5	15.2	276.6	4 714.8	
满城区						
清苑区						
徐水区	7 422.8	157.9		642.1	5 010.5	269.9
涞水县	843.5				26.8	
阜平县	775.6			74.3	38.8	
定兴县						
唐　县	384.2			13.0	35.4	
高阳县						
涞源县	3 743.6			70.5	457.3	
望都县						
易　县	333.8	0.2		0.2	0.2	0.2
曲阳县						
蠡　县						
顺平县						
博野县						
涿州市	454.3			34.0	318.0	
安国市	2 157.7				170.5	
高碑店市	3 112.0	30.0		63.5	826.6	2.5
白沟新城	12.2					
高新区	5 524.1	5.4		4 371.3	3 882.0	

6-10 各县（市、区）限额以上住宿业法人单位经营情况（三）

县（市、区）	客房数（间）	床位数（个）	餐位数（位）	年末餐饮营业面积（平方米）
全　市	**8 151**	**13 392**	**19 411**	**236 631**
竞秀区	1 112	1 695	1 592	12 087
莲池区	794	1 208	1 585	35 123
满城区				
清苑区				
徐水区	1 733	3 392	4 550	15 835
涞水县	126	215	680	16 000
阜平县	232	380	450	2 500
定兴县				
唐　县	248	349	530	6 649
高阳县				
涞源县	1 023	1 730	1 514	23 055
望都县				
易　县	141	281	350	8 796
曲阳县				
蠡　县				
顺平县				
博野县				
涿州市	289	495	1 000	11 280
安国市	492	727	2 088	40 907
高碑店市	951	1 383	1 504	19 992
白沟新城	232	336	45	3 500
高新区	778	1 201	3 523	40 907

6-11 各县（市、区）限额以上餐饮业法人单位经营情况（一）

单位：万元

县（市、区）	法人企业数（个）	从业人员期末人数（人）	营业额	客房收入	通过公共网络实现的客房收入	通过非自营平台实现的客房收入
全　市	**77**	**3 658**	**70 444.0**	**5 428.0**	**761.2**	**68.9**
竞秀区	10	564	10 708.3	78.4		
莲池区	10	616	21 591.8			
满城区	3	104	1 164.8			
清苑区	3	65	709.2			
徐水区	1	60	846.9	336.0		
涞水县	3	84	1 057.4	146.6		
阜平县						
定兴县	5	206	5 063.0	827.8	106.0	
唐　县	7	223	2 649.9	473.3	79.5	68.9
高阳县	2	120	3 084.2	18.4		
涞源县	1	100	1 115.6	396.8	234.6	
望都县	1	37	472.7			
易　县	4	235	2 505.5	628.7	19.1	
曲阳县	5	159	1 437.2	161.7		
蠡　县	1	165	2 488.5	825.8	202.9	
顺平县	2	80	1 643.6	271.9		
博野县	1	40	233.4	188.2		
涿州市	5	248	3 670.6	1 074.4	119.1	
安国市						
高碑店市	1	16	286.7			
白沟新城	5	88	1 477.8			
高新区	7	448	8 236.9			

6-11 各县（市、区）限额以上餐饮业法人单位经营情况（二）

单位：万元

县（市、区）	营业额					
	餐费收入	通过公共网络实现的餐费收入	通过非自营平台实现的餐费收入	商品销售额收入	其他收入	外卖送餐服务收入
全　市	**56 831.9**	**1 726.1**	**79.1**	**6 561.8**	**1 622.3**	**43.1**
竞秀区	10 175.8	374.0	58.8	328.5	125.6	
莲池区	15 850.2	654.3	2.3	5 258.3	483.3	
满城区	1 139.8			25.0		
清苑区	709.2					
徐水区	510.9					
涞水县	844.3				66.5	
阜平县						
定兴县	4 211.0				24.2	16.0
唐　县	1 887.6	26.6		203.8	85.2	
高阳县	3 062.6			2.2	1.0	
涞源县	677.5	308.2		1.5	39.8	
望都县	469.6			3.1		
易　县	1 319.5	19.0		146.2	411.1	1.8
曲阳县	1 191.3			84.2		
蠡　县	1 324.4	42.2			338.3	
顺平县	1 371.7	275.6				
博野县	45.2					
涿州市	2 596.2					
安国市						
高碑店市	286.7	8.2				
白沟新城	1 477.8	18.0	18.0			
高新区	7 680.6			509.0	47.3	25.3

6-11 各县（市、区）限额以上餐饮业法人单位经营情况（三）

县（市、区）	客房数（间）	床位数（个）	餐位数（位）	年末餐饮营业面积（平方米）
全 市	**4 401**	**8 107**	**28 004**	**257 791**
竞秀区	39	75	2 682	32 905
莲池区			3 023	20 279
满城区			730	5 129
清苑区			340	4 283
徐水区	32	63	262	1 256
涞水县	48	96	2 950	15 000
阜平县				
定兴县	2 817	5 380	2 810	23 878
唐 县	206	345	1 776	13 250
高阳县	95	190	540	1 500
涞源县	110	185	500	1 200
望都县			500	1 500
易 县	342	686	1 430	42 549
曲阳县	105	154	1 350	8 020
蠡 县	202	315	1 130	20 653
顺平县	52	92	720	2 668
博野县	87	90	230	7 100
涿州市	266	436	1 420	20 651
安国市				
高碑店市			55	100
白沟新城			1 046	2 460
高新区			4 510	33 410

6-12 限额以上住宿和餐饮业法人企业财务状况（一）

单位：万元

指标名称	法人企业数（个）	执行《2006年企业会计准则》企业数	一、年初存货	二、期末资产负债		
				流动资产合计	应收账款	存货
全市	**130**	**37**	**14 965.0**	**238 546.8**	**10 374.5**	**15 796.3**
一、住宿业	**53**	**18**	**5 984.0**	**121 258.7**	**7 444.6**	**6 350.2**
1. 按住宿业行业小类分						
旅游饭店	15	6	1 273.1	31 034.5	2 005.9	1 187.9
旅游饭店	15	6	1 273.1	31 034.5	2 005.9	1 187.9
一般旅馆	33	9	3 783.5	77 841.3	4 164.9	4 079.6
经济型连锁酒店	6	2	2 678.7	59 426.5	1 937.1	2 572.6
其他一般旅馆	27	7	1 104.8	18 414.8	2 227.8	1 507.0
其他住宿业	5	3	927.4	12 382.9	1 273.8	1 082.7
其他住宿业	5	3	927.4	12 382.9	1 273.8	1 082.7
2. 按登记注册类型分						
内资企业	53	18	5 984.0	121 258.7	7 444.6	6 350.2
国有企业	1	1	14.0	976.3	865.8	14.1
有限责任公司	14	4	4 423.2	85 840.1	4 816.8	4 490.2
国有独资公司	2	1	18.4	626.3	285.0	182.8
其他有限责任公司	12	3	4 404.8	85 213.8	4 531.8	4 307.4
私营企业	38	13	1 546.8	34 442.3	1 762.0	1 845.9
私营独资企业	2	2	77.7	2 263.1	57.3	61.7
私营有限责任公司	36	11	1 469.1	32 179.2	1 704.7	1 784.2
3. 按控股情况分						
国有控股	4	2	149.1	2 623.7	1 229.6	292.8
集体控股	1		60.3	2 469.2	48.0	41.0
私人控股	48	16	5 774.6	116 165.8	6 167.0	6 016.4
4. 按经营形式分						
独立门店	47	18	5 776.4	119 451.8	7 031.8	6 096.1
连锁加盟店	3		0.8	506.0	92.7	
其他	3		206.8	1 300.9	320.1	254.1
5. 按单位规模分						
大型	1		409.6	1 997.5	542.4	397.4
中型	6	3	3 763.8	83 359.8	3 235.8	3 736.8
小型	39	11	1 523.8	26 416.1	3 170.7	1 917.5
微型	7	4	286.8	9 485.3	495.7	298.5
6. 按星级分						
五星	4	2	606.9	12 688.3	327.2	922.4
四星	7	4	940.7	24 328.8	1 215.3	1 011.2
三星	6	2	510.3	2 508.5	356.0	483.1
其他	36	10	3 926.1	81 733.1	5 546.1	3 933.5

6-12 限额以上住宿和餐饮业法人企业财务状况（二）

单位：万元

指标名称	法人企业数（个）	执行《2006年企业会计准则》企业数	一、年初存货	二、期末资产负债		
				流动资产合计	应收账款	存货
7. 按经营地分						
城镇	53	18	5 984.0	121 258.7	7 444.6	6 350.2
城区	31	10	1 658.5	40 748.5	2 811.0	1 828.6
二、餐饮业	**77**	**19**	**8 981.0**	**117 288.1**	**2 929.9**	**9 446.1**
1. 按餐饮业行业小类分						
正餐服务	74	18	8 275.1	114 175.3	2 836.6	8 735.3
正餐服务	74	18	8 275.1	114 175.3	2 836.6	8 735.3
饮料及冷饮服务	1	1	2.6	109.1	30.6	2.0
其他饮料及冷饮服务	1	1	2.6	109.1	30.6	2.0
餐饮配送及外卖送餐服务	2		703.3	3 003.7	62.7	708.8
餐饮配送服务	2		703.3	3 003.7	62.7	708.8
2. 按登记注册类型分						
内资企业	76	18	8 978.4	117 179.0	2 899.3	9 444.1
有限责任公司	18	3	1 032.5	22 506.0	556.3	966.1
私营企业	58	15	7 945.9	94 673.0	2 343.0	8 478.0
私营独资企业	5	1	34.6	9 357.1	166.3	94.7
私营合伙企业	4	1	139.1	528.7	30.7	149.6
私营有限责任公司	49	13	7 772.2	84 787.2	2 146.0	8 233.7
港、澳、台商投资企业	1	1	2.6	109.1	30.6	2.0
与港澳台商合资经营企业	1	1	2.6	109.1	30.6	2.0
3. 按控股情况分						
私人控股	76	18	8 978.4	117 179.0	2 899.3	9 444.1
港澳台商控股	1	1	2.6	109.1	30.6	2.0
4. 按经营形式分						
独立门店	69	18	8 865.1	111 078.5	2 836.6	9 382.1
连锁总店（总部）	1		15.5	202.7		
连锁直营店	1	1	2.6	109.1	30.6	2.0
其他	6		97.8	5 897.8	62.7	62.0
5. 按单位规模分						
中型	4		224.4	4 886.6	15.3	109.9
小型	67	19	6 428.5	108 816.8	2 881.0	7 057.8
微型	6		2 328.1	3 584.7	33.6	2 278.4
6. 按经营地分						
城镇	72	17	2 240.6	66 739.3	2 535.8	2 427.7
城区	33	5	1 710.1	44 617.7	665.0	1 708.6
乡村	5	2	6 740.4	50 548.8	394.1	7 018.4
7. 按港澳台商投资情况分						
台商投资	1	1	2.6	109.1	30.6	2.0

6-12 限额以上住宿和餐饮业法人企业财务状况（三）

单位：万元

指标名称	二、期末资产负债				
	固定资产原价	房屋和构筑物	机器设备	累计折旧	本年折旧
全　市	**263 102.2**	**76 235.1**	**15 642.0**	**108 031.7**	**13 766.1**
一、住宿业	**189 501.0**	**37 820.9**	**8 315.4**	**76 420.1**	**9 895.5**
1. 按住宿业行业小类分					
旅游饭店	53 075.4	25 146.9	5 913.8	23 996.1	2 098.0
旅游饭店	53 075.4	25 146.9	5 913.8	23 996.1	2 098.0
一般旅馆	93 311.3	5 817.7	1 414.1	26 852.9	5 365.0
经济型连锁酒店	19 039.0			4 982.7	1 306.3
其他一般旅馆	74 272.3	5 817.7	1 414.1	21 870.2	4 058.7
其他住宿业	43 114.3	6 856.3	987.5	25 571.1	2 432.5
其他住宿业	43 114.3	6 856.3	987.5	25 571.1	2 432.5
2. 按登记注册类型分					
内资企业	189 501.0	37 820.9	8 315.4	76 420.1	9 895.5
国有企业	564.9	564.9		210.4	210.4
有限责任公司	108 743.3	15 907.5	5 117.5	40 383.3	6 313.4
国有独资公司	23.7		22.5	4.0	4.0
其他有限责任公司	108 719.6	15 907.5	5 095.0	40 379.3	6 309.4
私营企业	80 192.8	21 348.5	3 197.9	35 826.4	3 371.7
私营独资企业	1 989.2	1 695.6	293.6	607.8	16.5
私营有限责任公司	78 203.6	19 652.9	2 904.3	35 218.6	3 355.2
3. 按控股情况分					
国有控股	18 171.6	13 960.3	1 885.4	7 628.3	624.0
集体控股	479.4		160.0	431.0	12.2
私人控股	170 850.0	23 860.6	6 270.0	68 360.8	9 259.3
4. 按经营形式分					
独立门店	184 622.0	35 242.5	7 997.4	74 630.3	9 679.8
连锁加盟店	236.4			107.4	51.3
其他	4 642.6	2 578.4	318.0	1 682.4	164.4
5. 按单位规模分					
大型	60 286.0			15 545.8	3 384.1
中型	50 194.4	6 856.3	987.5	30 854.3	3 488.6
小型	70 275.7	23 985.7	6 540.4	28 352.0	2 754.9
微型	8 744.9	6 978.9	787.5	1 668.0	267.9
6. 按星级分					
五星	40 987.6	6 856.3	987.5	26 332.4	1 892.9
四星	23 714.4	2 512.1	2 969.8	12 191.0	1 391.2
三星	6 396.8	756.5	601.7	3 227.8	127.5
其他	118 402.2	27 696.0	3 756.4	34 668.9	6 483.9

6-12 限额以上住宿和餐饮业法人企业财务状况（四）

单位：万元

指标名称	二、期末资产负债				
	固定资产原价	房屋和构筑物	机器设备	累计折旧	本年折旧
7. 按经营地分					
城镇	189 501.0	37 820.9	8 315.4	76 420.1	9 895.5
城区	57 984.7	26 483.6	3 384.3	25 569.8	2 517.3
二、餐饮业	73 601.2	38 414.2	7 326.6	31 611.6	3 870.6
1. 按餐饮业行业小类分					
正餐服务	73 178.4	38 414.2	7 036.2	31 302.9	3 792.2
正餐服务	73 178.4	38 414.2	7 036.2	31 302.9	3 792.2
饮料及冷饮服务	**93.3**		**93.3**	**75.8**	**25.6**
其他饮料及冷饮服务	93.3		93.3	75.8	25.6
餐饮配送及外卖送餐服务	329.5		197.1	232.9	52.8
餐饮配送服务	329.5		197.1	232.9	52.8
2. 按登记注册类型分					
内资企业	73 507.9	38 414.2	7 233.3	31 535.8	3 845.0
有限责任公司	44 126.4	26 358.8	2 647.5	18 164.0	2 683.9
私营企业	29 381.5	12 055.4	4 585.8	13 371.8	1 161.1
私营独资企业	4 814.8	1 574.2	2 395.8	2 803.5	68.9
私营合伙企业	2 962.1	2 654.8	16.0	1 368.8	102.1
私营有限责任公司	21 604.6	7 826.4	2 174.0	9 199.5	990.1
港、澳、台商投资企业	93.3		93.3	75.8	25.6
与港澳台商合资经营企业	93.3		93.3	75.8	25.6
3. 按控股情况分					
私人控股	73 507.9	38 414.2	7 233.3	31 535.8	3 845.0
港澳台商控股	93.3		93.3	75.8	25.6
4. 按经营形式分					
独立门店	72 382.6	37 928.8	7 099.4	30 825.2	3 717.8
连锁总店（总部）	113.0			38.9	14.1
连锁直营店	93.3		93.3	75.8	25.6
其他	1 012.3	485.4	133.9	671.7	113.1
5. 按单位规模分					
中型	4 728.9			1 399.7	535.9
小型	65 005.7	38 414.2	7 316.5	29 322.4	3 174.4
微型	3 866.6		10.1	889.5	160.3
6. 按经营地分					
城镇	61 224.6	34 166.2	6 133.1	27 460.9	3 292.3
城区	34 233.8	24 311.6	2 121.1	16 677.9	2 154.4
乡村	12 376.6	4 248.0	1 193.5	4 150.7	578.3
7. 按港澳台商投资情况分					
台商投资	93.3		93.3	75.8	25.6

6-12 限额以上住宿和餐饮业法人企业财务状况（五）

单位：万元

指标名称	二、期末资产负债				
	固定资产净额	在建工程	无形资产	土地使用权	资产总计
全　市	**137 024.5**	**90 619.2**	**22 669.7**	**5 552.2**	**553 736.0**
一、住宿业	**110 778.2**	**66 854.3**	**20 764.5**	**5 416.2**	**347 737.4**
1. 按住宿业行业小类分					
旅游饭店	28 888.3	462.0	12 741.5	119.7	77 408.8
旅游饭店	28 888.3	462.0	12 741.5	119.7	77 408.8
一般旅馆	64 434.1	64 570.8	5 548.9	5 296.5	224 988.7
经济型连锁酒店	14 056.2	61 281.7	5 101.3	5 016.7	142 108.3
其他一般旅馆	50 377.9	3 289.1	447.6	279.8	82 880.4
其他住宿业	17 455.8	1 821.5	2 474.1		45 339.9
其他住宿业	17 455.8	1 821.5	2 474.1		45 339.9
2. 按登记注册类型分					
内资企业	110 778.2	66 854.3	20 764.5	5 416.2	347 737.4
国有企业	354.5	229.7			2 151.0
有限责任公司	68 312.3	64 333.8	6 266.6	3 546.7	236 738.6
国有独资公司	19.7				723.2
其他有限责任公司	68 292.6	64 333.8	6 266.6	3 546.7	236 015.4
私营企业	42 111.4	2 290.8	14 497.9	1 869.5	108 847.8
私营独资企业	1 381.4				4 497.1
私营有限责任公司	40 730.0	2 290.8	14 497.9	1 869.5	104 350.7
3. 按控股情况分					
国有控股	10 543.3	229.7	121.1	119.7	14 195.6
集体控股	48.4				2 575.4
私人控股	100 186.5	66 624.6	20 643.4	5 296.5	330 966.4
4. 按经营形式分					
独立门店	107 785.3	66 854.3	20 764.5	5 416.2	340 559.5
连锁加盟店	129.0				1 366.6
其他	2 863.9				5 811.3
5. 按单位规模分					
大型	44 740.2	1 295.9	149.8		48 250.4
中型	19 337.0	63 037.9	6 001.6	3 427.0	184 906.8
小型	39 821.7	2 520.5	14 613.1	1 989.2	95 939.6
微型	6 879.3				18 640.6
6. 按星级分					
五星	14 652.1	232.3	5 865.9		37 380.4
四星	11 346.6	1 821.5	9 218.7		57 428.7
三星	1 328.0		248.0	248.0	9 415.0
其他	83 451.5	64 800.5	5 431.9	5 168.2	243 513.3

6-12 限额以上住宿和餐饮业法人企业财务状况（六）

单位：万元

指标名称	二、期末资产负债				
	固定资产净额	在建工程	无形资产	土地使用权	资产总计
7. 按经营地分					
城镇	110 778.2	66 854.3	20 764.5	5 416.2	347 737.4
城区	30 328.7	2 455.2	12 759.8	119.7	98 963.9
二、餐饮业	26 246.3	23 764.9	1 905.2	136.0	205 998.6
1. 按餐饮业行业小类分					
正餐服务	26 132.2	23 764.9	1 905.2	136.0	202 324.7
正餐服务	26 132.2	23 764.9	1 905.2	136.0	202 324.7
饮料及冷饮服务	**17.5**				**543.2**
其他饮料及冷饮服务	17.5				543.2
餐饮配送及外卖送餐服务	96.6				3 130.7
餐饮配送服务	96.6				3 130.7
2. 按登记注册类型分					
内资企业	26 228.8	23 764.9	1 905.2	136.0	205 455.4
有限责任公司	13 659.5	13 591.7	1 565.9		71 687.3
私营企业	12 569.3	10 173.2	339.3	136.0	133 768.1
私营独资企业	2 011.3				11 363.4
私营合伙企业	1 593.0				2 147.8
私营有限责任公司	8 965.0	10 173.2	339.3	136.0	120 256.9
港、澳、台商投资企业	17.5				543.2
与港澳台商合资经营企业	17.5				543.2
3. 按控股情况分					
私人控股	26 228.8	23 764.9	1 905.2	136.0	205 455.4
港澳台商控股	17.5				543.2
4. 按经营形式分					
独立门店	25 851.9	23 527.8	1 702.3	136.0	192 090.6
连锁总店（总部）	74.1				349.1
连锁直营店	17.5				543.2
其他	302.8	237.1	202.9		13 015.7
5. 按单位规模分					
中型	3 329.2	12 201.1	1 564.8		26 543.0
小型	22 880.8	10 803.2	340.3	136.0	171 151.2
微型	36.3	760.6	0.1		8 304.4
6. 按经营地分					
城镇	20 738.0	13 878.5	1 905.2	136.0	134 138.3
城区	4 994.8	286.4	339.7	136.0	74 645.7
乡村	5 508.3	9 886.4			71 860.3
7. 按港澳台商投资情况分					
台商投资	17.5				543.2

6-12 限额以上住宿和餐饮业法人企业财务状况（七）

单位：万元

指标名称	二、期末资产负债					
	流动负债合　计	应付账款	负债合计	所有者权益	实收资本	个人资本
全　市	**280 262.0**	**18 325.2**	**505 270.7**	**44 971.6**	**98 810.4**	**27 387.3**
一、住宿业	**160 482.9**	**10 195.8**	**330 355.7**	**13 971.5**	**53 010.0**	**8 117.0**
1. 按住宿业行业小类分						
旅游饭店	32 196.0	3 376.8	63 885.7	13 523.1	29 757.5	1 100.0
旅游饭店	32 196.0	3 376.8	63 885.7	13 523.1	29 757.5	1 100.0
一般旅馆	117 066.3	4 072.6	220 772.4	253.8	13 202.5	7 017.0
经济型连锁酒店	97 683.9	354.2	142 183.9	–75.6	5 302.0	5 202.0
其他一般旅馆	19 382.4	3 718.4	78 588.5	329.4	7 900.5	1 815.0
其他住宿业	11 220.6	2 746.4	45 697.6	194.6	10 050.0	
其他住宿业	11 220.6	2 746.4	45 697.6	194.6	10 050.0	
2. 按登记注册类型分						
内资企业	160 482.9	10 195.8	330 355.7	13 971.5	53 010.0	8 117.0
国有企业	1 019.2		1 241.0	910.0		
有限责任公司	120 153.9	5 377.7	235 338.5	1 952.4	19 602.5	5 000.0
国有独资公司	661.9	135.6	661.9	61.3	200.0	
其他有限责任公司	119 492.0	5 242.1	234 676.6	1 891.1	19 402.5	5 000.0
私营企业	39 309.8	4 818.1	93 776.2	11 109.1	33 407.5	3 117.0
私营独资企业	226.5	85.3	456.5	4 040.6	1 100.0	1 100.0
私营有限责任公司	39 083.3	4 732.8	93 319.7	7 068.5	32 307.5	2 017.0
3. 按控股情况分						
国有控股	2 850.6	647.4	3 072.4	11 123.2	2 800.0	
集体控股	4 121.7	83.3	4 121.7	–1 546.3	80.0	
私人控股	153 510.6	9 465.1	323 161.6	4 394.6	50 130.0	8 117.0
4. 按经营形式分						
独立门店	158 583.2	10 116.1	322 928.1	13 375.6	51 810.0	7 917.0
连锁加盟店	1 096.9	30.9	1 096.9	269.7	1 000.0	200.0
其他	802.8	48.8	6 330.7	326.2	200.0	
5. 按单位规模分						
大型	2 659.6	770.7	45 065.7	3 184.7	300.0	
中型	110 407.4	4 187.8	193 295.2	–8 388.4	20 000.0	5 000.0
小型	47 030.5	5 098.4	82 685.5	13 254.1	26 307.5	3 117.0
微型	385.4	138.9	9 309.3	5 921.1	6 402.5	
6. 按星级分						
五星	12 005.4	2 181.9	44 716.2	–7 335.8	20 755.0	
四星	25 783.5	2 728.9	54 639.0	–2 018.4	6 030.0	
三星	2 419.1	261.0	9 176.4	1 084.2	2 552.0	1 852.0
其他	120 274.9	5 024.0	221 824.1	22 241.5	23 673.0	6 265.0

6-12 限额以上住宿和餐饮业法人企业财务状况（八）

单位：万元

指标名称	二、期末资产负债					
	流动负债合计	应付账款	负债合计	所有者权益	实收资本	个人资本
7. 按经营地分						
城镇	160 482.9	10 195.8	330 355.7	13 971.5	53 010.0	8 117.0
城区	39 740.2	5 112.8	81 843.8	13 157.6	33 737.4	3 052.0
二、餐饮业	119 779.1	8 129.4	174 915.0	31 000.1	45 800.4	19 270.3
1. 按餐饮业行业小类分						
正餐服务	117 050.1	6 712.5	172 186.0	30 055.2	45 370.5	19 250.3
正餐服务	117 050.1	6 712.5	172 186.0	30 055.2	45 370.5	19 250.3
饮料及冷饮服务	**187.0**	**73.9**	**187.0**	**356.2**	**309.9**	
其他饮料及冷饮服务	187.0	73.9	187.0	356.2	309.9	
餐饮配送及外卖送餐服务	2 542.0	1 343.0	2 542.0	588.7	120.0	20.0
餐饮配送服务	2 542.0	1 343.0	2 542.0	588.7	120.0	20.0
2. 按登记注册类型分						
内资企业	119 592.1	8 055.5	174 728.0	30 643.9	45 490.5	19 270.3
有限责任公司	74 159.9	4 396.1	74 972.3	−3 285.0	12 706.0	500.0
私营企业	45 432.2	3 659.4	99 755.7	33 928.9	32 784.5	18 770.3
私营独资企业	10 448.0	2.6	10 449.4	914.0	200.0	
私营合伙企业	574.8	272.4	747.8	1 400.0	1 215.8	233.2
私营有限责任公司	34 409.4	3 384.4	88 558.5	31 614.9	31 368.7	18 537.1
港、澳、台商投资企业	187.0	73.9	187.0	356.2	309.9	
与港澳台商合资经营企业	187.0	73.9	187.0	356.2	309.9	
3. 按控股情况分						
私人控股	119 592.1	8 055.5	174 728.0	30 643.9	45 490.5	19 270.3
港澳台商控股	187.0	73.9	187.0	356.2	309.9	
4. 按经营形式分						
独立门店	118 520.1	7 742.4	168 856.0	23 151.1	40 387.5	19 170.3
连锁总店（总部）	51.2		51.2	297.9		
连锁直营店	187.0	73.9	187.0	356.2	309.9	
其他	1 020.8	313.1	5 820.8	7 194.9	5 103.0	100.0
5. 按单位规模分						
中型	28 007.6	465.7	28 007.6	−1 464.6	3 210.0	
小型	89 771.3	7 639.1	144 305.6	26 845.6	40 732.4	19 270.3
微型	2 000.2	24.6	2 601.8	5 619.1	1 858.0	
6. 按经营地分						
城镇	107 117.5	6 069.7	117 049.4	17 005.4	29 211.4	4 270.3
城区	61 684.4	3 017.7	68 152.7	6 493.0	19 316.5	2 688.1
乡村	12 661.6	2 059.7	57 865.6	13 994.7	16 589.0	15 000.0
7. 按港澳台商投资情况分						
台商投资	187.0	73.9	187.0	356.2	309.9	

6-12 限额以上住宿和餐饮业法人企业财务状况（九）

单位：万元

指标名称	三、损益及分配				
	营业收入	主营业务收入	营业成本	税金及附加	其他业务利润
全　市	**145 706.0**	**143 180.9**	**67 429.2**	**1 452.1**	**85.0**
一、住宿业	**78 556.2**	**76 863.6**	**30 596.2**	**1 056.1**	**33.6**
1. 按住宿业行业小类分					
旅游饭店	19 428.6	18 857.5	6 031.5	375.2	
旅游饭店	19 428.6	18 857.5	6 031.5	375.2	
一般旅馆	41 242.3	41 019.8	17 029.0	474.9	
经济型连锁酒店	8 391.2	8 359.1	4 468.5	227.7	
其他一般旅馆	32 851.1	32 660.7	12 560.5	247.2	
其他住宿业	17 885.3	16 986.3	7 535.7	206.0	33.6
其他住宿业	17 885.3	16 986.3	7 535.7	206.0	33.6
2. 按登记注册类型分					
内资企业	78 556.2	76 863.6	30 596.2	1 056.1	33.6
国有企业	867.7	867.7	489.9	10.2	
有限责任公司	45 310.9	44 764.4	16 655.8	490.8	33.6
国有独资公司	1 019.5	1 019.5	1 046.1	0.4	
其他有限责任公司	44 291.4	43 744.9	15 609.7	490.4	33.6
私营企业	32 377.6	31 231.5	13 450.5	555.1	
私营独资企业	1 217.3	1 217.3	628.4	18.4	
私营有限责任公司	31 160.3	30 014.2	12 822.1	536.7	
3. 按控股情况分					
国有控股	2 357.0	2 357.0	1 661.2	39.4	
集体控股	1 526.8	1 526.8	152.1	9.6	
私人控股	74 672.4	72 979.8	28 782.9	1 007.1	33.6
4. 按经营形式分					
独立门店	75 079.0	73 543.1	29 315.4	1 006.4	33.6
连锁加盟店	1 374.4	1 374.4	640.0	1.4	
其他	2 102.8	1 946.1	640.8	48.3	
5. 按单位规模分					
大型	17 499.6	17 499.6	4 509.0	132.3	
中型	28 533.0	28 044.7	10 616.8	405.4	33.6
小型	30 333.7	29 912.3	14 036.5	469.9	
微型	2 189.9	1 407.0	1 433.9	48.5	
6. 按星级分					
五星	12 581.9	11 851.8	3 200.2	286.1	
四星	17 607.0	17 542.0	7 033.7	179.4	33.6
三星	3 198.7	3 042.0	1 710.7	52.3	
其他	45 168.6	44 427.8	18 651.6	538.3	

6-12 限额以上住宿和餐饮业法人企业财务状况（十）

单位：万元

指标名称	三、损益及分配				
	营业收入	主营业务收入	营业成本	税金及附加	其他业务利润
7. 按经营地分					
城镇	78 556.2	76 863.6	30 596.2	1 056.1	33.6
城区	30 568.0	29 806.5	10 442.9	443.2	
二、餐饮业	67 149.8	66 317.3	36 833.0	396.0	51.4
1. 按餐饮业行业小类分					
正餐服务	57 427.9	56 638.9	30 405.4	370.7	7.9
正餐服务	57 427.9	56 638.9	30 405.4	370.7	7.9
饮料及冷饮服务	**660.2**	**660.2**	**191.0**	**1.5**	
其他饮料及冷饮服务	660.2	660.2	191.0	1.5	
餐饮配送及外卖送餐服务	9 061.7	9 018.2	6 236.6	23.8	43.5
餐饮配送服务	9 061.7	9 018.2	6 236.6	23.8	43.5
2. 按登记注册类型分					
内资企业	66 489.6	65 657.1	36 642.0	394.5	51.4
有限责任公司	35 225.0	34 872.9	17 522.8	180.7	43.5
私营企业	31 264.6	30 784.2	19 119.2	213.8	7.9
私营独资企业	3 517.1	3 517.1	1 974.5	41.2	
私营合伙企业	2 699.2	2 614.8	1 622.8	86.0	
私营有限责任公司	25 048.3	24 652.3	15 521.9	86.6	7.9
港、澳、台商投资企业	660.2	660.2	191.0	1.5	
与港澳台商合资经营企业	660.2	660.2	191.0	1.5	
3. 按控股情况分					
私人控股	66 489.6	65 657.1	36 642.0	394.5	51.4
港澳台商控股	660.2	660.2	191.0	1.5	
4. 按经营形式分					
独立门店	62 571.4	61 738.9	34 250.7	374.9	43.5
连锁总店（总部）	662.6	662.6	251.4	0.3	
连锁直营店	660.2	660.2	191.0	1.5	
其他	3 255.6	3 255.6	2 139.9	19.3	7.9
5. 按单位规模分					
中型	13 183.8	12 875.2	5 770.2	96.0	
小型	53 308.6	52 834.2	30 703.1	297.4	51.4
微型	657.4	607.9	359.7	2.6	
6. 按经营地分					
城镇	64 516.5	63 684.0	34 567.4	388.0	51.4
城区	36 363.5	36 074.1	19 486.5	140.1	51.4
乡村	2 633.3	2 633.3	2 265.6	8.0	
7. 按港澳台商投资情况分					
台商投资	660.2	660.2	191.0	1.5	

6-12 限额以上住宿和餐饮业法人企业财务状况（十一）

单位：万元

指标名称	三、损益及分配					
	销售费用	管理费用	研发费用	财务费用	利息收入	利息费用
全　市	**50 265.6**	**33 591.9**	**18.9**	**8 709.4**	**182.0**	**2 429.3**
一、住宿业	**31 671.8**	**19 670.5**	**15.8**	**7 987.4**	**180.7**	**1 913.2**
1. 按住宿业行业小类分						
旅游饭店	8 397.6	6 724.7	0.1	947.7	90.9	590.6
旅游饭店	8 397.6	6 724.7	0.1	947.7	90.9	590.6
一般旅馆	16 235.2	8 215.5	15.7	5 077.3	86.4	756.7
经济型连锁酒店	3 026.5	2 563.3		2 508.7	80.0	365.9
其他一般旅馆	13 208.7	5 652.2	15.7	2 568.6	6.4	390.8
其他住宿业	7 039.0	4 730.3		1 962.4	3.4	565.9
其他住宿业	7 039.0	4 730.3		1 962.4	3.4	565.9
2. 按登记注册类型分						
内资企业	31 671.8	19 670.5	15.8	7 987.4	180.7	1 913.2
国有企业	299.7	88.6		20.4		
有限责任公司	20 472.3	8 813.2		5 997.4	10.6	262.0
国有独资公司	0.1	210.2		0.5		0.3
其他有限责任公司	20 472.2	8 603.0		5 996.9	10.6	261.7
私营企业	10 899.8	10 768.7	15.8	1 969.6	170.1	1 651.2
私营独资企业	324.9	227.7		74.2		51.1
私营有限责任公司	10 574.9	10 541.0	15.8	1 895.4	170.1	1 600.1
3. 按控股情况分						
国有控股	1 183.8	618.9		18.3	3.5	0.3
集体控股	666.5	881.0		2.8	0.2	
私人控股	29 821.5	18 170.6	15.8	7 966.3	177.0	1 912.9
4. 按经营形式分						
独立门店	30 854.2	18 183.4	15.8	7 966.4	180.8	1 893.1
连锁加盟店	129.5	781.4		17.9	0.1	16.8
其他	688.1	705.7		3.1	−0.2	3.3
5. 按单位规模分						
大型	9 481.9	857.1		1 776.6	5.6	
中型	12 746.1	8 959.5		4 411.7	90.5	562.9
小型	9 320.0	9 503.0	0.1	1 451.4	85.2	1 001.8
微型	123.8	350.9	15.7	347.7	−0.6	348.5
6. 按星级分						
五星	7 178.7	5 231.2		453.5	90.3	524.6
四星	5 994.1	4 548.9		1 632.6	1.0	236.2
三星	869.9	669.2	0.1	111.9	−0.2	11.9
其他	17 629.1	9 221.2	15.7	5 789.4	89.6	1 140.5

6-12 限额以上住宿和餐饮业法人企业财务状况（十二）

单位：万元

指标名称	三、损益及分配					
	销售费用	管理费用	研发费用	财务费用		
					利息收入	利息费用
7. 按经营地分						
城镇	31 671.8	19 670.5	15.8	7 987.4	180.7	1 913.2
城区	11 706.0	10 498.0	15.7	1 520.3	91.0	761.0
二、餐饮业	18 593.8	13 921.4	3.1	722.0	1.3	516.1
1. 按餐饮业行业小类分						
正餐服务	18 133.3	11 377.0	3.1	689.2	1.2	497.3
正餐服务	18 133.3	11 377.0	3.1	689.2	1.2	497.3
饮料及冷饮服务	**460.5**			**0.7**	**0.1**	**0.8**
其他饮料及冷饮服务	460.5			0.7	0.1	0.8
餐饮配送及外卖送餐服务		2 544.4		32.1		18.0
餐饮配送服务		2 544.4		32.1		18.0
2. 按登记注册类型分						
内资企业	18 133.3	13 921.4	3.1	721.3	1.2	515.3
有限责任公司	11 388.8	8 114.8		178.7		47.2
私营企业	6 744.5	5 806.6	3.1	542.6	1.2	468.1
私营独资企业	949.9	573.4	0.3	8.2		0.9
私营合伙企业	700.7	422.0	1.3	1.0		
私营有限责任公司	5 093.9	4 811.2	1.5	533.4	1.2	467.2
港、澳、台商投资企业	460.5			0.7	0.1	0.8
与港澳台商合资经营企业	460.5			0.7	0.1	0.8
3. 按控股情况分						
私人控股	18 133.3	13 921.4	3.1	721.3	1.2	515.3
港澳台商控股	460.5			0.7	0.1	0.8
4. 按经营形式分						
独立门店	16 867.2	13 394.8	3.0	708.2	1.3	515.3
连锁总店（总部）	371.1	22.3		3.8		
连锁直营店	460.5			0.7	0.1	0.8
其他	895.0	504.3	0.1	9.3	-0.1	
5. 按单位规模分						
中型	6 324.5	1 096.7		13.0		
小型	12 182.1	12 689.9	2.8	679.2	1.3	487.0
微型	87.2	134.8	0.3	29.8		29.1
6. 按经营地分						
城镇	18 092.8	13 539.3	3.1	709.6	1.1	516.1
城区	12 042.6	6 749.2	0.8	171.4	0.4	75.8
乡村	501.0	382.1		12.4	0.2	
7. 按港澳台商投资情况分						
台商投资	460.5			0.7	0.1	0.8

6-12 限额以上住宿和餐饮业法人企业财务状况（十三）

单位：万元

指标名称	三、损益及分配				
	投资收益	营业利润	营业外收入	营业外支出	利润总额
全　市	**677.5**	**-15 092.7**	**1 114.3**	**213.6**	**-14 191.7**
一、住宿业	**192.2**	**-12 157.9**	**474.0**	**114.4**	**-11 797.9**
1. 按住宿业行业小类分					
旅游饭店	14.4	-3 003.0	93.2	91.0	-3 000.8
旅游饭店	14.4	-3 003.0	93.2	91.0	-3 000.8
一般旅馆	26.1	-5 718.1	180.6	20.9	-5 558.0
经济型连锁酒店		-4 403.8	6.6	2.8	-4 400.0
其他一般旅馆	26.1	-1 314.3	174.0	18.1	-1 158.0
其他住宿业	151.7	-3 436.8	200.2	2.5	-3 239.1
其他住宿业	151.7	-3 436.8	200.2	2.5	-3 239.1
2. 按登记注册类型分					
内资企业	192.2	-12 157.9	474.0	114.4	-11 797.9
国有企业		-41.1	10.5	0.1	-30.7
有限责任公司	177.8	-6 940.8	185.7	28.4	-6 783.1
国有独资公司		-237.8	1.4	0.2	-236.2
其他有限责任公司	177.8	-6 703.0	184.3	28.2	-6 546.9
私营企业	14.4	-5 176.0	277.8	85.9	-4 984.1
私营独资企业		-56.3			-56.3
私营有限责任公司	14.4	-5 119.7	277.8	85.9	-4 927.8
3. 按控股情况分					
国有控股		-1 164.6	17.5	0.3	-1 147.0
集体控股		-185.2	6.2	8.2	-187.2
私人控股	192.2	-10 808.1	450.3	105.9	-10 463.7
4. 按经营形式分					
独立门店	192.2	-11 983.4	452.6	114.4	-11 644.8
连锁加盟店		-191.1	1.2		-189.9
其他		16.6	20.2		36.8
5. 按单位规模分					
大型		742.8	92.2	6.0	829.0
中型	192.2	-8 383.7	200.3	4.4	-8 187.8
小型		-4 402.2	172.9	103.7	-4 332.6
微型		-114.8	8.6	0.3	-106.5
6. 按星级分					
五星	14.4	-3 722.6	187.9	76.9	-3 611.6
四星	151.7	-1 630.4	75.4	22.4	-1 577.4
三星		-215.2	40.1	1.2	-176.3
其他	26.1	-6 589.7	170.6	13.9	-6 432.6

6-12 限额以上住宿和餐饮业法人企业财务状况（十四）

单位：万元

指标名称	三、损益及分配				
	投资收益	营业利润	营业外收入	营业外支出	利润总额
7. 按经营地分					
城镇	192.2	-12 157.9	474.0	114.4	-11 797.9
城区	40.5	-3 977.6	142.5	87.8	-3 922.9
二、餐饮业	485.3	-2 934.8	640.3	99.2	-2 393.8
1. 按餐饮业行业小类分					
正餐服务	432.8	-3 218.4	583.1	93.1	-2 728.4
正餐服务	432.8	-3 218.4	583.1	93.1	-2 728.4
饮料及冷饮服务	**52.5**	**59.0**	**17.0**	**4.0**	**72.0**
其他饮料及冷饮服务	52.5	59.0	17.0	4.0	72.0
餐饮配送及外卖送餐服务		224.6	40.2	2.1	262.6
餐饮配送服务		224.6	40.2	2.1	262.6
2. 按登记注册类型分					
内资企业	432.8	-2 993.8	623.3	95.2	-2 465.8
有限责任公司		-2 161.3	372.7	67.3	-1 855.9
私营企业	432.8	-832.5	250.6	27.9	-609.9
私营独资企业		46.6	11.6	0.3	57.9
私营合伙企业		-196.4	130.0	11.9	-78.4
私营有限责任公司	432.8	-682.7	109.0	15.7	-589.4
港、澳、台商投资企业	52.5	59.0	17.0	4.0	72.0
与港澳台商合资经营企业	52.5	59.0	17.0	4.0	72.0
3. 按控股情况分					
私人控股	432.8	-2 993.8	623.3	95.2	-2 465.8
港澳台商控股	52.5	59.0	17.0	4.0	72.0
4. 按经营形式分					
独立门店	-87.7	-3 195.8	590.3	94.0	-2 699.6
连锁总店（总部）		13.7			13.7
连锁直营店	52.5	59.0	17.0	4.0	72.0
其他	520.5	188.3	33.0	1.2	220.1
5. 按单位规模分					
中型		-116.6	93.7	22.0	-44.9
小型	485.3	-2 856.1	545.3	77.2	-2 388.1
微型		37.9	1.3		39.2
6. 按经营地分					
城镇	485.3	-2 418.8	615.0	89.1	-1 893.0
城区	573.0	-1 650.7	507.2	68.3	-1 211.9
乡村		-516.0	25.3	10.1	-500.8
7. 按港澳台商投资情况分					
台商投资	52.5	59.0	17.0	4.0	72.0

6-12 限额以上住宿和餐饮业法人企业财务状况（十五）

单位：万元

指标名称	三、损益及分配	四、人工成本及增值税		五、从事住宿和餐饮业活动的从业人员平均人数（人）
	所得税费用	应付职工薪酬（本年贷方累计发生额）	应交增值税	
全　市	**328.7**	**33 830.9**	**-3 041.9**	**8 002**
一、住宿业	**199.9**	**20 154.8**	**-3 952.1**	**4 349**
1. 按住宿业行业小类分				
旅游饭店	3.2	4 832.6	271.9	1 186
旅游饭店	3.2	4 832.6	271.9	1 186
一般旅馆	196.7	10 209.6	–4 447.0	2 111
经济型连锁酒店	1.9	2 034.2	–5 145.3	468
其他一般旅馆	194.8	8 175.4	698.3	1 643
其他住宿业		5 112.6	223.0	1 052
其他住宿业		5 112.6	223.0	1 052
2. 按登记注册类型分				
内资企业	199.9	20 154.8	–3 952.1	4 349
国有企业	0.3		0.7	45
有限责任公司	169.3	12 920.2	–4 283.1	2 395
国有独资公司		316.2	9.8	110
其他有限责任公司	169.3	12 604.0	–4 292.9	2 285
私营企业	30.3	7 234.6	330.3	1 909
私营独资企业	1.5	54.1	4.6	106
私营有限责任公司	28.8	7 180.5	325.7	1 803
3. 按控股情况分				
国有控股	0.3	670.1	38.7	240
集体控股		874.8	80.4	127
私人控股	199.6	18 609.9	–4 071.2	3 982
4. 按经营形式分				
独立门店	199.4	19 421.4	–4 001.6	4 160
连锁加盟店	0.2	126.5	12.5	50
其他	0.3	606.9	37.0	139
5. 按单位规模分				
大型	168.9	4 256.9	231.9	639
中型		9 215.5	–4 684.1	1 763
小型	30.7	6 501.1	488.4	1 887
微型	0.3	181.3	11.7	60
6. 按星级分				
五星		3 681.1	–80.6	802
四星	0.7	4 836.0	326.3	1 042
三星	1.1	666.7	119.9	250
其他	198.1	10 971.0	–4 317.7	2 255

6-12 限额以上住宿和餐饮业法人企业财务状况（十六）

单位：万元

指标名称	三、损益及分配	四、人工成本及增值税		五、从事住宿和餐饮业活动的从业人员平均人数（人）
	所得税费用	应付职工薪酬（本年贷方累计发生额）	应交增值税	
7. 按经营地分				
城镇	199.9	20 154.8	−3 952.1	4 349
城区	8.1	7 056.0	566.4	1 721
二、餐饮业	128.8	13 676.1	910.2	3 653
1. 按餐饮业行业小类分				
正餐服务	106.9	13 114.5	760.1	3 566
正餐服务	106.9	13 114.5	760.1	3 566
饮料及冷饮服务	**0.7**	**162.7**		**25**
其他饮料及冷饮服务	0.7	162.7		25
餐饮配送及外卖送餐服务	21.2	398.9	150.1	62
餐饮配送服务	21.2	398.9	150.1	62
2. 按登记注册类型分				
内资企业	128.1	13 513.4	910.2	3 628
有限责任公司	73.4	6 315.4	481.1	1 482
私营企业	54.7	7 198.0	429.1	2 146
私营独资企业	19.6	978.1	94.7	226
私营合伙企业	17.0	474.1	41.1	115
私营有限责任公司	18.1	5 745.8	293.3	1 805
港、澳、台商投资企业	0.7	162.7		25
与港澳台商合资经营企业	0.7	162.7		25
3. 按控股情况分				
私人控股	128.1	13 513.4	910.2	3 628
港澳台商控股	0.7	162.7		25
4. 按经营形式分				
独立门店	121.5	12 298.2	849.9	3 331
连锁总店（总部）		196.0	5.4	32
连锁直营店	0.7	162.7		25
其他	6.6	1 019.2	54.9	265
5. 按单位规模分				
中型	33.6	2 146.2	152.6	585
小型	94.2	11 320.5	754.1	2 979
微型	1.0	209.4	3.5	89
6. 按经营地分				
城镇	128.7	12 505.6	903.8	3 378
城区	64.3	6 995.9	573.3	1 621
乡村	0.1	1 170.5	6.4	275
7. 按港澳台商投资情况分				
台商投资	0.7	162.7		25

6-13 各县（市、区）限额以上住宿业法人企业财务状况（一）

单位：万元

县（市、区）	法人企业数（个）	执行《2006年企业会计准则》企业数	一、年初存货	二、期末资产负债		
				流动资产合计	应收账款	存货
全　市	**53**	**18**	**5 984.0**	**121 258.7**	**7 444.6**	**6 350.2**
竞秀区	9	1	606.3	5 715.8	186.2	601.7
莲池区	8	2	495.0	18 045.2	804.3	478.3
满城区						
清苑区						
徐水区	1		409.6	1 997.5	542.4	397.4
涞水县	1		173.5	3 559.0	246.1	149.9
阜平县	3	2	124.3	920.9	473.7	288.7
定兴县						
唐　县	3	1	26.9	229.3	11.8	32.5
高阳县						
涞源县	4	2	2 681.4	58 978.8	2 007.3	2 597.8
望都县						
易　县	2		67.0	1 963.8	26.1	55.4
曲阳县						
蠡　县						
顺平县						
博野县						
涿州市	4	1	275.1	1 922.8	399.1	256.7
安国市	5	5	111.5	3 992.7	941.5	100.9
高碑店市	6	2	191.3	11 471.8	576.2	414.1
白沟新城	2		0.6	141.3	7.0	
高新区	5	2	821.5	12 319.8	1 222.9	976.8

6-13 各县（市、区）限额以上住宿业法人企业财务状况（二）

单位：万元

县（市、区）	二、期末资产负债					
	固定资产原价	房屋和构筑物	机器设备	累计折旧	本年折旧	固定资产净额
全市	**189 501.0**	**37 820.9**	**8 315.4**	**76 420.1**	**9 895.5**	**110 778.2**
竞秀区	18 370.1	0.4	185.7	10 528.2	667.2	6 097.0
莲池区	4 969.0		198.9	3 200.5	526.6	1 660.6
满城区						
清苑区						
徐水区	60 286.0			15 545.8	3 384.1	44 740.2
涞水县	5 321.9	2 512.1	2 809.8	2 912.8	175.9	2 409.1
阜平县	93.6		22.5	26.4	4.8	19.7
定兴县						
唐县	974.4	390.7	503.7	111.0	9.5	785.0
高阳县						
涞源县	18 258.4	109.3	45.1	4 451.3	1 204.2	13 807.1
望都县						
易县	1 484.4		262.3	948.7	65.6	535.7
曲阳县						
蠡县						
顺平县						
博野县						
涿州市	19 980.1	14 864.3	2 163.1	9 077.5	496.3	10 806.3
安国市	10 159.2	9 239.4	818.8	1 466.2	485.8	8 607.7
高碑店市	6 281.4	3 848.4	318.0	2 453.4	395.7	3 776.2
白沟新城	102.5			24.2	24.2	77.8
高新区	43 220.0	6 856.3	987.5	25 674.1	2 455.6	17 455.8

6-13 各县（市、区）限额以上住宿业法人企业财务状况（三）

单位：万元

县（市、区）	二、期末资产负债					
	在建工程	无形资产	土地使用权	资产总计	流动负债合计	应付账款
全　市	**66 854.3**	**20 764.5**	**5 416.2**	**347 737.4**	**160 482.9**	**10 195.8**
竞秀区	2 225.5	5 860.0		23 010.0	9 149.3	1 033.1
莲池区		9.9		23 265.7	10 037.1	1 066.7
满城区						
清苑区						
徐水区	1 295.9	149.8		48 250.4	2 659.6	770.7
涞水县				5 968.2	6 495.9	855.4
阜平县				1 160.1	661.9	135.6
定兴县						
唐　县		248.0	248.0	1 340.9	1 084.9	23.6
高阳县						
涞源县	61 281.7	5 101.0	5 016.7	141 191.7	97 580.4	397.6
望都县						
易　县				2 514.3	362.2	142.2
曲阳县						
蠡　县						
顺平县						
博野县						
涿州市		152.9	151.5	16 321.0	1 767.2	519.4
安国市	229.7	6 750.8		21 205.5	8 595.0	90.7
高碑店市		18.0		17 995.4	10 786.7	2 407.9
白沟新城				237.8	82.1	6.5
高新区	1 821.5	2 474.1		45 276.4	11 220.6	2 746.4

6-13 各县（市、区）限额以上住宿业法人企业财务状况（四）

单位：万元

县（市、区）	二、期末资产负债				三、损益及分配	
	负债合计	所有者权益	实收资本	个人资本	营业收入	主营业务收入
全　市	**330 355.7**	**13 971.5**	**53 010.0**	**8 117.0**	**78 556.2**	**76 863.6**
竞秀区	33 438.6	−10 428.6	14 087.0	1 952.0	7 485.8	7 152.0
莲池区	17 457.1	5 808.6	7 240.4		11 204.5	11 118.1
满城区						
清苑区						
徐水区	45 065.7	3 184.7	300.0		17 499.6	17 499.6
涞水县	9 994.9	−4 026.7	900.0		1 311.6	1 311.6
阜平县	1 651.1	61.3	200.0		1 474.0	1 019.5
定兴县						
唐　县	1 085.0	255.9	330.0		929.6	929.6
高阳县						
涞源县	142 080.4	−888.7	5 054.0	5 050.0	6 976.2	6 944.1
望都县						
易　县	1 341.6	1 172.7	1 802.5		596.4	596.4
曲阳县						
蠡　县						
顺平县						
博野县						
涿州市	6 328.0	10 838.6	3 221.1		2 126.6	1 969.9
安国市	11 243.0	9 962.5	6 100.0	1 100.0	3 569.1	3 414.2
高碑店市	15 661.1	−2 473.8	3 710.0		6 862.4	6 832.7
白沟新城	84.0	153.8	15.0	15.0	517.3	517.3
高新区	44 925.2	351.2	10 050.0		18 003.1	17 558.6

6-13 各县（市、区）限额以上住宿业法人企业财务状况（五）

单位：万元

县（市、区）	三、损益及分配					
	营业成本	税金及附加	其他业务利润	销售费用	管理费用	研发费用
全　市	**30 596.2**	**1 056.1**	**33.6**	**31 671.8**	**19 670.5**	**15.8**
竞秀区	2 664.9	195.0		2 665.9	2 927.1	15.7
莲池区	3 099.8	41.7		4 669.8	3 543.2	
满城区						
清苑区						
徐水区	4 509.0	132.3		9 481.9	857.1	
涞水县	471.8	27.5		649.5	692.0	
阜平县	1 436.6	0.6		0.2	284.3	
定兴县						
唐　县	770.7	4.3		18.9	78.3	
高阳县						
涞源县	3 952.1	226.2		2 768.9	2 037.2	
望都县						
易　县	453.2	0.5		0.8	159.2	0.1
曲阳县						
蠡　县						
顺平县						
博野县						
涿州市	1 134.6	59.6		1 079.4	735.5	
安国市	1 629.9	121.3		646.0	916.7	
高碑店市	2 495.0	39.5		2 645.8	2 505.9	
白沟新城	276.2	0.7		3.0	235.8	
高新区	7 702.4	206.9	33.6	7 041.7	4 698.2	

6-13 各县（市、区）限额以上住宿业法人企业财务状况（六）

单位：万元

县（市、区）	三、损益及分配					
	财务费用	利息收入	利息费用	投资收益	营业利润	营业外收入
全　市	**7 987.4**	**180.7**	**1 913.2**	**192.2**	**-12 157.9**	**474.0**
竞秀区	401.8	0.3	306.6		−1 363.9	67.8
莲池区	334.8	86.8	35.3	14.4	−440.8	26.2
满城区						
清苑区						
徐水区	1 776.6	5.6			742.8	92.2
涞水县	193.8		192.0		−723.0	5.0
阜平县	15.3		15.1		−263.0	1.4
定兴县						
唐　县	12.9	0.2	12.0		47.0	13.5
高阳县						
涞源县	2 504.3	80.0	366.0		−4 512.5	2.4
望都县						
易　县	8.9		8.6		−26.2	1.5
曲阳县						
蠡　县						
顺平县						
博野县						
涿州市	−3.2	3.7	0.2		−830.3	22.9
安国市	422.9		376.1		−167.8	10.5
高碑店市	363.7	0.7	43.0	26.1	−1 171.3	21.7
白沟新城	0.7	−0.1			0.9	4.4
高新区	1 954.9	3.5	558.3	151.7	−3 449.8	204.5

6-13 各县（市、区）限额以上住宿业法人企业财务状况（七）

单位：万元

县（市、区）	三、损益及分配			四、人工成本及增值税		五、从事住宿和餐饮业活动的从业人员平均人数（人）
	营业外支出	利润总额	所得税费用	应付职工薪酬（本年货方累计发生额）	应交增值税	
全　市	**114.4**	**-11 797.9**	**199.9**	**20 154.8**	**-3 952.1**	**4 349**
竞秀区	79.1	–1 375.2	0.6	2 438.3	177.2	482
莲池区	1.0	–415.6	1.1	2 332.5	128.3	520
满城区						
清苑区						
徐水区	6.0	829.0	168.9	4 256.9	231.9	639
涞水县	10.6	–728.6		475.9	43.6	134
阜平县	0.2	–261.4		316.2	10.0	115
定兴县						
唐　县		60.5	17.4	312.0	41.9	98
高阳县						
涞源县	7.0	–4 517.1	1.5	1 906.2	–5 164.9	432
望都县						
易　县	0.2	–24.9	0.7	190.6	3.0	48
曲阳县						
蠡　县						
顺平县						
博野县						
涿州市	0.1	–807.5	1.5	748.0	123.4	174
安国市	1.5	–158.8	2.5	82.9	10.1	182
高碑店市	6.2	–1 155.8	3.6	1 617.2	206.9	398
白沟新城		5.3	2.1	268.7	5.6	55
高新区	2.5	–3 247.8		5 209.4	230.9	1 072

6-14 各县（市、区）限额以上餐饮业法人企业财务状况（一）

单位：万元

县（市、区）	法人企业数（个）	执行《2006年企业会计准则》企业数	一、年初存货	二、期末资产负债		
				流动资产合计	应收账款	存货
全市	**77**	**19**	**8 981.0**	**117 288.1**	**2 929.9**	**9 446.1**
竞秀区	10	2	229.8	7 393.0	286.3	328.5
莲池区	10	2	1 287.5	7 289.8	97.4	1 200.2
满城区	3		22.3	499.9	17.5	20.9
清苑区	3	1	5.4	412.0	179.8	8.3
徐水区	1		12.6	3 073.2	17.5	31.3
涞水县	3	1	14.9	9 543.0	1 099.4	30.8
阜平县						
定兴县	5	3	184.5	6 302.8	52.3	119.4
唐县	7		2 351.7	3 180.8	25.1	2 338.4
高阳县	2	2	28.0	246.1	16.2	58.6
涞源县	1	1	-76.6	416.0	135.5	37.2
望都县	1		11.4	30.7	1.2	1.6
易县	4	2	4 434.4	49 131.8	64.0	4 749.2
曲阳县	5	1	66.6	1 314.3	210.2	143.7
蠡县	1		86.3	433.7	15.3	76.9
顺平县	2		60.0	1 412.8	170.5	76.1
博野县	1	1	6.4	235.0	228.6	6.4
涿州市	5	1	175.6	18 439.9	114.3	142.7
安国市						
高碑店市	1		4.1	3.0		1.1
白沟新城	5		8.5	374.3	11.0	9.6
高新区	7	2	67.6	7 556.0	187.8	65.2

6-14 各县（市、区）限额以上餐饮业法人企业财务状况（二）

单位：万元

县（市、区）	二、期末资产负债					
	固定资产原价	房屋和构筑物	机器设备	累计折旧	本年折旧	固定资产净额
全　市	**73 601.2**	**38 414.2**	**7 326.6**	**31 611.6**	**3 870.6**	**26 246.3**
竞秀区	5 279.8		452.8	1 673.2	416.6	3 606.4
莲池区	5 783.6	1 707.0	199.6	3 020.2	586.1	2 763.4
满城区	428.7			103.8	97.4	17.9
清苑区	112.8		70.2	54.6	6.7	49.0
徐水区	772.4			273.4	59.1	499.0
涞水县	25 046.4	23 644.1	1 402.3	11 318.7	980.6	1 522.4
阜平县						
定兴县	3 403.4	2 500.0	78.7	2 132.2	25.9	1 042.2
唐　县	4 119.2	74.9	249.6	1 032.2	118.4	366.9
高阳县	291.3			123.5	29.0	167.8
涞源县	997.6		997.6	463.9	202.4	533.6
望都县	1.1			1.1	1.1	
易　县	5 387.0	4 148.0	1 166.5	2 289.2	345.7	3 097.8
曲阳县	269.0	40.0	10.0	37.5	7.0	20.5
蠡　县	3 155.9			974.6	262.2	2 181.3
顺平县	32.2		32.2	1.6	1.1	30.6
博野县	120.0	95.0	25.0	38.2	19.5	81.8
涿州市	1 777.6	440.9	56.6	1 333.8	150.1	406.0
安国市						
高碑店市	10.1		10.1	7.0	2.0	1.1
白沟新城	127.1		13.5	84.2	19.7	21.4
高新区	16 486.0	5 764.3	2 561.9	6 648.7	540.0	9 837.2

6-14 各县（市、区）限额以上餐饮业法人企业财务状况（三）

单位：万元

县（市、区）	二、期末资产负债					
	在建工程	无形资产	土地使用权	资产总计	流动负债合计	应付账款
全　市	**23 764.9**	**1 905.2**	**136.0**	**205 998.6**	**119 779.1**	**8 129.4**
竞秀区				14 479.3	13 624.0	139.6
莲池区	7.8	136.4	136.0	11 528.9	9 326.3	1 657.7
满城区		0.1		1 016.4	394.9	171.6
清苑区				477.6	146.8	
徐水区				3 572.2	3 461.3	
涞水县	120.2	0.3		23 905.6	27 921.8	348.5
阜平县						
定兴县				7 146.2	5 873.3	110.8
唐　县	842.0			7 950.9	1 984.2	46.1
高阳县				416.3	58.5	
涞源县	1 233.1			2 182.8	2.1	2.1
望都县				74.8	62.6	30.8
易　县	9 066.7			63 761.8	6 970.0	1 897.8
曲阳县				3 910.8	1.0	1.0
蠡　县	12 201.1	1 564.8		19 489.4	21 123.4	465.7
顺平县				1 729.7	762.5	102.5
博野县				235.0	113.8	79.0
涿州市	237.1	202.9		25 678.3	11 211.2	755.2
安国市						
高碑店市				4.1	0.5	0.5
白沟新城		0.7		416.3	57.4	
高新区	56.9			18 022.2	16 683.5	2 320.5

6-14 各县（市、区）限额以上餐饮业法人企业财务状况（四）

单位：万元

县（市、区）	二、期末资产负债				三、损益及分配	
	负债合计	所有者权益	实收资本	个人资本	营业收入	主营业务收入
全　市	**174 915.0**	**31 000.1**	**45 800.4**	**19 270.3**	**67 149.8**	**66 317.3**
竞秀区	14 250.3	229.0	3 157.0	1 308.1	9 786.8	9 716.6
莲池区	9 445.9	2 083.0	2 569.5	1 180.0	20 363.9	20 144.7
满城区	395.0	621.4	350.0		914.5	914.5
清苑区	146.8	330.8	258.0	200.0	691.9	691.9
徐水区	3 461.3	110.9			1 123.1	1 123.1
涞水县	28 821.8	−4 916.2	6 045.8	13.2	1 050.8	966.4
阜平县						
定兴县	5 875.8	1 270.4	1 158.0	758.0	4 785.4	4 684.8
唐　县	1 987.2	5 963.7	1 868.0	220.0	2 618.6	2 618.6
高阳县	231.5	184.8			2 909.5	2 909.5
涞源县	−4.7	2 187.5	2 700.0		1 262.7	1 262.7
望都县	62.6	12.2			468.0	468.0
易　县	54 175.4	9 586.4	15 000.0	15 000.0	2 429.0	2 429.0
曲阳县	162.5	3 664.8	650.0	50.0	1 410.3	1 360.8
蠡　县	21 123.4	−1 634.0	3 000.0		2 337.1	2 028.5
顺平县	991.5	738.2	550.0	537.5	1 562.2	1 562.2
博野县	113.8	121.2			233.4	233.4
涿州市	16 933.5	8 744.8	8 003.0		3 562.4	3 562.4
安国市						
高碑店市	0.5	3.6			98.1	98.1
白沟新城	57.4	358.9	204.6	3.5	1 451.2	1 451.2
高新区	16 683.5	1 338.7	286.5		8 090.9	8 090.9

6-14 各县（市、区）限额以上餐饮业法人企业财务状况（五）

单位：万元

县（市、区）	三、损益及分配					
	营业成本	税金及附加	其他业务利润	销售费用	管理费用	研发费用
全　市	**36 833.0**	**396.0**	**51.4**	**18 593.8**	**13 921.4**	**3.1**
竞秀区	4 421.1	11.2		4 578.1	1 433.4	
莲池区	11 787.9	96.0	43.5	5 334.1	3 029.7	0.6
满城区	415.3	5.2		402.5	56.5	0.1
清苑区	462.3	1.9		171.3	108.0	
徐水区	561.5	6.6		102.3	426.2	
涞水县	392.9	18.9		268.2	1 356.5	0.1
阜平县						
定兴县	3 561.7	10.5		651.3	590.7	
唐　县	1 709.4	11.8		276.8	469.2	
高阳县	1 429.0	61.4		794.5	556.1	1.2
涞源县	377.5	0.7		2.6	872.2	
望都县	274.9	3.2		2.1	210.8	0.5
易　县	2 282.2	3.7		109.9	310.9	0.3
曲阳县	878.5	14.0		340.6	118.3	0.2
蠡　县	748.3	50.5		1 086.9	802.0	
顺平县	854.3	2.2		59.7	422.4	
博野县	130.7	2.3			77.4	
涿州市	1 961.4	19.1	7.9	1 496.5	507.1	0.1
安国市						
高碑店市	50.0				55.0	
白沟新城	893.5	0.5		245.4	263.7	
高新区	3 640.6	76.3		2 671.0	2 255.3	

6-14 各县（市、区）限额以上餐饮业法人企业财务状况（六）

单位：万元

县（市、区）	三、损益及分配					
	财务费用	利息收入	利息费用	投资收益	营业利润	营业外收入
全　市	**722.0**	**1.3**	**516.1**	**485.3**	**-2 934.8**	**640.3**
竞秀区	70.2	0.4	46.9	52.5	–654.9	85.3
莲池区	77.5	0.2	23.5		38.4	234.7
满城区	1.0				33.8	5.8
清苑区	6.0		5.4		–57.6	12.9
徐水区	1.3				26.2	7.2
涞水县	80.6		80.3		–1 135.2	150.6
阜平县						
定兴县	218.9	0.5	212.4		–201.0	4.2
唐　县	9.9	0.1			–65.0	34.6
高阳县	0.5	0.2	0.7		66.8	
涞源县	3.2	–0.2			6.2	
望都县	0.2				–23.7	
易　县	152.6	0.3	145.8	–87.7	–430.5	19.2
曲阳县	1.3		0.9		102.5	
蠡　县	5.9				–356.5	24.9
顺平县	0.9				195.0	
博野县					23.0	
涿州市	15.5	–0.2		520.5	90.5	10.8
安国市						
高碑店市					–11.9	
白沟新城	7.5				40.7	2.4
高新区	69.0		0.2		–621.6	47.7

6-14 各县（市、区）限额以上餐饮业法人企业财务状况（七）

单位：万元

县（市、区）	三、损益及分配			四、人工成本及增值税		五、从事住宿和餐饮业活动的从业人员平均人数（人）
	营业外支出	利润总额	所得税费用	应付职工薪酬（本年货方累计发生额）	应交增值税	
全　市	**99.2**	**-2 393.8**	**128.8**	**13 676.1**	**910.2**	**3 653**
竞秀区	33.3	-602.9	15.5	2 268.1	47.7	538
莲池区	30.0	243.0	33.2	2 729.5	345.2	584
满城区		39.6	1.2	308.4	13.2	106
清苑区	3.3	-48.0		210.7	12.3	64
徐水区	0.3	33.1	13.2	276.3	55.0	60
涞水县	0.2	-984.8	2.5	314.3	26.1	84
阜平县						
定兴县		-196.8	1.9	609.7	117.4	212
唐　县		-30.4	7.0	854.8	16.4	233
高阳县	11.9	54.9	14.5	398.2	21.4	120
涞源县		6.2		371.6	75.9	100
望都县		-23.7		106.5	1.1	37
易　县	10.1	-421.4	0.1	1 021.7	4.7	236
曲阳县		102.5	7.4	223.6	9.0	171
蠡　县	6.0	-337.6		72.2		169
顺平县		195.0	7.2	324.3	5.6	83
博野县		23.0		159.2	1.0	40
涿州市	1.2	100.1	1.1	1 063.9	77.3	253
安国市						
高碑店市		-11.9	0.1	60.0		16
白沟新城	0.1	43.0	0.9	406.7	5.1	89
高新区	2.8	-576.7	23.0	1 896.4	75.8	458

6-15 全部财政收入和一般公共预算收入

单位：万元、%

指标名称	2021年	2020年	同比增长
全部财政收入	**5 507 357**	**4 887 821**	**12.7**
一般公共预算收入	**3 124 822**	**2 806 607**	**11.3**
一、税收收入	**1 892 163**	**1 698 112**	**11.4**
增值税	553 911	539 417	2.7
企业所得税	157 781	136 555	15.5
个人所得税	56 389	43 898	28.5
资源税	13 152	9 005	46.1
城市维护建设税	146 315	125 849	16.3
房产税	81 277	67 374	20.6
印花税	49 883	40 898	22.0
城镇土地使用税	70 967	64 857	9.4
土地增值税	263 278	352 485	-25.3
车船税	71 463	66 669	7.2
耕地占用税	98 550	43 183	128.2
契税	322 835	201 977	59.8
烟叶税	276	8	3350.0
环境保护税	5 551	5 278	5.2
其他税收收入	535	659	-18.8
二、非税收入	**1 232 659**	**1 108 495**	**11.2**
专项收入	361 983	245 417	47.5
行政事业性收费收入	89 869	86 850	3.5
罚没收入	145 055	173 711	-16.5
国有资本经营收入	22 647	35 152	-35.6
国有资源（资产）有偿使用收入	563 184	473 731	18.9
其他收入	49 921	14 613	241.6

6-16 一般公共预算支出

单位：万元、%

指标名称	2021年	2020年	比上年增长
一般公共预算支出	**7 915 858**	**8 021 383**	**-1.3**
一般公共服务支出	695 152	673 032	3.3
国防支出	4 764	4 841	-1.6
公共安全支出	381 864	356 959	7.0
教育支出	1 551 958	1 557 813	-0.4
科学技术支出	92 762	28 407	226.5
文化旅游体育与传媒支出	132 783	150 585	-11.8
社会保障和就业支出	1 119 068	1 072 287	4.4
卫生健康支出	903 223	938 354	-3.7
节能环保支出	487 460	527 428	-7.6
城乡社区支出	825 104	690 002	19.6
农林水支出	920 464	1 060 489	-13.2
交通运输支出	248 740	485 100	-48.7
资源勘探工业信息等支出	71 659	38 013	88.5
商业服务业等支出	16 837	20 024	-15.9
金融支出	7 766	2 067	275.7
援助其他地区支出	170		-
自然资源海洋气象等支出	117 850	148 126	-20.4
住房保障支出	197 683	116 173	70.2
粮油物资储备支出	6 363	19 412	-67.2
灾害防治及应急管理支出	47 059	41 724	12.8
其他支出	4 622	23 488	-80.3
债务付息支出	82 068	66 440	23.5
债务发行费用支出	439	619	-29.1

6-17 各县（市、区）全部财政收入

单位：万元、%

县（市、区）	2021年	2020年	比上年增长
全　市	**5 507 357**	**4 887 821**	**12.7**
竞秀区	412 193	383 219	7.6
莲池区	1 041 985	870 909	19.6
满城区	136 004	145 261	-6.4
清苑区	157 286	146 399	7.4
徐水区	643 995	540 764	19.1
涞水县	122 703	110 432	11.1
阜平县	77 021	66 288	16.2
定兴县	174 243	159 170	9.5
唐　县	107 107	93 700	14.3
高阳县	137 003	124 610	9.9
涞源县	116 382	112 669	3.3
望都县	71 911	68 412	5.1
易　县	133 658	114 209	17.0
曲阳县	122 348	109 796	11.4
蠡　县	97 926	86 889	12.7
顺平县	95 816	78 085	22.7
博野县	50 947	47 319	7.7
涿州市	502 804	474 774	5.9
安国市	163 920	151 458	8.2
高碑店市	292 044	264 182	10.5
白沟新城	99 180	100 118	-0.9
高新区	387 216	314 434	23.1

6-18 各县（市、区）一般公共预算收入

单位：万元、%

县（市、区）	2021年	2020年	比上年增长
全　市	**3 124 822**	**2 806 607**	**11.3**
竞秀区	190 002	167 401	13.5
莲池区	359 588	292 890	22.8
满城区	82 941	93 175	-11.0
清苑区	93 368	85 616	9.1
徐水区	259 888	245 775	5.7
涞水县	81 474	70 424	15.7
阜平县	64 696	53 380	21.2
定兴县	100 295	88 864	12.9
唐　县	63 165	55 206	14.4
高阳县	93 615	84 411	10.9
涞源县	86 936	92 092	-5.6
望都县	48 821	44 367	10.0
易　县	89 010	68 980	29.0
曲阳县	80 114	65 378	22.5
蠡　县	72 881	61 180	19.1
顺平县	60 286	55 158	9.3
博野县	35 003	31 276	11.9
涿州市	342 072	342 041	0.0
安国市	100 264	91 038	10.1
高碑店市	183 511	164 439	11.6
白沟新城	67 120	61 594	9.0
高新区	206 107	167 198	23.3

6-19 各县（市、区）一般公共预算支出

单位：万元、%

县（市、区）	2021年	2020年	比上年增长
全　市	**7 915 858**	**8 021 383**	**-1.3**
竞秀区	228 522	194 956	17.2
莲池区	302 483	271 197	11.5
满城区	220 428	246 580	-10.6
清苑区	343 585	396 188	-13.3
徐水区	399 561	437 485	-8.7
涞水县	241 734	258 459	-6.5
阜平县	294 426	344 713	-14.6
定兴县	359 993	439 527	-18.1
唐　县	347 001	357 371	-2.9
高阳县	282 770	267 012	5.9
涞源县	307 833	374 375	-17.8
望都县	182 733	203 585	-10.2
易　县	372 353	390 399	-4.6
曲阳县	377 578	366 682	3.0
蠡　县	273 226	304 303	-10.2
顺平县	241 665	276 123	-12.5
博野县	163 287	200 779	-18.7
涿州市	662 714	642 183	3.2
安国市	293 356	269 625	8.8
高碑店市	391 286	383 713	2.0
白沟新城	127 263	125 607	1.3
高新区	87 206	88 127	-1.0

6-20 金融机构本外币存贷款

单位：亿元、%

指标名称	年末余额	比年初增减额	比年初±%
一、存款余额	**9 177.8**	**1 019.2**	**12.5**
（一）境内存款	9 174.6	1 018.9	12.5
1. 住户存款	6 617.2	946.7	16.7
①活期存款	1 887.7	98.9	5.5
②定期及其他存款	4 729.5	847.8	21.8
2. 非金融企业存款	1 517.6	233.3	18.2
①活期存款	844.3	124.3	17.3
②定期及其他存款	673.3	109.0	19.3
3. 广义政府存款	1 019.2	–149.9	–12.8
①财政性存款	138.5	–151.2	–52.2
②机关团体存款	880.7	1.3	0.1
4. 非银行业金融机构存款	20.5	–11.2	–35.4
（二）境外存款	3.2	0.3	10.6
二、贷款余额	**5 571.1**	**639.3**	**13.0**
（一）境内贷款	5 571.1	639.3	13.0
1. 住户贷款	2 563.6	209.4	8.9
①短期贷款	420.2	19.3	4.8
消费贷款	108.2	6.6	6.5
经营贷款	312.0	12.8	4.3
②中长期贷款	2 143.4	190.1	9.7
消费贷款	1 853.2	191.8	11.5
经营贷款	290.2	–1.7	–0.6
2. 非金融企业及机关团体贷款	3 007.4	429.8	16.7
①短期贷款	900.6	–40.8	–4.3
②中长期贷款	1 857.3	410.0	28.3
③票据融资	244.3	59.7	32.4
④各项垫款	5.2	0.9	20.6
（二）境外贷款	0.02	–0.01	–37.9
三、存贷比	**60.7**		

6-21 各县（市、区）金融机构存款

单位：亿元、%

县（市、区）	金融机构本外币存款				金融机构人民币存款	
			住户			
	年末余额	比年初增长	年末余额	比年初增长	年末余额	比年初增长
全　市	**9 177.8**	**12.5**	**6 617.2**	**16.7**	**9 140.9**	**12.5**
市辖区	3 527.7	14.7	2 008.0	21.3	3 503.6	14.8
满城区	300.8	10.4	246.7	15.6	300.6	10.4
清苑区	370.0	14.6	307.8	17.0	369.1	14.5
徐水区	433.9	14.3	347.9	18.4	433.1	14.3
涞水县	228.4	9.2	186.3	14.0	228.4	9.2
阜平县	155.4	7.5	129.5	6.2	155.4	7.5
定兴县	292.6	9.1	233.9	14.5	292.1	9.0
唐　县	321.4	14.4	283.5	17.5	321.4	14.4
高阳县	258.7	11.7	214.9	15.7	258.4	11.7
涞源县	155.0	7.2	124.8	9.9	154.9	7.2
望都县	183.1	13.4	157.0	17.6	183.1	13.4
易　县	326.6	11.9	277.2	15.6	326.2	11.9
曲阳县	325.7	14.3	285.4	15.5	325.6	14.3
蠡　县	262.1	8.8	227.1	11.4	261.7	8.8
顺平县	177.6	7.0	147.1	14.7	177.6	7.0
博野县	144.2	11.3	124.2	15.6	144.2	11.3
涿州市	704.3	10.3	534.8	13.6	696.7	10.2
安国市	313.0	13.6	264.7	13.7	312.9	13.6
高碑店市	697.2	8.9	516.7	14.5	695.8	8.9

注：市辖区包括竞秀区、莲池区、高新区，高碑店市数据包含白沟新城。

6-22 各县（市、区）金融机构贷款

单位：亿元、%

县（市、区）	金融机构本外币贷款				金融机构人民币贷款	
			住户			
	年末余额	比年初增长	年末余额	比年初增长	年末余额	比年初增长
全　市	**5 571.1**	**13.0**	**2 563.6**	**8.9**	**5 568.4**	**13.0**
市辖区	2 343.0	15.3	905.2	10.0	2 340.5	15.4
满城区	155.4	14.8	62.5	9.2	155.4	14.8
清苑区	124.3	-1.0	62.5	-2.9	124.3	-1.0
徐水区	204.9	13.8	89.0	17.5	204.9	13.8
涞水县	159.3	9.7	77.8	-0.5	159.3	9.7
阜平县	93.6	10.4	15.0	-10.1	93.6	10.4
定兴县	149.4	11.4	92.2	14.8	149.4	11.4
唐　县	151.9	20.1	70.5	17.7	151.9	20.1
高阳县	100.8	15.5	40.1	8.2	100.8	15.5
涞源县	81.0	18.8	34.8	17.4	81.0	18.8
望都县	101.4	9.4	47.8	3.5	101.4	9.4
易　县	145.2	10.5	66.2	5.6	145.2	10.5
曲阳县	82.3	18.1	41.4	24.3	82.3	18.1
蠡　县	57.8	13.1	26.0	10.5	57.7	13.1
顺平县	77.8	16.2	38.8	13.3	77.8	16.2
博野县	65.9	13.3	33.0	6.4	65.9	13.3
涿州市	600.2	7.8	396.8	3.8	600.1	7.8
安国市	164.6	15.2	105.6	11.7	164.6	15.2
高碑店市	712.3	10.8	358.5	10.6	712.3	10.8

注：市辖区包括竞秀区、莲池区、高新区，高碑店市数据包含白沟新城。

第二部分

统计数据篇

七、外资

7-1 全市外商投资企业情况（一）

单位：个、万美元

指标名称	外资企业数量	投资总额	注册资本
全　市	**232**	**788 042**	**545 635**
按国民经济行业分组			
农业	4	250	191
黑色金属矿采选业	2	9 461	4 235
农副食品加工业	10	2 820	2 351
食品制造业	11	13 131	5 637
酒、饮料和精制茶制造业	7	124 455	74 175
纺织业	4	103	86
皮革、毛皮、羽毛及其制品和制鞋业	4	182	182
木材加工和木、竹、藤、棕、草制品业	2	182	142
造纸和纸制品业	3	10 574	10 374
文教、工美、体育和娱乐用品制造业	1	21	15
化学原料和化学制品制造业	7	1 414	790
医药制造业	2	37	32
化学纤维制造业	1	250	175
橡胶和塑料制品业	6	20 417	10 851
非金属矿物制品业	4	1 473	613
有色金属冶炼和压延加工业	3	16 005	7 631
金属制品业	11	1 722	1 593
通用设备制造业	10	4 662	2 362
专用设备制造业	5	2 123	2 123
汽车制造业	12	144 801	138 477
铁路、船舶、航空航天和其他运输设备制造业	2	9 229	4 766
电气机械和器材制造业	6	39 190	23 596
计算机、通信和其他电子设备制造业	4	4 975	3 112
仪器仪表制造业	3	7 418	5 938
其他制造业	1	70	50
废弃资源综合利用业	2	11 780	4 607
电力、热力生产和供应业	7	55 344	22 615
燃气生产和供应业	4	7 509	7 509
水的生产和供应业	2	3 830	1 601

7-1 全市外商投资企业情况（二）

单位：个、万美元

指标名称	外资企业数量	投资总额	注册资本
房屋建筑业	2	32 897	32 317
建筑装饰、装修和其他建筑业	1	46	46
批发业	13	5 107	4 774
道路运输业	10	30 580	11 932
装卸搬运和仓储业	2	21 500	7 500
住宿业	1	2 899	2 174
餐饮业	2	17	17
互联网和相关服务	1	463	463
软件和信息技术服务业	7	72 672	62 932
其他金融业	1	2 727	1 091
房地产业	3	11 959	5 664
租赁业	1	2 564	2 564
商务服务业	21	78 109	59 178
研究和试验发展	3	11 701	4 365
专业技术服务业	2	64	64
科技推广和应用服务业	12	6 741	5 446
生态保护和环境治理业	1	147	147
公共设施管理业	1	3 137	3 137
居民服务业	1	167	167
教育	1	48	48
卫生	1	5 355	1 785
社会工作	1	339	339
文化艺术业	2	386	301
体育	2	4 991	3 356
按投资国别分组			
阿富汗	1	14	14
阿拉伯联合酋长国	1	42	42
埃及	1	47	47
澳大利亚	4	4 326	4 320
中国澳门	4	824	740
丹麦	2	256	181

7-1 全市外商投资企业情况（三）

单位：个、万美元

指标名称	外资企业数量	投资总额	注册资本
德国	8	12 427	5 744
俄罗斯	2	436	436
法国	5	15 426	9 103
菲律宾	1	48 900	16 300
韩国	7	4 957	3 069
荷兰	4	245	201
加拿大	5	22 272	7 707
开曼群岛	2	22 224	13 891
罗马尼亚	1	29	22
美国	18	17 372	14 700
尼泊尔	1	20	20
挪威	1	4	4
日本	18	14 189	8 388
瑞典	1	1 100	500
瑞士	3	8 086	4 335
塞舌尔	2	5 100	2 060
圣其茨--尼维斯	3	5 457	2 812
塔吉克斯坦	1	7	7
中国台湾	20	3 490	3 240
投资性公司	3	12 202	4 248
西班牙	2	115	86
中国香港	83	464 740	356 692
新加坡	11	35 107	22 408
新西兰	1	2 727	1 091
意大利	4	2 791	1 415
印度	2	17	17
英国	6	8 105	5 346
英属维尔京群岛	1	623	623
英属印度洋领地	1	65 345	52 485
其他	2	9 021	3 342

注：数据来源为中华人民共和国商务部业务系统统一平台外商投资信息报告（2021年度参报企业）。

7-2 各县（市、区）外商投资企业情况

单位：个、万美元

县（市、区）	外资企业数量	投资总额	注册资本
全 市	**232**	**788 042**	**545 635**
竞秀区	14	13 419	13 132
莲池区	35	169 735	147 633
满城区	4	8 465	3 248
清苑区	9	11 933	4 474
徐水区	9	49 910	45 692
涞水县	3	7 254	4 254
阜平县	2	2 814	2 814
定兴县	5	45 734	34 170
唐 县	7	7 235	5 711
高阳县	6	5 924	4 051
涞源县	4	33 377	12 418
望都县	16	6 414	3 710
易 县	6	10 387	4 708
曲阳县	3	3 579	2 579
蠡 县	8	3 789	2 224
顺平县	8	67 246	53 964
博野县	3	3 512	2 035
涿州市	34	93 477	58 208
安国市	5	2 871	1 638
高碑店市	12	97 189	56 865
白沟新城	5	2 633	2 621
高新区	34	141 147	79 484

注：数据来源为中华人民共和国商务部业务系统统一平台外商投资信息报告（2021年度参报企业）。

第二部分

统计数据篇

八、劳动工资

8-1 分行业城镇非私营单位从业人员及工资情况（一）

单位：个、人

指标名称	单位数	从业人员					
		从业人员期末人数	女 性	在岗职工	劳务派遣人员	在岗劳务	其他从业人员
全 市	**7 065**	**713 825**	**291 629**	**602 077**	**56 266**	**658 343**	**55 482**
（一）农、林、牧、渔业	58	1 764	574	1 542	14	1 556	208
（二）采矿业	2	262	49	252	10	262	
（三）制造业	655	150 651	42 766	135 784	9 575	145 359	5 292
（四）电力、热力、燃气及水生产和供应业	129	19 725	5 838	18 987	509	19 496	229
（五）建筑业	214	71 003	9 041	50 106	1 858	51 964	19 039
（六）批发和零售业	516	24 487	15 057	23 265	1 091	24 356	131
（七）交通运输、仓储和邮政业	157	17 194	6 520	15 529	1 226	16 755	439
（八）住宿和餐饮业	96	5 750	3 612	4 826	792	5 618	132
（九）信息传输、软件和信息技术服务业	157	14 806	5 989	14 457	323	14 780	26
（十）金融业	138	41 665	22 977	26 583	1 488	28 071	13 594
（十一）房地产业	356	9 585	3 885	9 074	401	9 475	110
（十二）租赁和商务服务业	311	14 611	3 953	14 103	462	14 565	46
（十三）科学研究和技术服务业	281	45 923	8 538	32 283	5 668	37 951	7 972
（十四）水利、环境和公共设施管理业	104	9 522	3 770	4 406	1 818	6 224	3 298
（十五）居民服务、修理和其他服务业	42	8 528	1 609	8 418	98	8 516	12
（十六）教育	1 770	110 902	80 064	104 984	4 730	109 714	1 188
（十七）卫生和社会工作	447	55 896	39 094	52 316	2 173	54 489	1 407
（十八）文化、体育和娱乐业	148	3 335	1 657	2 786	409	3 195	140
（十九）公共管理、社会保障和社会组织	1 485	108 217	36 637	82 375	23 623	105 998	2 219

8-1 分行业城镇非私营单位从业人员及工资情况（二）

单位：人

指标名称	从业人员				
	从业人员平均人数	在岗职工	劳务派遣人员	在岗劳务	其他从业人员
全　市	**717 955**	**602 194**	**55 451**	**657 645**	**60 310**
（一）农、林、牧、渔业	1 805	1 566	13	1 579	226
（二）采矿业	244	234	10	244	
（三）制造业	148 876	134 128	9 825	143 953	4 923
（四）电力、热力、燃气及水生产和供应业	19 740	19 057	475	19 532	208
（五）建筑业	68 318	49 772	1 767	51 539	16 779
（六）批发和零售业	25 039	23 795	1 137	24 932	107
（七）交通运输、仓储和邮政业	17 616	16 004	1 172	17 176	440
（八）住宿和餐饮业	5 737	4 831	766	5 597	140
（九）信息传输、软件和信息技术服务业	14 743	14 385	332	14 717	26
（十）金融业	43 238	26 664	1 616	28 280	14 958
（十一）房地产业	9 653	9 117	404	9 521	132
（十二）租赁和商务服务业	14 665	14 212	348	14 560	105
（十三）科学研究和技术服务业	54 045	34 679	5 470	40 149	13 896
（十四）水利、环境和公共设施管理业	9 527	4 436	1 799	6 235	3 292
（十五）居民服务、修理和其他服务业	8 585	8 467	104	8 571	14
（十六）教育	110 353	104 493	4 626	109 119	1 234
（十七）卫生和社会工作	54 889	51 464	2 063	53 527	1 362
（十八）文化、体育和娱乐业	3 432	2 854	407	3 261	171
（十九）公共管理、社会保障和社会组织	107 449	82 035	23 116	105 151	2 298

8-1 分行业城镇非私营单位从业人员及工资情况（三）

单位：千元

指标名称	工资总额				
	从业人员工资总额	在岗职工	劳务派遣人员	在岗劳务	其他从业人员
全　市	**56 087 766**	**50 856 171**	**2 682 550**	**53 538 721**	**2 549 045**
（一）农、林、牧、渔业	88 455	81 017	499	81 516	6 939
（二）采矿业	17 898	15 444	2 454	17 898	
（三）制造业	13 339 498	12 550 154	571 140	13 121 294	218 204
（四）电力、热力、燃气及水生产和供应业	1 727 394	1 695 098	23 741	1 718 839	8 555
（五）建筑业	4 042 608	2 929 546	80 828	3 010 374	1 032 234
（六）批发和零售业	1 410 737	1 327 251	79 343	1 406 594	4 143
（七）交通运输、仓储和邮政业	924 922	853 673	59 947	913 620	11 302
（八）住宿和餐饮业	257 670	214 671	37 522	252 193	5 477
（九）信息传输、软件和信息技术服务业	1 815 933	1 783 952	30 872	1 814 824	1 109
（十）金融业	4 298 288	3 519 227	107 469	3 626 696	671 592
（十一）房地产业	757 056	714 906	36 647	751 553	5 503
（十二）租赁和商务服务业	870 728	846 388	17 604	863 992	6 736
（十三）科学研究和技术服务业	5 128 576	4 358 719	445 054	4 803 773	324 803
（十四）水利、环境和公共设施管理业	318 879	221 269	36 968	258 237	60 642
（十五）居民服务、修理和其他服务业	453 452	447 652	5 410	453 062	390
（十六）教育	9 103 679	8 887 909	171 453	9 059 362	44 317
（十七）卫生和社会工作	4 562 745	4 390 678	101 255	4 491 933	70 812
（十八）文化、体育和娱乐业	188 710	168 161	12 810	180 971	7 739
（十九）公共管理、社会保障和社会组织	6 780 539	5 850 456	861 535	6 711 991	68 548

8-1 分行业城镇非私营单位从业人员及工资情况（四）

单位：元/人

指标名称	平均工资				
	从业人员平均工资	在岗职工	劳务派遣人员	在岗劳务	其他从业人员
全 市	**78 122**	**84 451**	**48 377**	**81 410**	**42 266**
（一）农、林、牧、渔业	49 006	51 735	38 385	51 625	30 704
（二）采矿业	73 352	66 000	245 400	73 352	
（三）制造业	89 601	93 568	58 131	91 150	44 323
（四）电力、热力、燃气及水生产和供应业	87 507	88 949	49 981	88 001	41 130
（五）建筑业	59 173	58 859	45 743	58 410	61 519
（六）批发和零售业	56 342	55 779	69 783	56 417	38 720
（七）交通运输、仓储和邮政业	52 505	53 341	51 149	53 192	25 686
（八）住宿和餐饮业	44 914	44 436	48 984	45 059	39 121
（九）信息传输、软件和信息技术服务业	123 173	124 015	92 988	123 315	42 654
（十）金融业	99 410	131 984	66 503	128 242	44 899
（十一）房地产业	78 427	78 415	90 710	78 936	41 689
（十二）租赁和商务服务业	59 375	59 554	50 586	59 340	64 152
（十三）科学研究和技术服务业	94 895	125 688	81 363	119 649	23 374
（十四）水利、环境和公共设施管理业	33 471	49 880	20 549	41 417	18 421
（十五）居民服务、修理和其他服务业	52 819	52 870	52 019	52 860	27 857
（十六）教育	82 496	85 057	37 063	83 023	35 913
（十七）卫生和社会工作	83 127	85 316	49 081	83 919	51 991
（十八）文化、体育和娱乐业	54 985	58 921	31 474	55 496	45 257
（十九）公共管理、社会保障和社会组织	63 105	71 317	37 270	63 832	29 829

8-2　全市分行业城镇私营单位从业人员及工资情况（一）

单位：个、人

指标名称	单位数	从业人员					
		从业人员期末人数	女　性	在岗职工	劳务派遣人员	在岗劳务	其他从业人员
全　市	**24 109**	**376 006**	**165 315**	**354 249**	**9 902**	**364 151**	**11 855**
（一）农、林、牧、渔业	297	2 743	1 086	2 736		2 736	7
（二）采矿业	2	134	12	134		134	
（三）制造业	6 069	133 158	52 466	127 284	3 733	131 017	2 141
（四）电力、热力、燃气及水生产和供应业	87	2 670	741	2 572	69	2 641	29
（五）建筑业	3 604	60 767	11 556	54 265	1 834	56 099	4 668
（六）批发和零售业	5 485	45 000	25 498	44 557	346	44 903	97
（七）交通运输、仓储和邮政业	369	4 525	1 196	4 152	235	4 387	138
（八）住宿和餐饮业	598	9 431	5 515	9 271	146	9 417	14
（九）信息传输、软件和信息技术服务业	734	5 756	3 145	5 753	2	5 755	1
（十）金融业	47	852	488	825		825	27
（十一）房地产业	1 462	26 698	11 506	25 341	1 206	26 547	151
（十二）租赁和商务服务业	2 273	20 084	11 254	17 601	1 669	19 270	814
（十三）科学研究和技术服务业	1 059	11 878	4 762	11 361	220	11 581	297
（十四）水利、环境和公共设施管理业	136	4 944	2 171	2 471	98	2 569	2 375
（十五）居民服务、修理和其他服务业	432	5 016	2 054	4 548	270	4 818	198
（十六）教育	748	27 831	21 634	27 259		27 259	572
（十七）卫生和社会工作	365	12 518	9 257	12 175	59	12 234	284
（十八）文化、体育和娱乐业	342	2 004	974	1 944	17	1 961	43
（十九）公共管理、社会保障和社会组织							

8-2 全市分行业城镇私营单位从业人员及工资情况（二）

单位：人

指标名称	从业人员				
	从业人员平均人数	在岗职工	劳务派遣人员	在岗劳务	其他从业人员
全　市	**370 232**	**348 995**	**9 516**	**358 511**	**11 721**
（一）农、林、牧、渔业	2 768	2 759		2 759	9
（二）采矿业	137	137		137	
（三）制造业	131 995	126 521	3 436	129 957	2 038
（四）电力、热力、燃气及水生产和供应业	2 616	2 525	62	2 587	29
（五）建筑业	60 658	54 621	1 820	56 441	4 217
（六）批发和零售业	43 494	42 931	360	43 291	203
（七）交通运输、仓储和邮政业	4 805	4 149	222	4 371	434
（八）住宿和餐饮业	9 166	9 000	153	9 153	13
（九）信息传输、软件和信息技术服务业	5 808	5 805	2	5 807	1
（十）金融业	868	841		841	27
（十一）房地产业	26 371	25 063	1 162	26 225	146
（十二）租赁和商务服务业	19 597	16 979	1 651	18 630	967
（十三）科学研究和技术服务业	11 249	10 834	248	11 082	167
（十四）水利、环境和公共设施管理业	4 843	2 367	79	2 446	2 397
（十五）居民服务、修理和其他服务业	4 948	4 490	260	4 750	198
（十六）教育	26 875	26 327		26 327	548
（十七）卫生和社会工作	12 234	11 901	45	11 946	288
（十八）文化、体育和娱乐业	1 801	1 746	16	1 762	39
（十九）公共管理、社会保障和社会组织					

8-2 全市分行业城镇私营单位从业人员及工资情况（三）

单位：千元

指标名称	工资总额				
	从业人员工资总额	在岗职工	劳务派遣人员	在岗劳务	其他从业人员
全　市	**17 588 543**	**16 684 999**	**446 577**	**17 131 576**	**456 967**
（一）农、林、牧、渔业	117 079	116 718		116 718	361
（二）采矿业	7 408	7 408		7 408	
（三）制造业	6 653 649	6 381 338	184 409	6 565 747	87 902
（四）电力、热力、燃气及水生产和供应业	126 326	122 681	2 415	125 096	1 230
（五）建筑业	2 963 678	2 670 731	92 285	2 763 016	200 662
（六）批发和零售业	1 781 192	1 764 092	13 161	1 777 253	3 939
（七）交通运输、仓储和邮政业	246 626	220 330	10 581	230 911	15 715
（八）住宿和餐饮业	376 849	369 758	6 098	375 856	993
（九）信息传输、软件和信息技术服务业	250 482	250 262	209	250 471	11
（十）金融业	57 109	56 165		56 165	944
（十一）房地产业	1 360 729	1 308 950	46 518	1 355 468	5 261
（十二）租赁和商务服务业	849 346	738 433	56 984	795 417	53 929
（十三）科学研究和技术服务业	586 187	557 346	19 747	577 093	9 094
（十四）水利、环境和公共设施管理业	138 291	96 526	4 078	100 604	37 687
（十五）居民服务、修理和其他服务业	197 905	183 776	7 396	191 172	6 733
（十六）教育	1 226 827	1 212 535		1 212 535	14 292
（十七）卫生和社会工作	569 361	550 729	2 072	552 801	16 560
（十八）文化、体育和娱乐业	79 498	77 221	622	77 843	1 655
（十九）公共管理、社会保障和社会组织					

8-2 全市分行业城镇私营单位从业人员及工资情况（四）

单位：元/人

指标名称	平均工资				
	从业人员平均工资	在岗职工	劳务派遣人员	在岗劳务	其他从业人员
全　市	**47 507**	**47 809**	**46 929**	**47 785**	**38 987**
（一）农、林、牧、渔业	42 297	42 304		42 304	40 111
（二）采矿业	54 073	54 073		54 073	
（三）制造业	50 408	50 437	53 670	50 522	43 132
（四）电力、热力、燃气及水生产和供应业	48 290	48 587	38 952	48 356	42 414
（五）建筑业	48 859	48 896	50 706	48 954	47 584
（六）批发和零售业	40 953	41 091	36 558	41 054	19 404
（七）交通运输、仓储和邮政业	51 327	53 104	47 662	52 828	36 210
（八）住宿和餐饮业	41 114	41 084	39 856	41 064	76 385
（九）信息传输、软件和信息技术服务业	43 127	43 111	104 500	43 133	11 000
（十）金融业	65 794	66 784		66 784	34 963
（十一）房地产业	51 599	52 226	40 033	51 686	36 034
（十二）租赁和商务服务业	43 341	43 491	34 515	42 695	55 769
（十三）科学研究和技术服务业	52 110	51 444	79 625	52 075	54 455
（十四）水利、环境和公共设施管理业	28 555	40 780	51 620	41 130	15 723
（十五）居民服务、修理和其他服务业	39 997	40 930	28 446	40 247	34 005
（十六）教育	45 649	46 057		46 057	26 080
（十七）卫生和社会工作	46 539	46 276	46 044	46 275	57 500
（十八）文化、体育和娱乐业	44 141	44 227	38 875	44 179	42 436
（十九）公共管理、社会保障和社会组织					

第二部分

统 计 数 据 篇

九、工业科技

9-1 全市及各县（市、区）规模以上工业企业R&D基本情况（一）

单位：个、人

指标名称	有R&D活动企业数	有研发机构企业数	R&D人员合计	女性	研究人员	全时人员
全　市	**437**	**256**	**21 847**	**4 025**	**8 899**	**16 515**
按企业规模分						
大型	25	15	14 046	1 924	6 925	11 218
中型	51	34	2 575	750	761	1 727
小型	340	192	5 125	1 314	1 195	3 512
微型	21	15	101	37	18	58
按隶属关系分						
中央	26	11	1 702	437	776	785
地方	16	10	1 628	291	797	941
其他	395	235	18 517	3 297	7 326	14 789
按登记注册类型分						
内资企业	413	238	11 152	2 621	3 437	7 476
国有企业	3	2	90	24	47	25
集体企业						
股份合作企业						
有限责任公司	83	38	4 825	899	1 862	3 115
国有独资公司	8	3	436	89	201	94
其他有限责任公司	75	35	4 389	810	1 661	3 021
股份有限公司	15	11	1 059	262	377	667
私营企业	312	187	5 178	1 436	1 151	3 669
私营独资企业	2	1	36	5	7	32
私营合伙企业						
私营有限责任公司	293	174	4 826	1 287	1 052	3 461
私营股份有限公司	17	12	316	144	92	176
港、澳、台商投资企业	5	6	6 975	795	3 902	6 240
合资经营企业（港或澳、台资）	2	2	152	40	19	100
合作经营企业（港或澳、台资）	1	1	14	1	2	12
港、澳、台商独资经营企业	1	1	6	2	3	5
港、澳、台商投资股份有限公司	1	2	6 803	752	3 878	6 123
外商投资企业	19	12	3 720	609	1 560	2 799
中外合资经营企业	11	7	805	187	253	332
中外合作经营企业						
外资企业	8	5	2 915	422	1 307	2 467

9-1 全市及各县（市、区）规模以上工业企业R&D基本情况（二）

单位：个、人

指标名称	有R&D活动企业数	有研发机构企业数	R&D人员合计	女性	研究人员	全时人员
按国民经济行业大类分						
采矿业	2	1	30	2	5	27
煤炭开采和洗选业						
黑色金属矿采选业	1	1	14	1	4	13
非金属矿采选业	1		16	1	1	14
制造业	425	251	21 489	3 964	8 796	16 396
农副食品加工业	17	8	202	61	17	123
食品制造业	9	9	294	98	59	206
酒、饮料和精制茶制造业	2	1	25	9	12	13
烟草制品业						
纺织业	14	10	233	99	86	167
纺织服装、服饰业	6	2	191	54	27	54
皮革、毛皮、羽毛及其制品和制鞋业	8	4	79	37	16	62
木材加工和木、竹、藤、棕、草制品业	3	1	71	11	10	58
家具制造业						
造纸和纸制品业	11	8	347	54	150	112
印刷和记录媒介复制业	5	3	33	8	3	20
文教、工美、体育和娱乐用品制造业	6	5	128	63	21	113
石油、煤炭及其他燃料加工业	1		2	2		1
化学原料和化学制品制造业	21	12	639	166	172	462
医药制造业	35	29	790	384	186	504
化学纤维制造业	3	2	26	7	7	15
橡胶和塑料制品业	32	19	791	183	247	460
非金属矿物制品业	31	24	483	81	101	263
黑色金属冶炼和压延加工业	1		3	1	1	2
有色金属冶炼和压延加工业	15	9	391	73	98	151
金属制品业	30	17	1 007	249	206	736
通用设备制造业	32	16	418	81	85	269
专用设备制造业	26	12	614	117	152	500
汽车制造业	32	18	12 838	1 652	6 424	10 743
铁路、船舶、航空航天和其他运输设备制造业	3	2	65	10	32	29
电气机械和器材制造业	60	30	1 475	413	593	1 049
计算机、通信和其他电子设备制造业	10	3	117	27	48	88
仪器仪表制造业	9	6	209	20	39	183
其他制造业	2		9	2	2	5
废弃资源综合利用业	1		9	2	2	8
金属制品、机械和设备修理业		1				

9-1 全市及各县（市、区）规模以上工业企业R&D基本情况（三）

单位：个、人

指标名称	有R&D活动企业数	有研发机构企业数	R&D人员合计	女性	研究人员	全时人员
电力、热力、燃气及水生产和供应业	10	4	328	59	98	92
电力、热力生产和供应业	7	1	131	20	55	64
燃气生产和供应业	3	3	197	39	43	28
水的生产和供应业						
按控股情况分						
公有经济	39	16	2 226	499	955	1 105
非公有经济	398	240	19 621	3 526	7 944	15 410
国有控股	37	15	2 148	487	927	1 046
集体控股	2	1	78	12	28	59
私人控股	383	228	16 302	3 016	6 515	12 769
港澳台商控股	2	3	20	3	5	17
外商控股	13	9	3 299	507	1 424	2 624
其他						
按地区分						
竞秀区	21	18	899	179	337	288
莲池区	31	9	10 845	1 312	5 492	9 488
满城区	29	21	499	137	164	352
清苑区	29	22	434	131	93	286
徐水区	31	12	2 240	393	931	1 523
涞水县	5	3	75	23	13	34
阜平县	11	4	88	25	10	46
定兴县	20	15	483	109	102	292
唐　县	13	4	205	37	34	120
高阳县	13	6	354	123	100	229
涞源县	4	3	85	8	6	77
望都县	9	5	119	24	25	79
易　县	11	8	182	31	42	90
曲阳县	5	6	110	22	23	49
蠡　县	13	7	358	77	55	256
顺平县	5	3	153	25	20	131
博野县	12	9	313	57	64	216
涿州市	40	20	1 269	325	370	697
安国市	26	26	450	231	71	312
高碑店市	37	24	744	211	140	607
白沟新城	10	2	86	15	19	57
高新区	62	29	1 856	530	788	1 286

9-1 全市及各县（市、区）规模以上工业企业R&D基本情况（四）

单位：万元

指标名称	R&D人员折合全时当量合计（人年）	R&D经费内部支出合计	按支出用途分			
			经常费支出	人员劳务费	资产性支出	仪器设备
全　市	**13 125**	**736 055**	**721 461**	**350 851**	**14 594**	**13 798**
按企业规模分						
大型	8 286	562 291	561 434	313 883	857	713
中型	1 661	57 630	53 419	16 394	4 210	3 770
小型	3 114	114 066	104 617	20 425	9 449	9 239
微型	63	2 069	1 991	149	78	76
按隶属关系分						
中央	984	38 581	38 514	14 041	67	65
地方	1 019	40 886	40 837	18 818	50	13
其他	11 122	656 588	642 110	317 992	14 478	13 720
按登记注册类型分						
内资企业	6 928	271 772	257 569	72 525	14 203	13 527
国有企业	31	5 015	5 015	647		
集体企业						
股份合作企业						
有限责任公司	3 002	122 703	120 147	43 027	2 556	2 191
国有独资公司	114	8 126	8 061	1 826	65	65
其他有限责任公司	2 888	114 577	112 086	41 202	2 492	2 126
股份有限公司	739	32 349	31 442	8 333	907	902
私营企业	3 157	111 706	100 966	20 518	10 740	10 434
私营独资企业	21	1 810	1 810	35		
私营合伙企业						
私营有限责任公司	2 936	104 332	93 827	18 254	10 505	10 220
私营股份有限公司	200	5 563	5 328	2 229	235	214
港、澳、台商投资企业	4 416	406 859	406 814	250 365	46	
合资经营企业（港或澳、台资）	112	4 627	4 582	850	45	
合作经营企业（港或澳、台资）	10	607	607			
港、澳、台商独资经营企业	5	166	166	95	0.2	
港、澳、台商投资股份有限公司	4 289	401 459	401 459	249 420		
外商投资企业	1 781	57 424	57 079	27 962	345	271
中外合资经营企业	505	14 305	14 305	4 828	1	0.1
中外合作经营企业						
外资企业	1 277	43 119	42 774	23 134	345	271

9-1 全市及各县（市、区）规模以上工业企业R&D基本情况（五）

单位：万元

指标名称	R&D人员折合全时当量合计（人年）	R&D经费内部支出合计	按支出用途分			
			经常费支出	人员劳务费	资产性支出	仪器设备
按国民经济行业大类分						
采矿业	10	1 333	1 288	114	45	
煤炭开采和洗选业						
黑色金属矿采选业	1	1 193	1 147	95	45	
非金属矿采选业	9	141	141	19		
制造业	12 934	725 997	711 449	348 950	14 549	13 798
农副食品加工业	114	4 034	3 941	805	94	93
食品制造业	179	4 747	4 523	1 249	223	223
酒、饮料和精制茶制造业	14	247	247	118		
烟草制品业						
纺织业	113	2 611	1 999	649	613	606
纺织服装、服饰业	106	2 133	2 064	621	69	69
皮革、毛皮、羽毛及其制品和制鞋业	54	890	858	175	32	32
木材加工和木、竹、藤、棕、草制品业	46	3 983	3 446	256	537	429
家具制造业						
造纸和纸制品业	62	2 582	2 448	990	134	134
印刷和记录媒介复制业	15	467	465	75	2	
文教、工美、体育和娱乐用品制造业	81	866	863	606	3	3
石油、煤炭及其他燃料加工业	1	23	23	7		
化学原料和化学制品制造业	418	9 228	8 628	3 159	600	544
医药制造业	441	16 406	16 235	3 101	170	156
化学纤维制造业	11	218	218	111		
橡胶和塑料制品业	565	20 555	19 667	5 246	888	865
非金属矿物制品业	342	6 863	6 614	2 113	249	173
黑色金属冶炼和压延加工业	2	90	90	8		
有色金属冶炼和压延加工业	232	7 769	5 933	1 157	1 837	1 817
金属制品业	617	21 087	19 721	3 909	1 366	1 340
通用设备制造业	229	7 388	7 287	1 171	101	97
专用设备制造业	381	15 174	14 446	3 600	728	719
汽车制造业	7 578	542 163	538 435	307 941	3 729	3 359
铁路、船舶、航空航天和其他运输设备制造业	19	3 617	3 436	479	181	181
电气机械和器材制造业	1 109	43 645	42 919	9 610	726	709
计算机、通信和其他电子设备制造业	73	6 377	4 170	958	2 207	2 189
仪器仪表制造业	125	2 551	2 497	809	54	54
其他制造业	6	204	198	27	6	6
废弃资源综合利用业	2	80	80			
金属制品、机械和设备修理业						

9-1 全市及各县（市、区）规模以上工业企业R&D基本情况（六）

单位：万元

指标名称	R&D人员折合全时当量合计（人年）	R&D经费内部支出合计	按支出用途分			
			经常费支出	人员劳务费	资产性支出	仪器设备
电力、热力、燃气及水生产和供应业	181	8 725	8 725	1 787		
电力、热力生产和供应业	60	6 031	6 031	890		
燃气生产和供应业	121	2 694	2 694	897		
水的生产和供应业						
按控股情况分						
公有经济	1 321	60 179	60 056	17 563	123	78
非公有经济	11 804	675 876	661 405	333 288	14 471	13 720
国有控股	1 277	58 847	58 765	16 918	81	78
集体控股	44	1 332	1 291	645	41	
私人控股	10 254	626 529	612 403	309 013	14 126	13 449
港澳台商控股	15	773	773	95	0.2	
外商控股	1 536	48 575	48 230	24 181	345	271
其他						
按地区分						
竞秀区	473	12 070	11 750	5 680	320	249
莲池区	6 258	481 717	480 928	283 992	790	701
满城区	239	16 304	15 114	2 073	1 190	1 173
清苑区	258	12 098	7 646	1 760	4 452	4 422
徐水区	1 373	51 686	51 179	21 777	507	380
涞水县	29	888	888	225		
阜平县	28	939	757	107	181	175
定兴县	329	8 875	8 150	2 190	725	725
唐　县	126	4 946	4 515	773	431	430
高阳县	139	5 909	5 299	1 413	610	605
涞源县	54	2 441	2 396	429	45	
望都县	63	3 493	2 593	333	900	900
易　县	100	4 486	4 139	689	346	222
曲阳县	66	1 118	1 118	388	1	
蠡　县	287	8 256	8 078	1 551	178	
顺平县	113	5 690	5 683	928	7	2
博野县	230	4 618	4 220	326	398	363
涿州市	688	24 633	24 158	6 996	476	474
安国市	298	10 675	10 538	684	137	119
高碑店市	520	12 070	12 008	3 462	62	60
白沟新城	61	1 468	1 287	345	181	181
高新区	1 393	61 676	59 018	14 733	2 657	2 617

9-1 全市及各县（市、区）规模以上工业企业R&D基本情况（七）

单位：万元

指标名称	R&D经费内部支出合计 按资金来源分 政府资金	R&D经费内部支出合计 按资金来源分 企业资金	R&D经费外部支出	对境内研究机构支出	对境内高等学校支出	对境内企业支出	对境外支出
全　市	**5 147**	**730 669**	**128 582**	**110 259**	**1 643**	**12 740**	**3 941**
按企业规模分							
大型	3 269	559 005	120 535	109 160	556	7 067	3 752
中型	672	56 958	4 731	214	531	3 986	
小型	1 169	112 673	3 317	885	555	1 687	189
微型	37	2 032					
按隶属关系分							
中央	1 881	36 700	2 626	1 205	825	597	
地方		40 886	73		38	35	
其他	3 266	653 082	125 882	109 054	780	12 107	3 941
按登记注册类型分							
内资企业	5 092	266 440	20 028	2 303	1 596	12 473	3 655
国有企业		5 015	514	66	135	313	
集体企业							
股份合作企业							
有限责任公司	2 433	120 254	15 047	816	870	9 707	3 655
国有独资公司		8 126	552	23	460	70	
其他有限责任公司	2 433	112 128	14 496	794	410	9 637	3 655
股份有限公司	1 704	30 421	2 885	1 166		1 719	
私营企业	955	110 751	1 582	255	592	735	
私营独资企业		1 810					
私营合伙企业							
私营有限责任公司	905	103 427	1 412	253	444	716	
私营股份有限公司	50	5 513	170	2	148	19	
港、澳、台商投资企业		406 859	107 955	107 955			
合资经营企业（港或澳、台资）		4 627					
合作经营企业（港或澳、台资）		607					
港、澳、台商独资经营企业		166					
港、澳、台商投资股份有限公司		401 459	107 955	107 955			
外商投资企业	55	57 369	599		46	266	287
中外合资经营企业	20	14 285	374		46	139	189
中外合作经营企业							
外资企业	35	43 084	225			128	97

9-1 全市及各县（市、区）规模以上工业企业R&D基本情况（八）

单位：万元

指标名称	R&D经费内部支出合计 按资金来源分 政府资金	 企业资金	R&D经费外部支出	对境内研究机构支出	对境内高等学校支出	对境内企业支出	对境外支出
按国民经济行业大类分							
采矿业		1 333					
煤炭开采和洗选业							
黑色金属矿采选业		1 193					
非金属矿采选业		141					
制造业	5 147	720 610	128 068	110 192	1 508	12 427	3 941
农副食品加工业	37	3 981					
食品制造业		4 747	9		9		
酒、饮料和精制茶制造业		247	3	3			
烟草制品业							
纺织业	90	2 521	6	6			
纺织服装、服饰业	30	2 103					
皮革、毛皮、羽毛及其制品和制鞋业		890					
木材加工和木、竹、藤、棕、草制品业		3 983					
家具制造业							
造纸和纸制品业		2 582	549	23	460	67	
印刷和记录媒介复制业		467					
文教、工美、体育和娱乐用品制造业		866	22	2		19	
石油、煤炭及其他燃料加工业		23					
化学原料和化学制品制造业	8	9 220	1 699		180	1 519	
医药制造业	165	16 241	4 712	846	518	3 349	
化学纤维制造业		218					
橡胶和塑料制品业	636	19 695	489		239	250	
非金属矿物制品业		6 863	56			56	
黑色金属冶炼和压延加工业		90					
有色金属冶炼和压延加工业		7 769	31		31		
金属制品业	170	20 917					
通用设备制造业	249	7 139	60	34	5	22	
专用设备制造业	50	15 124					
汽车制造业	1 921	540 243	120 105	109 071		7 093	3 941
铁路、船舶、航空航天和其他运输设备制造业		3 617					
电气机械和器材制造业	1 476	42 169	317	208	64	44	
计算机、通信和其他电子设备制造业	316	6 061	4		3	1	
仪器仪表制造业		2 551					
其他制造业		204	6			6	
废弃资源综合利用业		80					
金属制品、机械和设备修理业							

9-1 全市及各县（市、区）规模以上工业企业R&D基本情况（九）

单位：万元

指标名称	R&D经费内部支出合计		R&D经费外部支出	对境内研究机构支出	对境内高等学校支出	对境内企业支出	对境外支出
	按资金来源分						
	政府资金	企业资金					
电力、热力、燃气及水生产和供应业		8 725	514	66	135	313	
电力、热力生产和供应业		6 031	514	66	135	313	
燃气生产和供应业		2 694					
水的生产和供应业							
按控股情况分							
公有经济	2 267	57 912	2 700	1 205	863	633	
非公有经济	2 880	672 757	125 882	109 054	780	12 107	3 941
国有控股	2 267	56 580	2 700	1 205	863	633	
集体控股		1 332					
私人控股	2 846	623 444	125 376	109 054	780	11 888	3 655
港澳台商控股		773					
外商控股	35	48 540	506			219	287
其他							
按地区分							
竞秀区	636	11 434	1 396	89	747	560	
莲池区	1 805	479 913	118 227	107 961	5	6 509	3 752
满城区		16 304	142		107	35	
清苑区	28	12 070	97	41	31	25	
徐水区	46	51 640	43	3	40		
涞水县		888					
阜平县		939					
定兴县	80	8 779	2 261	794	9	1 458	
唐　县		4 946					
高阳县	25	5 884	978		339	639	
涞源县		2 441					
望都县		3 493					
易　县	37	4 449	2			2	
曲阳县		1 118					
蠡　县		8 032					
顺平县		5 690	54			54	
博野县		4 618	1 515			1 515	
涿州市	474	24 159	1 985	1 116	46	634	189
安国市	20	10 655	157	47	110		
高碑店市	124	11 946					
白沟新城		1 468					
高新区	1 873	59 803	1 724	208	209	1 307	

9-2 全市及各县（市、区）规模以上工业企业办研发机构情况（一）

指标名称	机构数（个）	机构人员合计（人）	博士毕业	硕士毕业
全　市	**320**	**21 092**	**146**	**2 428**
按企业规模分				
大型	27	15 787	88	2 043
中型	53	1 786	16	186
小型	224	3 408	39	191
微型	16	111	3	8
按隶属关系分				
中央	11	567	13	102
地方	17	2 135	11	100
其他	292	18 390	122	2 226
按登记注册类型分				
内资企业	298	7 590	69	478
国有企业	2	12		
集体企业				
股份合作企业				
有限责任公司	55	3 627	24	224
国有独资公司	3	188	1	36
其他有限责任公司	52	3 439	23	188
股份有限公司	13	393	6	35
私营企业	228	3 558	39	219
私营独资企业	1	6		
私营合伙企业				
私营有限责任公司	210	3 205	34	183
私营股份有限公司	17	347	5	36
港、澳、台商投资企业	8	9 692	24	1 811
合资经营企业（港或澳、台资）	3	267		2
合作经营企业（港或澳、台资）	1	24		
港、澳、台商独资经营企业	1	22		7
港、澳、台商投资股份有限公司	3	9 379	24	1 802
外商投资企业	14	3 810	53	139
中外合资经营企业	7	674		16
中外合作经营企业				
外资企业	7	3 136	53	123

9-2 全市及各县（市、区）规模以上工业企业办研发机构情况（二）

指标名称	机构数（个）	机构人员合计（人）	博士毕业	硕士毕业
按国民经济行业大类分				
采矿业	1			
煤炭开采和洗选业				
黑色金属矿采选业	1			
非金属矿采选业				
制造业	315	20 861	146	2 424
农副食品加工业	8	121	3	
食品制造业	16	432		28
酒、饮料和精制茶制造业	1	30		1
烟草制品业				
纺织业	10	153	4	19
纺织服装、服饰业	3	173		9
皮革、毛皮、羽毛及其制品和制鞋业	4	44		1
木材加工和木、竹、藤、棕、草制品业	1	20		1
家具制造业				
造纸和纸制品业	11	176	2	22
印刷和记录媒介复制业	3	25		
文教、工美、体育和娱乐用品制造业	7	69	2	2
石油、煤炭及其他燃料加工业				
化学原料和化学制品制造业	16	373		55
医药制造业	32	618	5	23
化学纤维制造业	2	97		8
橡胶和塑料制品业	20	390	12	64
非金属矿物制品业	26	316	9	8
黑色金属冶炼和压延加工业				
有色金属冶炼和压延加工业	9	263	4	12
金属制品业	22	449	9	13
通用设备制造业	19	322	1	21
专用设备制造业	13	449	2	8
汽车制造业	27	15 214	80	2 025
铁路、船舶、航空航天和其他运输设备制造业	2	17	1	
电气机械和器材制造业	42	841	7	77
计算机、通信和其他电子设备制造业	14	141	4	24
仪器仪表制造业	6	123	1	3
其他制造业				
废弃资源综合利用业				
金属制品、机械和设备修理业	1	5		

9-2 全市及各县（市、区）规模以上工业企业办研发机构情况（三）

指标名称	机构数（个）	机构人员合计（人）	博士毕业	硕士毕业
电力、热力、燃气及水生产和供应业	4	231		4
电力、热力生产和供应业	1	11		
燃气生产和供应业	3	220		4
水的生产和供应业				
按企业控股情况分				
公有经济	19	853	19	110
非公有经济	301	20 239	127	2 318
国有控股	18	802	19	106
集体控股	1	51		4
私人控股	286	16 793	74	2 170
港澳台商控股	4	78		21
外商控股	11	3 368	53	127
其他				
按地区分				
竞秀区	19	484	14	79
莲池区	15	13 122	79	1 935
满城区	25	350	2	22
清苑区	25	355	4	11
徐水区	22	2 041	4	92
涞水县	3	16		4
阜平县	4	28	3	
定兴县	16	479		8
唐　县	4	66		1
高阳县	6	77	2	9
涞源县	3	53		
望都县	5	78	2	2
易　县	8	122	1	2
曲阳县	8	127	9	3
蠡　县	7	140		4
顺平县	3	171		3
博野县	9	251		11
涿州市	21	710	3	23
安国市	33	537	3	22
高碑店市	29	437	7	14
白沟新城	2	24	1	1
高新区	53	1 424	12	182

9-2 全市及各县（市、区）规模以上工业企业办研发机构情况（四）

单位：万元

指标名称	机构经费支出	仪器和设备原价	
			进 口
全　市	**880 232**	**322 316**	
按企业规模分			
大型	735 832	124 826	
中型	53 308	64 980	
小型	89 126	128 857	
微型	1 967	3 653	
按隶属关系分			
中央	13 855	21 173	
地方	44 391	33 050	
其他	821 987	268 094	
按登记注册类型分			
内资企业	193 386	205 191	
国有企业	359	2 433	
集体企业			
股份合作企业			
有限责任公司	85 068	72 631	
国有独资公司	5 576	4 168	
其他有限责任公司	79 492	68 463	
股份有限公司	10 463	9 399	
私营企业	97 497	120 728	
私营独资企业	38	7	
私营合伙企业			
私营有限责任公司	89 210	114 054	
私营股份有限公司	8 249	6 668	
港、澳、台商投资企业	600 676	106 123	
合资经营企业（港或澳、台资）	3 298	1 578	
合作经营企业（港或澳、台资）	1 188	12 620	
港、澳、台商独资经营企业	884	103	
港、澳、台商投资股份有限公司	595 307	91 822	
外商投资企业	86 170	11 003	
中外合资经营企业	23 418	8 188	
中外合作经营企业			
外资企业	62 753	2 814	

9-2 全市及各县（市、区）规模以上工业企业办研发机构情况（五）

单位：万元

指标名称	机构经费支出	仪器和设备原价	进口
按国民经济行业大类分			
采矿业	1 316	1 316	
煤炭开采和洗选业			
黑色金属矿采选业	1 316	1 316	
非金属矿采选业			
制造业	876 516	305 751	
农副食品加工业	2 250	379	
食品制造业	5 906	8 413	
酒、饮料和精制茶制造业	222	232	
烟草制品业			
纺织业	4 008	8 095	
纺织服装、服饰业	1 735	1 618	
皮革、毛皮、羽毛及其制品和制鞋业	576	121	
木材加工和木、竹、藤、棕、草制品业	1 639	429	
家具制造业			
造纸和纸制品业	8 153	3 798	
印刷和记录媒介复制业	1 070	1 419	
文教、工美、体育和娱乐用品制造业	532	869	
石油、煤炭及其他燃料加工业			
化学原料和化学制品制造业	12 965	7 622	
医药制造业	18 134	14 415	
化学纤维制造业	3 377	21 564	
橡胶和塑料制品业	12 496	19 234	
非金属矿物制品业	9 072	39 612	
黑色金属冶炼和压延加工业			
有色金属冶炼和压延加工业	19 542	11 207	
金属制品业	8 976	4 546	
通用设备制造业	4 753	5 552	
专用设备制造业	10 390	5 465	
汽车制造业	727 893	129 324	
铁路、船舶、航空航天和其他运输设备制造业	651	248	
电气机械和器材制造业	16 440	15 558	
计算机、通信和其他电子设备制造业	3 163	4 430	
仪器仪表制造业	2 438	1 533	
其他制造业			
废弃资源综合利用业			
金属制品、机械和设备修理业	136	67	

9-2 全市及各县（市、区）规模以上工业企业办研发机构情况（六）

单位：万元

指标名称	机构经费支出	仪器和设备原价	
			进 口
电力、热力、燃气及水生产和供应业	2 400	15 250	
电力、热力生产和供应业	121	8	
燃气生产和供应业	2 279	15 242	
水的生产和供应业			
按企业控股情况分			
公有经济	19 520	33 378	
非公有经济	860 712	288 938	
国有控股	18 481	32 416	
集体控股	1 039	962	
私人控股	783 190	265 912	
港澳台商控股	2 717	14 099	
外商控股	74 805	8 927	
其他			
按地区分			
竞秀区	9 756	14 998	
莲池区	668 159	106 174	
满城区	12 241	12 001	
清苑区	13 228	17 930	
徐水区	44 677	12 465	
涞水县	370	740	
阜平县	240	530	
定兴县	8 147	4 500	
唐　县	2 333	1 489	
高阳县	2 441	8 531	
涞源县	1 979	1 344	
望都县	2 099	4 026	
易　县	4 398	2 208	
曲阳县	2 786	38 733	
蠡　县	4 165	1 371	
顺平县	7 447	22 325	
博野县	5 293	3 030	
涿州市	23 394	27 048	
安国市	15 138	16 019	
高碑店市	7 650	1 649	
白沟新城	677	892	
高新区	43 615	24 314	

9-3 全市及各县（市、区）规模以上工业企业自主知识产权保护情况（一）

单位：件

指标名称	专利申请数	发明专利	有效发明专利数	已被实施	拥有注册商标	形成国家或行业标准（项）
全市	**6 015**	**1 738**	**5 351**	**3 337**	**10 245**	**177**
按企业规模分						
大型	3 596	1 193	2 525	1 926	7 417	102
中型	663	181	738	550	1 681	27
小型	1 652	349	2 037	828	1 030	44
微型	104	15	51	33	117	4
按隶属关系分						
中央	716	334	737	456	277	11
地方	214	48	139	64	85	5
其他	5 085	1 356	4 475	2 817	9 883	161
按登记注册类型分						
内资企业	3 152	878	3 487	1 886	3 882	151
国有企业	82	22	48			1
集体企业						
股份合作企业					1	1
有限责任公司	964	279	877	568	574	27
国有独资公司	141	53	175	119	45	1
其他有限责任公司	823	226	702	449	529	26
股份有限公司	688	259	456	225	345	7
私营企业	1 418	318	2 106	1 093	2 962	115
私营独资企业	6	1	9		7	
私营合伙企业						
私营有限责任公司	1 332	301	1 849	952	2 634	112
私营股份有限公司	80	16	248	141	321	3
港、澳、台商投资企业	2 642	809	1 687	1 329	6 129	19
合资经营企业（港或澳、台资）	7	2	20	20		
合作经营企业（港或澳、台资）	3	1	8			
港、澳、台商独资经营企业	6	3	32		6	
港、澳、台商投资股份有限公司	2 626	803	1 627	1 309	6 123	19
外商投资企业	221	51	177	122	234	7
中外合资经营企业	106	26	64	60	157	1
中外合作经营企业						
外资企业	115	25	113	62	77	6

9-3 全市及各县（市、区）规模以上工业企业自主知识产权保护情况（二）

单位：件

指标名称	专利申请数	发明专利	有效发明专利数	已被实施	拥有注册商标	形成国家或行业标准（项）
按国民经济行业大类分						
采矿业	12	2	2			1
煤炭开采和洗选业						
黑色金属矿采选业						
非金属矿采选业	12	2	2			1
制造业	5 926	1 709	5 296	3 327	10 245	175
农副食品加工业	38	20	20	20	54	
食品制造业	23	6	78	48	156	
酒、饮料和精制茶制造业	24		3	2	315	
烟草制品业						
纺织业	65	7	139	49	99	1
纺织服装、服饰业	35	8	71	71	74	
皮革、毛皮、羽毛及其制品和制鞋业	32		1		46	
木材加工和木、竹、藤、棕、草制品业	9	1	1		2	
家具制造业						
造纸和纸制品业	75	24	179	101	83	1
印刷和记录媒介复制业	6				4	
文教、工美、体育和娱乐用品制造业	27	2	53	33	269	2
石油、煤炭及其他燃料加工业	2		1	1		
化学原料和化学制品制造业	138	50	437	382	1 233	68
医药制造业	168	32	253	85	552	17
化学纤维制造业	3		6	6	19	
橡胶和塑料制品业	173	67	413	256	331	13
非金属矿物制品业	153	20	119	48	18	3
黑色金属冶炼和压延加工业	6	1				
有色金属冶炼和压延加工业	111	41	83	78	18	4
金属制品业	202	52	299	159	166	5
通用设备制造业	156	29	153	38	114	7
专用设备制造业	354	64	211	124	72	5
汽车制造业	3 262	943	1 911	1 452	6 302	23
铁路、船舶、航空航天和其他运输设备制造业	46	12	25	24	1	1
电气机械和器材制造业	740	303	755	285	202	25
计算机、通信和其他电子设备制造业	47	25	57	44	88	
仪器仪表制造业	27	2	27	21	16	
其他制造业	4		1		11	
废弃资源综合利用业						
金属制品、机械和设备修理业						

9-3 全市及各县（市、区）规模以上工业企业自主知识产权保护情况（三）

单位：件

指标名称	专利申请数	发明专利	有效发明专利数	已被实施	拥有注册商标	形成国家或行业标准（项）
电力、热力、燃气及水生产和供应业	77	27	53	10		1
电力、热力生产和供应业	74	26	41	10		1
燃气生产和供应业	3	1	12			
水的生产和供应业						
按企业控股情况分						
公有经济	842	358	847	541	288	18
非公有经济	5 173	1 380	4 504	2 796	9 957	159
国有控股	830	355	832	541	281	18
集体控股	12	3	15		7	
私人控股	5 027	1 345	4 299	2 682	9 821	152
港澳台商控股	9	4	64	24	45	
外商控股	137	31	141	90	91	7
其他						
按地区分						
竞秀区	199	85	379	277	232	10
莲池区	2 952	890	1 908	1 420	6 303	23
满城区	175	47	266	100	174	1
清苑区	138	28	144	95	344	9
徐水区	385	118	529	447	1 412	65
涞水县	9		22	10	1	1
阜平县	7	7	7	7	12	
定兴县	88	19	155	83	53	
唐　县	66	19	60	17	43	
高阳县	87	13	156	66	309	15
涞源县	12	2	2	2		
望都县	41	10	67	29	3	
易　县	81	10	37	19	21	4
曲阳县	60	5	25	1	12	3
蠡　县	50	7	62	20	19	
顺平县	214	37	25	13	26	1
博野县	43	13	74	16	21	2
涿州市	418	75	329	235	172	10
安国市	136	18	105	18	134	
高碑店市	81	9	106	74	307	4
白沟新城	29		10	9	38	
高新区	744	326	883	379	609	29

9-4 全市及各县（市、区）规模以上工业企业新产品开发、生产及销售情况（一）

单位：万元

指标名称	新产品开发项目数（项）	新产品开发经费支出	新产品销售收入	出口
全　市	**3 222**	**906 222**	**15 806 812**	**698 504**
按企业规模分				
大型	870	661 653	13 000 918	422 743
中型	455	80 844	1 099 492	103 458
小型	1 780	159 435	1 683 810	172 304
微型	117	4 291	22 592	
按隶属关系分				
中央	299	54 817	599 862	26 944
地方	113	43 631	257 628	3 770
其他	2 810	807 774	14 949 322	667 790
按登记注册类型分				
内资企业	2 658	359 527	3 427 580	356 982
国有企业	7	82		
集体企业				
股份合作企业	1	93		
有限责任公司	584	149 054	1 206 892	231 164
国有独资公司	57	13 368	188 033	
其他有限责任公司	527	135 686	1 018 859	231 164
股份有限公司	285	43 371	225 799	6 067
私营企业	1 781	166 927	1 994 889	119 751
私营独资企业	7	1 863	38 509	186
私营合伙企业				
私营有限责任公司	1 661	153 782	1 774 454	113 763
私营股份有限公司	113	11 282	181 926	5 802
港、澳、台商投资企业	292	447 847	11 683 865	190 524
合资经营企业（港或澳、台资）	19	5 843	392	
合作经营企业（港或澳、台资）				
港、澳、台商独资经营企业	10	844	2 066	364
港、澳、台商投资股份有限公司	263	441 161	11 681 407	190 160
外商投资企业	272	98 848	695 367	150 999
中外合资经营企业	110	30 889	431 542	125 643
中外合作经营企业				
外资企业	162	67 959	263 825	25 355

9-4 全市及各县（市、区）规模以上工业企业新产品开发、生产及销售情况（二）

单位：万元

指标名称	新产品开发项目数（项）	新产品开发经费支出	新产品销售收入	出口
按国民经济行业大类分				
采矿业	8	175	50	
煤炭开采和洗选业				
黑色金属矿采选业				
非金属矿采选业	8	175	50	
制造业	3 180	902 682	15 806 762	698 504
农副食品加工业	35	3 780	10 529	
食品制造业	89	10 923	19 883	300
酒、饮料和精制茶制造业	14	474	10 814	
烟草制品业				
纺织业	81	7 158	127 040	11 310
纺织服装、服饰业	30	2 503	16 107	9 091
皮革、毛皮、羽毛及其制品和制鞋业	35	1 340	7 483	3 723
木材加工和木、竹、藤、棕、草制品业	11	3 750	71	
家具制造业			5 715	
造纸和纸制品业	58	9 394	86 305	
印刷和记录媒介复制业	24	2 325	31 143	
文教、工美、体育和娱乐用品制造业	30	1 106	14 731	4 522
石油、煤炭及其他燃料加工业	6	369	4 932	
化学原料和化学制品制造业	119	15 008	158 979	11 246
医药制造业	186	19 226	168 677	
化学纤维制造业	4	379	32 628	4 913
橡胶和塑料制品业	157	22 750	266 545	52 276
非金属矿物制品业	102	10 055	106 018	
黑色金属冶炼和压延加工业	1	53		
有色金属冶炼和压延加工业	96	32 673	451 502	28 101
金属制品业	315	20 949	242 100	14 662
通用设备制造业	213	9 111	127 184	3 538
专用设备制造业	197	18 895	175 538	82 013
汽车制造业	739	628 883	12 997 713	424 037
铁路、船舶、航空航天和其他运输设备制造业	27	5 835	159 558	
电气机械和器材制造业	465	60 927	518 066	10 233
计算机、通信和其他电子设备制造业	75	10 479	11 790	5
仪器仪表制造业	63	3 973	50 821	33 646
其他制造业	6	234	4 890	4 890
废弃资源综合利用业				
金属制品、机械和设备修理业	2	133		

9-4 全市及各县（市、区）规模以上工业企业新产品开发、生产及销售情况（三）

单位：万元

指标名称	新产品开发项目数（项）	新产品开发经费支出	新产品销售收入	出口
电力、热力、燃气及水生产和供应业	34	3 366		
电力、热力生产和供应业	23	1 793		
燃气生产和供应业	11	1 573		
水的生产和供应业				
按企业控股情况分				
公有经济	366	72 945	645 439	35 180
非公有经济	2 856	833 278	15 161 374	663 325
国有控股	353	70 681	631 111	31 180
集体控股	13	2 263	14 328	4 000
私人控股	2 633	747 098	14 670 562	560 530
港澳台商控股	16	1 342	2 066	364
外商控股	207	84 838	488 746	102 431
其他				
按地区分				
竞秀区	142	17 143	62 974	2 022
莲池区	589	547 521	12 276 889	363 174
满城区	176	24 804	301 049	80
清苑区	182	25 716	401 909	13 087
徐水区	348	69 035	393 112	52 188
涞水县	18	2 730	1 477	
阜平县	8	953	2 920	300
定兴县	112	12 966	131 744	20 805
唐　县	48	2 667	19 869	1 883
高阳县	126	9 778	191 620	5 210
涞源县	1	613		
望都县	47	4 705	79 732	
易　县	47	5 477	5 780	
曲阳县	22	2 338	12 715	90
蠡　县	56	10 105	139 357	34 652
顺平县	32	6 891	62 476	5 904
博野县			69 278	3 467
涿州市	272	45 663	626 737	93 385
安国市	100	11 960	60 651	
高碑店市	250	8 670	206 547	679
白沟新城	45	1 801	6 180	339
高新区	601	94 688	753 799	101 239

9-5 全市及各县（市、区）规模以上工业企业政府相关政策落实情况（一）

单位：万元

指标名称	使用来自政府部门的研发资金	研究开发费用加计扣除减免税	高新技术企业减免税
全　市	**324 045**	**51 944**	**53 445**
按企业控股情况分			
国有控股	28 519	9 231	4 444
集体控股	498	51	140
私人控股	261 712	38 784	30 882
港澳台商控股	1 620	698	730
外商控股	31 697	3 180	17 249
其他			
按企业规模分			
大型	183 725	29 025	24 618
中型	45 087	8 406	11 465
小型	93 932	14 272	17 328
微型	1 301	240	34
按登记注册类型分			
内资企业	150 380	28 616	28 641
国有企业	1 724	1 576	
集体企业			
股份合作企业	68		
有限责任公司	50 414	5 677	12 193
国有独资公司	3 168	533	565
其他有限责任公司	47 245	5 143	11 628
股份有限公司	17 698	6 977	2 558
私营企业	80 477	14 387	13 890
私营独资企业		0.4	
私营合伙企业			
私营有限责任公司	75 514	13 368	12 260
私营股份有限公司	4 963	1 019	1 630
港、澳、台商投资企业	123 131	18 710	5 251
合资经营企业（港或澳、台资）	9 988	1 283	4 521
合作经营企业（港或澳、台资）	587	440	298
港、澳、台商独资经营企业	570	143	432
港、澳、台商投资股份有限公司	111 986	16 844	
外商投资企业	50 534	4 618	19 553
中外合资经营企业	32 289	1 743	2 996
中外合作经营企业			
外资企业	18 245	2 875	16 558

9-5 全市及各县（市、区）规模以上工业企业政府相关政策落实情况（二）

单位：万元

指标名称	使用来自政府部门的研发资金	研究开发费用加计扣除减免税	高新技术企业减免税
按隶属关系分			
中央	23 576	8 173	4 062
地方	12 949	2 163	930
其他	287 520	41 607	48 453
按国民经济行业大类分			
采矿业			
煤炭开采和洗选业			
黑色金属矿采选业			
非金属矿采选业			
制造业	316 438	49 671	51 696
农副食品加工业	730	70	175
食品制造业	11 248	1 780	4 610
酒、饮料和精制茶制造业	628	88	
烟草制品业			
纺织业	4 662	849	160
纺织服装、服饰业	2 220	236	45
皮革、毛皮、羽毛及其制品和制鞋业	191	16	63
木材加工和木、竹、藤、棕、草制品业			
家具制造业			26
造纸和纸制品业	2 391	467	37
印刷和记录媒介复制业	662	236	9
文教、工美、体育和娱乐用品制造业	1 213	206	39
石油、煤炭及其他燃料加工业			
化学原料和化学制品制造业	10 119	2 149	1 783
医药制造业	15 983	3 593	7 058
化学纤维制造业	505	97	
橡胶和塑料制品业	15 886	6 389	600
非金属矿物制品业	7 576	1 386	1 017
黑色金属冶炼和压延加工业	440	44	44
有色金属冶炼和压延加工业	18 588	745	1 382
金属制品业	10 048	1 230	1 983
通用设备制造业	5 814	848	1 078
专用设备制造业	11 499	1 450	1 937
汽车制造业	168 596	23 369	23 373

9-5 全市及各县（市、区）规模以上工业企业政府相关政策落实情况（三）

单位：万元

指标名称	使用来自政府部门的研发资金	研究开发费用加计扣除减免税	高新技术企业减免税
铁路、船舶、航空航天和其他运输设备制造业	1 004	93	365
电气机械和器材制造业	16 090	2 225	4 706
计算机、通信和其他电子设备制造业	7 049	1 723	753
仪器仪表制造业	3 115	378	452
其他制造业	47	1	
废弃资源综合利用业			
金属制品、机械和设备修理业	136	3	3
电力、热力、燃气及水生产和供应业	7 607	2 272	1 748
电力、热力生产和供应业	2 884	1 812	1 451
燃气生产和供应业	4 723	461	298
水的生产和供应业			
按地区分			
竞秀区	13 440	6 763	247
莲池区	143 512	21 475	21 786
满城区	7 993	1 653	615
清苑区	8 290	1 067	2 597
徐水区	20 539	2 891	3 504
涞水县	163	18	23
阜平县	42	3	
定兴县	13 982	2 200	6 989
唐　县	586	274	106
高阳县	5 617	1 725	257
涞源县			
望都县	1 395	137	190
易　县	4 000	161	815
曲阳县	536	222	608
蠡　县	9 946	950	568
顺平县	4 560	1 167	1 528
博野县	4 302	1 083	129
涿州市	37 543	3 177	4 285
安国市	5 558	902	400
高碑店市	8 234	1 087	1 913
白沟新城	479	164	531
高新区	33 332	4 826	6 353

9-6 全市及各县（市、区）规模以上工业企业技术获取和技术改造情况（一）

单位：万元

指标名称	技术改造经费支出	购买境内技术经费支出	引进境外技术经费支出	引进境外技术的消化吸收经费支出
全　市	**40 919**	**17 387**	**1 420**	
按企业规模分				
大型	16 990	74	1 061	
中型	12 524			
小型	11 394	17 314	358	
微型	12			
按隶属关系分				
中央	25 466	74		
地方	509			
其他	14 944	17 314	1 420	
按登记注册类型分				
内资企业	40 647	95	358	
国有企业	19 489			
集体企业				
股份合作企业				
有限责任公司	8 433			
国有独资公司	206			
其他有限责任公司	8 227			
股份有限公司	830	74		
私营企业	11 896	21	358	
私营独资企业				
私营合伙企业				
私营有限责任公司	11 240			
私营股份有限公司	656	21	358	
港、澳、台商投资企业			1 061	
合资经营企业（港或澳、台资）				
合作经营企业（港或澳、台资）				
港、澳、台商独资经营企业				
港、澳、台商投资股份有限公司			1 061	
外商投资企业	272	17 292		
中外合资经营企业	272	17 292		
中外合作经营企业				
外资企业				

9-6 全市及各县（市、区）规模以上工业企业技术获取和技术改造情况（二）

单位：万元

指标名称	技术改造经费支出	购买境内技术经费支出	引进境外技术经费支出	引进境外技术的消化吸收经费支出
按国民经济行业大类分				
采矿业	30			
煤炭开采和洗选业				
黑色金属矿采选业				
非金属矿采选业	30			
制造业	16 834	17 387	1 420	
农副食品加工业				
食品制造业	1 173			
酒、饮料和精制茶制造业				
烟草制品业				
纺织业	100			
纺织服装、服饰业	68			
皮革、毛皮、羽毛及其制品和制鞋业	1			
木材加工和木、竹、藤、棕、草制品业				
家具制造业				
造纸和纸制品业	53			
印刷和记录媒介复制业				
文教、工美、体育和娱乐用品制造业				
石油、煤炭及其他燃料加工业				
化学原料和化学制品制造业	1 535	21	358	
医药制造业	2 053			
化学纤维制造业				
橡胶和塑料制品业	272	74		
非金属矿物制品业	8 122			
黑色金属冶炼和压延加工业				
有色金属冶炼和压延加工业		17 292		
金属制品业	5			
通用设备制造业	382			
专用设备制造业	139			
汽车制造业	1 320		1 061	
铁路、船舶、航空航天和其他运输设备制造业	932			
电气机械和器材制造业	668			
计算机、通信和其他电子设备制造业	12			
仪器仪表制造业				
其他制造业				
废弃资源综合利用业				
金属制品、机械和设备修理业				

9-6 全市及各县（市、区）规模以上工业企业技术获取和技术改造情况（三）

单位：万元

指标名称	技术改造经费支出	购买境内技术经费支出	引进境外技术经费支出	引进境外技术的消化吸收经费支出
电力、热力、燃气及水生产和供应业	24 056			
电力、热力生产和供应业	24 056			
燃气生产和供应业				
水的生产和供应业				
按企业控股情况分				
公有经济	25 466	74		
非公有经济	15 454	17 314	1 420	
国有控股	25 466	74		
集体控股				
私人控股	15 454	21	1 420	
港澳台商控股				
外商控股		17 292		
其他				
按地区分				
竞秀区	19 626	74		
莲池区	13		1 061	
满城区	2 302			
清苑区	4 919			
徐水区	30			
涞水县	7 062			
阜平县	18			
定兴县				
唐　县				
高阳县	99			
涞源县				
望都县	210			
易　县	114			
曲阳县				
蠡　县	1 300			
顺平县	750			
博野县				
涿州市	451	17 292		
安国市	951			
高碑店市	944			
白沟新城	81			
高新区	2 051	21	358	

第二部分

统计数据篇

十、人民生活

10-1 居民物质文化生活情况

指标名称	计量单位	2021年	2020年
收入与支出（抽样调查）			
全市居民人均可支配收入	元	28 252	25 204
城镇居民人均可支配收入	元	37 314	34 112
农村居民人均可支配收入	元	18 957	16 883
全市居民人均消费支出	元	19 939	
城镇居民人均消费支出	元	25 560	
农村居民人均消费支出	元	14 173	
居住条件			
全市居民期末人均拥有房屋面积	平方米		
城镇居民期末人均拥有房屋面积	平方米		
农村居民期末人均拥有房屋面积	平方米		
文化（抽样调查）			
全市居民每百户拥有彩色电视机	台	111.73	114.26
城镇居民每百户拥有彩色电视机	台	105.81	110.52
农村居民每百户拥有彩色电视机	台	119.26	118.62
全市居民每百户拥有计算机	台	44.93	50.44
城镇居民每百户拥有计算机	台	59.00	64.00
农村居民每百户拥有计算机	台	33.36	34.65
全市居民每百户拥有照相机	台	5.54	9.90
城镇居民每百户拥有照相机	台	7.70	14.65
农村居民每百户拥有照相机	台	2.78	4.37
就业（抽样调查）			
全市每一就业者负担人数（含本人）	人		
城镇每一就业者负担人数（含本人）	人		
农村每一劳动力负担人数	人		

10-2 城镇居民家庭基本情况

指标名称	计量单位	2021年	2020年
调查户			
户均常住人口数	人	2.84	2.82
户均就业人口数	人		
户均就业面	%		
平均每一就业者负担人数（含就业者本人）	人		
人均可支配收入	元	**37 314**	**34 112**
人均消费支出	元	**25 560**	
期末拥有房屋面积	平方米/人		
年末拥有房屋价值	元/人		
期内新建、购住房建筑面积			
新建住房竣工建筑面积	平方米/人		
新购住房建筑面积	平方米/人		
期内新建、购住房价值			
新建住房竣工价值	元/人		
新购住房总金额	元/人		

10-3　城镇居民人均收支情况

单位：元/人

指标名称	2021年	2020年
可支配收入	**37 314**	**34 112**
工资性收入	23 875	20 955
工资	23 478	
实物福利	28	
其他	368	
经营净收入	1 748	4 519
第一产业净收入	122	
第二产业净收入	284	
第三产业净收入	1 341	
财产净收入	3 952	2 815
转移净收入	7 740	5 823
养老金或离退休金	8 456	
消费支出	**25 560**	
食品烟酒	6 543	
衣着	1 713	
居住	7 796	
自有住房折算租金	5 027	
生活用品及服务	1 457	
交通通信	3 067	
教育文化娱乐	2 556	
医疗保健	2 045	
其他用品及服务	383	

10-4 城镇居民家庭平均每百户年末耐用消费品拥有量

指标名称	计量单位	2021年	2020年
家用汽车	辆	61.91	59.37
摩托车	辆	4.39	6.05
助力车	辆	72.84	61.59
洗衣机	台	100.99	101.38
电冰箱（柜）	台	102.68	101.11
微波炉	台	64.77	68.34
彩色电视机	台	105.81	110.52
接入有线电视网	台		
空调	台	176.80	166.70
热水器	台	93.80	99.86
太阳能热水器	台		
洗碗机	台	1.84	1.24
排油烟机	台	94.29	92.35
固定电话	部	12.66	13.16
移动电话	部	235.17	226.74
接入互联网	部	189.91	190.58
计算机	台	59.00	64.00
接入互联网	台	48.59	52.71
摄像机	台		
照相机	台	7.70	14.65
中高档乐器	台	3.04	6.80
健身器材	台	3.91	7.48

10-5 城镇居民家庭人均主要食品消费量

单位：千克

指标名称	2021年	2020年
粮食	164.13	122.36
谷物	146.45	110.25
小麦	107.11	77.25
稻谷	29.18	25.29
薯类	3.78	3.44
豆类	13.90	8.67
油脂类	10.22	8.85
植物油	10.11	8.71
蔬菜及菜制品	140.12	115.44
鲜菜	134.76	111.18
肉类	34.87	22.11
猪肉	21.27	12.46
牛肉	3.86	3.07
羊肉	2.65	1.97
其他肉类及制品	7.09	4.62
禽类	8.42	6.13
水产品	11.53	9.36
蛋类及蛋制品	21.01	18.31
奶和奶制品	23.87	19.24
干鲜瓜果类	96.81	78.69
鲜瓜果	86.07	71.13
瓜果制品	3.35	2.03
坚果类	7.39	5.53
糖果糕点类	12.26	8.03
食糖	1.00	0.87
饮料	0.28	0.26
茶叶	0.28	0.26
烟叶	19.32	14.94
酒	9.30	6.49
白酒	2.87	2.16

10-6 农村居民家庭基本情况

指标名称	计量单位	2021年	2020年
调查户			
户均常住人口	人	3.52	3.51
户均整、半劳动力	人		
平均每个劳动力负担人口	人		
人均可支配收入	元	**18 957**	**16 883**
人均消费支出	元	**14 173**	
年末拥有房屋面积	平方米/人		
现住房面积	平方米/人		
年末拥有房屋价值	元/人		
年内新建、购住房建筑面积			
新建住房竣工建筑面积	平方米/人		
新购住房建筑面积	平方米/人		

10-7 农村居民人均收支情况

单位：元/人

指标名称	2021年	2020年
可支配收入	**18 957**	**16 883**
工资性收入	12 547	11 648
工资	12 207	
实物福利	22	
其他	318	
经营净收入	3 696	3 785
第一产业净收入	1 277	
第二产业净收入	567	
第三产业净收入	1 852	
财产净收入	474	357
转移净收入	2 240	1 093
养老金或离退休金	560	
消费支出	**14 173**	
食品烟酒	4 153	
衣着	935	
居住	2 835	
自有住房折算租金	1 781	
生活用品及服务	992	
交通通信	1 928	
教育文化娱乐	1 403	
医疗保健	1 644	
其他用品及服务	283	

10-8 农村居民家庭平均每百户年末耐用消费品拥有量

指标名称	计量单位	2021年	2020年
家用汽车	辆	51.06	43.71
摩托车	辆	27.31	25.91
助力车	辆	113.37	102.67
洗衣机	台	102.45	101.18
电冰箱（柜）	台	100.96	98.44
微波炉	台	32.62	29.52
彩色电视机	台	119.26	118.62
接入有线电视网	台		
空调	台	130.92	118.58
热水器	台	71.72	77.56
太阳能热水器	台		
洗碗机	台	1.06	0.40
排油烟机	台	63.86	56.73
固定电话	部	5.03	7.40
移动电话	部	258.81	253.66
接入互联网	部	192.24	182.89
计算机	台	33.36	34.65
接入互联网	台	28.19	25.86
摄像机	台		
照相机	台	2.78	4.37
中高档乐器	台	0.89	1.35
健身器材	台	2.18	2.27

10-9 农村居民家庭人均主要食品消费量

单位：千克

指标名称	2021年	2020年
粮食	176.58	145.38
谷物	162.14	132.65
小麦	121.07	98.96
稻谷	27.79	22.74
薯类	3.42	4.74
豆类	11.02	7.98
油脂类	9.25	8.38
植物油	8.98	8.18
蔬菜及菜制品	99.09	87.18
鲜菜	95.79	84.94
肉类	26.71	16.58
猪肉	19.34	11.04
牛肉	1.40	1.02
羊肉	1.36	1.26
其他肉类及制品	4.60	3.26
禽类	4.75	3.66
水产品	6.43	6.00
蛋类及蛋制品	14.73	13.75
奶和奶制品	12.54	9.02
干鲜瓜果类	70.75	61.89
鲜瓜果	62.18	55.33
瓜果制品	2.34	1.61
坚果类	6.23	4.95
糖果糕点类	8.28	5.88
食糖	1.10	0.91
饮料	0.17	0.15
茶叶	0.17	0.15
烟叶	31.78	26.19
酒	9.22	7.93
白酒	2.58	2.08

10-10 农村居民家庭平均每户年末拥有生产性固定资产原值

单位：元

指标名称	2021年	2020年
农业生产性固定资产原价		
农业	2 275.15	
林业	15.60	
牧业	571.53	
渔业		
农林牧渔服务业固定资产原价		
非农产业固定资产原价		
采矿业		
制造业	1 375.21	
电力、热力、燃气及水生产和供应业	82.88	
建筑业	19.65	
批发和零售业	1 796.87	
交通运输业、仓储和邮政业	828.54	
住宿和餐饮业	581.96	
房地产业		
租赁和商务服务业	186.47	
居民服务、修理和其他服务业	1 014.70	
其他行业		

10-11 农村居民家庭平均每百户年末拥有生产性固定资产数量

指标名称	计量单位	2021年	2020年
生产性用房及建筑物	平方米	336.41	376.86
大中型拖拉机	台	0.71	2.79
小型农用拖拉机	台	7.06	8.47
农用排灌动力机械	台	0.78	0.22
收割机	台		0.22
脱粒机	台	0.34	0.18
役畜	头		
产品畜	头	21.08	32.21

第二部分

统计数据篇

十一、企业景气调查

11-1　分规模和行业企业景气指数

单位：点

指标名称	4季度	指标名称	4季度
全　市	**130.1**	化学原料和化学制品制造业	150.0
采矿业	108.0	医药制造业	162.1
黑色金属矿采选业	70.0	化学纤维制造业	40.0
非金属矿采选业	133.3	橡胶和塑料制品业	126.0
制造业	130.9	非金属矿物制品业	68.6
农副食品加工业	111.1	有色金属冶炼和压延加工业	138.3
食品制造业	166.2	金属制品业	130.6
酒、饮料和精制茶制造业	158.0	通用设备制造业	130.0
烟草制品业	200.0	专用设备制造业	120.0
纺织业	92.9	汽车制造业	145.9
纺织服装、服饰业	160.0	铁路、船舶、航空航天和其他运输设备制造业	170.0
皮革、毛皮、羽毛及其制品和制鞋业	160.0	电气机械和器材制造业	113.6
木材加工和木、竹、藤、棕、草制品业	180.0	仪器仪表制造业	152.0
家具制造业	140.0	其他制造业	40.0
造纸和纸制品业	129.5	**电力、热力、燃气及水生产和供应业**	124.4
印刷和记录媒介复制业	111.4	电力、热力生产和供应业	107.7
文教、工美、体育和娱乐用品制造业	133.3	燃气生产和供应业	180.0
石油、煤炭及其他燃料加工业	100.0	水的生产和供应业	150.0

第二部分

统计数据篇

十二、价格指数

12-1 居民消费价格指数

（上年=100）　　单位：%

指标名称	指　数	指标名称	指　数
居民消费价格指数	**101.0**	（五）菜及食用菌	105.0
非食品烟酒价格指数	101.0	鲜　菜	105.7
食品（10版口径）指数	100.9	（六）畜肉类	86.2
非食品（10版口径）指数	101.1	猪　肉	71.0
服务价格指数	100.5	（七）禽肉类	94.4
工业品价格指数	101.5	（八）水产品	108.7
鲜活食品价格指数	98.4	（九）蛋类	112.3
消费品价格指数	101.3	鸡　蛋	112.7
能源价格指数	106.4	（十）奶类	104.6
非食品价格指数	101.2	（十一）干鲜瓜果类	104.6
扣除食品和能源价格指数	100.6	鲜　果	107.1
扣除能源的工业品价格指数	100.1	（十二）糖果糕点类	94.7
扣除鲜菜鲜果价格指数	100.8	（十三）调味品	100.2
扣除自有住房价格指数	101.1	（十四）其他食品类	103.2
居住（扣自有住房）价格指数	100.9	**二、衣着**	97.9
扣除租赁房房租和自有住房价格指数	101.1	**三、居住**	100.7
一、食品	**101.1**	**四、生活用品及服务**	99.9
（一）粮食	99.1	**五、交通通信**	104.6
（二）薯类	105.5	**六、教育文化娱乐**	100.8
（三）豆类	112.1	**七、医疗保健**	100.6
（四）食用油	112.9	**八、其他用品及服务**	101.3

第三部分

附　录

主要统计指标解释

主要统计指标解释

生产总值（GDP） 指按市场价格计算的一个国家（或地区）所有常住单位在一定时期内生产活动的最终成果。国内生产总值有三种表现形态，即价值形态、收入形态和产品形态。从价值形态看，它是所有常住单位在一定时期内生产的全部货物和服务价值超过同期投入的全部非固定资产货物和服务价值的差额，即所有常住单位的增加值之和；从收入形态看，它是所有常住单位在一定时期内创造并分配给常住单位和非常住单位的初次收入之和；从产品形态看，它是所有常住单位在一定时期内最终使用的货物和服务价值与货物和服务净出口价值之和。在实际核算中，国内生产总值有三种计算方法，即生产法、收入法和支出法。三种方法分别从不同的方面反映国内生产总值及其构成。对于一个地区来说，称为地区生产总值或地区GDP。

三次产业 三产业的划分是世界上较为常用的产业结构分类，但各国的划分不尽一致。我国三次产业划分：

第一产业是指农、林、牧、渔业。

第二产业是指采矿业，制造业，电力、热力、燃气及水的生产和供应业，建筑业。

第三产业是指除第一产业、第二产业以外的其他行业。

当年价格 指报告期的实际价格，如工业品的出厂价格，农产品的收购价格，商业的零售价格等。按当年价格计算，是指一些以货币表现的物量指标，如工农业总产值、国内生产总值等，按照当年的实际价格来计算总量。使用当年价格计算的数字，是为了使国民经济各项指标互相衔接，便于考察当年社会经济效益，便于对生产流通、生产和分配、生产和消费进行经济核算和综合平衡。

按当年价格计算的价值指标，在不同年份之间进行对比时，因为包含有各年间价格变动的因素，不能确切地反映实物量的增减变动。必须消除价格变动因素后，才能真实反映经济发展动态。因此，在计算增长速度时都使用按可比价格计算的数字。

可比价格 指计算各种总量指标所采用的扣除了价格变动因素的价格，可进行不同时期总量指标的对比。按可比价格计算总量指标有两种方法：一种是直接用产品产量乘某一年的不变价格计算；另一种是用价格指数进行伸缩。

不变价格 指以同类产品某年的平均价格作为固定价格，用于计算各年的产品价值。按不变价格计算的产品价值消除了价格变动因素，不同时期对比可以反映生产的发展速度。新中国成立后，随着工农业产品价格水平的变化，国家统计局先后九次制定了全国统一的工业产品不变价格和农业产品不变价格。从1949年到1957年使用1952年工（农）业产品不变价格，从1957年到1971年使用1957年不变价格，从1971年到1981年使用1970年不变价格，从1981年到1990年使用1980年不变价格，从1991年到2000年使用1990年不变价格，从2001年到2005年使用2000年不变价格，从2006年开始使用2005年不变价格，从2011年开始使用2010年不变价格，从2016年开始使用2015年不变价格。

国民经济行业分类（GB/T4754-2017） 该分类是由国家统计局组织修订，国家质量监督检验检疫总局和中国国家标准化管理委员会批准，于2017年6月30日发布，2017年10月1日实施。这次修订是在2011年分类标准的基础上，参考联合国统计委员会制定的《所有经济活动的国际标准行业分类》（2006年，修订第四版，简称ISIC Rev.4）进行的。修订后的《国民经济行业分类》（GB/T4754-2017）共有门类20个，大类97个，中类473个，小类1381个。

乡村劳动力资源数 指乡村人口中劳动年龄以上（16周岁）能够参加生产经营活动的人员。

乡村从业人员 指乡村人口中16岁以上实际参加生产经营活动并取得实物或货币收入的人员，既包括劳动年龄内经常参加劳动的人员，也包括超过劳动年龄但经常参加劳动的人员。但不包括户口在家的在外学生、现役军人和丧失劳动能力的人，也不包括待业人员和家务劳动者。从业人员年龄为16岁以上。从业人员按从事主业时间最长（时间相同按收入）分为农业从业人员、工业从业人员、建筑业从业人员、交运仓储及邮政从业人员、信息传输、计算机服务和软件业从业人员、批发与零售业从业人员、住宿和餐饮业从业人员及其他行业从业人员。

农林牧渔业总产值 农林牧渔业总产值是以货币表现的农林牧渔业的全部产品总量和对农林牧渔业生产活动进行的各种支持性服务活动的价值。它反映一定时期内农林牧渔业生产总规模和总成果，是观察农林牧渔业生产水平和发展速度，研究农林牧渔业内部比例关系、农林牧渔业与工业、农林牧渔业与国家建设、人民生活比例关系的重要指标，同时也是计算农林牧渔业劳动生产率和农林牧渔业增加值的基础资料。

农林牧渔业总产值的计算方法根据农业生产特点，农林牧渔业总产值的核算采用“产品法”进行计算，即用产品产量乘以价格求出各种产品的产值，然后把它们加总求得各业的产值，最后各业相加求出农林牧渔业总产值。当年生产的各种农产品都要计算产值，并且每种产品都按全部产量计算，不扣除用于当年农产品生产消耗的那部分产品的产值。

农业产业化生产经营总量 农业产业化生产经营总量=龙头企业（集团）销售收入+专业市场销售利润+专业市场销售税金+专业市场销售费用+中介服务组织服务收入+农产品生产（加工）基地销售产值

农业产业化经营率 是指报告期内某区域的龙头经营组织和农产品生产（加工）基地销售产值之和占其自身与本区域内未经加工转化的农林牧渔业总产值之和的比率。

农业产业化经营率=农业产业化生产经营总量÷（辖区内全部农林牧渔业总产值+龙头企业（集团）销售收入+专业市场销售利润+专业市场销售税金+专业市场销售费用+中介服务组织总收入+农产品加工基地销售产值）×100%=农业产业化生产经营总量÷（辖区内全部农林牧渔业总产值+农业产业化生产经营总量–农产品种植基地销售产值–农产品养殖基地销售产值）×100%。

登记注册类型 企业法人的登记注册类型，依据在市场监管部门登记注册的类型填写。机关、事业单位和社会团体及其他组织的登记注册类型，依据主要经费来源和管理方式，根据实际情况，比照《关于划分企业登记注册类型的规定》确定。市场监管部门对企业（单位）登记注册的类型分为以下几种：

国有企业 指企业全部资产归国家所有，并按《中华人民共和国企业法人登记管理条例》规定登记注册的非公司制的经济组织。不包括有限责任公司中的国有独资公司。

集体企业 指企业资产归集体所有，并按《中华人民共和国企业法人登记管理条例》规定登记注册的经济组织。

股份合作企业 指以合作制为基础，由企业职工共同出资入股，吸收一定比例的社会资产投资组建，实行自主经营，自负盈亏，共同劳动，民主管理，按劳分配与按股分红相结合的一种集体经济组织。

联营企业 指两个及两个以上相同或不同所有制性质的企业法人或事业单位法人，按自愿、平等、互利的原则，共同投资组成的经济组织。联营企业包括国有联营企业、集体联营企业、国有与集体联营企业和其他联营企业。

有限责任公司 指根据《中华人民共和国公司登记管理条例》规定登记注册，由两个以上，五十个以下的股东共同出资，每个股东以其所认缴的出资额对公司承担有限责任，公司以其全部资产对其债务承担责任的经济组织。有限责任公司包括国有独资公司以及其他有限责任公司。

股份有限公司 指根据《中华人民共和国公司登记管理条例》规定登记注册，其全部注册资本由等额股份构成并通过发行股票筹集资本，股东以其认购的股份对公司承担有限责任，公司以其全部资产对其债务承担责任的经济组织。

私营企业 指由自然人投资设立或由自然人控股，以雇佣劳动为基础的营利性经济组织。包括按照《公司法》《合伙企业法》以及《个人独资企业法》规定登记注册的私营独资企业、私营合伙企业、私营有限责任公司、私营股份有限公司和个人独资企业。

合资经营企业（港或澳、台资） 指港澳台地区投资者与内地企业依照《中华人民共和国中外合资经营企业法》及有关法律的规定，按合同规定的比例投资设立、分享利润和分担风险的企业。

合作经营企业（港或澳、台资） 指港澳台地区投资者与内地企业依照《中华人民共和国中外合作经营企业法》及有关法律的规定，依照合作合同的约定进行投资或提供条件设立、分配利润和分担风险的企业。

港澳台商独资经营企业 指依照《中华人民共和国外资企业法》及有关法律的规定，在内地由港澳台地区投资者全额投资设立的企业。

港澳台商投资股份有限公司 指根据国家有关规定，经商务部（原外经贸部）批准设立，并且其中港、澳、台商的股本占公司注册资本的比例达25%以上的股份有限公司。凡其中港、澳、台商的股本占公司注册资本的比例小于25%的，属于内资中的股份有限公司。

其他港澳台商投资企业 指在中国境内参照《外国企业或个人在中国境内设立合伙企业管理办法》和《外商投资合伙企业登记管理规定》，依法设立的港、澳、台商投资合伙企业等。

中外合资经营企业 指外国企业或外国人与中国内地企业依照《中华人民共和国中外合资经营企业法》及有关法律的规定，按合同规定的比例投资设立，分享利润和分担风险的企业。

中外合作经营企业 指外国企业或外国人与中国内地企业依照《中华人民共和国中外合作经营企业法》及有关法律的规定，依照合作合同的约定进行投资或提供条件设立，分配利润、分担风险和亏损的企业。

外资企业 指依照《中华人民共和国外资企业法》及有关法律的规定，在中国内地由外国投资者全额投资设立的企业。

外商投资股份有限公司 指根据国家有关规定，经商务部（原外经贸部）批准设立，并且其中外资的股本占公司注册资本的比例达25%以上的股份有限公司。凡其中外资股本占公司注册资本的比例小于25%的，属于内资中的股份有限公司。

其他外商投资企业 指在中国境内依照《外国企业或个人在中国境内设立合伙企业管理办法》和《外商投资合伙企业登记管理规定》，依法设立的外商投资合伙企业等。

资产总计 指企业过去的交易或者事项形成的、由企业拥有或者控制的、预期会给企业带来经济利益的资源。

包括企业拥有的土地、办公楼、厂房、机器、运输工具、存货等实物资产和现金、存款、应收账款和预付账款等金融资产。资产一般按流动性（资产的变现或耗用时间长短）分为流动资产和非流动资产。其中流动资产可分为货币资金、交易性金融资产、应收票据、应收账款、预付款项、其他应收款、存货等；非流动资产可分为长期股权投资、固定资产、无形资产及其他非流动资产等。

流动资产合计　资产满足以下条件之一应归为流动资产：（1）预计在一个正常营业周期中变现、出售或耗用，主要包括存货、应收账款等；（2）主要为交易目的而持有；（3）预计在资产负债表日起一年内（含一年）变现；（4）自资产负债表日起一年内，交换其他资产或清偿负债的能力不受限制的现金或现金等价物。包括货币资金、应收票据、应收账款、存货等项目。

应收账款　指资产负债表日以摊余成本计量的、企业因销售商品、提供服务等经营活动应收取的款项。

存货　指企业在日常活动中持有以备出售的产成品或商品、处在生产过程中的在产品、在生产过程或提供劳务过程中耗用的材料或物料等，通常包括原材料、在产品、半成品、产成品、商品以及周转材料等。

产成品　指企业已经完成全部生产过程并验收入库，可以按照合同规定的条件送交订货单位，或者可以作为商品对外销售的产品。

长期股权投资　通常指企业长期持有，不准备随时出售，作为被投资企业的股东，按所持股份比例享有被投资企业权益并承担相应责任的投资。

固定资产原价　指固定资产的成本，包括企业在购置、自行建造、安装、改建、扩建、技术改造某项固定资产时所发生的全部支出总额。

房屋和构筑物　指产权属于本企业的所有房屋和构筑物，包括办公楼、仓库、宿舍等。

机器设备　指为生产商品、提供劳务、出租或经营管理持有的各种机器、设备。

累计折旧　指企业在报告期末提取的历年固定资产折旧累计数。包括房屋、建筑物和机器设备等的折旧费。

本年折旧　指企业在报告期内提取的固定资产折旧合计数。

固定资产净额　指固定资产原价减去累计折旧、固定资产减值准备后的金额。

在建工程　指企业用于新建、改建、扩建，或技术改造、设备更新和大修理工程等尚未完工的工程支出。

无形资产　指调查单位拥有或者控制的没有实物形态的可辨认非货币性资产，无形资产通常包括专利权、非专利技术、商标权、著作权、特许权、土地使用权等。

土地使用权　指国家准许某企业在一定期间内对国有土地享有开发、利用、经营的权利。

负债合计　指企业过去的交易或者事项形成的，预期会导致经济利益流出企业的现时义务。包括银行贷款、借款、应付账款、应付职工工资、应付职工福利费、应交税金等企业负有偿还责任的债务。

负债一般按偿还期长短分为流动负债和非流动负债。执行企业会计准则或《小企业会计准则》的企业：负债合计=流动负债合计+非流动负债合计；执行其他企业会计制度的企业负债包括流动负债和长期负债。

流动负债合计　负债满足下列条件之一的应归为流动负债：（1）预计在一个正常营业周期中清偿；（2）主要为交易目的而持有；（3）自资产负债表日起一年内到期应予清偿；（4）企业无权自主地将清偿推迟至资产负债表日后一年以上。包括短期借款、应付票据、应付账款、应付职工薪酬、应交税费等项目。

应付账款　指企业因购买材料、商品和接受劳务供应等经营活动应支付的款项。

所有者权益合计　指企业资产扣除负债后由所有者享有的剩余权益。公司的所有者权益又称股东权益。包括实收资本、资本公积、盈余公积、未分配利润等。

实收资本　指企业各投资者实际投入的资本（或股本）总额，包括货币、实物、无形资产等各种形式的投入。实收资本按投资主体可分为国家资本、集体资本、法人资本、个人资本、港澳台资本和外商资本。

国家资本　指有权代表国家投资的政府部门或机构、直属事业单位对企业形成的资本金。

集体资本　指由本企业职工等自然人集体投资或各种机构对企业进行扶持形成的集体性质的资本金。

法人资本　指其他法人单位以其依法可支配的资产投入企业形成的资本。

个人资本　指自然人实际投入企业的资本金。

港澳台资本　指我国香港、澳门和台湾地区投资者实际投入企业的资本金。

外商资本　指外国投资者实际投入企业的资本金。

营业收入　指企业从事销售商品、提供劳务和让渡资产使用权等生产经营活动形成的经济利益流入。包括“主营业务收入”和“其他业务收入”。

主营业务收入　指企业经营主要业务所实现的收入。

营业成本　指企业从事销售商品、提供劳务和让渡资产使用权等生产经营活动发生的实际成本。

税金及附加　指企业因从事生产经营活动按税法规定应缴纳的消费税、城市维护建设税、资源税、环境保护税、教育费附加及房产税、土地使用税、车船使用税、印花税等相关税费。

销售费用　指企业在销售商品和材料、提供劳务的过程中发生的各种费用，包括保险费、包装费、展览费和广告费、商品维修费、预计产品质量保证损失、运输费、装卸费等以及为销售本企业商品而专设的销售机构（含销售网点、售后服务网点等）的职工薪酬、业务费、折旧费等经营费用。建筑业企业销售费用指企业从事施工生产活动过程中发生的各项费用，包括应由企业负担的运输费、装卸费、包装费、保险费、维修费、展览费、差旅费、广告费和其他经费。房地产企业销售费用指企业在从事主要经营业务过程中所发生的各项销售费用，包括转让、销售、结算和出租开发产品等。

管理费用 指企业为组织和管理企业生产经营所发生的费用，包括企业在筹建期间内发生的开办费、董事会和行政管理部门在企业经营管理中发生的，或者应当由企业统一负担的公司经费等。为了与财政部《关于修订印发2019年度一般企业财务报表格式的通知》（财会〔2019〕6号）保持一致，“管理费用”不包含“研发费用”。

研发费用 指企业在新知识、新技术、新产品、新工艺等的研究与开发过程中发生的费用化支出，以及计入“管理费用”会计科目的企业自行开发无形资产的摊销。费用化支出主要包括研发活动的人工费用、直接投入费用、用于研发活动的仪器、设备的折旧费、用于研发活动的软件、专利权、非专利技术的摊销费用、新产品设计费、新工艺规程制定费以及其他研发活动相关费用。

财务费用 指企业为筹集生产经营所需资金等而发生的筹资费用，包括企业生产经营期间发生的利息支出（减利息收入）、汇兑损失（减汇兑收益）以及相关的手续费等。

利息费用 指企业为筹集生产经营所需资金等而发生的应予费用化的利息支出。包括短期借款利息、长期借款利息、应付票据利息、票据贴现利息、应付债券利息、长期应付引进国外设备款利息等。

利息收入 指企业按照相关会计准则确认的应冲减财务费用的利息金额。包括非金融企业存款业务所确认的利息等。

资产减值损失 指企业计提各项资产减值准备所形成的损失。

公允价值变动收益 指企业的交易性金融资产、交易性金融负债，以及采用公允价值模式计量的投资性房地产、衍生工具、套期保值业务等公允价值变动形成的应计入当期损益的利得或损失。

资产处置收益 指企业出售划分为持有待售的非流动资产（金融工具、长期股权投资和投资性房地产除外）或处置组时确认的处置利得或损失，以及处置未划分为持有待售的固定资产、在建工程、生产性生物资产及无形资产而产生的处置利得或损失。债务重组中因处置非流动资产产生的利得或损失和非货币性资产交换产生的利得或损失也包括在本项目内。

投资收益 指企业确认的投资收益或投资损失，反映企业以各种方式对外投资所取得的收益。

营业利润 指企业从事生产经营活动所取得的利润。

营业外收入 指企业发生的除营业利润以外的收益，主要包括与企业日常活动无关的政府补助、盘盈利得、捐赠利得等。

营业外支出 指企业发生的除营业利润以外的支出，主要包括公益性捐赠支出、非常损失、盘亏损失、非流动资产毁损报废损失等。

利润总额 指企业在一定会计期间的经营成果，是生产经营过程中各种收入扣除各种耗费后的盈余，反映企业在报告期内实现的盈亏总额。利润总额为营业利润加上营业外收入，减去营业外支出后的金额。

所得税费用 所得税费用由两部分组成：当期所得税和递延所得税。当期所得税是指企业按照税法规定计算确定的针对当期发生的交易和事项，应交纳给税务部门的所得税金额，即应交所得税。递延所得税是指按照所得税准则规定应予确认的递延所得税资产和递延所得税负债应有的金额相对于原已确认金额之间的差异。

应付职工薪酬（本年贷方累计发生额） 指企业为获得职工提供的服务或解除劳动关系而给予的各种形式的报酬或补偿。包括职工工资、奖金、津贴和补贴，职工福利费，医疗保险费、养老保险费、失业保险费、工伤保险费和生育保险费等社会保险费，住房公积金，工会经费和职工教育经费，带薪缺勤，利润分享计划，非货币性福利，辞退福利和其他为获得职工提供的服务而给予的报酬或补偿。

应交增值税 指按照税法规定，以销售货物、服务、无形资产、不动产或提供加工、修理修配劳务的增值额和货物进口金额为计税依据而课征的一种流转税。

期末用工人数 指报告期末最后一日24时企业实际拥有的、参与本企业生产经营活动的人员数，无论是否从本企业领取劳动报酬均视为用工人数。该指标为时点指标，不包括最后一日当天及以前已经不再参与本企业生产经营活动的人员。包括企业的正式人员、劳务派遣人员和其他临时人员。具体包括直接参与加工、组装、维修、保养等本企业生产活动的人员；包括企业管理人员；包括对外安装本企业产品、保管、清洁、销售等与生产行为直接相关活动的人员；对于未参与本企业生产经营活动，但主要为本企业生产经营活动提供服务的人员，也视为参与生产经营活动人员，如利用本单位的车辆、仓储等设施进行运输、仓储活动的人员。不包括在本企业领取工资、股息、红利但未参加本企业生产经营活动的人员；不包括医疗、教育等为企业提供社会性服务活动的人员；不包括参加本企业建筑施工但所从事的工作与生产经营活动无关的人员，如参与企业厂房建筑施工的人员。

平均用工人数 指报告期企业平均实际拥有的、参与本企业生产经营活动的人员数。

建筑业总产值 指以货币表现的建筑业企业在一定时期内生产的建筑业产品和服务的总和。建筑业总产值包括建筑工程产值、安装工程产值和其他产值三部分内容。劳务分包企业建筑业总产值指劳务分包企业与总承包或专业承包企业签订劳务分包合同后，从事建筑安装工程取得的所有劳务收入。

固定资产投资额 指以货币形式表现的在一定时期内建造和购置固定资产的工作量以及与此有关的费用的总称。

房屋施工面积 指报告期内施工的全部房屋建筑面

积。包括本期新开工的房屋建筑面积、上期跨入本期继续施工的房屋建筑面积、上期停缓建在本期恢复施工的房屋建筑面积、本期竣工的房屋建筑面积以及本期施工后又停缓建的房屋建筑面积。多层建筑应填各层建筑面积之和。

房屋竣工面积　指报告期内房屋建筑按照设计要求已全部完工，达到住人和使用条件，经验收鉴定合格或达到竣工验收标准，可正式移交使用的各栋房屋建筑面积的总和。

待开发土地面积　指经有关部门批准，通过各种方式获得土地使用权，但尚未开工建设的土地面积。

本年土地购置面积　指在本年内通过各种方式获得土地使用权的土地面积。

房屋新开工面积　指报告期内新开工建设的房屋建筑面积，以单位工程为核算对象，即整栋房屋的全部建筑面积，不能分割计算。不包括在上期开工跨入报告期继续施工的房屋建筑面积和上年停缓建而在本期恢复施工的房屋建筑面积。房屋的开工应以正式破土刨槽（地基处理或打永久桩）的日期为准。

商品房销售面积　指报告期内出售商品房屋的合同总面积（即双方签署的正式买卖合同中所确定的建筑面积）。由现房销售面积和期房销售面积两部分组成。

商品房销售额　指报告期内出售商品房屋的合同总价款（即双方签署的正式买卖合同中所确定的合同总价）。该指标与商品房销售面积同口径，由现房销售额和期房销售额两部分组成。

综合能源消费量　指企业（单位）在报告期内工业生产实际消费的各种能源（扣除能源加工转换和能源回收利用等重复因素）的总和。计算综合能源消费量时，需要将各种能源品种的消费量换算成按照标准计量单位（如：吨标准煤）计量的消费量。

能源加工转换投入　能源加工转换，指为了特定的用途，将一种能源（一般为一次能源），经过一定的工艺，加工或转换成另外一种能源（二次能源）。

能源加工转换产出量　指一次能源经过加工转换产出的二次能源产品（包括不作能源使用的其他副产品和联产品）的数量，比如火力发电产出的电力，热电联产同时产出的电力、蒸汽、热水，原煤入洗产出的洗精煤、洗中煤、洗煤泥等，炼焦产出的焦炭、焦炉煤气和其他焦化产品（煤焦油、粗苯等），炼油和煤制油产出的汽油、煤油、柴油、燃料油、液化石油气、炼厂干气 、石脑油、润滑油、石蜡、溶剂油、石油焦、石油沥青等，制气产出的发生炉煤气、其他焦化产品（煤焦油、粗苯等）、天然气和氢气等。

能源加工转换损失量　指能源在加工、转换过程中的各种损失量，计算公式如下：

能源加工转换损失量 = 能源加工、转换过程中投入的能源数量 - 产出的能源数量

在计算能源加工、转换损失量时，需要将加工、转换的投入量和产出量分别折算为标准燃料，如标准煤。

单位工业增加值能耗　指一定时期内，一个国家或地区每生产一个单位工业增加值所消耗的能源。计算公式：

$$单位工业增加值能耗 = \frac{工业能源消费量}{工业增加值}$$

单位GDP电耗　指一定时期内，一个国家或地区每生产一个单位国内生产总值所消耗的电力。计算公式：

$$单位GDP电耗 = \frac{全社会用电量}{GDP}$$

单位GDP能耗　指一定时期内，一个国家或地区每生产一个单位国内生产总值所消耗的能源。计算公式：

$$单位GDP能耗 = \frac{能源消费总量}{GDP}$$

商品购进额　指从本企业以外的单位和个人购进（包括从国外直接进口）作为转卖或加工后转卖的商品金额（含增值税）。本指标反映批发和零售业从国内外市场上购进商品的总价。

商品销售额　指对本单位以外的单位和个人出售的商品金额（包括售给本单位消费用的商品，含增值税），在批发和零售业中，本指标反映在国内市场上销售商品以及出口商品的总价。

期末商品库存额　对于批发和零售业法人单位和个体经营户，是指报告期末取得所有权的全部商品金额（含增值税）；对于批发和零售业产业活动单位，是指报告期末实际在库且归属法人具有所有权的全部商品金额（含增值税）。这个指标反映批发和零售业的商品库存情况，以及对市场商品供应的保证程度。

社会消费品零售总额　指企业（单位、个体户）通过交易直接售给个人、社会集团非生产、非经营用的实物商品金额，以及提供餐饮服务所取得的收入金额。个人包括城乡居民和入境人员，社会集团包括机关、社会团体、部队、学校、企事业单位、居委会或村委会等。

住宿餐饮业营业额　指住宿和餐饮业单位在经营活动中，因提供服务或销售商品等取得的全部收入（含增值税），收入主要来源于提供客房、餐费服务、商品销售和其他服务，如商务服务。不包括多产业法人企业附营的其他行业产业活动单位的餐费收入、商品销售收入等各项收入。

存款　指企业、机关、团体或居民根据资金必须收回的原则，把货币资金存入银行或其他信贷机构保管并取得一定利息的一种信用活动形式。根据存款对象或性质的不同可划分为单位存款、个人存款、财政性存款、临时性存款、委托存款、其他存款等科目。它是银行信贷资金的主要来源。

贷款　指银行或其他信贷机构根据资金必须归还的原则，按一定利率，为企业、个人等提供资金的一种信用活动形式。我国银行贷款分为短期贷款、中长期贷款、融资租赁、票据融资、各项垫款、境外贷款等。

进出口总额 指实际进出我国国境的货物总金额。包括对外贸易实际进出口货物，来料加工装配进出口货物，国家间、联合国及国际组织无偿援助物资和赠送品，华侨、港澳台同胞和外籍华人捐赠品，租赁期满归承租人所有的租赁货物，进料加工进出口货物，边境地方贸易及边境地区小额贸易进出口货物（边民互市贸易除外），中外合资经营企业、中外合作经营企业、外资独资经营企业进口货物和公用物品，到、离岸价格在规定限额以上的进出口货样和广告品（无商业价值、无使用价值和免费提供出口的除外），从保税仓库提取在中国境内销售的进口货物，以及其他进口货物。进出口总额用以观察一个国家在对外贸易方面的总规模。我国规定出口货物按离岸价格统计，进口货物按到岸价格统计。

外商直接投资 指外国投资者在我国境内通过设立外商投资企业、合伙企业、与中方投资者共同进行石油资源的勘探开发以及设立外国公司分支机构等方式进行投资。外国投资者可以用现金、实物、无形资产、股权等投资，还可以用从外商投资企业获得的利润进行再投资。

从业人员期末人数 指报告期末最后一日24时在本单位工作，并取得工资或其他形式劳动报酬的人员数。该指标为时点指标，不包括最后一日当天及以前已经与单位解除劳动合同关系的人员，是在岗职工、劳务派遣人员及其他从业人员之和。从业人员不包括：

1. 离开本单位仍保留劳动关系，并定期领取生活费的人员；

2. 在本单位实习的各类在校学生；

3. 本单位因劳务外包而使用的人员，如：建筑业整建制使用的人员。

在岗职工 指在本单位工作且与本单位签订劳动合同，并由单位支付各项工资和社会保险、住房公积金的人员，以及上述人员中由于学习、病伤、产假等原因暂未工作仍由单位支付工资的人员。在岗职工还包括：

1. 应订立劳动合同而未订立劳动合同人员（如使用的农村户籍人员）；

2. 处于试用期人员；

3. 编制外招用的人员，如临时人员；

4. 派往外单位工作，但工资仍由本单位发放的人员（如挂职锻炼、外派工作等情况）。

在岗职工不包括：

1. 本单位使用的且由本单位直接支付工资的劳务派遣人员，应统计在本单位“劳务派遣人员”指标中；

2. 本单位因劳务外包而使用的人员，由承包劳务的单位统计为在岗职工。

劳务派遣人员 根据《中华人民共和国劳动合同法》规定，指与劳务派遣单位签订劳动合同，并被劳务派遣单位派遣到实际用工单位工作，且劳务派遣单位与实际用工单位签订《劳务派遣协议》的人员。

其他从业人员 指在本单位工作，不能归到在岗职工、劳务派遣人员中的人员。此类人员是实际参加本单位生产或工作并从本单位取得劳动报酬的人员。具体包括：非全日制人员、聘用的正式离退休人员、兼职人员（包括利用课余时间打工的在校学生）和第二职业者等，以及在本单位中工作的外籍和港澳台方人员。

从业人员平均人数 指报告期内（年度、季度、月度）平均拥有的从业人员数。季度或年度平均人数按单位实际月平均人数计算得到，不得用期末人数替代。

从业人员工资总额 指根据《关于工资总额组成的规定》（1990年1月1日国家统计局发布的一号令）进行修订，本单位在报告期内（季度或年度）直接支付给本单位全部从业人员的劳动报酬总额。包括计时工资、计件工资、奖金、津贴和补贴、加班加点工资、特殊情况下支付的工资，是在岗职工工资总额、劳务派遣人员工资总额和其他从业人员工资总额之和。

研究与试验发展（R&D） 指为增加知识存量（也包括有关人类、文化和社会的知识）以及设计已有知识的新应用而进行的创造性、系统性工作，包括基础研究、应用研究和试验发展三种类型。应当满足五个条件：新颖性、创造性、不确定性、系统性、可转移性（可复制性）。

基础研究 指一种不预设任何特定应用或使用目的的实验性或理论性工作，其主要目的是为获得（已发生）现象和可观察事实的基本原理、规律和新知识。其成果通常表现为提出一般原理、理论或规律，并以论文、著作、研究报告等形式为主。包括纯基础研究和定向基础研究。纯基础研究是不追求经济或社会效益，也不谋求成果应用，只是为增加新知识而开展的基础研究。定向基础研究是为当前已知的或未来可预料问题的识别和解决而提供某方面基础知识的基础研究。

应用研究 指为获取新知识，达到某一特定的实际目的或目标而开展的初始性研究。应用研究是为了确定基础研究成果的可能用途，或确定实现特定和预定目标的新方法。其研究成果以论文、著作、研究报告、原理性模型或发明专利等形式为主。

试验发展 指利用从科学研究、实际经验中获取的知识和研究过程中产生的其他知识，开发新的产品、工艺或改进现有产品、工艺而进行的系统性研究。其研究成果以专利、专有技术，以及具有新颖性的产品原型、原始样机及装置等形式为主。

R&D经费内部支出 指报告期调查单位内部为实施R&D活动而实际发生的全部经费。包括为实施R&D活动支付给R&D人员的劳动报酬及各种费用，购置的原材料、燃料、动力、工器具等低值易耗品，以及各种相关直接或间接的管理和服务等支出；也包括为实施R&D活动而进行固定资产建造、购置、改扩建以及大修理等的支出。不包括委托其他单位或与其他单位合作开展R&D活动而转拨给其他单位的全部经费。

新产品开发经费支出 指报告年度内企业科技活动经

费内部支出中用于新产品研究开发的经费支出。包括新产品的研究、设计、模型研制、测试、试验等费用支出。

R&D人员　包括R&D人员数和R&D人员折合全时当量两个具体指标。R&D人员折合全时当量是指报告期R&D人员按实际从事R&D活动时间计算的工作量，以“人年”为计量单位。R&D人员按工作时间划分为全时人员和非全时人员。全时人员是指报告期从事R&D活动的实际工作时间占制度工作时间90%及以上的人员，其全时当量计为1人年；非全时人员是指报告期从事R&D活动的实际工作时间占制度工作时间10%（含）–90%（不含）的人员，其全时当量按工作时间比例计为0.1–0.9人年；从事R&D活动的实际工作时间占制度工作时间不足10%的人员，不计入R&D人员，也不计算全时当量。

R&D经费支出　指报告期为实施R&D活动而实际发生的全部经费支出。不论经费来源渠道、经费预算所属时期、项目实施周期，也不论经费支出是否构成对应当期收益的成本，只要报告期发生的经费支出均应统计。其中，与R&D活动相关的固定资产，仅统计当期为固定资产建造和购置花费的实际支出，不统计已有固定资产在当期的折旧。R&D经费支出以当年价格进行统计。R&D经费支出按经费使用主体分为内部支出和外部支出。内部支出是指报告期调查单位内部为实施R&D活动而实际发生的全部经费，外部支出是指报告期调查单位委托其他单位或与其他单位合作开展R&D活动而转拨给其他单位的全部经费。为避免重复计算，全社会R&D经费为调查单位R&D经费内部支出的合计。

可支配收入　指调查户在调查期内获得的、可用于最终消费支出和储蓄的总和，即调查户可以用来自由支配的收入。可支配收入既包括现金，也包括实物收入。按照收入的来源，可支配收入包含五项，分别为：工资性收入、经营净收入、财产净收入、转移净收入和自有住房折算净租金。计算公式为：

可支配收入＝工资性收入＋经营净收入＋财产净收入＋转移净收入＋自有住房折算净租金

其中：经营净收入＝经营收入－经营费用－生产性固定资产折旧－生产税净额（生产税－生产补贴）

财产净收入＝财产性收入－财产性支出

转移净收入＝转移性收入－转移性支出

经营净收入　指住户或住户成员从事生产经营活动所获得的净收入，是全部经营收入中扣除经营费用、生产性固定资产折旧和生产税净额（生产税减去生产补贴）之后得到的净收入。计算公式具体为：

经营净收入＝经营收入－经营费用－生产性固定资产折旧－生产税净额（生产税－生产补贴）

第一产业净收入　指住户或住户成员从事第一产业生产经营活动所获得的净收入，是全部经营收入中扣除经营费用、生产性固定资产折旧和生产税净额（生产税减去生产补贴）之后得到的净收入。

第一产业是指农业、林业、牧业和渔业（不含农林牧渔服务业）。目前，在第一产业生产经营活动中没有生产税，同时有一定的生产补贴。政府为扶持农业、林业、牧业和渔业进行的相关补贴，如粮食直补、购置和更新大型农机具补贴、良种补贴、购买生产资料综合补贴、退耕还林还草补贴、畜牧业补贴等惠农补贴应视为第一产业经营活动中的生产补贴，即一种负的生产税。

因此，第一产业经营净收入的计算公式为：

经营净收入＝经营收入－经营费用－生产性固定资产折旧＋惠农补贴

第二产业净收入　指住户或住户成员从事第二产业的生产经营活动所获得的净收入，是全部经营收入中扣除经营费用、生产性固定资产折旧和生产税净额（生产税减去生产补贴）之后得到的净收入。

第二产业是指采矿业（不含开采辅助活动），制造业（不含金属制品、机械和设备修理业），电力、热力、燃气及水生产和供应业，建筑业。

第三产业净收入　指住户或住户成员从事第三产业生产经营活动所获得的净收入，是全部经营收入中扣除经营费用、生产性固定资产折旧和生产税净额（生产税减去生产补贴）之后得到的净收入。

自有住房折算净租金　指现住房产权为自有住房（含自建住房、自购商品房、自购房改住房、自购保障性住房、拆迁安置房、继承或获赠住房）的住户为自身消费提供住房服务的折算价值扣除缴纳的各项税费后得到的净租金。自有住房折算净租金的计算方法为：自有住房年度折算净租金＝自有住房年度折算租金－购建房年度分摊成本。购建房年度分摊成本按照购建房价格以及城乡相应的年折旧率计算。自有住房折算净租金为一种实物收入，不包括在现金可支配收入的计算中。

消费支出　指住户用于满足家庭日常生活消费需要的全部支出，包括用于消费品的支出和用于服务性消费的支出。根据用途不同，消费支出可划分为食品烟酒、衣着、居住、生活用品及服务八大类。根据来源不同，消费支出可划分为现金消费支出、实物消费支出（含自产自用、来自单位、来自政府和其他社会组织）。

食品烟酒　指用于各种食品和烟草、酒类的支出，包括食品和烟酒两个中类。

居民消费价格指数　是反映一定时期内城乡居民所购买的生活消费品价格和服务项目价格变动趋势和程度的相对数，是对城市居民消费价格指数和农村居民消费价格指数进行综合汇总计算的结果。通过该指数可以观察和分析消费品的零售价格和服务价格变动对城乡居民实际生活费支出的影响程度。

行政区划　指国家对行政区域的划分。根据有关法规规定，我国的行政区域划分如下：（1）全国分为省、自治区、直辖市；（2）省、自治区分为自治州、县、自治县、市；（3）自治州分为县、自治县、市；（4）县、自治县分为乡、民族乡、镇；（5）直辖市和较大的市分为区、县；（6）国家在必要时设立的特别行政区。

入境游客 指报告期内来中国（大陆）观光、度假、探亲访友、就医疗养、购物、参加会议或从事经济、文化、体育、宗教活动的外国人、港澳台同胞等游客（即入境旅游人数）。统计时，入境游客按每入境一次统计1人次。入境旅游人数包括入境过夜游客和入境一日游游客。

国内游客 指报告期内在中国（大陆）观光游览、度假、探亲访友、就医疗养、购物、参加会议或从事经济、文化、体育、宗教活动的中国（大陆）居民人数，其出游的目的不是通过所从事的活动谋取报酬。统计时，国内游客按每出游一次统计1人次。

专利 是专利权的简称，是对发明人的发明创造经审查合格后，由专利局依据专利法授予发明人和设计人对该项发明创造享有的专有权。包括发明、实用新型和外观设计。反映拥有自主知识产权的科技和设计成果情况。

发明（专利） 指对产品、方法或者其改进所提出的新的技术方案。是国际通行的反映拥有自主知识产权技术的核心指标。

城镇登记失业人员 指有非农业户口，在一定的劳动年龄内（16周岁至退休年龄），有劳动能力，无业而要求就业，并在当地劳动保障部门进行失业登记的人员。

城镇登记失业率 城镇登记失业人员与城镇单位就业人员（扣除使用的农村劳动力、聘用的离退休人员、港澳台及外方人员）、城镇单位中的不在岗职工、城镇私营业主、个体户主、城镇私营企业和个体就业人员、城镇登记失业人员之和的比。

医疗卫生机构 指从卫生行政部门取得《医疗机构执业许可证》《计划生育技术服务许可证》，或从民政、工商行政、机构编制管理部门取得法人单位登记证书，为社会提供医疗保健、疾病控制、卫生监督服务或从事医学科研或医学在职培训等工作的单位。医疗卫生机构包括医院、基层医疗卫生机构、专业公共卫生机构、其他医疗卫生机构。

医院 包括综合医院、中医医院、中西医结合医院、民族医院、各类专科医院和护理院，不包括专科疾病防治院、妇幼保健院和疗养院。

卫生技术人员 包括执业医师、执业助理医师、注册护士、药师（士）、检验技师（士）、影像技师、卫生监督员和见习（医、护、技）师（士）等卫生专业人员。不包括从事卫生管理工作的卫生技术人员（如院长、副院长、党委书记等）。

执业医师 指《医师执业证》“级别”为“执业医师”且实际从事医疗、预防保健工作的人员，不包括实际从事管理工作的执业医师。执业医师类别分为临床、中医、口腔和公共卫生四类。

城乡居民基本养老保险参保人数 指报告期末，参加城乡居民养老保险（在经办机构参保登记并已建立缴费记录以及制度实施当年已经年满60周岁并在经办机构登记）的总人数（不包括已办理注销登记手续的人数）。

公路里程 指报告期末公路的实际长度。统计范围：包括城间、城乡间、乡（村）间能行驶汽车的公共道路，公路通过城镇街道的里程、公路桥梁长度、隧道长度、渡口宽度。不包括城市街道里程，断头路里程，农（林）业生产用道路里程，工（矿）企业等内部道路里程。统计原则：按已竣工验收或已交付使用的实际里程计算；两条或多条公路共同经由同一路段的重复里程，只计算一次。

货(客)运量 指在一定时期内，各种运输工具实际运送货物重量（旅客数量）。该指标是反映运输业为国民经济和人民生活服务的数量指标，也是制订和检查运输生产计划、研究运输发展规模和速度的重要指标。货运按吨计算，客运按人计算。货物不论运输距离长短、货物类别，均按实际重量统计。旅客不论行程远近或票价多少，均按一人一次客运量统计；半价票、小孩票也按一人统计。

移动电话用户 指在电信运营企业营业网点办理开户登记手续，通过移动电话交换机进入移动电话网，占用移动电话号码的各类电话用户。包括各类签约用户、智能网预付费用户、无线上网卡用户。